INSURANCE

21世纪保险系列教材

总主编／张洪涛

保险核保与理赔

Underwriting and Claims

主　编／张洪涛　王国良

副主编／吴宗敏　夏　光

中国人民大学出版社

· 北京 ·

总　序

改革开放以来，中国保险业走上了高速发展的快车道，无论是保险市场规模还是保险市场主体，都获得了前所未有的发展，保险监管体系与法律体系初步建立并趋于完善。随着社会主义市场经济的深入，特别是加入世界贸易组织后，我国经济对外开放的进一步扩大以及经济全球化进程的加快，中国保险业发展前景更为广阔、挑战更为严峻。如何在总结和借鉴国内外保险业发展经验和教训的基础上，对中国保险业的发展、保险业风险防范机制的建立和完善、保险业对外开放、加强和改进保险监管、充分发挥行业组织自律作用和加快培养保险人才等方面的问题进行深入研究和探讨，为中国保险业的发展提供正确的理论指导，就成为保险监管部门、保险理论界与实务界的重要课题。

为了适应这种形势，中国人民大学保险学系主任、博士生导师张洪涛教授主持并组织了一批保险理论界和实务界的中青年学者进行了深入研究，并在老一辈金融经济学家和保险业界资深人士的群策群力下，编著了“21世纪保险系列教材”。该系列教材以《保险学》为核心，包括《财产保险》、《人身保险》、《社会保险》、《寿险精算》、《非寿险精算》、《农业保险》、《保险财务会计》、《保险核保与理赔》、《保险法规监管》、《保险公司管理》、《保险营销管理》、《保险资金管理》、《保险信息管理》、《社会保险案例分析》、《财产保险案例分析》、《人身保险案例分析》、《责任保险理论、实务与案例》等18本教材，从而形成了较为完整的保险学体系。

一般而言，只有成熟的经济形态，才有成熟的经济理论。在社会主义市场经济体制初步建立、保险业飞速发展并需要逐步总结完善的时候，编写一套保险系列理论丛书，是一项探索性的工作。这种探索是对保险业感性认识去粗取精、去伪存真、由此及彼、由表及里的加工整理过程，这个过程可以加深人们对保险业改革与实践的认识，加强人们对保险业运行规律的把握，但它不可能穷尽人们对保险工作的认识。该系列教材紧密结合国内外经济金融理论研究的最新成果与中国保险业改革与发展的实际情况，全面阐述了保险基本理论和基础知识。因此，我愿意把它介绍给所有热爱和关心保险业的同志们，请大家在学习、工作和交流中进一步研究探讨，使这套教材能够不断丰富完善。我相信“21世纪保险系列教材”的推出，能够为保险专业的学科建设与教学改革、为中国保险业人才的培养起到应有的作用，为中国保险业的发展尽到一份力量。

中国保险监督管理委员会主席

吴定富

前　言

核保与理赔是保险经营的核心环节。核保的本质是对可保风险的判断与选择，是承保条件与风险状况适应或匹配的过程。保险公司以经营与管理风险为主要特征，识别、控制和把握标的的风险，是保险企业的核心工作。核保人员通过对积累数据的分析判断，根据公司自身的财务和经营能力、对风险的接受程度、经营状况及市场情况，确定核保策略。核保工作对标的的选择及对承保条件的制定直接影响到保险企业业务质量的高低和盈利的大小，是保险企业防范经营风险的第一关，也是最重要的一关。理赔是受理报案、现场查勘、责任判定、损失核定以及赔案缮制、赔款支付的过程，核心是审核保险责任和核定保险赔偿额度与事项，具体体现为保险合同的履行。保险公司要保证赔得准确、快捷、合理，让客户满意，这完全取决于合理的理赔流程、理赔技术水平和理赔人员的素质。理赔过程中，客户会对公司履行保险合同情况和服务水平的高低有直接和深刻的印象。客户的满意程度，决定了他对保险公司品牌的认可程度，也关系到保险公司能否稳定住忠诚的客户群，并以此扩大销售。另一方面，理赔水平的高低也直接影响公司的赔付率和最终的盈利状况。

“核保”与“理赔”每天都在发生，保险公司现金流主要通过“核保”与“理赔”两个环节进行运作，核保理赔工作正是处在保险企业“收”和“支”两条大动脉的重要关口上，把握着公司命脉。总的来说，核保理赔在保险企业的风险控制能力、盈利能力的提高和企业信誉的建立等方面起着关键作用。

随着我国加入世贸组织，保险市场逐步对外开放，外资保险机构进入中国的步伐加快，国内保险市场经营主体不断增加，竞争越来越激烈，承保利润逐渐摊薄。面对一个剧变的市场，只有坚持贯彻执行稳健核保理赔制度的保险公司才能保证公司盈利目标的实现、财务状况的稳健及业务的健康发展。保险公司必须建立起专业化的风险甄别和控制体系，加强对核保、理赔两大关键经营环节的控制和管理，有计划地建立一支高素质的核保理赔队伍，增强自身的竞争能力和对市场的适应能力。

为了对我国保险行业核保理赔专业技术的提升做一点贡献，我们出版了本书。本书分为核保理赔原理、产险核保、产险理赔、寿险核保、寿险理赔五大部分。

第一篇是核保与理赔原理，着重介绍核保与理赔的有关概念、基本理论与原则。

第二篇是财产保险核保实务，根据核保工作的管理要求以及核保工作的实践，着重对各大类险种核保操作内容进行个别专业阐述。主要包括产品特性、核保机制、核保要素、核保决策等内容，旨在清晰核保操作的基本思路与要求，规范核保工作内容与工作事项，提高核保人员对风险选择、条款应用与保费确定的专业能力。

第三篇是财产保险理赔实务，根据理赔工作的管理要求及实践，分别对各大类险种的理赔操作内容如流程、关键环节管理等进行个别专业阐述。主要包括理赔概述、理赔要素、理赔决策等内容，旨在清晰理赔工作基本思路与要点，规范理赔工作，提高从业人员理赔工作的专业技术水平。

第四篇是人寿保险核保实务，在对寿险核保基础知识、过程控制要点及风险要素进行简要介绍的基础上，按照个人险、团体险、健康险顺序进行核保形式与内容的专业阐述，旨在规范核保操作，强化风险意识及风险选择能力。

第五篇是人寿保险理赔实务，在对寿险理赔基础知识、程序规则进行介绍的基础上，对理赔调查、证据审查、保险欺诈防范等进行了专业阐述，旨在提升理赔流程管理能力，突出相应的管控要点。

此外，本书在各章附有关键词及思考题，书末附有主要参考读物，它们一并构成了本书的有机组成部分。

本书由张洪涛、王国良主编，中国太平洋财产保险股份有限公司核保核赔中心和中国太平洋人寿保险股份有限公司核保核赔中心参编，主要编写人员如下：

原理及产险部分：吴宗敏、俞斌、郑耀男、马剑鹤、徐常梅、王亚非、吴志方、刘静、孙岚、虞晓燕、唐瑞平、陆巍、杨梦云、刘兆军、吴焕晨、李霞、王学力。

寿险部分：夏光、吴建卫、陈永福、宋素霞、洪海伟、冯健、金志宇、潘亚欧、谢志涛、栗军、孙德梅、伍晓山、沈燕、谭文。

另外，黄英春、赵阳悦、杨洪涛、张鹏、张旗、牙新岩、黄欣杰等，承担了部分文字处理及资料收集工作。

中国太平洋保险集团公司、中国人民大学出版社的有关领导，对本书的编写自始至终给予了极大的关注和支持。

没有编写组全体成员夜以继日、忘我的共同钻研和努力，没有诸多方面的鼎力相助与支持以及方方面面的优势互补，这本书不可能如期出版。在这里，我们要对所有为《保险核保与理赔》一书的出版作出努力的同志和朋友、全体编写人员和他们的家属表示衷心的感谢，感谢他们的无私奉献与支持。

让我们在今后的工作中，为发展中国的保险事业而更多地合作和奋斗。

本书付梓匆匆，错漏难免，祈读者、同业不吝指正，当感激不尽。

编者

目录

第1篇　核保与理赔原理

第 2 篇　财产保险核保实务

第3篇 财产保险理赔实务

第 4 篇　人寿保险核保实务

第 5 篇　人身保险理赔实务

第1篇

核保与理赔原理

第1章

核保原理

本章预习

核保是风险选择、判断风险状况与承保条件相适应的过程，是确保保险公司稳健经营的重要环节。从技术层面角度，只有能模拟（或模型化）和量化的风险才是可接受的，模型评价有事件基础、统计基础等形式。保险业核保管理整体分为三个发展阶段：行政阶段、政策阶段、量化阶段。目前，国内保险市场不断成熟，经营环境日臻完善，保险主体迅速增加，承保业务利润摊薄，如何有效地提升核保能力，从而保证业务质量达到一定的水平，已经成为核保工作管理的重要内容。本章重点对与核保相关的基本概念、原则进行简要阐释，主要内容包括：

- 核保的概念
- 风险的概念与种类
- 风险基本因素
- 可保风险
- 可保利益原则

● 最高诚信原则
● 核保技术的发展

1.1 核保基础

核保工作主要是对任何不利于保险经营、有损被保险人群体的因素加以排除或者进行适当的危险评价，以维护保险制度运作的公平，实现保险经营安全与获利，确保投保大众经济利益，达到危险分摊公平等目的。核保对于事故率是主动的，利用承保条件，核保选择行为的准确性和科学性决定了事故率的高低。

1.1.1 核保的含义

核保是风险选择的过程，是实现保险经营中盈利目标的主要手段，是保险企业管理水平与状况的重要标志。

核保是寻求与标的风险状况相适应的承保条件的过程。图 1—1 浅析了风险信息的主要来源。

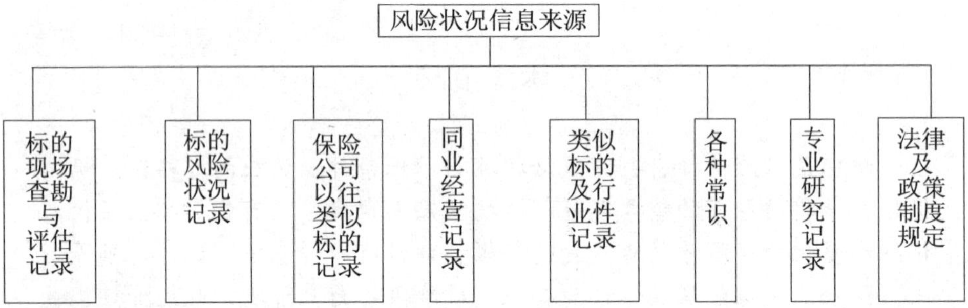

图 1—1 风险信息组成

风险状况界定是在对各种来源的风险状况信息进行全面分析与研究的基础上，沿引大数法则，对风险的高低进行定性或定量描述的结果。

“核保”是指“审核承保条件”的意思，而承保条件主要指保险责任范围（包括基本条款、扩展条款、承保协议中有关的内容等）、保险金额（限额）、费率、免赔额度、缴费方式、费用（经纪费用、服务成本等）等。根据保险公司的有关政策、再保安排能力与状况，承保条件是确定风险大小的主要因素之一。同时，承保条件的各要素之间是可以呈现一定的非线性互动关系的。

有的保险企业倡导“必须确保公司承保的每笔业务都盈利”的策略，对核保工作提出了非常明确的工作目标与导向。

在保险公司的风险管理环节中，核保岗位直接面对各种投保咨询资料，对于进入保险公司的各种风险进行判断和选择，处于控制风险入口的核心岗位和前沿地位。优秀的核保人员不但可以正确地对风险进行判断和选择，而且能够促进业务的发展，提高公司经济效益，强化公司的专业形象，增强竞争能力。核保工作做不好，对公司的业务发展与风险控制都有很大的负面影响，既无法处理好业务发展速度与质量的矛盾，又不能有效地控制风险。

1.1.2 核保工作原则

核保工作原则主要包括：

(1) 实现长期的承保利润。1) 全面、细致、谨慎地进行核保，争取最好的承保条件，保证保险公司具有长期的承保利润；2) 避免片面追求规模的短期行为，这将破坏市场和客户的关系，不利于保险公司的长远发展。

(2) 以风险控制为基础，实施科学决策。1) 积极、主动开展承保标的风险评估工作，为核保决策提供依据；2) 收集、整理、分析与研究历史灾害数据，进一步细化业务政策。

(3) 谨慎运用公司的承保能力。1) 在任何条件下，都不要在条件不成熟的时候，盲目承保高风险项目；2) 研究巨灾风险，注意风险积累。

(4) 实施规范的管理。1) 遵守国家、地方法规及公司的规章制度；2) 遵守行业协会规定和市场准则。

(5) 有效利用再保支持。1) 以确保公司利润为原则，最大限度地利用而不是片面地依赖于再保支持；2) 慎重核保，准确划分危险单位，确定自留比例，合理分散风险。

(6) 通过风险改善建议，降低损失发生率和严重程度，增强与客户的关系。

1.1.3 核保工作的主要内容

保险核保内容主要包括承保选择和核保控制两个方面。

1. 承保选择

这表现在两个方面：一是尽量选择同质风险标的的承保，从而使风险在量上得到测定，以期风险平均分散；二是淘汰那些超出可保风险条件的保险标的。

承保选择包括事前选择与事后选择。事前选择使保险公司处于主动的地位，若发现问题，公司可以根据具体的风险状况决定拒保或附条件承保。

（1）事前选择。事前选择包括两方面：一是对投保人或被保险人的选择，虽然保险标的本身的性质与保险风险的大小关系最为密切，但是在整个保险经营活动中，保险标的始终在投保人或被保险人的控制下，投保人对保险标的是否具有保险利益、投保人的品格和行为都会直接影响到保险事故发生的可能性与损失程度的大小。二是对保险标的的选择，保险标的是保险公司承保风险责任的对象，其自身性质和状况与风险大小以及所造成的损失程度直接相关，保险公司在承保业务时必须对不同性质的保险标的加以分类，核保时依据分类标准对具体的保险标的做出合理选择，剔除影响保险经营稳定的保险标的。对保险标的选择的重点应集中在保险标的本身发生损失的可能性大小上。

（2）事后选择。事后选择是保险公司对保险标的的风险超出核保标准的保险合同做出淘汰的选择。具体表现为：一是保险合同保险期满后，保险公司不再续保；二是保险人如发现被保险人有错误申报的重要事实或欺诈行为，可解除合同；三是按照保险合同规定事项注销保险合同。

2. 核保控制

核保控制是指保险人对投保风险做出合理的核保选择后，对承保标的的具体风险状况，运用保险技术手段，控制自身的责任和风险，以合适的承保条件予以承保。核保控制的对象主要有两类：一是风险较大但保险人还是予以承保的标的，保险人为了避免承担较大的风险，必须通过核保控制来限制自己的保险责任。二是随着保险合同关系的成立而诱发的两种新的风险：道德危险与心理危险。

保险公司控制道德危险的主要措施包括控制保险金额，避免超额保险，控制赔偿程度。

保险公司控制心理危险的主要措施包括控制保险责任，设定免赔，实施共同保险，订立保证条款，设置优惠条款等。

1.2　风险概述

1.2.1　风险的概念与特征

1. 风险的概念

现实世界中，自然灾害和意外事故客观地存在着，但这种不幸事件何时何地发生，致害于何人，造成何种程度的损失，通常是无法预知的。因此，对于特定的事物而言，人们对自己是否会遭遇不幸事件，受到多大的损失，处于一种不确定的状态。于是，特定的事物，对于特定的人们，就构成了风险。

风险是收益或损失的不确定性。它有两层含义：一是可能存在收益或损失；二是这种收益或损失是不确定的。

2. 风险的特征

风险主要有三个方面的特征：一是客观性；二是偶然性；三是可变性。

1.2.2 风险的度量

风险度量是对某种特定的风险，测定其风险事故发生的概率及其损失程度。

1. 损失频率与损失程度

损失频率亦称损失机会，是在一定时间内一定数目的危险单位中可能受到损失的次数，通常以分数或百分率来表示。即：

损失频率＝损失次数/危险单位数

损失程度是标的物发生一次事故损失的额度。

损失程度＝实际损失额/发生事故件数

损失频率与损失程度一般成反比关系，即往往是损失频率很高，但损失程度不大；损失频率很低，但损失程度大。

2. 风险与概率

计算保险费要应用概率原理分析以往的经验数据。在人寿保险中，生命表体现了把概率原理应用到以往的经验数据。火灾保险要把概率原理应用到以往火灾损失的经验数据。

概率是不确定事件的确定性程度。在一般条件下，概率大，表示某种随机事件出现的可能性就大；反之，概率小，则表示某种随机事件出现的可能性就小。

以概率为尺度，从数量的角度来研究随机现象变动的关系和规律性的科学则称为概率论。标准差是常用的风险度量指标。

3. 大数法则（law of large numbers）

保险的职能是以减少不确定性为主，减少事件出现的概率为辅。如果损失概率从为数有限的损失风险单位取得，例如，由雷击造成的住宅损坏的概率可能很少，但不确定性很大，那么损失概率不可信。大数法则是在随机事件的大量出现中往往呈现几乎一致的规律。大数法则是概率论的法则之一，是保险的数理基础。

根据大数法则，当试验次数不断增加，事件发生的频率趋近某一个常数时，其差额接近于零。保险的运作是集合大量损失风险单位来降低损失发生不确定性，从而准确预测风险的损失发生率，然后在这基础上制定保费。

大数法则的重要意义在于，风险单位数量愈多，实际损失结果会愈接近从无限风险单位数量得出的预期损失结果。

1.2.3 风险的分类

为了达到准确评估、控制及承保风险的目的，须对风险加以分类。根据不同的因素或条件，风险可进行不同归类。不同分类容许核保员更准确地把握风险的本质。基本的分类方法主要有以下六种：

1. 纯粹风险和投机风险

纯粹风险（pure risk）是一种只有损失可能性的风险，如未老身故、责任事故的诉讼。大数法则适用于纯粹风险。

投机风险（speculative risk）是既可能造成损失也可能产生收益的风险。其所致结果有三种可能：损失、无损失和获利，比如购买股票。

2. 静态风险和动态风险

静态风险（static risk）是一种在经济条件没有变化情况下的一些不规则的自然行为和人们的失当行为形成的损失可能性。大多数静态风险是纯粹风险。

动态风险（dynamic risk）是与一个变化的经济相联系的风险。动态风险总是投机性风险。

3. 基本风险和特定风险

基本风险（fundamental risk）是风险的起源与影响方面都不与特定的人或物有关，至少是个人或物件所不能造成的风险，即全社会普遍存在的风险。

特定风险（particular risk）是与某特定的人或物有因果关系的风险，即由特定的个人或物件所引起且损失仅涉及个人或某物件的风险，如偷窃。

4. 财产风险、人身风险、责任风险和信用风险

财产风险（property risk）是可能导致财产发生毁损、灭失和贬值的风险。

人身风险是指人们因生、老、病、死、伤残等原因而导致经济损失的风险。

责任风险（liability risk）是指因侵权或违约依法对他人遭受的人身伤亡或财产损失应负赔偿责任的风险。

信用风险是指在经济交往中，权利人与义务人之间，由于一方违约或犯罪而给对方造成经济损失的风险。

5. 自然风险、社会风险、经济风险和政治风险

自然风险是指由于自然现象或物理现象所导致的风险。

社会风险是指由于个人行为的反常或不可预料的团体行为所致损失的风险。

经济风险是指在产销过程中，由于各种因素的变动或估计的错误，导致产量减少或价格涨跌所致损失的风险。

政治风险是由于种族宗教的冲突、叛乱、战争所引起的风险。

6. 可管理风险和不可管理风险

可管理风险（manageable risk）是可以预测及可以控制的风险。

不可管理风险（non－manageable risk）则是不可以预测及不可以控制的风险。

1.2.4 风险的基本要素

风险的基本要素由风险因素、风险事故和损失构成。

1. 风险因素

风险因素（hazard）是指引起或增加风险事故发生的机会或扩大损失幅度的原因和条件。风险因素根据性质通常分为实质风险因素、道德风险因素和心理风险因素三种类型。其中：

实质风险因素（physical hazard）是有形的并能直接影响事物物理功能的因素。又称物理风险因素，属于有形的因素。

道德风险因素（moral hazard）是与人的品德修养有关的无形的因素，即是由于个人的不诚实、不正直或不轨企图促使风险事故发生，以致引起社会财富损毁或人身伤亡的原因或条件。

心理风险因素是与人的心理状态有关的无形因素。它是由于人们主观上的疏忽或过失，以致增加风险事故发生的机会或扩大损失程度的因素。

上述三种风险因素中，道德风险因素和心理风险因素均为与人的行为有关的风险因素，故二者合并可称为无形风险因素或人为风险因素。

2. 风险事故

风险事故（peril）是造成生命财产损失的偶发事件。

3. 损失

损失（loss）是指非故意的、非预期的和非计划的经济价值的减少。

风险是由风险因素、风险事故和损失三者构成的统一体，三者的关系为：风险因素是指引起或增加风险事故发生的机会或扩大损失幅度的条件，是风险事故发生的潜在原因；风险事故是造成生命财产损失的偶发事件，是造成损失的直接的或外在的原因，是损失的媒介；损失是指非故意的、非预期的和非计划的经济价值的减少。

1.2.5 风险管理与保险

风险管理是经济单位通过对风险的识别和衡量，采用合理的经济与技术手段对风险加以处理，以最小的成本获得最大的安全保障的一种管理活动。而保险是集合具有同类风险的众多单位或个人，以合理分担金的形式，实现对少数成员因风险事故所致经济损失的补偿的行为。保险是一种转移风险的办法，它将风险转移给保险人，一旦发生意外损失，保险人将补偿被保险人的损失。

风险管理与保险存在着密切关系，主要体现在以下四个方面：

（1）风险是保险产生和存在的前提；

（2）风险的发展是保险发展的客观依据；

（3）保险是风险处理的传统有效的措施；

（4）保险经营效益要受风险管理技术的制约。

1.3 可保风险

从保险的角度，风险可分为可保风险和不可保风险。保险公司只承保可保风险。

1.3.1 可保风险的概念

可保风险（insurable risk）是保险人可接受承保的风险，即符合保险人承保条件的风险，是风险的一种形式。

1.3.2 可保风险的条件

保险人一般承保纯粹风险，然而并非所有的纯粹风险都具有可保性。可保风险必须具备下列条件：

（1）大量同质的风险存在。据此，保险人能比较精确地预测损失的平均频数和程度。

（2）损失必须是确定的或可以测定的。具体地说，损失的原因、时间、地点和金额具有确定性。

（3）损失必须是意外的。所谓意外，是指：1）非必然的；2）非受害人的故意行为所致的。必然发生的事故为人们准确预期；故意行为涉及道德风险，而且为法律所禁止，与社会道德相矛盾。因此，必然发生的风险及故意行为引起的风险，都不可能通过保险来转移，比如自然损耗、机器磨损、赌博等则为不可保风险，由于自然损耗、折旧为必然事件，而赌博是故意行为而且为法律所禁止，因此就不可能为保险人承保。

（4）保险对象的大多数不能同时遭受损失。如果保险对象的大多数同时遭受损失，保险分摊损失的职能就会丧失。

（5）保险费必须经济合理。保险费必须使被保险人在经济上能承担得起。

以上五个可保风险条件是相互联系、相互制约的。根据上述条件，人身、财产和责任风险均能为保险公司承保，而市场、生产、财务等经营性风险一般都不能被保险公司承保。

1.4 保险相关原则及适用

补偿原则、保险利益原则、近因原则、最高诚信原则构成保险合同的基本原则。本节重点介绍与核保关系密切的保险利益原则和最高诚信原则。

1.4.1 保险利益原则

保险利益（insurable interest）又称可保利益，其存在是保险合同的必要条件，也是保险学的一个基本原理。早期的海上保险法和人寿保险法就禁止签发保险单给没有保险利益的人。

1. 保险利益的定义

保险利益是指投保方对保险标的所具有的在法律上承认的经济利益。

2. 保险利益的条件

保险利益形成须满足下列三个条件：一是合法的利益；二是客观存在的利益；三是经济上可确定的利益。

3. 保险利益的种类

财产和人身保险中的保险利益具有不同特征。

（1）财产保险的保险利益。财产保险的保险利益主要包括以下几种：1）财产所有权；2）委托保管权；3）抵押权；4）债权、合同利益、合理预期。

（2）人身保险的保险利益。我国采用限制家庭成员关系范围并结合被保险人同意的方式来确定人身保险的保险利益。《中华人民共和国保险法》简称《保险法》第五十三条规定：投保人对下列人员具有保险利益：1）本人；2）配偶、子女、父母；3）前项以外与投保人有抚养、赡养或者扶养关系的家庭其他成员、近亲属；4）被保险人同意投保人为其订立保险合同的，视为投保人对被保险人具有保险利益。

4. 保险利益原则的具体内容

(1) 保险利益原则在一般财产保险中的规定。一般财产保险的保险利益原则是最严格的。在一般财产保险中，保险利益原则要求投保人对其与保险人订立的保险合同所对应的保险标的应具有保险利益，而且所约定的保险金额不得超过该保险利益额度。一般财产保险的保险利益必须从保险合同订立到损失发生的全过程都存在。一般财产保险的保单转让一定要事先征得保险人同意并由其签字。否则，转让无效。

(2) 海上货物运输保险的保险利益原则要求在投保时可不存在保险利益，但在发生保险事故时保险利益一定要存在。同时，由于运输货物处于流动状态，为了便于国际贸易快速顺利地进行，海上货物运输保险的保险单可以自由地转让，无须征得保险人同意。

(3) 保险利益原则在人身保险中的规定。人身保险的保险利益必须在保险合同订立时存在，而不要求在保险事故发生时具有保险利益。此外，人寿保险保单可出售、转让和抵押。

5. 保险利益原则的意义

鉴于以下原因，保险合同必须要求保险利益的存在：

(1) 与赌博从本质上划清界限，防止赌博行为的发生。

(2) 防止道德危害的发生。

(3) 限制赔偿或给付的最高额度。

1.4.2 最大诚信原则

最大诚信（utmost good faith）指投保人与保险人如实告知各自掌握的关于保险标的及保险条款的信息。保险合同建立在最大诚信原则的基础上。保险合同双方应向对方提供影响签约决定的全部真实情况。

1. 规定最大诚信原则的原因

保险合同须建立在最大诚信原则基础上的原因主要有二：

(1) 保险信息不对称性。一方面，有关保险标的的信息呈现不对称性，投保人对保险标的的情况比保险人清楚；另一方面，有关保险合同条款的信息不对称，保险合同条款为保险人制定，内容复杂、专业性强，不是一般人可以明白的。

(2) 保险合同的射幸性。保险合同的射幸性指投保人的保险费支出与保险赔款不对称，以及是否取得保险赔偿取决于偶然事件。

2. 最大诚信原则的内容

如前述，最大诚信指投保人、保险人相互如实告知。如实告知指合同订立之前、订立时及在合同订立之后的有效期内，双方当事人均应如实申报、陈述。

(1) 投保人的告知内容。第一，在签订合同时，投保人必须主动把有关保险标的的风险状况和其他重要事实告知保险人。第二，合同订立后，如果保险标的风险增加，应当及时通知保险人。第三，如果发生保险事故，投保人应当及时通知。第四，如果有重复保险，要通告保险人。第五，在保险标的所有权发生转让时，投保人必须通知。

(2) 保险人的说明内容。保险人在订立保险合同时应当主动向投保人说明合同条款的内容，特别是明确说明责任免除条款。

(3) 告知的形式。投保人的告知形式有无限告知和询问回答告知两种。保险人的说明形式有明确列明和明确说明两种形式。我国采取询问回答告知和明确说明。

(4) 违反告知义务的法律后果。第一，投保人违反告知义务，如果这种违反告知义务的行为是故意的，保险人有权解除保险合同，在保险人解约之前发生保险事故造成保险标的损失的，保险人可不承担赔偿或给付责任，且不退还保险费。第二，如果这种违反告知义务的行为是因过失、疏忽造成的，保险人同样可以解除保险合同，对在合同解除之前发生保险事故所致损失，不承担赔偿或给付责任，但可以退还保险费。

根据《中华人民共和国保险法》有关条款，保险人违反说明义务的法律后果主要包括：(1) 保险人在订立保险合同时没有向投保人明确说明合同中关于保险人责任免除条款的，该条款不产生效力；(2) 保险公司在保险业务中隐瞒了与保险合同有关的重要情况，欺骗投保人、被保险人或受益人，构成犯罪的，依法追究刑事责任；不构成犯罪的，由保险监督管理部门对保险公司处以一万元以上五万元以下的罚款。

1.5 核保及相关技术的发展

核保管理总体上经历三个阶段，即行政阶段、政策阶段、数字化阶段，分别以业务决策行政化、分类指导专业化、量化控制精细化为基本特征。在客观认识与分析风险不确定性基础上，提升风险管理的能力与技术是核保管理的关键。目前核保决策支持能力的提升与改善主要集中在精算技术、风险管理技术、信息化处理能力以及基础研究工作等四个方面。

1.5.1 精算技术

我国的寿险精算从引进到目前为止，已取得了巨大发展，而非寿险精算仍是一片空白。从国外来看，非寿险精算也是在寿险精算的基础上发展起来的，它借用了寿险精算的许多现有成果。但它们之间的区别仍然是十分显著的，就如同寿险与非寿险之间存在很大差别一样。从理论发展的角度来看，寿险精算源远流长，理论体系比较完善；而非寿险精算起步较晚，目前还处于探索阶段。从具体应用的角度来看，寿险精算的应用已经相当成熟，具有许多规范化的操作程序；而非寿险精算的应用在很大程度上还依赖于精算师的个人判断，不同的精算师可能会使用不同的精算方法，从而得出不同的精算结论。

公共数据的积累和共享是非寿险精算技术应用的重要环境之一。公共数据包括行业公共数据和与行业相关的公共数据。行业公共数据的积累和共享直接关系到保险业经营和稳定，尤其是对于一些新进入市场的公司和规模不大的公司。

精算在核保核赔中的作用主要体现在产品的费率调整、经验统计资料之建立与分析、各类准备金的提留、利源分析、再保自留额之订定、标的承保条件的分析等六个方面。

1.5.2 风险管理能力

目前保险公司风险管理的问题与不足主要体现在：一是风险管理水平较低，风险管理理念不强；二是较为注重显性风险管理，对隐性风险管理重视不够；三是未能建立起有效的风险管理信息系统，风险管理决策缺乏依据；四是风险管理理论滞后，风险管理人才不足。

保险风险管理不仅仅是一种风险识别、衡量、控制、融资的技术方法，还在于风险管理制度是一种保险制度安排。在强调风险核保管理的同时，须强调逆选择风险和道德危害的控制，实施风险管理计划，建立风险管理信息系统和风险预警系统。

1.5.3 信息化处理能力

近几年，国内各保险公司经营管理的电子化水平有了很大的提高，主要体现在四个方面：一是运用业务综合处理程序，实现承保和理赔的电子化，使业务处理的各主要环节通过系统程序予以管理和控制；二是运用电脑程序进行核保理赔的操作，通过强大的数据库的支持使核保理赔的内容得到扩展，在提高效率的同时减轻工作量；三是运用网络实现业务数据的采集和汇总，便于随时掌握业务动态，为科学决策、精细管理提供基本依据；四是初步导入了客户资源管理系统

(CRM)。

信息系统建设与管理的重点是要实现信息的相对集中、实时处理，实现专家技术资源的整合，有效管理、开发历史数据资源。随着全球保险行业的日趋成熟和完善，根据保险公司实际情况全面引入信息科技来加强外部沟通和提高内部管理水平已经成为评价保险公司的可持续发展能力的重要指标之一。

在开展信息系统建设的同时，要进一步强化信息处理功能，建立健全业务统计与分析系统、完善相关功能，逐步建立主动、动态、科学的业务核算体系与功能，提升系统决策能力、加强成本控制与管理。

1.5.4 进一步加强核保基础研究工作

要加强对自然灾害的研究工作，为灾害预警及安排奠定基础。自然灾害保险研究工作的主要内容包括四个方面。一是灾害分析：评估灾害现象发生的可能性；二是风险评估：评估由某种现象造成的死亡人数、受伤人数及程度、财产损失程度、经济活动的受干扰程度等；三是易损性分析：评估某种强度的灾害事件发生后，人类、建筑、经济活动等的受损失程度；四是相关性分析：系统研究相关灾害及灾害后果的相关程度。自然灾害保险研究工作可以采取两种形式：一是保险业专业人员或会同其他行业专家开展的独立研究；二是其他行业或领域专业人员开展的灾害数据采集、分析、评估等研究工作，其研究成果对于保险业开展自然灾害的评估与风险管理具有一定程度的参考与指导功能。

同时，要进一步构建、完善专家咨询网络，实施科学决策。搜集、建立、整理、整合相关的技术资源，并在核保实践中充分运用。

关键词

核保	核保原则	危险单位	大数法则
告知	可保利益	最大诚信	保险合同
射幸	可保风险	风险因素	实质风险因素
道德风险因素	心理风险因素	风险	损失频率
损失程度	风险事故	损失	可保风险
风险管理	纯粹风险	投机风险	静态风险
动态风险	基本风险	特殊风险	可管理风险
不可管理风险	自然风险	社会风险	经济风险
政治风险	财产保险	责任保险	信用保险
核保技术			

思 考 题

1. 规定最大诚信原则的意义是什么？

2. 简述大数法则。

3. 什么是可保风险？可保风险需具备哪些条件？

4. 风险的组成因素有哪些？它们之间的关系如何？

5. 有一租户向房东租借房屋，租期 10 个月。租房合同中写明，租户在租借期内应对房屋损坏负责，租户为此而以所租借房屋投保火险一年。租期满后，租户按时退房。退房后半个月，房屋毁于火灾。于是租户以被保险人身份向保险公司索赔。问保险人是否承担赔偿责任？为什么？如果租户在退房时，将保单转让给房东，房东是否能以被保险人身份向保险公司索赔？为什么？

6. 一名外地游客来上海旅游，在游览完东方明珠电视塔后，出于爱护国家财产的动机，自愿作为投保人为其电视塔投保，并交付保险费。问该游客是否可以对东方明珠电视塔投保？为什么？

第2章

理赔原理

本章预习

理赔是保险公司继承保业务后的一个环节，是保险合同价值的一种体现。对保险公司来说，理赔质量的高低，对公司的赔付率有直接的影响；对客户来讲，保险公司理赔表现也反映保险公司的服务品质与专业水平，是公司品牌建设工作的关键窗口。提高认识，加强理赔工作流程与环节的管理，突出理赔技术支持功能，是确保并实现理赔工作“不滥赔、不错赔、不惜赔”、实现管理出效益的重要途径。本章重点对理赔的基本概念、原则进行阐释，主要内容包括：

- 理赔基本概念
- 补偿原则
- 定值保险与定额利益
- 代位求偿权
- 损失分配
- 近因理论

● 受益人
● 理赔管理

2.1 理赔基础

理赔的目的在于履行条款，保障合同双方的权益，理赔对于事故率是被动的，即先有事故，然后才有理赔。理赔工作做好了，只是使保险合同正常履行而已，事故率本身不能降低。

1. 理赔概念

理赔指在接受客户索赔、进行现场查勘与取证的基础上，展开保险责任审定、赔款理算，最终达致赔付损失的决定或因损失不属保险责任而拒绝赔偿。

2. 保险理赔的功能

保险理赔工作从接受被保险人的损失通知开始，经过现场查勘、责任审定、赔款计算，最后向被保险人（或收益人）支付或给付款项，是一项比较复杂又繁重的工作，其主要功能包括：

（1）保险理赔可以使被保险人遭受的损失及时得到补偿，从而充分发挥保险的经济补偿的职能与作用。

（2）保险理赔可以对核保和风险管理的质量进行检验，发现保险条款、保险费率的制定和防灾减损工作中存在的问题和漏洞，为提高核保工作质量、改进承保条件、完善风险管理提供依据。

（3）保险理赔可以提高保险企业的信誉，扩大保险在社会上的影响，促进保险业务的发展。

3. 理赔工作原则

（1）要树立为生产服务，为群众服务的指导思想。首先要把为生产服务，体现保险的经济补偿职能作用，作为保险经营与管理的重要原则和指导思想。当发生灾害事故后，保险人要急被保险人所急，千方百计避免扩大损失，尽量减轻因灾害事故造成的影响，及时支付赔款，帮助企业或个人及早恢复生产或重建家园，以保证生产、经营的持续进行和人民生活的安定。

（2）重合同、守信用、依法办事。保险人是否履行合同，就看其是否严格履行经济补偿义务。因此，保险方在处理赔案时，必须加强法制观念，严格按条款办事，该赔的一定要赔，而且要赔足；不属于保险责任范围的损失，不滥赔，同时还要向被保险人讲明道理。要依法办事，坚持重合同、守信用，只有这样，才能树立保险的信誉，扩大保险的积极影响。

（3）坚持实事求是，贯彻“八”字理赔原则。“主动、迅速、准确、合理”，是保险工作者在长期的工作实践中总结出的经验，是保险理赔工作的最基本要求。

“主动”就是要求保险理赔人员对出险的案件，要积极、主动地进行调查了解和现场查勘，掌握出险情况，进行事故分析，确定保险责任。

“迅速”就是要抓紧处理赔案，对赔案查得准，办得快，赔得及时。

“准确”就是要求保险理赔人员从查勘、定损以至赔款计算，都要做到准确无误，不错赔，不滥赔。

“合理”，就是要求在赔偿工作中，本着实事求是的精神，坚持按条款办事，在许多情况下，要结合具体案情进行准确定性，必要时还要结合实际情况有一定的灵活性。

理赔工作的“八字”原则是辩证的统一体，不可偏废，如果片面追求速度，不深入调查了解，不对具体情况进行具体分析，或者计算不准确，草率处理，可能发生错案。当然，如果只追求正确、合理，忽视速度，不讲效率，虽然赔款计算准确，但却耽误了恢复生产和安定生活的时间，也是不可取的。总的要求应该是从生产出发，为保户着想，既要讲速度，又要讲效益。

4. 保险理赔的任务

保险理赔的任务主要包括：

（1）确定标的损失的原因。确定造成保险标的损失的真正原因是判定损失是否属于保险责任的前提条件。保险公司必须通过实地调查，在全面掌握出险情况后加以客观分析。

（2）准确界定保险责任。保险公司要根据出险原因并对照保险条款判断保险标的的损失是否属于保险责任，判断时要实事求是。

（3）确定保险标的的损失程度和损失金额。保险公司在现场查勘的基础上，根据被保险人的投保范围，经过必要的施救和整理工作后，确定保险标的的损失程度和损失金额。

（4）确定被保险人的赔偿金额。保险公司在完成上述三项工作后，按照保险合同的规定，根据保险金额、实际损失、损失程度等因素确定赔偿金额。

2.2 理赔相关原则及适用

补偿原则、保险利益原则、近因原则、最大诚信原则、代位求偿原则、重复保险分摊原则等构成保险合同的基本原则。这些原则确定理赔工作准则，决定理赔结果。

保险利益体现了投保人与保险标的之间存在的一种利害关系，维系着被保险人的经济利益，其存在最终决定了保险补偿职能的实现。持有一份没有保险利益的保单，即使有损失发生，投保人亦不能得到任何赔偿。

最大诚信中的诚信就是诚实与信用。诚实是指一方对另一方坦诚相待，不进行隐瞒和欺骗；信用是指双方都应如实全面地履行自己的义务。在各种民事活动中，都要求各方当事人遵循诚信原则，各国法律也把诚信原则作为民事活动的基本准则要求。由于保险经营的特殊性，保险经营活动对各方当事人的诚信要求高于一般的民事活动，要求当事人具有最大诚信，即保险各方当事人应该自愿地向对方充分而准确地告知有关保险的所有重要事实，不得有任何欺骗、隐瞒行为。违反最大诚信原则，被保险人可能得不到赔偿，而保险人可能要面对行政处分或保险条款无法执行。

可保利益、最大诚信原则的有关概念、意义等在第一章“核保原理”中（第1.4.1节、第1.4.2节）已有详尽介绍，在这里就不再重复。下面是两个关于可保利益原则与最大诚信原则的理赔案例。

［**案例**］ 小李的弟弟花费50万元在城区购买了一套别墅，小李爱弟心切，用自己的名誉为弟弟的房子购买了一年的火险。三个月后，别墅发生火灾，严重烧毁。小李向保险公司索赔。请问保险公司应如何处理。

分析与结论：由于小李对房子没有保险利益，保险公司不予赔偿。

［**案例**］ 李某2000年6月1日购买一栋别墅，价值250万元，6月5日，李某向A保险公司购买了房屋保险，保险期限为1年，保险金额为250万元，并于当日交清了保险费。2001年1月23日，李某将该别墅改建为一家具制造工厂，李某并没有通知保险公司和办理批单手续，2001年3月10日，因意外发生巨大火灾，房屋全部被烧毁。若李某向A保险公司索赔，保险公司是否赔偿？为什么？

分析与结论：因为被保险人违反了最大诚信原则，别墅改建时没有向保险公司告知，没办理批单手续，风险性质改变，保险合同失效。对于本起索赔，保险公司可以拒赔。

2.2.1 补偿原则（indemnity）

订立合同的目的就是当被保险人发生保险损失时，保险合同会“补偿”被保险人所遭受的损失。大多数财产保险合同是补偿性合同，人身保险合同并非补偿性合同，而是“定额利益合同”。

1. 损失补偿原则的含义

损失补偿原则有两方面的含义：一是有损失有赔偿；二是损失多少赔偿多少。

2. 损失补偿的界定

损失补偿范围与程度的基本界定原则有三：一是以实际损失为限；二是以保险金额为限；三是以保险利益为限。

3. 关于损失补偿原则的几点阐释

补偿原则是保险合同最重要的原则。在运用损失补偿原则时要特别注意以下几点：

（1）在保险财产遭受部分损失后仍有残值的情况下，保险人在进行赔偿时要扣除残值。

（2）在保险事故是由第三者责任引起的情况下，保险人在赔偿被保险人的损失后取代其行使对第三者责任方的追偿权。

（3）在善意的重复保险情况下，如果各保险人的保险金额总和超过了保险标的的价值，则应采用分摊原则分摊损失。

（4）在不足额保险的情况下，对被保险人所遭受的损失应采取比例赔偿方式进行赔偿。

4. 损失补偿原则的目的

规定补偿原则的基本目的有三个：（1）保障保险职能的顺利实施；（2）防止被保险人从保险中盈利；（3）减少道德危害。

5. 损失补偿原则的例外情况

损失补偿原则主要用于一般财产保险，以下情况不能运用这一原则：

（1）定值保险。

（2）重置价值保险。

（3）人身保险。

2.2.2 定值保险与定额利益

1. 定值保险

定值保险合同是指保险合同当事人将保险标的的保险价值事先约定，并在合同中给予载明作为保险金额的保险合同，例如货运险中的保险金额，当有损失发生时，赔偿是按预先约定的保险金额进行赔偿，不管当时保险标的的价值如何。在这种情况下，赔付款项并不完全代表对投保人的“补偿”。

例如，某贸易公司以100万元从江西购买了一些瓷器，拟出口到美国，向保险公司投保进出口货运险，保险金额130万元（按发票价格加成了30%）。在运输过程中，该标的因保险责任范围内原因发生全损。保险公司赔偿金额就是130万元，而不是100万元。

2. 定额利益

定额利益主要指人身保险合同的保险金额。这个金额是投保人提出而保险人同意的一个数字。当损失发生时，保险人按这个金额赔付，不存在补偿的考虑。

3. 代位求偿权

代位求偿权（subrogation）是指保险人取代被保险人向第三者索赔的地位。代位原则是损失补偿原则的派生原则，包括两个方面的内容，即代位求偿和物上代位。

（1）代位求偿。代位求偿是指当保险标的遭受保险事故损失而依法应由第三者承担赔偿责任时，保险人在支付了保险赔款后，在赔偿金额的限度内相应取得对第三者的索赔权利。代位求偿的实现应具备三个条件：一是保险标的的损失是由于保险责任事故引起的；二是保险事故由第三方的责任引起；三是保险人必须在履行赔偿责任之后才能取得代位求偿权。

1）保险双方在代位求偿中的权利与义务。

①保险人的权利与义务。保险人的权利是保险人在赔偿金额范围内代位行使被保险人对第三者请求赔偿的权利。保险人的义务是保险人追偿的权利应当与他的赔偿义务等价，如果追得的款项超过赔偿金额，超过部分归被保险人。②被保险人的权利与义务。第一，在保险赔偿前，被保险人需保持对过失方起诉的权利；第二，不能放弃对第三者责任方的索赔权；第三，由于被保险人的过错致使保险人不能行使代位求偿的权利的，保险人可以相应扣减保险赔偿金；第四，被保险人有义务协助保险人向第三责任方追偿；第五，被保险人已经从第三者取得损害赔偿的，保险人赔偿保险金时，可以相应扣减被保险人从第三者已取得的赔偿金额。

2）代位求偿原则的适用范围。代位求偿原则的适用范围主要包括两个方面：第一，保险人代位求偿的对象是对保险标的损失负有责任的第三者，但保险人对被保险人的家庭成员及组成人员的过失行为造成的损失不能行使代位求偿权；第二，代位求偿原则不适用于人身保险。

（2）物上代位。物上代位是指保险标的遭受保险责任事故，发生实际全损或推定全损，保险人在按保险金额全额给付保险赔偿金之后，即拥有对该保险标的物的所有权。物上代位的产生有两种情况：一是在发生实际全损后尚有残留物，保险人全额赔付后，残留物归保险人；二是发生推定全损。

代位求偿与物上代位存在明显的区别：第一，代位求偿的保险标的损失是由第三者责任引起的；第二，代位求偿取得的是追偿权，而物上代位取得的是所有权。在物上代位中，保险人取得了对保险标的的所有权益和义务。

2.2.3 损失分配原则

损失分配原则也是损失补偿原则的派生原则，是指在重复保险情况下，被保险人所能得到的赔偿金由各保险人采用适当的方法进行分摊。在实际运用中，保险人如何对损失后的赔款进行分摊的方法主要有以下两种：

1. 比例责任制

比例责任制又称保险金额比例分摊制，是各保险人按各自单独承保的保险金额占总保险金额的比例，来分摊保险事故损失的方式。计算公式如下：

$$\text{某保险人承担的赔偿责任}=\frac{\text{该保险人的保险金额}}{\text{所有保险人的保险金额总和}}\times\text{实际损失}$$

2. 责任限额制

责任限额制也称赔款比例分摊制，是指保险人承担的赔偿责任以单独承保时的赔款额作为分摊的比例，而不是以保额为分摊的基础。计算公式为：

$$\text{某保险人承担的赔偿责任}=\frac{\text{该保险人单独承保时的赔款金额}}{\text{所有保险人单独承保时的赔款金额的总和}}\times\text{实际损失}$$

2.2.4 近因原则

近因原则（proximate cause）是在保险理赔过程中必须遵循的原则，它要求只有当被保险人的损失是直接由于保险责任范围内的事故所造成的情况下，保险人才能给予赔偿。近因是造成保险标的损失最直接、最有效的、起决定性作用或起支配性作用的原因。在损失的原因有两个以上时，这些原因中可能既有近因又有远因。在损失的原因中既有承保风险又有非承保风险的情况下，需要找出一个造成事故损失的主要原因。下面是关于近因原则应用的三个举例。

［案例］ 国外某仓库投保财产保险。在保险期间因被敌机投弹击中燃烧起火，仓库受损。问保险人是否承担赔偿责任？

分析：造成仓库受损的原因有敌机投弹击中和燃烧起火，前一个原因属于战争行为，是财产保险的除外责任；后一项是保险责任。在这两个原因中，敌机投弹击中是造成损失的近因，故保险人不承担赔偿责任。

［案例］ 某国居民投保了意外伤害险，他在森林中打猎时从树上跌下受伤。他

爬到公路边等待救助，夜间天冷，染上肺炎死亡。问保险人是否承担给付责任？

分析：本例中，导致被保险人死亡的原因有两个：一个是从树上跌下，另一个是染上肺炎。前者是意外伤害，属于保险责任；后者是疾病，属除外责任。从树上跌下引发肺炎疾病并最终导致死亡，所以，死亡的近因是意外伤害而非肺炎，保险人应负赔付责任。

［**案例**］ 某人在行走时因心脏病突然发作跌倒死亡，生前他投保了意外伤害险 10 000 元，单位为他投保了团体人身险（既保意外，也保疾病）3 000 元。问其受益人可获得多少保险金保险金？

分析：被保险人死亡的近因是心脏病发作，即疾病。意外伤害保险只保意外伤害不保疾病，所以其受益人不能获得意外伤害保险的 10 000 元保险金，而只能获得团体人身险的 3 000 元保险金。

2.3 理赔管理简述

近年来，由于保险公司面临着内外双重压力，为谋求生存和发展空间，国内保险公司自觉或不自觉地形成了重业务、轻管理的倾向，导致理赔风险逐年增大、理赔案件逐年上升、保险资金大量流失等，严重影响了保险业的健康发展。因此，加强理赔风险控制，切实提高理赔风险管理水平，应作为保险公司当前乃至今后相当一段时间经营管理工作的重中之重。

2.3.1 当前我国保险理赔中的问题及原因

（1）风险意识淡薄，风险管理滞后。近几年来，国内保险市场过于强调业务导向，自上而下重业务、轻管理的意识比较浓厚。一是重业务收入指标，忽视理赔指标考核；二是媒体介绍理赔控制、风险管理的先进事迹偏少；三是以业务多少、保费收入大小论英雄。由于受风险认识能力和认识水平的影响，对风险控制及管理没有形成一套严格、科学的约束机制和具体的量化考核办法，导致业务推着管理走，风险管理责任难以落实，风险管理工作相对滞后。

（2）利益机制的影响。随着保险市场化进程的加快，保险业竞争加剧，保险理赔风险呈现出多元化特征：一是保险公司在处理理赔案件时，对不该赔款的采取酌情赔款、同情赔款。这种行为助长了一些投保人不正常的投保心理和索赔心态。二是实行工效挂钩，导致基层保险公司和业务人员不顾风险质量，盲目拉保，盲目承保。三是一部分素质不高的保险公司职员或代理人自律意识差，或内外勾结，损害保险公司利益。

（3）理赔人员素质不高，理赔专业人才缺乏。保险理赔是一项专业性极强的工作，不仅保险标的涉及面广，而且标的风险的成因十分复杂。这就要求保险理赔人员，特别是估损、定损、索赔单证审核、赔款计算等方面的人员，应具有相应的专业知识、丰富的理赔经验、较强的辨伪能力。而现有的理赔人员，大多数并不具有这些知识和能力，致使在理赔过程中心有余而力不足，办事效率低下，对道德风险的防范既缺乏信心，更缺乏强有力的手段。每当出现复杂个案时，往往难以做出准确判断。

2.3.2 加强理赔风险管理的意义

（1）加强理赔风险管理，是保险公司发展的需要。理赔工作是保险公司经营、管理工作的评价标准，是保险公司服务水准、工作效率高低的最终体现。理赔风险管理水平的高低，不仅关系保险公司当前的经济效益，而且直接影响保险公司参与市场竞争及长期发展的能力。由于理赔工作不力，内控制度不健全、不完善，一方面，导致该赔付的不赔付或少赔付，使保险公司实际履行的责任小于保险合同规定的责任，影响了保险公司在公众中的形象，缩小了保险公司自身发展的空间；另一方面，不该赔付的却赔付了或多赔付，使保险公司实际履行的责任大于保险合同规定的责任，导致保险资金流失，理赔成本上升，削弱了保险公司的经济实力和竞争实力。因此，做好理赔工作，加强理赔风险管理，把好最后一道门，是确保保险公司稳步发展的重要条件。

（2）加强理赔风险管理，是减少保险欺诈的重要措施。随着经济的发展，人们的生活方式、消费方式、行为方式及思维方式都发生了重大变化，表现出多样性、复杂性和不可预测性等特征。知识经济和信息社会的到来，一方面，可能会增大保险标的的出险概率，增加索赔案件；另一方面，保险在带来人们幸福、安康的同时，也给一些心术不正之人提供了“生财之道”，各种保险欺诈、骗赔案件，其手段和方式更加技术化和隐蔽化，这些都给保险理赔工作带来了相当大的难度。目睹与日俱增的保险索赔案件，面对众多伸向保险公司的黑手，保险公司必须加大防范和打击力度，加强风险管理，编织一张严密的保护网，减少疏漏，不给违法犯罪者以可乘之机，保护保险公司的合法权益。

（3）理赔风险控制，是推动保险公司技术升级、管理上台阶的重要保证。理赔风险管理涉及保险公司各个方面，任何经营管理上的疏漏都会增加理赔风险。可以说，理赔工作质量的好坏，理赔风险的大小，是检验保险公司技术水平及经营管理水平高低的重要标准。保险公司为了对付各种理赔风险，必然会加大技术投入，增加经营管理中的技术含量，完善内部各项管理制度和责任制度。因此，加强理赔风险管理，实际上是促进了保险公司经营管理水平的提高，推动保险公司技术升级。

（4）加强理赔风险管理，是造就现代保险理念，加速保险业发展的需要。在当今社会，没有一项机制能比保险更好地达成保险家庭的任务。然而，在现实中有些人开始打保险公司的主意，诈领保险金。从长期看，这必然增加保险公司的经营费用，导致保险商品价格上涨。某种程度上，保险商品价格的提高会抑制保险商品的需求，从而在扼杀现代保险理念形成的同时，也阻碍了保险业的发展。因此，加强理赔风险控制，提高理赔风险管理水平，不仅是保险公司自身发展的需要，也是维护保险市场秩序，促进保险业健康发展的需要。

关键词

理赔	核赔	保险责任事故	保险赔偿金额
保险补偿金额	理赔原则	可保利益	最大诚信
补偿原则	受益人	损失分配	比例责任制
责任限额制	近因原则	近因	代位求偿
物上代位	定额利益	定值保险	重置价值保险
人身保险	理赔管理		

思考题

1. 简述代位原则、分摊原则与损失补偿原则之间的关系。
2. 简述代位求偿的条件。
3. 简述近因原则的含义。
4. 定义第三者责任险的“第三者”。
5. 简述加强理赔风险管理的意义。
6. 小学生张某，男，11岁，19××年初参加了学生团体平安保险，保险期限为当年3月1日至次年2月28日。当年10月5日张某在家附近的一幢住宅楼施工工地玩耍，被突然从楼上掉下的一块木板砸在头上，当即气绝身亡。有人认为保险公司先给付张某的死亡保险金，然后向造成这起事故的施工单位索要与此等额的赔偿金。这种说法对吗？为什么？本案该如何处理？

第2篇

财产保险核保实务

第3章

财产保险核保基础

本章预习

核保是保险经营的核心流程与环节，在很大程度上直接体现出保险企业经营管理的水平、盈利与市场竞争能力。财产保险核保工作的困难在于产品众多，产品差异性明显，以及因为国内商业保险业历史尚短而缺乏过往赔付统计及精算基础等。要把核保工作做好，必须先彻底了解保险合同及投保单的内容，并须从风险角度对各种保险产品有一定的认识，最后要贯彻保险公司制定的核保政策与流程，切实执行核保工作。本章重点对保险合同、产品的种类及基本的核保操作规程进行简要介绍，主要内容包括：

- 财产保险产品介绍
- 保险合同简介
- 核保操作规程及要点
- 投保单的审核

3.1 财产保险产品介绍

3.1.1 财产保险的概念

财产保险是以投保人的财产及其有关利益为保险标的的一种保险，或者以投保人的民事责任或信用为保险标的的保险。

3.1.2 财产保险的分类

财产保险种类繁多，但可以按以下方式分类：

1. 按实施方式分类

按财产保险实施方式的不同，可分为强制保险和自愿保险。强制保险是政府规定某类企业或个人须投保的保险，自愿保险则是投保人为转移风险而投保的保险。

2. 按保险价值的确定方式分类

按保险价值的确定方式的不同，可分为定值保险和不定值保险。定值保险的保险金额（赔偿金额）在保险合同签署时已经确定，不定值保险则按赔偿时的补偿需要而定。

3. 按保险保障的范围分类

按财产保险的保障范围的不同，可分为财产损失保险、责任保险、信用保证保险。

4. 按保险标的的内容分类

按保险标的的内容的不同，可分为物质财产保险、经济利益保险、责任保险。物质财产保险是以各类物质财产为保险标的的保险，分为企业财产保险、家庭财产保险、运输工具保险、货物运输保险、工程保险、农业保险等；经济利益保险是以各类物质财产损失所产生的间接损失，或者对他人依法应履行的经济责任为保险标的的保险，如利润损失保险、履约保证保险等；责任保险是以被保险人对第三者依法应负的赔偿责任为保险标的的保险，如职业责任保险、第三者责任保险等。

5. 按保险标的的性质分类

按照保险标的的性质的不同，可分为积极型财产保险、消极型财产保险。积极型财产保险是以已经存在的物质财产及其有关利益为保险标的的保险；消极型财产保险是以被保险人对第三者依法应负的赔偿责任为保险标的的保险，如第三者责任保险、产品责任保险等。

6. 按风险的内容分类

按照承保危险的内容的不同，可分为火灾保险、地震保险、洪水保险等。

7. 按保险业务内容分类

按保险业务内容的不同，可分为企业财产保险、家庭财产保险、营业中断保险、货物运输保险、运输工具保险（机动车辆保险、船舶保险、航空航天保险）、工程保险、农业保险、责任保险、保证保险、信用保险、人身意外伤害保险等。

3.1.3 各大类产品简介

财产保险公司的经营产品主要按照业务内容进行分类，下面对这些险种进行一些简要介绍。

1. 财产保险

财产保险是以物质财产及有关利益为保险标的的保险。主要包括企业财产保险及相关利润损失保险、工程保险及相关利润损失保险、家庭财产保险等。

2. 责任保险

责任保险是以被保险人对第三者依法应负的赔偿责任为保险标的的保险。它是保险人对被保险人由于过失等行为造成他人的财产损失或人身伤亡，根据法律或合同的规定，应对受害者承担的赔偿责任提供经济赔偿。主要有公众责任、雇主责任、产品责任、职业责任等保险产品。

赔偿方式主要分为期内发生与期内索赔两种。

3. 人身意外伤害保险

（1）意外伤害保险的概念及特征。

意外伤害保险是被保险人在保险有效期内，因遭受非本意的、外来的、突然发生的意外事故，致使身体蒙受伤害而残废或死亡时，保险人按照保险合同的规定给付保险金的一种人身保险。

意外伤害保险的保险责任具有以下特征：一是被保险人须遭受意外伤害事故；二是须导致被保险人死亡或残疾；三是意外伤害事故是死亡或残疾的直接原因；四是意外伤害事故须发生在保险期间内。

（2）意外伤害保险的险种。

最常见的意外伤害保险主要有两种，即个人意外伤害保险和团体意外伤害保险。

个人意外伤害保险主要包括：一般意外伤害保险、航空人身意外伤害保险、机动车驾驶学员人身意外伤害保险、驾乘人员人身意外伤害保险、游客意外伤害保险、铁路和公路旅客意外伤害保险等险种。

团体意外伤害保险包括：团体人身意外伤害保险、学生团体平安保险等险种。

4. 信用保证保险

信用保证保险是以被保证人履行合同为保险标的的一种保险，它分为信用保险和保证保险。信用保险是保险人根据权利人的要求担保义务人（被保证人）信用的保险，如出口信用保险；保证保险是义务人（被保证人）根据权利人的要求，要求保险人向权利人担保义务人自己信用的保险，如分期付款履约保险。

5. 货物运输保险

货物运输保险（简称货运险）分为海上（航空）货物运输保险和国内货物运输保险。海上运输货物保险的主要承保条款有平安险、水渍险和一切险三种，可承保的风险主要来自货物装卸及运输期间所遭受的意外事故，如风浪、火灾、船舶碰撞、沉没等。航空货物运输保险的基本险别有航空运输险和航空运输一切险。国内货物运输保险分为基本险和综合险。

6. 船舶保险

船舶保险是运输工具保险的一种。运输工具保险是以各种运输工具本身和运输工具所引起的对第三者依法应负的赔偿责任为保险标的的保险，主要承保各类运输工具遭受自然灾害和意外事故而造成的损失，以及对第三者造成的财产直接损失和人身伤害依法应负的赔偿责任。

船舶保险是以各种类型的船舶为保险标的的保险，承保其在海上航行或者在港内停泊时遭到的由自然灾害和意外事故所造成的全部或部分损失及可能引起的对第三者的责任赔偿。

船舶保险的保障内容主要包括三个方面：一是船舶的物质损失，指船壳、机器（包括主机、副机、发电机等）以及海洋船舶的导航设备、燃料、给养等方面的损失。凡属于船舶本身以及附属于船上的财产，而为船东所有的，均予以承保。物质损失是船舶保险保障的主要内容。二是船舶的有关利益。即船舶本身物质损失以外的利益损失。三是船舶对第三者的赔偿责任。是由于船舶引起的法律责任而需要在经济上给予赔偿的损失。

船舶保险的保险责任主要包括自然灾害和意外事故、碰撞责任、施救费用、共同海损费用和救助等。

船舶保险的责任期限主要有两种：一是定期保险，定期保险期限一般为1年；二是航次保险。

7. 航空航天保险

航空航天保险分为航空险业务与航天险业务。航空险业务包括所有与航空系统中各航空公司、机场、民航、空管站（局）、飞机制造维修公司、航空油料公司和航空食品公司等相关的险种业务，包括但不限于飞机综合险、机场责任保险、注油责任保险、空管责任保险、飞机维修人责任保险等各险种业务。航天险业务包括所有与航天系统中的卫星公司、卫星制造公司、卫星发射服务公司等相关的险种业务，包括但不限于卫星发射保险、卫星在轨运行保险、卫星在轨责任保险等各险种业务。

8. 机动车辆保险

机动车辆保险是产险第一大险种，通常占整个产险业务的60%左右。随着汽车工业的发展和人民群众收入水平的提高，汽车进入家庭，机动车辆保险蕴含着极大的发展空间。

机动车辆保险主要承保车辆因意外事故造成车辆本身的物质损失或第三者的财产损坏、人身伤亡而须承担的经济赔偿责任。保险条款有基本险和附加险两种。

机动车辆保险基本险一般分为车辆损失险和第三者责任险。其中，机动车辆损失险是指保险车辆遭受保险责任范围内的自然灾害或意外事故，造成保险车辆本身损失，保险人依照保险合同的规定给予赔偿；第三者责任险是指保险车辆因意外事故，致使他人遭受人身伤亡或财产的直接损失，保险人依照保险合同的规定给予赔偿。

机动车辆保险附加险的险种有：全车盗抢险、玻璃单独破碎险、车辆停驶损失险、自燃损失险、新增加设备损失险、车上责任险、无过失责任险、车载货物掉落责任险、不计免赔特约险。其中，全车盗抢险、玻璃单独破碎险、车辆停驶损失险、自燃损失险、新增加设备损失险为车辆损失险的附加险；车上责任险、无过失责任险、车载货物掉落责任险为第三者责任险的附加险；而不计免赔特约险同时为车辆损失险、第三者责任险的附加险，即只有在投保了车辆损失险和第三者责任险的基础上才能投保不计免赔特约险。

机动车辆保险主要有五个方面的特点：一是机动车辆保险属于不定值保险；二是机动车辆保险的赔偿方式主要是修复；三是机动车辆保险赔偿中采用绝对免赔方式；四是机动车辆保险采用无赔款优待方式；五是机动车辆保险中的第三者责任保险一般采用强制保险的方式。

3.2 保险合同简介

3.2.1 保险合同的概念和法律特征

1. 保险合同的概念

保险合同是投保人与保险人约定保险权利和义务关系的协议。依照保险合同，投保人应向保险人支付约定的保险费，保险人则应在约定的保险事故发生时，履行赔偿或给付保险金的义务。

2. 保险合同的法律特征

保险合同属双务、有偿和诺成性的合同，除了具有一般双务、有偿和诺成性合同的法律属性外，保险合同又具有自己的特征，具体表现为：

（1）保险合同是一种要式合同，大多数国家都规定保险合同必须采用书面形式。我国《保险法》第十三条也规定：投保人提出保险要求，经保险人同意承保，并就合同的条款达成协议，保险合同成立。保险人应当及时向投保人签发保险单或者其他保险凭证。

（2）保险合同是一种附合合同，又叫格式合同。它是指由一方提出合同的主要内容，而另一方只能作“取与舍”的决定，即要么接受对方提出的条件，要么不签订合同。

（3）保险合同是一种射幸合同。“射幸”一词的含义是指投机性、机会性或偶然性。保险合同的射幸性指投保人支付保险费以后是否获得保险赔款带有偶然性，它取决于保险期限内是否发生保险事故。

（4）保险合同是最大诚信合同。保险合同的订立系基于双方当事人的最大诚信，倘一方违反，他方有权解除合同或宣布合同无效。

3.2.2 保险合同的基本分类

1. 定值保险合同与不定值保险合同

这是根据保险价值在保险合同中是否先予确定来进行的分类。定值保险合同是指当事人双方事先确定保险标的价值并载明于保单中的一种保险合同。发生保险事故时，无论保险标的实际价值是多少，保险人都应当以合同中约定的保险价值作为计算赔偿金额的依据。常见的定值保险合同有货物运输保险合同、船舶保险合同以及以字画等不易确定价值的艺术珍品为保险标的的财产保险合同。

不定值保险合同是指在保险合同中，不记载有当事人事先约定的保险标的的价值，仅记载保险金额，而将保险标的的实际价值留待危险发生、需要确定保险赔偿的额度时才去估算。确定保险标的的实际价值最常用、最简便的依据是保险标的的市场价格。大多数的财产保险合同采用不定值保险合同。

2. 补偿性保险合同和给付性保险合同

这是以保险合同的性质为标准所作的分类。补偿性保险合同，是指在危险事故发生后，由保险人评定被保险人的实际损失从而支付保险赔偿金的一种合同。大多数财产保险合同都属此类合同。给付性保险合同（非补偿性保险合同），是不以补偿为目的的保险合同。保险金额的给付，是按签订保险合同时所确定的金额作标准。大多数人身保险合同都属此类合同。

3. 财产保险合同和人身保险合同

这是以保险标的的不同为标准所进行的分类，也是最为普遍的保险合同分类。财产保险合同是以财产及其有关利益为保险标的的保险合同。人身保险合同是以人的寿命和健康为保险标的的保险合同。

4. 特定危险保险合同和一切危险保险合同

这是以保险人所承担的危险状况的不同为标准而进行的分类。就一种或多种特定危险事故而进行保险的合同称为特定危险保险合同。所谓一切危险保险合同，并非指保险人对任何危险都予以承保。正确的理解是：在这种保险合同中，除列举不保险即“除外责任”外，承保其他任何危险所致损失。

3.2.3 保险合同的当事人及关系人

1. 保险合同的当事人

保险人，也称“承保人”，是指经营保险业务，与投保人订立保险合同，收取保险费，组织保险基金，并在保险事故发生或保险期限届满后，对被保险人赔偿损失或给付保险金的人。

投保人，也称“要保人”，是指与保险人签订保险合同，并承担支付保险费义务的人。投保人也是任何保险合同所不可缺少的当事人之一。作为投保人，必须具备以下两个条件：第一，具有相应的权利能力和行为能力；第二，具有保险利益。作为民事主体的投保人对保险标的要具有保险利益，即对保险标的具有经济上的利害关系。

2. 保险合同的关系人

保险合同的关系人包括被保险人和受益人，他们对合同利益享有独立的请求权。

被保险人，俗称“保户”，是指保险事故可能在其财产或身体上发生的人，即受保险合同保障的人。一般财产保险的被保险人，是对该保险财产具有保险利益的人。在人身保险合同中，当事人不仅可以以自己的身体为保险标的而订立保险合同，也可以征得他人同意，以他人身体为标的而签订保险合同。

被保险人对保险金的给付享有独立的请求权。被保险人对这一请求权的行使，因人身保险和财产保险的不同而有所不同。

在人身保险中，保险事故发生后被保险人仍生存者，保险金请求权当然由其亲自行使；若事故发生后被保险人死亡，保险金请求权多为受益人根据保险合同约定取得，合同未有约定者则依继承法的有关规定取得。

在财产保险中，发生保险事故时，被保险人人身通常未受到伤害，因而保险金请求权多为被保险人亲自行使。如果被保险人在保险事故中死亡，其请求权可以继承。法人作为被保险人不存在人身伤亡问题。

在保险合同关系中，被保险人还享有同意权。首先，人寿保险合同中受益人的指定须经被保险人同意或亲自指定；其次，以他人身体为标的投保死亡保险的，须经被保险人同意；另外一点就是保险合同的出质、转让一般须经被保险人同意。

受益人是指保险事件发生后，有权获得保险给付的人。

3.2.4 保险合同凭证的种类

保险合同的凭证主要包括：

投保单（application form），又称要保单，是投保人向保险人申请订立保险合同的书面文件。

保险单（insurance policy），是保险人和投保人之间订立正式保险合同的一种书面文件。

保险凭证（insurance certificate），也是保险合同的书面证明，实际上是一种简化的保险单，只在少数几种业务中使用。

暂保单（binding slip），是保险单或保险凭证未出立之前保险人或保险代理人向投保人签发的临时凭证，亦称临时保险单。

批单（endorsement），又称背书，是保险人应投保人或被保险人的要求出立的修订或更改保险单内容的证明文件。

3.2.5 保险合同的内容

保险合同的内容主要包括保险条款与保险明细表。

保险条款（clause）是保险单列明的反映保险合同内容的文件，是保险人履行保险责任的依据。保险条款主要包括以下方面。

基本条款。基本条款是标准保险单上印就的保险合同文本的基本内容，即保险合同的法定记载事项，也称保险合同的要素，主要明示保险人和被保险人的基本权利和义务，以及依据有关法规规定的保险行为成立所必需的各种事项和要求。基本条款的具体表现包括下面四个主要内容：（1）保险责任，规定保险人对被保险人承担的经济赔偿或保险金给付责任的范围；（2）除外责任，明确保险公司不负赔偿或不给付保险金责任的范围；（3）被保险人义务，主要是明确保险合同签署及合同履行过程中被保险人应该履行的义务或保险工作事项；（4）其他事项，如争议处理方式、司法管辖权所属地区等。

附加条款。它是对基本条款的补充性条款，是对基本责任范围内不予承保而经过约定在承保基本责任范围内的基础上予以扩展的条款。

法定条款。它是法律规定合同必须列出的条款。

保证条款。它是保险人要求被保险人必须履行某项规定所制定的内容。

协会条款。它是专指由伦敦保险人协会根据实际需要而拟定发布的有关船舶和货运保险条款的总称。

此外，在合同的基本条款之外，当事人可以另外约定具有某些特定内容的条款，以使基本条款中具有伸缩性的条款所涉及的权利与义务更为明确。

保险明细表罗列与投保标的有直接关系的保险细节，包括投保人的资料、保险标的的描述、保险金额（赔偿限额）、免赔额（被保险人自己承担的损失部分）、保险费率和保险费、保险期限等。

3.2.6 保险合同解释的基本原则

合同解释是指当对合同条款的意思产生歧义时，法院或者仲裁机构按照一定的方法和规则对其做出的确定性判断。保险合同解释的原则主要包括：（1）文义解释原则；（2）意图解释原则；（3）解释应有利于非起草人（主要是被保险人、受益人）的原则；（4）尊重保险惯例的原则。

3.3 核保操作要点

核保是保险公司对可保危险进行评判与分类，进而决定是否承保，以什么样的条件承保的分析过程。核保是保险公司经营活动的初始环节，是保险承保工作的核心。核保工作的好坏直接关系到保险合同能否顺利履行，关系到保险公司的承保盈亏和财务稳定。严格规范核保工作是降低赔付率、增加保险公司盈利的关键，也是衡量保险公司经营管理水平高低的重要标志。

核保流程是保险公司保险经营的核心流程之一，流程环节的掌控对于公司整体风险选择能力的管理与改善是非常关键的。核保基本流程见图 3—1。

1. 接受投保申请

投保申请主要通过投保单的填写与递交来实现。关于投保单的内容与投保单的审核，在本书第 3.4 节有详细描述。

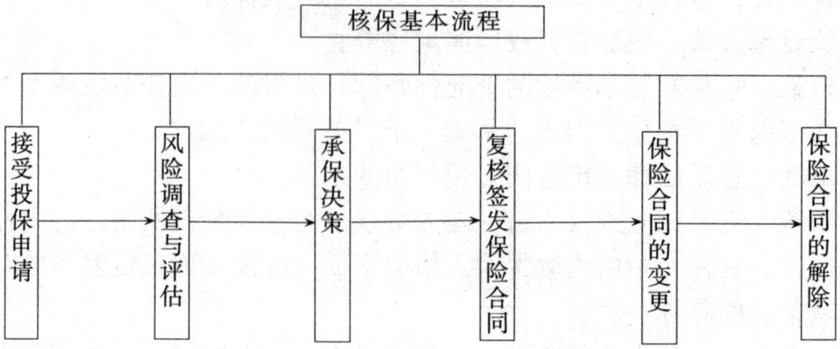

图 3—1　核保基本流程

2. 风险调查与评估

接受投保单后，保险公司开始进行风险调查与评估，主要从两方面着手：一是审核分析投保人填写的风险申报表（评估表）的内容；二是现场查勘。风险评估必须以达到了解标的风险状况为目的。以下是风险评估的具体步骤：

（1）审核投保单内容。投保单的审核是核保工作的第一步，是保险公司对所投保风险的第一条监控防线，非常重要。关于投保单的审核，在本章第 3.4 节有详细描述。

（2）明确主要风险。主要风险是指在投保责任范围内发生的可能性较大而一旦发生造成的损失金额也较大的风险，主要风险取决于保险标的内容、保险标的所在行业性质、地区、保险时期。

（3）明确风险点位。风险点位是在保险标的范围内最容易发生保险事故的环节、地点或位置，如高楼建工险的地基工程、高速公路建工险的护坡、软基路段；公众责任险的电梯间、浴池、游泳池等。调查风险点位应着重调查主要风险的风险点位。

（4）了解风险源。风险源即承保风险的来源或产生风险的原因。产生风险的原因来源于两大类：自然的，如地质结构的变化、台风、地震等；人为的，如恶意、疏忽等。

（5）了解被保险人风险管理水平。被保险人风险管理水平应从三方面进行分析：人员素质、风险管理制度、风险管理设施。

（6）了解保险责任事故发生的可能性。重点了解保险标的所在行业发生类似事故的概率，被保险企业以往的损失记录，保险标的当前所处的状况。

（7）分析一次事故有可能造成的最大损失。一次事故有可能造成的最大损失取决于：保险标的的性质，保险标的各个部分的间距（财产险），事故影响范围的大小，消防与风险防范的措施，法律对损失金额的认定（责任险）等。

对标的进行风险调查与评估后，应对标的风险状况进行总的评价，评分等级可分为优、良、一般、较差、差等作为参考。

3. 承保决策

（1）根据标的风险状况，决定是否承保。实务中，保险公司核保政策禁止承保的风险不能承保；风险较大，而承保条件不能相应提高的项目不能承保。对于不予承保的项目要向投保人说明理由；对于决定承保的项目要根据投保人的保险意图和标的风险状况拟定承保条件。

（2）正确拟定承保条件。要选择合适的险种条款，适合投保人的保险意图。主要考虑三个因素——被保险人、保险标的、保险责任，避免张冠李戴错误地选择险种条款。同时，要严格界定保险标的的内涵与外延。保险标的要明确名称、项目、所在地址、地域。在财产保险中，如投保人仅对部分财产投保而又不确定具体的财产部分，应在保险单上明确说明投保财产在全部企业财产中所占的比例，并约定在发生赔案时，按比例赔偿。

（3）正确使用保险金额的确定方式。保险金额有两种基本确定方式：按照保险标的的价值确定，一般适用于财产险；按照保险标的有可能发生的损失范围确定，一般适用于责任险。按照保险标的的价值确定保险金额分为两种方式：定值保险与不定值保险。除艺术品、古董等价值波动大的特殊财产外，财产保险应采用不定值保险方式。除非特殊情况，否则财产保险不能按保险标的有可能发生的损失范围来确定保险金额（即按第一危险损失方式承保）。如投保人坚持按此种方式投保，应根据标的损失的区间概率对费率作相应的调整。财产保险标的含一个以上项目，除明确总保险金额外，还必须明确分项保险金额。责任保险除明确累计赔偿限额、总赔偿限额外，还应视具体情况确定每次事故赔偿限额、每人赔偿限额。

（4）正确厘定费率和免赔额。费率和免赔额的厘定要与保险标的的风险状况相对应。保险标的风险状况评级为优、良的，费率可在市场平均水平上适度下调；风险状况评级为一般的，费率可适用市场平均费率；风险状况较差或差的，费率应在市场平均费率基础上适度上调。免赔的设置考虑三个因素：必然发生的损失金额；被保险人风险管理意识和水平；被保险人选择自担的风险。免赔的变动应与费率的变动相联系。免赔额提高，费率降低；免赔额减少，费率提高。两者相互变动的幅度取决于标的损失在金额上的分布概率。

（5）谨慎使用附加条款。附加条款分为：限制责任条款、中性条款、扩展责任条款，应根据标的风险状况谨慎使用。在一个险种项下，对一特定标的必然要发生或发生机会非常大的风险，应附加特别条款将其排除在保险责任之外；对一特定标的，如对保险标的范围、保险责任、理赔方式有歧义，应附加中性条款予以明确。可保风险的扩展责任条款可以使用，不可保风险（如某些契约责任、核辐射责任等）的扩展责任不能使用。同时，不可利用附加条款把一个险种改变为另外一个不同的险种。扩展责任条款应视具体情况单独设置赔偿限额和免赔额。

（6）确定保费交付方式和日期。在投保单和保险单上都必须明确约定付费方式和日期。一般情况下应明确约定保费的缴费期限。如保险费数额较大或其他特殊原因，可同意客户分期交付保险费，但分期付费必须符合一定的条件。

4. 复核、签发保险合同

核保人拟定承保条件后，由出单部门或经办机构出具保险单、保险凭证、批单、协议等保险合同文件。

5. 保险合同的变更

保险合同的变更必须有合理依据，须获得保险人与被保险人的同意，同时，保险合同的变更必须采用书面的形式（批单）。

6. 保险合同的解除

保险合同的解除要符合保险法规，要与被保险人达成相关的共识或协议。

3.4 投保单的审核

投保单是投保人向保险公司表达投保意向的一个文件，也是核保人员对保险标的了解的第一步。

3.4.1 投保单的法律定位

投保单是保险合同的重要组成部分，与保单、批改申请、批单等重要凭证共同组成了保险合同。保险合同是个整体概念，单独的凭证不能成为完整的保险合同。

作为体现投保人购买保险意向的书面要约凭证，投保人必须在投保单上签名或签章。投保单的内容必须完整、准确和真实。所谓完整是指投保单所列明的栏目应当全部填写，无空缺；准确是指对各填写要素严谨无误，例如标的的地址、投保金额、投保日期、客户联系方式等等；真实是指投保单填写的主体资格人是投保人，而不是保险公司业务员代理填写并代签名。真实的最大体现是投保人自己在投保单上盖章或签名，这是合同的重要要素。如果投保人盖章（签名）栏目空缺或由业务员代填写则属于无效要约，要约本身是不完整的，对投保人不产生法律约束力。无效要约意味着保险人的承诺——保险单丧失了成立的基础，也无疑为日后产生保险纠纷埋下了导火索，容易将投保人和保险人双方置于法律上的被动局面。因此，严格操作程序——凡对公业务，必须在“投保人签单”栏加盖与投保人名称完全一致的公章，对私业务必须在“投保人签章”栏由投保人签名并提供身份证影印件作为投保单附件一并存档，方可为完整的要约与接受要约的行为。

3.4.2 投保单的主要内容

投保单按不同险种有不同的内容，但共通的主要内容包括：投保人资料（姓名、地址等）、被保险人资料、受益人资料（人身险适用）、投保险种及应用条款、保险标的及其位置、保险金额（赔偿限额）、保险期限、保费支付方式及日期、风险申报表（评估表）、司法管辖权归属国（责任险）、过去损失记录、投保人申明所填写资料属实、投保人签章、投保日期等。

3.4.3 投保单的审核

审核投保单是核保工作重要的一环，是风险评估不可或缺的一个步骤。以下是审核投保单重要内容的要点。

1. 投保人、被保险人、受益人（人身险）资料

确认投保人、被保险人、受益人的身份是否正确、信息是否充分。一是确定投保人、被保险人与受益人的关系，断定其中不存在道德风险；二是审核投保人、被保险人是否对标的具有可保利益；三是对标的权属进行分析，清楚标的损坏赔偿的权益归属；四是审核投保单中投保人名称与其在法定机构的注册名称及投保单中的签章是否相符；五是姓名/名称、地址、邮编、联系方式等基本信息须清晰无误。

2. 投保险种、应用条款

分析客户关心的风险所在，正确识别客户的意图与需求，根据现有险种、产品与条款，确认拟用险种正确无误。一是未开办险种或其相应的责任范围超出保险企业规定、保险惯例或保险监管规定的不能承保；二是投保险种不能出现张冠李戴与违规操作，例如，客户投保财产险就不能用机损险的投保单，或者为了规避核保规定而以客户投保公众责任险来替代雇主责任保险需求，或以质量保证保险条款来实现产品责任需要等；三是批改申请合乎规定，如降费的理由充分（确实证实标的风险降低或者以加大免赔的方式而申请降低费率），批改险种正确，如减少机损险的保额就应是对机损险进行批改申请而不是对财产综合险进行批改

申请。

3. 保险标的

准确界定承保标的的性质、范围、内容。一是明确区分承保标的是责任险、保证险还是财产保险，如客户的需求是承保公众责任，就不能以财产综合险保单来承保。二是保险责任范围清晰，如承保公众责任保险，特别约定中仅提示“扩展火险责任”，就很不明确；又如产品责任险所保障的产品种类和型号必须清楚描述。三是审核对有关保险责任的措辞，避免模糊字眼的出现，确保责任范围清晰、无争端。四是对申请保险金额的批改，要清楚客户申请的是对流动资产还是固定资产的保险金额的批改。五是保险标的的行业性质或者标的类型须清晰。六是标的位置、范围要准确、清晰地加以描述。

4. 保险项目

审核投保单、批改申请，确保承保标的的具体项目清晰。一是审核财产险或机损险的保险金额是以某月报表上的某部分资产进行确定还是以附加财产清单的形式进行确定的；二是审核承保金额是包括固定资产、流动资产（从报表角度看，在出单中以流动资产作为承保项目是没有任何意义的，而且概念模糊，因为报表上流动资产的范围非常广，包括如应收款项、应付款项等等诸多内容）的全部还是仅仅承保存货等；三是承保金额中是否包括条款剔除的禁保财产或其他代销、寄卖标的等；四是被保险人的行业与标的特征须清晰（例如，建筑工程保险的建筑类型、财产综合保险中标的的行业特征，如二级建筑的塑胶厂等等）。

5. 地域范围

审核标的涉及的区域范围。首先要清楚承保标的的坐落位置、地点、周围环境状况，对财产处于多个地点的状况，要清楚财产的分布状况；其次，要清楚产品责任与质量险等产品的销售区域，对涉外客户尤其要给予重视。同时要认真审核拟援引的法律争议归属等问题。

6. 保险金额、赔偿限额

确保保险金额数据来源准确、可靠。不管保险金额的确定方式如何，要确认保险金额与相关利益相符。数据要有源可循，如以报表数据为准，则要求审核有关的报表数据，以数据的相对准确、合理为原则。要避免因超额投保或不足额投保而产生的道德风险。若涉及累计赔偿限额、每次事故赔偿限额等须审核两者的关系及合理性。

7. 保险期限

清晰的保险期限约定对保费的最终结算是很有利的，如预收保险费的产品质量险、货运险、产品责任保险、煤气责任保险等。保险期限通常不应超过一年。

工程险项目或货运航次险的保险期限应根据项目或航次的实际完成时间而确定。实务中，一是要确保保险期限的确定性，如货运险开口保单中，对标的的预约运输时间段的界定要清晰，还有“钩对钩”或“仓至仓”等条款的选用，又如建筑工程保险中对保险期限的拟订要按条款规定进行等；二是在未实地验标或得到某些书面确认之前，切忌倒签保单；三是要确保保险期限的合理性，谨慎使用保险期限展期。

8. 约定交付保费方式、日期

保险费缴纳时间通常分期初一次性交付和分期交付。另有期初预缴保费再按保险期限结束时的实际保险价值或其他参数调整保费。确保保费是否按约定交付将成为保单生效的先决条件。重点审核分期付款方式是否符合保险公司相关规定，是否合理，同时要审核付款方式是否会产生应收风险（如商业承兑等）。

9. 风险申报表（评估表）

风险申报表是进行初步风险评估的重要依据与信息来源。不同险种须用不同的风险信息表。重点审核风险信息的完整性与真实性，确保申报项目不漏项；数据格式符合要求，如量化数据不能以定性方式来描述；投保人签章完整。

10. 过去损失记录

主要记录或提供近年来的主要损失信息，这是风险评估的重要依据之一。不管标的过去投保了还是未投保，均要提供。过去损失记录主要包括事故损失大小、损失原因、发生时间等信息，其损失涉及范围不一定与保险责任直接相关。

11. 司法管辖权归属国（责任险）

责任险投保中，须明确司法管辖权归属国。通常分国内管辖权及世界管辖权两种，世界管辖权属高风险业务。

12. 投保人申明、签名、盖章、投保日期

审核投保人签名、签章与投保单或（批单）保单中的被保险人的有关内容是否相符，投保时间是否存在倒签现象；务必确保投保人申明所填写资料属实。

3.5 核保管理要点

核保管理要以利润导向、卓越的风险抉择为品质目标。核保品质管理内容主要包括以下六个方面：一是确立一个明确、以利润为目标的核保策略；二是建立并保持一支拥有高技术水平的核保人员团队，以便有效地执行既定的核保策略；三是核保必须进入流程管理，而不是形式管理或简单的人员管理；四是保持与销

售、市场进行不断的沟通，建立良好的业务支持与引导能力，销售渠道与销售人员是核保风险选择的第一道防线，往往需要进行足够的政策与技术沟通，以充分发挥其风险防范的职能；五是充分重视风险信息的管理与运用，这是保险经营者的财富，专业的保险竞争在很大程度上就是风险信息的占有和使用的竞争；六是建立技术与数据体系，通过科学方法进行核保工作。

关键词

财产保险	自愿保险	强制保险	定值保险	不定值保险
自然灾害	意外事故	保险合同	承保决策	投保单
保险金额	保险期限	赔偿限额	免赔额	每次事故
风险调查	风险评估	风险点位	风险源	责任保险
保证保险	扩展条款	合同解释	核保管理	

思考题

1. 简述标的风险评估的主要内容。

2. 简述保险合同的特征。

3. 简述责任保险的特征。

4. 财产保险合同与人身保险合同的被保险人在合同中的地位有何不同？

5. 简述定值保险和不定值保险的区别。

6. 简述投保单的重要性。

7. 某企业投保企业财产险，因保费数额较大，双方约定分期给付，第一期交付后，到第二期交费时，保险人催其交付，被保险人未交，在此期间发生火灾；被保险人交付第二期保险费用时向保险人索赔，保险人以被保险人未按期交付保险费为由，不收出险后补交的保险费，并以未尽交费义务而拒赔。试分析保险人是否应负赔偿责任。

8. 某人投保了“意外伤害险”，在保险期间被汽车撞伤，在家养病中不幸中风死亡。问保险公司是否要给付保险金？

9. 有一批货物出口，货主以定值保险的方式投保了货物运输保险，根据投保时的实际价值，与保险人约定保险价值为 24 万元，保险金额也为 24 万元，后货物在运输途中发生保险事故，出险时当地完好市价为 20 万元。问：

（1）如果货物全损，保险人如何赔偿？赔款为多少？

（2）如果部分损失，损失程度为 80%，则保险人如何赔偿？其赔款为多少？

第4章

企业(个人)财产保险核保实务

本章预习

财产保险是保险人对被保险人的财产及其有关利益，在发生保险责任范围内的灾害事故而遭受经济损失时给予的经济补偿。财产保险涉及的险种主要有财产一切险、家庭财产险、机器损坏险、利润损失险等。财产保险核保的主要内容为：

- 投保单
- 风险评估表
- 承保条件
- 暂保单
- 批单

4.1 财产保险概论

4.1.1 财产保险的特性

财产保险是保险人对被保险人的财产及其有关利益，在发生保险责任范围内的灾害事故而遭受经济损失时给予经济补偿的保险，是一种经济补偿制度。财产保险具有以下特征：

(1) 财产保险以有形财产及其有关利益为保险标的。企业的财产根据其具体存在的形态通常被划分为有形财产与无形财产。有形财产指厂房、设备、存货等；无形财产则是指公司的信用、品牌价值等。无形财产不能作为财产保险的保险标的。

(2) 财产保险的保险标的必须是可以用货币衡量价值的财产或利益。在财产保险中，财产或利益的实际价值是获得保险保障的最高经济限额。因此，财产或利益的实际价值必须能够用货币衡量，无法用货币衡量价值的财产或利益不能作为财产保险的保险标的，如空气、江河、矿藏等。

(3) 财产保险的业务活动具有法律约束力。财产保险是一种合同行为，财产保险关系的存在与成立必须由具有法律约束力的文件给予确认，以明确保险标的的合法归属、价值构成和保障的基本范围。保险人和投保人或被保险人双方订立保险合同的过程，以及所承担的权利和义务都要受到财产保险合同的约束。

(4) 财产保险对于保险标的的保障功能表现为经济补偿。根据保险的基本原则，财产保险的补偿功能表现为被保险人的财产或利益在遭受保险责任范围内的损失后，保险人通过保险补偿形式，使被保险人的财产或利益恢复到损失前的状态，维持保险标的的原有的商业价值，不允许被保险人从保险补偿中获得额外利益。

(5) 财产保险属于社会商业活动的组成部分。财产保险是保险人立足于保险原理之上，按照商品经济的原则所经营的保险业务。从保险条款的设计、保险费率的厘定，到保险展业、核保、防灾防损和核赔等经营环节，无一不渗透着商业经营的痕迹。保险人与被保险人之间被一种具有法律约束力的特殊商品交换关系所联结，使保险人在经营中必须时刻关注自己所承担的风险责任与实际偿付能力之间的比例变化。在这一方面，它与社会保险和政策性保险业务是有区别的。由政府主办的社会保险和政策性保险在理论上具有无限的偿付能力，而财产保险的总准备金与责任准备金是有限的，必须按照商品经济的原则和规律开展业务，切实保障保险公司经营的财务稳定性。

4.1.2 财产保险的种类

根据保险标的、保险责任的不同，财产保险业务可分为以下四类：企业财产险、机器损坏险、利润损失险、家庭财产险。以下分别介绍这四个险别：

4.1.2.1 企业财产险

企业财产险与家庭财产险均起源于火灾保险。当然，随着火灾保险的发展，承保对象从只保建筑物，扩展到其他财产，如机器设备、存货等；承保范围从火灾逐步扩大到暴风雨、地震、暴动等。火灾保险已不再是传统的单一的承保火灾危险，它已成为各种自然灾害和意外事故的综合保险。各国的保险人在承保方式上有所不同，有些保险人把火灾以外的危险均列为火灾保险的附加责任；也有的保险人则把火灾以外的风险直接列入火灾保险的基本责任范围内，我国采用的是后面一种做法。尽管责任范围已越出了火灾的范畴，承保方式也不尽相同，但多数国家仍然使用"火灾保险"这一名称。而对于此类风险，我国现在一般通称为"财产保险"。我国目前企业财产险有四个险种，即财产保险基本险、财产保险综合险、财产保险与财产一切险。

1. 保险标的

(1) 可保财产。凡载于财产保险单及附表上的财产，不论其为被保险人所有，或替他人保管或与他人共有而由被保险人所负责的，均属被保险财产。上述可保财产大体可分为四大类：

建筑物。包括厂房、仓库、办公室、住宅、宿舍及其他建筑物或附属建筑物。但在基本险和综合险中规定，码头、道路、桥梁、铁路等除有特殊约定外，一般作为不保财产。

装潢、装置、家具。指房屋、建筑上固定的装饰设备。如水、电、空调设备、地毯、室内陈设、各种家具等。

机器设备、工具、用具。指各种装配线、生产线、输送运输装置等。

储存货物、物料及材料等。如库存品、半成品、原料物料、辅料及包装物料等。

另一方面，这类财产也可以用会计科目来反映，如固定资产、流动资产、账外资产等。

(2) 特约可保财产。这类财产可以分为两种：一种是市场价值变化大、保险责任也不同于一般财产的财产，如金银、珠宝、艺术品、邮票等。一种是为了满足部分行业的特殊需要的财产，如矿井内的设备等。在财产险和财产一切险保单中建筑物上外露的广告、天线、霓虹灯、太阳能装置等也作为特约可保财产。

（3）不保财产。保险条款规定不予承保财产的原因主要包括：一是这些财产不属于一般性的生产资料或商品，如土地、矿藏等。二是这些财产缺乏价值依据或难于鉴定其价值，如文件、票据、图纸、档案、账册等。在基本险、综合险保单中规定电脑资料也为不保财产，而财产险、财产一切险保单中将计算机资料及其制作、复制费用作为特约可保财产。三是承保这些财产将与政府的有关法律法规相抵触，如违章建筑、非法占用的财产等。四是枪支弹药、爆炸物品等危险品。五是应该投保其他险种的财产，如运输过程中的物质应投保货物运输保险，领取执照正常运行的机动车应投保机动车辆保险，动物、植物、农作物应投保农业保险，货币、有价证券等应投保现金险。在财产险和财产一切险保单中将便携式通讯装置、电脑设备、照相摄像器材及其他贵重物品也作为不保财产。

2. 保险责任

财产基本险、财产综合险以及财产险均采取列明风险方式确定保险责任，保险标的只有遭受保险条款中列明的灾害事故造成损失时，保险人才承担赔偿责任。而财产一切险的责任范围采取概括方法，不一一列明，也就是说，除外责任以外的灾害、事故，保险公司均予负责，财产一切险的除外责任采用列明方式列举。

（1）财产基本险的保险责任。它包括：火灾；雷击；爆炸；飞行物体及其他空中运行物体坠落；灾害事故引起的停电、停水、停气的损失，但必须是被保险人拥有财产所有权的供电、供水、供气设备因保险事故遭受损坏，引起"三停"以致造成保险标的的直接损失；施救、抢救造成保险标的的损失；为防止或减少标的的损失所支付的必要的、合理的费用。

（2）财产综合险的保险责任。除包含财产基本险的责任外，财产综合险还将暴雨、洪水、台风、风暴、龙卷风、雪灾、雹灾、冰凌、泥石流、突发性滑坡、地面突然塌陷等自然灾害列入了保险责任范围。同时，财产综合险明确规定露堆财产因上述自然灾害或其他意外事故造成的损失也除外不保。

（3）财产险的保险责任。财产险的保险责任与财产综合险的保险责任基本一致，但在财产险保单中，将火山爆发、水箱、水管爆裂也列入保险责任。而停电、停水、停气造成的损失则不在保险责任内。锅炉爆炸也不在保险责任范围。

（4）财产一切险的保险责任。在保险有效期内，当保险财产在保险单注明的地点由于自然灾害及任何突然和不可预料的事故造成的损坏或灭失，保险公司均负责赔偿。财产一切险的责任范围是相当广泛的，财产一切险采用列明除外责任方式来确定保险责任范围，凡是不属于除外责任的风险均在保险责任范围内。

4.1.2.2　机器损坏险

机器损坏险是在传统的锅炉、蒸汽机保险的基础上发展起来的。它是从财产保险中分离出来的一个险种，可以说是财产保险的补充和其责任的扩展。机器损坏险承保各种机器设备因设计制造及安装错误、工人技术人员操作失误、离心力引起断裂、锅炉缺水等造成的损失。

1. 机器损坏险及其特点

机器损坏险是以机器设备为保险标的，以机器设备损坏为赔偿的前提，以机器设备的重置价值为承保基础，承担被保险人的机器在保险期限内工作、闲置或检修保养时，因除外责任之外的突然的、不可预料的意外事故造成的物质损坏或灭失的一种保险。

机器损坏险有以下特点：

（1）保险金额根据重置价值确定。机器损坏险与普通财产保险不同，后者投保人可以实际价值投保，也可以重置价值投保，甚至可以采用估价投保方式投保。而机器损坏险却要求所有投保机器（无论新旧程度如何）一律按重置价值来确定保险金额。

（2）承担的损失以意外事故和人为事故为主。机器损坏险主要承担由于人为原因或电气原因造成的机器损毁和灭失。不论任何原因引起的火灾、爆炸和暴风雨、洪水等自然灾害造成的损失均不负责。

（3）有停机退费的规定。与其他保险不同的是，在机器损坏保险中，锅炉、发电机等连续停工超过三个月的时间（包括修理，但不包括由于发生保险损失后的修理），保险人退还一定比例的保险费。

2. 机器损坏险的保险标的

机器损坏险适用于所有安装验收完毕并转入生产经营的机器设备及配套设施。机器损坏险的保险标的，包括各类机器、工厂设备、机械装置等，如发电机组、电力输送设备、生产机器和附属设备。投保人在投保机器损坏险时，一般要求将一个工厂或一个车间的机器全部投保。保险人在承保时应予剔除的机器设备包括超负荷、超负载运行的，未按国家或有关部门规定淘汰和停止使用的，或未按国家和有关部门规定定期保养、检修的设备等。保险人还对一些使用期限很短的零部件，可以除外不保，如各种模具、玻璃、金属线等易耗物件，以及一切操作中的媒介物（如润滑剂、燃料、催化剂等）。同时，对于电脑（包括软、硬件），由于技术复杂，也不能用机器损坏险承保。

3. 机器损坏险的保险责任

机器损坏险的保险责任主要是机械事故与人为事故，不包括自然灾害及一般的意外事故。而机器损坏险的承保风险都是财产保险不予承保的。而财产保险所保障的危险基本上为机器损坏险的除外责任。机器损坏险与财产保险是相互独立又相互补充的。

4. 机器损坏险的除外责任

机器损坏险也是一切险，即采用列明除外责任的方法确定保险责任。凡是除外责任内不包括的风险都在保险责任范围内。

4.1.2.3 利润损失险

1. 利润损失险的概念

传统的财产保险只对保险责任造成的直接物质损失提供保障，因物质损毁而引起的间接损失，如停产、减产、营业中断而产生的利润损失则不负赔偿责任。利润损失险作为传统财产保险的一种附加和补充，必须是在依附于财产保险的基础上，而且所承保的风险必须与财产保险相一致。因此，投保人只有在投保了财产保险的前提下，才能投保利润损失保险；同样，只有被保险财产遭受保险事故造成损失并获得保险人赔偿的前提下，保险人才会对因此种物质损失引起的利润损失负赔偿责任。

2. 利润损失险的特征

(1) 财产保险所承保的是保险标的的直接损失，而利润损失险所承保的是财产保险所不予承保的间接损失。利润损失险可以依附在财产保险保单项下，也可以依附在机器损坏险保单项下。

(2) 利润损失险赔偿的只是投保企业合法、合理的后果损失，被保险人不能从赔偿中获得任何非法利益。所谓合法，是指损失的利润应是法律上承认的利润；所谓合理，是指投保企业在未遭受灾害事故，在正常营业或生产条件下能够实现的利益或费用开支，而不是主观臆测或推断的收益或支出。利润损失险不予承保的利润损失有二：一是由于被保险人计划不周、经济管理不善或违反政府法令造成的利润减少；二是由于市价下跌、产品质量低劣、产品积压等原因造成的损失。

3. 利润损失险的保障项目

尽管利润损失险以财产保险为基础，但所承保的损失项目却不同。利润损失险承保的是投保企业的生产经营设备（如建筑物、机器）由于遭受自然灾害或意外事故造成企业生产停顿或营业中断而引起的间接的经济损失，即预期毛利润的损失和中断期间仍需支付的必要的维持费用。利润损失险的保障项目有三类：

(1) 毛利润损失。毛利润损失主要包括两类：

一是营业额减少所致的毛利润损失。利润损失险中毛利润的定义与会计实务中毛利润的定义是有所区别的。利润损失险中毛利润＝营业额＋期终库存－期初库存－变动成本＝净利润＋固定成本。由于变动成本在营业中断后就无须支出，因此，在利润损失险中无保险利益可言。而固定成本又称为维持费用，这些费用在营业中断期间仍须支出，因而是有保险利益的。

在计算营业额减少所致毛利润损失时，需要用到毛利润率，其中毛利润率＝毛利润/营业额×100％。该毛利润率是企业已经实现的，而利润损失险所保的是企业本年度可能实现但尚未实现的利润。在一般情况下，企业可用上一个会计年度的毛利润率来推算本年度的毛利润。保险人也可用上一个会计年度的毛利润作为确定毛利润率的依据和计算保险金额的基础。

在已知毛利润率的基础上，根据出险后企业的营业额减少情况，即可计算出企业的毛利润减少额：

毛利润减少额＝毛利润率×营业额减少

二是营业费用增加所致的毛利润损失。除营业额减少能带来毛利润损失外，营业费用的增加同样也能引起毛利润损失。这里所指的费用与维持费用有区别。维持费用不会由于营业中断而增加，维持费用是固定成本。而增加的营业费用，是指企业在遭受保险事故所造成的财产损失后，为了避免或减少营业中断的损失而额外支出的费用。如厂房发生火灾后，需临时租用普通房屋进行生产而产生的租房费用。只要这些费用是为了减少被保险人的损失，或为迅速恢复经营的合理开支，保险人就可以负责赔偿。具体地说，保险人予以承保的费用应具有以下条件：一是这些费用的支出在主观上是为了避免或减少营业损失，是为了缩短营业中断时间；二是这些增加的费用不能超过一定的"经济限度"，即不能超过赔偿期挽回的营业额与毛利润率的乘积。

（2）工资。对工资的投保方法比较特殊，可以放在利润中一同保险，也可将工资单独投保。在对工资进行成本形态分析时，通常工资可以分为变动成本与固定成本。其中计件工人的工资、生产车间工人的工资可以视为变动成本，而管理部门的工资可以视为固定成本。一般说来，变动成本是没有保险利益的。但对工资的处理较为特殊，作为变动成本的工资可保可不保。这是由于企业为了挽留熟练工人，不会减少这些工人的工资。

如单独承保工资，对工资的赔偿可先计算工资率，即工资率＝工资/营业额；而工资的赔偿＝减少的营业额×工资率。

（3）佣金损失。佣金主要是指会计师或审计师费用。该项目的费用通常是被保险人为了向保险人索赔而产生的。因为被保险人委托会计师审查，证明其账册和其他业务文件的合法性，编制索赔报告等需要支付费用。

4.1.2.4 家庭财产险

家庭财产险（简称为家财险），是面向城乡居民家庭并以其住宅及存放在固定场所的物质财产为保险标的的保险，它属于火灾保险范畴，强调保险标的的实体性和保险地址的固定性。

在家庭财产保险业务经营中，其保险标的、承保地址、保险责任等与企业财产险均具有相似性：一是保险标的都属于具有实体的财产物资，为有形资产；二是都要求存放在固定的处所；三是保险人承保的风险均包括若干自然灾害与意外事故，可以附加盗窃风险等。但家庭财产险作为与企业财产险相对应的另一类火灾保险业务，实际上由若干具体的险种构成，并在经营实践中呈现如下特色：

（1）业务分散、额小量大。家庭财产险是一种分散性业务，其单个保单的承保额不高，但业务量却很大。

（2）风险结构不同。家庭财产险面临的风险一般主要是火灾、盗窃等风险，这种风险结构与企业财产险有着巨大的差异。因此，保险人需要有针对性地做好风险选择与防损工作。

（3）保险赔偿不同。一方面，家庭财产险的赔案大多表现为小额、零星赔案。另一方面，保险人对家庭财产险的理赔一般采取有利于被保险人的第一危险赔偿方式。

4.2 财产保险核保实务

4.2.1 财产保险核保总则

所谓核保，就是核保人员根据公司既定的核保政策，对拟承保项目的特定风险进行识别、评估和定价，以及对保单责任及费率条件等进行审核，并最终加以确认的过程。在实务操作中，各级核保人员常会受到业务部门的巨大压力，故在控制住主要风险的同时，保持一定的灵活性亦很重要，关键是要把握合法合规性、盈利性和操作性风险管理三大核保要素指标，强调细致、谨慎与效率，努力体现技术含量、合作精神与服务意识。

（1）依法经营是公司之本。保证所有承保业务的合法合规是核保作业的基本要求。核保工作要依据国家相关法律、保险监管部门的法规及文件以及公司内部的各项业务规定而开展。

（2）不亏本是公司经营活动的底线。保证承保业务总体上有盈利是核保作业的根本任务。承保业务总体上的盈利性依赖于逐笔业务成本条件所构成的平均成本曲线。承保业务的成本控制主要是通过对费率及其他承保条件的控制而实现的。其核保依据主要是各项业务规定、费率规章、市场信息及经验的积累。

（3）操作性风险。主要是指因承保操作方面的问题可能带来的损失。这种损失也有可能是巨额损失。规避这种类型的风险是核保作业的要害，关键是要严格遵守操作规范。操作性风险管理类核保要素的核保依据主要是各项业务规定及经验的积累。

4.2.2 财产保险核保要素

4.2.2.1 投保单

投保单是保险合同的重要组成部分，且每笔业务一定要有投保单。投保单必须由投保人亲自填写，保险公司的展业人员可给予协助和指导。填写投保单要求内容真实、字迹清楚、书写工整、完整，如有错误或遗漏，投保人必须在更正处签章，不得随意更改。审核投保单时应注意的要点：

（1）投保人名称应填写投保人单位的全称。投保人在一般情况下应与被保险人一致，如不同，应问清他们之间的关系，是否具有可保利益。因债权、债务、抵押或有相关利益的关系方也可以成为被保险人，但必须同时列上各自的全称和地址。

（2）保险财产地址指保险标的所在地即坐落地点，如若保险标的存放地址不止一处时，应列明各处的地址、保险金额和保险标的。若被保险人变更或增加财产存放地，应及时向保险人申报，经保险人加批后将其列入保险财产范围。

（3）投保人对投保单填写内容核对无误后，须在投保人签章处加盖公章，并填写填单日期。

4.2.2.2 风险评估表、风险查勘报告

承保前，应根据所有的材料，实地查勘投保单位的周围环境、防灾措施、风险管理情况，进行风险分析和评估，主要工作有：

（1）查明保险财产的占用性质，以便弄清可能存在的风险；查明建筑物的主体结构及所使用的材料，确定建筑物等级。

（2）了解地域范围情况。保险财产处于不同的地域范围，具有不同的危险，如保险财产处于沿海一带，就有遭受台风的可能，处于河边，就有受水淹的可能。要根据保险标的物所处位置分析遭受主要风险的可能性。

（3）了解防灾安全设施。主要看被保险人有否设置有效的防灾设备，弄清其分布、维护情况。如在河边的，在汛期应有一定高度的防水墙和应急方案；一般说来，火灾是主要危险，要按消防部门的规定检查保险财产在设计、装修用料方

面是否符合防火要求，是否配备足够的消防器材及消防器材的保养情况，是否订立安全防护措施，是否配有训练有素的消防施救人员等等，以保证随时使用。

（4）了解保险财产以往的损失情况。一般从被保险人过去3～5年间的损失记录中可看出被保险人对保险财产的管理情况，通过分析以往损失原因找出风险所在。

（5）了解被保险人的道德情况。特别是对经营状况差的企业，弄清有否道德危害存在，为防止道德危害发生，需要通过政府有关部门或金融单位了解客户的资信情况，必要时可建立客户资信档案，以备承保时使用。

（6）划分危险单位。危险单位划分是指组成保险财产的各个单元（如建筑物）之间遭受灾害事故时所波及的范围。若两个单元是可以分隔的，发生灾害时不致相互波及，可视作两个危险单位，否则作为一个危险单位。

（7）分析最大可能损失。确定危险单位之后，就要估计最大可能损失。这是指保险单项下承保的财产在发生灾害事故时可能遭受的最大损失，一般用百分比来表示。经过分析找出生成最大损失可能性的最大风险之后，根据这种风险可能对保险标的物的波及面和保险标的物本身的抗火、抗灾能力，尽可能合理地估计出整个保险标的物的最大损失率，以损失率乘以保险财产的保额，便是最大可能损失数字。

从以上几个方面进行风险评估之后，要填具有关风险评估表或核保问卷。

4.2.2.3　承保条件

1. 主条款

对于财产保险各险种主条款，原则上都应使用经保监会审批的主条款。对于非标准条款的使用需求，必须首先对条款具体内容进行审核，并报监管部门备案。

2. 附加条款

附加条款是对主条款的扩展、补充和说明。对于附加条款的使用，应考虑标的实际风险状况和市场竞争因素，力求规范、严谨、逐一核保。财产险类附加条款有些主要只是明确保单赔偿基础或是对保险合同内容的解释，一般不考虑加费，还有一些是对保险范围的扩展，具体使用应该根据保险标的的实际情况，设定赔偿限额或每次事故免赔额，并在厘定费率时综合考虑。

3. 特别约定

特别约定及备注均应作为重要的核保内容。保单上的特别约定及备注与条款具有同等法律效力，处理失当可能危及整个保单的实质性内容。

使用特别约定及备注，有标准文本的必须使用标准文本，没有标准文本的用语必须具体、完整、准确。

4. 保险金额

保险金额是保险人承担赔偿责任的最高限额。确定的保险金额不同，所能获得的赔偿也不同。保险金额相当于财产实际价值的保险，称为全额保险（足额保险）；保险金额低于实际价值的保险，称为不足额保险；保险金额高于实际价值的保险，称为超额保险。不同的保险标的，可用不同的方法确定其保险金额，保险金额的确定应适当，否则发生损失时，被保险人可能会得不到足够的赔偿。

保险金额一般按以下办法确定：

（1）按市价确定财产的保额，即按当时的市场行情进行估价所核定的资产（如商品、货物、建筑物、设备）的价值确定保险金额。在保险单上不约定保险标的实际价值，只列明保险金额作为赔偿的最高限额。发生损失时，保险人按照标的损失当时的实际价值（即市价）计算赔款。

（2）按财产的重置价值来确定其保额。重置价值是指重新换置或建造同样的全新固定资产所花成本及费用的估价，它包括货价、运费、工资、保险费、税款等。为适应被保险人重置财产的需要，保险人允许被保险人以超过实际价值的重置价值投保。如一台旧机器可以以同类产品的新机器的价值作为保险金额，以旧换新。以财产的重置价值作为保险金额时，所定的保险金额一般高于市价的20％左右，但具体比例，要根据重置或重建所需费用来定。为了明确责任，保险人应附加“重置价值条款”。使用注意事项详见该条款的解释。

（3）按双方约定的保险价值来确定财产的保险金额。财产保险中，保险合同当事人不约定保险标的的实际价值，但对于某些特殊标的，如字画、古玩、工艺品等，投保人或保险人在投保时双方事先约定一个金额，以此作为财产的保险金额。发生损失时不论所保财产在损失当时、当地的实际价值（市价）是多少，保险人认定按保险单上约定的保险金额计算赔偿。全部损失按保险金额全部赔偿，部分损失按保险金额乘以损失成数赔偿。为了明确责任，保险人应加贴“定值保险条款”。使用注意事项详见该条款的解释。

（4）以约定的赔偿限额来确定财产的保险金额（first loss basis）。这种承保方式与一般财产保险不同，其保额往往低于全部被保险财产的价值，当保险标的发生损失时，不论其保额占实际财产估价的比例多少，只要在保额以内，保险人均按实际损失赔付。这种方法一般只适用于某些特大土木工程如地铁、隧道、大坝、公路、桥梁等。

（5）按保险财产的账面原值或账面原值加成数来确定财产的保险金额。发生损失时，保险人按保险金额与保险价值的比例承担赔偿责任。特别值得注意的是，此承保方式不适于管理制度不完善、账务不清的企业。

（6）保险单明细表中列明的费用，如“清理残骸费用”、“灭火费用”、“施救费用”、“专业费用”等，一般以第一危险责任赔偿方式单独列出保险金额承保。每项费用应计入总保险金额并按约定费率收取保费。但也有另外的习惯做法，即把此类费用列入扩展责任中，并规定一个与保额相适应的赔偿限额，但采用这种方式承保加收保费就困难了，一般在确定费率时应考虑这一扩大的责任。

5. 保险费率

保险费率主要根据以下几种因素综合分析后厘定：

（1）建筑物的建筑结构或物资类别；

（2）标的物危险性大小；

（3）历年赔付记录；

（4）标的所处地理环境及当地水文、气象、地质情况；

（5）防灾设施及其保养情况；

（6）被保险人经营管理情况；

（7）免赔额高低；

（8）特别条款。

利润损失险不得单独承保，其保障范围不得大于主险（即物质保险）的保障范围，且必须在保单封页上注明所跟主险的保单号。加保利润损失险后一般不得再划分危险单位，利润损失险自留须和主险同比例，总共最多一个自留额。利润损失险赔偿期限低于12个月的，保额必须以12个月计算，赔偿期限高于12个月的，保额相应扩大。保险费率一般为年费率，客户中途退保或短期投保，一般应按短期费率计收保费，保险期限不足一个月的按一个月计算。

费率一经双方商定，在保险期满前一般不得中途改变，若因企业转产或占用性质改变、承保风险明显减少，可根据其危险程度适当调整。

及时收费是保险公司正常运作的基本保证，为尽可能减少应收保费，保单中还要订立最后付费日期，一般被保险人的付款期限应掌握在保险起讫日起两周以内，且应一次缴清，但对一次缴清保费有困难的客户或保险费数额巨大者可经双方协商后采取分期付费的方法支付保费，但最多不能超过四期，并以书面形式注明每期应缴付的保险费和缴付日期。

6. 免赔额

为减少小额赔款的支出，降低投保人的投保成本，同时督促被保险人做好防灾防损工作，财产一切险和机器损坏险应根据标的风险的大小，确定不同金额的免赔额。免赔额可以是一个具体金额、百分比，也可以是具体金额加上损失的百分比，以高者为准。如：1 000 元；损失金额的 10%；1 000 元或损失金额的 10%，以高者为准。利润损失险的免赔额用时间表达，一般不少于 3 天。

4.2.2.4 暂保单

暂保单是在正式保险单出具之前开出的一种临时合同，在一般情况下不得轻易使用。出具暂保单的前提必须是客户急需转嫁风险的需求，并且明确表示在我公司投保；另外，暂保单的保险责任和保险项目必须明确。

使用暂保单有两种情况：

（1）保险中介人在争取到业务而尚未向保险人办妥保险单之前，临时开出的证明。

（2）保险人与被保险人双方在就原则问题和费率、承保范围达成协议后，仍需就某些条件、保单条款细节进行商讨时，先给被保险人开出同意提供保障的证明。至于保单中的理赔、权利和义务等细节，均以正式保单为准。

暂保单在保险人履行赔偿责任上，与正式保单一样具有效力，但其有效期一般不超过 30 天。当正式保单开出之后，暂保单就自动失效。暂保单也可以在正式保单开出之前中止效力，但保险人应事先通知被保险人。

在出具暂保单时应注意：

（1）保险人必须充分了解被保险人的资信情况及保险标的的风险情况。

（2）被保险人以往的投保情况，如是否曾在其他保险公司投保。

（3）对保险双方已经协商确定保险条件的，被保险人要书面确认。

（4）要求被保险人先支付一定金额的保费（一般为预计保费的 10%～20%）。

（5）在暂保单期间发生保险事故，结案必须在正式保单签发之后。

4.2.2.5 批单

已经核保通过的保险单，如发现差错或因其他原因需要更改，将出具相应的批单。批单的使用须遵循以下原则：

（1）所有批单都需核保，流程同原保单，原则上仍由原保单核保人核保。

（2）对非被保险人原因造成的差错，由上报单位填写处理保单差错申请表，经核保同意后予以批改。

（3）被保险人提出的更改保单条件的申请，须由客户提供批改申请书，经核保同意后予以批改。客户提供的批改申请书应粘贴在投保单背后，并加盖骑缝章。

（4）批单的缮制一般最少三份。一份送交保户，粘贴在保单正本之后；一份经过单证流转后粘贴在保险单副本上，并加盖骑缝章；一份存入客户卷。

（5）凡是保险费有增减的，批单应列明加费或退费的计算公式，同时还要出具付费通知书。

（6）批单的文字要求既要简练，又要措辞达意，能准确的说明问题。

关键词

风险　投保单　暂保单　批单　核保　保险金额

主条款　附加条款　特别约定　费率　财产险　财产一切险

机器损坏险　利润损失险

思考题

1. 在利润损失险中，当赔偿期限为 6 个月时，保险金额应为全年的毛利润还是半年的毛利润？并简述原因。

2. 财产基本险、财产综合险、财产险这三个险种保险责任确定方式与财产一切险保险责任确定方式有何区别？

3. 简述利润损失险中年度营业额与标准营业额的区别。

4. 保险费率主要根据以下哪几种因素综合分析后厘定？

第5章

工程保险核保实务

本章预习

工程保险是对建筑、安装工程项目在进行施工建设期间为工程建设提供风险保障的保险。工程建设是工程资金投入与设计及施工的总称，其显著的特点是随着工程资金的投入，工程建设将按工程设计及计划进度逐步实施和完成。在工程建设期间，存在着各种风险，如：建设风险、市场风险、信用风险、环境风险、政治风险、法律风险等，工程保险根据工程建设的特性，在工程风险评估和风险控制管理基础上为工程建设风险提供保障。在进行工程保险承保时要掌握工程保险的基本特性：承保风险的特殊性、保障的综合性、被保险人的广泛性、工程保险期限的不确定性、保险金额的变动性、责任赔偿限额协商性、免赔额设置的必要性、建筑及安装工程保险特性等，并根据工程保险核保的工作内容和基本程序开展工程保险承保工作。本章重点对工程保险的发展、作用、风险评估及控制，以及工程保险特性和工程保险核保内容及程序进行了简要阐释，并叙述了工程保险物质损失承保项目和第三者责任险的基本核保要点，以及工程项目具体核保的要求，同时对工程保险的费率和免赔额以及赔偿限额等承保条件进行了阐述。主要内容包括：

- 工程保险的起源与发展
- 工程建设特点及风险种类
- 工程保险的特征
- 工程保险的形式
- 工程保险核保基本程序
- 工程项目类型
- 工程项目保险风险评价
- 工程保险核保内容

5.1 工程保险概述

我国加入世界贸易组织后，随着时间的推移，我国的社会主义市场经济和国际市场接轨的程度也越来越深，工程建设及其相关行业和市场也处于这样的转变之中，工程建设应该按照市场经济的规律进行运行和管理，即自主经营、自负盈亏、自我约束、自我发展。目前，我国大型土木建筑、安装工程投资主体正发生深刻的变化：一方面国家发行大量的建设国债来支持各项大型工程的建设；另一方面各大型工程向各大银行争取贷款，如向世界银行、亚洲开发银行、国家开发银行等大型银行争取贷款；同时，各大型实业主体向各大型工程项目参股投资共建。这种投资主体多元化转变，不仅促进了我国大型工程建设的迅猛发展，而且迫使各投资方、建设方以及工程承包商（施工单位等）在市场经济规则下，必须实行工程风险管理制度，最大限度地减少风险、避免风险，最大限度地减少经济损失。目前国际上通行的做法是，在加强工程建设自身的风险管理上进行风险转移，即对工程项目进行工程保险，以便在工程项目遭受灾害事故时，各工程关系方能及时得到经济补偿，弥补损失，致使工程项目得以继续运行和发展建设。我国按市场经济规则对建筑和保险都相续制定了法律法规，在制度上保证了工程项目建设的顺利进行，同时国家也在不断地完善有关建筑和保险方面的法律法规，以使我国的工程建设得以健康地发展。

随着我国法制建设的加强，在20世纪90年代，我国相续颁布了合同法、保险法、担保法、建筑法和招标投标法等法律文件，在国家或地方重大工程项目上，建设工程不但依法普遍实行了公开的工程招标投标，而且承包商普遍采用了

FIDIC 标准工程合同条款。这不但规范了我国的建筑安装工程市场，使工程建设有法可依，而且也有力地促进了工程保险的发展，尤其是国家开发银行对贷款项目工程保险有明确的管理规定。我国通过行政立法、银行贷款项目工程保险管理和建筑安装工程市场机制的三重制约，强化了工程保险在建设工程中的保障作用，同时也推动了工程保险的险种开发，为工程建设市场提供了较完善的保障服务。现代工程保险不但包括主要的建筑工程一切险、安装工程一切险以及锅炉和机器设备保险，还发展出如核电站工程保险、航空航天工程保险、海上工程保险、电子工程设备保险，以及机器设备或工程建设利润损失保险等专项工程项目保险险种。目前，我国已加入世界贸易组织，现代工程保险将随着我国的进一步开放在经济建设中发挥着更重要的保障作用。

5.2 工程项目建设的特点与风险种类

5.2.1 工程项目建设的特点

工程建设是工程资金投入与设计及施工的总称，其显著的特点是随着工程资金的投入，工程建设将按工程设计及计划进度逐步实施和完成。工程建设不但有重大工程项目所具有的工程造价巨大的特点，还有以下特点：

1. 工程建设的流动性

工程建设是建筑及安装设计与施工生产的总过程。施工过程中发生大量的物质流动，如原材料的运输及储存，以及在施工场地内，工程的空间位置、施工机具、施工人员均随着施工进度的推进发生人机的流动、操作条件和工作面的不断变化，致使工程的流动性对施工的组织与管理工作造成重大的影响，因此工程施工必须严格按照工程施工组织设计的顺序和要求进行。

2. 工程设计与施工工艺的复杂性

工程建设的程序是复杂的和规范的，工程项目从立项到竣工一般分为 4 个阶段：工程项目决策阶段，主要有投资意向、市场研究与投资分析、工程项目建议书、工程项目可行性研究报告、审批立项；工程项目规划设计阶段，主要有设计任务书、工程项目初步设计及技术设计、工程项目施工图设计；工程项目施工阶段，主要有施工准备、施工组织设计、施工实施过程、试车过程、工程项目竣工验收；工程项目终结阶段，主要有试生产及投产使用、生产经营、投资后评估。但各个阶段和各项工作间也存在相应的联系。对于一些小规模工程项目，其建设程序的各阶段可能合为一体，而一些特殊结构的工程项目可能需将设计工作按各部分分成若干个部分进行设计。由于工程建设类型涉及广泛，包括机械、冶金、化工、轻纺、建筑、交通、能源、电子通讯、医药、农业和矿山等所有的工业建设领域，而且设计及施工标准、规范和要求各不相同，制作工艺和方法也不尽相同，差异很大，在施工中各施工工序立体交叉作业和平行施工，同时进行各工种的多工种多工序的施工，因此工程项目的设计及施工是极其科学而又复杂的。

3. 工程建设周期长

工程项目建设周期长主要是建筑项目结构物庞大、类型复杂多样、各工序施工过程繁杂、工艺及技术复杂以及工程项目当地的地质水文自然条件等综合因素所致。较大的工程项目施工期限可长达数年，如长江三峡水电站工程长达 10 年之久。大型工程项目建设首先是土建工程施工，因地质结构、水文气象的不同，以及建筑结构和施工工艺的不同，土建工程几乎贯穿建设整个期限；而安装工程是在土建结构封顶后实施，包括设备安装、组装、调试和单机试车、热机（联动）试车等全过程。安装工程竣工则整个工程施工结束。因此工程建设周期跨度很长，一般工程项目都会经历几个自然灾害期，工程遭遇风险的概率大大增加。

4. 工程施工作业条件恶劣

工程项目建设施工通常在露天施工作业，易遭受地震、洪水、暴风雨等自然灾害的侵袭。另外，由于工程项目类型和结构不同，有的建筑物和构筑物高达数百米，如上海金茂大厦高 448 米，有的深入地下或水下数十米深，甚至上百米深，如南京长江第三跨江大桥桩基工程水下深度达 150 米，上海地铁二号线车站地下深度达 50 米，因此高空施工作业和地下或水下施工作业难度大、风险很高。高速公路工程项目长达数百公里，其中特大桥梁、特长隧道众多，不良地质泥石流、滑坡、山崩、断裂带、软土流沙、溶洞、地下涌水以及采空区等给工程施工造成巨大风险。

5.2.2 工程项目建设风险种类和风险源

1. 工程建设风险种类

建设风险。即由于设计错误、施工不善、材料缺陷、施工人员伤亡、第三者财产损毁或人身伤亡、自然灾害、意外事故以及其他认为或自然的原因，对工程成本、工期、质量等造成损失或不利影响的风险。可行性研究时间及经费不足，地质勘测不足，工程边建边设计，建设风险就增加。

市场风险。建筑市场是一个竞争激烈的市场，投资结构多元化，行业竞争，经济利益驱使等，使建筑市场处在有序和无序竞争交织状态，真正有技术实力和管理水平的业主有可能选择不到一个适当的或有能力的承包商；而分包商（施工单位）技术水平及管理能力各异，承包商也面临不能按时收到工程款和如期完工的风险。

信用风险。它包括承包商对业主承诺按工期合同保质保量如期完工的信用保证问题，业主是否按期支付工程款的信用保证问题，各工程关系方（银行、投资公司、设计方、制造商、材料供应商等）的信用风险问题等。

环境风险。工程施工用地和工程本身对环境的破坏和影响可能是不可逆转的，造成的隐患和引发的灾害是目前科技水平无法解决的，后期治理环境的费用可能远远高于工程的投资。

政治风险。政治风险主要为政治变动、内乱、暴乱、战争以及政府没收和汇兑限制等风险。政治环境变动将给工程建设造成重大影响，从而给工程建设带来风险并造成经济损失。

法律风险。国家颁布或修改的建筑、外汇、税收、公司制度等方面的法律、法规，将直接影响到工程建设各方面的权利和义务，进而影响工程各关系方的根本利益。

2. 工程建设施工风险和风险源

工程建设期间，建筑物结构在整个施工过程中是处在最软弱的状态，荷载承受能力最低，任何不利的作用和预料之外的荷载，都将给建筑物造成不同程度的损坏和破坏，或者引起周边第三者财产损失、人员伤亡等。通常，工程建设施工风险定义为：在工程施工期限内，由于自然的、意外的各种各样的原因，发生灾害、事故或危险，造成工程项目财产损失、第三者财产或人员伤亡的可能性或概率。

风险的产生和存在是由于各种各样的原因，这些原因称为风险源，工程建设的风险源可分为自然的原因和人为的原因。

自然的原因有地震及地震引起的海啸，滑坡、山崩、泥石流、洪水等地质水文灾害，台风、龙卷风、暴风雨、飓风、雷击、冻灾等气象灾害。

人为的原因有设计错误、施工工艺不善、原材料缺陷、施工管理问题与错误、施工操作错误等设计施工事故，工程人员的道德原因以及内外盗窃行为事故。人为因素主要包括以下三类：

（1）技术性风险。包括地质勘测和工程设计技术不足或错误；施工及生产工艺和施工技术不善；原材料质量及缺陷问题；施工机具设备、电气设备故障；安装、组装错误，调试以及单机试车和联动试车事故。

（2）人为风险。包括业主及监理和承包商的资质和经验、施工组织管理水平、工程施工人员的素质，人为的故意破坏以及重大过失，工程内外人员的盗窃行为。

(3) 责任风险。包括法律环境、地理环境、施工方式、工程防范、造成污染、信用等问题。

5.3 工程保险的特征

5.3.1 工程项目保险的规范性

工程建设项目主要分为建筑工程项目和安装工程项目，投保的建筑、安装工程项目应是具有相应设计资质等级的设计单位的设计产物，工程项目是永久性工程，施工单位同样应具有相应的施工资质等级和同类型工程的丰富的施工经验。因此，承保的工程项目应是经立项审批后按规范设计和施工的正式工程项目。

5.3.2 工程项目保险风险的综合性

工程项目保险承保的风险是工程项目建设施工中的风险，工程保险风险主要是自然灾害、意外事故和第三者责任。

自然灾害：包括地震、海啸、雷电、飓风、台风、龙卷风、风暴、暴雨、洪水、水灾、冻灾、冰雹、地崩、山崩、雪崩、火山爆发、地面下陷下沉及人力不可抗拒的破坏力强大的自然现象。

意外事故：不可预料的以及被保险人无法控制并造成物质损失或人身伤亡的突发性事件，包括火灾和爆炸。

第三者责任：因发生与所承保工程直接相关的意外事故而引起工地内及邻近区域的第三者人身伤亡、疾病或财产损失，依法应由被保险人承担的经济赔偿责任。工程险第三者是指被保险人、工程所有人或其他承包人及与工程有关系的工作人员以外的单位和其他人员，即订立保险合同的双方以外的单位和个人。

5.3.3 被保险人的广泛性

建筑、安装工程保险的保险单中可能成为被保险人的有：业主，承包商或分包商，工程债权人（银行、投资商），工程项目所有人聘请的设计师、工程师、专业顾问，机器设备的供货商或制造商。

业主：建设单位或工程项目所有人。

承包人：负责工程项目施工的单位。承包人可分为总承包人和分承包人。分承包人就是与总承包人订立分承包工程合同，负责工程中部分工程项目的施工单位。

技术顾问：业主聘请的建筑师、设计师、工程师等专业顾问，对工程进行设计、咨询或监督。

其他关系方：如贷款银行、投资商。

保险人承担业主、承包商或分包商、工程债权人的标的物质损失责任；保险人承担设计师、工程师、专业顾问、供货商或制造商自身责任造成的其他保险标的物质损失责任。

5.3.4 保障范围的广泛性

工程项目保险是综合性保险，除保障工程建造项目的财产损失外，还保障工程施工期间由工程直接相关的意外事故造成的第三者责任损失。另外还可扩展到保障建筑材料及构件、安装设备的内陆运输和储存风险，以及扩展到与工程直接相关的设计师、监理工程师、制造商的错误风险。工程保险不但承担灾害事故发生后被保险人为减少损失而采取必要措施所产生的合理施救费用，而且还有条件地承担为恢复工程施工而发生的相关费用，包括清除残骸费用、空运费、灭火费用、专业费用以及其他特别费用。工程保险对工程项目发生保险责任内的灾害事故造成工程建设的预期利润损失也可给予补偿。

5.3.5 工程保险期限与工程期的一致性

普通的财产保险一年一保，周期短。而建筑、安装工程保险期限从工程开工到完工的全过程，往往需要三四年，甚至更长时间。有的还投保工程验收期和质量保证期。

工程险保险期限分为：建筑期或安装期的物质损失保险及第三者责任险和保证期的物质损失保险。

建筑期或安装期的实际保险期限，是在按工程合同期限签订的保险单列明的建筑、安装期限内，自投保工程动工日或自被保险工程项目（材料、设备等）被卸至建筑、安装工地时开始（以先发生者为准，但不得超过保险单规定的生效日期），直至工程所有人对建筑、安装的部分或全部工程签发验收证或验收合格时，或工程所有人实际占有或使用或接受该部分或全部工程时终止，但以先发生者为准，最迟不得超过保险单规定的终止日期。对于在保险期限内提前验收移交或实际投入使用的部分工程项目，则在该完工部分验收移交或实际交付使用时，工程保险责任即告终止。

保证期为工程合同的缺陷责任期，保证期的保险期限与工程合同中规定的缺陷责任期一致。保证期自工程验收合格或工程所有人实际使用时开始，以先发生者为准，至保险单规定的月数（一般为12～24个月不等）或列明的保证期终止日期为止。

5.3.6 保险金额的变动性和多元性

建设工程项目往往投资巨大，加上现代建筑采用新技术、新材料、新结构，以及建筑材料、人工费用的上涨，造成保险金额巨大。

一般建筑、安装工程保险可按工程招投标合同价（工程预算造价）确定为保险金额。建筑、安装工程完工时的工程竣工结算总造价为最终保险金额，实行多退少补的保险费结算制度，保险期限届满后3个月内申报工程总造价，调整保险费。工程保险的保险金额主要由以下结构组成，被保险人可根据工程性质和保险需求确定。

(1) 建筑工程：这是建筑工程保险的主要项目，保险金额包括建筑工程合同内规定建设的建筑物主体、建筑物内的装修设施及设备、配套的道路、桥梁、水电设施等土木工程项目，存放在施工场地的建筑材料、设备和临时工程建筑等工程造价。该部分保险金额为工程合同总价，其中应包括设计费、材料设备费、施工人工费及机械台班费、运输费、关税及其他有关费用。

(2) 业主提供的物料及项目：指未包括在工程合同金额内，由业主提供的物料及负责建造的项目工程造价。

(3) 安装工程：指承包合同中包含的机器设备、安装费等安装工程项目造价。该部分保险金额为工程合同总价，其中应包括设计费、材料设备费、施工人工费及机械台班费、运输费、关税及其他有关费用。

(4) 建筑用机器、装置及设备：指施工用的各类机器、装置及设备的重置价。如起重机、打桩机、钻机、推土机、供电供水设备等的重置价。可以由保险双方协商保险。

(5) 工地内现有的建筑物：指不在承包工程范围内的所有人或承包人或由承包人保管的工地内已有的建筑物价值。可以由保险双方协商保险。

(6) 业主或承包人在工地上的其他财产：指上述五项范围以外的其他可保财产。可以由保险双方协商保险。

(7) 场地清理费：指发生保险责任事故后为清理场地支付的费用。可以由保险双方协商保险。

5.3.7 责任赔偿限额协商性

第三者责任的赔偿限额，以及有关物质损失和第三者责任险的附加条款的赔偿限额均由保险双方共同协商确定。例如：第三者责任赔偿限额可根据工程造价及规模大小，工程本身风险的大小（基础工程基坑大小、支撑结构、施工工艺顺序，弥散性易燃、易爆物事故范围等），周边第三者建筑结构、地下管线等状况以及工程规模大小等确定第三者责任赔偿限额。工程本身风险高，周边第三者建筑结构、地下管线等状况欠佳，赔偿限额应降低；工程本身风险较低，周边第三者建筑结构、地下管线等状况尚好，赔偿限额可适当升高。

5.3.8 免赔额设置的必要性

免赔额也叫自付额，是指在发生保险责任范围内的风险事故所导致的损失中被保险人应自己承担的部分。

设定工程险免赔额意义重大，其作用为减少小额赔款，加强施工方的责任性，以达到减少事故的发生和控制风险的目的，它是利用经济手段来促使被保险人加强防灾防损工作。

工程保险物质损失部分规定的免赔额一般包括：特种危险的免赔额、自然灾害的免赔额、各保险项目遭受意外事故的免赔额，安装工程一般还应设立试车期免赔额。如有必要，还可设定更详细的免赔额。

5.3.9 建筑、安装工程风险及保险特性

（1）建筑工程风险是从基础工程到主体结构完成逐渐增加的，即风险为0%～100%，一般基础工程风险占整个建筑工程风险的70%。

（2）安装工程设备及机具从安装一开始就存在于工地上，设备价值大且风险集中，尤其是试车期危险程度最高，瞬间风险可达到100%。

（3）建筑工程受自然灾害风险影响大，安装工程受人为风险影响大。

（4）安装工程保险对旧机器设备或转手设备，则自其试车之时起，保险公司对该项设备的保险责任即行终止，也不承保保证期责任。

（5）安装工程项目以不超过整个建筑工程总保险金额的20%为限，如在20%～50%之间，应按安装工程保险费率计收保险费，如超过50%，则应单独投保安装工程险。

（6）建筑工程保险对设计错误引起的损失和费用不承担赔偿责任。安装工程保险对设计错误引起保险标的本身的损失不承担赔偿责任，应该由被保险人向机器设备制造商索赔，但对设计错误引起其他保险标的的损失应予负责赔偿。

5.4 工程保险核保实务

5.4.1 工程保险的基本程序

工程项目从立项审批、设计施工到竣工验收的基本程序与工程保险项目的立项、评估风险、保险单的签署到保险期限结束保险单终止的全过程紧密关联，具体详见表 5—1。

表 5—1　　工程建设与工程保险程序表

阶段划分	工作类型与工作程序	工程保险的程序
工程项目规划与研究决策阶段	工程投资意向 工程建设市场研究与投资分析项目建议书 工程勘察设计 工程建设预可行性研究报告 工程建设可行性研究报告 工程建设项目审批立项	工程保险立项 工程项目初步风险评估 工程保险初步承保方案
工程项目规划设计阶段	工程项目建设准备 工程地质详细勘察 工程初步设计及审查 工程技术设计及审查 工程施工设计 工程施工图设计	工程地质水文及设计技术风险评估 工程施工方案及组织设计风险评估 工程保险投标书及竞标
工程项目建设施工阶段	施工前准备（征地拆迁、场地三通一平） 工程项目招标（土建工程招标、主要机电设备招标、设备安装工程招标） 工程施工组织设计 土建工程施工实施 机电设备工程安装 机电设备单机调试 机电设备系统联动调试试车运行 工程竣工验收	工程保险中标 签订工程保险合同，缴纳保险费 工程保险防灾防损及风险管理 工程竣工，建筑、安装工程保险期结束
工程项目运营阶段	生产试运行 正式运营 生产投资经营评估	工程保险保证期

5.4.2　工程项目类型

1. 建筑工程项目类型

建筑工程项目主要是以土木工程建设为主的工程项目，建筑工程项目主要包括三大类：

一是工业民用等建筑物。包括居民住宅、学校、医院、办公大楼、酒店等多层及高层建筑，工业钢结构厂房、仓库、展览馆、大型体育场、电视塔、飞机场等建筑。

二是市政工程建筑项目。道路交通工程包括城市高架道路、城市轻轨、地铁、普通公路、高速公路（道路、桥梁、隧道）、铁路等工程项目；管道和管线工程包括城市、郊县和跨省市的供水、排水、供电、煤气、灌溉等管道，通讯电缆、电力电缆、光缆等的铺设工程；桥梁工程包括跨江河大桥、跨海大桥工程等。

三是水工工程项目。主要包括水利枢纽工程、河道整治工程、航道疏浚工程、港口码头工程、水库、防波堤、防洪堤坝加固、围垦、围海造地或围海筑路以及水电站等工程。

2. 安装工程项目类型

安装工程项目涉及范围广泛，包括机械、冶金、化工、轻纺、建筑、交通、能源、电子通讯、医药、农业和矿山等所有的工业、商业、农业等建设领域。

安装工程项目风险分类主要可参考财产保险的六级企业危险划分。安装工程项目主要有以下方面：

(1) 机械设备安装工程。机械设备是各种动力设备的总称，在运行中需要各种传动装置带动，使其处于机械运转状态。其主要包括：切削机床、锻压设备、铸造设备安装，起重设备（包括塔吊、大型龙门吊）、输送设备和电梯安装，各类风机、泵、压缩机、制冷机设备安装，工业炉设备安装（电弧炼钢炉、无芯工频感应电炉、电阻炉），燃气发生炉设备安装（天然气、煤气）。

(2) 电气设备安装工程。电气设备安装工程是指从发电站（或发电厂）的电能输送到用电设备或电器具上的一系列装置的输电线路所构成的整个供电系统或其中的一部分的安装工程。其主要包括：各种类型的发电机、电动机设备安装，变压器、配电装置、电缆、动力及照明控制系统设备安装，防雷及接地装置安装。

(3) 通信安装工程。通信工程包括电讯工程（电话、数字程控交换机设备、数字移动—微波通信系统、电话传真）、广播及电视系统工程（无线电通信、闭路电视、网络系统工程）、信号系统工程、通信电缆及光缆工程、海底通信光缆系统工程。

（4）工艺管道安装工程。工艺管道工程是指在工业建设中为工业设备服务的工业管道及动力所需的各种介质的输送管道。工艺管道工程适用范围包括：厂区范围内外的车间、装置、站罐区及其相互之间各种生产用介质输送管道，厂区内外的生产用给排水、蒸汽、燃气输送管道、民用采暖及卫生管道。

（5）工业民用建筑给排水、采暖、燃气、通风及空调系统、消防系统和智能化管理系统安装工程。

（6）自动化控制装置及仪表安装工程。包括自动操纵系统、自动检测系统、自动信号联锁保护系统、自动调节系统等。

（7）工艺金属结构安装工程。工艺金属结构是指工业生产中，用来支承和传递工艺申报、工艺管道及其辅助设施的结构施工项目，它主要包括设备框架、支架、管廊、柱子、桁架结构、联合平台、一般梯子等。另外还包括服务于工业生产在现场制作的物料储存设备，排放处理生产废气的大型金属构造物以及相应的附属设施，包括：金属油罐、球罐、气柜、火柱、排气筒、漏斗、料仓、烟囱、烟道等。

（8）炉窑及锅炉安装工程。炉窑砌筑工程在建筑安装工程中为特殊工程项目，它包括各种专业炉和一般工业炉的砌筑。例如：焦炉、炼焦化工炉、高炉（炼铁热风炉等）、炼钢炉（转炉、电炉）、混铁炉、轧钢均热炉、热处理炉、有色金属工业用炉（炼铜反射炉、炼铜转炉、铝电解槽等）、石油化工工业用炉（转化炉、石油裂解炉、气化炉等）、蒸汽锅炉等。

（9）化学工业设备安装工程。化学工业设备包括化工机器和化学设备两类。化工机器指转动设备（包括主机及附属设备），如泵等定型产品。化工设备是指化工静止设备即化工容器（用于化工工业中的带有内件及填充物设备的成套容器），其范围包括设备本体及其与相邻装置连接的接管，如反应器、热交换器等类型非标设备，或非定型设备。按工艺范围可分为以下几类。

反应设备：如反应器、发生器、反应釜、分解锅、分解塔、聚合釜、变换炉、蒸煮锅等。

换热设备：如废热锅炉、热交换器、冷却器、蒸发器、加热器、硫化锅、蒸煮器、蒸压釜等。

分离设备：如分离器、过滤器、集油器、缓冲器、贮能器、洗涤器、吸收塔、干燥塔等。

贮存设备：如各种类型的贮槽、贮罐等。

（10）电子、电器设备的安装工程。包括集成电路和半导体芯片设备及生产流水线的安装工程等。

5.4.3 工程项目保险风险评价

5.4.3.1 工程项目风险调查

1. 承保前工程项目风险书面调查内容

保险人在承保建筑工程项目的保险业务时，除了要求被保险人如实详尽地填写投保申请书外，还应对建筑工程项目及有关各方面进行风险调查，填写风险评估表和施工用机具和设备清单，主要内容包括：

(1) 建筑、安装工程的种类、性质，结构复杂性及技术难度和风险程度。

(2) 建筑、安装工程项目所在地的自然环境和位置，特别明显的自然灾害威胁。

(3) 设计单位的技术水平及资信情况。

(4) 工程承包人及其他工程关系方的资信，承包商及施工单位的技术水平、经营管理水平，施工及管理人员的素质。

(5) 工期长短及施工季节和施工进度，试车期和保证期的长短。

(6) 工程投资额及资金来源、工程造价明细清单和质量考核方式。

(7) 原材料的供应方及质量情况，原料的性能及其危险程度。

(8) 设备的质量（新旧）、型号及制造来源和运输方式。

(9) 建筑、安装工程合同的内容。

(10) 投保人及被保险人的数量及相互关系。

(11) 施工中的第三者责任风险大小。

2. 现场风险查勘内容

承保前必须进行现场查勘，主要了解以下内容：

(1) 工地位置、地势及周围的环境和危险因素。

(2) 工程项目的性质、性能、设备新旧程度、结构状况以及以往事故记录。

(3) 工地内有无现成建筑物和其他物资及其位置、状况。

(4) 储存物质的库场状况及地理位置和水文记录以及运输距离、方式等。

(5) 工地安全保卫及其设施防护状况。

(6) 工地周围及邻近地区第三者分布及性质和经营状况。

(7) 设计及施工单位的技术力量和施工重点及难点的技术力量配置。

(8) 工程承包商及施工单位的组织管理制度、应急抢救措施、消防培训计划和设备配置、持证上岗程度。

3. 工程保险所需掌握的信息和工程资料

(1) 建筑工程。需要掌握的工程建设信息包括工程建设投资组成、工程业主及总承包商和工程监理公司以及实际投保人、工程设计单位、建筑结构类型、工地场内或场外预制、工程现场周边业主原有建筑以及第三者建筑及地下管线、工程地点（标高）年平均降雨量和近年最大洪水水位或汛期最高水位。

需要收集的有关工程资料包格工程保险招标文件、工程承建合同、工程概况、工程平面略图、工程平面及纵断面图、工程地质水文资料、可行性研究报告或工程初步设计、工程施工方案及施工方法、施工组织设计、工程量清单总汇、工程施工计划进度表，工程设计及施工单位资质证书、施工机械设备清单等。

1）民用建筑与工业建筑（高层建筑、会展中心、厂房等）。除掌握和收集上述工程建设信息和资料外，还应了解以下方面：

建筑工程结构类型，是民用建筑还是工业建筑（钢筋砼结构：框架、剪力墙、筒状；网架结构；悬索结构；钢结构等），建筑总面积及土建单位造价，工业建筑辅助设施结构。

基础结构类型（独立、条形、片筏、箱型基础；桩基础：打入桩、钻孔灌注桩等；深基坑支护结构：钢板桩、深层搅拌桩、地下连续墙、高压旋喷桩等），基坑形状、尺寸、深度，支撑结构及层数，地下水位及承压水地下标高，基坑降水方式（轻型井点降水、深井降水等）。

安装设备类型、价格以及是否为进口设备，安装工艺及施工进度和试车安排等，要求收集安装设备清单、建筑安装平面布置图。

周边第三者建筑结构及基础类型、建造年代等状况以及地下管线等与工程基坑最近距离（要求收集工程平面略图）。

2）高速公路（道路、桥梁、隧道）。除掌握和收集上述工程建设信息和资料外，还应进行沿途现场查看和了解以下情况：

道路沿线地形地貌和地质结构，当地气象情况及沿途水文状况，沿途第三者建筑状况、高压电线、通讯光缆、地下管线布置情况。

地质勘探设计情况（勘探点间距及布置原则），沿线施工合同段各施工单位基本状况（资质、大型工程经历、工程技术人员配备）。

沿线不良地质分布，不良地质处理方法（软土地基、活动滑坡体、岩溶、泥石流、雪崩、崩塌与岩堆、采空区、地震液化等）。

路堤及路堑高边坡防护结构：浆砌石、挡土墙、挂网素喷砼、抗滑桩、锚锁结构等，最大高边坡高度及几级平台，路基工程挖方、填方、边坡防护工程量及造价。

大桥、特大桥、立交桥、高架桥结构类型以及地理环境和施工工艺：山间峡谷及江河滩涂地形地貌，洪水及汛期最大水位，桥梁类型（预应力连续钢构桥、斜拉桥、悬索桥、拱桥上、中、下承式（拱肋系杆、桁式拱桥））、桥梁主跨度、水中桥墩数量及桩径、桩长，桩基持力层地质结构、承压水水位、桥墩周围断裂带、桥梁周围山体稳定状况，施工工艺（桩基工程、墩台墩身、上部结构悬臂现浇或预制吊装等）。

隧道围岩类型及施工工法：隧道类型（分离式或中隔墙连体隧道）、长隧道（1 000～3 000米）及特长隧道（3 000米以上）长度和数量，隧道围岩类型（Ⅰ、Ⅱ、Ⅲ、Ⅳ、Ⅴ类）以及Ⅰ、Ⅱ、Ⅲ类围岩分布情况和占隧道长度比例，隧道内断裂带分布情况及破碎带数量和宽度，地质溶洞和地下水状况，隧道口护坡结构，隧道施工工法（新奥法、矿山法），隧道地质结构超前预报制度，隧道施工单位资质状况以及是否配备地质工程师等。

周边第三者建筑结构及基础类型、建造年代等状况以及地下管线等与路桥最近距离，要求收集工程平面略图。

3）地铁、轻轨交通建筑安装工程。除掌握和收集上述工程建设信息和资料外，还应进行沿途现场查看和了解以下情况：

工程总长度：地下线长度（盾构法施工、矿山法施工）、高架线长度、路上线长度；总车站数：地下线车站数（明挖车站、盖挖车站、暗挖车站）、高架线车站数、路上线车站数；工程造价：土建工程部分、安装工程部分、车辆段及基地土建与安装部分、车辆造价部分。

工程沿线地形地貌和地质结构，当地气象情况及沿途水文状况，沿途穿越河道、桥梁、建筑物情况；隧道、车站覆土深度及最大施工深度，地下承压水水位埋深；沿线断裂带及破碎带分布以及地下水情况。

工程沿线第三者建筑状况：第三者建筑物结构状态、距明暗挖车站和地下线距离；沿线高压电线、通讯光缆、地下管线布置情况。

安装设备明细清单及国产化率：供电设备造价、地面和高架车站降压变电所站名、地下车站降压变电所站名，信号、通信，通风与空调，给排水及消防，自动售检票，自动扶梯及电梯，环境监控，防灾报警。

土建工程工期、安装工程工期以及车辆试车期计划安排。

（2）安装工程。需要掌握的安装工程建设信息包括工程建设投资组成，工程业主及总承包商和工程监理公司以及实际投保人，安装工程设计单位，被安装工程企业的生产流程工艺，工程地点（标高）年平均降雨量和近年最大洪水水位或汛期最高水位，厂房土建工程结构及基础工程类型，设备储存仓库结构及建筑面积，洪水、暴风雨及汛期的防汛措施，施工单位消防组织和管理培训制度以及消防设备配置。易燃、易爆、有毒物品及材料的管理制度，试车安排。

需要收集的有关安装工程资料有工程保险招投标文件、工程可行性研究报告或初步设计报告、安装工程承建合同、安装工程概况、企业生产流程图、安装工程的流程图、工程平面略图、工程总平面图、工程纵断面图、工程地质水文资料、安装工程施工方案及施工方法、施工组织设计、安装设备及工程量清单总汇（包括名称、型号、单价、数量等）、工程施工计划进度表、工程设计及施工单位资质证书、施工机械设备清单；主要设备的生产厂家、工艺成熟度、安装工程进度表，有无试车期及试车期时间、土建部分占总造价的比例等资料。

5.4.3.2　工程保险风险评估和控制

1. 工程保险风险评估

风险评估是根据对承保标的所搜集的情况、数据，结合以往承保经验，对保险人在工程期间承担的风险大小做出的科学的分析和估算，它是承保工作的一个十分重要的环节。保险公司业务管理部门应根据风险调查问卷的要求向被保险人查询相关资料，完整填写后提交给保险公司，由专业核保员（或配合工程技术专家）进行风险评估。

涉及工程建设施工风险的主要方面为：工程概况、工程施工现场地质水文及环境、工程地点气候条件、工程设计及施工组织设计、工程结构和安装、设备、工艺流程以及承包商、监理单位、材料供应商、运输、仓库存储、消防体系等。以上各方面有相对独立的风险内容和不同的风险分析评估要求，应逐一进行分析评估，提出风险所在，发现存在的问题，建议注意事项，提出防范措施。风险评估是建设工程保险业务决策的重要依据，保险公司必须加以重视。

风险评估有定性评估法和定量评估法。定性风险评估法适用于风险后果不严重的情况，通常是根据经验和判断能力进行评估，它不需要大量的统计资料，所采用的方法有风险初步分析法、系统风险分析问答法、安全检查法和事故树法等。定量风险评估法需要有大量的统计资料和数学运算，所采用的方法有可能性风险评估法、模糊综合评估法等。

风险评估时要对工程建设中可能出现的风险类型进行分析，找出风险事故可能出现的类型。在寻找风险源时，不但应该将整个工程项目分成若干个子系统来寻找和识别风险，而且还应该预先熟悉各个施工程序和采用的工艺技术措施，然后按照施工顺序逐项地查找风险源。但风险的存在并不表示一定发生工程事故，从风险发展到事故是转化条件或触发条件作用的结果，因此对风险的转化条件或触发条件需要从工程事故工艺过程、作用机理等方面进行分析。

风险评估包括对风险进行定级。工程项目风险评估是对可能造成损失的风险进行评估，一般可以按照风险可能造成损失的大小进行定级，通常分为四级：

一级：灾害事故后果损失可以忽略，可不采取控制措施。

二级：灾害事故后果损失较轻，不至于造成某个分项工程的破坏，可适当采取措施。

三级：灾害事故后果损失严重，会造成某个分项工程的破坏并有人员伤亡，应立即采取措施。

四级：灾难性后果损失，应立即排除。

涉及建筑过程施工风险的主要方面有：工程概况，现场环境，气候条件，招投标，承包单位，监理单位，设备、材料供应。以上各方面有相对独立的风险内容和不同的风险分析评估要求，必须逐一分析评估，以发现存在的问题，并且提出解决问题的方法，防止发生质量和安全事故。

2. 工程保险风险控制

风险控制是指减少风险、避免事故发生的措施，是在风险识别和评估的基础上采取各种措施，以减少风险、避免事故的发生，以达到减少或避免财产损失和人员伤亡的目的。

工程项目建设中，有不少风险是可以控制的，对这些可以控制的风险，只要消除或减少相应的风险源，就可以减少这些风险，避免相应事故的发生。例如，部分的自然灾害如台风、暴雨、洪水等可根据气象预报采取一定的预防措施，技术风险也可通过国家标准和规范要求进行审核、检查以及制定强化措施予以减少或避免，而人为的和责任风险则可通过国家的法制建设和工程的组织管理等相应措施予以减少或避免。而对于由地震、海啸、泥石流等不可抗拒力引起的风险和造成的事故，可以根据风险的特点及历年损失的经验，采取各种相应的预防措施，以减少直接损失。

5.4.4 工程保险核保内容

5.4.4.1 工程保险核保的基本要点

1. 工程项目核保

应对工程项目进行核保，投保的各类工程项目必须是具有正规设计和施工（相应的设计及施工资质等级）的永久性工程项目，非正规设计和施工的工程项目严禁承保。配套的临时性工程项目不予单独承保。一次性定向爆破拆除工程项目为非永久性工程项目，不宜承保工程保险。

2. 工程保险主条款核保

工程保险各险种主条款，原则上都应使用保监会批准的主条款，即建筑工程一切险和安装工程一切险条款。根据我国《保险法》107 条的规定，目前使用的建筑工程一切险和安装工程一切险主条款是向保险监督管理机构备案的，因此建筑工程一切险和安装工程一切险主条款不得随意更改。如使用其他工程险主条款，必须按保险法规定向保险监督管理机构报备审批。

建筑工程内含安装工程项目，其安装工程项目以不超过整个建筑工程总保险金额的20%为限，如在20%～50%间，仍使用建筑工程一切险主条款，但应按安装工程保险费率计收保险费，如超过50%时，则应按安装工程一切险承保。安装工程内若含建筑工程项目，按照同样方式处理。

3. 工程保险费率形式核保

建筑、安装工程，其不同的保险项目的风险程度是不一样的，尤其是大型工程项目，因此，建筑、安装工程保险的费率应分项确定核保。

（1）建筑工程、安装工程、业主提供的物质及项目、工地内原有的建筑物、业主或承包人在工地上的其他财产项目、清理费用等保险为整个施工工期一次性费率。

（2）试车期为一单独费率，是一次性费率。

（3）保证期费率是整个保证期一次性费率。

（4）施工用机器、装置及设备为单独的年费率。保险期限不足一年的，按短期费率计收保险费。

（5）各种附加险保障增收费率为整个施工工期一次性费率。

5.4.4.2　工程项目保险金额确定

建筑工程或安装工程物质损失保险项目计入保险金额的为：工程标的合同价、施工用机具及设备价、清理场地或清除残骸费用、专业费用。

1. 工程标的合同价

工程项目保险金额按工程合同造价确定，待工程完工后按工程决算金额调整保险金额。工程合同造价应包括原材料费用建造费、设计费、设备费、安装费、运输费、临时工程费、关税、其他有关费用等，而计划利润费和税金等一般可不计入保险金额。

按工程预算价投保。一般按工程预算第一部分工程造价投保（实际建筑、安装工程预算造价），对其中“工程建设其他费用”的“前期工程费用”和“其他基本建设费用”可选择性投保。“其他基本建设费用”包括：办公及生活家具购置费、职工培训费、开办费、科研费、勘察费、设计费、预算编制费、工程图纸编制费、勘察设计监理费、工程建设监理费、保险费、建设单位管理费等。另外，预备费（不可预见费用）、关税等也可投保。要求提供工程预算第一部分工程清单，并注明投保项目及金额。

按承包合同价投保。一般承包价包含工程直接造价和综合管理费用，但不一定包含“工程建设其他费用”，而且工程量清单总汇列明了分项工程造价，因此投保时应注明投保的分项工程，如注明临时工程项目和暂定费用（不可预见费用）等是否投保。对外资企业建造的工程项目要求提供建筑安装工程量清单总汇和工程合同文件，以确定工程投保的具体项目。

涉及保险金额以及“有关费用”的特别条款有升值条款、原有建筑物及周围财产条款、业主现有的或由被保险人看管照料的财产条款、空运费扩展条款、特别费用扩展条款、灭火费用条款。

2. 施工用机具及设备的保险金额

建筑用机器、装置及设备是指施工用的各类机器、装置及设备，如起重机、打桩机、钻机、推土机、供电供水及抽排水等设备。此类设备一般为承包商所有，即施工单位所有，其价值不包括在工程合同价之内，工程合同价内只包含施工机械使用费，即机械台班费。该项保险应按重置价值保险，即按重新换置同一厂牌、型号、规格、性能或类似型号、规格、性能的机器、设备及装置的价格，包括出厂价、运输费、关税、安装费及其他必要的费用承保。

一般要求提供施工方自有的或租赁施工机械设备清单。实务中办公用具等低值易耗品、电脑及家用电器、测量仪器、领有执照的运输工具等不宜承保；同时，桥梁工程，尤其是跨海桥梁工程的施工船舶等不宜承保。

建筑、安装工程施工用机器设备的保险金额应按重置价值计算，按年费率计算保险费。

承保施工用机具及设备必须向被保险人提供特别条款，包括《建筑、安装施工机具、设备扩展条款》以及《施工用机器特别条款》。

3. 清理场地或清除残骸费用的保险金额

清理场地费用是工程保险所特有的一个保险项目，是指工程项目发生承保危险所致损失后，为恢复工程现场、保证施工顺利进行而清理工地现场所必须支付的一项费用，它包括清理施工现场内工程受损部分残骸及任何外来的土石、泥沙等物体的费用。它不包括在工程合同价内。清理场地或清除残骸的费用往往很高，有时甚至超过工程的造价，因此工程保险特将此项费用单独列出作为一个保险金额。

清理场地或清除残骸费用由被保险人自定并单独投保，不包括在工程合同价内。大型工程项目一般按不超过工程合同总价值的5%确定保险金额，小型工程一般按不超过工程合同总价值的15%确定保险金额。

承保清除残骸（清理场地）费用必须向被保险人提供特别条款，即《清除残骸费用扩展条款》。

4. 专业费用的保险金额

工程建设涉及地质勘测、工程设计、施工实施等多学科、多工种范围，专业性强、技术先进、复杂。工程项目发生承保危险所致损失后，为恢复工程建设或进行有关的技术鉴定、试验以及设计等所发生的专业费用往往很高，而该专业费用不包括在工程合同价内，因此工程保险特将此项费用单独列出作为一个保险金额。

专业费用由被保险人自定并单独投保，不包括在工程合同价内，其保险金额对大型工程一般不超过其工程总价值的5%，对小型工程一般不超过其工程总价值的10%。

专业费用必须向被保险人提供特别条款——《专业费特别条款》。

5. 工地内现有的建筑物和业主或承包人在工地上的其他财产保险金额

保险金额可与被保险人商定，可依据被保险人持有的有关财务凭证确定，但最高不得超过该建筑物或财产的实际价值，并列明保险财产清单附于保险单上。

6. 第三者责任险赔偿限额

第三者责任保险是建筑、安装工险的附加险，不可单独承保。第三者责任保险的保险金额即是赔偿限额，限额一般不超过物质损失保额，由保险双方协商确定。

风险评估中，主要是根据工程平面略图来了解周边第三者建筑结构及基础类型、建造年代等状况以及地下管线等与工程建设项目的最近距离。要了解施工方开工前是否对周边第三者建筑结构、地下管线等进行调查或记录。同时需要掌握工程预算金额中对周边第三者建筑结构、地下管线等采取的预防措施的费用情况，以及业主给予承包商或承包商在投保合同价中对周边第三者建筑结构、道路、地下管线的维护、加固、预防措施费用。

第三者责任险需设定每次事故赔偿限额及累计赔偿限额，如限额较大或风险较高，还需分别设定每次事故物质损失赔偿限额及每次事故/每人人身伤亡赔偿限额，以控制承保风险。

实务中，一般根据工程造价及规模大小，工程本身风险的大小（基础工程基坑大小、支撑结构、施工工艺顺序、弥散性易燃、易爆物事故范围等），周边第三者建筑结构、地下管线等状况，以及工程规模大小确定第三者责任赔偿限额。在第三者责任赔偿限额设定过程中，如果工程本身风险高，周边第三者建筑结构、地下管线等状况欠佳，则赔偿限额应降低；如果工程本身风险较低，周边第三者建筑结构、地下管线等状况尚好，则赔偿限额可适当升高。

第三者责任险的赔偿限额分为个人的人身伤亡和物质损失的赔偿限额。总赔偿限额是指在整个保险期内赔偿第三者责任的总限额，在保险期内有可能发生多次第三者责任事故，保险费是根据总赔偿限额计算的。赔偿限额主要是根据工程期间发生意外事故给第三者造成的人身和财产的最大损失来估定。第三者人身伤亡的赔偿无免赔额，但对财产损失的赔偿可对每次事故设定免赔款。

(1) 人身伤亡总的赔偿限额和每次事故中每人人身伤亡赔偿限额：

$$\text{人身伤亡总给付金额}=\text{第三者人身伤亡总人数}\times\text{每人每次事故的给付金额}\times\text{保险期内发生事故总次数}$$

其中，人身伤亡总给付金额一般控制在保险费的 5 倍以内；每人每次事故的给付金额一般为 2 万元～20 万元。

(2) 每次事故造成第三者财产损失的赔偿限额：

$$\text{第三者财产总赔偿限额}=\text{每次事故第三者财产赔偿限额}\times\text{保险期限内发生事故总次数}$$

(3) 第三者人身和财产责任事故累计总赔偿限额，一般控制在总保险金额的 2.00%～5.00%。

适用于第三者责任项下的特别条款包括震动、移动或减弱支撑扩展条款，交叉责任扩展条款，地下电缆、管道及设施特别条款，地下炸弹特别条款，农作物、森林除外条款，契约责任扩展条款。

5.4.4.3 工程保险期限及保证期核保

1. 保险期限

工程保险的保险期限必须依照工程合同规定的施工工期进行设定，建筑工程工期一般不超过 4 年，安装工程工期一般不超过 3 年。若保险工程的建造期超过 3 年，则被保险人必须从保险单生效日起每隔 12 个月向保险人申报当时的工程实际投入金额及调整后的工程总造价，保险人据此调整保险费。

保险期限的起保日一般应晚于签单日，如早于签单日，应要求被保险人提供起保日至签单日是否出险的证明。工程保险期限结束为保单规定的终止日期。

试车考核期一般不超过 3 个月，若超过 3 个月，应另行加收保险费。如试车设备为已被使用过的设备或转手设备，则自其试车之日起，该设备的保险责任即行终止。承保试车期应附加试车考核期条款，并应单独设置试车期免赔额。

2. 保证期

保证期保险必须依照工程合同规定的缺陷期进行设定，保证期一般为 6～12 个月，最长不超过 24 个月。保证期的保险期限最长不得超过保险单列明的期限。对旧设备或转手设备，一律不承保试车期，也不承保保证期责任。

保证期物质损失保险不承担自然灾害造成的标的物质损失，也不承担意外事故造成的第三者责任损失，因此承保保证期物质损失保险必须附加保证期扩展条款，一般保险公司均推荐使用“有限责任保证期扩展条款”，其次是谨慎使用“扩展责任保证期条款”，但应控制使用“保证期特别扩展条款”。

5.4.4.4 特种风险核保

1. 特种危险种类

工程保险的特种危险规定为两大类：(1) 地震、海啸；(2) 洪水、风暴、暴雨。如何确定特种危险的赔偿限额，必须根据工地自然地理条件、以往发生灾害的记录、工期的长短和工程本身的抗灾能力等因素确定。

2. 特种危险赔偿限额

特种危险赔偿限额是指保单列明的地震、洪水、海啸等特种危险造成各种物质损失的赔偿限额。不论发生一次还是多次事故，赔款均不能超过限额。一般每次事故以及同一事故引起的工程物质损失部分掌握在总保额的50%～80%的幅度内，对于遭受特种危险灾害可能性较大的工程，限额应定得稍低一些，并可按特种危险处理：(1) 地震、海啸设置相对免赔额；(2) 洪水、风暴、暴雨设置绝对和相对免赔额。对于风险不大的地区，可定得稍高一些，并按上述设置免赔额。

在保险期限内不论发生一次还是多次事故，特种危险赔款均不能超过规定的赔偿限额。

5.4.4.5 工程保险承保条件确定

工程保险承保条件的核保包括费率、赔偿限额、免赔额和附加条款等承保条件的设置和拟定。

1. 工程保险费率的厘定

(1) 考虑工程的性质及基本工程情况。根据工程的使用性质、工程结构的特点和工程项目的分配来综合考虑风险以确定相适应的费率。

1) 根据建筑工程是民用建筑还是工业建筑以及它们各自的设计要求、使用性质和安全性能等多项因素进行综合考虑。例如，工业建筑的建造涉及机器设备的安装，故土建和安装风险同时存在，相互影响，风险概率增大。所以承保时，必须按工程性质的不同，做好风险评估工作以确定相适应的费率。

2) 根据建筑工程结构类型的不同，以及该类型的结构施工技术要求的高低等多项因素进行综合考虑，例如网架结构、悬索结构大跨的体育馆、展览馆、飞机库等就要考虑建筑施工、安装技术的复杂性、风险、安全性等多项因素。

3) 根据建筑工程中安装工程项目的比例考虑。如大楼内发电、取暖、空调、电梯、通讯等机器设备已包括在建筑工程合同金额之内，应在明细表中注明，按重置价计算。安装工程项目以不超过整个建筑工程总保险金额的20%为限，如在20%～50%间，应按安装工程保险费率计收保险费，如超过50%，则应单独投保安装工程险。

(2) 考虑工程所处地理位置的地质、水文条件。工程建造地的水文、地质条件不同，其建筑结构从设计到施工工艺及施工机器设备等要求不同，差异很大。水文、地质条件差的区域，建筑工程的基础结构施工等风险剧增，故要求综合考虑水文、地质条件对不同建筑结构造成的灾害、事故概率和物质损失率等多项因素。

(3) 考虑工程施工现场的周边环境问题。工程施工现场的周边环境状况直接影响着第三者责任险的范围大小。建筑工程施工中发生的事故中第三者责任事故占很大比例。因此，在承保前要到工地现场查勘，审阅工地略图，了解工程周边的企事业单位的分布情况、各种周边建筑物的现有状况以及各种社会关系。尤其是对周边的地下管道线路、电缆、通讯设备等，要求被保险人及施工方做好调查工作和安全保护措施，充分估计工程施工对周边环境的直接影响。

(4) 考虑巨灾的可能性及最大可能损失程度。要求详细调查和收集各类信息以掌握工程当地主要自然灾害的类型、发生时间和规律以及影响范围大小。同时了解巨灾造成物质损失率的大小，掌握承保工程项目所受灾害的必然性和偶然性，对巨型灾害必然发生并造成最大可能的物质损失要规定承保条件、划分区域、限定范围和规定尺度方可承保，以确保承保质量。

(5) 考虑工程施工工期及保证期的长短。建筑工程本身的特点就是生产周期长，较大的工程施工期可长达数年。各类主要自然灾害将重复出现，意外事故发生的概率相应增加，风险率成倍增长。因此，必须根据工期进度表、施工季节，对照主要自然灾害，对工程进行风险评估。尤其要注意，基础工程的施工日期是否处在主要自然灾害发生期内是风险评估的重要因素。因此，施工工期的长短是考虑承保费率的因素之一。另外，工程项目是否加保保证期以及保证期的长短和保证期责任范围等也是承保费率厘定的重要因素。

(6) 考虑试车期的长短。通常试车分为单机试车（冷试）、联动试车（热机试车）和试生产，其中单机试车风险相对联动试车（热机试车）风险较小，联动试车（热机试车）和试生产风险为100%。冷试是指设备进行机械性试运转，一般不投料；热机试车是指设备以及生产线进行生产性运转，也称联动试车，通常热机试车将进行投料试运转；试生产是联动试车后的延续，其周期比热机试车相对长一些，可达3个月或者半年之久。试生产的主要目的是考核设备或生产性的生产能力和稳定性，试生产期亦称为考核期。

安装工程在安装或设备组装时风险较小，试车时风险为100%，损失率要占整个安装工期的一半以上。由于试车期风险集中，安装工程保险的试车期费率应占整个工程工期保险费的1/4到1/3。因此试车期的长短、试车的性质、内容和原料的危险程度等均是承保费率厘定的重要因素。

（7）考虑工程设计和施工方的专业资质和管理状况。工程设计单位和承包施工单位的专业资质水平是建筑工程建造的基本保证。专业资质水平的高低关系着工程质量的高低。具有严格的工程施工管理和丰富的施工经验的施工企业以及工程施工人员良好的素质和他们严格遵守一切与施工有关的法规和安全操作规程，预示着其本身抗拒灾害、事故所具有的能力。而据统计，工程方专业资质和管理水平低下是造成工程意外事故的主要源头。

（8）考虑同类工程以往的损失经验（记录）。同类工程以往的灾害、事故损失，显示着工程风险概率及损失率的大小，对事故频繁的工程要相应提高费率，并根据实际工程情况要求工程方采取必要措施降低风险，保证工程质量。

对建筑工程应实行总体承保，尽量避免分项承保，尤其是不可单独承保基础工程。

对地下工程的施工机械设备因其风险极高，按国际惯例一般不予承保。特殊情况下要承保的，要有特别约定和特殊的费率。

（9）根据工程综合风险评估情况确定承保条件。根据以上各类风险与实际工程情况，对工程进行综合风险评估确保优质承保，同时调查工程所在区域保险市场的基本费率等状况。工程综合风险评估有利于确定适合工程实际情况和保险市场的各项承保条件，有利于保险市场良性竞争。

2. 免赔额的确定

建筑工程保险责任范围大于普通财产保险，为了促使被保险人加强对工地现场的管理和安全防护工作，建筑工程一切险对物质损失部分规定两类免赔额。保险项目免赔额和特种危险免赔额，均为每次事故的绝对免赔额，免赔额的大小，一般以工程风险的大小来确定或按保险金额的5%或损失金额的15%～20%确定，以高者为准。第三者责任物质损失免赔额也按此规定为宜。

3. 附加条款约定和再保险要求

费率的厘定还与使用的附加条款及其他约定条件密切相关，特别是对于大型工程项目，应向再保险进行费率及承保条件询价。

控制使用的附加条款共有八条：契约责任条款；清除污染费用扩展条款；设计师风险扩展条款；保证期特别扩展条款；制造商风险扩展条款；不可控制条款；连续损失特别条款；放弃代位求偿条款。

工程险的附加条款大致可分为四大类：

（1）扩大承保风险，主要有：工程完工或交付使用部分扩展条款，契约责任扩展条款，交叉责任扩展条款，设计师风险扩展条款，扩展责任保证期扩展条款，保证期特别扩展条款，铺设供水管、污水管特别条款，埋管查漏费用特别条款，有限责任保证期扩展条款，制造商风险扩展条款，不可控制条款，铺设管道、电缆特别条款，压力反应堆特别扩展条款，连续损失特别条款，罢工、暴乱及民众骚乱扩展条款，机器设备试车考核条款，地下炸弹特别条款，震动、移动或减弱支撑扩展条款，放弃代位求偿条款。

（2）增加保单保障范围，主要有：空运费扩展条款，工棚、库房特别条款，建筑、安装施工机器、设备扩展条款，清除污染费用扩展条款，升值条款，原有建筑物及周围财产条款，特别费用扩展条款，灭火费用条款，碳氢化合物加工业特别条款，内陆运输扩展条款，核燃料组建条款，工地外储存物特别条款，工程图纸、文件特别条款，业主现有的或由被保险人看管照料的财产条款，专业费用特别条款，清除残骸费用扩展条款，地下电缆、管道及设施特别条款。

（3）限制保险人责任，主要有：农作物、森林除外条款，大坝、水库工程除外特别条款，地震除外条款，洪水除外条款，2000 年问题除外责任条款，清除滑坡土石方特别除外条款，隧道工程特别除外条款，旧设备除外条款。

（4）明确保险合同双方的权利和义务，主要有：建筑材料特别条款，施工用机器特别条款，钻井工程特别条款，防火设施特别条款，第一受益人条款，运输险、工程险责任分摊条款，预付赔款条款，分期付款条款，分段开挖施工条款，洪水特约条款，地震地区建筑物特别条款，时间调整特别条款，建筑安装工程时间进度特别条款。

特别条款绝大多数属于上述第 1、2 类，其实质都扩大了承保风险，故在厘定费率时都需要考虑，有的还需设立相应的赔偿限额或免赔额，第 3、4 类特别条款则一般不额外收费。

关键词

工程保险	工程建设	自然灾害
意外事故	特种风险	第三者责任险及第三者
业主	承包商（人）	免赔额
风险评估	风险控制	清理场地保证期附加条款
民用建筑与工业建筑	市政工程高速公路	桥梁工程
水工工程	机械设备安装工程	电气设备安装工程
通信安装工程	工艺管道安装工程	自动化控制装置及仪表安装工程

工艺金属结构安装工程　　　　　　　炉窑及锅炉安装工程

化学工业设备安装工程　　　　　　　试车（冷试、热机试车、试生产）

思考题

1. 简述工程保险的起源与发展以及涉及的工程项目范围。

2. 简述工程建设的特点与风险组成。

3. 工程保险的作用有哪些?

4. 工程保险的特性有哪些?

5. 简述免赔额设置的必要性。

6. 简述工程险核保的内容与职责。

7. 工程保险中的被保险人有哪几方? 一般由哪方投保?

8. 我国某南方城市新建一铁路站集散广场工程，包括地下车库、下沉式广场和地下通道，其中地下车库挖深 12m，地下通道挖深 6m，总造价 2.5 亿元，建筑期限 2 年，保证期 2 年。距南侧边界 10m 处有一条城市地铁经过。现该项目拟投保建筑工程一切险，简述该项目的主要风险，并为其设计适用的条款。

第6章

责任保险核保实务

本章预习

责任保险建立在一定的法律环境之中。不同险种承保的对象具有不同的法律特征。随着我国法制建设的日益完善以及公民和法人维权意识的提高，民事赔偿责任风险的保障需求日益增加，责任保险业务作为这种保障的简单而有效的手段之一，也将得到相应的发展。责任保险的核保因不同的险种而异，在风险因素搜集、分析以及风险程度的判断上各有不同的侧重点。本章选择了责任保险中的主要险种，就核保需要的信息、风险分析的侧重点及核保需要考虑的其他策略性问题等方面进行了解析。主要内容包括：

- 责任保险核保概述
- 产品责任保险核保实务
- 公众责任保险核保实务
- 雇主责任保险核保实务
- 职业责任保险核保实务

6.1　责任保险核保概述

6.1.1　责任保险简介

责任保险（liability insurance）承保的标的是致害人依法应负的民事损害赔偿责任，以及在一定约定下的合同责任。它以损害后的责任赔偿而区别于人身保险的伤害或身故给付，属于广义的财产保险范畴。

1. 民事损害赔偿责任的性质

（1）民事损害赔偿责任是致害方对受害人承担的责任。民事活动中，一方当事人违反对另一方当事人应承担的义务，就必须对另一方当事人承担责任。

（2）民事责任具有财产性质。这是因为民事法律调整的主要对象就是经济生活中的财产关系。

（3）民事损害赔偿责任具有补偿、恢复原状的性质，追究民事责任的目的在于补偿受害人的损失，并不是要惩罚致害人，因此对民事责任中的责任方的制裁是通过补偿受害人的损失来实现的。这与刑事责任中的没收财产、罚金或行政责任的罚款明显不同。

民事责任所具有的财产性、补偿性、恢复原状等特点与责任保险的财产性质、补偿性质相联系，从而构成开展保险业务的法律依据。

2. 民事损害赔偿责任成立条件

（1）损害事实的存在。要他人承担损害赔偿责任，必须有损害赔偿的客观存在，即只有当行为人对别人的人身、财产或精神造成事实上的损害时，行为人才负经济赔偿责任。这是构成民事责任的一个前提和基础。

（2）行为的违法性。违法行为包括两种：一种是违法的“作为”，属于法律所禁止的行为，如酒后驾车伤人；另一种是违法的“不作为”，属于法律规定的义务不履行的行为，例如，按有关法律的规定，马路上施工应设置路障、夜间应安置红灯而未安置，造成过往车辆和行人的损失与伤害。这些违法行为所造成的损害，违法人要承担赔偿责任。

（3）因果关系。指违法行为与损害事实之间要存在因果关系，损害事实确是行为人违法行为造成的，行为人才负赔偿责任。

（4）行为有过错。民法上的“过错”包括故意和过失两种情况。故意是指已经预见要造成损害结果而希望或者促使其发生。过失是指已经预见可能造成损害后果，但却轻信不会发生，或者应当预见而没有预见，以致造成了损害。只有存在过错，行为人才对其行为造成的损害负责。对于行为人的故意行为造成他人人身损害或财产损失，行为人除承担民事赔偿责任外，如构成刑事犯罪的，应同时追究其刑事责任。

一般情况下，必须同时具备上述四个条件，才构成民事损害赔偿责任。

3. 责任保险的特征

（1）法律是责任保险的基础。责任保险产生的基础不仅是由于民事责任的客观存在和社会生产力发展到了一定的阶段，而且是由于人类社会的进步带来了法律制度的不断完善。正是因为人们在社会中的行为都在法律的一定规范之内，所以才可能因触犯法律，造成他人的损害而承担经济上的赔偿责任，法人或个人才会想到利用保险方式来转嫁这种发生的可能性和损失程度不确定的责任风险。可见，法律制度，尤其是民法和各种专门的民事法规，是责任保险得以产生和发展的基础。

（2）偿付具有“替代性”与“保障性”。在一般财产保险或人身保险中，保险人是对被保险人自己的经济损失进行补偿或给付，保险金直接支付给被保险人（或受益人），并归其所有。而在责任保险中，由于保险人承保的是被保险人依法应对他人（第三者）所负的经济赔偿责任，因而保险人支付的保险金最终落实在受害者手中，并归其所有。也就是说，原来应由致害人支付给受害人的经济赔偿，由于致害人事前投保了责任保险，此项经济赔偿责任则转由保险人代替被保险人承担，这样，既使被保险人避免了经济赔偿损失，又保障了受害人应有的合法权益。《保险法》第五十条规定：保险人对责任保险的被保险人给第三者造成的损害，可以依照法律的规定或者合同的约定，直接向该第三者赔偿保险金。

（3）具有赔偿限额。在一般的财产保险中，保险人承担的最高赔偿限度是以被保险人具有可保利益的事前可以明确价值的有形财产或与其相关的经济利益确定的保险金额来表现的。但是，责任保险承保的是被保险人依法应对第三者承担的经济赔偿责任，而事先第三者的不确定性造成保险人承担经济赔偿额度的不确定性。这种不确定的经济赔偿责任如果不在保险合同中加以明确，势必会使保险人的经营陷入不确定的风险之中，因此，在责任保险中由于第三者事先难以明确，因而也就无法确定保险金额，只能以赔偿限额作为保险人承担经济赔偿责任的最高限度。

（4）责任保险的保险事故成立必须同时满足两个条件：一是损害事实或违约事实的存在；二是受害人向致害人（被保险人）提出了索赔要求。

（5）责任保险保障方式具有多样性。由于责任保险的保险事故的发生时间和索赔时间之间可能存在较大的时间跨度，所以在如何确定保险事故是否属于保单有效期限的标准上，各张保单和条款的规定不同。目前较为常用的是以下两种，根据不同的责任保险险种，用不同的承保方式。

事故发生制（occurrence basis）是指对保险单所约定的保险期限内所发生的损害事故，保险人在保单赔偿限额内均负有赔偿责任。简而言之，事故发生制规定事故发生日期必须在保单有效期内，但没有设定一个索赔的期限。

期内索赔制（claim-made basis）是指对保险单所约定的保险期限内和追溯期内发生的损害事故，受害方在保险期限内首次提出索赔的，保险人在保单赔偿限额内均负有赔偿责任。所谓追溯期，是指保险人和被保险人事先约定并载明在保单明细表中的一段与保险期限相连续的时期，保险人对被保险人由于在该段时期内发生的损害事件造成受害方人身损害而依法应承担的经济赔偿责任也承担保险责任，但受害方的索赔必须在保险期限内首次提出。

6.1.2　责任保险核保

核保是保险公司的承保项目审核人员通过对投保人和投保标的信息的搜集分析，按照一定的技术规范，结合保险公司确定的经营目标和政策，来识别风险、确定价格和承保条件，最终选择业务客户的全过程，它实质上也是一个对保险业务风险进行筛选、优化或淘汰的过程。责任保险核保就是要在与责任保险业务相关联的风险环境基础上，针对性地搜集、分析信息，把握和实现业务风险控制的目标。

责任保险核保主要步骤为：

（1）信息搜集。信息搜集指的是从投保人那里搜集有关被保险人要求的载入保单内的业务活动范围描述。例如产品责任保险需要有有关产品技术性能、生产过程、质量管理和检验、包装和说明、销售渠道、售后服务、索赔记录等；公众责任保险需要有所处行业、营业地址、经营历史、风险防范技术措施程度等方面的信息，借以整体判断该投保项目的风险。信息的载体有投保单、风险问卷表（评估表）、有关质检证书、产品使用说明书、实地风险查勘报告等。

（2）资料分析。资料分析是指对搜集到的描述该投保项目情况的所有资料，以评估风险为目的进行的系统、完整的技术性分析，形成对所投保项目的基本风险评价，并作为做出核保决定的基础。这一过程的实施，既要依照资料提供的信息，又要借助核保人员个人的经验和判断能力。

（3）核保决定。核保决定是指核保人员对投保人、投保项目和保险条件进行分析（必要时与业务单位进行一定的信息沟通以修改承保条件）之后，作出的承保与否的技术性决定。核保决定须做到对所有的承保条件的认可，有些项目还要视再保险安排落实与否做出核保决定。另外，还需要考虑该险种是保险公司大力发展、适量维持、严格控制，还是计划收缩的险种。每个保险公司都有自身的业务特色，同一保险每个阶段也可能有不同的业务发展和结构调整政策。责任保险风险事故发生的地域范围广、风险的同质性要求较难达到，同时还涉及不同国家的法律制度，故应当从本公司实际出发，对于该险种采取有所选择承保的业务政策，比如，一定规模上发展国内市场销售的民用类普通产品，严格限制承保出口且涉及美加地区司法管辖的产品。

（4）定期回顾。这是一项阶段性工作，是指在一定的业务量承保之后，需要对核保政策或尺度，结合实际业务风险程度进行分析，并就核保政策或尺度根据公司制定的发展策略进行适应性调整。

6.2 产品责任保险核保实务

6.2.1 产品责任保险的概念

产品，从法律意义上来说，各国法律有不同的规定。美国的产品责任法对产品规定的含义比较广泛，几乎任何经过加工处理过的物品，只要因使用或由于这些物品引起损害，均被视为有责任问题存在的产品。英国《1987 年消费者权益保护法》把产品定义为任何物品或电力，包括建筑物。1985 年的《欧共体产品责任指令》把产品定义为除了初级农产品和狩猎产品以外的所有动产，也包括电在内。我国只有在《产品质量法》中对产品有比较简单的定义，即“本法所称产品是指经过加工、制作，用于销售的产品。建设工程不适用本法规定。”无论有怎样的定义，一般均公认经过加工制造已经流通销售的民用或生产用制品都出自某一或某些制造商、运输者、销售商等组织，这就使这些组织成为承担产品法律责任的主体。

产品责任，是指产品在使用过程中因其缺陷而造成用户、消费者或公众的人身伤亡或财产损失时，依照法律规定应由产品制造者、销售者、修配者或承运者承担的民事损害赔偿责任。

产品制造者包括产品生产者、加工者、装配者。现实生活中，绝大多数的产品均是由一个制造商在一个相对固定的场所内完成最终的、可供使用的产品形态。随着现代制造技术和消费理念的发展，也出现了部分生活用品以集成包装方式出售之后，在使用场所安装，有的甚至由用户直接自行安装。在这种情况下，产品的制造商仍然要对产品承担主要责任。

产品责任法律制度，是指由国家立法机关颁布各种有关产品责任的法律及由国家权力机关颁布有关产品责任的法规、条例等，确定产品责任关系当事人承担民事责任的原则，作为人们在产品责任关系中的最高行为准则和承担相应民事责任的协商、仲裁、判案依据。

目前，我国还没有颁布专门的产品责任法，产品责任法律制度主要体现在《民法通则》、《产品质量法》、《食品卫生法》等法律和法规中。

产品责任保险是以与相应的产品有关的被保险人在其提供的产品上根据法律规定应当承担的责任为承保标的的责任保险。换言之，如果被保险人提供的产品在使用者正常使用过程中发生意外事故，并经证明系由产品所直接导致的，被保险人的经济赔偿责任风险就可以通过购买产品责任保险来转嫁。

6.2.2 产品责任保险的特点

产品责任保险的特点主要表现在以下几个方面：

（1）产品责任保险强调以相关法律为基础。因为受害者（用户、消费者或其他人）与致害人（生产者、销售者或修理者）既不会有合同关系，又不一定有直接关系，所以，如果没有一定的法律规定，受害者对索赔将无从依据，产品责任也不易划分，产品责任保险就失去了可靠的基础。

（2）产品责任保险虽不承担产品本身的损失，但它与产品本身有着紧密的内在联系。产品质量越好，产品责任风险越小；产品销量越大，产品责任风险越大；产品种类越多，产品责任风险越复杂。

（3）产品责任保险强调保险的连续性。由于被保险人的产品是连续不断地生产和销售的，因此，虽然保险期限为一年，但产品责任保险强调续保的连续性和长期性。

（4）产品责任保险的承保区域较大。随着商品生产和交换的发展和不断扩大，产品的销售区域也在不断扩大，因此产品责任保险一般确定全国或出口国乃至世界范围为承保区域。这就自然涉及不同国家有关产品责任的法律制度，从而使保单在设定司法管辖范围上比任何其他险种更具有重要性。

（5）产品责任保险强调保险双方的及时沟通。由于技术进步和市场竞争，产品将不断进行改进和创新，这就决定了保险人须随时把握被保险人的产品变化情况，并通过产品的变化来进行风险评估，做出保险对策。

产品责任保险核保具有个性化特点。历史上，产品责任保险曾经是根据生产商是否有疏忽或过失来确定法律责任。但随着时间的推移，一些发达国家已出现了按照严格责任法来认定产品责任。在严格责任法下，法院不是按照制造商是否存在疏忽或过失，而是按照是否存在产品本身导致使用者损害的事实来判定制造商是否需要承担民事责任。在发达国家的司法实践中，还普遍遵循一种所谓“深口袋理论”，使那些高知名度的大型制造商或零售商企业（特别是类似烟草、汽车等行业的一些案例）往往面临巨额索赔的风险。严格责任使产品责任保险的核保集中在对产品自身来评估产品责任的风险。

6.2.3 产品责任保险核保要素

1. 投保单内容

投保单是体现投保保险标的的最基本的风险信息载体，与其他险种一样，对投保单审核是核保的最初步骤。对产品责任保险投保单审核主要审如下内容：

(1) 投保人名称：是该产品的生产商、销售商、中间商、零售商、修理人等。对于出口产品，特别要注意的是不可将境外（尤其是位于北美地区）的任何机构作为保单的共同被保险人（co-insured）。

(2) 投保产品名称：要求有全名和产品型号。从技术上说，仅有名称会产生多义性，例如热水器，既有电热又有燃气，但是确定的型号所表示的是特定的一种热水器产品。保单承保的产品应当是有明确型号的产品，并应将型号列入保单明细表中。

(3) 销售区域：主要说明该产品的主要销售市场的地理分布，借以判别使用的司法管辖。

(4) 司法管辖：指发生产品责任事故并进入诉讼处理后，保单可以接受的依照哪些国家或者地区的法律所作出的赔偿判决结果。关注这一要素的主要原因是由于北美地区尤其是美国的法律规定，对产品的提供者实行严格责任原则，往往给予很高的赔偿判决，导致产品责任保险的风险大幅度增加。对销往美国和加拿大的产品的产品责任保险实行相对严格的核保政策，这已经成为大多数保险公司的共识，且这种共识已经存在多年并将继续。

(5) 预计销售金额：主要用于了解投保人投保产品的销售量规模，并进行保费初算。

2. 产品相关信息

像其他保险的核保一样，核保人员应考虑该产品对公众的潜在的损害风险和发生损害后的损害严重程度。影响产品责任风险的因素很多，但产品的自然属性在很大程度上影响着产品的损害风险。例如，一台电锯和一个茶杯，直观来看前者比后者显然具有更大的固有危险性，因而有理由认为，确定产品的固有危险是核保当中最为重要的步骤。

因此，除了上述投保单审核以外，核保人员还需要清楚地了解其他投保人面临的关联风险，主要有以下一些方面：

（1）产品的固有危险。产品责任保险核保最重要的信息之一是投保产品的固有危险。如果固有危险极小（诸如一般的办公用具、餐具之类），则核保过程就很简单。要评估产品的固有危险，第一要考虑的是一旦发生产品事故，造成的损害严重程度有多大。比如，产品事故会不会引发人体伤害、死亡或者严重的疾病？产品发生故障会不会造成生产流程或营业中断？该产品是否可能被用于具有危险性的用途，诸如跳伞、赛车？第二，如果产品是某种零部件，那么使用这个产品生成的最终产品是什么？历史上曾发生过由于一个小小的密封部件失效而导致严重空难的事故。因此有理由认为，凡是用于航空航天器、高速运行的交通工具中的零部件，具有相对较高的固有危险。第三，如果一个产品的制造过程非常复杂，很显然在制造过程中出错的几率就会增加，从而产品发生故障或失效的可能性也有所增加。第四，该产品的使用（尤其是在发生问题的时候）是否会同时影响到众多数量的人员也是需要关注的问题。例如，用于大型客车的刹车系统的失效可能瞬时带来对多名乘客伤害的危险，而用于摩托车的刹车系统显然这方面的风险相对要小。一般来说，核保员应在充分收集到有关这些问题的信息之后，才能判断出一个特定产品的损失频率和严重程度。在一些发达国家，保险公司的核保人员往往会借助一些社会信息资源，来对不同类别的产品进行专业性风险判断，例如美国 Best's Underwriting Guide（BUG）对于评估产品的固有风险具有非常充分的信息量。

（2）销售/产品广告。产品销售资料，诸如使用手册、产品说明书等是评估产品责任保险风险的非常实用的核保信息源。这些资料往往既有产品完整的外形图片，又包含了诸如产品使用的原材料、使用方法、最终用户群、产品保证和告知以及生产质量管理等有价值的信息。虽然销售资料是制造商为促进产品销售而准备的，但核保人员可以借以了解有关产品的潜在损失风险的实际信息。如果广告中承诺的内容不能保持下去或者包含有对产品的不适当描述，则这个广告就可能增加产品责任风险。广告还会产生诽谤、诬蔑以及版权、姓名权或特定标语权等的侵犯，虽然到目前为止国内还鲜见这样的案例，但这些一般是产品责任保险不予承保的范围。投保人在这部分范围内的任何索赔或者诉讼历史，核保人员均应当了解清楚。另外，最好了解投保人在起草或者修订广告资料过程中是否有法律顾问参与，因为这样可以在相当大的程度上避免风险。

（3）技术手册。许多产品制造商的产品中会附带技术介绍手册，这些手册提供了有关产品概况、如何安全使用、可能遇到的故障及如何消除或者避免这些故障，以及产品的期望寿命等与产品有关的信息。对部分产品制造商还可能提供设计、测试和质量管理的详细情况，并会提供如何适当安装和使用产品的详细指引。很明显，无论谁是用户，一本通俗易懂的手册是涉及化学、机械或者电子技术的产品不可缺少的一部分。这些手册对于那些新开发的高技术产品或结构复杂、使用前需要详细装配的产品（这种产品目前在市场上比比皆是，尤其涉及电器、家具等多个日用领域）的核保具有非常重要的作用。

（4）产品包装。产品包装是产品不可缺少的一部分，因此产品如何包装也是核保过程中应当关注的一个问题。妥善的包装设计可以保证产品在流通过程中不被损坏，到达最终用户手中时可以有一个良好的使用状态。例如，由于包装不良导致产品上某安全装置损坏，就有可能引发对使用者的伤害。包装也会包含如何使用、安装和保存包装品的警告和说明。如果包装被损坏或者上面的警告标示无法阅读，也会引发人身伤害或财产损失。包装外部的标签应当正确使用，防止标签在产品操作中脱落或者无法看清。文字应当措辞明了，印制要清晰。对某些需要在购回后由用户自行安装的产品，包括包装在内的每个部分都要有明显的标签。应当让使用者对于哪些部分应当安装在哪里一目了然。产品标签应当置于经常看见的部位，例如安全警告性标示应当直接放在产品上，而不是放在那些在打开后很快就要扔掉的产品包装上。最后，包装本身也会有损害。例如，枕头一般是个安全的产品，但是包装用的塑料袋，如果上面没有标识，有可能造成处理不及时，孩童将其套在头上而造成窒息伤害。

（5）产品销售渠道。任何产品的销售都有各自的市场渠道，有的有总经销、分经销，有的则是通过批发商到零售商。就产品责任保险而言，核保人员应从产品营销过程中投保人所处的地位来分析其潜在的责任风险。如果投保人是该产品制造商，其产品责任风险较大。批发商也可以投保产品责任保险，虽然相对于制造商来说它的责任较小，但还是存在产品责任风险。零售商的主要责任风险来自于业务场所的运营过程中，但国内现有的法规一般均允许消费者在遭到产品事故伤害的时候向销售商（即零售商）提出索赔。零售商，可以从一个购物商场的小商店到一家大型邮购公司，这对于核保人员来说也是需要评估的内容。就产品发生事故对公众的伤害来说，销售的每个环节都有不同的风险。从制造商到零售商，投保人在整个产品的销售渠道里所处的地位对核保分析有直接的影响，因为渠道中的每个位置显现了不同种类的风险和相同风险下不同的伤害程度。但从目前的市场来看，绝大多数投保人均是制造商，这就使核保人有条件多方面地了解产品的设计工艺、生产过程、质量管理、产品检验、包装广告等方面的信息。

（6）最终消费者或使用人。投保产品的消费者的类型和有多大范围的消费者最终使用该产品是核保考虑的两个因素。对于特别为孩童设计的产品，核保人有必要给予高度的关注，因为这种产品的使用人是那些智力尚未完善、行为难以自律的群体。另外还要考虑的是投保产品是作为生产工具还是生活消费来使用。生产资料产品通常只有为数很少的人使用，这样就降低了群体遭受伤害事件的可能性。但另一方面，如果投保产品是另一个危险性产品的某个部件或总成，这就可能比普通公众使用的消费品具有更大的潜在风险。在评估产品最终用户的时候，核保人员要考虑该产品的使用是否很复杂，是否需要有一定的专业性技术。在一些产品责任法律严格的国家，对制造商来说即使当它的产品被误用或者滥用，在发生产品事故时也可能被控负有责任。而法官或陪审团出于保护弱势群体的考虑，会做出由制造商承担赔偿责任的判定。作为制造商，应了解产品说明书不仅要说明产品如何使用，而且还要说明该产品在哪些场合不可使用。核保人要核查投保产品的制造商是否提供了充分详尽的说明书、产品安全警示文字和有关的提示标签。另外，在有条件和有必要的情况下，核保人员还可以根据自身的检验，判断一下普通人是否能够正确合理地使用该投保产品。

3. 其他核保要素

(1) 了解投保人在所在行业中的地位或影响力。例如生产企业为行业内龙头企业，其产品市场占比大的，当然比占比小的具有更低的产品责任风险，这在一般家用电器类行业比较明显。

(2) 了解产品的声誉和投放市场的历史。某些产品投放市场时间很长，其品牌质量已经在消费者当中形成了很明显的信任度，长期投放市场并占一定的市场份额的产品，一般具有较好的风险环境。

(3) 了解产品过去近几年的损失记录。这是评价一个产品的最实际的信息源。核保人员可以从过去该产品发生事故的原因或过程（例如漏电、爆炸、中毒、误用等等）、物损和人伤情况、争议解决途径（例如消费者协会调解、当事方协商、诉诸法院等）、责任的界定方法、被保险人自行承担赔偿、保险赔偿等历史信息中，全面了解该产品的背景，进而借以判断产品的风险程度。例如，对上年度发生10多起爆瓶伤害事故的瓶装啤酒生产商，有理由认为该企业在包装瓶选型、酒瓶供应商选择方面存在问题，因为这些同类事故的重复发生，如果新保险年度中被保险人没有在这方面有所改进，则至少应当做出提高免赔额的核保处理。

4. 承保条款

对于主条款，目前使用的保险条款是保监会统颁条款，有中英文两种文字。与境外同类条款相比较，措辞相对简练，已经在市场上使用了多年。

除了主要条款以外，实务中还有一些附加条款，举例如下：

成批条款（batch clause）。约定成批投放市场的产品发生相同原因的损害事故，作为保单项下一次事故处理。

保费调整条款（premium adjustment clause）。这是产品责任保险特有的做法，保单按照预计销售量收取预收保费，并采用期末按照实际销售量多退少补。实务中一般还应设立一个最低保费。

2000年问题除外责任条款（millennium bug exclusion clause）。目前还没有证据表明计算机2000年问题对计算机用户的影响已经消除，而且再保险市场对这部分风险无论是财产保险还是责任保险均作为除外责任。

索赔提出为基础条款（claim made basis clause）。这是产品责任保险特别要坚持的条件。这里说的“索赔提出”是指承保产品的使用者因产品事故受到伤害而向被保险人提出的索赔，而并非被保险人向保险人的索赔。同时，这一索赔必须是在保险期限内提出的。

产品回收/保证除外条款（products recall/guarantee exclusion）。这也是产品责任保险的一个惯例。所谓产品回收或召回，是指由存在缺陷的产品的制造商按照政府有关规定要求的程序，进行的消除其产品可能引起人身伤害、财产损失的缺陷的整个过程，包括制造商以有效的方式通知销售商、修理商和产品购买者等关于产品缺陷的具体情况及消除缺陷的方法等事项，并由制造商组织销售商、修理商等通过修理、更换、收回等具体措施有效地消除其产品缺陷的过程。境外市场上玩具、饮料、轮胎、汽车都曾经发生过类似案件。这种过程的结果往往伴随着一个集中性的高额费用开支，有时甚至是无法估计的。同时，实行召回的产品往往并不是产品已经实际造成对使用者的损害，但同批次产品发生问题时会波及大量的产品统一实施召回，这与产品责任保险承保的仅对发生损害事故情况下的受害人侵权赔偿相比，具有性质不同且金额无法预料的风险。

5. 赔偿限额

产品责任保险设每次事故赔偿限额和累计赔偿限额两个数量指标。其中每次事故还要设定对每一受害人的赔偿限额。赔偿限额的设定需要根据不同产品的特点、损害事故可能性大小和损害程度来合理确定，既要满足客户的保障需要又能够符合保险人承保能力以及核保要求。例如，对于瓶装啤酒产品，每次事故赔偿限额5万元是合理的，但对于家用电器产品，每次事故赔偿限额就可能需要50万元，汽车产品往往会达到几百万元。

6. 免赔额

为了处理一些出险几率相对较大而赔偿金额相对较小的理赔案件，一般在产品责任保险中要设立一个免赔额，规定在某一个金额之下不予赔偿。仍以瓶装啤酒产品为例，一个啤酒制造商投保瓶装啤酒的产品责任保险，在上年度报单期间连续9个月发生了26次爆瓶伤人事故，赔偿金额除一例15 000元之外，均在3 000元以下，其中18起金额为400～700元。对于这种项目应当设立一个免赔额（例如不低于2 000元）。免赔额的另外一个作用是鼓励被保险人尽量控制风险，以避免自己承担损失。

7. 保险费率

由于制造业、商业、仓储业等行业的基本生产经营流程和财产形态在一个有限的期限（例如一年）内相对固定，因而财产保险得以获得运用一个大数法则所需要的行业分类，并获得具有相当可信度的损失率和费率。产品责任保险费率的确定是一个复杂的过程。与财产保险定价不同，产品责任保险由于产品种类众多和新类型产品的不断推出，使得产品责任保险无法获得像财产保险定费那样基本稳定的风险数据模型，因而难以得到可信的保险费率。美国ISO（Insurance Services Office）定期向业内公布其搜集整理的多种产品的损失数据，但是其中大量的产品项目的损失率栏目仍然空缺。国内市场更是缺乏这类专业数据的来源，目前保险费率确定相当一部分是跟随市场需求之间的平衡、寻求再保险市场报价、参照以往同类业务以及保险人历年经营结果。

6.3　公众责任保险核保实务

6.3.1　国内市场公众责任保险简介

在境外部分地区市场上，公众责任保险，又称综合责任保险或普通责任保险，是指保险人对法人或公民因疏忽、过失行为致使公众利益受到损害而承担经济赔偿责任提供保障的一项保险业务。它是责任保险中独立的、适用范围极广的险别。它可以承保不同行业的企业和团体、家庭、个人在生产、经营等活动以及在日常生活中因意外事故造成他人人身伤亡、财产损失而引起的赔偿责任。

目前国内的公众责任保险，实务上是一个独立的险种，它是在参考了国际上通行的同类保险条款并结合我国的具体情况按事故发生基础设计的，属于场所责任保险范畴。它是承保任何自然人、法人在保单列明地点并在保险有效期内由于发生意外事故而造成第三者（即除被保险人和保险公司之外）人身伤亡或财产损失，被保险人依法应承担的经济赔偿责任，包括被保险人应付给索赔人的诉讼费用及经保险公司事先同意的被保险人自己支出的诉讼费用，但保险公司的最高赔偿责任不能超过保单上规定的每次事故赔偿限额或累计赔偿总限额。

尽管公众责任保险都是承保被保险人对他人的损害赔偿责任，但不同的投保人对公众责任保险有不同的要求，因此，保险人会适应一些行业的个性化需求，设计各种专用的公众责任保险。

如前所述，公众责任保险这个名称，既表示一个险种，有时也表示一类险种。单独的公众责任保险就是上述的场所责任保险，承保的是被保险人在规定区域范围内自身经营活动中发生意外事故造成对第三者（例如被保险人的商场顾客、餐厅食客、公共机构的来访者等与被保险人没有雇佣或服务合同关系的人员）的伤害或财产损失，被保险人依法应负的赔偿责任。但实务中公众责任保险类中的有些险种是在公众责任保险基础上根据市场需求或者展业方便，在遵循公众责任保险一般原则基础上演变的产品。目前保险公司根据不同客户的具体要求，为特定的对象度身订做，设计出了适合于不同的专业行业特色的公众责任保险。但是无论如何演变，其基本框架是同构的。这里仅举若干个性化险种作简介。

● **险种举例 1：展览会责任保险**

该险种以展览会主办机构为投保人，一般是展会主办人为某一次特定的展览活动而投保，保险期限与展会基本一致或可包括布展和撤展时间。承保的展览场所必须是经过国家有关部门批准，并领有工商行政管理部门颁发的营业执照，有固定的营业场所，同时通过公安消防等部门的验收。主要保险责任为由于被保险人或其雇请人员在展览场所进行展出工作、装卸展品、运转机器以及疏忽行为所造成的损失或导致的费用：（1）所租用展览场所的建筑物、各种固定设备及地面、地基的损失；（2）第三者人身伤亡的抚恤金、医疗费和其他有关费用；（3）雇请工作人员人身伤亡的抚恤金、医疗费和其他有关费用。

● **险种举例 2：公共营业场所火灾责任保险**

该险种是为适应政府管理部门加强消防安全管理采取的相关措施提供的配合险种，旨在对公共营业场所一旦发生重大事故，对受害人的善后处理提供一个救助的渠道，明显体现了责任保险的特定功能。凡领有工商行政管理部门颁发的营业执照、有固定营业地点的公共营业场所，均可投保本保险。该险种保险责任为在保险合同有效期内，被保险公共营业场所发生火灾，造成第三者财产损失或人身伤亡，依法应由被保险人承担的民事赔偿责任，以及发生保险事故后，被保险人为防止或减少第三者财产损失或人身伤亡所支付的合理的、必要的施救费用和事先经保险公司书面同意的诉讼、律师费用。

● **险种举例 3：校（园）方综合责任保险**

学校是一个特殊的场所。教学活动并非完全是盈利性经营活动，同时，学生尤其是接受义务教育阶段的学生处于没有完全民事行为能力的年龄段，这就给学校的教育管理带来了较大的责任风险。该险种的投保人和被保险人是取得合法办学资格的幼儿园、小学、中学。它既可以是公办教育单位，也可以是民办教育单位。公办教育单位是由国家各级政府设置。民办教育单位必须具备教育行政主管部门颁发的办学许可证，并依照有关行政法规进行登记。

该险种的保险责任按照有关的民法规定来界定。教育部2002年颁布的《学生伤害事故处理办法》可作为具体界定保险责任的直接依据，保单的保险责任也依此而设计。对保单的赔偿限额，有的保险公司分别针对“学生人身赔偿责任”及“校产损失”两部分设置累计赔偿限额、每次事故赔偿限额及每次事故每人赔偿限额，每人每次赔偿限额中包含医药费、抢救费等，以司法部门或有关职能部门的裁定为准。

6.3.2 公众责任保险核保要点

1. 投保单内容

保险人承保公众责任保险业务时，投保单中应明确下列内容：

(1) 业务性质。关于业务性质，被保险人须如实在投保单中写清楚，如化工厂、饭店、写字楼或百货商场等等，保险公司只对从事与其业务性质有关的活动时造成第三者责任予以负责。此外，业务性质及其活动又是制订保险费率的主要参考因素。显然，不同性质行业的企业所面临的风险程度是大不相同的。

(2) 该保单有多少被保险人以及各自的全称及详细地址。被保险人名称应准确，对需要办理分保的，应提供被保险人英文名称。营业地址要详细准确，因为它一般就是承保地址，这样保险人对此地发生的保险索赔事故才有可能负责。

(3) 承保区域范围。必须了解被保险人（投保人）所要求的承保区域，是营业地址还是有一承保区域范围。保险公司承保责任的地域范围限制就是保险区域范围，也就是说事故必须发生在规定的区域范围内，对区域之外的事故是不予负责的。

(4) 赔偿限额的择取是否与投保人所处的行业和业务规面相适应。计算的方式及其具体标准，可以分为累计及每次赔偿限额。

(5) 每次事故造成他人财产损失的免赔额。一般财产损失需要确定一个适当的绝对免赔额。

(6) 保险费交付方式。

(7) 确定司法管辖权。司法管辖权，是指发生对第三者的责任事故后，在被保险人与受害方以诉讼方式解决索赔的情况下，保单认可的法律制度的国家和地区范围。保险条款一般规定，发生争议诉诸法律必须在被告方所在地，一般来说在中国境内，这对保险公司比较有利。但是，被保险人也会要求保险公司在保单上列明世界范围的司法管辖权，以达到保障其切身利益之目的。如客户有此需求，当然也可酌情考虑接受被保险人的要求，但必须提高保险费率，并力争在保单中注明法律诉讼费用包括在赔偿限额内，同时世界司法管辖应尽量排除美国和加拿大。

（8）确定被保险人是否需要附加险种保障及其附加险条件。实务中一般应依据每一扩展条款的风险特点和大小适当加收保费。

2. 其他核保要素

（1）保险地点的地理环境及周围情况。如当地的人口密集程度、临近建筑、临山、临河、临湖、临街等情况以及建筑物等级。

（2）从事业务的性质。即所从事的行业或职业，看是否存在特别的危险。如场所责任与承保人责任的风险就有较大差异。

（3）保险地点的安全设施及应急抢救手段。

（4）被保险人的管理水平及人员结构情况。如饭店、旅馆的等级就是衡量其管理水平的综合标志，企业的产品等级也是重要的参考资料。

（5）承保区域范围的大小及特点。如投保场所占地面积、使用面积、是集中在一起还是分散在若干处等。

（6）共同被保险人之间的关系。被保险人有几方及各方之间的关系，如合资、合作、股份企业以及业主与承保人等。

（7）被保险人的防损措施及以往事故记录。包括责任事故次数、事件、原因、损害后果及处理情况等。

3. 承保条款

公众责任保险条款包括主条款和附加条款。实务中一般使用保险监管部门核准之颁布的公众责任保险条款和个别行业专用条款办理业务，条款的内容和措辞不作任意变动和修改。另外，公众责任保险承保对象复杂，险种众多，在一张总保单内列举的责任范围往往无法满足投保人的需求。尤其是一些除外责任的规定，使投保人的需求更难以得到满足，如果使用附加条款，或经过保险人与投保人的特别约定在总保险单基础上以批单的形式扩展承保某些风险，一方面可以满足投保人不同的保险需求，另一方面有利于保险人扩大业务，同时增加保费收入。对扩展附加的条款审核时特别要看是否适用于该投保人的经营行业，是否扩展了投保人所属行业中的特别风险，如果需要承保，是否对特别条款在赔偿责任上有所限制（包括责任范围限制和赔偿限额限制），是否对一些应该加收保费的附加条款加收或者在确定总保费时一并加收。

公共责任保险承保的是被保险人的民事赔偿责任，而非有固定价值的标的，因此无保险金额的规定，而是确定赔偿限额作为保险人承担赔偿责任的最高额度。超过限额的索赔，仍由被保险人自行负责。

4. 赔偿限额和免赔额

这个限额一般都是保险人与被保险人根据可能发生的赔偿责任风险的大小协商制订限额的高低并订入保险合同中，也可由保险人事先在保单上列明，被保险人认可即可。其中诉讼费用也包含在内。责任保险中通常规定两项赔偿限额：

（1）每次事故赔偿限额。即每次责任事故或同一原因引起的一系列责任事故的赔偿限额，它分为财产损失赔偿限额和人身伤亡赔偿限额。

（2）累计赔偿限额。即保险期内累计的赔偿限额，它分为累计的财产损失赔偿限额和累计的人身伤亡赔偿限额。累计赔偿限额一般高于每次事故赔偿限额。

在某些情况下，保险单上只规定每次事故赔偿限额，不规定累计赔偿限额，或者既规定每次事故赔偿限额，又规定累计赔偿限额，或者将财产损失和人身伤亡合为一个赔偿限额。一般而言，应设定累计赔偿限额，通常该限额为每次事故赔偿限额的1～5倍。

责任保险免赔额，有金额表述和损失额的比例表述，也有与免赔比例两者结合列入保险单中的。保险人在进行保险赔偿时，应扣除免赔额。公众责任保险项下，人身伤亡一般无免赔额的规定，但对财产损失应规定每次事故的绝对免赔额。

5. 保险费率

保险费率是计收保险费的依据。公众责任保险的保险期限一般为一年或不足一年的短期，费率多为年费率，且费率是根据风险大小及损失率高低而确定的。在厘定保险费率时，主要应考虑下列因素：

（1）被保险人的所属行业和风险特点。一般来说，如果人员流动较多的公共场所、有易燃易爆工序或使用带放射性材料的生产企业周边有相对密集的人员聚集或有他人所有的财产坐落者，具有较高的公众责任风险。

（2）被保险人已有的损失记录，包括事故情况、损失赔偿数量以及是否将所显现的事故隐患进行了整改进而杜绝了同样事故发生的可能性。

（3）被保险人产生损害赔偿责任的可能性大小和造成损害的程度估计。

（4）被保险人的管理水平，包括企业制度建设、质量认证等信息。

（5）遇有附加保险条款时，应一并考虑扩展责任的风险情况（也可以依据每一扩展条款的风险特点和大小分别设定费率）。

（6）司法管辖权范围及当地法律对损害赔偿责任的规定。

6.4　雇主责任保险核保实务

6.4.1　雇主责任保险简介

雇主责任保险是以雇主对雇员在从事与业务有关的工作中所受人身伤害（包括职业病）依法或依据雇佣合同应负的经济赔偿责任为保险标的的保险。确定经济赔偿责任的依据是民法、劳动法和雇佣合同。

雇主责任保险的特性有以下方面：

（1）雇主责任主体的特殊性。雇主责任保险的责任主体是雇主，即与雇员有直接雇佣合同关系，掌握解雇雇员的权力，并承担对雇员在受雇期间遭受伤害的法律赔偿责任的人。

（2）承保危险范围的特殊性。雇主责任保险的承保区域一般不仅仅限于被保险人的固定场所，只要雇员所受的伤害是为了履行工作职责并在工作过程中发生的，就可以认定为保险责任。

（3）雇主责任保险与工伤保险的区别。工伤保险是社会保险的重要组成部分，是指劳动者因在生产经营活动中所发生的或在规定的某些特殊情况下，遭受意外伤害、职业病而造成死亡或暂时或永久丧失劳动能力时，劳动者或其家属能够从国家、社会得到必要的物质补偿。

雇主责任保险与工伤保险虽然都是通过经济手段达到损害补偿的目的，但却有很大的区别。首先，保险费的付费人不同。雇主责任保险的保险费由被保险人即雇主支付，而工伤保险的保险费由政府、雇主甚至雇员共同按比例支付。其次，保险责任范围不同，雇主责任保险的保险责任范围以雇员在工作过程中所受的伤害或职业病为主，而根据2003年颁布的《工伤保险条例》，除工作中所受的伤害为工伤外，还规定了视同工伤的情形，保障范围大于雇主责任保险。再次，保障范围不同，雇主责任保险的保障程度依保险合同而定，而工伤保险的保障程度是法定的。

一般认为，商业保险是社会保险的补充。在这样的观念下，在发生保险事故后，如果被保险人参加了工伤保险，则雇主责任保险对于工伤保险赔付之后的余额，按保险合同的约定再行赔付，其中对于补偿性支出（例如医疗费用）则一般不能同时在两种保险中取得赔偿。

6.4.2 雇主责任保险核保要素

雇主责任保险的核保要素可以通过投保单、风险评估表及公共信息渠道得到，主要有以下各点：

（1）被保险人基本信息。包括被保险人的生产经营地址、是否在国内其他地区设有分支机构并有业务工作、建立时间、经营规模、在行业中的地位、管理水平、股东背景等。

（2）被保险人所属行业情况、行业性质。被保险人所在行业是属于生产加工行业还是第三产业，一般来说，服务性的第三产业风险小于第二产业，生产重型机器设备的风险大于生产电子产品的风险，初级加工业的风险大于服务业。对于诸如采掘业、地下、水下、海上、隧道等工程，高空作业人员、高层建筑外窗清洁工等，雇主责任保险应采取谨慎承保的态度。

（3）保险地点及周边情况。被保险人生产、劳动场所的基本条件，包括保险地点的地形条件、地理位置、周围环境；生产经营场所的状况，如房屋建筑结构、采光、电线、整洁程度及污染存在的情况等。

（4）被保险人的雇员情况。包括雇员人数、年龄结构、年工资总额、工种，主要了解是室内作业、露天作业还是野外作业，雇员是否经常到外地出差，这些地区的具体情况，被保险人是否与雇员之间存在书面的劳动合同等。

（5）被保险人的风险防范措施。目的在于被保险人是否已履行了自己按劳动安全法规的要求配置必要的安全设施以防止事故发生的职责。包括生产经营场所是否配备防火设备、有无应急抢救措施、生产所用材料的安全程度，是否配备必要的防护服和防护设备，生产中可能造成切、夹、压公害的设备情况，是否制定并公布了相关的安全操作规则，是否为员工提供了必要的操作培训，工厂有无专门的安全管理人等。

（6）以往承保和损失记录。这一项目非常重要，可以得到实际损失数据，作为制订承保条件的重要依据。对于损失记录，应考察属于哪种性质的事故，在投保该险种时间较长的情况下，应将几年的损失记录对照查看。如果是由于被保险人的行业性质、生产条件缺陷等外部原因所致，由于这些因素不易改变，应相应提高承保条件，并注意总体保费规模不宜过低；如果是由于意外原因所致，可适当放松承保要求。

6.4.3 承保条件

1．主条款和附加条款

实务中一般均使用经保险监管部门颁布的雇主责任保险条款。雇主责任保险附加条款主要有附加医药费条款。这个条款是在20世纪90年代颁布的，系根据当时情况，满足医疗保险制度尚未健全的一些行业的特殊需求。随着时间的推移，社会实际情况发生了变化，一些保险公司在实务中对该险种的承保做出了相应的调整，并逐渐收缩。

除此之外，雇主责任保险还有一些附加条款，例如承保雇员在被保险人住所地址内就餐时遭受伤害或死亡的赔偿责任的就餐时间条款，承保被保险人的雇员在中华人民共和国境外的商务旅行中所遭受的意外伤害赔偿责任的海外商务旅行条款等。

2. 除外责任

雇主责任保险对于由于下列原因所引起的雇员死亡伤残事故不负责任：

(1) 战争、类似战争行为、叛乱、罢工、暴动或由于核辐射所致的被雇人员伤残、死亡或疾病。

(2) 被雇人员由于疾病、传染病、分娩、流产以及因这些疾病而施行内外科治疗手术所致的伤残或死亡。

(3) 由于被雇人员自加伤害、自杀、犯罪行为、酗酒及无照驾驶各种机动车辆所致的伤残或死亡。

(4) 被保险人的故意行为或重大过失。

(5) 被保险人对其承包商雇用的员工的责任。

3. 记名投保

雇主责任保险的被保险人须在出单前向保险公司提供其投保雇员的明细清单，包括雇员的姓名、身份证号码、工资额及其他须向保险人提供的情况。不得承保无记名投保的项目。在附加医药费的情况下，应注意附加医药费的投保雇员名单须与主险雇员名单相同。在出险时，理赔人员应将出险雇员与原有雇员名单进行核对，确认无误后方可认定保险责任。

4. 赔偿限额

主险赔偿限额一般以雇员的月工资额为单位来表示，有死亡和伤残两种限额。死亡一般为36个月，伤残为48个月，也有一些项目直接以具体金额（赔偿限额）来表示。每一雇员的年累计赔偿限额须与其工资收入之间保持一定的比例关系，不能承保累计赔偿限额与工资额相差太大的项目，以免被保险人选择过高的赔偿限额，造成风险与保费收入不成比例。若保单附加医药费，应单列医药费的累计赔偿金额。

5. 免赔额

对于主险，标准条款中的免赔仅有误工费的5天相对免赔，对于部分将主险医疗费用单列限额的投保单，可要求其就医疗费用加设免赔额，设每人每次事故免赔额或每次事故免赔率。对于附加医药费保险，一般应加设门诊 20%，住院 10%的免赔额。

6. 保险费

在雇主责任保险中，应注意保险费的计费基础为雇员的年工资总额而不是累计赔偿限额，这是其与其他责任保险不同的地方。由于雇主责任保险的保费是以一年的工资总额为基础计算的，在保险期限内，若被保险人的员工人数或工资发生增减变化时，须及时通知保险公司并提交变动人员名单及工资变化情况，保险公司要根据这种变化重新计算保费，保费增加的，被保险人应及时补交，保费减少的，退还被保险人。

6.5 职业责任保险核保实务

6.5.1 职业责任保险基本概述

职业责任保险是指以被保险人在其职业行为中因疏忽或者过失，造成接受其专业服务的委托人的损失，依法应承担的民事损害赔偿责任为保险标的的责任保险。

职业责任保险所称的“职业”和一般“工作岗位”意义上的职业有很大的不同，这种职业需要基于与其所处的职业范围密切相关的专门学科教育和专业训练背景，并需要通过政府有关部门根据相关法规组织的专业技能考试后获得从业资格，且从业活动须接受相关部门依据专业法规进行的管理监督。在很多国家，律师、医生、会计师、部分领域的工程设计师等职业具备上述要求。

职业责任保险险种一般包括：医疗机构职业责任保险，注册会计师职业责任保险、律师职业责任保险、保险公估从业人员职业责任保险、保险经纪从业人员职业责任保险、建设工程设计责任保险等。

同其他责任保险一样，职业责任保险承保的也是被保险人的民事赔偿责任。但职业责任保险所承保的民事赔偿责任仅限于被保险人在其职业服务工作过程中的法律责任，其他活动中引发的责任事故的赔偿则不在本保险范围之内。这样，如何界定职业行为中疏忽或过失造成的损害后果成为确认保险责任范围的核心问题。目前，国内司法实践中职业行为造成损害赔偿的诉讼案件比较鲜见，对法律界、专业职业行业以及保险行业来说，这方面还有很多需要通过实践来探索的问题。

6.5.2 核保需考虑的主要要素

职业责任保险的核保，首先当然是对作为专业服务提供者的被保险人有关基本情况的了解和审核。主要包括以下内容：

(1) 审核被保险人是否具有开业资格，尤其是除了营业执照之外，是否持有政府专门管理机构依法颁发的有效执业许可证照，以证明被保险人为依法成立的执业机构，并了解被保险人的执业范围，从而判断其隐含的风险大小，并作为基本保费确定的基础。

(2) 确认被保险人的执业场所和执业范围。

(3) 调查被保险人是否刚刚进行过较大的管理结构调整，或是否为执业不到一年的新机构，若是，需从严掌握。

(4) 调查被保险人的业务是否扩展到境外（含港、澳、台）。

(5) 对执业人员的审核。包括是否所有执业人员都参与投保，原则上不接受选择性投保；承保须采用记名投保方式，一般不接受不记名投保；收集执业人员明细清单，包括姓名、性别、学历、执业资格、从事执业工作年限、现任岗位、过往执业记录。

(6) 保险历史及索赔记录。一般包括过去三年内被保险人有无因执业事故受到管理机构的任何形式的惩戒；被保险人是否曾投保过本险种或类似险种，赔付记录如何；调查被保险人于过去三年内发生执业事故的情况，对曾经发生重大执业事故，产生恶劣影响或发生较大数额赔偿的，核保时需从严掌握。

6.5.3 承保条件

不同的职业须用不同的条款。

保费方面，职业责任保险的预收保险费一般与被保险人预计保险期限内业务收入关联，同时也应当考虑保单确定的赔偿限额大小。投保人应预估被保险人在保险期限内的业务收入，以此计算预估保险费。实际保费超过预收保费的差额，应由投保人或被保险人补交；预收保费超过实际保费的差额，保险公司可退还给投保人，但一般保单中要预设一个最低保费条件，一般不低于预收保费的70%。如果无法估计保险期限内营业收入，则可以上一经营年度的实际营业收入为准。

保险期限方面，职业责任保险的保险期限一般为一年，原则上不承保保险期限超过一年的业务。

职业责任保险宜采用“期内索赔制”（claim-made basis）作为承保基础。实务中，根据投保人具有的资质高低、保险历史长短、承担专业活动的复杂性大小等因素，保险公司也可以给予一个追溯期，一般最多为二到三年。

职业责任保险现阶段司法管辖宜确定为中华人民共和国法律，保单中要有所注明。

6.5.4 医疗机构职业责任保险核保实务

6.5.4.1 医疗机构职业责任保险简述

医疗机构职业责任保险（medical malpractice insurance）是职业责任保险的一种。保险人负责被保险人在医疗活动中因疏忽或过失，造成患者人身损害时被保险人依法应承担的经济赔偿责任。该险种是配合 2002 年 4 月 4 日国务院正式颁布的《医疗事故处理条例》推出的。

境外医疗事业发达的国家，相关的职业责任保险有医疗机构购买的，也有医生个人购买的。我国目前的法律法规主要将承担医疗事故或疏忽过失行为的赔偿责任的承担主体界定在医疗机构，因此目前该险种也主要针对医疗机构而设计。

随着我国医疗体制改革的不断深化，医疗机构的所有制结构正在发生很大的变化，医疗机构也在向多元化、提供多层次服务的方向发展，原有的医疗机构等级划分已经逐步淡化。这样，保险人评估不同医疗机构执业风险的视点，也需要根据新的环境不断变化。在本险种开办不久，实践经验还相当有限的情况下，这对保险公司提高相应的核保技术是一个挑战。

6.5.4.2 医疗机构职业责任保险核保要素

1. 对投保人的审核

（1）要求投保人提供有效的《医疗机构执业许可证》，以证明被保险人为依法成立的医疗机构。

（2）要求投保人提供有效的《医疗机构等级证》，以了解被保险人的执业范围，从而判断其隐含的风险大小，并作为基本保费确定的基础。

（3）确认投保人的执业场所范围的限制，一般承保区域在中国境内。

（4）投保人是否新成立，或者刚进行过较大的合并、管理机构重组，若是，需详细了解有关情况。

2. 对医务人员的审核

（1）确认所有医务人员都参与投保，原则上不接受对高风险科室（例如产科、骨科等）选择性投保。

（2）采用记名投保方式，一般不接受不记名投保。

（3）应收集医务人员明细清单，包括姓名、性别、学历、从事医疗工作年限、现任岗位、过往执业记录。

3. 其他核保要点

（1）调查过去三年内被保险人有无因医疗事故受到管理机构的任何形式的批评和处罚。

（2）调查医疗机构有无承担或计划承担临床试验的科研项目。

（3）调查医疗机构是否设有自有血库，若有，需请其提供血库管理规章。

（4）请被保险人提供其药品管理（须包括自制药品）规章制度。

（5）调查被保险人是否曾投保过本险种或类似险种，赔付记录如何。被保险人于过去三至五年内有否发生医疗事故的情况，对曾经发生重大医疗事故，产生恶劣影响或发生较大数额赔偿的，核保时需从严掌握。

4. 承保条件

（1）保费方面。本险种的保费收取采取分项计收的方式，分为以下三项，总保费为三个分项之和。

基本保费。根据被保险人的医疗机构等级对照费率规章的相应基本保费范围收取。在每一个医疗机构等级的相应基本保费档次中给出的不是惟一确定的保费，而是一个可选择的范围，可以根据投保医疗机构的风险评估状况、规模大小和业务量的多少来确定。

人员保费。以各类人员每人每年基准保费乘以相应风险系数再乘以相应类型的人员数得出各类人员的保费。将各类人员的保费数相加，可以得出总人员保费。其中，每人每年人员基准保费给出的也只是一个范围，如何确定实际金额，可以按照风险评估状况和业务人员的素质情况以及承保人员了解的医疗机构的管理状况来确定，对于不同种类的人员，可以分别确定不同的每人每年保费。

床位保费。首先应该确定床位数，在实际使用的床位数和核定床位数不一致的时候，应该取其中高者作为计算保费的依据。同样，对于每床每年的保费也有一个金额范围，应按照风险评估的结果，确定具体的数额，也可以根据床位所属科室的情况分别确定具体数额。

（2）保险期限。该险种保险期限为一年，原则上不承保保险期限超过一年的业务。

（3）本险种必须采用“期内索赔制”作为承保基础，一般条款中均作如此规定。

（4）追溯期设置。对于首次在保险公司投保的投保人，一般不设追溯期。对于在保险公司续保本险种的投保人，追溯日期为其在保险公司首次投保时保险期限的起始日，追溯期一般最多为两三年。投保人须以书面形式明确在投保时没有已知的客户索赔或者可能发生索赔的情况，保单有效期开始以前发生的索赔不在保险责任范围之内。

（5）司法管辖权。司法管辖权均设定为中华人民共和国司法管辖。

关键词

责任保险	产品责任保险	公众责任保险	雇主责任保险
职业责任保险	民法	侵权	产品责任
司法管辖	产品固有危险	索赔提出制	事故发生制
疏忽	《医疗事故处理条例》		

复习题

1. 责任保险与财产保险最大的区别是什么？

2. 产品责任保险在发生保险事故时，受害人可以向哪些人提出索赔？为什么？

3. 公众责任保险的保障范围，是否包括被保险人通过协议为其他人保管的财务？为什么？

4. 雇主责任保险的特性有哪些？

5. 雇主责任保险与工伤保险的区别是什么？

6. 职业责任保险与公众责任保险的主要区别在哪里？

思考题

1. 案情：吉祥快餐公司在其店堂内放置一台由德佳电子有限公司生产、欢畅影视娱乐公司提供的投币式点唱机。某日，一顾客操作时点唱机突发漏电故障，击伤该顾客以及正好走近的店员。

研究问题：

（1）该案可涉及哪些与损害赔偿责任有关的保险险种？

（2）两个受伤者可以向哪些责任方提出索赔？

（3）该案中涉及哪些责任追偿关系？

2. 案情：1998 年 6 月，周某参加省某国际旅行社组织的九寨沟旅游团。6 月 14 日下午 7 时许，旅游团乘汽车至海子湾地段时，一些旅游者提出要上厕所。导游即与司机商量，将车停在了一个有厕所的商店门口，导游告知厕所在商店的后面，并引导旅游者到厕所的门口。这时，走在最后的周某没有直接上厕所，而是经过厕所门口向大约离厕所 5 米处的土堆走去，被此地大树下拴着的狗咬伤。

事故发生后，导游为周某的伤口进行了应急包扎处理。到达九寨沟的宾馆后，将周某送到镇医院进行医治。由于此地没有狂犬疫苗，导游向其所属单位成都某旅行社报告，要求旅行社接站并安排医院和准备好狂犬疫苗。16 日导游将周某送上交通卧铺车返回成都。旅行社立即派人找到了狂犬疫苗，并按照周某的要求，为其安排了带独立卫生间、有彩电的单间病房。住院时，旅行社支付了周某的医疗费和住宿费 6 000 元。在治疗期间和出院后，省消协和旅游质监所对此纠纷进行了多次调解，提出在旅行社支付周某在成都治疗期间的费用 6 000 元的基础上，再赔偿 6 500 元，而周某认为该赔偿额远不足以弥补其直接与间接经济及精神损失，调解未果，拟诉诸法院。

研究问题：

（1）该案中旅行社是否存在赔偿责任？为什么？旅行社责任保险项下是否应当赔偿？

（2）周某在这一事故中，是否可从其他渠道获得包括保险在内的赔偿？

（3）该案中还有其他责任方存在吗？该责任方应当承担什么样的侵权责任？

第7章

人身意外伤害保险核保实务

本章预习

人身意外伤害保险在风险性质、损失估算方法、承保方式等方面与财产保险有一定的相似性。我国《保险法》关于财产保险公司可以经营短期意外伤害保险的修改，为国内保险公司的业务提供了新的拓展领域。就核保技术来说，意外伤害保险与财产类保险相比又具有其独有的特点。本章就意外伤害保险核保应掌握的资料要素、核保应考虑的有关问题进行了探讨。主要内容包括：

- 人身意外险核保概述
- 人身意外险核保要素

7.1 人身意外伤害保险核保概述

根据2002年10月28日第九届全国人民代表大会常务委员会第三十次会议《关于修改〈中华人民共和国保险法〉的决定》，同一保险人不得同时兼营财产保险业务和人身保险业务，但是，经营财产保险业务的保险公司经保险监督管理机构核定，可以经营短期健康保险业务和意外伤害保险业务。

对《保险法》的上述修改标志着财产保险公司在经保监会批准后，可以进入意外伤害保险市场。

7.1.1 人身意外伤害保险的特性

人身意外伤害保险，是以被保险人因遭受意外伤害事故造成死亡或残废为保险事故的保险业务，在保险期限内因发生意外事故致使被保险人死亡或伤残，保险人按照保险合同的规定给付保险金。

1. 意外伤害保险构成要素

（1）人身伤害必须是意外事故造成的。意外事故在此须具备三个要素：意外发生的、非本意的；外来原因造成的；突然发生的。

意外发生的、非本意的，即是被保险人未预料到的和非故意的事故。如飞机坠毁使乘客受伤害，被他人杀害而非自杀；有些可能是被保险人应该预料到，但由于疏忽而引致的，如乱闯马路被汽车撞倒；或者是被保险人可预见到，但在客观上无法抗拒或在技术上无法躲避的事故，或者可以采取措施避免，但由于法律和职责上的规定，不去躲避，如民警与歹徒搏斗而受伤。

外来原因造成的，即是被保险人身体外部原因造成的事故。疾病所致伤害，虽不是本人事先能预见到的，但它是人体内部生理故障或新陈代谢的结果，不属于意外事故。

突然发生的，即是事故的发生与伤害的结果之间的时间是非常短暂的，事故在瞬息间造成伤害，来不及预防。对一些逐步累积形成的伤害，比如铅中毒、汞中毒等职业病，不属意外事故。

（2）必须有伤害的客观事实。有致害物、伤害对象及伤害事实，即致害物以一定方式破坏性地接触或作用于伤害对象，造成伤害的事实。其中，伤害对象指的是被保险人的身体各个部位，也就是说，意外伤害保险所称的伤害是指生理上的伤害，被保险人的肖像权、名誉权等权利侵害不属于本保险的保险责任。

2. 意外伤害保险与一般财产险的区别

（1）意外伤害保险不是“补偿”性保险，保险事故发生时，保险人按保险金额赔付，不会从补偿的角度考虑赔付是否适合。

（2）意外伤害保险因为不是补偿性保险，所以对保险人来说，赔付以后，不能以代位求偿权向第三者追偿，即使事故是第三者责任造成的也是如此。

（3）人的身体不能以金钱来衡量，故此不存在投保不足或超额投保的问题。

（4）投保人可以指定保险金的受益人。

7.1.2 人身意外伤害保险的种类

人身意外伤害保险主要分为个人意外伤害保险和团体意外伤害保险两大类。另外，根据造成伤害的因素的不同，可分为一般伤害保险、旅行伤害保险、职业伤害保险；根据保险事故的发生是否规定在特定的时间和地点，可分为普通意外伤害保险和特种意外伤害保险；根据保险期限可分为一年期意外伤害保险和一次性的意外伤害保险；根据是否需要填写投保单分为撕单式意外伤害保险和非撕单式意外伤害保险等。

1. 个人人身意外伤害保险

顾名思义，个人人身意外伤害保险中被保险人一般是个体自然人。

2. 团体人身意外伤害保险

团体人身意外伤害保险，一般是以单位的名义，为自己的多名员工统一投保的意外伤害保险。此处，对“投保人”或“投保单位”有一定要求，即投保团体须为依法成立的企事业单位、机关、社会团体及其他组织，或是以参加大型社会活动或文体活动而组建的团体，或是上述团体中投保前已合理存在的某一部门，而不是以购买保险为目的而临时组建的团体。

7.2 人身意外伤害保险核保要素

1. 投保单

（1）被保险人签字。每笔业务均须由投保人填写投保单并经被保险人签字或投保团体盖章。对撕单式保单，投保人不需填写投保单，但具名投保的撕单式保单，被保险人应在保险凭证上签字。

（2）投保单要素。投保单是保险合同的一部分，包括投保人姓名或名称、被保险人姓名、职业、职位、被保险人人数、险种名称、每人保险金额及总保险金额、受益人及受益人与投保人、被保险人的关系等。

2. 投保人、被保险人与受益人

（1）投保人对被保险人须有保险利益。投保人可以为其本人、配偶、子女、父母，或是与投保人有扶养、抚养、赡养关系的其他近亲属投保本保险；投保人可为被保险人的所在单位，也可为与被保险人有经济利益关系的其他人，比如，债权人对债务人，某一合伙人对其他合伙人的投保等。投保人在为被保险人投保本保险时，须取得被保险人书面同意。

（2）受益人。受益人指的是身故受益人。保险人不应接受身故受益人之外的其他给付的受益人，以避免道德风险。受益人可由投保人或被保险人指定，但投保人指定或变更受益人时，须经被保险人书面同意。

3. 被保险人的职业分类

意外伤害保险在保费收取上一般要根据被保险人所从事职业的不同，分为若干个标准。考察被保险人所从事的具体工作性质，目的主要是了解被保险人工作的危险性，以评判其职业风险。这一点无论是团体业务还是个人业务，均须作为重点。

（1）根据该类职业或工种的分类，确定通常情况下该类职业从业人员的风险程度；该类职业是否会导致被保险人参加或经常性参加有危险性的活动。

（2）出差几率大小；出差范围，是限于国内、省内、市内，还是范围遍及世界各地；出差通常采取的出行方式。

（3）被保险人从事该工作的收入情况，在工作单位的职位高低。

（4）被保险人工作区域的治安状况。

4. 被保险人的其他个人事项

如是个人业务，除上述主要因素外，还须考虑被保险人的年龄、健康状况、个人喜好问题、性格品质、家庭状况、被保险人生活区域的治安状况等因素，以及有无投保过其他同类保险、保险额度、期限、有无赔付记录等信息。此部分内容难以量化操作，但对高保额投保者必须仔细询问，作为控制风险的参考因素。

5. 投保团体的风险识别

团体业务，应重点分析投保团体本身的风险程度，重点包括：

（1）投保人的经营管理水平如何，生产或经营的自动化程度高低。

（2）投保人通常采取的安全防范措施，对工伤事故或重大险情，有无应急措施；投保单位过去三年的工伤事故发生及索赔情况。投保人如果采取了有效的安全防范措施，则职工发生工伤的可能性较之同行业其他单位就要低；对险情安排了良好的预警措施，一旦发生工伤事故，也会最大限度地减少损失程度；如过去频繁地发生同类工伤事故，说明该企业有可能未能在安全生产方面提高警惕，事后也未能对同种隐患进行排除或对设施进行改进。

（3）投保单位的平均职工收入水平。收入水平较高，则被保险人个人受到外来攻击的可能性就会加大，而收入水平的增高也可能会促使被保险人采取更为有力的防护外来伤害的措施。

（4）企业所在地的社会治安状况。

6. 风险保障范围的确定

如前所述，本类保险所保风险为“意外伤害”，是有约定定义和界定范围的，并非一切原因造成的意外伤害都是可保风险。如下风险即不属保单的保障范围：

（1）犯罪活动、寻衅斗殴、醉酒、吸毒、自我故意伤害等造成的被保险人意外伤害。

（2）被保险人生育意外、精神失常、艾滋病期间所发生的意外等。

（3）战争、核辐射等巨灾风险。

（4）风险集中的高风险运动或活动，比如登山、滑雪、漂流、攀岩、探险等活动。

前三类风险作为一般保险的除外责任，一般不可特约扩展；而第四类风险经过特别约定并加收保费后经过特别核保也可承保。

7. 承保条件

（1）主条款。投保人所要求的主条款必须是获准开办的主险条款。根据各个条款保险责任规定的不同，目前国内人身意外伤害保险的主要保险责任是：意外死亡保险金给付、意外伤残保险金给付、意外医疗费给付。

（2）附加条款。保险公司在办理意外险时为了满足不同的需要，往往在主险基础上增加附加险，扩大了保障范围。扩展附加险承保应注意，附加险必须在投保主险的基础上方能投保。附加险的效力优于主险的效力，附加险没有规定的，以主险规定为准。

（3）保险金额。主要审核被保险人所要求的保险金额是否合理，与其收入水平、所供养或赡养人的生活需要等是否相适应，有无超过条款规定的最高限额等。对个人被保险人的保险金额超过保险人规定的限额情况的，需重点调查其收入情况，必要时还需提供收入证明等资料。另外，对含意外医疗给付责任的险种，医疗保险金额不应高于意外伤害保险金额。考察每张保单的保险金额时，应将主险保额与附加险保额合并计算。

（4）免赔额。意外伤害保险免赔额的规定一般是针对意外伤害医疗部分的，条款本身即对每人每次事故的免赔作了规定，一般是保险人对一次事故中 100 元以内的上述费用不承担给付责任，对于一次事故中 100 元以上部分的上述费用，按 80%的比例在保险金额内予以补偿。

(5) 保险费率。意外伤害保险的费率规定基本上是以被保险人的职业分类来确定的，从风险较低的行业到风险较高的行业，费率依次上升。但这个基本费率，还要根据其他风险因素来调整，例如被保险人的健康情况、嗜好等。

8. 过去损失纪录

投保过类似保险的投保团体或被保险人，查看其过去三到五年的保险给付记录，了解被保险人发生保险事故的次数、保险金给付的额度；对未购买任何保险的投保团体或被保险人，也要了解其过去的事故发生次数、事故原因、损失金额。目的主要是判断被保险人的风险状况，并可据此决定是否承保以及确定保险费率及免赔额。

9. 投保前已拥有的其他人身意外伤害保险保单

需要了解投保人（被保险人）目前拥有的其他人身意外伤害保险保单，审查其他保单与计划投保的保单的总保险金额与投保人的收入、经济背景等是否相匹配，以防范过量投保的道德风险。

关键词

意外伤害	意外伤害保险	个人意外伤害保险
团体意外伤害保险	核保	风险识别
损失记录	保险费率	受益人
投保人	被保险人	风险保障范围
主条款	附加条款	

思考题

1. 从保险的意义上解释“意外”和“伤害”。
2. 意外伤害保险的可保风险有哪些?
3. 意外伤害保险与人寿保险的异同。
4. 意外伤害保险与财产保险的异同。
5. 人身意外伤害保险的给付方式。
6. 李某在游泳池内被从高处跳水的王某撞昏，溺死于水池底。李某生前投保了一份健康保险，保额 5 万元，而游泳馆也为每位游客投保了一份意外伤害保险，保额 2 万元。事后，王某承担民事损害赔偿责任 10 万元。

研究问题：(1) 因未指定受益人，李某的家人能领取多少保险金?(2) 对王某的 10 万元赔款应如何处理? 说明理由。

第8章

保证保险核保实务

本章预习

目前，对保证保险到底是担保还是保险尚未有一致的看法，但是，对于保证保险是保险公司开办的一项具有担保性质的业务是没有异议的。正是由于这个险种具有担保性质，因此，其核保过程相对复杂。本章选取实务中的两个代表性险种——产品质量保证保险和雇员忠诚担保保险分别阐述核保操作的要点。主要内容包括：

- 产品质量保证保险概述
- 产品质量保证保险核保要素
- 雇员忠诚担保保险概述
- 雇员忠诚担保保险核保要素

8.1　产品质量保证保险

8.1.1　产品质量保证保险概述

产品质量保证保险是保证保险的一种，是根据《中华人民共和国产品质量法》而设立的。保险人作为生产和销售企业的保证人，对其生产和销售的产品符合质量标准做出保证。该险种是以保证批量生产和销售的产品在一段既定时期内的质量标准和使用性能为特性的保险产品。

产品质量保证保险与产品责任保险在保险责任界定上有本质的区别，前者是承保发生保险责任事故后产品本身的损失，而后者承保的是发生保险责任事故后被保险人对自己的产品造成的事故所导致的使用产品者或其他第三者的损害依法应当负的赔偿责任。两个险种的承保责任范围相互没有交叉。

8.1.2　核保要素

1. 被保证人审核

对被保证人重点应审核以下六个方面：

（1）审核被保证人的营业执照，确认被保证人为合法企业，并需注意营业执照处于有效期内。

（2）对实行生产或经营许可证制度的被保证人，审核其生产或经营许可证，并需注意许可证处于有效期内，如：酒类商品须有酒类专卖许可证、饮料类商品须有食品卫生许可证、燃气具类商品应有煤气公司认证证明。

（3）通过被保证人提供其营业场所地址及注册地址，确认被保证人为境内企业。

（4）了解被保证人是否通过企业标准认证，如：ISO9001。

（5）了解被保证人是否为当地知名企业或同行业权威企业，是否得到相关荣誉称号或证书。

（6）了解被保证人是投保产品的生产商还是销售商，若是销售商，则需明确一旦发生保险事故，保险人在赔付后有代位追偿的权利，被保证人需配合提供有关生产商的信息，包括其财务状况和资信情况，这一点最好于保单明细表中列明。

2. 对投保产品的审核

对产品本身有关情况的审核是本险种核保的重点内容：

（1）本险种的投保产品是指经过加工、制作，用于销售的产品，主要是轻工产品中的耐用消费品。一般情况下，下列产品的承保必须非常严格地审核：药品、保健品、医疗器械、烟草制品、建材、重型机械、机动车辆、农产品、有毒有害物质的控制装置、饲料、美容美发用品。

（2）本险种的投保产品需有一定的市场成熟程度（生产并销售一年以上），不应承保新研制开发的或未曾进入市场销售的产品。

（3）本险种的投保产品必须有国家产品质量检验机构出具的检验合格证书和批准生产的文件，如：国家质量监督局及其下属各省市、自治区机构出具的 MA 证明，并注意此证明需处于有效期内。

（4）需请被保证人提供所有投保产品的名称、型号、规格明细清单，以确认所有型号的投保产品均通过上述质量检测，也可作为理赔的依据。

（5）确认投保产品必须为被保证人的全部产品或主导产品，一般不接受选择性投保。

（6）确认投保产品必须于中国境内生产并销售，一般不承保进口产品或出口至国外的产品。

（7）投保产品是否符合技术监督机构认定的质量标准，包括国际标准、企业标准、行业标准、国家标准。

3. 对承保条件的审核

（1）投保产品的预计年销售额。它包括在保险期限内生产并销售的所有产品的销售总额，是保费计算的基础。可参考过去几年的销售记录，以确定被保证人是否为其所有产品投保，同时可了解投保产品销售情况的走势，若销售额有大幅下降，需调查原因，看是否由于质量状况不佳导致消费者丧失信心。

（2）保单累计赔偿限额。这一点要于保单明细表特别约定中注明。

（3）每次事故绝对免赔率。根据条款约定，一旦发生保险事故，按照实际损失的一定比例进行赔付。同样，为了避免理赔时的争议，建议于保单明细表特别约定中注明，也可根据具体业务情况再加设绝对免赔额。

（4）每次事故赔偿限额的设定。若累计赔偿限额很高，则可考虑增加设定每次事故赔偿限额，以控制风险。此处，每次事故可定义为：以同一原料、同一工艺流程生产出的产品，由于同一原因导致保险事故发生，视为一次事故。

（5）费率。费率应根据赔偿限额、免赔额、年销售额、产品风险情况、赔付记录等要素来确定。

（6）保费。预收保费是以预计年销售额乘以费率得到的，期满后根据实际销售额与预计销售额的比例进行调整，多退少补。一般还需设立一个最低保费。

(7) 保险期限。在保险期限内生产并销售的产品才可作为投保产品。该险种保险期限为一年，原则上不承保保险期限超过一年的业务。

(8) 保险责任期限。即自产品由消费者购进保险期限内生产并销售的投保产品之日起一年内。在保险责任期限内，若发生责任范围内的事故，保险人根据保险合同承担赔偿责任。需注意的是，若产品标明的安全使用期或失效期在一年以内，则以标明日期为责任的终止日，这一点在投保产品为食品等短期消费品时尤需注意。因此，必须于核保时明确说明被保证人对投保产品的生产和销售日期能够确定。

4. 其他核保要点

(1) 对每一业务需了解其过往相关损失记录或赔付记录，即投保产品过往的返修情况和退换货情况，一般需了解投保产品开始生产销售以来的情况，这一点可作为风险评估的参考依据（特别是有多年的数据作参考），但不能以此做出大幅降费的决定。

(2) 被保证人需于投保单及其提供的损失记录上签章确认，以保证所提供信息的真实性。

(3) 一般而言，这一险种不宜由生产商以促销为目的作任何形式的保险宣传，包括于投保产品上作保险标记、于投保产品推介活动上使用保险公司徽标或作相关宣传、于投保产品说明书上印“由××保险公司承保”等类似文字。因为这种宣传无法在产品上清晰地说明保险和该产品的关系，误导消费者以为产品有问题可以直接找保险公司处理。

8.2 雇员忠诚担保保险

8.2.1 雇员忠诚担保保险概述

雇员忠诚担保保险（fidelity guarantee ）是保证保险的一种，保险人作为被保险雇员的保证人（担保人），确保雇员在受雇期间发生不忠诚行为、导致雇主（被保险人）经济损失时，可从保险人处获得赔偿。因此，该险种是以保证个人的道德品质和行为为特性的保险产品，其风险较难控制。这里的经济损失一般界定为直接经济损失，或者说是在保险事故发生前，被保险人已经拥有的可以货币化计量的经济利益，不包括推定的、预计取得但尚未到手的利益（例如实现销售之后的利润）以及无法直接用货币衡量的其他利益（例如技术方面的 Know-How）。

8.2.2 核保要素

1. 对被保险人的审核

(1) 按照不同行业被保险人投保该险种的风险情况，将被保险人分为以下两类：

高风险类：银行、证券公司等金融机构、快递公司、押运公司、黄金珠宝店。

普通风险类：不属于上述行业的被保险人。

(2) 了解被保险人的经营情况和财务状况，以防止被保险人因经营不善或面临破产而进行骗赔的行为。

(3) 要求被保险人提供有效的营业执照及其他证明其为依法成立的企事业单位、机关、社会团体及其他组织的材料，并确认被保险人营业地址在中国境内（港、澳、台除外）。

2. 对被保险雇员基本情况的审核

(1) 需采取记名方式投保，即在核保时确认被保险人需提供其所有被保险雇员的姓名、性别、身份证号码、所在岗位等明细信息，以便评估风险及为理赔做准备。

(2) 了解被保险雇员人数，以及其中多少从事高风险岗位工作，多少从事普通风险岗位工作，以判断整体风险大小。

高风险岗位：经手现金、管理账务、销售人员、采办、快递员、押运或直接接触贵重物品人员、银行等金融机构全体员工。

普通风险岗位：非上述高风险岗位人员。

在核保中，注意控制对上述高风险岗位进行选择性投保的情况，可从承保决定或费率条件上给予体现。

(3) 被保险雇员中是否有曾发生过下列类似不忠诚行为的员工，若有，需剔除。这点可从两个层面入手：第一，在被保险人处曾有过不忠诚行为但仍继续受聘的员工；第二，在以前的雇主处有过不忠诚行为的员工，这一点是条款中要求雇主在录用雇员时做的调查，可要求被保险人提供。

(4) 了解被保险雇员的收入变动情况，即在过去一段固定的时期内（如半年内）雇员收入是否有变动或雇员所从事的工种是否收入波动较大。

3. 对被保险人风险管理的审核

被保险人风险管理的能力，是核保的重点，主要查看审核的有以下方面：

(1) 外部和内部审计。对外部审计，须列明会计师事务所名称及审计频率。从此处可判断被保险人是否有完整的外部审计安排。但由于外部审计频率较低，无法对风险进行及时的发现和控制，因此，通过审计来控制风险的主要作用体现在内部审计上，此处，被保险人须提供内部审计的频率、审计员姓名和职位。

（2）投保人销售管理。风险评估表上有针对被保险人产品销售情况的调查，若零售点较多，风险则较大。过去出现的雇员忠诚担保保险赔案中，大部分是销售人员将货款或贵重货物盗走的情况。此处核保的要点在于确认被保险人对于销售人员的管理，是否在每处营业点有双人负责制或除了经办人员外还配有管理人员，销售人员是否被要求每天营业结束时将所有营业收入上交公司财务或存入银行，每天货物的盘点工作是否有专人负责复查等。

（3）出纳人员的管理。需确认出纳工作与票据和应收账款的记录完全分离，不得由同一人负责，以控制风险，这一点应作为保险公司所要求的被保险人要达到的风险防范要求，即若被保险人无法做到，由此导致的损失保险公司必须于特别约定中注明不负责任。

（4）支票管理。一般企业的大额资金流动都通过支票完成，这是高额风险发生的主要渠道之一。故必须严格要求被保险人做到以下方面，否则由此导致的损失，保险公司必须于特别约定中注明不负责任：

● 支票需要连署，且法人章和公司章不得由同一人保管，以此防范风险。

● 对经常采用开现金支票作为结算手段者一般应将由此产生的损失在保险责任中予以剔除，原因就是其风险较大，只要拿到支票就可去银行提款，无须证明自己的身份。

（5）保险箱的管理。需明确保险箱由公司 2～3 位人员掌管，其他人无法打开，且这 2～3 名人员也可互相监督。

（6）历史上的出险状况。风险评估表上的历史出险状况是全表最重要的部分之一，也是设定承保条件的重要参考因素。若过去曾参加过相关保险，则填写赔付记录，若未参加过，则同样请被保险人填写过去其曾因雇员不忠诚行为导致经济损失的历史情况。一般要求提供 3～5 年的参考记录。但需注意：历史出险状况只能作为风险评估的参考依据，并不代表将来的损失情况，故不可因为过往赔付记录良好而采取大幅降费的决定。

（7）被保险人的签章确认。风险评估表最后往往都由被保险人签章确认，这是其对风险评估表内所填写内容真实性的声明，体现保险的最大诚信原则。

4. 对高风险类被保险人的特别审核

在上述各高风险类行业中，银行是业务处理中较多出现的，而鉴于银行风险的特殊性，应在上述核保基础上增加以下几项。

（1）对于柜台出纳、会计等与现金直接接触的岗位，审核是否采取双人负责制，一般应有此要求。

（2）被保险人各分支机构是否有外汇买卖、炒作、代客理财等服务，银行采取哪些风险防范措施对相关工作人员进行控制。若有此类业务，则挪用公款的情况比较容易出现，而且被保险人较难及时发现，损失额度可能会比较大。

（3）电子转账等业务操作是否按职位不同授予不同操作金额的权限，上级管理人员是否能随时掌握其下属操作人员的工作情况。

（4）审核被保险人对风险控制的详细工作指引，包括金库管理规定等。

5. 对承保条件的审核

（1）确认使用保险公司雇员忠诚担保保险标准条款。

（2）扩展条款。该险种扩展条款较少，需要注意的是，在使用扩展“自动恢复保额条款”后，一旦发生赔付，在恢复原保额的同时，需相应根据该扩展条款要求加收保费。这一点在实际操作中务必严格执行。

（3）赔偿限额。该险种一般设每人赔偿限额、每次事故赔偿限额和累计赔偿限额。每人赔偿限额一般根据不同工种设定，高风险岗位的限额比普通风险岗位高一些，具体额度根据客户要求而定，但在核保时注意每人赔偿限额控制在一定的金额以内；每次事故赔偿限额的设定主要是为了防止多人共谋进行的不忠诚行为导致赔偿金额过高，在核保时，每次事故赔偿限额一般定为每人赔偿限额的若干倍，不可过高；累计赔偿限额是本险种保费计算的基础，可根据客户要求具体设定。

（4）保费。考虑到业务处理的成本，核保时需注意，该险种应设立最低年保费，即若根据费率计算出的年保费低于该最低保费，则收取最低保费。

（5）每次事故绝对免赔额（率）。原则上每笔业务需加设每次事故绝对免赔额或免赔率，费率越高，免赔额应相对越低，反之亦然。具体额度根据风险情况及其他承保条件制定。可同时使用免赔额和免赔率，以高者为准。

（6）保险期限为一年，原则上不承保保险期限超过一年的业务。

关键词

担保	保证保险	质量标准	雇员忠诚保证保险
产品质量保证保险	承保条件	高风险	核保要素

思考题

1. 分析保证保险和保证担保的异同。

2. 保证保险有哪些类型？

3. 保证保险最大的风险是什么？怎样防范？

4. 产品质量保险与产品责任保险的区别是什么？

5. 简论雇员忠诚保证保险的风险控制。

第9章

货运保险核保实务

本章预习

货运保险的突出特点在于它所承保的风险是一种“移位”风险，即运输工具和运输货物从一个地方到另一个地方，从一个国家到另一个国家移动过程中的风险。在它们变换场所、变更位置的同时，保险标的完全暴露在各种各样的风险之中。本章针对货运保险的特征分门别类地阐示了如何做好货运保险的风险评估，同时有的放矢地提出了核保应注意的要素和策略。主要内容包括：

- 货运保险核保概述
- 货运保险的特性
- 货运保险的种类
- 货运保险核保要素
- 风险评估

9.1　货运保险核保概述

9.1.1　货运保险的特性

货运保险与其他保险的区别主要表现在它所承保的风险是一种“移位”风险，即运输工具和运输货物从一个地方到另一个地方，从一个国家到另一个国家移动过程中的风险。在它们变换场所、变更位置的同时，保险标的完全暴露在各种各样的风险之中，由此显示出货运保险与其他保险不同的一些特征。

1. 承保风险的综合性

如上所述，货运保险是一种财产保险，是财产保险的一个分支。然而，货运保险承保的风险已经超过一般财产保险的承保风险范围。海上保险承保的风险，从范围上看，既有海上风险，又有陆上风险和航空风险；从风险的种类上看，既有自然灾害和意外事故引起的客观风险，又有外来原因引起的主观风险；从形式上看，既有静止状态中的风险，又有流动状态中的风险。货运保险承保风险的种类之多，变化之大，是其他任何保险所不能比拟的，充分显示了它的综合性质。

2. 承保标的的流动性

所谓运输，简单地说，就是人们利用各种运输工具，将其生产的产品或货物从一个地方运送到另一个地方，从产品生产地运送到产品消费地，以此完成空间上的分离。广义的运输包括生产过程中的内部运输和作为物质生产部门的运输业所从事的社会化运输。社会化运输作为生产过程中的内部运输的延伸，不过是在更大的规模上表示同样的现象，都是移动产品的位置。所不同的是，社会化运输特别是海上运输所体现的国与国之间的运输，除了完成一般“移位”职能外，还包括“移位”过程中的其他服务，比如货物在运输过程或到达目的地后，在车站、机场或码头等地所进行的必要的储存或装卸。然而，不管何种形式的运输，作为社会再生产过程中的一个重要环节，它们永远处在一种流动状态中。一个社会的存在不能停止生产或再生产，同样也不能停止运输。从这个意义上说，货运保险承保的标的总是那种流动性的保险标的。

3. 保障对象的多变性

海上保险的保障对象是与保险人签订保险合同的被保险人。海上保险保障对象的多变性，主要指海上保险中货物运输保险的被保险人的变动趋势。货物运输保险合同，由于货物所有人将货物托运之后，就失去了对货物的控制与管理，货物是否发生损失，主要取决于货物本身的因素和运送人的因素，而与货主或托运人没有必然的联系。在这种情况下，货物所有人或被保险人是谁，不能作为保险人确定是否承保，以及采用什么条件承保的依据。因此，货物运输保险单可以随着保险标的的转让而转让，它不需要征得保险人的同意，只需要原被保险人在保险单上背书即可。货运保险承保的是国际贸易中的买卖货物，国际贸易的目的不仅是实现货物的使用价值，更重要的是货物的价值或货物的增值。这种独特的贸易目的决定了货物在运输过程中频繁易手，不断变换其所有人。货物所有者的不断更换，必然引起货物运输保险的被保险人不断变化。由此可见，货运保险保障对象的多变性特征是由国际贸易的性质所决定的。

4. 保险种类的多样性

货运保险的险种和险别不仅数量多，而且随着时间的推移，其形式也在不断地发生变化。从险种上看，因运输方式的不同而区分为海上运输保险、陆上运输保险和航空运输保险以及多式联合运输货物保险等。从险别上看，海上保险有基本险和附加险之别，按照我国海上保险的做法，前者又分为平安险、水渍险和一切险等，后者又分为一般附加险和特殊附加险等。货运保险种类的多样性，是由其承保标的的多样性和承保风险的综合性决定的。

5. 保险关系的国际性

货运保险保障的对象大都是从事国际贸易的经营者，其运输货物，都是往返于不同的国家或地区的远距离运输，这种保险的主体和客体的存在形式和运行方式，使海上保险成为一种国际性的保险。正是由于这种原因，货运保险合同的签订与履行，应当遵循国际法律有关规定。货运保险矛盾和纠纷的解决，应当遵循国际惯例和通用准则。

9.1.2 货运保险条款及保单形式

货运保险是指以各种运输工具承运的货物作为保险标的的一种保险。货运保险所承保的货物一般为进出口货物，包括非贸易货物，如援助物资、展览品、艺术品、各种资料、私人行李或用具等。货物的运输方式有海运、陆运和空运之分，与此相适应，货运保险可以分为海上运输货物保险、陆上运输货物保险、航空运输货物保险以及邮包运输货物保险等。

1. 险种条款

不同的运输方式适用不同的货物保险条款，其中以海洋货物运输险险种最多，以我国的海运货物保险条款为例，习惯上把它们分成基本险、附加险及专门险三类。

基本险又称主险，分为平安险、水渍险和一切险三种。

(1) 平安险（free from particular average，FPA）。原来的含义是“单独海损不赔”，“平安险”是我国保险业的习惯叫法，它是三种基本险中责任范围最小的一种。其责任范围包括以下方面：

● 被保险货物在运输过程中由于恶劣气候、雷电、海啸、地震、洪水等自然灾害造成整批货物的全部损失或推定全损。

● 由于运输工具遭受搁浅、触礁、沉没、互撞、与流冰或其他物体碰撞以及失火、爆炸等意外事故造成货物的全部或部分损失。

● 在运输工具已经发生搁浅、触礁、沉没、焚毁等意外事故的情况下，货物在此前后又在海上遭受恶劣气候、雷电、海啸等自然灾害所造成的部分损失。

● 在装卸或转运时由于一件或数件货物整件落海造成的全部或部分损失。

● 被保险人对遭受承保责任内危险的货物采取抢救、防止或减少货损的措施而支付的合理费用，但以不超过该批被救货物的保险金额为限。

● 运输工具遭遇海难后，在避难港由于卸货所引起的损失以及在中途港、避难港由于卸货、存仓和运送货物所产生的特别费用。

● 共同海损的牺牲、分摊和救助费用。

● 运输契约订有“船舶互撞责任”条款，根据该条款规定应由货方偿还船方的损失。

“单独海损不赔”的叫法容易使人误解为保险人对任何单独海损都不负赔偿责任，实际上它仅对由于自然灾害所造成的单独海损不赔，而对于因搁浅、触礁等指定的几个意外事故所造成的单独海损还是要负责的，不仅如此，如果运输途中运输工具发生过搁浅、触礁、沉没、焚毁等意外事故，则不论事故发生之前还是之后，由于自然灾害所造成的单独海损，它也要负责。

由于平安险的承保责任范围不广，一般多适用于大宗、低值粗糙的无包装货物，如废钢铁、木材、矿砂等。

(2) 水渍险（with paticular average，WA 或 WPA）。原文的含义是“负责单独海损责任”。它的承保责任范围是：

● 平安险所承保的全部责任。

● 被保险货物在运输途中，由于恶劣气候、雷电、海啸、地震、洪水等自然灾害所造成的部分损失。

这个险别的责任范围包括了由于海上风险（自然灾害或意外事故）所造成的全部损失（实际全损或推定全损）和部分损失（单独海损或共同海损），并不是仅对货物遭受海水水渍的损失负责，也不是仅对单独海损负责。

如果被保险货物因承保风险而遭受全部损失，则无论是水渍险还是平安险，保险人都是负赔偿责任的，只有在发生部分损失的情况下，两者才有所不同：水渍险对不论是自然灾害还是意外事故所造成的部分损失均予以负责；平安险对于由于意外事故所造成的部分损失负责，对由于自然灾害所造成的部分损失一般不予负责，但在运输过程中如运输工具虽发生过搁浅、触礁、沉没、焚毁等情况，即使是自然灾害所造成的损失也予负责。

水渍险虽对单独海损负责，但对锈损、碰损、破碎以及散装货物的部分损失不负责，因此，一些不易损坏或虽易生锈但不影响使用的货物或旧货物，以及散装的原材料常可投保这一险别。

(3) 一切险 (all risks)。一切险的责任范围，除包括平安险和水渍险的责任之外，还包括被保险货物在运输途中由于一般外来原因所造成的全部或部分损失。具体来说，一切险是平安险和水渍险和一般附加险的总和。一般附加险包括偷窃险、提货不着险、短量险、渗漏险、淡水雨淋险、混杂粘污险、碰损险、破碎险、串味险、受潮受热险、钩损险、包装破裂险和锈损险 13 种险别。

由上可见，一切险的承保责任也是有一定范围的，它的承保责任虽较平安险和水渍险为广，但保险人并不是对任何风险所致的损失都负赔偿责任的。对于一些不可避免的、必然发生的风险所造成的损失，如货物的内在缺陷和自然途耗所致损失，以及运输延迟、战争和罢工等所致损失，保险人均不负赔偿责任。

由于一切险的承保责任范围是三种基本险中最广泛的一种，因而适宜于价值较高、可遭受损失因素较多的货物投保。

我国《海洋运输货物保险条款》对除外责任的规定包括下列各项：被保险人的故意行为或过失所造成的损失；属于发货人的责任所引起的损失；在保险责任开始前，被保险货物已存在的品质不良或数量短差所造成的损失；被保险货物的自然损耗、本质缺陷、特性以及市价跌落、运输延迟所引起的损失或费用；战争险和罢工险条款规定的责任范围和除外责任。

海洋运输货物保险的责任起讫采用仓至仓条款 W/W (warehouse to warehouse clause)。

附加险承保的是由于外来原因引起的风险损失，一般分为一般附加险、特别附加险和特殊附加险三类。其中，一般附加险包括上面已经提到过的 13 个险别。

特别附加险承保的风险大多与国家行政、政策措施、航运贸易习惯等因素有关，包括交货不到险、进口关税险、舱面险、拒收险、黄曲霉素险、出口货物到港澳存仓火险责任扩展条款。

特殊附加险包括海运战争险条款和罢工险条款。其中战争险的责任起讫不是“仓至仓”，而是以“水面危险”为限，即以货物装上保险单所载明的起运港的海轮或驳船开始，到卸离保险单所载明的目的港的海轮或驳船之时为止。如果被保险货物不卸离海轮或驳船，保险责任起讫以海轮到达目的港的当日午夜起算15天为止。而罢工险的责任起讫则与海运货物保险一样，采用“仓至仓”的原则。

海洋运输货物专门保险是根据运输货物特性承保的专门险别，有海洋运输冷藏货物保险、海洋运输散装桐油保险等。

另外，国际上通用的还有历史悠久的ICC条款（英国协会条款）和美国协会条款。以ICC条款来说，其中的Cargo(A) 相当于一切险，Cargo(B) 相当于水渍险，Cargo(C) 相当于平安险。ICC条款还有散装油、空运（邮包除外）、煤、木材贸易联合会、黄麻、冻肉、天然橡胶等基本条款。另外，还有Cargo(War)，Cargo(Strike)，船级条款 Classification，Bulk Oil(War)，Bulk Oil(Strike)，Cargo(War Cancellation) 等诸多附加条款。

2. 主要保单形式

海上货物保险一般按航程保险方式投保，所采用的保险单有以下四种形式。

（1）指定船名保险单。此种保险单是海上运输货物保险中经常采用的一种保险单。这种保险单适用于载货船舶已定，投保人应将其船名和开航的大致日期等情况告知保险人的保险。这种保险单只承保指定的货物交由指定的船舶，在指定的航次上运输的危险。

（2）待报保险单。此种保险单是进出口货物的买方经常采用的一种保险单，其特点是保险单内船舶名称及开航日期两栏填写“船名与航期有待货主日后通知”的字样。货主接到国外卖方通知船名和航期后，立即通知保险公司签发批单，确定承运船名、启航的地点和日期，以此核算保险费的差额。

（3）预约保险单。预约保险单是承保约定期间内若干批运输货物的保险单。通常以暂保单签订，不限制总保险金额。在每一次运输情况如货物名称、数量、金额、船名、航程等确定以后，被保险人应向保险人进行陈报，保险人据此计算保险费并出具保险单，从而使保险双方事先达成的协议取得法律效力。此种保险单不记载保险金额和保险价值，被保险人应在装船时向保险人申报每船货物的金额，以申报金额为保险金额。由于保险单涉及未来许多批货物，因此保险单内列有估价条款，规定保险标的物价值的计算办法。被保险人依据约定计算各批货物的保险价值，并通知保险公司。保险公司为了减轻自己的保障责任，可以在协议内对每船货物或运往每一地点的货物的责任制定一个限制。被保险人每次运输超过约定限制时，应事先取得保险人的同意。此种保险单对每批货物按航程承保，但并未约定总保险金额，因此保险费不必预付，待装船后收取。

（4）流动保险单。此种保险单是承保一个总保险金额内若干批货物运输的保险单。每次运输事项确定后，被保险人应将船名、航期、货物数量和运输货物金额通知保险公司，该次运输的货物金额即从总保险金额中扣减，直至扣减完毕，保单随即终止。然后统计货物申报内容及其价值，据以调整已缴保费，多退少补。

9.2 货运保险核保要素

9.2.1 投保单的审阅与分析

业务人员在收到投保单后，应当场对填写内容逐项进行详细审核，检查投保单各项内容填写是否正确、完整。发现填写项目有错漏，应及时通知投保人予以更正和补充，重要或多次更改时要重新填写，以保证投保单作为保险合同组成部分的严肃性和有效性。审核的内容主要有以下方面。

(1) 投保金额。保险公司为了约束和规定本身所承担的责任，根据自身的偿付能力，对每一危险单位订出所承受的最高金额，作为赔偿的额度。为此，审核投保单时要注意保险金额、运输方式和航次或车次是否填写完整，从中确定每一危险单位的保险金额。在国际贸易中，买卖双方通过中间商达成的交易均须支付佣金，在计算保额时，佣金不予扣除。至于折扣，它是货价的折让，是在直接交易项下发生的，是货价的降低，所以保额应扣除折扣。

(2) 投保险别及费率。对不能承保的条款，例如保内在缺陷等应通知投保人修正。

(3) 投保标的名称、数量、单位、包装是否填写清楚。

(4) 投保的船名、航次。为防范道德风险，对大宗货物运输一般要求投保人在投保时须提供货运代理人或承运人的资信情况，特别对投保水路整船货运保险，应尽量要求投保人提供船东资信、船舶情况及较完整的船舶资料。

(5) 运输路线。由于运输路线不同，所运货物的风险存在一定的差别，因此，投保单上必须填妥中转地点或运输路线。

(6) 保险加成。如投保加成超过内部规定的权限，则应逐级批准，方可同意加成。一般来说，如果与保险公司有常年业务往来的、公司信誉较好、确实是为了贸易利润之需或是因信用证规定的公司要求对投保多加成，可以同意。对资信不好的公司或仅有单票或数票业务的公司所提出的类似要求，必须拒绝。加成掌握的原则如下：一般加成比例为10%～30%，超过30%须谨慎核保。

(7) 投保人的签章。

（8）货物起运日期是否填写完整。对起运日期与投保日期在同一时间内或间隔较近的，要仔细询问原因；对国内货运保险已经起运的货物，一般不予受理。

9.2.2 风险评估

9.2.2.1 进出口货物运输保险的风险评估

保险的风险评估是承保业务中的首要任务。进出口货物运输保险（简称进出口货运险）所承保的风险包括自然灾害、意外事故和外来原因，是风险最为广泛的险种之一。所以，保险公司做好进出口货运险的风险评估工作，了解其承保货物的特性及其在货物运输环节中将面临何种可能发生的损失是十分重要的。

1. 投保人/被保险人的评估

在进出口货物运输保险中，投保人和被保险人是有所区别的。进口贸易若以FOB价格成交，那么进口商在国内投保货运险，可能具有投保人和被保险人的双重身份。有时投保人和被保险人也可能分离。出口贸易若以CIF价格成交，那么，出口商在国内投保货运保险，他就是投保人，而国外进口商便是被保险人。因此，在承保之初，为控制风险，保险公司无论对初次投保的客户，还是对常年的老客户，都应了解下列情况：

（1）投保人/被保险人所经营的业务量。进出口货运险的费率应是在分析了投保企业的贸易成交数量和金额，投保的商品结构、运输路线、装卸港口等情况和上几年度出险概率等诸多因素后，才能合理的制订。企业所经营的业务量大，保险公司承保的金额多，承担的风险相对分散，赔付率低；反之，风险就会集中，赔付率也可能提高。对于已承保了几年的老客户，保险公司可根据上几笔、上一项目或上几年的承保记录制订下一次的承保方案。对于新的业务，尤其是单票业务，保险公司有必要详细了解投保企业的经营情况，以便制定出科学的，具有竞争力的费率。投保人或被保险人也有义务向保险公司介绍其经营的规模。一旦保险公司同意按照其要求承保并根据其业务量制定了费率，投保人/被保险人就应该根据合同规定的业务量向保险公司投保，不应隐瞒部分业务不报。按照《中华人民共和国保险法》第十七条规定，投保人若未履行如实告知义务，足以影响保险人决定是否同意承保或提高保险费率的，保险人有权解除保险合同。

（2）投保人/被保险人的保费缴付情况。保费缴付是否及时可反映出企业的经营状况和企业管理水平。拖欠保费有两种原因：一是企业经营亏损，发生支付困难；二是故意赖账。保险公司应对客户平时的保费缴付情况作详细的记录，以便及时总结该客户的资信，为以后的续保提供资料。

（3）投保人/被保险人的欺诈行为和对索赔追偿的态度。保险公司应留心观察和记录投保人/被保险人有否勾结有关方进行欺诈赔款的行为；在货物发生货损货差时，是否能及时地向第三责任方提出索赔并积极地配合保险公司实施追偿工作；其从事贸易运输、保险理赔与向责任方追偿的经验如何。

2. 大类商品的主要风险

保险公司对其承保的商品的性能和遭损的可能性必须有所了解，这样，才能全面而合理地与被保险人商定保险条件和保险费率。大类商品的主要风险如下。

（1）粮油食品类。

1）粮谷饲料类。此类商品可分为二类：一类为粒，指未经加工的原始农产品，如大豆、玉米、油茶籽、花生仁、小麦等；另一类为粉、饼、渣、片、团，指含油种子经过机械榨油或溶剂萃取等方式提取植物油后剩下的渣子，如豆粕为片状或粉末状，由大豆加工而成，菜籽饼为饼状，由菜籽压榨而成，主要作饲料或肥料用。这类商品常见的损失有：①霉变。这类商品具有很强的吸收性。会吸收空中的水分，使水分的含量超过限额而引起霉烂。另外，海水浸入、淡水渗入、水管漏水等也会造成霉烂损失。在运输途中由于船只遭遇恶劣气候封闭通风舱，或因为气候骤变温度突然上升或下降都会造成发汗、发热而导致霉变。一般情况下，谷类商品安全水分含量的最大值不应超过15%，饲料类种子饼安全水份含量的最大值不应超过12%。作饲料的，蛋白的含量比同类产品高，在贸易合同中，注明粉、饼等饲料类商品的蛋白含量比例是作为决定品质的重要标准。由于此类商品易氧化，氧化产生热的速率大于失去热的速率，因而会产生缓慢自热，自热会加速或加重霉变，而蛋白含量高的商品，如豆粕等作为饲料的产品更易氧化变质。鱼粉较之同类产品，风险更大，更容易自燃或霉变。在装载时鱼粉的最大允许湿度为12%。水分如果低于6%，则因其脂肪氧化挥发而引起自燃的危险。湿度若超过12%，则因细菌作用产生磷化氢气体，它和大气中的氧混合后易于燃烧。鱼粉中发现霉菌也是由鱼粉的湿度而引起的。另外，鱼粉转船时的温度应不超过摄氏37.5度。鱼粉应经过14～21天的风干处理，使鱼粉充分氧化，以达到性质的稳定。如鱼粉在装船前未经充分风干处理，装船后会造成延续氧化过程，虽然发热不致引起燃烧，但能烤焦鱼粉，使之结块。②短量。这类商品的运输包装常常是袋装或散装，袋装的商品因为水分的自然挥发会短量，散装的商品除了商品本身水分挥发造成短量外，还可能因装卸洒漏、散失等造成短量。按照运输习惯都有一定数量的运输损耗。

2）油脂类。主要有食用动、植物油。这种商品在运输途中，因容器破裂会造成渗漏，也会沾染杂质而产生沾污损失。运输包装的方式有桶装和散装。油脂本身沾在舱壁和在装卸过程中的消耗都可能发生短量。

3）食品类。包括袋装、罐装、坛装等食品。袋装食品有塑料袋、纸盒袋等，如方便面。这种食品经常发生挤碎损失。罐装食品有铁罐装和玻璃装两种，如水果、蔬菜、菌类、肉食罐类等；坛装食品有榨菜、腐乳、酱菜、腌制食品等。罐头食品经常发生的损失有：铁罐因沾水、受潮使罐头外皮发生锈损，商标标签纸受污渍影响美观，装卸粗鲁等使罐头发生凹瘪。玻璃罐装和坛装食品主要是外包装破碎使内装食品的质量受影响或不能食用。这类商品因随时能食用，遭受偷窃的情况也比较经常。

4）冻品类。主要是指冷冻的肉禽，如冻猪肉、冻牛羊肉、冻鸡鸭、冻兔肉等，此外还有速冻食品等。这些商品的运输都是由设有冷藏设备的运输工具承载的，最容易受损的是冷藏设备机器发生故障使冷冻商品化冻变质或腐败。

5）活牲畜、活禽、活鱼类。主要的损失是运输途中发生死亡。

6）酒类和饮料类。这类商品包装主要分金属罐（如易拉罐）和玻璃瓶两种。金属罐容易遭受碰撞和凹瘪损失，玻璃瓶装易遭受破碎损失。

7）糖类。一般为粒状结晶体，运输以散装或袋装为主。此类商品极易吸湿。运输途中受气候影响易还潮，还潮后糖的水分开始增加。水分超过5%时，糖可能会溶化为糖水。袋装糖易破损、撒漏。

（2）轻工品类。

1）玻璃制品类。主要有玻璃瓶、玻璃板、窗玻璃、玻璃仪器、热水瓶、灯泡、灯管等，主要损失是破碎。

2）陶、瓷、大理石制品类。主要有日用陶、瓷器，工艺陶、瓷器，陶、瓷洁具，陶瓷管，瓷砖，大理石建材等，主要损失是破碎。

3）家用电器和相机类。常见的损失有碰损。

4）仪器、仪表类。其中包括精密仪器。这类商品精密程度高，遭遇剧烈震动等情况极易受损。有些精密仪器的包装为铝箔真空包装。但有时因内部空气未完全抽空，卸货拆包时可能会发现空气在机器的表面或内部形成水汽而受潮。收货人会以影响机器的使用寿命为由而拒收。由于精密仪器体积小，价值高，空运的风险相对要小一些。

5）杂货类。这类商品的品种比较杂，如文体用品、金属餐具和各种鞋类等，价值也不一。此类商品的偷窃率较高。

6）纸张、纸浆。一般的纸张常见的损失是因为运输途中托盘散托或外包装破碎导致纸张受到沾污或卷边。另外，在装卸过程中，由于不当的装卸操作，造成钩损和破损。卷筒纸常见的损失是受潮或破损。纸浆常见的损失是沾污。

7）胶合板类。这类商品怕潮湿，遭渍损后若不立即处理，可能造成脱胶，影响使用价值。同时因包件大而笨重，易碰撞致损。

8）纸浆。包装以捆为单位，用铁丝井形捆扎。纸浆遇水后，大量吸收水分，引起变色发霉，体积膨胀，易散捆。若处理不及时，会发生霉烂变质，失去原有用途。

（3）土产畜产类。

1）麻类。这类商品受潮后会发热进而引起变质、自燃等损失。

2）毛绒类。主要有羊毛、羽毛、羊绒等，易受沾污而影响质量。

3）皮张类。包括山羊皮、猪皮、牛皮、兔皮、黄狼皮等。这类商品最容易遭受的损失为沾污、受潮、受热引起的变质。特别是沾污以后的加工整理费用较高。由于皮张的价值较大，遭受偷窃的可能性也较大。

4）盐渍肠衣、兽皮类。主要包括用盐渍盛装在木桶内的猪肠衣、羊肠衣以及盐渍的湿牛皮、湿羊皮等。对于没有经过鞣制的原皮，遇有盐渍的盐水渗漏会引起变质。

5）茶叶。一般以绿茶出口较多，运往日本、南亚等国。主要的风险是偷窃，或由于装货时配载不当，与其他货物串味。

（4）工艺品类。

1）首饰类。包括金、银、钻石、珠宝等。这类商品价值高，偷窃的危险性很大。至于假首饰则可以视作一般商品处理。

2）珐琅类。主要包括景泰蓝、烧瓷、珐琅制品等。这些以金属为毛坯的艺术品，遭受到碰击以后最容易发生脱瓷、凹瘪、弯曲、变形等损失。

3）雕刻品类。主要包括玉、石、牙、木、竹、料器雕刻，以及贝壳制品等。这类商品遭受破碎、碰损的可能性最大，还容易被窃。对这类商品的包装条件必须十分重视。如包装不当，就不适合长途运输。

4）漆器类。主要包括各种装饰性漆器、小型漆器用具以及各种漆器镶的家具。这种商品都是具有观赏性的工艺品和艺术用具，价值较高，本身又比较娇嫩，一经碰撞，就会影响商业价值。

5）工艺陶瓷器类。工艺陶瓷器同日用陶瓷器不一样，主要是供观赏的，如人物、花瓶、屏风、文房用具等。这类商品极易遭受破碎。

（5）五金类。

1）金属条、板、管、块类。主要有钢筋、铁皮、铁块、水管、铸铁块等。这类商品比较粗重，货运抵目的港时，经常因承运人少卸或错卸而发生短卸。

2）铸铁制品类。主要有大型的地下管道等。这类商品比较笨重，有时是裸装的，只在货物外面捆绕一些草绳加以防护，发生的损失以破碎为主。

3）镀锌、镀锡、冷轧钢板或钢卷类。这类金属品附加值高，专用性强。板类常见的损失是卷边。钢卷类常见的损失是钢卷在运输途中遭受外力或是因野蛮装卸导致的塌卷，卷芯变形或是遭受外力作用出现凹瘪，也有可能因为承运人不合理的积载导致受力部位的镀锡层脱落，出现黑带。

4）小五金类。如铁钉、铁丝、水龙头、螺丝、金属门把、窗钩等。这类商品不大可能发生碰损、破碎之类的损失，偷窃的可能性也较少。

（6）矿产类。

1）矿砂、矿石类。这类商品一般都是大宗散舱运输，容易发生短量。另外，若在运输途中遇恶劣气候等原因，散装货物的表面在舱内形成自由液面影响船舶的稳心，或船舶相互碰撞造成船体结构的破坏，都将殃及货物。

2）水泥类。这类商品有散装，也有袋装。主要损失是破包漏损。散装货还会产生运输损耗，发生短量。水泥遇水后还容易结块。

3）建筑材料类。主要包括石棉板、石棉瓦、大理石等。主要损失是破碎，运输过程中会产生损耗。

（7）化工类。

1）液体类。主要包括原油、成品油等，如石油、汽油、柴油。这类商品都是用散舱运输的，容易发生的损失有：①混入海水或淡水。多数是航行中遭遇风浪、雨淋或油舱封闭不严，水管漏水或暖气管漏气所致。混入海水或淡水不影响油的质量，用沉淀法即可排除。②短量。短量的原因有原油本身的挥发，衡量时读数误差及衡器所允许之误差或沉积油舱等。原油的油度厚，分量重，在盛器或油舱内沉积容量大，容易产生短量。汽油、航空油类已经过提炼，沉积容量小，分量轻，产生短量较少。③沾污。沾污有多种原因，如舱壁不净，输油管不洁等，油被沾污后往往会引起清炼等费用损失。④漏损。用铁桶、铁听、塑料桶和玻璃瓶装的液体化工品，容易发生渗漏损失。另外，还有粉粒状化工产品类。这类商品包括化肥、滑石粉、硝酸胺、粉状农药、西药原料等，分桶装和袋装。主要的危险是包装破裂造成外漏短少。

2）固体类。如橡胶等，这类商品怕潮、怕热，受潮后会腐烂，遇火则燃烧。这类商品与其他污物沾染，或与石油、其他油类接触，都会使商品质量受到影响。这类货物包装均系裸包，即将同等级的橡胶片叠在一起，利用其本身粘性粘成一件，外表涂滑石粉。损失可能是：①湿霉。系运输途中遭受咸淡水渍，日久不干而引起的发霉、发臭。②干霉。系生产过程中未经烘干或储存不良引起微生物繁殖，在不同的环境（温度、湿度等）下所发生的变化，属发货人责任。

3）化工产品还可分为有毒、可燃和无毒等。

苯二甲酸二辛脂：液体。该品不易挥发，可燃，不溶于水，沸点386.9℃，一般铁桶装。

正丁醇：液体，易燃、易挥发，铁桶装。

氢氧化钠：固体，易吸收空气中的潮气、二氧化碳变成碳酸钠和重碳酸钠，铁桶装。

二氧化钛即钛白粉：无毒，易受潮结块，包装以数层牛皮纸作内衬防潮。

苯二甲酸酐：固体，沸点284.5℃，有毒，可燃，塑料桶装。

冰醋酸：液体，易挥发，能溶于水，吸潮性强，通常用球形玻璃瓶或铝桶装，因系腐蚀性物品，海洋运输时习惯上均装舱面。

氯化铵：易溶于水，一般以几层牛皮纸袋装，其中二层涂有沥青。

尿素：颗粒状，易溶于水，且会随温度升高而加大溶解度，具有一定的吸潮性。在常温下，相对温度达85%时，经一个月的吸潮，能全部溶化成液体。包装为以麻袋内衬的塑料袋或内衬沥青纸的麻袋。

硫酸铵：颗粒状，易溶于水，其溶解度随温度升高而增大，吸潮程度取决于温度条件，品质较纯的吸湿性较小，一般以单层麻袋装运。

（8）机械类。

1）各种机床类。这种商品往往因遭受碰损而影响机器使用的效能，特别是精密机床，自动化程度高，控制性部分失灵，对其修理或换置部件的费用很高，经过修理后，有时还会降低机床的质量。

2）通用电力机械类。主要包括纺织机、卷烟机、造纸机、制铁机、马达、变压器等。这类商品最容易碰到的损失是碰击、擦损等。

3）车辆类。这类商品中的各种汽车，运输时一般都是裸装，即停放在露天甲板上采取加固、防滑动和防锈措施，以保证其安全。容易发生的损失有碰损、凹瘪、擦伤等损失。另外，车上的零件如备胎、工具箱、冷热器、收音机以及音响等容易被窃。

4）医疗器械：这类货物品种极多，如眼科、牙科等手术器械及设备，脑电图、心电图、X光机等。其包装一般均用坚固的木箱，箱内的防潮、防震设施要完善。造成损失的原因大多属于运输及装卸事故造成受震、碰撞、破碎或破箱造成的短少等。

（9）纺织纤维类。

1）纤维匹头类。主要有毛、棉、麻、丝、绸和化学纤维匹头等。这类商品的价值比较高。可能遭受损失的因素较多，如沾污、钩损、偷窃、短少、雨淋、霉烂、脆化等。

2）抽纱制品类。这类商品是带有工艺性的纺织品，如抽纱和绣制的床罩、桌布、沙发垫、窗帘等，它的价值也是比较高的，遭损的情况同上述匹头类相似。

3）服装类。这类商品有各种质料的男、女、儿童服装，其价值因质料不同而相差悬殊。像高级毛料、手绣丝绸服装价值很高。

（10）成套设备类。

1）新设备。这类设备大多数是系列的生产流水线，内容比较复杂。

2）旧设备。这类设备都是二手货，很难确定是原有的损坏还是运输途中遭受的损坏。

（11）易爆易燃货物类。

它是指烟花、爆竹或油类、化学品、打火机等。此类商品容易引发爆炸，风险较高。

（12）医疗保健类。

1）蜂蜜。一般以桶装为主。若承运方配载不当，或港方粗鲁装卸，则会造成桶的翻倒或碰破，货物漏损或沾污。

2）保健品。如杭白菊，枸杞，人参等，这类商品容易受潮霉变。若是新货，含水量较高，更易发霉；若是存货，比较干，易保存。

3. 运输方式/运输工具的主要风险

（1）海运。

海上运输相对于其他运输方式而言，风险较大。保险公司在承保时要认真审核以下要素：

船型（type of ship）：根据不同的货物，审核配载船只的合理性。

船龄（age of ship）：新造的船舶相对于老龄船的风险要小得多。一般情况下，船龄在 15 年以上者视为老龄船。

载重吨（DWT）：承运人应根据承运船的载重量考虑每航次承运货物的数量，若有超载就会造成风险。保险公司了解承保货物所装载的承运船的载重量也是审核承运船舶是否适航的关键。

船籍（nationality of ship）：船籍指船舶所属的一国的国籍。享有一国国籍的船舶可悬挂该国国旗，具有从事该国沿海运输等权利。各国的港口情况不同，港务机关对船舶管理的严格程度也不一样。保险公司了解承运船的船籍可测定承运船公司的管理水平。

船旗（flag）：享有一国国籍的船舶悬挂该国国旗。采取开放登记制度的船舶称方便旗船。由于挂方便旗的船舶其船东与船籍国之间无直接的和真实的责任约束关系，一般来讲，船东管理水平较低，船舶技术状况较差，加上其他各种因素，容易造成船员与诈骗集团联手肇事。

船级（classification）：船级社的审定是保险公司控制所保货物风险的关键。船级标志如同商品的品牌，目前国际上已有几家声誉卓著的船级社，如劳氏船级社（LR）、德国船级社（GL）、法国船级社（BV）、美国船级社（ABS）、挪威船级社（DNV）、日本船级社（NK）等，并成立了国际船级社协会（IACS）。中国船级社（CCS）于1994年通过了IACS的认证，成为其正式成员。

国际安全管理规则（international system mangement，ISM CODE）：从1998年7月1日起，ISM规则已成为国际性的法规，它要求船公司建立安全管理体系（safety management system，SMS），并向主管机关（我国为海事局）申请对其公司的SMS进行审核，如审核合格，主管机关发给船舶“安全管理证书”（safety management certificate，SMC）。

（2）空运。

空运与其他运输方式相比较，风险较小。空运货物的特点是体积小，金额大，特别是对国际市场上急需的商品、鲜活易腐货物以及贵重货物的运送非常有利。承保空运业务，必须注意货物运输途中的转机问题。可能会产生的风险是：货物在机场等待转机时遭雨淋、偷窃或搬运出错等。

（3）铁路运输。

目前我国同接壤的国家——朝鲜、俄罗斯、越南、蒙古有铁路相通。在我国南部还有铁路同我国的香港、澳门地区相通。此外，还有贯通亚、欧的大陆桥运输。铁路运输的风险集中于短少和偷窃。而且，据资料表明，发生货损货差常见的情况有：1）车厢门封条不完整，内物一般有短少。假如在发车地车厢已加封条，推测可能在装货地发车后，途中停车时被人弄开车门，偷去内物。沿途铁路工人发现封条被破坏，会在车厢上另加封条或缠上铁丝，以防进一步被偷窃。2）车厢门封条完整，内物却发现短少。有活动窗的密斗车厢装运时，锁窗的活塞或铁条可能没有锁好，以致在车厢外稍稍用力即可推开窗户，进入车厢进行偷窃。

（4）陆上运输。

陆上运输遭受自然灾害的风险比海上运输的风险要小，但陆上运输所产生的意外事故较之海上运输要多。这是因为运输公司的管理水平和人员素质参差不齐，加上陆地运输路线不同，路况也不一样，出现意外事故较为频繁。

（5）联运。

联运的种类有边境铁路联运、铁路公路联运、海陆联运等。联运的主要风险在于各承运段装卸货物时所产生的短少、短卸或破损。

4. 集装箱运输方式下的主要风险

集装箱运输较之散杂货船运输的风险要小得多，但有其特殊的风险。

（1）集装箱置放于船舶上的风险。由于集装箱船甲板载货较多，一般可装4层或6层高，因此船舶的重心较高。如果货主申报的货物重量不实，则可能导致配载失误而使船舶倾覆或扭曲，进而危及货物的安全。集装箱箱体如果在装载时绑扎不牢或箱堆得过高。在航行途中一遇恶劣气候，极易导致箱体的跌落，从而造成货损。

（2）箱体的风险。配载于甲板上的开顶柜、框架柜、平板柜中的货物极易遭淡水雨淋、锈损或破损；需通风的货物如果因装箱单内货名打印不齐或不清而可能被配载于舱内甚至靠近锅炉旁处时，则必然风险大增，此类货物即使载于甲板，也可能因开箱通风而遭雨淋；箱体内货物配载不当，货物受运输途中颠簸极易受损；箱体本身有破损，会造成货物的损失，如密封条久用老化，使靠箱门边的货物容易受损；因上一运输结束后冲洗箱体未将地板彻底干燥又装下一运输货物，木板散发的潮气易侵入货物致损，特别是运输机器设备或钢材，更容易造成货物受潮致损。

（3）铅封完好箱内损坏或短少的现象。箱体外表和铅封完好而货物发生损坏或短少的现象时有发生，造成货损的运输区段却难以确定。资料表明，这种风险产生的原因有：货损是由于箱内配载不当造成的；短少可能是盗贼所为或是发货人的原装短少或使用已受损的货箱等道德风险造成的。

5. 承运人的资信

进出口货运险的绝大部分业务是海洋运输保险，保险标的又掌握在承运人手中。因此，在承保之初，特别是在承保大宗、整船货物、大型成套设备、散装货物或与被保险人订立预约保险时，了解船舶承运人的资信是控制风险的关键。

（1）承运人的管理水平。资信好的公司，内部管理严谨，业务操作规范，风险防范严密。资信差的公司，管理混乱，航运出险率高。审核承运人的资信，可凭借经验，还要查实成员船舶是否加入知名的船级社和船舶保赔协会，是否拥有ISM证书等。

（2）承运人的经营规模。资信好的船公司不但拥有数量众多的船舶，而且拥有大型的、设备齐全的高质量船舶，因而风险较小。所保货物如交给单船公司、老龄船舶或挂方便旗的船舶承运，风险就会增加。同时，资信不好的承运人有时会监守自盗。

（3）承运人雇员的素质。据统计，70%以上的海事来自于人为的疏忽，内部管理不严的船舶公司有时会发生船员参与海运欺诈的事件。反之，人员素质好，发生海事的可能性就少，保险风险也相应减少。

6. 包装和唛头的主要风险

货物在不同运输方式下的承运对包装的要求也有所不同。进出口货运险的主要运输方式是海洋运输，因此货物的内外包装必须符合各种运输方式的要求。包装不足容易造成损失，也容易引起保险纠纷。为提高承保质量，保险公司应特别注意易出险的商品的包装，并对发货人提出以下要求：(1) 对货物的唛头在外包装上印制清楚。(2) 如是贵重、易碎物品或不能颠倒置放的物品，则必须在外包装上印制警示标志。

7. 运输路线的风险评估

(1) 运输路线、气候与季节。从寒带或亚热带运至热带的货物可能因气候原因而引起变质，改变原来的用途。如：水果易腐烂；7—8 月之间从秘鲁运至中国的鱼粉因温差易发生质变；新闻纸从寒带运抵亚热带地区易受潮等。

(2) 运输路线与转运。货物运输涉及中转港口，货物在转船装卸过程中容易发生货损货差。保险公司有必要了解中转港口的港方管理水平，在发生货损货差时，港方是否会严格按照规定，出立卸货和再装货的货物交接报告。

(3) 起运港与目的地港的情况。港口管理严格，出具的证明责任分明，便于保险公司定责定损。保险公司对管理混乱、经常发生短卸、偷窃而造成短少的港口（如西非、尼泊尔）在承保时要慎重。

8. 保险价值与保险金额

货物的保险价值（insured value）和保险金额（insured amount）是两个不同的概念。保险价值一般是货物在起运地当时的价格加上运费和保险费的总和。保险金额则是保险人与被保险人双方约定的保险人的最高赔偿限额。理论上，定值保险单的保险金额视作等于保险价值。进出口货物运输保险单为定值保险单，保险单上的保险金额往往就作为保险公司在发生损失时赔款计算的依据。如果货物的价格条件为×× 港到岸价格（CIF. ×× Port），那么还可以将预期利润（anticipated profit）包括在内。被保险人的预期利润在进出口货物运输保险中体现在加成投保上。一般情况下是投保人的贸易发票加成 10%。对加成比例超过 10%的情况，保险公司应与投保人联系，查明原因，以防止保险公司承担过大的风险。此外，还要根据保险标的、被保险人承保条件等，按内部规定权限逐级审批后，方可同意加成投保。

9. 免赔额

免赔额是被保险人承担的自负赔款，设定免赔额的目的，一方面是将正常途耗等必然风险剔除，另一方面则是通过保险人与被保险人之间的风险共担来提高被保险人的风险防范意识。

根据货物的不同特性和运输方式，考虑具体风险状况和正常途耗，设立相应的免赔额。免赔额可以是一个具体金额、百分比，也可以是具体金额加上损失的百分比，以高者为准。但对于粮谷类（包括粮食、谷类、花生仁、鱼粉等）、油类（包括动植物油、原油等）、散装货类（包括矿石矿砂水泥类、建材类、散装化工品类）和其他特殊商品及高风险商品，必须加设以保额为基础的免赔率。

费率与免赔额（率）的关系为：高费率搭配低免赔额（率）或低费率搭配高免赔额（率）。

10. 防灾防损工作

根据对以上各类风险的分析，承保之初，深入了解所保货物将面临的风险，针对性地做好风险防范，才能提高承保质量，省却承保之后一系列工作的麻烦，切实防止“病从口入”，预防在前，损失必减。

（1）监装监卸。

对特殊商品必须坚持此项工作。

1）大宗、散装货物。此类货物包括散装的谷类或饲料类，如鱼粉等。进口货物可委请当地的货损检验代理监装，出口货物由分公司自行监装。监装要素包括以下方面：

①货物是否经过商检部门的检查并出立证书证实为合格产品。进口鱼粉应经过国际谷物饲料协会的检验并持有其颁发的证书。

②装运的货舱要有良好的通风设备。根据鱼粉的特性，不充分的通风要比完全不通风具有更大的危险性。

③装载前货舱要清洁，使之完全干燥及无锈。拟装运散装鱼粉的货舱，要用海水冲洗，再用淡水刷洗，达到彻底清洁，不留以前装运货物的任何残迹。对曾装运过特殊货物（极具污染性的货物，如柴油等）的货舱，再装载液态货物时，必须要进行多次的清洗。

④熏舱。以前承运过散装粮食、食物及其他易受虫害影响的货物的船舱，在装载鱼粉之前，必须进行熏舱。

⑤积载。在靠近发热舱壁的货舱内和需要加温的燃油柜或液货舱上面的货舱不能装载粮食、鱼粉等货物。装载鱼粉，特别是散装鱼粉，其货物表面要经过很好的平舱，并铺上垫舱板、防火板或塑料布、牛皮纸等。

⑥要求被保险人选择条件较好的载运船，特别对承保鱼粉等高风险业务，必须要求被保险人选择具有承运鱼粉经验的承运人，以控制风险。因为，除了有效而合理地装载，关键还要靠承运人在整个航次中的恪尽职责，管好货物。再以承

运鱼粉为例，承运人必须每24小时测量鱼粉的温度、湿度和所有货舱内氧气含量（不能超过2%）至少两次，并随时做好记录。同时还要注意随时调节通风设备，保持货物的最大通风量。

2）大型机器或成套设备。装于船舱内的大型机器必须要求承运人将每件机器加固，使之不会因海上运输的颠簸而互相碰撞致损。装于开顶、平板或框架式集装箱内的设备，必须要求承运人捆绑结实以免受风浪袭击落海。

（2）改进包装。

1）关于听装和罐装货物的包装问题。此类商品多以流质、半流质或有液体的食品为主。在运输途中经常遇到听和罐的破裂、胖听或瘪听，造成液体渗漏，不仅损失听内货物，还会殃及其他置放在一起的货物。目前采用的新技术是将听装货物覆盖塑料薄膜再经过热处理封装。此办法减少了途中的损失。承保此类货物时，尽量要求发货人采取经热处理的塑料薄膜包装。

2）关于易破碎货物的包装问题。此类商品包括：玻璃器皿、搪瓷、陶瓷、大理石和工艺制品（如：玉雕）等。在运输途中会由于装卸、运输工具的震颠等造成货物本身的破裂、断碎等。承保此类货物，必须了解货物的包装情况，外包装必须有明显的警示标志，防止装卸时野蛮搬运和颠倒物品。箱内衬垫物必须能固定物品，先进的内衬物应是泡沫塑料压制成的专用内垫物，外加其他内垫材料相辅，将物品固定在箱内。

3）电器设备和精密仪器的包装问题。此类货物体积小，金额巨大，特别是精密仪器对抗震和保持一定温度方面的运输条件要求极严。承保此类货物的运输工具应选择空运，包装必须完善，为防止震动和保温，内包装必须有固定的内衬垫物，外加隔热材料（如：铝合金）等。

（3）集装箱运输方式下货运险的防灾防损。

这种运输方式下需重点注意以下几个方面。

1）提供的集装箱是否完好无损，如：集装箱的地板是否完全烘干；通风设备是否齐全。

2）要求装箱方（发货人、承运人或其代表）提供集装箱的货物配载图或告知集装箱配载方案，了解货物是否安全地、合理地装入箱内。特别是拼箱货，可查明货物配载是否妥当。

3）查实集装箱的铅封是否完好。检查集装箱的门连同金属杆和螺丝等是否原配，防止犯罪团伙的破坏行为。

（4）铁路运输方式下货运险的防灾防损。

国内到境外的铁路运输是分段式的。过境后，国内铁路单位不再负责。但由于在过境时，往往没有交接手续，一般只在车门上加境外段铁路封条。除非在卸货时，境外段铁路封条已断，否则境外铁路公司也不负责。因此，要减少损失，必须从预防入手。

1）装货时，要求监管人员告诫堆货人员不将货物紧贴车门摆放。

2）有活动窗的车厢在装货进车前必须将活动窗的活塞或铁条拴妥，锁好；

3）由于偷窃者只有在货车停留不动时才可行窃，因此车站停放货车等候转运时的保安至关重要。

（5）设立商品损失记录表。

保险经营机构应按照承保的情况，设计承保货物损失记录，以便随时调整承保商品的费率和保险条件。同时，根据记录提供的资料，选择信誉良好的投保人或被保险人，达到在承保业务时控制风险的目的。记录表的要素有：商品、投保人及被保险人、承运人、航线、运输方式、损失原因。

9.2.2.2　国内货运保险主要保险标的的风险评估

1. 粮油食品

（1）粮谷类：包括袋装或散装粮食、籽仁、豆类、花生仁、饲料等，主要损失现象有运输途中易发生水分蒸发而导致短量，吸收空中水分，使水分含量超过限额而霉变，因海水浸入、淡水渗入、水管漏水导致货物吸水霉烂，船舶遇恶劣气候，封闭通风舱或气候骤变发汗发热引起货物变质，散装货因装卸洒漏散失而短量等。

（2）油脂类：包括桶装、散装食用动植物油等。主要损失涉及容器破裂渗漏，沾染杂质污损，油脂沾舱壁或装卸消耗短量。

（3）袋装、散装、坛装食品类。主要可能损失包括塑料或纸盒袋包装较易发生挤碎损失，铁罐食品受潮外皮锈损、商标受污、装卸粗鲁造成罐头凹瘪，玻璃罐头食品破碎使内在食品质量受污不能食用，偷窃等。

（4）冷冻食品类。制冷机械故障使冷冻商品化冻变质或腐败。

（5）活禽畜鱼类。如活牛、马、鸭、鸡、鱼苗等，运输途中如无必要的辅助措施，如加氧、喂食、添水，会造成死亡。

（6）饮料类。途中碰撞或野蛮装卸引起金属罐和易拉罐凹瘪损失或玻璃瓶破碎损失。

2. 轻工产品

（1）玻璃制品类。如热水瓶、灯泡、灯管及玻璃仪器等，运输或装卸震动造成破碎。

（2）陶瓷制品类。容易破碎，但包装好坏对损失率高低影响很大，如用塑料泡沫定型衬垫包装可减少破损率。

（3）家用电器和相机类。易遭受碰撞货损、偷窃。

（4）仪器仪表类。遭遇剧烈振动等情况极易受损。

（5）其他杂货类。主要包括雨淋、偷窃等损失。

3. 五金制品

（1）金属条块类。如钢筋、铁皮、自来水管、铸铁块等大宗货物，一般容易发生短卸和受外来原因的锈损。

（2）铸铁制品类。如地下管道、坩埚等，容易破碎，但经捆绕草绳后可予以防护。

（3）小五金类。一般不会发生碰撞货损，但高价值小五金经常会遭到偷窃。

4. 土畜产品

（1）麻类。容易受潮发热引起变质或自燃等损失。

（2）鱼粉类。达到一定温度和湿度后会因受汗受热而引起变质。有时也会自燃。

（3）毛绒类。羊毛、羽毛和羊绒等容易受沾污影响质量。

（4）皮张类。沾污受潮受热引起变质和遭偷窃。

（5）盐渍肠衣兽皮类。对未经鞣制的猪羊肠衣、湿牛皮、湿羊皮、遇盐渍盐水渗漏会引起变质损失。

5. 矿产

（1）矿石水泥类。大宗散舱运输易发生短量，水泥容易破包漏损。

（2）建筑材料类。如石棉板、水泥板、石棉瓦、大理石等，易发生破碎。

6. 成套设备

（1）进口设备。不易分清是在境外段引起的货损还是在国内段引起的损失。

（2）新设备类。科技含量相对较高，装置复杂，风险较多。

（3）旧设备类。很难确定货损是原损还是运输途中遭受的损失，一般只保基本险。

7. 工艺品

（1）首饰类。遭受偷窃的风险极大，原则上不予承保。假首饰作一般商品处理，并予以特别约定。

（2）珐琅类。受碰极易发生脱瓷、凹瘪、弯曲和变形的损失。

（3）雕刻品类。碰碎货损的可能很大，并易遭受偷窃。

（4）漆器类。属观赏性工艺品和艺术用具，本身较娇脆，经碰撞后会严重影响商业价值。

(5) 工艺陶瓷类。人物、花瓶、挂屏等造型精细的工艺品运输途中极易遭受破碎。

8. 化工制品

(1) 原油类。石油、汽油、柴油等原油和成品油在散舱运输时易短量和因舱壁不净、输油管不洁而造成沾污；桶、听、瓶装的液体化工品易发生渗漏损失。

(2) 粉粒状化工产品类。化肥、滑石粉、石墨粉及粉粒状农药等运输与装卸过程中包装易发生破裂，造成外漏短少。

9. 机械制品

(1) 各种机床类。如车床、刨床等，碰撞后对其修理或换置部件的费用可能会很高，修理后可能还会降低机床的质量。

(2) 通用电力机械类。如纺织机、卷烟机、造纸机、马达、变压器等，易遭受碰击和擦损等损失。

(3) 车辆类。如小轿车、大客车、摩托车、自行车等，容易碰撞造成凹瘪和擦伤损失，车上零件，如备胎、工具箱、音响等易遭偷窃。同时，裸装车辆应采取防滑动和防锈措施。

10. 纺织纤维品

(1) 纤维布匹类。毛、棉、麻、丝绸和化学纤维布匹等货物的受损因素较多，如粘沾、沾污、钩损、偷窃、短少、雨淋等。

(2) 抽纱制品类。抽纱与绣制的床、枕套等带有工艺性质的纺织品在运输中受损因素较多，如沾污、钩损、偷窃、短少、雨林等。

(3) 服装类。容易遭沾污、雨淋和偷窃。

关键词

预约保单	投保金额	海运	陆上运输
集装箱运输	防灾防损	监装监卸	保险价值
保险限额	险位划分	包装	商品损失记录
主条款	附加条款	特别约定	免赔额（率）
保险费率	自留额	分保	拒保
损失记录	风险保障范围	风险评估	

思考题

1. 进出口货运险的风险评估主要是从哪几个方面着手？如何评估？
2. 进出口货运险的条款主要有哪些？

3. 分保应注意的事项有哪些？

4. 进出口货运险各附加险的保险责任是什么？

5. 解释老龄船、船级、保险加成、“仓至仓”条款等几个名词。

6. 国内某大型企业以一套保额为 USD2 000 万的由德国进口的大型机器设备，在起运 2 日后向保险公司投保海洋运输保险一切险附加战争险，时值海湾战争美伊激烈交战，集装箱运输，承运船为 22 年老船，船级 GL。请评估该业务的主要风险，制订适当的承保条件，采取稳妥的承保措施。

7. 某运输公司以其承运货物向保险公司投保货物运输险，要求被保险人为其本身，请问核保时应注意哪些事项，给出恰当的承保条件。

第10章

船舶保险核保实务

本章预习

船舶作为海上生产运输工具，是海上运输及其他海上经营活动的物质基础。然而，面对海洋及其他水域这种复杂的环境，与船舶有关的事故一直频发不断，因此，对海洋或水域中的船舶进行保险，通过预交一定的保费，将海上危险所可能造成的特定损失予以转嫁出去，以维护船舶所有人或经营人的财务稳定，并保障相应第三方的权利就有其实在意义。无法想像，一艘没有保险的船舶是如何正常参与航运的。

船舶保险是现代财产保险的鼻祖，有着悠久的历史。1384年在佛罗伦萨诞生的第一份现代意义的保险单，就是船舶保险单，距今已有600多年的历史。1906年英国国会通过的《海上保险法》更是以法律形式列明了船舶保险单的样式。伴随着国际贸易和海上运输业的发展，船舶保险的类型除船壳机器险之外，还有运费保险、营运费用保险、保赔保险等多种形式，而船舶保险理赔则已发展成为一种专门化的保险技术，它涉及保险、造船、贸易、航运及海商法等多方面的知识，具有相当的复杂性。本章重点介绍船舶保险核保基础知识。主要内容包括：

- 船舶保险核保概述
- 船舶保险风险信息收集
- 船舶保险核保管理

10.1 船舶保险核保概述

10.1.1 船舶保险特性

1. 出险频率较高

除陆上标的物通常所能遇到的风险外，船舶在从事运输生产和作业过程中，还常会遇到某些特殊的风险，而且这些风险事故频发。如海上的大风浪、台风、海啸、雷电等自然灾害，以及碰撞、搁浅乃至沉船等巨灾事故等。

2. 损害规模巨大

随着现代造船技术和航运规模化经营的发展，船舶价值往往较大，船舶一旦遭遇海上危险后，造成船舶及其承载的货物的损失往往是十分巨大和惊人的。2003 年 5 月 31 日，我国中远散货运输公司所属的"富山海"轮在丹麦海域与一外轮发生碰撞后沉没，该轮的保险金额就达 2 050 万美元之巨。

3. 技术复杂性及结构复杂性

船舶保险承保的基本标的涉及船舶和机器设备，与造船、检验和现代航运又密切相关。在造成损失后，查勘定损、船舶修复、保险保障等涉及船壳、船机及检验等诸多内容，技术含量较高。而在险别上，除基本的船壳保险单外，还涉及保赔保险、运费保险、营运费用等利益和责任保险，因而存在多个船舶保险类型和相关险种。

10.1.2 船舶保险通常的风险类型

船舶航行的环境为海上或者内河水域中，但船舶又是船舶所有人的重要动产，是在船舶所有人或其管理人的管控下进行航行及营运的。因此，船舶保险中既可能遭遇与海域或水域相关联的环境风险，还可能遭遇人为因素造成的风险，这类不确定性在特定情况下与一定外因相互作用，就会形成对船舶的特定损害。与船舶保险相关联的危险包括以下方面。

1. 自然环境风险

与海上航行有关的风险类型常见的有天气类的风险，也包括海上地理环境类的风险，例如：大风浪、台风、涌浪、海啸、闪电、冰冻、爆炸、滑坡、泥石流、水底礁石或障碍物。这些因素单一作用或共同作用都可能对船舶造成巨大的损害事故。

2. 人为疏忽

此类风险的常见类型包括船舶操纵不当，机器管理人员在通常业务中的疏忽，这会引发碰撞、机损、搁浅、触礁、触碰、火灾等。

3. 非诚信行为

被保险人本人或其高级管理人员对船舶管理不当、缺乏照料而办理投保、重复投保、超额投保、骗保，这类行为所造成的损失往往超出人们对风险的通常预估，也不存在所谓的风险的概率核算方法，通常不具有可保性。因而，因这种风险所造成的损失，除非经双方特别协议并施以特别限制，原则上保险人不可能对此予以承保。

4. 其他风险

这类风险包括船舶装载货物所导致的船舶的倾覆、翻沉等。

10.1.3 船舶保险的种类

船舶保险的种类繁多，目前我国办理的船舶保险主要涉及船壳保险、集装箱保险和船舶建造险，按其标的或责任类型大致可分为六类：船壳险（marine H&M insurance)、船舶停航保险（port risks insurance)、船舶增值保险（hull increased value insurance)、船舶建造险（builders' risks insurance)、修船人责任保险（shipyard liability insurance)、集装箱保险（container's body insurance)。

其中，船壳险包括远洋船舶保险、远洋渔船保险、沿海渔船保险、沿海内河船舶保险及附加险，附加险险种主要有承运人责任保险、船舶油污责任险、船东对船员责任保险、船东对旅客责任保险。

船壳险和集装箱保险按保险期限又可划分为：航次保险（voyage insurance，也称航程保险)、定期保险（time insurance)、航次和定期混合保险。

10.1.4 船舶保险核保工作的意义和方法

核保工作是据以确定承保费率条件、执行保险公司承保政策，评估承保质量的重要环节，也是进行风险评估、防止被保险人超额保险、重复保险以及其他非诚信行为的管控环节；核保工作对于剔除风险较大的业务、提高承保质量、保持公司经营业务稳定、提高险种效益以及公司效益有非常重要的意义。船舶保险的核保工作是核保人员应用其业务经验对即将承保的业务进行风险评估、承保核定的环节。从宏观上讲，严格的核保工作有助于对船舶险进行风险评估、防止被保险人超额保险、重复保险，也有利于剔除风险较大的业务、提高承保质量、提高险种效益以及公司效益；从微观上讲，船舶保险核保工作对提高每一笔船舶保险业务的承保质量，进而提高船舶保险的整体业务经营效益有着十分重要的意义。

船舶保险的核保工作要坚持“单证审核为主，特殊情况下承保前登船检验为辅”的核保方法，即通常情况下，审核被保险人提供的各类单证，进行风险评估并据以确定承保条件，以减少核保成本。如果申请投保的船舶保险业务有如下特殊情况，还应该进行登船检验：

（1）单船公司。

（2）老龄船（船龄超过25年）且航行区域复杂。

（3）船舶管理公司经营不规范或船员对船舶管理松懈。

（4）其他有合理理由怀疑的情况，如被海事局或交通部认定为非诚信单位的船舶。

船舶保险核保工作的重点内容为：条款及险别、保险价值及保险金额、保险期限、费率条件、免赔额、特别约定及附加险。对于风险较大的业务及管理不规范的公司，如有必要，可向投保人或被保险人提出防灾防损和关于船舶管理的建议，并注意在承保条件中设定条件予以必要限制。

10.1.5 船舶保险核保资料信息介绍

1. 远洋船舶保险、沿海内河船舶保险、渔船保险

对于以上险种的承保，被保险人或投保人需要提供以下材料：

（1）投保人签字盖章的承保申请表或投保单。

（2）船舶适航证书、登记证书、船级证书和相关技术参数等材料。

（3）船舶前三年的出险金额或损失记录等情况。

（4）船舶价值的相关佐证资料。

无动力船舶被拖航航次保险须提交的其他资料为：

（1）被拖船舶的适拖检验证书。

（2）拖船资料及拖航合同。

（3）拖航方案，如有必要，还需海上安全管理部门进行签证。

2. 船舶建造保险、修船责任保险

对于以上险种的承保，被保险人或投保人需要提供以下材料：

（1）投保人签字盖章的船舶建造险承保申请表或修船责任投保单。

（2）船舶买卖合同（建造合同）或船舶维修合同。

（3）船舶技术参数资料和船厂介绍资料（包括消防、安全等情况）。

（4）船舶价值的相关佐证资料。

10.2 船舶保险风险信息收集

1. 投保单

保险单一经生效，投保单即成为保险合同的一部分。根据我国海商法、保险法的有关规定，如投保人不如实告知保险标的的真实情况，将可能影响保险合同的效力，或成为保险人拒赔的重要依据。

2. 投保人、被保险人与受益人

被保险人是保险合同缔约的一方，在船舶保险中应该对保险船舶具有可保利益。在船舶营运各种方式中，由于船舶买卖、租赁、抵押设置等事宜的存在与发生，使得被保险人与投保人及受益人之间的关系较其他险种更为复杂。

（1）班轮运输。班轮运输又称定期运输，指船舶按照规定的时间表（船期表）在既定的航线上以既定的挂靠港口顺序，经常地从事该航线上各港间的船舶运输。拥有多条船舶、船队的大型航运公司，如 COSCO、China Shipping 等，通常采用这种方式组织运输经营。这时航运公司就是船舶所有人和管理经营人，也是货物运输合同项下的承运人。同时，航运业是一项巨额投资和高风险、高收益的行业，因此，船舶也通常作为抵押物，以保障债权人的利益。

航运公司、船舶管理公司、船舶抵押权人均可为船舶保险投保人或被保险人。在银行、投资银行作为船舶保险的受益人的情况下，保险单中通常约定：如赔偿金额超过一定数额，保险赔款支付给某一受益人；低于此数额的，赔款支付给被保险人。

（2）租船运输。租船运输又称不定期船舶运输，它和班轮运输不同，没有事先制定的船期表、航线，停靠港口也不固定，船舶航行的航线、运输货物的种类以及停靠的港口都须根据货主的要求，由船舶承运人确认而定。

租船方式主要有航次租船（voyage charter）、定期租船（time charter）、光船租船（bare boat charter）、航次期租船（time charter on trip basis）等。

（3）租船方式与船舶保险有关事项的比较。1）关于船长的任命。除光船租船由承运人（租船人）任命船长外，其他方式均由船舶所有人任命。2）关于海上运输承运人的确定。航次租船营运方式下的承运人是船舶所有人，而定期租船、光船租船的承运人就是租船人。3）关于保险的安排。光船租船合同项下，船舶保险的安排应根据租船合同条件办理，一般由光船租船人承担。光船租船人是船舶被保险人和投保人，船舶所有人（出租人）可成为保险受益人。其他租船营运方式下，租船人一般不负责船舶保险事宜，船舶保险均由出租人负责办理。

3. *船舶的技术状况*

主要包含下面一些信息收集与分析工作：

（1）船舶的建造日期和地点。

（2）适航证书与船级。

船舶合法投入营运必须持有中国船舶检验主管机构 CCS 签发的适航证书，这是对船舶航行安全性的必要保证，一些技术质量状况较高的船舶还拥有船级社入级证书（船级）。投保船舶必须具备适航证书。

入级船舶的船级表征了一艘船舶的综合技术状况。以下一些船级社的入级船舶一般具有较高的技术质量状况。

船级社名称	简写代码	标准符号
劳氏船级社	LR	100A1 or B. S.
美国船级社	ABS	A1
法国船级社	BV	13/3 E
德国船级社	GL	100 A＋
韩国船级社	KR	KRS 1
日本船级社	NK	NS*
挪威船级社	DNV	1A1
意大利船级社	RI	★100A 1. 1. Nav. L
俄罗斯船级社		KM ★
中国船级社	CCS	★CSA

（3）船型。

船舶按其用途和建造结构可分为：杂货船（general cargo vessel）、散货船（bulk cargo vessel）、油船（oil tanker）、化学品船（chemical tanker）、客船/渡轮（passenger ship/ferry）、液化气船（liquefied gas tanker）、集装箱船（full container ship）、滚装船（ro-ro vessel）、拖轮（tug boat）、驳船（barge）、工程船、冷藏船（refrigeration ship）、渔船（fishing vessel）及其他专用船（special vessel）。

液化气船可分为液化石油气船（liquefied petroleum gas，LPG）、液化天然气船（liquefied nature gas，LNG）、液化化学气体船（liquefied chemical gas，

LCG)。

工程船包括浮吊（floating crane）、疏浚船（dredger）、钻井船（drilling barge）、打捞船（salvage ship）等等。

其他专用船主要包括供应船（supply vessel）、科考船（research ship，或称Java）、公务船（如海关缉私船、边防巡逻船等）等等。

（4）船舶总吨、净吨、载重吨。

船舶吨位是指依据《海船吨位丈量规范》，以容积为丈量单位的专门吨位，主要有总吨位（gross tonnage，GT）和净吨位（net tonnage，NT），而船舶排水量吨位和载重吨则是以装载重量和排水重量为基础。

船舶的载重吨（deadweight tonnage，DWT）是指船舶的载重能力大小。装载货物重量大小的能力可分为总载重量和净载重量，其中总载重量用以表征载货船舶的总重量大小，也称总排水量（displacement），净载重量表征船舶的载货能力的大小，即载重吨 DWT。

船舶的造价或购置价格与船舶总吨、载重吨存在某种对应关系。在船舶保险核保中，有经验的核保人可以从两者的数量关系大致判断船舶是不足额投保还是超额投保。

（5）船体结构与舱室布置。

船舶总体结构可分为：1）机舱。它是动力来源，包括主机、副机等，是船舶的心脏。2）驾驶室。它是船舶控制指挥中心。3）货舱。它是载货场所，可以把压载水舱、生活用淡水及燃油舱也涵盖在内。4）甲板机械和属具。5）舱室。它是船员（旅客）居住的场所。6）管系。通往全船各处的水、电或用于吸入（排放）压载水的或用于装卸液体货物的管道都需用复杂有序的管系来维持。7）电气系统。主要包括通讯、导航、控制电路、照明电路等。

上述参数可以通过查看承保当时被保险人提交的船舶登记证书予以审核，核对船舶证书时，核保人员一旦发现被保险人编制虚假证书，应该坚决不予承保，以杜绝信用风险。

10.3　船舶保险核保管理

10.3.1　船壳险的核保信息

1. 保险金额和保险价值

船舶保险属于定值保险。保险价值和保险金额主要是由被保险人来决定的。

保险价值，一般按船壳机器、锅炉或特种设备（如冷藏机等）等保险标的在投保当时的市价和保险费的总和来计算。当然，保险价值还可从船舶的购置价值、船舶作为固定资产折旧后的账面价值以及船舶抵押权人对船舶保单抵押性的要求等多方面进行综合考虑，不能一概而论。

保险金额按保险价值确定，根据我国《保险法》及《海商法》，保险金额不得超过保险价值，超过保险价值部分无效。因此，在船舶险业务承保工作中，应尽可能杜绝超额保险，以避免道德风险的产生。

但是，由于船舶的市场价格受多种因素的影响而变动很大，所以如何合理地确定船舶的保险价值是保险人始终面对的一个课题。核保人员可以参照同类船舶的市场价值概算出一个范围，然后综合造价或买卖合同价或评估净值价等因素予以确定。

2. 险别及条款

（1）远洋船舶险。远洋船舶险主要条款包括中国涉外船舶保险条款（PICC 86/1/1，人行 94/12/22）、Institute Time Clauses－Hulls（1/10/83）、American Institue Hull Clauses（June 2，1977）以及与其相对应的战争险与罢工险条款。

船舶保险列明的承保风险一般可以分为两类：一类是海上风险（sea perils），通常是指与海难相联系或者是在航行中遭遇的各种自然灾害，如火灾、暴风雨、海啸、火山爆发、雷电、搁浅、触礁、碰撞、触碰等。二是意外事故，即 Inchmaree 式风险，通常指船舶装卸货物或移动货物或燃料时发生的意外事故、船舶机件或船壳潜在缺陷造成的事故、船长/船员/引水员/修船人员及租船人疏忽造成的事故等等。

（2）沿海、内河船舶险。沿海、内河船舶险的主条款有国内沿海、内河船舶保险条款（人行 96/11/1），附加险条款有承运人责任险条款（PICC 条款）、船舶油污责任险条款（人行 94/12/22）（注：必须剔除条款中其他保赔险的责任）、船东对船员责任保险条款（PICC 条款）、船东对旅客责任保险条款（人行 96/11/1）。

（3）捕捞渔船保险。主要有国内渔船保险条款（人行 93/4/9）和远洋渔船保险条款（人行 94/12/22）。

（4）船舶建造保险。主要有中国船舶建造保险条款（人行 94/12/22）和 Institute Clauses For Builders' Risks（1/6/88）。

（5）修船人责任保险。主要条款为中国修船责任保险协议书（人行 94/12/22）。

（6）集装箱箱体保险。主要条款为中国集装箱保险条款（人行 94/12/22）。

核保时，核保人员应根据标的或责任的性质合理的选择承保条款。

3. 承保险种和险别

船舶保险依据承保条款的内容一般分为：全损险、一切险及各种附加险险别，保险公司可根据核保情况灵活选择。

4. 费率

费率厘定是保险公司进行精算和定价的过程，核保部门在市场条件下可根据自身业务的发展和承保理赔数据的不断积累建立自己的定价体系。如果保险人拥有一段时期内较为完整的承保赔付数据，即可计算出船险费率。

（1）纯费率。纯费率又可分为两个部分，即大额赔款纯费率和小额赔款纯费率。

大额赔款纯费率主要针对补偿大额赔案，其发生的偶然性极大，与船况、船东管理情况、船舶过去的赔付率等没有必然联系，因此对所有船舶均应按基本相同的标准征收。

大额赔款纯费率＝大额赔案总赔款/总保额

对于小额损失，则可根据小额损失的赔付情况得出小额赔款平均纯费率，这部分保费主要补偿小额损失，与船况、船东管理情况、船舶过去的赔付率有较大联系，保险人对此应视船舶具体赔付情况加以调整。

小额赔款平均纯费率＝小额赔案总赔款/总保额

因此：

纯费率＝大额赔款纯费率＋小额赔款平均纯费率＋调整值

（2）实际费率。纯费率仅为船舶保险的风险保费，需加上保险公司的经营管理成本（费用率）、预计利润率、营业税率等才能得出最终实际费率。

实际费率＝纯费率/(1－费用率－预计利润率－营业税率)

保险公司目前除采用以上方法寻求船舶险的费率水平外，在实际核保中还参考以下途径进行定价：对于远洋船舶险业务，当公司自留额和现有协议分保能力均无法满足承保要求时，往往通过国际市场分保询价作为公司定价的基础，承保费率基本上与国际市场接轨并参照市场竞争因素制订；对于国内沿海内河船舶险业务，可参照主管机关制订的费率标准执行，费率可根据实际情况上下浮动。国内沿海内河船舶险费率主要还是应根据公司上年度的赔付率情况及公司的业务发展政策和险种结构调整政策进行相应调整。国内船险市场费率的走向也是重要的参考依据。

5. 免赔额

免赔额是重要的保险条件。保险费率的制定，很大程度上受到免赔额的约束。根据中国船舶保险条款，免赔额的扣除适用于船舶险单独海损的索赔，而对船舶全损、碰撞责任、施救以及共损救助费用的承保，除非特别约定，一般不适用，其用意是鼓励被保险人在遭遇风险时尽力抢救，以减少损失。

绝对免赔额（deductible）是指损失超过规定的免赔额，理赔时，保险人要先行将其扣除。

相对免赔额（franchise）指损失在规定的比率以下部分由被保险人自己承担，保险人不予赔付，而超过特定比率以上部分，保险人则负责赔付。实践中，有时既约定免赔额又约定免赔率，以尽可能控制出险后的赔付。

附加机损免赔额（additional machine deductible，AMD）是指船舶发生机损事故理赔时除按规定扣除免赔额外还应扣除的一个额外免赔额。此免赔额通常设立于15年船龄以上的老龄船舶保单中，其大小一般与本船免赔额相一致。

在国内船险市场上，免赔额普遍大大低于国际市场，费率水平相对较高，这可能与目前国内航运业管理水平还明显有待提高有关。在国际市场上，远洋船舶的免赔额一般都在5万～10万美元，而国内市场只有1万～2万美元，差距巨大，反映出国内市场的承保条件目前低于国际市场水平。同时，国内沿海内河船舶险免赔额一般按自身风险属性要求应定在保额的5‰左右。

6. 航行区域与保险期限

对船舶的航行区域与保险期限也要进行资料搜集与调查，作为核保工作的依据。

7. 船舶以往损失记录

保险公司一般要求被保险人提供投保船舶前3～5年的综合赔付率或损失记录，经综合分析出险原因后拟定相关承保条件。一般情况下，如该轮上年度已出险，通常在同类其他船舶险费率基础上加费30%。

8. 投保船舶上年度的保单与保险人资料

船舶上年度的承保条款、险别、费率、免赔额等承保条件也为保险人的核保工作提供了非常有效的参考依据。核保人应尽可能了解相关的情况。

9. 批单修改的核保

发生如下情况，被保险人应向保险人申请办理批改，并由保险人出具批单予以确认：

（1）已承保船舶的船名、船东、管理人、经营人变更；

（2）已承保船舶的退保；

（3）已承保船舶保险金额的增减；

（4）已承保船舶停航退费或申请退费；

（5）已承保船舶出售、转让、出租或变更航行范围；

（6）已承保的险别变更或调整；

（7）其他需要办理批改的事项。

业务经办人员在接到被保险人的更改申请后转交核保人员，由核保人员结合原保险单对即将更改的要素予以评估，然后做出“同意批改”或“不同意批改”的意见，如同意批改，在某些情况下保险人可能会增加保费或者调整其他承保条件。

10.3.2　船舶建造险特别核保要素

船舶建造险，通常是依据建造合同，由承建船舶的造船厂申请，由保险人为即将建造的船舶在发生保险事故时将予以保险补偿的保险。核保时，核保员除全盘考虑外，主要考虑下面六个方面的因素。

（1）船舶建造合同的主要内容及各有关方之间的关系。

船舶建造合同属于加工承揽合同。通常情况下航运公司和造船厂可以直接订立造船合同，其中银行提供部分资金融通，而船舶作为抵押品，为保障银行资金安全，银行通常会要求造船厂对待建造的船舶投保。有时，一些专门的进出口公司与国外航运公司或船舶融资机构订立买卖合同，然后，这些大型进出口公司或集团与国内专业的造船厂订立船舶建造合同，由造船厂进行投保。因此在船舶建造合同及买卖合同中存在买方、卖方、承建方三方。

建造合同通常会载明以下几方面内容：1）承建船舶的有关技术规格，包括船级、船舶尺度和主要规格、推进装置、保证航速、燃油消耗保证、载重量保证等；2）分包要求；3）合同价格和付款条件、付款方式；4）试航有关规定；5）交船有关规定；6）接受和拒收船舶有关规定；7）船舶监造及质量担保；8）交船期延迟和延长有关规定；9）合同的适用法律和法律管辖、仲裁、诉讼等条款。

以上内容中，船舶的技术规范，如船级、规格及载重量等要素对于确定承保金额、工期及初步判断建造险的风险有十分重要的意义。如果将建造工程分包给其他承包方，该承包方必须有建造资质和有建造经验，并应书面告知保险人。建造险的保险金额主要参考建造合同价格后，由保险人和建造商议定。

（2）建造厂的技术能力和管理水平。

（3）合同号或坞号。

合同号对于将保险标的具体化和落实化有重要意义，因此在投保书中应明确合同号或船坞号。

（4）建造地点的自然环境（包括消防安全措施等）。

（5）建造期限、船台周期。

(6) 试航距离与试航水域。

承保实践表明，试航期间往往是风险累积阶段。在这一阶段，除机器的潜在缺陷外，即将交付的船舶也可能遭遇碰撞触碰及其他风险，因此，在投保申请书中就应明确试航距离和试航水域，并应将其控制在一个距离不远且通航条件顺畅的水域范围内，以尽可能减少试航期间发生事故的风险。

10.3.3 修船人责任保险特别核保要素

修船人责任保险除具有与船舶建造险核保相类似的要素外，核保人员还应特别注意了解审核修船厂的年修船产值（维修总价值）和维修船舶的总价值情况，尽可能使保单中累计总责任限额与维修船舶的总价值相一致或减少差距。另外，在承保风险选择中尽可能限制或者注意剔除修船合同的契约责任，以减少保险公司的风险类型。

10.3.4 无动力船舶被拖航航次保险特别核保要素

无动力船舶在被拖过程中具有以下特点：

(1) 船舶受风面积大，适航性差。

(2) 航速慢、航时较长，同样的航程，被拖航船舶较一般正常航行船舶遭遇海上危险的可能性更大。

(3) 拖方的技术能力和信誉对被拖航船舶的安全有重要的影响，但被保险人对其很难控制。

(4) 发生海损事故后，难以有足够的事实和证据分清是拖方的责任还是海上风险所致，船舶所有人难以控制其船舶的安全状况。

因此，保险公司对无动力船舶被拖航的航次保险业务的承保一般实行严格控制。

关键词

船舶	海上保险法	船舶保险	船壳险
停航保险	增值保险	建造险	修船人责任保险
集装箱保险	航次保险	定期保险	适航
船级社	班轮运输	租船运输	船型
船体结构	核保管理	主条款	核保因素

思 考 题

1. 船舶保险有哪些特点?
2. 船舶保险价值和保险金额如何确定?
3. 船舶保险费率有哪些组成部分，影响费率制订的因素有哪些?
4. 什么是船舶保险终止条款?
5. 船舶适航的具体条件是什么?

第11章

航空航天保险核保实务

本章预习

航空航天保险是对各类航空、航天类产品在生产、制造和运营过程中提供风险保障的保险。本章重点介绍了航空航天相关基础知识，航空险的风险评估、风险控制，以及核保内容、要点和程序等。主要内容包括：

- 航空航天器基础知识
- 航空航天保险的主要险种及保障范围
- 航空险可保标的以及风险
- 航空航天险的风险评估应考虑的因素
- 航空器保险金额的确定

11.1 航空航天器基础知识

11.1.1 航空器基本知识

1. 航空器的定义和分类

按国际民航组织赋予的定义，航空器系指任何可以从空气的反作用力中取得在大气中的支承力的机器，但此处所指的空气反作用力不指作用于地面的空气反作用力。

航空器分轻于空气的航空器和重于空气的航空器两大类。前者能升空是因为它排开的空气重量等于或大于它自身的重量，包括飞艇和气球；后者能升空是因为气流流过机翼时产生的升力克服自身重力。

(1) 气球是没有动力驱动的轻于空气的航空器。它是一个轻质密封气囊，通常为圆形，充入热空气或轻气体，下悬一吊篮，以装载飞行员，依靠风力推进。飞艇是由动力驱动的轻于空气的航空器，一般为橄榄球形，可以操纵，下悬吊舱。

(2) 滑翔机是一种没有动力驱动的重于空气的航空器，它升空以后靠自身重力依飞行方向的分力向前滑翔。虽然有些滑翔机有小型发动机（称为动力滑翔机），但主要是在滑翔飞行前用来获得初始速度的。

(3) 飞机是由动力装置产生前进推力，由固定机翼产生升力，在大气层中飞行的重于空气的航空器。它是最主要的、应用范围最广的航空器。

(4) 旋翼机是一种动力驱动的重于空气的航空器，飞行时由一个或多个在基本垂直的轴上自由转动的旋翼上的空气反作用力支持在空中。

在保险方面，航空器的分类主要按使用者的身份和飞机的用途不同分为三类：军用、警用和民用。其中，军用航空器又可分为战斗机、攻击机、轰炸机、教练机、预警机、运输机、侦察机、反潜机、加油机以及电子干扰机等；警用航空器按具体用途不同可分为治安保卫、追捕罪犯、平息暴乱、交通指挥、消防、缉私、缉毒、救生、环境监控等；民用航空器可分为客货航班运输航空器和通用航空器（包括飞机、飞艇、直升机、滑翔机、滑翔伞和热气球等）两大类。

2. 主要可保航空器简介

在上述航空器中，可保风险标的为民用航空器和部分适航的警用航空器。

目前，用于客货航班运输的航空器主要有美国生产的波音客机（波音 707、波音 717、波音 727、波音 737、波音 747、波音 757、波音 767、波音 777），麦道客机（麦道 11、麦道 80、麦道 82、麦道 90），欧洲生产的空中客车（A300、

A310、A320、A330、A340、A380)，俄罗斯生产的图 154、伊尔 76，以及“多尼尔”和“挑战者”等系列的民用航空器。我国生产的运- 7、新舟- 60、运- 12 等航空器主要用于国内航空运输。

可用于通用航空用途的航空器的种类和类型较多，国内使用较多的通用类航空器类型如表 11—1 所示。

表 11—1　　目前国内使用的通用类航空器一览表

航空器名称	生产厂商以及飞机简介
AT—10	英国国防部下属 ATGG 公司制造
M—20	氦气有动力双体飞艇，北京航空航天大学研制
AD—200	北京科源飞机制造公司
Cessna Citation	美国赛斯纳公司生产
Cessna172	美国赛斯纳公司生产
Cessna208	美国赛斯纳公司生产，斜撑杆上单翼
DHC—8	加拿大哈维兰公司生产，双涡桨，上单翼
King Air	美国比齐公司生产，发动机为 2×PT6A—60A
R—22/44	美国 RHC 公司生产的轻型直升机
Twin Otter	加拿大哈维兰公司生产，涡桨双发上单翼，水陆两用型
Yun—11/12	中国哈尔滨飞机制造公司
Yun—5	中国石家庄、南昌飞机制造公司
Yun—7/8	中国西安飞机制造公司
西门诺尔	不详
夏延	北京科源飞机制造公司
海燕—650	中国沈阳滑翔机制造厂
A—109E	法国
Bell	美国贝尔公司生产，民用型有 Bell—205/206/212/222/412 等
Bo—105	德国 MBB 公司研制，发动机为 Ericsson250×2
Dauphin	法国宇航公司生产，Ⅰ型为单发涡轮轴发动机，Ⅱ型为双发
EC—120B	欧洲直升机公司生产，V：226km/h
EC—135T	欧洲直升机公司生产，V：257km/h
Ecureuil	法国宇航公司生产，滑橇式
MD—	美国麦道公司研制
Mi—171	前苏联米里设计局设计
Mi—8	前苏联米里设计局设计
S—76	美国西科斯基公司研制，发动机为 Ericsson250×2

续前表

航空器名称	生产厂商以及飞机简介
Super Puma	法国宇航公司，双发涡轮轴发动机，V：280km/h
Zh－11	昌河公司研制，中国独立知识产权，1996年通过国家技术鉴定
Zh－8	昌河公司生产，1985年首飞成功，1989年通过国家技术鉴定，1994年定型
Zh－9	法国知识产权，哈尔滨飞机制造公司制造，1992年首飞成功
雏鹰 LE100	上海雏鹰公司牵头会同南航研制，首批由上海飞机制造厂生产20架
雏鹰 LE110	无人驾驶直升机，其他同雏鹰 LE100
EV－97	捷克生产，下单翼，四缸四冲程 Rotax－925 s发动机，双叶木制螺旋桨

11.1.2 航天器基本知识

1957年以来，人类总共发射了几千颗人造卫星和各类航天器，它们小的有十几公斤，大的有几吨，最大的一个重达82吨。目前，每天都有1 000多颗各类航天器在太空中巡游。这些卫星和航天器的出现，是空间科学的重大成果，它使人类的活动超越世代生息的地球，进入了广袤的宇宙空间。

空间科学技术就是指各种航天飞行器的设计、制造、发射和应用。这些航天器包括各种功能的人造地球卫星，载人飞船和航天飞机，专用的航天救助、托运、供应船，供人类长时间在空间进行观察和实验的空间实验室或空间站，以及飞向宇宙更远处的星际探测器等。伴随人类空间科学技术的产生而不断发展的卫星，已经广泛地应用于国防、国民经济、科学实验与研究的诸多方面，并对天文、地理、气象、通信和国防科学等领域产生了巨大影响，其主要种类及用途有以下方面。

1. 广播通信卫星

目前的广播通信卫星一般处于地球赤道的同步轨道上工作，在卫星上装有转发器和天线。从地面上的某一点向卫星发射信号，卫星接收后通过放大和转发处理，将信号发往别处地面，从而实现远程甚至于洲际广播和通信。

2. 气象卫星

气象卫星利用光学、红外和微波遥感仪器接受大气和地面目标反射的太阳光及其自身辐射的电磁波，通过对波谱的分析，可以掌握大气的温度、湿度、风向、飞速、云图等信息，为提前预知灾害性气象的出现和长期气象预报提供了科学依据。

3. 地球资源勘察卫星

卫星勘察和航空勘察的原理基本相同，即利用照相、红外遥感等手段来调查地上、海面和水下的情况，从而实现对地球资源实施大面积、全天时勘察。

4. 科学卫星

科学卫星主要用于天文观察。我们知道，地球表面的大气层虽然挡住了来自太空的大部分辐射，保护了地球上的生命。但是，这一点对于天文观察却很不利。因为这些辐射线携带着从其他星球上传来的大量信息，大气层使人类无法得到其他星体的清晰图像。科学卫星，可以把观测仪器搬到大气层之外，避免了大气层对天文观测的影响。

5. 军事卫星

在军事上，卫星可以用于侦察、预警、监视和反卫星等用途。目前各国投入使用的卫星中有相当大一部分用于军事目的。如：电子侦察卫星用来在空中接收地面的无线电信号，记录对方的无线电台位置、工作频率和信号特征等；照相侦察卫星则主要用于地面、水面观察，进而掌握对方部队的部署和调度情况；预警卫星主要用来预警洲际导弹的发射；核爆炸探测卫星用来探测大气层内的核爆炸；军事导航卫星用来对车辆、飞机、舰艇等目标进行定位和导航等等。

6. 空间实验室

人类进入外层空间可以进行在地面上所无法进行的科学与生产实验。航天飞行的一个主要特点是长期失重，这是在地面上很难模仿的，而空间环境中的高度真空也比在地面上所能达到的真空度高得多。利用失重与真空的特有环境条件，我们可以进行许多有益的实验。如在空间生产滚珠，由于液态金属处在失重条件下的形状完全受表面张力的影响，所以把金属熔化后会自燃冷凝成完美的球形，制造出理想的滚珠；利用空间真空与失重的条件，还可以制造出在地球上无法制造的特殊合金、极薄的薄膜、极细的细丝等，也有助于超纯材料的研制。

11.2 航天保险

航天保险主要是为商业卫星发射全过程提供的保险项目，包括发射前保险、发射保险、卫星在轨寿命保险、发射场设施保险和第三方责任保险。

11.2.1 航天保险简介

国际航天保险市场已经相当成熟，到现在已有近 50 年的历史。我国航天保险市场经历从无到有的发展历程，仅有十余年时间。

中国航天保险市场发端于 20 世纪 90 年代初期。最早发射的“亚星一号”和三颗澳星均未投保，中国政府也未按有关国际公约出面担保可能产生的第三方责任。随着“亚星一号”和澳星的发射成功，国际保险经纪人开始涉足国内航天保险市场，介入我国商业卫星发射服务的第三方责任保险业务，并协助国内保险公司设计承保方案和安排国际再保险。中国最早接触航天保险的是中国人民保险公司和中国太平洋保险公司，上述两家公司占据中国市场的大部分份额。

与其他保险相比，航天保险素有“三高”之称，即风险最高、费率最高、科技含量最高。按照国际惯例，商业卫星一般都要为发射失败的可能性以及在轨可能出现的问题投保。美国要求保额至少是1亿美元，法国规定发射卫星需要购买4亿法郎的第三者责任险。因此，在发展初期，中国人民保险公司和中国太平洋保险公司通常将大部分保费分保给国际市场，自留份额一般在3%左右。

11.2.2 卫星保险

卫星保险是指卫星以及同卫星发射服务有关的各类保险风险的总称，归纳起来卫星风险可以分成两大类。第一类是正常风险，类似于财产险其他常规险种可能遇到的风险，例如：制造、运输及仓储过程中所发生的物质损毁；因运载工具及卫星所造成的第三者人身伤害或财产损失；各种收益损失和利润损失。第二类是非正常风险，即与卫星及其运载工具有关的特殊风险，这一类风险往往引发巨灾风险。

根据卫星所遭受的各类风险的不同，卫星风险可以划分为以下几类：(1) 卫星及火箭或其他运载工具的工程保险，即通常的建筑安装工程保险；(2) 发射前卫星及火箭保险；(3) 卫星发射保险；(4) 卫星运行寿命保险；(5) 经营人收入损失保险；(6) 卫星及发射责任保险。在上述险种中，除了卫星发射保险、卫星运行寿命保险和卫星及发射责任保险在国际航空险再保险市场安排分保外，其他险种均可按照常规的类似险种办理。下面着重介绍卫星发射保险、卫星运行寿命保险和卫星及发射责任保险。

1. 卫星发射保险

发射保险一般从卫星在发射场地装上火箭后为发射而做出的意向点火开始，到卫星到达预定轨道与火箭分离时终止，或者到卫星在预定轨道上进行测试并试运行结束时终止。发射保险主要提供卫星及火箭物质损失的一切风险保险，包括因火箭的原因使卫星和火箭在发射时全部损失；火箭发射后因火箭问题不能把卫星送到预定轨道；因卫星自身原因，使卫星在发射任务完成后发生全部损失，如卫星在发射后因自身故障发生爆炸，卫星入轨后自身系统不能正常工作使卫星失去控制等等。此外，卫星还可能发生部分损失，如火箭发射使卫星偏离轨道，轨道高度和有关参数使卫星不能按正常设计发挥作用；卫星入轨后转发器发生故障、太阳能板失灵、燃料不足等。

发射保险通常只保全损险或者一切险两种。在全损险中，保险人只负责因发射失败或卫星故障所造成的卫星或火箭的全部损失。只有在发射任务失败使卫星全部损失或卫星丧失全部通讯能力，或者即使卫星没有全损，但其部分损失及其修复或施救费用累计已经达到全部损失的金额时，保险人才予以赔偿。在一切险中，只要损失超过免赔额，保险人就予以赔偿。通常一切险保单上规定了部分损失的计算公式，包括使用寿命及其燃料和能源的换算公式，转发器的波段组成及其损失计算，卫星燃料供应数量、能源供应数量的损失计算等。

2. 卫星寿命保险

卫星寿命保险是卫星在运行轨道上运行期间的保险保障，通常从发射保险结束时开始，其主要提供卫星在预定定点轨道上的物质损失保障。其主要损失风险是卫星在运行期间损坏、运行失灵、无法正常工作等。该保险通常一年续保一次，最长保险期限不超过卫星的设计寿命，保险价值按照卫星在轨的重置价值(包括发射费用)，在投保时最高，以后每年递减。卫星寿命保险也分为全损险和一切险两种。

3. 卫星及发射责任保险

根据《空间物体损害责任公约》的规定，卫星和火箭在发射后所造成的地面上或在空中飞行的飞机上的人员及其财产损失的责任由空间物体的所有人及发射国家负责赔偿。通常发射国家政府要求其商业发射机构或卫星经营者自己办理该保险。卫星及发射责任保险就是保险人对商业发射机构或卫星经营者承担的上述责任风险的保障，保险责任通常从发射点火开始，保险期限可以根据要求保一年或发射后的几年。

11.2.3 卫星发射保险的承保

卫星发射保险的承保方法因发射服务合同和卫星购买合同所规定的风险承担的阶段及风险转移的不同而有很大的差别。发射服务合同和卫星购买合同是决定发射保险方法的主要文件依据，在这些文件中通常要规定哪一段的风险由谁负责，从什么时候开始购买保险，保险由哪一方负责办理，以及投保金额为多少等。

1. 合同背景及其与保险的关系

发射服务保险业务中有四个关系方：卫星制造商、火箭发射商、卫星所有者及经营人和保险公司。上述四方之间的合同关系是卫星制造商和经营人之间的

“卫星购买合同”，卫星制造商或经营人向火箭发射商购买火箭发射服务合同。

如果卫星购买合同规定卫星的交接及风险转移在点火前，则卫星经营人将负责发射点火后的风险。因此，保险需由卫星经营人自行安排，保险责任从卫星在发射基地发射点火开始，有时这部分责任从火箭起飞开始，即在发射点火后火箭起飞前的短暂瞬间的风险责任仍由卫星制造商负责；如果卫星经营人购买在轨道上运行的卫星，则卫星制造商需要负责卫星的损失风险直到卫星在轨道上被接收时止，卫星制造商需要安排保险直到卫星开始正式营运，这期间的所有卫星的损失均需由卫星制造商及其保险人负责。

在发射服务合同中，火箭发射商通常安排有“风险及保险条款”，该条款规定几种不同风险管理方案作为发射服务的部分优惠条件，如现金退款保证、再飞行保障、用户自己安排保险或由发射方代为安排发射服务保险等。其主要目的是使火箭的用户无须再对发射服务安排保险担心。

现金退款保证条款规定，火箭用户将购买这种选择的费用预先支付给发射商，如果发射时因火箭原因造成发射失败，发射商将用户支付的发射费用退还给用户。在现金退款保证条款下，发射商需要按照发射服务费用向保险人投保火箭的发射服务保险。现金退款保证一般包括火箭发射的现金退款、卫星价值的现金退款、卫星和火箭的双重退款保证，在保险上体现为只保卫星或火箭单项或卫星与火箭二者的发射保险服务。

再飞行保障条款规定，在发射失败时，发射商必须在限期内再提供一次发射服务，因此发射商只需办理相当于火箭生产成本加相应发射组织费用的发射保险服务即可。

如果用户自行安排保险，则发射服务阶段的风险由卫星制造商或经营人的保险公司负责。

2. 发射服务保险的承保

在卫星购买合同和发射服务合同的条件明确以后，保险人要根据要求提供保险建议书，建议书内容主要包括保障范围、主要的保险条件、保单条款摘要、保费预计等。发射险的承保特别注意风险责任的起讫，一般要求风险责任的起讫与发射服务合同相配合。具体包括以下几种安排。

（1）星箭分离前保险保障卫星和火箭在点火后到星箭分离前的损失风险。

（2）星箭分离后保险保障卫星和火箭实体在其接触分离后的物质损失保险。在星箭分离前，一般是由发射商购买发射保险，保险价值相当于发射费及其他成本；卫星制造商或经营人负责卫星部分的发射保险，保险价值相当于购买卫星的成本及附加费用。在星箭分离后，火箭发射费用已经转移到卫星上，因此卫星的保险价值大大提高。

（3）发射到定点测试。即从发射点火开始，到卫星在轨道上进行测试结束。

（4）发射到定期试运行。从发射点火开始到卫星在轨道上运行一定时间后结束，这段时间可以是 180 天，最长不超过 365 天。

第（3）和第（4）两种是保险市场上最为常见的卫星发射服务的保险安排。由于这种保险的保障范围包括卫星和火箭，因此通常有较高的保险金额。

卫星发射服务的保险费率主要取决于技术因素和市场经营状况两个方面。技术因素包括卫星和火箭两大部分，具体包括以下方面：第一，火箭及其发射系统、发射成功及失败的历史记录、损失发生的原因、火箭类型及技术状态，特别是上面级火箭及远地点发动机的情况；第二，卫星情况、卫星工作和运行的历史记录、特别是通信转发器的情况、卫星的主要用途、系统冗余、燃料及发动机的数量以及卫星上轨道布置系统的技术机械状态。

市场经营情况是指保险公司和经纪公司的承保经验、市场的承保能力、市场近期的保费收入及赔款比例、保险协议等。

11.2.4 卫星保险的主要条款

虽然目前卫星保险市场上有几种不同的保单条款和格式，但在很多情况下保单的措辞是经承保几方多次磋商而确定的。卫星保单条款主要有五大项目组成：事实陈述、承保协议、定义、除外条款和保单条件。下面就除外责任、保险责任的起讫（一般出现在定义中）和保险责任（一般出现在承保协议中）进行简要介绍。

1. 除外责任

火箭发射后，由于下列原因所造成的损失和费用，保险人不负责赔偿：

（1）列明的保险责任规定以外的损失和费用。

（2）保单所载运载火箭保险金额以外的一切费用。

（3）在运载火箭飞行阶段，外来电磁和频率的干扰引起的损失和有关费用。

（4）外来搭载卫星引起的损失和费用。

（5）因战争、敌对行为或武装冲突及政府的拘留、扣押、没收等行为所致的损失和费用。

（6）被保险人及其雇员的故意破坏行为所致的各项损失及费用。

（7）核武器爆炸及核辐射或各类物质的辐射污染所造成的一切损失和费用。

2. 保险责任的起讫

（1）保单所保障的风险的开始：1）从火箭在指定发射场所意向点火开始；

2）如发射点火终止，则从火箭在指定发射场重新点火开始。

（2）保险责任的终止：1）卫星交付客户使用，卫星在轨道上正常工作并运行；2）保单保险期限到期；3）卫星发生全损事件；4）卫星在发射过程中宣布发射失败；5）发射点火终止，火箭发动机熄灭，火箭未脱离发射台。

3. 保险责任

（1）全部损失。按照保单条款的规定，当装载卫星的火箭发射全部失败时，保险公司负责按照保险金额赔付。发射全部失败是指：

1）有效载荷与火箭分离失败。

2）运载火箭飞行期间，有效载荷失灵或丢失。

3）有效载荷使用的远地点发动机失灵。

4）有效载荷未能进入预定轨道。

5）从服务开始之日起算，有效载荷不能提供足够可用的燃料以维持其卫星工作寿命的时期大于预计指标，或不能提供有效的通常能力所规定的正常要求的50％。

（2）部分损失。除了全部损失外，保单通常还有对部分损失的规定。部分损失通常被定义为：

1）卫星转发器的损失超过免赔所规定的数量，但不足以构成全部损失。

2）卫星实际寿命的损失超过免赔额的规定，但未达到构成全损的损失数。

3）以上两条以外的损失，其损失不足以构成一个全部损失。

部分损失金额是指根据卫星实际寿命的不同和转发器数量的不同，计算对每损失一个转发器及损失一段时间的寿命算出的在保险金额中所应占的比例。对部分损失的赔偿即用以此为基础计算的损失金额作为限额。

11.3 航空保险

航空保险（简称“航空险”）按承保标的分为两类：一类是以航空器机身及其相关利益和责任为承保标的的航空器综合险；另一类是以航空运营相关责任为承保标的的航空责任险。航空险的本质特征是承保由航空器的意外事故所导致的航空器机身、机上旅客（含机组人员）和货物（含邮件，下称“货邮”）的损失，以及由此造成的对第三者财产损失和人身伤害依法应负的经济赔偿责任。由于现代航空器机身价值昂贵、载运量（含人员和货邮）较大以及对地面目标的破坏力较强，故航空险的主要特点是保险事故的全损和导致巨灾损失的可能性较大，

“9·11”事件即是最典型的例证。

11.3.1 航空器综合险

11.3.1.1 保险标的

航空器综合险是以航空器机身及其相关利益和责任为承保标的的保险，标的主体是航空器机身。

目前，民用航空界业内按用途将航空器划分为两大类：一类是用于执行旅客和货邮固定航班运送任务（简称“航班”飞行）的飞机，主要有波音、麦道、空客、图别列夫、伊尔等；另一类是用于工业、农业、林业、牧业、渔业、旅游业、海洋和大气监测以及驾驶员培训、私人娱乐、商务和公务等通用飞行作业的航空器，简称“通用航空器”。该类航空器类别较多，包括飞机、飞艇、直升机、滑翔机、滑翔伞和热气球等。

11.3.1.2 适用条款

国内承保航空器综合险所采用的条款有两类：一是伦敦劳合社（Lloyd’s）市场的航空险相关条款，目前，该条款被国际航空险承保人普遍使用，适用于各类以航空器机身为标的主体的航空器综合险的承保；二是中国保监会统颁的“飞机保险条款”，目前，该条款主要适用于承保由中国或前苏联生产的并仅用于境内飞行的中小型航空器。

11.3.1.3 承保险别

航空器综合险保单承保的险别主要有：以航空器机身为承保标的的机身一切险（或机身及零备件一切险）、机身战争险（或机身及零备件战争险）和免赔额保险；以航空器使用或运营所涉及的责任为保险标的的综合责任险、第三者责任险、乘客法定责任险等。飞行员和机组人员人身航空意外险，需要通过扩展责任批单或特别约定另行承保。

下面，我们按目前国内承保航空器综合险采用的两种条款，分别对保单中所包含的险别内容作简要介绍。

1. 采用伦敦劳合社市场航空险条款

（1）机身一切险。承保被保险人拥有、使用、负责照管的航空器因承保风险（不包括除外责任所排除的风险）造成的意外损失或损害，包括飞机的失踪。保险人可以选择赔付、重置或修理的方式来进行赔偿，金额以航空器机身的协议价值为限，并扣减相应的免赔额。同时，对于由承保风险造成飞机的拆卸和为确保航空器安全而发生的紧急施救费用，也可以在机身一切险项下得到赔偿。

机身一切险的承保对象包括机身以及已经安装到机壳上的设备、仪器和附件等。同时，对由于维修或修理临时从所保航空器上拆卸下来的且尚未被替换的零部件，也可以在机身一切险项下得到保障。

该条款将承保风险划分为“飞行”、“滑行”、“水面停泊或地面停放”、“停航”四个阶段，该部分的除外责任包括：1）飞机的自然磨损、老化、故障、缺陷或失灵以及由此对该部件造成的后果；2）飞机部件渐进性或累积性的损坏。

（2）零备件一切险。承保被保险人需要但尚未在其拥有、使用、负责照管的航空器上安装或使用的零件、引擎或设备，以及在上述航空器维护、保养和修理中使用的零备件因承保风险（不包括除外责任中所述的风险）造成的物质损失或损害，赔偿金额以保险金额为限，并扣减相应的免赔额。

（3）综合责任险。承保被保险人因使用航空器对第三者造成的人身伤害或财产损失依法应当承担的经济赔偿责任。保险人对每次事故的赔偿金额最高不超过保单规定的综合单一责任限额。综合责任险的保障范围较广，包括但不仅限于以下几个方面：1）乘客在客舱内，以及在上下飞机的过程中遭受的人身伤害；2）乘客随身携带或托运行李物品的损失；3）航空运输中货物、包裹和邮件的损失；4）由于航空器或从航空器上坠人、坠物所造成的对第三者的人身伤害或财产损失；5）被保险人提供的产品（仅限于部分产品）的产品责任所造成的对第三者的人身伤害或财产损失。

该部分的除外责任包括：1）被保险人的合伙人、雇员、机组人员和乘客的人身伤亡和财产损失；2）被保险人自有或控制财产的物质损失；3）噪音、污染及与其相关的风险引起的损失。

适用于机身一切险（或机身及零备件一切险）保单的主要除外条款包括：1）航空器用于非法用途或未在保单上列明的用途时发生的损失；2）航空器在保单列明的地理范围以外飞行时发生的损失；3）航空器由不合格的飞行员驾驶时发生的损失；4）航空器在不适合的场地起降或试图起降时发生的损失；5）航空器作为货物被运输时发生的损失；6）航空器因超载发生的损失；7）因合同或协议而承担的赔偿责任；8）可在其他保单项下获得赔偿的索赔；9）由战争、劫持及相关风险引起的索赔；10）由核风险引起的索赔。

（4）战争险条款。该条款适用于机身战争险（或机身及零备件战争险）保单，承保的险别有以下方面。

1）机身战争险。承保被保险人拥有、使用、负责照管的航空器因战争、罢工/动乱、征用、人为恶意破坏、劫持和非授权使用等战争性风险造成的意外损失或损害。

2）零备件战争险。承保被保险人需要但尚未在其拥有、使用、负责照管的航空器上安装或使用的零件、引擎或设备，以及在上述航空器维护、保养和修理中使用的零备件因战争、罢工/动乱、征用、人为恶意破坏、劫持和非授权使用等战争性风险造成的意外损失或损害。

在国际航空险市场上，被保险人（航空公司）通常通过购买战争险条款来获得上述战争险保障。但是，对于由核风险引起的损失或损害，机身战争险仍然予以除外。

(5) 免赔额保险。免赔额保险承保在机身一切险和机身战争险项下，在每次保险事故的赔偿金额中扣减的免赔额。

在国际航空险市场，机身险承保人对每一次航空器损失事故规定了金额较高的免赔额，当承保航空器遭受部分损失时，在免赔额以内的损失由被保险人自行承担。被保险人通过购买免赔额保险，可以将免赔额内的部分损失重新转移给承保人，进而减少被保险人的自留风险。例如，某航空公司投保的 Boeing－747 飞机的免赔额为 200 万美元/每次事故，该航空公司可以通过购买“超过 150 万美元的 50 万美元”的免赔额保险，将免赔额由原来的 200 万美元降低为 150 万美元，进而减少了 50 万美元的自留损失风险。

2. 采用中国飞机保险条款

中国“飞机保险条款”包括机身险、第三者责任险、旅客法定责任险和飞机战争劫持险四个险别。

(1) 机身险。飞机在飞行或滑行中以及在地面上，不论何种原因（不包括除外责任），造成飞机及其附件的意外损失或损坏。保险公司还负责因意外引起的飞机拆卸重装和运输的费用以及清除残骸的费用。

(2) 第三者责任险。由于飞机或从飞机上坠人、坠物造成第三者的人身伤亡或财物损失，应由被保险人负担的赔偿责任，但被保险人及其支付工资的机上和机场工作人员的人身伤亡或财物损失除外。

(3) 旅客法定责任险。由于旅客在乘坐或上下飞机时发生意外，造成旅客的人身伤亡或所携带和业经交运登记的行李、物件的损失，以及对旅客、行李和物件在运输过程中因延迟而造成的损失，根据法律或契约应由被保险人负担的赔偿责任。旅客是指购买飞机票的旅客或为被保险人同意免费搭载的旅客，但不包括为履行被保险人的任务而免费搭载的人员。

该部分的除外责任包括：1) 飞机不符合适航条件而飞行；2) 被保险人的故意行为；3) 飞机任何部件的自然磨损、制造和机械缺陷；4) 战争劫持风险及间接损失和费用。

中国“飞机保险条款”规定，被保险飞机进场修理或停航连续超过十天时，在此期间的保险费的50%应按日计算，退还给被保险人。此外，被保险人可以通过购买中国“飞机保险条款”项下附加的飞机战争劫持险条款获得相关战争劫持风险的保障。

（4）飞机战争劫持险。保险人负责赔偿由于战争、拘留、扣押、没收以及被保险飞机被劫持或被第三者破坏等原因造成被保险飞机的损失、费用以及引起的被保险人对第三者或旅客应负的法律责任、费用。

11.3.2 航空责任险

航空责任险主要包括机场责任险、空中交通管制责任险、注（储）油责任险、飞机维修人责任险、航空食品运送责任险、航空展览责任险和飞行员丧失执照责任险等。

11.3.2.1 航空责任险的特点

航空责任险的保障范围与普通商业责任险（commercial general liability）基本相同，即均为承保被保险人在其业务经营活动过程中因疏忽或过失行为对第三者造成的人身伤害或财产损失依法应承担的经济赔偿责任，以及经保险人事先同意，在保单规定的赔偿限额外，被保险人针对索赔进行抗辩所发生的法律和其他费用。但是航空责任险也有其自身明显的特殊性，其主要特点如下：

（1）被保险人所从事的工作或经营的业务与航空器或航空器的使用和运营的关系十分紧密。

（2）被保险人或其雇员在履行职责的过程中可以直接且频繁地接触到航空器。

（3）被保险人工作的疏忽或过失行为可能导致航空器及其责任的巨灾性损失。

（4）被保险人业务经营的地域范围相对集中在机场或机场周围。

（5）上述险种所保障的责任事故必须是由从事或经营相关的航空业务所造成的。

（6）上述险种保单数量较少，承保金额巨大，需要在国际再保市场安排分保并使用国际市场保单条款。

11.3.2.2 主要险种介绍

1. 机场责任险

承保由于机场经营人或作为其代表的雇员或人员在从事机场经营人的业务活动中的疏忽或过失行为，或者由于保单列明的机场经营人的场地、设施或作业中的任何缺陷所引起的事件造成的第三者人身伤害或财产损失，机场经营人依法须负的经济赔偿责任。

2. 空中交通管制责任险

承保空中交通管制人在不同场所以及在其他飞行相关活动中履行其职责和义务过程中的疏忽或过失行为所致事件造成的第三者人身伤害或财产损失，空中交通管制人依法须负的经济赔偿责任。

空中交通管制人的场所包括但不仅限于区域、进近和塔台；航空相关活动包括但不仅限于空中交通管制、通讯、导航、监视、气象和航行情报。

3. 注（储）油责任险

承保注（储）油人在不同场所履行其职责和义务（主要指航空油料储存和为航空器注油等活动）过程中的疏忽或过失行为所致事件造成的第三者人身伤害或财产损失，注油人依法须负的经济赔偿责任。

4. 飞机维修人责任险

承保飞机维修人在从事飞机维修业务过程中的疏忽或过失行为所致事件造成的第三者人身伤害或财产损失，飞机维修人依法须负的经济赔偿责任。

5. 航空食品运送责任险

承保航空食品运送人在从事航空食品运送过程中的疏忽或过失行为所致事件造成的第三者人身伤害或财产损失，航空食品运送人依法须负的经济赔偿责任。

6. 航空展览责任险

承保航空展览承办商在承办展览会期间因疏忽或过失行为所致事件造成的第三者人身伤害或财产损失，航空展览承办商依法须负的经济赔偿责任。

7. 丧失执照保险

承保飞行员因保单列明的原因（如，身体不再适合飞行、发生飞行事故、有关部门吊销驾驶执照或暂时停止其飞行等）造成的暂时或永久不能从事飞行而遭受的经济损失。

11.3.2.3 航空责任险保单介绍

航空责任险（飞行员丧失驾驶执照保险除外）通常采用伦敦市场的“机场所有者和经营者责任险”（airport owners and operators liability）保单承保。该保单的承保风险包括彼此相互独立的三个部分，航空经营者可以根据其面临的风险需求，有选择地加以投保。这三个部分包括以下几个方面。

1. 场所责任（premises liability）

承保被保险人或作为其代表的雇员或人员在从事被保险人的业务活动中的疏忽或过失行为，或者在保单中列明的被保险人的场地、设施或作业中的任何缺陷所造成的对第三者的人身伤害或财产损失。该部分的主要除外责任包括：

（1）被保险人拥有或控制的财产遭受的损失。

（2）被保险人同意他人使用的机动车辆造成的人身伤害或财产损失。

（3）被保险人拥有或控制的航空器或船舶造成的人身伤害或财产损失。

（4）对建筑物、跑道或设备的建造、拆除和整修造成的人身伤害或财产损失。

（5）航空集会、展览或竞赛责任。

（6）被保险人的产品责任。

2. 机库管理者责任（hangar keepers liability）

承保对非被保险人拥有、租借或租赁的航空器或航空器设备，在地面由被保险人或其雇员照料、保管、控制或者保养、处理或维修期间发生的损失或损坏。该部分的主要除外责任包括：

（1）覆盖物、装饰物、个人物品或任何类型商品的损失或损坏。

（2）被保险人租用、租赁或租得的航空器或航空器设备的损失或损坏。

（3）任何处于飞行状态中的航空器的损失或损坏。

3. 产品责任（product liability）

承保由被保险人或其雇员制造、建造、改造、维修、维护、处理、出售、供应或分销的任何商品或产品的占有、使用、消费或处置引起的人身伤亡或财产损失。但是，上述商品或产品必须构成航空器的组成部分或被用于与航空器有关的用途，并已不再由被保险人占有或在其控制之下。该部分的主要除外责任包括：

（1）被保险人的财产或由其照料、保管或控制的财产的损坏。

（2）被保险人制造、建造、改造、维修、维护、处理、出售、供应或分销的有缺陷商品或产品，或对其有任何缺陷的部分进行维修或替换的费用。

（3）由不适当或不充分的性能、设计或技术说明引起的损失。

（4）未遭受实际损失或损坏的航空器的使用损失。

此外，对于航空器维修人责任险保单，可以在该产品责任保障部分项下扩展到由于维修人用于其维修的航空器上的产品缺陷所导致的成品航空器的“停飞责任”（grounding liability）。“停飞责任”对航空器的使用者、用途以及“停飞”的定义作了明确的界定，同时还规定了相应的除外责任、赔偿限额和免赔额。

11.3.2.4 总除外责任

下述除外责任，分别适用于航空责任险保单的每一部分。

（1）在从事被保险人业务活动或代表被保险人行为时遭受人身伤害的任何人的人身伤害责任，或在劳工赔偿法、失业赔偿法、残疾救济法或其他类似法律下由被保险人或其保险人承担责任的任何人的人身伤亡责任。

(2) 被保险人及其雇员、承包商或分包商负有责任的对任何有缺陷的工艺进行改进的费用，但这一限制不包括由上述有缺陷的工艺造成的结果性损失。

(3) 被保险人在任何合同项下达成的协议应承担的责任，但是，即使无此协议，被保险人仍应承担的责任除外。

11.4 航空保险承保程序

航空险业务作为特殊风险业务，专业性、技术性强，一般都必须依托再保险市场，因此，任何一笔航空险业务，无论金额大小，均应按下述规范操作。

1. 收集资料

在航空器承保前，必须首先收集并了解以下资料：

(1) 航空公司或航空器所有者的基本情况（企业性质、主要股东构成）。

(2) 现有投保航空器的基本情况。

(3) 飞行员情况（详见飞行员一览表）。

(4) 航空公司或航空器所有者飞行安全管理水平和航空器维修（护）能力。

(5) 航空器用途和责任限额选择。

(6) 航空公司前5年的保险索赔记录。

如果投保人为定期客货航班运输公司，还需要增加以下资料：

(1) 航空公司前2年旅客和货邮周转量以及今后2年预计旅客和货邮周转量。

(2) 航空公司今后2年飞机引进计划。

(3) 航空公司航线结构和旅客结构（国际和国内旅客比例）、平均客座率。

(4) 飞行员培训情况。

2. 出单承保

对上述资料和信息进行分析、识别、厘定费率、安排分保后，方可出单承保。

关键词

保险	航空航天	核保	航空综合险
航空责任险	卫星保险	承保程序	卫星发射
航空器	航天器	卫星寿命	保险经纪人
联合体	停飞责任	劳合社	航空保险

航天保险　　　　条款适用

思考题

1. 航空保险主要包括哪些险种?
2. 请列举航空保险主要险种并简述其承保风险和责任范围。
3. 航空保险的风险评估应考虑哪些因素?
4. 通常以何种价值作为航空器的保险金额?
5. 针对航空保险金额高、风险集中等特点，保险人应如何控制风险?
6. 简述航空器保险的核保要点。

第12章

机动车辆保险核保实务

本章预习

机动车辆保险是目前国内各保险公司开办的主要险种之一，机动车辆保险业务比重一般要占到公司财产险业务总量的60%以上，因此，做好车险核保工作对于实现公司稳健经营是相当关键的。随着保险监管部门放开对机动车辆保险的条款、费率管制，机动车辆保险的核保工作有了本质的改变：在改革前，各家保险公司的条款、费率均是相同的，而且最主要的是费率是不可变动的，不同风险的业务要采用相同的费率，也就是说，等于核保部门先有了承保条件，再去寻找符合这些条件的业务，对于业务部门提交的业务，要么做要么不做，业务发展受到了制约；条款、费率改革后，各家保险公司的产品增加，定价也均考虑了“从人、从车、从地域”等因素，使得“风险与价格相匹配”有了可能性，也使得核保工作有了更大的操作空间。

本章主要介绍如何在机动车辆保险市场改革的新背景下进行核保工作。主要内容包括：

- 机动车辆保险特性
- 机动车辆保险险种介绍
- 机动车辆保险核保要素
- 机动车辆保险风险评估
- 机动车辆保险承保条件

12.1 机动车辆保险核保概述

12.1.1 机动车辆保险特性

机动车辆保险是以机动车辆为保险标的的险种。这里所说的机动车辆必须是已可上路行驶的机动车辆，尚处于生产流水线且未出厂的机动车辆一般不可以投保机动车辆保险。

机动车辆保险的特性为：

1. 风险成本可测性较高

机动车辆保险是风险成本最具有可测性的险种之一。

(1) 标的数量众多。随着我国经济的发展，机动车辆作为一种最快速、便捷的代步、运输工具，其市场保有量及增加量在迅速增长：1975 年，我国机动车年产量仅不到 14 万辆，年进口量仅 2.5 万辆左右，而到了 2000 年年产量已超过了 200 万辆，年进口量超过了 40 万辆。据统计，我国机动车辆市场保有量在 2000 年即已超过了 1 600 万辆。标的数量众多，得以使大数法则有了运用的基础和可能性。

(2) 标的所面临的风险同质性很高。机动车辆最主要的风险为碰撞。由于机动车辆的主要功能是代步及运输，因此经常处于自主的快速行驶状态是机动车辆区别于其他财产险标的的特征之一，这一特征导致了机动车辆与其他物体（包括其他机动车辆）发生碰撞的概率大大增加。从各保险公司的统计数据来看，至少有 90％以上的保险事故是由碰撞引起的，由此可以看出其风险的同质性是相当高的。标的风险的高同质性，为大数法则的应用提供了条件。

正因为此，机动车辆保险较之于其他财产保险，其风险成本的可测性要高得多。在这次保险监管部门推行的机动车辆保险条款、费率改革过程中，各大保险公司均采用了非寿险精算技术来测算风险成本从而准确地厘定费率。

2. 出险频率较高且随车辆使用性质的不同而差异很大

与其他财产险相比，机动车辆保险标的经常处于行驶状态，导致了出险频率较高。

从某些保险公司统计数据看，机动车辆保险的出险率一般在25%以上，而从国家有关部门统计情况看，机动车辆发生事故的概率要高于此数字且有逐年增加的趋势。但不同使用性质的车辆其出险频率的差异则很大，如目前越来越多的私家车的出险率一般要比企事业单位的公务车的出险率高得多：某些保险公司承保的私家车出险率可达到100%以上，而单位公务车出险率则有可能低于15%。

出险率逐年增加且某些车辆出险率过高给保险公司人力资源的配备、经营网点的建立都带来了较大的压力，从而也意味着保险公司经营成本的增加。

3. 个案事故损失额度相对较低

虽然机动车辆出险频率较高，但个案事故损失额度与其他财产险相比则要小得多，如个案损失在1万元以下的案件会占到总的案件数的80%以上，甚至很多案件个案损失仅有几百元或一两千元。

（1）标的价值较低，导致保险金额较低。相对于企业财产险动辄几千万、上亿元的保险金额相比，据以确定机动车辆保险金额的新车购置价（绝大多数国内保险公司以新车购置价为依据确定保险金额）通常仅有几十万元，高于100万元的机动车（一般为进口车）数量较少，而大量的国产车的新车购置价通常低于30万元。

（2）采纳的赔偿原则客观上限制了责任险赔偿额度。在原监管部门统一颁布的机动车辆保险条款中明确规定，机动车辆保险第三者责任险的赔偿以《道路交通事故处理办法》为准（2003年初保险监管部门推行了机动车辆保险条款、费率改革后，绝大多数保险公司均沿用了这一规定），而这一处理办法对于由于机动车辆产生的对第三者的赔偿项目与标准有非常详细的规定，也就是说，保险人对第三者责任的赔偿额度是控制在这些标准以内的，客观上限制了责任险的赔偿额度。

12.1.2 机动车辆保险的种类

在保险监管部门推行机动车辆保险条款、费率改革之前，各家保险公司销售的产品是统一由监管部门制定并颁布的，即2个基本险（车辆损失险与第三者责任险）与9个附加险。2003年1月1日后，各家保险公司顺应改革潮流纷纷推出了自己研究设计的产品，使目前我国保险市场上销售的产品数量达到了自我国开办机动车辆保险以来的最高峰。从保险责任、产品之间的相互关系及产品法律效力高低看，这些产品可大致分为基本险、附加险及特约条款三大类。

1. 基本险

基本险的种类仍是两类，即车辆损失险及第三者责任险。车辆损失险一般是承保机动车辆自身由于某类意外事故或自然灾害而遭受损失的风险；第三者责任险一般是承保因机动车辆发生意外事故而对第三者（指除了保险人与被保险人以外的第三方）造成的经济赔偿责任。

从发展趋势看，第三者责任险成为法定保险已属必然，届时，各家保险公司销售的责任险产品将随之有所改变。

2. 附加险

附加险的法律效力要高于基本险，且其投保要受到基本险的制约，一般条款中会向客户明示：必须在投保了某个基本险的前提下，方可投保该附加险，体现了附加险不能独立承保的特性。

附加险一般可分为两类：一是承保的风险是保险标的所面临的非主流风险，是基于满足客户的个性化需求所设计的，如果客户仅需要最基本的风险保障，则通常不会选择投保附加险。二是承保的风险本身为高风险，是保险公司基于市场竞争的需求为目标客户群所设计的，是为了满足客户更高层次的保险需求所设计的。比如，部分保险公司开办的险种中，已开始承保一些人为风险以及与精神赔偿有关的风险等，虽然增加了产品的吸引力，但同时显然大大增加了保险公司的承保风险。

总之，各家保险公司自行设计的附加险较改革前有了很大变化，一是产品数量增加，二是保障范围拓宽，但原监管部门统颁的附加险仍被多数保险公司继续沿用：

（1）全车被盗抢险：承保机动车辆整车被盗窃、被抢劫的风险。

（2）车上责任险：承保因保险事故驾驶员、车上人员造成人身伤亡后，或车上所载货物遭受损失后，被保险人应承担的经济赔偿责任。

（3）无过失责任险：保险车辆与非机动车辆、行人发生道路交通事故，给对方造成人员伤亡和财产损失，被保险人虽无过错，但依法应承担的10%的经济赔偿责任及被保险人已支付给对方而无法追回的超过10%的部分由保险人负责赔偿。

（4）车载货物掉落责任险：承保保险车辆所载货物掉落造成的第三方人员伤亡及财产的直接损失。

（5）玻璃单独破碎险：承保机动车辆风挡玻璃与车窗玻璃单独破碎的风险。

（6）车辆停驶损失险：保险车辆因发生保险事故而造成的停驶损失。

（7）自燃损失险：保险车辆自身电路、线路、供油系统或所载货物起火燃烧造成的保险车辆的损失，保险人负责赔偿。

（8）新增加设备损失险：被保险人在保险车辆上新增加的不属于原附属设备的设备（如碟机等）因发生保险事故造成的损失，保险人负责赔偿。

（9）不计免赔特约险：保险人负责赔偿在基本险中规定的免赔额。

各家保险公司在继续沿用上述保险条款的同时，均根据自己的产品体系对上述产品进行了调整，如有的保险公司将玻璃单独破碎险的保险责任直接作为基本险的保险责任，从而取消了这一附加险；有的保险公司将不计免赔特约险的性质由附加险转换成了特约条款等。

在上述条款之外，各保险公司还自行研发了很多附加险，最受关注的是刮擦损失险及精神损害赔偿险。

3. 特约条款

特约条款是保险公司与客户就基本险或附加险的某个细节达成的特别约定。在改革以前监管部门颁布的统颁条款中是没有特约条款的，如果客户的某些需求是原条款所不能满足的，或保险双方就保险条款的某个细节需另行约定的，一般以在保险单中打印“特别约定”的方式解决。特约条款可以看做是格式化的“特别约定”。

目前国内保险市场上，多数保险公司将附加险与特约条款共同称为附加险。特约条款与附加险的区别在于：

（1）特约条款不能成为一个险种，不具有一个险种所应该具备的所有要素；附加险虽然在投保时有所限制，但从其已具备的要素看，仍可以看做是一个险种。

（2）特约条款的法律效力要高于附加险。

12.1.3 机动车辆保险的费率厘定

新产品的出现，使得与之相适应的费率方面也发生了很大的变化。改革前，各保险公司销售的产品是统一地由监管部门颁发的，其费率也完全相同，市场改革后，各家保险公司结合各自的产品体系自行制定了费率体系，厘定了费率。

（1）费率结构发生变化。由原来的简单的把机动车辆划分为营业车、非营业车改变为根据机动车辆的使用状况细分为多种使用性质：如将私家车、单位公务车等从非营业车中分离等。

（2）定价更为合理。由原来的仅考虑从车因素发展到应用从人、从车、从地域等因素厘定费率的模式。

（3）定价灵活。可以结合不同的业务情况确定不同的价格条件，尤其是针对整个车队的价格调整系数的出现，使得车队风险与价格可以做到较好的匹配。

虽然费率变革为保险公司带来了种种好处，但同时也为保险公司带来了价格风险：由于各家保险公司在定价时均采用的是自己所掌握的数据，而受数据量、数据质量的限制（尤其是对于一些中、小规模的公司），定价结果极有可能是不准确的；另外，各家保险公司基于市场竞争的压力，纷纷拓展保险责任，对于这些新拓展的保险责任，由于没有足够的、可信的数据支持，在定价过程中会较多地采用经验判断，也会对定价的准确性产生影响。

12.1.4 核保机制

建立完整的核保机制是提高业务质量、实现公司稳定经营的必要手段之一。

1. 核保工作基本要求

（1）时效性要求。这是业务部门对核保工作最基本的要求。由于市场竞争激烈，各保险公司均对客户承诺了大量的服务项目，其中包括出单速度，如果因为核保工作缓慢从而延误了出单速度，则不但不利于市场竞争，且与自身的对外承诺相违背，影响公司声誉。

（2）业务质量要求。提高业务质量是进行核保工作的根本要求。如果核保工作不能有效地提高业务质量，无疑，这样的核保工作是失败的。对于机动车辆保险来说，提高业务质量首先意味着总体业务要盈利或达到公司预定的盈亏标准；另外，尽量减少大额损失的发生也是核保工作需要达到的目标之一，大额损失越少，公司的经营就越稳定。

2. 核保运作方式的选择

（1）利润中心集中核保。总公司仅负责制定业务发展策略，对利润中心提出利润要求，各利润中心（分公司或中心支公司等）为了实现利润目标，自行制定并执行核保政策，利润中心下辖的分支机构一般不再具有核保的功能。

（2）总公司集中核保。总公司建立核保中心，负责全司业务的核保工作，分公司或中心支公司仅做一些配合核保中心运作的其他工作，如提供详实的核保材料、代核保中心进行风险查勘等工作。

这两种核保方式比较起来，各有利弊。利润中心自行核保的有利之处有两个：一是速度快，因为利润中心的核保部门仅负责自身业务的核保，业务量相对较小；二是由于利润中心对本地市场非常了解，核保难度较小，对于一些本利润中心没有历史数据作核保支持的业务来说，核保的客观性要高一些。不利之处在于这种方式不利于总公司总体战略目标的实现，原因有二：一是主观上讲，各利润中心均有自身的利益追求，不可能从全公司的角度出发制定、执行核保政策；二是从客观上讲，各利润中心积累的数据量、数据质量均有限，不足于支持制定准确的核保政策。

总公司集中核保的有利之处在于，确保总公司总体战略目标的实现，同时实现全公司各项资源的合理配置；不利之处在于，实行全公司集中核保，如果要达到快速高效的目的，则需要配备大量的人力、物力，耗费的成本较大。

3. 核保运作流程

(1) 核保材料的取得。进行核保首先要取得必要的材料作依据。

1) 投保单。我国各保险公司在设计投保单时，均考虑了风险评估工作，从而设定了较多的信息需要投保人提供。因此，核保员首先要取得投保单作为核保的依据。这里需要注意的是，由于核保运作模式的限制，如果采用集中核保的模式（包括总公司集中核保与利润中心集中核保），核保员均不可能取得投保单原件，而只能由内勤人员将投保单的各项要素录入电脑，核保员通过远程登陆或数据集中等方式查看投保单。

2) 验车报告。单独凭借投保单仍难以评估风险，应同时要求业务部门提供其他核保材料，如验车报告等。验车承保的主要作用在于防范道德风险及对特殊车辆进行实地风险评估（特殊车辆指高保额车辆、车辆类型稀少的车辆、低保险价值高保险需求的车辆等）。

3) 历史数据。取得历史数据是衡量车队风险的重要要素。

(2) 风险评估与承保条件的确定。核保员取得核保材料后，即可进行风险评估工作，同时根据制定的核保政策为该笔业务确定承保条件。

(3) 核保结果的落实。核保员一经做出核保判断，应立即将结果告知业务部门，业务部门随之可以为客户出具保险单。核保部门应采取相应的手段确保核保员核保结果的落实，如果业务部门置核保员意见于不顾而自行出具不符合核保政策的保险单，则核保工作就只能流于形式，业务质量将很难保证。

(4) 已承保业务的监控。由于机动车辆保险标的大量分散，因此，每笔业务符合核保政策的规定不等于所有业务符合核保政策的规定，再加上在核保过程中不可避免地要运用核保员的经验判断，核保的客观性会受到一定的限制，所以有必要制定相应的措施对已承保业务进行监控，如果发现业务质量没有达到预定目标，则说明政策制定环节或政策执行环节出现了偏差。进行业务监控是保证核保工作不发生偏差的有效手段。

4. 核保工作需要的相关技术支持

(1) 非寿险精算技术。制定有效的核保政策是进行核保工作的大前提。前面我们提到，机动车辆保险的风险成本具有可测性的特点，这为精算技术在机动车辆保险定价中的应用提供了条件。同样，精算也可以为制定核保政策等提供数据支持，大大提高核保政策的有效性。

(2) IT 技术支持。IT 技术可以为推进核保工作提供最有利的武器：建立核保中心必须依赖于网络才能实现；可以制定各类统计分析软件，为核保人员进行风险评估工作提供支持；优化出单系统，加快核保、出单速度，满足时效性要求；制定制约系统，确保核保政策的落实等。

5. 核保工作需要的人员配备

虽然核保工作有了精算技术的支持，但精算技术本身在核保工作中的应用明显又是有局限性的：它仅能在有历史数据时告诉我们以前的经营结果，而并非直接告诉核保员某一笔业务下一年的风险成本是多少、应采取何种承保条件等。因此核保员的经验判断是不可或缺的，尤其对于公司新拓展的业务，更多的还是要依赖于核保员的经验判断。核保员素质高低、经验是否丰富对核保工作质量的提高非常关键。

核保部门配备核保人员，不仅应从数量上考虑，即使核保员的数量与需管辖的业务量相匹配，更要考虑核保员的核保经验与素质。

一名合格的核保员应具备的基本条件有：

（1）有一定的保险理论知识、精算知识。

（2）有一定的从业经验，熟悉保险条款，熟悉保险承保、理赔等各项实务工作。

12.2 机动车辆保险核保要素

12.2.1 投保单的审阅、确认与分析

对投保单最基本的要求是填写完整、真实，因为投保单不仅是保险双方签订保险合同的直接依据，更是保险人进行风险评估进而确定承保条件的资料来源。如果投保单内容不真实、不完整，则不仅会直接导致核保员核保困难乃至核保失误，而且会引发保险争议、保险诉讼。因此审阅、确认投保单时，应注意以下几个方面。

1. 填写规范

填写规范的目的之一是规避合同风险。在我国保险业刚刚起步阶段，因为投保单填写不规范导致了较多的保险争议与诉讼，问题最多的当属投保人签字确认的问题：由于投保人有意或无意没在投保单上签字，以至于保险车辆出险后，被保险人对投保单、保险单内容不予认可，保险公司也往往因此败诉。现在，随着大家对保险认识的加深，类似问题正在大大减少，但并非完全消失，因此规范填写投保单仍是控制风险的第一步。

对投保单各要素的规范性要求为：

(1)“投保人”、“被保险人”：投保人、被保险人为个人的，应按照投保人及被保险人有效身份证上的姓名填写，尽量避免使用曾用名、别名、笔名或其他称呼，如投保人要求按其他证件上所载姓名填写，则应说明证件名称。投保人及被保险人为法人的，则应填写单位全称，且应与单位公章保持一致。

(2)“地址”：按照投保人及被保险人的经常居住所在地的地址填写，这一地址应能保证保险双方的日常联络。

(3)“邮政编码”：按照上述所填地址所对应的邮政编码填写。

(4)“联系方式”：包括“电话”及“E-MAIL”，两者至少填写其一，同时也可填写CALL机等其他联系方式。

(5)“行驶证车主”：如果被保险人与行驶证车主不一致时，则须按照行驶证上所载车主姓名填写本栏。投保人不填或拒绝填写时，保险公司默视被保险人与行驶证车主为同一人。

(6)“指定索赔权益人”：投保人经被保险人许可可以指定索赔权益人。如此项不填，保险公司则默视索赔权益人为被保险人本人，其他人无索赔权利。投保人不得指定对投保车辆不具有可保利益的单位或个人为索赔权益人。投保人指定的索赔权益人一般为：投保车辆的所有人、合法占有人、合法使用人、承租人、贷款银行等。

(7)“号牌”：填写国家车辆管理机关核发的车牌号码。新车及经国家有关部门允许可以不上牌照的车辆可不填写本栏。

(8)“厂牌型号”：指车辆的品牌及型号，应按照行驶证上所载内容完整填写，不可仅填写其中的一部分，不可填写与行驶证所载不符的名称。

(9)“发动机号”：按照行驶证或报关单上所载内容据实填写。挂车不必填写本栏。

(10)“车架号”：按照行驶证或报关单所载内容完整填写。如保险车辆为挂车，则车架号为必填项目。

(11)“核定吨位/座位”：严格按照行驶证显示内容填写。

(12)“产地”：分国产与进口，据实填写。

(13)“车辆颜色”：以投保时车辆的实际颜色为准。

(14)“初次登记年月”：按照新车第一次办理牌证时，车辆管理机关核发的车辆行驶证上的“登记年月”填写。重新入户或转手入户的车辆，现用行驶证上初次登记办证时间不得作为初次登记年月。

(15)“新车购置价”：根据保险合同签订的购置与保险车辆同类型新车的价

格填写。

(16)“行驶区域”：不填写者保险公司默视为在中华人民共和国境内（不含港澳台）行驶。

(17)“争议解决方式”：即诉讼或仲裁，由投保人选择确定。

(18)“投保人签字（盖章)”：投保人签字、盖章应与填写的投保人名称相符。

2. 内容完整

投保单内容完整并非简单地要求投保人将所有的投保单要素都填写完毕，是否完整可以以下列两个条件为标准进行判断：

(1) 保险人可以清楚地知道投保人的投保意图。投保人填写投保单的目的是告诉保险人其投保需求，因此，如果保险人从投保单上不能明确投保人的真实意图是什么，则说明投保人填写的投保单是不完整的。

反映投保人投保意图的要素有：

1) 投保人、被保险人姓名、联系方式等。如果投保人拒绝填写此类要素，等于合同没有当事人，说明客户根本没有意图同保险公司签订合同。

2) 保险车辆的数量、牌照号、车架号、发动机号、排气量等要素。这些要素填写完毕，方可将保险标的确定下来。

3) 保险车辆的车辆类型、使用性质、新车购置价、实际使用年限、行驶区域等要素。这些要素直接与保险的价格相关，如果投保人拒绝填写，则价格就无法确定，合同就不能成立。

4) 投保人选择确定的保险条款、保险金额、赔偿限额等。这些内容明确了投保人需要的保险需求，也就是保险人应承担的保险责任。如果这些内容缺失，保险合同就根本没有必要存在。

以上是合同得以签订并成立、有效的必要要素，投保人必须如实填写，如果缺少，核保员应退回到客户手中进行补填。

(2) 核保员可以通过投保人填写的信息进行风险评估工作。

可以为核保员提供风险评估信息的要素有：

1) 驾驶员信息：驾驶员姓名、性别、年龄、驾龄、驾照类型、准驾车型、驾驶证号码等。

2) 车辆信息：车辆颜色、牌照类型、是否具有安全装置、防盗装置、是否有固定的停放场所、是否分期付款购车等。

以上要素可以为核保员进一步了解车辆风险提供依据，但上述要素并非投保人必须填写的要素，如果核保员能够从已有信息中得出核保判断，则不必要求投保人全部填写这些内容。

3. 信息真实

保证投保单信息真实是机动车辆保险实务操作中的重点，也是难点，即使是填写完整、规范的投保单，如果存在信息不真实的情况，则增加保险公司的经营风险是不可避免的。

造成信息不真实的原因有：

(1) 随着投保单要素的增多（条款费率改革后，各保险公司实际的投保单内容都较原统颁投保单内容多了许多），投保人正确填写投保单的难度加大，且大多数投保人对填写投保单的重要性认识不足。

(2) 投保人为了争取更多的优惠措施故意隐瞒真实情况而错填投保单。

保证信息真实要做到以下几点：

(1) 单、证一致。即投保单填写内容应与机动车辆行驶证所载内容一致，由于国家有关部门对机动车辆实行检验制度并在检验过程中大多要求车主必须投保机动车辆保险，大多数情况下，机动车辆保险单也是验车时需出示给检验部门的单证之一，因此，投保人故意错填投保单导致单、证不一致的情况并不多见。因此，为避免出现单、证不一的情况，业务部门应在投保人填写投保单时对投保人加以提醒及指导。

(2) 单、车一致。即投保单填写的保险车辆的有关信息应该与机动车辆本身的实际情况相一致。许多保险欺诈即是通过编造虚假信息进行投保的手段来进行的（如投保单上显示的机动车辆为车况良好的高档车，但实际上该车可能已接近报废，甚至车辆根本就不存在，一旦被保险人拿到保险单后，即寻机报案索赔），所以必须确保投保单内容与实际情况相一致。保证单、车一致的有效手段是现场验车，但由于机动车辆保险标的存在大量分散的特点，做到每车必验是不现实的，也没有必要。

(3) 单、单一致。即投保单与保险单内容应一致。从我国各保险公司设计的保险单证看（原监管部门设计的保险单也一样），投保单是惟一由投保人签字确认的书面材料，如果保险单内容与投保单内容不一致，被保险人极有可能对保险单内容不予认可，从而导致保险公司在理赔过程中处于不利地位。

确保投保单与保险单内容一致应该是相对简单的工作，只要在出具正式保险单后立即与投保单内容进行核对即可。

12.2.2 保险标的风险分析

1. 车辆风险分析

(1) 纯粹风险。

1）驾驶员状况对风险的影响。

驾驶员对风险的影响是显而易见的，但一直以来各家保险公司对驾驶员信息均未作过详细的统计，以至于目前我们仅能借鉴国外的一些经验来判断具体驾驶员的何种情况对风险能够产生影响，而至于每个因素能够对风险产生多大程度的影响及各个因素之间的相关性如何等，则有待于进一步的进行信息收集与统计。目前各家保险公司的投保单上均设定有从人信息的收集栏目，如果客户填写这些信息会得到一些费率优惠。从人信息的收集与统计将为核保部门提供更多的核保依据。

驾驶员性别：男性驾驶员驾车出险频率较低，但个案损失额度较大；女性驾驶员驾车出险频率较高，但发生大额损失事故的几率要小得多。

驾驶员年龄：由于身体协调能力、反映速度的下降，驾车风险随着驾驶员年龄的增加而呈上升趋势。对于年轻人来讲，好运动、好刺激的天性使得年轻人驾车的出险概率大大增加，风险相对也较高；比较起来，中年人驾车的风险要小一些。

驾驶员驾龄：驾龄长短意味着驾驶员驾车经验的多少，驾龄长则驾车熟练、经验丰富，风险较小；驾龄短则驾车经验不足，风险较大。应该注意的是，用于风险评估的驾龄应该是驾驶员的实际驾驶年龄。在我国，“本本族”的数量正在逐年增加，很多人拥有驾驶执照，但并不经常开车，从驾照反映出来的驾龄不足以说明驾驶员的实际驾驶经验。

驾驶员驾照类型：驾照类型规定了驾驶员的准驾车型，说明驾驶员拥有何种车辆类型的驾驶资格。

我国驾照类型及准驾车型为：

A 照：大型客车和 B 照准驾车型

B 照：大型货车和 C、M 照准驾车型

C 照：小型汽车（包括方向盘式三轮机动车）和 G 照准驾车型

D 照：方向把式三轮摩托车和 E、L 照准驾车型

E 照：二轮摩托车和 F 照准驾车型

F 照：轻便摩托车

G 照：大型拖拉机、四轮农用运输车和 H 照准驾车型

H 照：小型拖拉机

K 照：手扶拖拉机

L 照：三轮农用运输车

M 照：轮式自行专用机械

N 照：无轨电车

P 照：有轨电车

Q 照：电瓶车

驾驶员驾驶与驾照准驾车型不符的车辆类型会带来较大的安全隐患。

驾驶员职业：职业驾驶员的风险要小于非职业驾驶员。

驾驶员其他因素：从国外的统计资料看，驾驶员的婚姻状况、财务状况、驾驶员习惯（如是否饮酒）等均对风险有一定的影响。

2）车辆自身因素对风险的影响。

车辆类型：不同车辆类型其运载能力、行驶速度、车辆性能等不同，其风险也各不相同。

车辆用途：车辆使用用途是影响风险的最主要的因素之一。从我国目前的情况看，企事业单位公务用车的出险频率是最小的，专业从事运输的车辆的频率则是最高的。

车辆使用年限：车辆已使用年限长的，车辆总体性能下降，风险增加；新购置并上路的车辆因尚处于磨合期，其风险也较高；使用年限在 2～5 年之间的车辆，车辆性能稳定，风险最低。

产地：进口车由于价值较高、风险集中，个案损失额度往往比国产车要高得多。

安全装置：机动车辆本身如果加装了安全装置，则风险会明显降低。如车辆加装气囊后，车上人员的安全性会大大提高，车辆加装各种防盗装置后，车辆被盗抢的风险即会随之下降。

其他因素：影响车辆风险的自身因素还有很多，如排气量、车辆颜色等，均对风险有一定的影响。

3）地域因素对风险的影响。

驾驶员在非常熟悉的区域驾车或按照固定线路运行时的出险几率要比在陌生环境下的出险几率小。

影响标的风险的各种风险因素是相关的，从某个因素分析机动车辆风险较高，但如果考虑其他因素，则风险评估的结果就会有所不同。风险因素的相关程度一般要通过对大量数据的统计分析取得。

（2）道德风险。

下列情况下，多有发生道德风险的可能，核保员应慎重核保：

1）多次动员投保未果或脱保时间较长又突然主动上门要求投保，并且急于办理投保手续的。

2）有多次肇事或多次索赔记录的或有过刑事犯罪或交通犯罪记录的。

3）对坚决要求将保险的起保日期提前或接近于签单日期的。

4）有过未按期缴纳保费记录的。

5）投保人为无固定职业、无固定收入的个人客户，但投保信息显示车辆为高档车辆。

2. 车队风险分析

车队风险是相对于车队的承保价格而言的，在某种价格条件下属于高风险的业务，在另外的价格条件下则可成为优质业务，从而该车队风险也会从不保风险转化为可保风险。因此，对车队风险的评估应从车队承保价格与车队风险是否匹配入手加以分析。

（1）成本测算。车队的承保成本应为车队风险成本与费用成本之和。

1）风险成本：可以以历年平均赔款为依据通过相关的技术调整计算得到，基本方法为：

第一步：统计赔款。构成风险成本的赔款应为已决赔款与未决赔款之和。已决赔款比较容易取得，只要把公司历年支出的赔款相加即可；未决赔款需要根据未决赔案进行估计，估计方法有：①逐案估计，适用于未决赔案数量较少的情况；②用案均赔款进行估计，即未决赔款＝未决案件数×已决案均赔款，适用于未决案件较多的情况。

第二步：大额赔款损失分摊。发生大额赔款应属于较特殊情况，如果简单地把发生的大额赔款加到风险成本中，会高估风险成本。

第三步：进行风险附加。车队风险总是存在一定的不稳定性，谨慎起见，应对计算出的赔款增加一定比例的风险附加。风险附加的比例随车队规模的不同而不同，一般小车队的风险不确定性要大一些，相应的风险附加比例要高一些；大车队的风险相对稳定，可适当减少风险附加的比例。

2）费用成本：费用成本应为保险公司维持正常经营所需要的费用在具体业务上的分摊。

应注意计算费用成本时也应根据车队情况对费用进行调整：出险率高的车队，保险公司需要支出更多的人力、物力进行理赔工作，此时应对费用成本进行加成计算。

（2）风险分析。计算出车队的承保成本后，即可进行风险评估工作：对车队保费进行预算，如果预计总保费高于承保成本，即意味着承保该车队将是盈利的；如果预计总保费低于承保成本，则意味着该车队风险较高，承保该车队将是亏损的。

12.2.3 风险保障范围的确认

保险标的所面临的风险是多种多样的，但保险条款所能提供的风险保障则是有限的，因此，在进行风险评估时还应对标的、风险是否属于可保范围进行判断。

1. 标的是否可保

一般保险条款均对可承保的标的做出明确说明，如原监管部门统颁保险条款中即规定，“本保险合同中的机动车辆是指汽车、电车、电瓶车、摩托车、拖拉机、各种专业机械车、特种车”，也就是说，通常对不属于上述罗列范围内的车辆，即使是有动力装置的，也不可作为机动车辆保险的保险标的，如轨道列车即不属于可保标的。

条款费率改革后，条款由各保险公司自行设计，各公司基于自己市场定位的不同及市场竞争的需要，对保险条款的可保标的作了进一步的限制，体现了产品个性化的特点。如有的保险公司直接将可保标的条件列明于条款中，那么即使是风险再低的标的也成为了该条款的不保标的。

2. 风险是否可保

机动车辆保险属于监管部门严格监控的险种，保险条款一旦报经监管部门批准使用，就不可发生随意拓宽保险责任的情况。如果投保人要求保险人提供的风险保障是条款中明确不保的，则这一风险为不保风险。

12.2.4 承保条件的审阅

确认了投保标的的风险情况后，即应对承保条件进行审阅，判断其是否与标的风险相匹配。

1. 保险条款

通常基本险所承保的风险均为标的所面临的主要风险，是为被保险人提供的最基本的风险保障，如果标的经过风险评估是可以承保的，则基本险条款即是允许承保的。

对附加险（特约条款）的承保需要注意对逆向选择的防范，尤其是对一些高风险客户即应尽量避免为其承保高风险的附加险。

2. 保险金额及赔偿限额

车辆损失险保险金额的确定方法是相对比较固定的，即最高不会超过保险标的的新车购置价。

盗抢险的保额确定应以保险标的的实际价值为最高上限，以免客户因被盗抢而额外得利，同时也避免道德风险的发生。

对于责任险的赔偿限额应注意进行适当限制，尤其是对于一些大货车、大客车等，尽量减少巨额赔款的发生概率。

3. 特别约定

对特别约定的审核应注意几点：一是投保人是否通过增加特别约定的方式拓展了保险人的保险责任；二是特别约定的内容是否合法；三是特别约定是否语句通顺，没有歧义，否则出险后保险人与被保险人之间极易发生争议。

4. 免赔额（率）

通常对于出险率高的车辆不可加保不计免赔特约条款。

5. 费率

费率规章对保险车辆的费率适用、费率优惠的享受条件等均有详细的规定，核保员应通过对投保信息的审阅来判断保险车辆应适用的费率是多少、投保人是否应该得到费率优惠、优惠比例是多少等。

费率因素是核保应注意的最重要的因素，如果较多的业务未做到“按章计费”，则公司的经营风险是显而易见的。

12.2.5 过去损失记录

过去损失记录是指保险公司对被保险人历次事故进行的统计、存档，可以分别对损失发生及索赔进行记录。过去损失记录可以客观地反映被保险人风险情况，为核保员核保提供直接依据。

1. 记录内容

过去损失记录应记录的内容有：每年发生事故次数及索赔次数、每年得到赔偿的次数、每次索赔金额及累计索赔金额、每次赔款金额与累计赔款金额、事故原因等。

2. 记录方法

（1）对已投保客户的记录方法。对已成为保险公司客户的被保险人，保险公司应设定专门的监控软件，对被保险人的索赔情况进行跟踪监控，随时记录被保险人发生的与赔偿有关的各项要素。

（2）对未投保客户的记录方法。在国外，对于客户资源包括客户的事故资料等是可以通过购买的方式得到的，但我国目前尚没有为保险公司提供资料的此类机构，因此，我国各保险公司对于未投保客户的过去损失记录方法为由投保人主动申报。

这种方法完全依赖于客户的诚信程度，所收集到的信息非常有限，因为一般客户不愿意把自己以往的损失记录向保险人进行告知，以免投保时因此被增加保费，甚至很多被保险人一旦损失记录过多，往往会不再继续留在原保险公司，而是选择另一家保险公司投保，以避免出现被加费的情况。

3. 过去损失记录在核保工作中的应用——黑名单

黑名单是保险公司统计、记录到的高风险客户群。

黑名单的生成即是对过去损失记录的具体应用：保险公司将索赔次数多、索赔金额多的客户进行统计并提供给核保部门，核保部门在收到这些客户的投保申请时，即会根据具体情况进行提高费率、限制承保条件甚至是采取拒保的手段来控制风险。

12.2.6 保险单

投保单经核保员核保通过后，即可正式签发保险单。保险单是投保人与保险人之间订立的正式保险合同的书面凭证，是完整记载合同双方当事人权利和义务的载体，是被保险人在保险标的因保险事故发生损失时向保险人索赔的依据，因此，签发保险单应慎重而严谨。

保险单中明确载明了保险合同的有效期。保险起保时间如果早于签发保险单的时间，即是我们通常所说的“倒签单”。倒签单是保险公司所严格禁止的，以防止客户出险后再投保的情况发生。

12.3 机动车辆保险核保策略

12.3.1 明确目标

开展核保工作首先要明确工作目标：确保公司经营目标的实现。

公司在不同的时期往往有不同的发展战略目标，核保工作必须与公司的战略目标相配套：在公司拓展市场阶段，核保政策应相对宽松，以确保市场份额的增长，当然，即使是在这样的阶段，把握业务质量仍是核保工作的重点；在公司稳健经营阶段，核保政策应相对收紧，确保利润最大化。

12.3.2 把握原则

（1）客观性原则。无论是政策制定还是政策执行，必须把握客观性原则，过多的人为因素干扰会大大降低核保效果，甚至使核保工作失败。

（2）统一性原则。统一性原则主要针对政策执行而言。如果政策执行不统一，一是会让业务部门无所适从，造成销售困难；二是难以保证核保效果，核保政策失效，因为核保政策实际上并没有被有效执行。

（3）高效的原则。高效有序的核保工作将成为业务高效、持续发展的有利保证。

（4）准确性原则。准确制定政策、不折不扣地执行政策是核保工作的基本要求，政策制定不准确、政策执行不到位都会导致劣质业务的流入，从而影响公司的稳定经营。

12.3.3 制定政策

（1）数据支持。与执行政策相比较，制定核保政策应尽量避免利用人的经验判断，因为核保政策影响到的将是公司的所有业务，一旦经验判断失误，后果将非常严重。机动车辆保险的特性决定了其风险成本的可测性，所以，制定政策时，必须有可信的数据作支持。

（2）政策明确。核保政策是核保员的核保工具，因此，核保政策的制定应非常明确，并具有可操作性，避免核保员核保失误。

（3）政策有效。核保政策应能有效地提高业务质量，实现公司稳健经营。

政策是否有效可用业务同期对比及时时监控的方法进行检测。业务质量同期相比明显提高或通过监控程序测算出的已承保业务是盈利性业务时，则说明核保政策是有效的，反之，如果出现出险率、赔付率居高不下的情况，则说明核保政策是失效的。

（4）控制风险。虽然核保工作会随着公司经营目标的不同而不同，但控制风险、提升业务质量的核心任务不会改变。即使是在大力抢占市场的目标政策下需要放宽核保条件时，由其加大的经营风险也必须是在可控范围之内。

12.3.4 确保核保政策的落实

确保政策落实是核保工作非常重要的环节。即使核保政策再准确、有效，如果执行不利，则核保工作即流于形式，毫无成果。

核保政策的落实可以通过系统程序等强制执行，但业务部门与核保部门的密切配合才是最重要的，如果“上有政策，下有对策”，则核保政策的落实极有可能会成为一句空话。

关键词

机动车辆	保险	核保	风险成本	可测性
产品种类	非寿险精算	黑名单	基本险	附加险

特约条款	费率	定价	核保机制	运作方式
利润中心	集中核保	IT 技术	投保单	投保单要素
保险标的	风险分析	风险保障	承保条件	损失记录
核保策略	核保政策	经营目标		

思考题

1. 机动车辆保险的特性是什么？

2. 我国推行机动车辆保险市场改革后，机动车辆保险产品与费率较改革前有了哪些变化？这些变化给核保工作带来了什么样的影响？

3. 影响机动车辆风险的因素有哪些？

4. 如何评估车队风险？

5. 什么是黑名单？是如何产生的？其作用是什么？

第3篇

财产保险理赔实务

第13章

财产保险理赔基础

本章预习

有人说“理赔出品牌”在一定程度上体现了理赔工作在保险经营中的角色定位；主动、及时、合理、准确是保险理赔工作的基本方针。对理赔工作实施流程管理，通过开发、完善、运用各种技术资源平台与网络，不断提高理赔人员素质与技能，充分开发、运用信息系统及管理功能，突出客户服务品质，已成为保险公司加强基础管理工作、认真履行保险合同、增强盈利能力的重要手段。本章重点是在对保险合同中理赔相关要素进行简要阐释的基础上，对产险理赔基本规程进行简介。主要内容包括：

- 理赔依据：保险合同
- 保险责任与除外责任
- 保险期限与有效索赔期
- 保险金额与免赔额
- 被保险人义务
- 道德风险与保险诈骗

- 理赔操作基本规程
- 理赔管理措施

13.1 保险责任与除外责任

13.1.1 基本概念

保险责任与除外责任是保险合同的重要组成部分。

保险责任是指保险人，也就是保险公司承担的风险项目，它规定了保险人对被保险人承担的经济赔偿或保险金给付责任的范围。所以说，保险人履行经济赔偿或保险金给付的根据就是保险责任。保险责任主要有两种确定方式：一是列明式，只有那些具体规定的损失原因以及损失属于补偿范围；另一种是排除式，即除了那些具体排除的损失原因及损失外，其他损失都属于补偿范围。

除外责任是指保险单中规定保险人，也就是保险公司不负赔偿或不给付保险金责任的范围。从逻辑上讲，凡保险责任中未规定的都属于除外责任。除外责任大致可以分为三类：除外的损失原因、除外的损失和除外的财产。

除外责任之所以必要是出于以下原因：一是不可保的风险或保险人不愿意承保的风险的存在；二是增加损失可能性的特殊条件的存在；三是避免重复保险；四是减少道德风险。

13.1.2 理赔中应该注意的几个问题

（1）正确认定保险责任范围：一是确定损失标的是否为保险标的、是否为除外财产；二是确定损失近因是否在列明的保险责任条文中；三是确定损失原因是否在除外责任的有关条文中。

（2）准确理解保险责任、除外责任中有关条文/款项的内涵与外延，深刻领会保险合同意图。

（3）认真领会对合同条款争议的阐释原则。

13.2 保险期限与有效索赔期

13.2.1 基本概念

保险期限，是指保险合同的有效期限，是订立保险合同的双方当事人享受的权利和履行义务的起讫时间。在这一时间内发生的保险事故，保险人负有赔偿责任。保险期限是计算保险费的依据之一，也是保险人履行保险责任的期间，所以它是保险合同的主要内容之一。一般来说，保险费有三种计算方法，分别是按时间、按航程、按工期来计算。

有效索赔期的规定。《中华人民共和国保险法》第二十七条规定：人寿保险以外的其他保险的被保险人或者受益人，对保险人请求赔偿或者给付保险金的权利，自其知道保险事故发生之日起二年不行使而消灭。人寿保险的被保险人或者受益人对保险人请求给付保险金的权利，自其知道保险事故发生之日起五年不行使而消灭。

13.2.2 理赔中应该注意的几个问题

（1）产险业务的有效索赔期是指“自其知道保险事故发生之日起二年有效”，对于一般财产保险来说，事故的发生是比较显形的。但是，对于广大的责任保险来说，有效索赔期与保险期限的关系是没有太多关系的。一般来说，责任保险的承保基础包括“期内发生式”和“期内索赔式”两种方式。

期内发生式是指以损失发生的时间为基础，核定责任事故的有效期，对责任事故发生在保单有效期内的索赔，保险人予以赔偿，保单不考虑责任事故发现或提出索赔的时间。期内发生式广泛应用于各种有形的财产保险和人身保险中，雇主责任保险、一般的公众责任保险也采用期内发生式保单。作为索赔的一种方式，期内发生制的约定方式所导致的索赔可能是在保险期限终了 10 年、20 年或更长时间内仍然进行，因为事故的发生、判断与确认可能是一个漫长的过程。

期内索赔式是以索赔提出时间为基础，核定责任事故的有效期，保单规定责任事故必须发生在保险期限内，而且第一次提出索赔的时间也必须在保单有效期内。以这种方式承保的保单，对于在保单生效期前发生事故的损失可以要求承保，但要在保单中加上追溯期。

（2）保险期限与保险索赔提起时间之间并不存在必然的关系，这直接关系到保险经营的稳定性与持续性，在核保工作中必须注意防范与分析风险的滞后及累积问题。

（3）对于以非固定时段形式确定保险期限的标的，如工期、航程等，在理赔过程中应该认真掌握有关工期、航程的准确起讫日期、时间，防止误赔。

13.3 保险金额与免赔额

13.3.1 基本概念

保险金额是保险合同双方确定的最高赔偿金额或给付金额。保险金额有三种基本的确定方式：按照保险标的的价值确定，一般适用于财产险；按照保险标的有可能发生的损失范围确定，一般适用于责任险（称“赔偿限额”）；由被保险人主观提出而保险人同意的保险金额，如人身意外险和人寿保险的保险金额。

免赔额指事先由双方约定，被保险人自行承担部分损失的一定比例金额。损失额在免赔额之内，保险人不负责赔偿。免赔额可以用损失金额的百分比来表达，亦可用一个绝对金额来表达，或两者同时采用，以高者为准。免赔额主要有两种：一种是绝对免赔额，另一种是相对免赔额。

绝对免赔额指损失额超出免赔额时，保险人赔偿损失额与免赔额之间的差额。

相对免赔额指损失额超出免赔额时，保险人按实际损失额不做折扣地赔偿。

其他免赔额方式还有保险期内累计的免赔额、等待期（适用于利润损失险）等。

13.3.2 理赔中应该注意的几个问题

（1）审核保险金额的准确性、合理性，防止道德风险，对于超额投保或不足额投保的个案给予适当处理。

（2）认真领会保险合同中免赔额的内涵与计算基础，必须准确地从损失中扣除。

（3）保险金额是合同约定的对于损失的最高赔偿限额，但是施救费用并不在此限。另外，处理责任险的赔案时，必须留意法律费用是否包含在赔偿限额内。最后，损失的赔偿限额还受保险利益因素、实际损失情况和补偿原则的限制。

13.4 被保险人义务

13.4.1 基本概念

被保险人义务主要指在保险合同签署及合同履行过程中被保险人应该履行的

义务或保险工作事项。

13.4.2 被保险人主要义务

根据《中华人民共和国保险法》有关规定，被保险人义务主要包括：

(1) 投保人、被保险人或者受益人知道保险事故发生后，应当及时通知保险人。

(2) 投保人故意隐瞒事实，不履行如实告知义务的，或者因过失未履行如实告知义务，足以影响保险人决定是否同意承保或者提高保险费率的，保险人有权解除保险合同。

(3) 投保人故意不履行如实告知义务的，保险人对于保险合同解除前发生的保险事故，不承担赔偿或者给付保险金的责任，并不退还保险费。投保人因过失未履行如实告知义务，对保险事故的发生有严重影响的，保险人对于保险合同解除前发生的保险事故，不承担赔偿或者给付保险金的责任，但可以退还保险费。

(4) 保险合同成立后，投保人按照约定交付保险费，保险人按照约定的时间开始承担保险责任。

(5) 投保人、被保险人或者受益人应当向保险人提供其所能提供的与确认保险事故的性质、原因、损失程度等有关的证明和资料。

(6) 被保险人应当遵守国家有关消防、安全、生产操作、劳动保护等方面的规定，维护保险标的的安全。

(7) 保险标的转让应当通知保险人，经保险人同意继续承保后，依法变更合同。但是，货物运输保险合同和另有约定的合同除外。

(8) 在合同有效期内，保险标的的危险程度增加的，被保险人按照合同约定应当及时通知保险人，保险人有权要求增加保险费或者解除合同。

(9) 重复保险的投保人应当将重复保险的有关情况通知各保险人。

(10) 保险事故发生时，被保险人有责任尽力采取必要的措施，防止或者减少损失。

另外，在保险人向第三者行使代位请求赔偿权利时，被保险人应当向保险人提供必要的文件和其所知道的有关情况。被保险人的义务还应包括保单条款的规定、保单特别约定以及防灾减损整改报告的有关内容。

13.4.3 核赔工作中应该注意的几个问题

(1) 认真审查被保险人对其保险义务的履行与执行情况。

(2) 被保险人在保险合同履行过程中不履行或不承担“被保险人”义务的结果主要包括：1) 追加保险费或按期缴纳保险费；2) 事故损失的拒赔；3) 保险

合同的无效、解除；4）保险赔款的相应扣减、分摊。

13.5 道德风险与保险诈骗

13.5.1 基本概念

道德风险因素是指与人的品德有关的无形的因素，即是指由于个人不诚实、不正直或不轨企图，致使风险事故发生，以致引起社会财富损毁和人身伤亡的原因和条件。如有人对社会或他人心怀不满，故而蓄意进行破坏活动，比如，纵火、抢劫、欺诈，造成社会财产或他人财产及生命蒙受损失。

保险诈骗是道德风险的一种，是指以保险为手段进行财务诈骗的行为，如投保人（被保险人）蓄意对自己的财产进行破坏或消灭，诈骗保险金。

13.5.2 进一步加强保险诈骗的防范工作

保险诈骗正逐步成为社会犯罪领域中的一种新趋势。目前，我国保险诈骗主要集中在机动车辆保险和人身保险两个领域，其中在机动车辆保险领域表现尤为突出。

作为机动车辆保险业内人士，对于保险诈骗问题应当予以高度警惕，同时，应采取各种措施遏制保险诈骗现象，确保我国机动车辆保险的健康发展。从目前看，解决机动车辆保险经营中可能出现保险诈骗问题的对策主要有以下方面。

第一，应当从保险公司内部做起，要从根本上建立和健全保险公司内部的各种规章制度，包括公司的内控制度。这些规章制度应当充分考虑到对于保险诈骗的防范功能，把自己家的“篱笆”扎牢，提高抵御和识别保险诈骗犯罪的能力是解决问题的关键。

第二，应当注意加强对于核保和核赔工作的管理，尤其是应加强规范验标承保和现场查勘工作。同时，应强化代理人管理，防止出现承保和理赔上的漏洞。

第三，应逐步建立投保人的信用风险评估和审核制度，引入一些科学和先进的测评手段，加强对于道德风险的防范。

第四，在理赔过程中应注意加强与交通事故处理部门、车辆管理部门等部门的交流与合作，定期进行必要的事故核对工作。从目前机动车辆保险诈骗案件的类型来看，主要是以虚构保险利益和虚构保险事故的方式进行诈骗，而采用这种方式，必然要利用保险公司与交通事故处理部门和车辆管理部门之间的信息沟通障碍。

第五，应逐步建立和加强同业之间的信息共享制度，加强同业之间的交流和沟通，针对保险诈骗的现状，研究和制定对策。

第六，应加强与司法部门的合作，共同加大对于保险诈骗罪的打击力度。

第七，应当加大对于保险知识的普及和宣传工作，提高全民的保险意识，形成打击保险诈骗活动的良好社会环境。

第八，在加强对于保险诈骗的防范和打击过程中，特别应当注意运用法律手段，因为，只有法律才具有国家强制的约束力，具有对于犯罪的震慑力。

第九，要积极探索与完善保险调查人制度，强化保险调查的能力与手段。

目前，在我国的骗赔案件中，还有一类案件应引起人们的注意，即一些保险公司的内部人员利用职务上的便利，采用各种非法手段骗取公司的保险赔款。尽管这类案件同样具有诈骗的特征，但是，从性质上看，这类案件不属于保险诈骗，而属于虚假理赔。我国《刑法》第 183 条将此类犯罪确定为“虚假理赔罪”，并按照公司、企业或者其他单位人员侵占本单位财物行为定性。在对于此类案件的处理中，一些保险公司仍存在模糊认识，认为这属于公司内部管理的事情，故采用企业行为处理这类案件。应当指出的是，这种做法是极为错误的，姑息和纵容这类犯罪活动，无论对社会，还是对保险公司的管理和发展均会带来严重的不良后果。

13.6　理赔操作基本规程

理赔流程是产险公司保险经营的核心流程之一，流程环节的掌控与扎实的操作对于公司整体赔付情况的改善与盈利的提高是非常关键的。理赔操作的流程如图 13—1 所示。

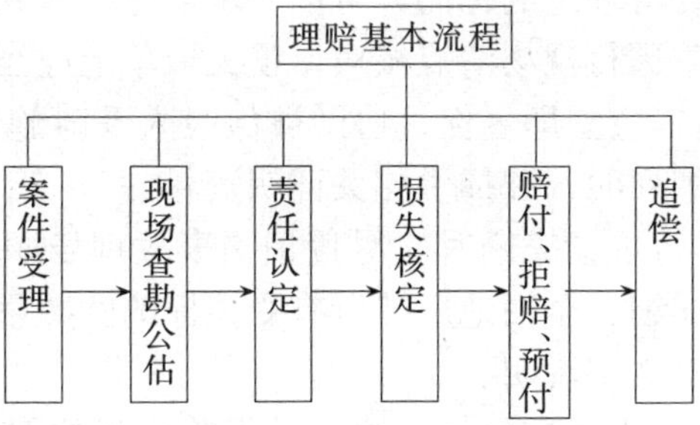

图 13—1　理赔基本规程

1. 案件受理

（1）报案受理。保险标的出险后，接到报案时应详细询问被保险人名称、保单号码、出险日期、出险地点、估计损失等并记录下来，同时要请被保险人尽快填报出险通知。

（2）查对单底。根据被保险人的出险通知，及时复印有关投保单、保险单、批单副本，以便在现场查勘前先了解承保情况，同时要与报案记录内容详细核对，以分清是否属于本保险项下责任。

（3）立案。接到出险通知后，无论是否属于保险责任，均应及时立案。

2. 现场查勘

（1）做好查勘准备。接到报案后，根据地点和案情立即派人进行现场查勘，查勘人员在赶赴现场之前，首先要了解保险标的的基本情况，然后根据灾害事故类别，携带必要的查勘工具如相机、皮尺等工具以及现场查勘记录本、保险单复印件。对于应该查勘哪些内容，需要被保险人提供哪些资料，出发之前应当先做个初步计划。

（2）查勘内容。主要包括以下方面：

1）事故的详细过程。

2）出险时间、地点，当时的自然条件、周围环境；必要时绘制现场草图。

3）出险原因，初步判别是否属于该保单的保险责任，保险事故是否由第三者造成。

4）及时查阅有关财务账册，与保险单对照，查对受损标的是否为保单下的标的物，并填写“查账笔录”，重要的账册应复印一份作为赔案证明材料。

5）现场清点。现场清点往往是确定损失金额的基础，是保险理赔中相当重要的一环。现场清点时要求与被保险人共同清点，清点后双方签字。清点时既要清点受损物资的数量，又要清点未受损物资的数量，以便确定不足额投保比例。对于有些被保险人已经清理过的标的，可以要求被保险人先提供保险标的损失清单，根据“损失清单”进行现场清点核对，损失清单上应当加盖被保险人公章。

6）施救。出险后，应立即督促、协助被保险人及时施救，减少保险财产损失。施救费用应分明细列明，并提供相关证明资料。

7）现场照片。进行现场查勘时应尽量拍摄事故现场照片，拍出事故现场全景，并尽可能准确、详细、全面地反映所有受损标的的数量、标记、类型、受损程度，并一一附上简要文字说明。

8）事故证明。核赔人员应督促、协助被保险人尽快提供有关部门出具的出险证明、事故证明及有关单证。

9）聘请专家或公估人。对于专业技术性强、损失原因或损失程度不易判定的案例，或损失额特别大的个案，应及时聘请有关权威部门、专家或公估人进行鉴定，尽可能取得具有权威性、有法律效力的证明材料。

10）填写现场查勘报告。现场查勘完毕后，应缮制现场查勘报告，写明事故的起因、经过、结果、所了解的情况、处理经过、损失情况、估损金额等等。

3. 保险责任审定

（1）是否属于保险条款责任。审定发生的损失是否由保单条款规定的保险责任事故所引起。对于已明确不属于保险责任的案件，须编制《拒赔案件通知书》，说明拒赔理由。

（2）是否属于保险财产。依据投保财产清单核对被保险人提供的财产损失清单来确定是否属于保险财产。凡不属于保险财产的应予以剔除。

（3）出险时间是否在保险有效期限内。

（4）被保险人是否尽到义务。保险法、保单条款等规定了被保险人的义务，如保单明确规定在被保险人未尽到义务时保险公司可以拒赔，则符合拒赔条件时应考虑拒赔。

（5）是否属于第三者责任而涉及追偿。财产发生保险责任范围内的损失，属于第三者责任造成的，应被保险人要求可先赔付，同时由被保险人填写权益转让书，将追偿权转让给保险人，并要求被保险人积极协助向第三者追偿。

4. 损失核定

（1）标的损失核定是否准确。

1）核对投保财产清单上各投保项目的保险金额，确定有无不足额投保或超值投保。

2）核对各受损标的属于哪些会计科目，是否属于固定资产和存货明细账上反映的保险财产。对于不属于投保财产的应予剔除。

3）查对被保险人账册，除查对资产负债表、总账外，还根据需要分别查对分类账、明细账、车间和仓库以及柜组台账、领料单、盘点清单、出入库单据等，准确掌握受损标的的实际价值。

4）与被保险人谈判，确定损失程度及损失金额，必要时应聘请专家协助定损。

（2）施救费用的审核。

1）施救费用必须是在保险事故发生后或已经发生时为抢救保险财产所支出的费用。判定施救费用是否合理，必须以发生保险事故为前提。如果是为了防止灾害事故的发生而采取预防措施所支出的费用，则属于防灾费用。

2）施救费用必须以“直接”、“必要”、“合理”为原则。

5. 赔款理算

（1）赔偿理算基础：

1）保险赔款以保险金额为限。

2）保险赔款以实际损失为限。

3）保险赔款以保险利益为限。

（2）赔款计算方式：

1）第一危险计算方式：这种赔偿方式的特点是，在保险金额限度内，赔偿金额等于实际损失金额。第一危险赔偿方式多用于家庭财产保险。

2）比例赔偿方式：比例赔偿方式是按保险金额和出险时保险标的的保险价值的比例来进行赔偿。对于财产基本险、财产综合险、机损险等险种，部分损失不足额投保计算公式为：

赔款＝(实际损失金额－残值)×(保险金额 / 标的保险价值)

3）限额赔偿方式：即设定赔款最高赔偿限额，超过约定限额则不予赔偿。限额赔偿方式多用于各类责任保险。

（3）赔款计算：

1）核查有无预付赔款或垫支、查勘、咨询等款项。

2）施救费用的计算。施救费用赔款以不超过保险金额为限。计算保险标的赔款需要比例分摊的，施救费用也采用相同的比例进行分摊。

3）缮制赔款计算书。

（4）赔付处理：

1）将赔款计算书正本交财务部门作为付款依据。

2）被保险人在赔款收据上盖章后，即可付款。

3）根据业务的不同性质和要求，在损案赔付后分别办理收回正本保单、通知承保部门注销保险单或出具更改保险金额的批单等手续。

6. 拒赔、通融赔付、预付赔款

（1）拒赔。拒赔是理赔结果之一，是保险人根据保险合同或保险法的有关条款对保险索赔提出拒绝赔偿的行为。投保人在出险后遭到拒赔，主要有如下几种原因：

1）未履行按期缴纳保险费的义务。

2）未履行如实告知义务，保险合同是一种诚信合同，在订立合同之前投保人应如实告知有关情况，否则，出险后保险人可以拒赔。

3）保险事故不属于保险责任范围之内。

4）保险事故属于除外责任的。

5）所签保险合同为无效合同。

6）缺少必要的索赔单证、材料。

7）超过了索赔时效。

8）投保人未履行保险合同规定的其他相关义务。

9）有证据显示投保人（被保险人）有诈骗行为。

（2）通融赔付。当意外事故的发生未能确定是保险责任，而被保险人因种种理由要求赔偿时，保险公司出于维护与重要客户的良好关系，扩大保险人的良好声誉的考虑，可能会进行通融赔付。通融赔付的金额通常是保险金额的一个小部分。

（3）预付赔款。预付赔款是指为了使遭受损失的被保险人尽快得到经济协助，保险人对事故损失较大、事故责任比较清楚而暂时不能结案的保险索赔案件预先支付部分（一般控制在估损金额的30%～50%左右）赔款的行为。我国《保险法》第二十六条规定：保险人自收到赔偿或者给付保险金的请求和有关证明、资料之日起六十日内，对其赔偿或者给付保险金的数额不能确定的，应当根据已有证明和资料可以确定的最低数额先予支付。

7. 追偿

追偿是指保险人在赔付被保险人的损失后取得追偿权，通过合法途径和有效措施向债务人或应承担损失的责任人追讨欠款的行为。我国《保险法》第四十五条规定：因第三者对保险标的的损害而造成保险事故的，保险人自向被保险人赔偿保险金之日起，在赔偿金额范围内代为行使被保险人对第三者请求赔偿的权利。追偿时，必须取得由被保险人填写的权益转让书，将追偿权转让给保险人。追偿方式有两种：一种是协商方式，另一种是法律诉讼。

13.7 理赔管理措施

理赔管理要以客户导向、高效流程为品质目标。理赔品质管理内容主要包括两个方面：一是理赔的定位，理赔是客户对保险经营者最关键的考验，理赔品质决定了公司品牌和客户的忠诚度；二是通过严格、及时的审案，降低由于疏忽导致的过多赔付或错赔，从而改善赔付率。保险理赔管理的主要措施包括以下方面：

（1）严格理赔程序，把好最后关口。保险理赔工作是保险关系中投保人与保险人利益的直接体现，是维系保险关系的重要条件，无论对投保人还是保险人来说都很敏感，因此，在处理赔案中除必须坚持公平、合理、准确、及时的原则外，还应做到：第一，实行交叉审核制度，严格单证审核；第二，对每一笔赔款实行投保人、代理人认定制度，在未证实投保人与代理人真实关系之前，不得以任何方式向代理人给付保险金；第三，重大保险金赔付实行集中查勘，集中定损、估损，集中会诊制度；第四，对参与管理工作的一线人员应严格纪律，明确责任，增强理赔人员的责任心，提高理赔人员的自律意识；第五，努力搞好调查取证工作，全面、及时、准确、系统地掌握标的出险的真实情况。

（2）加快保险公估机构的培育和发展。将目前由政府或行政部门承担的有关事项剥离出来，由公估机构专门行使标的出险检验、估损，杜绝人情定损、关系定损。如在机动车辆保险中，交警只负责事故责任的认定与裁决，由公估机构对损失情况进行查验，对于人身险的赔付，应由指定的专门医院或经保险公司认可的医院出具证明。保险公司应与协作医疗机构签订责任书，以约束医疗机构的行为，避免滥用职权，牟取私利，增加理赔风险。

（3）建立有效的权、责、利相结合的理赔制度，加强理赔工作的监督管理。保险业是高风险行业，强化员工的内防意识至关重要。保险公司应按照《公司法》的有关规定，逐步完善内控制度，明确核赔、理赔责任。对复核员、核赔员、会计、出纳应分开设置，避免混岗，强化各环节的责、权、利制衡要素，严格实行内控、理赔责任追究制度，有效建立起理赔风险管理新机制。

（4）政府应依法行政，依法管理。保险公司是根据《公司法》及国家有关规定，并经批准设立的专门经营保险业务的企业，具有相对独立的法人经营自主权。各级政府和国家有关部门应充分认识保险在本地经济、社会发展中的地位和作用，明白保险公司是纯商业机构，支持保险公司的合法经营及理赔决定，避免过多的干预。保监会应依法实施保险监管，维护保险人的合法权益。

（5）加强法制建设，加大执法检查和司法监督力度。当前，保险管理部门及国家有关职能部门，应对包括《保险法》在内的保险法律法规进行不断的完善，消除法律“真空地带”，使保险理赔的法率依据更为有力。执法检查和司法监督是保证司法公正性、权威性和严肃性的重要措施，也是保险公司防范和化解理赔风险的有力武器。

（6）提高理赔人员素质，增强实战能力。随着科学技术的发展，保险理赔风险因素的高技术化及隐蔽化趋势越来越强，理赔工作难度越来越大，对理赔人员素质要求也越来越高，这就需要保险理赔人员不断提高自身应付各种理赔风险的能力：一是具有应付各种突发事故的能力；二是具有从复杂的赔案中去伪存真，由表及里的分析问题的能力；三是具有明察秋毫的洞察能力；四是具有掌握识别各种欺、诈、骗手段及运用现代科学技术处理赔案的能力；五是具有强烈的责任心、专业感，运用法律武器准确、公平地进行理赔工作。

关键词

保险合同	保险条款	期内发生式	赔款理算
期内索赔式	保险价值	施救	追偿
预付赔款	公估	损失核定	责任审定
现场查勘	道德风险	保险诈骗	保险金额
免赔额	保险期限	有效索赔期	操作规程
保险责任	除外责任	第三者责任	理赔管理措施

思考题

1. 简述保险合同条款解释的原则和方法。

2. 简述核赔流程各环节的主要工作内容。

3. 简述保险合同的基本要素。

4. 简述保险理赔管理的主要措施。

5. 某宾馆投保火险附加盗窃险，在投保单上写明能做到全天有警卫值班，保险公司予以承保并以此作为减费的条件。后宾馆于某日被盗，经调查，该日值班警卫因正当理由离开岗位仅 10 分钟。请问：宾馆所作的保证是一种什么保证？保险公司是否能借此拒赔？为什么？

6. 某人将同一批财产向甲、乙两家保险公司投保，保额分别为 4.8 万元和 3.2 万元，后在保险期内因保险事故损失 4 万元。因为保单上约定采用赔款额比例责任制分摊，甲、乙两家公司应分别赔偿多少？

第14章

企业(个人)财产保险理赔实务

本章预习

企业是国民经济的基本单位，家庭是社会的基本细胞，居民作为消费者，与企业共同成为微观经济运行的主体，在市场经济运行中发挥着重要作用。随着社会经济的发展，企业和家庭财产日益增加。但自然灾害、意外事故的发生常常使企业和家庭防不胜防，难以抵御。寻求生存和发展的保障是企业和家庭的需要。而选择财产保险已成为企业和家庭转嫁和防范风险的重要手段。本章讲述的财产保险理赔实务以企业财产保险和家庭财产保险为主。主要内容包括：

- 财产险理赔概述
- 财产基本险与财产综合险
- 财产险与财产一切险
- 机器损坏险
- 家庭财产险
- 利损险与机损利损险

14.1 财产保险理赔概述

财产保险是以财产及其有关利益为保险标的的保险，主要补偿财产因自然灾害和意外事故造成的经济损失。广义的财产保险包括财产损失保险、责任保险、信用保险等以财产及其有关利益为保险标的的保险，具体可分为企业财产损失保险、家庭财产损失保险、建筑工程保险、安装工程保险、货物运输保险、机动车辆保险、船舶保险、航天保险、飞机保险、核电站保险、能源保险、种植业保险、养殖业保险、法定责任保险、一般责任保险、保证保险、信用保险等 17 类。狭义的财产保险仅以物质财产为保险标的。所谓物质财产是指具有实物形态的有形财产，如房屋、汽车、船舶，包括生长中的物质，如农作物、禽畜，但不包括有关的经济利益和损害赔偿。

保险公司在日常业务处理统计中一般又将财产保险按不同物质财产的特点划分为财产保险、工程保险、机动车辆保险、货物运输保险、农业保险，将航天保险、飞机保险、核电站保险、能源保险等划为特殊风险业务，单独作为一类。本章所指的财产保险仅为上述分类中的财产保险（以下简称财产险）。为了方便大家学习与理解，也将与财产有关联利益的利润损失险，机损利损险一并编入本章讲述。

14.1.1 财产险理赔工作的特点

财产险主要分为企业财产保险和家庭财产保险两大类。企业财产保险目前开办的主要险种有：财产基本险、财产综合险、财产险、财产一切险、机器损坏险、现金保险、电脑保险及其附加险。家庭财产保险目前开办的主要险种有：普通家财险、储金性家财险、安居综合险、安居理财综合险、个人住房保险、其他家庭财产保险及其附加险。

财产险理赔具有以下特点：

1. 保险标的的固定性

财产险主要承保企业和家庭的物质财产，这些财产一般均存放在营业和生产场所及住宅内，其流动范围一般也仅限于上述地址内，便于管理和风险控制，也便于理赔查勘以及对受损标的的辨认和确认。

2. 保险标的的多样性

财产险承保的标的有保额巨大的设备、装置，也有价格低廉的原材料、日用品，既有高新产品，也有初级产品，标的种类繁多，涉及知识面广泛。这就需要理赔人员具有一定的专业知识。

3. 保险标的的复杂性

财产险保险标的中不乏技术先进、工艺复杂的高新产品。一旦出险，损失鉴定的专业性、技术性极强，这就为理赔工作带来一定难度。

4. 保险标的的可查性

财产险承保的一般均为企业所有或与他人共有或代经营、代保管的财产。这些财产在企业财务账中有记录和反映。出险时大都有账可查、有据可依，这就为理赔中及时准确定损带来一定便利，但也需要理赔人员具有一定的财务会计知识。

综上所述，财产险由于承保对象的广泛性，承保标的的多样性、复杂性，而且又与企业生产和群众生活息息相关，因此，做好财产险理赔工作，使投保企业和群众在遭受自然灾害和意外事故时，能够得到快速理赔，及时恢复生产和生活，充分体现保险的补偿职能，具有重要意义。

同时，通过理赔工作，通过对大量赔案的处理和统计、分析、研究以及对典型案例的剖析，去发现和掌握事故的规律，发现和纠正承保中的偏差，从而加强风险控制和选择，做好防灾防损工作，也是保险企业规避业务经营风险，加强内部管理的需要。

14.1.2 财产险理赔原则和要求

财产险理赔工作的基本原则是重合同守信用，由于财产险涉及险种较多，出险原因千差万别，因此，只有熟悉条款，正确理解条款，严格按条款规定的赔偿原则处理，主动、迅速、准确、合理地处理好每一件赔案，才能取信于民，同时，保险合同也是保障保险当事人利益和约束保险当事人行为的法律依据。因此，理赔工作必须遵循和体现这一基本原则。

财产险理赔工作是一项政策性、专业性强的工作。要求理赔人员具有一定的保险理论知识和保险实践经验，熟悉条款和相关法律法规，掌握一定的财务会计知识。在理赔工作中要实事求是，深入实际，以客观事实为依据，以条款和相关法规政策为准绳，按条款规定的赔偿处理原则和理赔工作程序操作。对技术要求高，损失金额较大，有争议的标的损失，要及时聘请专业技术人员或公估人，运用科学技术手段进行客观、合理、科学的评估，以体现保险的客观公正性。

14.1.3 财产险理赔程序与核赔要则

财产险理赔即处理赔案，是指保险财产发生保险事故造成损失后，被保险人提出赔偿，保险人依据保险合同的规定对被保险人履行经济补偿义务的过程。财产险核赔即审核赔案，是通过对理赔过程中的定责、定损、理算等环节的审核和监控来确认保险责任认定、损失核定、赔偿方式、赔款计算是否准确和合理的过程。

财产险理赔处理主要通过案件受理、现场查勘、责任审定、损失核定、赔款计算等环节来完成的。财产险核赔也是通过对上述环节的审核和监控来完成的。具体操作程序及核赔审核控制要点如下：

1. 案件受理

案件受理主要通过以下环节来完成：

(1) 填写报案登记表。

(2) 督促被保险人填写出险通知书。

(3) 查抄核对保险单。

(4) 确定查勘人员。

(5) 超过审批权限的通知上级公司。

案件受理环节审核控制要点为：

(1) 投保险别。

(2) 受损标的是否属保险标的。

(3) 出险地点是否在保单载明地点。

(4) 出险原因是否属保险责任。

(5) 出险时间是否在保险期限内。

(6) 是否按合同约定缴纳保险费。

(7) 索赔人是否有权索赔。

2. 现场查勘

现场查勘主要通过以下环节来完成：

(1) 现场调查。现场查勘人员应了解企业业务范围、生产流程，了解事故原因及经过，必要时制作询问笔录，或让当事人、目击者书写出险经过，并签字确认。

(2) 拍摄事故照片。事故照片应能反映现场全景、受损财产的损失状态、起火点，并尽可能绘制现场草图，配以文字说明。

(3) 督促协同被保险人现场施救，或了解施救项目及费用。

(4) 估算核实受损财产。及时索取损失清单，按类别和受损程度与被保险人共同清点受损财产并确认清点结果。

（5）查阅会计账表。查阅资产负债表、总账、明细账、出入库单据、盘点表、记账凭证、发票、成本计算单等相关账册凭证。核实承保项目出险时账面金额，至受损标的出险日止全部存量、单价、金额。

（6）估算残值。

（7）估算损失。编制《受损标的损失核定表》、《施救费用核定表》，估算损失金额。

（8）缮制现场查勘报告，并提交核赔人员。

现场查勘环节审核控制要点：

（1）查明出险时间、地点、原因、施救及经过。

（2）确定保险财产的损失程度和数额。

（3）确认受损财产所属会计科目和明细账卡，是否属于保险财产，被保险人提供的标的损失数量、价格、成本计算是否与账簿相符。

（4）审核查勘报告是否包括以下内容：

1）承保情况：被保险人、保险项目、保额、保险期限等。

2）出险情况：时间、地点、原因、经过。

3）理赔人员情况：案件处理当事人姓名、职务。

4）被保险人情况：企业概况、安全生产情况。

5）第三者责任情况：可否追偿、追偿情况及进度。

6）损失情况：受损标的名称、数量、单价、损失程度、估损金额、残值、施救费用。

7）理算情况：查账情况、损失鉴定、损失核定、赔款计算。

3．责任审核

责任审核主要通过以下环节来完成：

（1）查明出险原因，核对事故证明文件。

（2）查明保险标的灾前状况，是否有缺陷，是否有自然损耗或本身就是残次品、过期品。

（3）分清是直接损失还是间接损失。

（4）查明有无第三者责任。

责任审核环节审核控制要点：

（1）是否属条款列明的保险责任范围。

（2）是否应该全部负责。

（3）是否剔除了间接损失。

(4) 属第三者责任的是否办理了追偿手续。

4. 损失核定

损失核定主要通过以下环节来完成：

(1) 将损失清单与保单核对，与财务账册报表核对。

(2) 固定资产受损：查明细账，分项摘录编号、原值、折旧、净值；建筑物还应索取工程决算表。

(3) 存货受损：汇总出险日存货项下各科目余额。原材料、产品要查明细账，分项摘录出险日账面数据（全部存量、单价、金额）；在产品要查“生产成本”科目余额及成本计算单。

(4) 在建工程：查“在建工程”科目账面余额、工程预算表。

(5) 逐项审核施救费用清单。

损失核定环节审核控制要点：

(1) 核定受损财产范围。确定承保数据是否与账表相符，是否足额投保。受损财产是否属于保险财产，是否已剔除未保财产。

(2) 核定受损财产的数量。

(3) 核定受损财产的价格。

受损财产价格是否根据账面价格确定或有账面依据，或按投保时约定价格确定。注意，呆滞品应按呆滞品价格；重置价值低于账面价值或保额的应按重置价。

(4) 核定施救费用是否必要、合理，应按比例分摊的是否分摊。

(5) 残值金额是否扣除，折归被保险人。

5. 赔款计算

赔款计算主要通过以下环节来完成：

(1) 列明计算公式，并检查是否准确。

(2) 扣除预付款项。

赔款计算环节审核控制要点：

(1) 赔偿方式是否适用。

(2) 赔偿计算是否准确。

14.1.4 核赔管理

核赔是通过理赔过程中的定责、定损、理算等环节的审核和监控来实现的。核赔管理是对上述过程中可能出现的偏差和风险，通过一定制度来控制和防范，以便“主动、迅速、准确、合理”地处理赔案，充分发挥保险的补偿职能。核赔管理的核心就是在保险企业内部建立一套完善的核赔制度，使核赔工作制度化、规范化。

核赔管理制度包含以下主要内容：

1. 核赔权限

核赔权限是核赔监督管理的必要手段。建立核赔权限制度，通过分级核赔，能有效地防范赔案处理过程中的风险和人为因素。核赔权限主要通过设定赔付金额和划分赔案性质以及根据核赔员的资质来确定。一是设定赔付金额，规定各级核赔员在各自权限范围内自行审核结案，超过权限的报上一级审批后方可结案。二是以赔案责任和性质来确定核赔权限，对属于责任范围内的赔案自行核定，对特殊风险和疑难通融赔案，不管赔付金额大小，都要报上一级核定。同时，结合核赔人员的资质来考虑和确定核赔权限。

2. 预付赔款

按照我国《保险法》第二十六条规定：保险人自收到赔偿或者赔付保险金的请求和有关证明、资料之日起六十日内，对其赔偿或者赔付保险金的数额不能确定的，应当根据已有证明和资料可以确定的最低数额先予支付。预付赔款一般适用于责任明确，结案周期较长，而被保险人急需资金恢复生产的赔案。

3. 特例处理案件

所谓特例是指特殊例子，即以个案处理而非常规处理方式进行处理的案件，主要是指疑难通融赔付案件和拒赔案件。例如，案情复杂或责任不够明确；保险双方有争议或容易引起诉讼，会产生一定影响；不符合责任范围，或被保险人未按保险合同规定完全尽到义务，但由于是多年合作的客户需要通融赔付。上述疑难通融案件处理原则：一是赔付后不会助长保户轻视防灾工作，不会造成不当得利；二是赔付后不会产生连锁反应，造成被动；三是赔付后将起到巩固和发展业务的作用。通融赔付应从严控制，应慎之又慎，应经过集体讨论和报上级审核。

拒赔是保险人对被保险人提出的索赔要求，由于不属责任范围，或被保险人违约，或已过索赔期限等赔案而予以拒绝赔付的行为。拒赔案件是一件严肃而又慎重的事情，应对案情反复调查、核实，要有充分理由和依据，应经过集体讨论和报上级审核。以免造成被动和带来不良影响。

4. 追偿管理

保险赔偿处理中涉及“因第三者对保险标的的损害而造成保险事故的，保险人自向被保险人赔偿保险金之日起，即取得代位追偿”。追偿工作是否及时、有效，直接关系到保险企业效益，也关系到保险赔偿的效果，同时还涉及对相关部门的防灾减损工作，因此，要运用法律手段，积极追偿。第三者责任追偿要建立登记制度，要落实追偿责任制，特别是大案要案要有专人承办，要注意实效性，要注意追偿效果。

5. 案件核赔人制度

案件核赔人制度是指由核赔中心对上报的每个案件确定一名核赔人，负责跟踪赔案处理及审核。有关赔案处理中的定责、定损和对被保险人的承诺，公估人的聘请等重大事项，均由核赔人签署意见。即案件核赔人通过理赔过程中对关键环节的监控和审核来完成核赔工作。通过案件核赔人制度可有效落实核赔责任制。

14.2 财产基本险与财产综合险

财产基本险与财产综合险的承保对象为领有工商企业营业执照、有健全的财务账册、实行经济核算的各类企业以及机关事业等单位。条款是中国人民银行于1996年制定下发的，并于1996年7月1日起实施。投保对象主要是国内中资企业，因此被称为国内财产险，有时为与涉外财产险相区别，也称为一般财产险。责任范围主要为列明的自然灾害和意外事故。财产综合险与财产基本险的区别是保障范围扩大了，在基本险基础上增加了保险责任，主要是列明的自然灾害的种类增加了。

14.2.1 赔偿处理

1. 赔偿基础

财产基本险与财产综合险的赔偿方式采用的是比例赔偿方式，即发生保险责任范围内的损失后，按保险金额与保险价值的比例赔付。采用这样的保险赔偿方式与两个险种的保险金额确定方式有关。财产基本险与财产综合险的保险金额确定方式灵活多样，固定资产的保额可按账面原值、账面原值加成，也可用当时的重置价值以及其他方式，如评估价、估价等方式确定；存货保额由投保人按最近12个月任意月份的账面余额确定，也可以由投保人自行确定。尽管以上保额确定的方式不同，但出险时标的的保险金额必须与保险价值相比较，按保险金额与保险价值的比例赔付。

2. 赔款计算

（1）全部损失。

1）保额等于或高于保险价值时，其赔偿金额以不超过保险价值为限。

例如：某企业投保生产设备 1 台，保额 1 000 000 元，在保险期限内发生爆炸，全部损毁，残值 100 000 元，出险时该设备重新购置价值 800 000 元，赔款计算如下：

赔款＝重置价值－残值＝800 000－100 000＝700 000（元）

2）保险金额低于保险价值时，以保险金额为限。

例如：某企业投保房屋一幢，保额 1 000 000 元，在保险期限内发生火灾，全部损毁，残值 100 000 元，出险时，类似房屋重新建造价为 1 200 000 元，赔款计算如下：

赔款＝保额－残值＝1 000 000－100 000＝900 000（元）

（2）部分损失。

1）保额等于或高于保险价值时，其赔偿金额按实际损失计算。

例如：某企业于 2003 年 1 月按账面余额投保存货，保额 2 000 000 元，保险期限一年。其中原材料于 2003 年 4 月在暴雨中受损，损失金额 1 000 000 元，残值 50 000 元，出险时存货账面余额 1 800 000 元，赔款计算如下：

赔款＝损失金额－残值＝1 000 000－50 000＝950 000（元）

2）保险金额低于保险价值时，按保险金额与保险价值的比例赔付。

例如：某企业按账面原值投保设备一台，保额 5 000 000 元，在保险期限内发生洪水被浸泡，发生修复费用 1 000 000 元，出险时该设备重新购置价 5 500 000元，赔款计算如下：

赔款＝损失金额×(保险金额/重置价值)

＝1 000 000×(5 000 000/5 500 000)＝910 000（元）

14.2.2 索赔单证

索赔单证是指保险事故发生后，依照保险合同请求保险人赔偿时，被保险人应向保险人提供所能提供的与确认保险事故的性质、原因、损失程度等有关的证明和资料。也是理赔人员需向被保险人收集的单证。

财产基本险与财产综合险主要索赔单证如下：

1. 出险通知书

出险通知书由被保险人详细填写出险时间、地点、原因、经过以及损失情况和施救情况。

2. 损失清单

详细列明受损财产名称、属何会计科目、数量、单价、损失率、金额、残值。

3. 有关保险财产的财务资料

它包括：

（1）出险时总账科目汇总表。

（2）出险时、投保时资产负债表。

（3）受损资产的明细账页复印件。

（4）受损固定资产购入原始发票。

（5）受损建筑物（含在建工程）的工程预（决）算。

（6）涉及大宗原材料、产成品损失时，需提供最近供销合同。

4. 有关费用单证及相关资料

它包括修理费用、机器设备重新购置费用、建筑物修复预（决）算等。

5. 有关事故证明文件

它包括：自然灾害应有气象部门的气象证明；火灾应有消防部门的事故原因认定书，事故责任认定书；盗抢应有公安部门证明；爆炸应有技术部门鉴定。

14.2.3 理赔注意事项

除按财产险核赔要则对各理赔环节、索赔单证进行监控和审核外，根据国内财产险特点，还应注意以下几点。

1. 火灾责任认定要慎重

对于火灾责任认定要根据条款并结合现场查勘情况作深入分析，不要轻下结论。自然灾害由于有气象证明，责任比较清晰，但火灾、爆炸等意外事故发生原因错综复杂。如火灾发生原因包括：意外失火、他人纵火（被保险人及其代表故意行为或纵容所致，属责任免除），还有“城门失火，殃及池鱼”，因为邻旁火灾波及的保险财产损失以及因救火所致保险财产的损失等均属保险责任范围。因此，要深入分析、由表及里、去伪存真。

2. 注意不同承保项目保额确定方式

保额确定方式不同，其赔偿计算亦不同，尤其对估价投保的财产，出险时如被保险人能够提供账面依据或原始凭证，可作为参考，没有则应按照出险时实际价值赔偿。

3. 注意剔除未保财产

如核定损失时，实物数量大于账面数量的应注意区分不同情况，是被保险人货到未入账、未付款的财产，还是代销的、代加工的，还是已经售出但未远离企业的货物，需查明是否是承保标的，要注意剔除未承保财产。

4. 注意审核“三供”设备的产权

对“三停”原因造成损失的事故，要弄清“三供”设备产权。基本险和综合险均将被保险人拥有财产所有权之自用的供电、供水、供气设备因保险事故遭受损坏引起“三停”造成保险标的的直接损失列为保险责任，但“三停”所致保险标的损失，必须同时具备三个条件，缺一不可，其中“三供”设备所有权是区分“赔”与“不赔”的分界线。例如：雷击将供电所配电房线路击穿，引起停电，致使被保险人食品企业的冷库停电，使储存在冷库中的食品变质、腐烂，被保险人提出索赔，理由是雷击为保险责任，发生保险责任造成保险标的受损，但保险人予以拒赔，理由是雷击属保险责任，仓储物也属保险标的，但关键是供电设备所有权不属被保险人。因此，核赔中对“三停”原因造成损失的事故，要注意审核“三供”设备产权。

5. 增值税的赔偿

财产基本险与财产综合险承保的项目一般有固定资产、存货、在建工程。固定资产购入时，由于买价中的增值税部分不能抵扣，因此，其买价包括价款和税款。固定资产全损，赔偿时也应该包括价款和税款；固定资产在建工程也是如此；存货由于购入时实行价税分离，增值税部分作为进项税额可用销项税额抵扣，因此，存货是不含增值税的，如产成品、在成品、原材料均不含增值税。经营用固定资产修理费中的增值税额可作为进项税额抵扣的，赔偿计算时也可剔除。另外，企业收购免税农产品，如玉米、小麦可按收购价的13%作为进项税额在销项税额中抵扣，赔偿计算时也应剔除。

6. 低值易耗品的赔偿

被保险人投保了“存货”科目，存货项下设有“低值易耗品”科目的，低值易耗品损失应予以赔偿，但应注意，企业一般按“五五摊销法”核算，因此，赔偿也按50%计算，如企业未设“低值易耗品”科目，又未投保账外资产，则低值易耗品属未保财产，应予剔除。

14.3 财产险与财产一切险

财产险与财产一切险的承保对象为中外合资、合作或外商独资企业等涉外机构，但实际上，随着改革开放的深入、中国加入世贸组织，以及保险经纪人的出现，承保对象也发生了变化，由于涉外财产险条款较国内财产险条款保障范围更广泛，因此，不少中资企业也选择投保财产险与财产一切险。

财产险与财产一切险的主要区别是：财产险承保保单列明的是自然灾害和意外事故造成的保险标的的损失，而对于人为因素造成的损失，如盗窃、疏忽、恶意行为等事故属除外责任；财产一切险是承保除保单列明的除外责任以外的任何自然灾害或突然的、不可预料的事故造成的保险标的的损失。财产一切险的保障范围非常大，俗话说："除了不赔的，一切都可赔"。但也不尽然，除外责任共有十六条；它是一种约束，也是条款的核心，另外，意外事故的定义也是框定在"不可预料即突然发生的，不可控制的事故并造成保险标的损失"等三个条件中。

财产险与财产综合险相比，在责任范围方面，自然灾害部分差异不大，部分自然灾害种类与财产综合险有所不同。另外，增加了水箱水管爆裂责任。

由于财产险，尤其财产一切险保障范围大，因此，承保时一般都根据风险频率、保额大小、费率高低，主要是根据风险程度规定免赔额。这也是不同于国内财产险之处。

14.3.1 赔偿处理

1. 赔偿基础

财产险与财产一切险赔偿方式是按保险财产损失当时的市价进行赔偿，损失当时的市价即损失当时的实际价值。财产新旧程度不同而其实际价值亦不同，市价含义应是已扣除折旧因素的（一般情况下可理解为重置价值减去折旧）价格。

2. 赔款计算

（1）全部损失：

1）市价低于保险金额时，赔偿按市价计算。

例如：某企业投保财产一切险，其中，发电机一组保额 10 000 000 元，在保险期限内发生火灾全损，出险时设备实际价值（已扣除折旧）8 000 000 元，残值 800 000 元，赔款计算为：

赔款＝市价－残值＝8 000 000－800 000＝7 200 000（元）

2）市价高于保险金额时，赔偿按保险金额计算。

例如：某企业投保财产一切险，其中，生产厂房保额 1 000 000 元，在保险期限内，发生意外爆炸全损，残值 100 000 元，出险时生产厂房实际价值（市价）为 1 200 000 元，赔款计算为：

赔款＝保额－残值＝1 000 000－100 000＝900 000（元）

（2）部分损失：

部分损失条款规定了三种赔偿手段：

1）按受损财产的价值赔偿。

2）赔付受损财产基本恢复原状的修理修复费用。

3）修理恢复受损财产使之达到与同类财产基本一致的状况。

也就是说，发生部分损失，保险公司可在按贬值率（损失程度）支付现金或赔付基本恢复原状的修理费用，或修理恢复受损财产使之达到与同类财产基本一致的状况，即不好于也不差于受损财产出险时的状况等三种赔偿手段中选择。

例如：某企业投保了财产险，其中：办公家具因水管爆裂受浸泡，出险时市价 1 000 000 元。贬值率，即损失程度为 10%，修复费用为 100 000 元。保险公司选择赔付修理费用，则赔款计算为：

赔款＝修复费用＝100 000（元）

实际操作上大都采用赔付受损财产基本恢复原状的修理费用的方式。

14.3.2　索赔单证

财产险与财产一切险的索赔单证与财产基本险与财产综合险基本相同（请参见 14.2 节）。

14.3.3　理赔注意事项

财产险与财产一切险除按核赔要则对各理赔环节、索赔单证进行监控和审核外，根据财产险与财产一切险的特点，还应注意以下几点。

1. 市价及其赔偿处理

财产险与财产一切险赔偿原则是“受损财产按损失当时的市价计算”，市价含义即损失当时的实际价值，是已扣除折旧因素的，日常操作中也往往采用扣除折旧的方式来计算房屋建筑、装置家具、机器设备等实际价值。

例如：某企业投保了财产一切险。其中，定型机一台保额 100 000 元，在保险期限内发生火灾全损，该设备原值 100 000 元，出险时设备净值 70 000 元，赔款计算为：

赔款＝市价＝70 000（元）

需要说明的是，由于固定资产在企业经营过程中长期使用，给企业带来长期经济利益，具有长期服务潜力，其损耗是通过折旧方式逐渐计入产品成本和费用中去的。但折旧过程与资产市场价值评估过程又不尽相同，因为资产市场价值的决定与资产服务潜力的消逝程度并不存在紧密联系，按照现行会计制度，企业的折旧方式一旦确定，往往不能改变，企业也不会因为资产市场价值的升降来调整资产价值，因此二者是有一定差距的。但固定资产由于损耗转移到产品成本和费用中去的价值很难用技术方法正确测定，会计核算采用折旧方法，所以我们在赔偿处理中一般也依据会计核算方法来处理。处理时可能会遇到困难，需向被保险人做好解释工作。

2. 注意区别贬值率、折旧率

贬值率是指保险财产因受损而导致的价值差异，即损失程度，如棉花因暴雨受损降等处理，原价 10 000 元/吨，降等后 8 000 元/吨，贬值率为 20%。

折旧是指固定资产在使用过程中发生损耗而转移到产品成本和费用中去的价值；折旧率是指固定资产折旧额与固定资产原值的比率，它反映的是固定资产损耗程度。

3. 注意对“成对成套条款”的运用

成对成套条款是涉外财产险的一个特色，条款明确规定任何属于成对成套的设备项目，若发生损失，保险公司的赔偿责任不超过该受损项目在所属整对或整套设备项目的保险金额中所占的比例。例如：某水泥厂平衡齿轮因意外事故损坏，该企业投保财产一切险，保额 30 万元，该平衡齿轮由两个齿轮组成，被保险人要求按全损赔付，理由是平衡齿轮中任何一个损坏，整台设备均需重置，保险人根据成对成套条款按该齿轮在平衡齿轮中所占比例赔付。

4. 是否足额投保要细审

涉外财产险与国内财产险相比，除保障范围大外，在承保项目的表达方式上也有差异。国内财产险按资产负债表列明的会计科目承保，如固定资产、存货、在建工程；涉外财产险是按资产形态和存放方式来划分承保项目，如房屋建筑、装置家具、机器设备、仓储物等。出险时往往需从不同的会计科目中汇总计算资产账面余额，例如：某企业将机器设备投保财产一切险，保额 1 000 万元。经审核，“固定资产”科目项下一机器设备为 800 万元，“在建工程”科目项下一机器设备为 400 万元，从上述两个科目分别汇总，机器设备账面金额为 1 200 万元，大于保额 1 000 万元，为不足额投保。但机器设备理赔时仍需分项。

财产险与财产一切险其他核赔注意事项可参照财产基本险与财产综合险。

14.4 机器损坏险

机器损坏险（简称“机损险”）主要承保保单列明的除外责任以外的由于机械和人为原因引起的突然的不可预料的意外事故造成的损失，不包括自然灾害。

机损险是从普通财产险中分离出来并加以扩展的一个险种，它与国内财产险、涉外财产险的主要区别：一是责任范围仅限于机械和人为因素即意外事故造成的损失，不包括自然灾害，机损险与普通财产险的保障范围是相互排斥又互为补充的。二是以重置价值作为保额和赔偿计算的依据。

14.4.1 赔偿处理

1. 赔偿基础

机损险的赔偿方式采用重置价值及比例赔偿方式，不论新旧设备均应以重置价值作为机器损坏险的保额，因此，机损险的赔偿基础是重置价值。被保险人应以重置价值投保，但实际重置价值高于保额时采用比例赔付方式。

2. 赔款计算

机损险在赔偿处理中有三种赔偿手段，可供保险公司选择：(1) 支付赔款，即由被保险人自行修复和重置；(2) 修复，即赔付修复费用；(3) 重置受损设备，即以物重置，用以物换物的方式赔偿。这也是机损险特有的赔偿手段，对处理有争议的机损险赔案较为有利。

(1) 全部损失。

1) 实际重置价值等于或低于投保时重置价值，以被保险人机器设备损失前的实际价值扣减残值。

例如：某企业投保了机损险，其中，某设备保额 4 000 元，在保险期限内，因离心力造成断裂，无法修复，残值 400 元，实际重置价值 4 000 元，赔款计算如下：

赔款＝损失金额－残值＝4 000－400＝3 600（元）

2) 实际重置价值高于投保时重置价值，高于部分视为被保险人自保，按比例赔付。

例如：上述设备若实际重置价值 5 000 元，则赔款计算如下：

赔款＝(损失金额－残值)×保额/实际重置价值

＝(5 000－400)×4 000/5 000＝3 680(元)

(2) 部分损失。

以被保险机器设备修复至基本恢复受损前状态的修复费用扣除残值金额。

例如：某企业投保了机损险，其中，车床一台保额 80 000 元，因工人操作失误造成部分损失，修复费用 10 000 元，残值 500 元，赔款计算如下：

赔款＝损失金额－残值＝10 000－500＝9 500（元）

14.4.2 索赔单证

机损险主要索赔单证如下：

(1) 出险通知书。由被保险人详细填写出险时间、地点、原因、经过以及损失情况和施救情况。

(2) 损失清单。详细列明受损财产名称、属何会计科目、数量、单价、损失率、金额、残值。

（3）有关保险财产的财务情况。出险及投保时资产负债表，受损设备的明细账页复印件，受损设备购入时的原始发票、重置发票及其他费用发票。

（4）相关技术资料。技术手册、设备运行记录、维修记录等。

（5）事故报告。应详细报告事故发生时间、经过、设备运行状况、后果、可能的事故原因。

（6）有关事故证明。据以确定事故发生原因、损失程度的技术鉴定报告。

（7）相关合同。主要有维修合同、购货合同等。

14.4.3 理赔注意事项

1. 重置价值的确定

机损险的保额应为重置价值，重置价值为重新置换同一厂牌或相类似的型号、规格、性能的新机器设备的价格，包括出厂价格、运保费、税款、支付关税以及安装费等。赔偿时应以上述组成项目来核定，注意剔除未保项目。

2. 对事故修理费与技术改造和革新费用以及设备正常维修费用的区分

保险事故修理费指对被保险机器设备修复至基本恢复受损前状态的费用，一般包括：材料、修理工时费及其他合理费用，如外送修理还包括拆卸费、包装费、运输费以及经保险人同意的加班费、夜班费以及快邮运费。技术改造和革新费用指为了改善和提升设备性能而进行的技术改进和革新费用，此费用与恢复受损前状态的修复费用是不同的，对于这部分费用应予剔除。例如：某企业运煤翻车机因设计缺陷造成裂缝需修复，在修理过程中被保险人为了改善设备性能，使用了新型钢材，不仅钢材厚度增加，价格也比原来高，保险人在赔款计算时剔除了因钢材厚度增加的重量及材料价差，因为条款明确规定对被保险设备在修复或重置过程中发生的任何变更、性能增加或改进所产生的额外费用，保险人不负责赔偿。设备正常维修费用是指为使设备经常处于良好状态，确保正常运转，需要定期进行检查和维修所产生的费用。正常维修和保养是不属保险责任范围的，也是被保险人的义务。在赔偿处理时要正确区分是事故维修还是正常维修，以免扩大损失范围。

3. “类似缺陷”造成损失的处理

条款规定：“若某一保险财产中发现的缺陷表明或预示类似缺陷亦存在于其他财产保险中时，被保险人应立即自负费用进行调查并纠正该缺陷，否则，由类似缺陷造成的一切损失应由被保险人自行承担。”在赔偿处理中注意运用这一条款来维护保险人权益。

如某企业投保了机损险，一台机器表面出现裂缝，经鉴定系因原材料缺陷造成，属于责任范围，经修复恢复至原状，修复费用 100 000 元，但过了一段时间，被保险人又报案称另两台同类型机器也出现裂缝，要求赔偿，保险人根据条款规定予以拒赔。赔偿处理中要注意发挥这一条款的作用。

4. 修理费用的核定

机损险赔偿中修理费占比较大，而且修理费是不扣折旧的，因此，要重视对修理费中的零配件价格、工时费用的核定。若被保险人有零配件的备品备件，按备品备件的账面价格核定，还应注意查阅原购货合同是否附有备件价格清单或有购买备件方面的约定。如有，一般通过原生产厂家购买比较合适，价格相对稳定和优惠。另外，通过市场询价，货比三家，并结合整台机器的市场价格变动趋势来确定零配件价格合理与否。对于工时费，自行修理应按修理工时和企业日平均工资核定，外修可按市场平均工时价格来确定。

5. 注意区分机器设备运行的必然后果与意外事故

自然磨损、氧化、腐蚀、锈蚀、孔蚀、锅垢等是机器设备运行必然引起的后果，这种变化是一种物理性变化（是事物内在规律和道理）或化学反应，应该是一个“渐变”过程，与突然的、不可预料的意外事故造成的物质损坏和灭失是不同的，要注意区分。

6. 注意剔除易损易耗品

易损易耗品是机器运转过程中使用寿命短、需经常更换、容易损坏的物品。企业会计核算中一般将其放在“备品备件”或“低值易耗品”科目中核算。易损易耗品的更换、损坏属保单除外责任，应注意剔除。

14.5 家庭财产保险

家庭财产保险（简称家财险），它是以我国城乡居民的财产为保险对象的一种保险。目前主要开办的有普通家财险、安居综合保险、个人住房保险、贷款抵押商品住房保险及储金性家财险等。传统家财险责任范围为自然灾害和意外事故，且在保险单列明的地址内。近年开办的一些家财险险种，如安居综合保险、贷款抵押商品住房保险等已将责任范围扩展到第三者责任、还贷保证等。家财险业务特点是具有分散性，涉及千家万户，因此，理赔工作的时效性、政策性尤其重要。

14.5.1 赔偿处理

1. 赔偿基础

家财险赔偿采用“第一危险”赔偿方式，即发生保险事故，在保险金额内，按实际损失赔付，不采取比例赔偿方式。家财险赔偿的基本原则是“新赔新，旧赔旧”。

2. 赔款计算

出险时根据物品的损失情况、新旧程度确定实际损失，在保额内损失多少赔多少。

例如：某居民投保普通家财险，保额10 000元，在保险期限内，发生火灾家具烧毁，原价8 000元，已使用3年，经协商，家具折旧每年10%，赔款计算为：

赔款＝实际损失＝8 000×(1－30%)＝5 600(元)

14.5.2 索赔单证

家财险主要索赔单证有以下几方面：

1. 出险通知书

由被保险人详细填写出险时间、地点、原因、经过以及损失情况和施救情况。

2. 损失清单

详细列明受损财产名称、数量、单价、损失率、金额、残值、购买或建造年份。

3. 有关费用单证及相关资料

如：购入物品的原始发票、修理费用、建筑物修复预（决）算表。

4. 有关事故证明文件

如：自然灾害应有气象部门的气象证明；火灾应有消防部门的事故原因认定书、事故责任认定书；盗抢应有公安部门证明；爆炸应有技术部门鉴定书。

14.5.3 理赔注意事项

1. 实际价值的确定

家庭财产理赔工作的难点是实际价值的确定。它不像企业财产险那样有账可查，保额又是被保险人自行估算及根据投保能力确定的，而且，使用年限也不像企业固定资产那样有标准，所以实际价值很难确定。主要还是以出险时的实际价值，即以购买类似物品的价格为标准，“新赔新，旧赔旧”。通过市场询价及根据实物判断新旧程度，如家具，可根据款式来推算新旧程度，电器可根据功能、样式来推算新旧程度，同时，根据目前市场上购买类似家具、电器的价格来确定实际价值。

2. 注意分项投保分项理赔

家财险一般分项投保，分项确定保额。普通家财险一般分房屋及其附属设备、其他家庭财产（家具、家用电器、床上用品、服装等）来分项确定保额。理赔时应根据保单确定的项目和保额分项理赔，分别确定实际损失。

14.6 利损险与机损利损险

利损险又称“营业中断险”，主要保障企业在遭受物质财产损失时，由于重置或修复受损财产而造成“营业中断”带来的利润损失。如：一家纺织厂拥有的可带来预期利润的厂房、机器设备在火灾中损毁，由于厂房修复、机器设备购置和安装需要一段时间，致使企业在这段时间生产停止，造成业务中断或减少，由此带来预期利润的丧失和减少，这种利润损失通过投保利损险可获得补偿。火灾中损失的厂房、机器设备等物质损失通过财产险获得补偿，而利润损失则通过投保利损险获得补偿。

机损利损险与利损险的保障范围与除外责任是一致的，惟一的区别是利损险是以财产保险的责任范围为基础，而机损利损险是以机损险的责任范围为基础。

利损险与机损利损险承保的特点是：以拥有财产险保单为前提和基础，因为，如果在发生物资损失时没有财产保险来补偿，“营业中断”的时间将会延长和难以确定。假如上例中，纺织厂若没有投保财产险，修复和重置资金将很难筹措，被保险人对企业营业中断的时间负责将会延长。因此，被保险人是否拥有财产险、机损险保单是利损险承保的必要条件。

14.6.1 赔偿处理

1. 赔偿基础

（1）以财产保险的责任范围为基础。

（2）以物质损失为基础，并以物质损失得到补偿为基础。

（3）以物质损失导致实际利润损失为基础。

利损险的索赔必须同时具备以上几个条件。首先，发生的事故属于保险事故，属于财产险保单赔偿范围；其次，在营业地址内，被保险人用于生产经营的物质遭受损失，而且物质损失得到保险人赔偿；再次，利润损失是由于物质损失造成的，而且必须是存在的。“SARS”期间，一家电器公司由于受“SARS”影响，导致人员隔离、停产，引起营业中断，致使利润损失，被保险人要求在利损险保单项下得到赔偿，保险人予以拒赔。拒赔理由是：(1) 利损险是以财产保险的责任范围为基础，财产险项下的保险责任不包括 SARS 或其他传染病，利损险也不包括；(2) 虽然由于“SARS”影响，导致人员隔离、停产，但并未造成财产损失，财产险不予赔偿，利损险也不予赔偿；(3) 不存在由于财产损失导致的利润损失。

2. 理算基础

利损险理算以被保险人会计核算资料为基础。理算师通常需有财务背景或具有扎实的财务会计知识。利损险赔偿是企业的毛利润损失，而不是净利润损失。利损险是赔偿由于营业额减少，营业费用增加所致毛利润损失，因此，有必要对毛利润组成及其相关账户进行了解和掌握。利润是指企业在一定会计期间的经营成果，包括营业利润、利润总额和净利润；利润总额是指营业利润加上投资收益、补贴收入、营业外收入，减去营业外支出的金额；净利润是指利润总额减去所得税后的金额，即税后利润；毛利润是营业额中只减去生产成本，而没有减去其他费用时的利润。

在保险当中，通常有两种计算毛利润的方法：“加法”和“减法”。加法是指纯利润加上可保险的各种维持费用；减法是指营业额加年终库存成品和在制品(半成品)，减去上年库存成品和在制品（半成品)，再减去不可保的生产成本和费用。通常运用“减法”来计算毛利润，该办法关键是要掌握不可保的生产成本和费用有哪些具体项目。

成本是指企业为生产产品，提供劳务而发生的各种耗费；费用是指企业为销售商品提供各类日常活动发生的经济利益的流出。生产成本包括直接费用和间接费用。直接费用包括：直接材料，指生产过程中实际消耗的原材料、辅助材料、备品备件、外购半成品、燃料动力以及其他直接费用；直接人工，指直接从事产品生产的人员工资、奖金、津贴补贴等。间接费用即制造费用，是指为组织车间生产所发生的费用，包括车间管理人员的工资及福利费，生产用房屋建筑、机器设备折旧费、修理费，以及车间机物料消耗、低值易耗品、其他用于车间和产品的耗费。按现行会计制度，直接费用和间接费用构成产品成本。

涉及毛利润核算的会计科目主要有主营业务收入和主营业务成本。主营业务收入核算企业在销售商品（产品)、提供劳务及让渡资产使用权等日常活动中所产生的收入；主营业务成本核算企业因销售商品、提供劳务或让渡资产使用权等日常活动中所发生的实际成本。上述生产成本费用除保单明细表另有规定外，应与被保险人账册中通常的表述意义相一致。

3. 毛利润损失赔偿

毛利润损失赔偿主要有两项：一是营业额减少的赔偿；二是营业费用增加的赔偿。

（1）营业额减少的赔偿。营业额减少是指赔偿期限内由于损失造成营业额低于标准营业额的差额。

1）毛利润。它是指营业额减去不可保的生产成本和费用。

保单定义为：

毛利润＝营业额＋年终库存＋在制品(半成品)－(上年库存＋在制品(半成品)＋特定营业费用)

例如：某饮料企业 2002 年度财务报表如下（单位：元）：

营业额：500 000	上年库存：50 000
	（1）原材料：250 000
年终库存：50 000	（2）工资：50 000
	（3）制造费用：100 000
	（4）毛利润：100 000

毛利润＝500 000＋50 000－(50 000＋250 000＋50 000＋100 000)
＝100 000(元)

2）毛利润率。它是指发生损失之日前会计年度内毛利润与营业额的比率。

仍以上例饮料企业为例：

毛利润率＝毛利润/营业额＝100 000/500 000×100%＝20%

3）赔偿期。是从损失发生之日起至生产或营业完全恢复到原水平时为止。

假如饮料厂 2003 年 2 月 1 日发生火灾，致使营业中断，至 6 月 30 日恢复正常生产，其实际赔偿期限应为 5 个月。

4）营业额。是指在营业处所经营业务过程中，对出售及支付的货物及提供的服务付给或应付给被保险人的金额，在损益表中反映为主营业务收入。

5）年度营业额。指发生损失之前 12 个月的营业额。如上例饮料厂出险日为 2003 年 2 月 1 日，年度营业额即为 2002 年 2 月 1 日至 2003 年 1 月 31 日的营业额。

6）标准营业额。指发生损失之日前 12 个月中相当于赔偿期间的营业额，即上年同期营业额。如上例中实际赔偿期限为 2003 年 2 月、3 月、4 月、5 月、6 月，标准营业额为 2002 年 2 月、3 月、4 月、5 月、6 月间的营业额。

7）营业额减少赔偿计算。赔偿金额为毛利润率乘以赔偿期限内由于损失所造成的营业额低于标准营业额的差额。

如上例中饮料厂毛利润率为20%，2003年2月1日至2003年6月30日赔偿期限内营业额为150 000元，标准营业额为250 000元，赔款计算如下：

毛利润损失=(标准营业额-赔偿期营业额)×毛利润率

=(250 000-150 000)×20%=20 000(元)

(2) 营业费用增加的赔偿。营业费用增加主要指为避免和减少营业额的减少而支出的，如果不予花费，营业额就要因出险而在赔偿期限内降低的必要的和合理的额外费用。这里包含三层含义：1) 营业费用增加主要指额外费用；2) 额外费用的支出是为了避免赔偿期营业额降低；3) 额外费用应必要和合理。

1) 额外费用。额外费用指正常的生产成本、购入成本与实际发生成本之间的差额，即赔偿期实际发生费用大于出险前正常支出费用的部分。

例如：某铝型材厂发生火灾，将型材机烧毁，使型材生产线停产，为不使销售中断，保住客源，该企业在赔偿期内委托外加工型材500吨，外加工生产成本比自行生产增加1 000元/吨，额外支出运输费20 000元，共计增加额外费用520 000元，挽回经济损失2 500 000元。上述费用应属于避免营业额减少而支出的额外费用。

2)"经济限度"及其计算。"经济限度"指额外费用支出数额的限额，以毛利润率乘以被避免的营业额减少的那部分毛利润为限。额外费用何为必要和合理？前提是不能大于因额外费用支出而带来的营业额所增加的毛利润。即不能超出"经济限度"。仍以铝型材厂为例，假设该厂毛利润率为25%，经济限度计算如下：

经济限度=挽回的经济损失×毛利润率

=2 500 000×25%=625 000（元）

所增加的额外费用为520 000元，在经济限度625 000元之内，可视为合理和必要的支出，应列为赔款支出。

(3) 不足额保险赔偿计算。不足额保险即保额小于按年度营业额乘以毛利润率计算的毛利润，一般采用比例赔偿方式。

例如：某企业发生火灾，由于营业额减少致使毛利润损失200 000元，保单毛利润保额为15 000 000元，年度营业额为80 000 000元，毛利润率为20%，是否足额保险，计算如下：

应保毛利润额=年度营业额×毛利润率

=80 000 000×20%=16 000 000（元）

保额（15 000 000元）小于应保毛利润额（16 000 000元），本保单是不足额保险，赔偿计算如下：

毛利润损失＝200 000×15 000 000/16 000 000＝187 500（元）

4. 工资损失的赔偿

利损险保单承保的项目除毛利润损失以外，一般还承保工资损失。

（1）工资。

保单定义工资为付给雇员的报酬总额（包括奖金、加班费、生活补助、保险费、节假日工资以及其他与工资有关的款项）。实际计算时按企业的职工工资总额组成项目确定，主要包括各种工资、奖金、津贴等。工资在会计上通过“应付工资”科目核算。

（2）工资损失的计算。

1）工资率。指发生损失之日前的会计年度工资总额与营业额的比率。计算公式如下：

工资率＝工资总额/年度营业额×100％

2）工资的赔偿。按营业额减少与工资率的乘积确定。计算公式如下：

工资损失＝(标准营业额－赔偿期营业额)×工资率

例如：某企业赔偿期营业额 5 000 000 元，上年同期营业额 6 000 000 元，上一会计年度营业额 10 000 000 元，工资总额 1 500 000 元，工资损失计算为：

工资率＝1 500 000/10 000 000×100％＝15％

工资损失＝(6 000 000－5 000 000)×15％＝150 000(元)

承保工资时，往往分段确定赔偿期间的工资赔偿比例，如头七周是 100％，其余期间是 50％，计算时应注意保单的约定。

5. 审计师费用

审计师费用仅限于被保险人为了向保险公司索赔而聘请审计师审计，出具证明文件及编制索赔报告等支付的费用，按实际发生数在保额内赔偿。

14.6.2 索赔单证

利损险的索赔单证如下：

1. 出险通知书

填写出险时间、地点、原因、经过以及营业中断情况和避免营业额减少拟采取的措施。

2. 索赔申请

说明营业额受到影响的各种因素、毛利润损失情况（包括毛利润率的计算依据，营业额减少、营业费用增加、营业费用减少的情况）。为避免营业额减少而支付的额外费用，如：租赁、委托加工、外购等费用，需提供有关合同、费用单证。赔偿期间费用支出情况，需提供生产成本计算单、有关费用账表。

3. 确定毛利润率和工资率的有关财务报表

（1）年度营业额（损益表、销售账表）。

（2）年终及上年库存（资产负债表、产成品、在产品、半成品等明细账表）。

（3）购入原材料的数额（材料采购、材料成本差异、原材料等账表）。

（4）工资总额（应付工资、工资发放汇总表等账表）。

4. 确定产品销售趋势的有关资料

出险日之前会计年度至出险日：（1）损益表；（2）销售账表；（3）生产报表；（4）销售、生产计划；（5）产成品账表。

14.6.3 理赔注意事项

1. 赔偿期限与保险期限的区别

赔偿期限的确定应注意把握以下几点：一是赔偿期限与保险期限不同。实际赔偿期限指从损失发生之日起至生产或营业完全恢复到原水平时为止；而保险期限是指保险起讫日期。二是事故发生必须在保险期限以内，即赔偿期起始必须在保险期限内，但赔偿期结束可以超出保险期限。三是实际赔偿期限不能超过保单约定的赔偿期限。

例如：某企业投保利损险，保险期限为 2002 年 1 月 1 日至 2002 年 12 月 31 日。保单约定的赔偿期限为 6 个月，2002 年 9 月 1 日发生保险事故，恢复正常生产需 10 个月，该企业的赔偿期限为 2002 年 9 月 1 日至 2003 年 2 月 28 日。

2. 别忽视“费用减少”的计算

有些利损险赔案，在增加额外费用的同时也存在有些费用少支出或不用支出的情况，对此，在计算毛利润损失时应予扣除，以避免被保险人多得利。

例如：一家饮品公司投保了机损利损险，注坯机因电气原因损坏，导致部分规格产品生产中断，营业额减少，同时，由于用水量减少，矿产资源使用费也随之减少，期间少支出费用 1 万元，在赔款计算时应予扣除。

3. 重视营业额减少因素分析

对于营业额减少，不能完全依赖于标准营业额与赔偿期营业额的差异来确认，而应从影响营业额的各种因素分析，从而做出准确判断。有这样一个案例：被保险人是一家冰箱生产企业，2002 年 2 月发生火灾，致使传输设备受损，被保险人报损利润损失 120 万元，运输费用增加 2 万元，实际赔偿期 3 个月。理算师对其生产量、销售量、库存量作分析后认为，该企业通过春节加班，使生产量与上年相比没有减少，销售量还略高于上年同期水平，在赔偿期结束时，库存量也恢复到原来的水平。理算师经综合分析后认为事故发生对被保险人整体财务没有造成损失，营业额减少的原因是售价的下降。由于传输设备损坏，厂内运输通过人工搬运，增加的运输费应予以赔偿。该案赔款计算为营业费用增加 2 万元。

4. 标准营业额的调整

利损险在计算毛利润损失时，可考虑销售趋势、通货膨胀因素，可以在标准营业额基础上加上（或减少）销售增长率，得出“应有营业额”，再进行毛利润损失计算。由于标准营业额是上年同期数据，与被保险人损失发生时实际水平有一定差异，因此，需要做一些调整，使营业额减少的数据更接近实际的损失，能基本反映假定事故未发生，企业可能取得的经营成果。但在调整时应充分了解企业年度销售预测、销售计划及业务趋势，从而做出准确调整。

5. 两个“注意”

根据现行企业会计制度规定，企业会计核算办法前后各期应保持一致，不得随意更改，利损险损失计算应以会计核算资料为依据，注意：（1）上年库存和年终库存的在制品（半成品）的数额应按照被保险人正常会计计算方法结算，并适当规定折旧；（2）特定营业费用，除在明细表内有规定外，其含义应与被保险人账册中通常表达的意义一致。

关键词

财产保险	企业财产保险	家庭财产保险	机器设备损失险
利润损失险	理赔	核赔	现场查勘
责任审定	损失核定	核赔权限	赔偿基础
核赔人制度	“三停”事故	全部损失	部分损失
赔偿	索赔单证	财产险	财产一切险
“成对成套”条款	重置价值	“第一危险”	赔偿方式
毛利润	赔偿期限	额外费用	营业额
“加法”	“减法”		

思考题

1. 简述利损险赔偿基础。
2. 简述事故修理费、技改费用、设备正常维修费用的区别。
3. 简述财产险与财产一切险的赔偿基础。

4. 何为“成对成套”条款，试举例说明。

5. 如何确定固定资产、流动资产的保险价值。

6. 某企业投保了机损利损险，2003 年 3 月由于电气原因，致使加工设备损坏，设备修复至恢复正常生产需 3 个月。该企业 2003 年 3 月 1 日至 5 月 31 日营业额为 100 000 元，2002 年 3 月 1 日至 2002 年 5 月 31 日营业额为 300 000 元，2002 年度营业额为 1 200 000 元，工资总额 240 000 元。请根据上述资料，计算工资损失。

7. 有一家机械加工厂，2001 年 10 月 1 日发生火灾，致使部分厂房和设备受损，厂房维修和设备重置需 6 个月，火灾使正常生产受到影响，该企业 2001 年 10 月至 2002 年 3 月营业额为 1 000 000 元，上年同期（2000 年 10 月至 2001 年 3 月）营业额为 1 200 000 元，2000 年营业额为 3 000 000 元，毛利润为 600 000 元。为完成加工合同，向其他企业租赁了一台加工设备，租赁费每月 10 000 元，期间，挽回经济损失 1 500 000 元。另购置消防器具一批，价值 10 000 元。该企业投保了利损险，保险期限为 2001 年 1 月 1 日至 2001 年 12 月 31 日，保单约定赔偿期限 6 个月。请根据上述资料，计算毛利润损失，对未列入赔款的请简述理由。

8. 某企业投保财产一切险，固定资产保额按原值确定。在保险期限内，其饮料生产线在火灾中受损，该生产线中包装部分（占整条生产线价值的 40%）损失可修复，贬值率 30%，灌装部分（占整条生产线价值的 60%）已报废，该生产线原值 20 000 000 元，净值 15 000 000 元，市场重置价 20 000 000 元，被保险人要求赔偿 20 000 000 元，重新购置新的生产线，请问保险公司该如何赔偿？简述理由，并请根据上述资料计算赔款。

9. 某宾馆在保险公司投保了企业财产综合险，机器设备按账面原值投保，在保险期限内，其室外配电室发生“污闪”（大气放电），损坏严重，多处有烧焦和熏黑的痕迹，维修费用 18 000 元，请问保险公司应如何赔偿？

第15章

工程险理赔实务

本章预习

工程险的理赔工作是保险人按保险合同规定承担保险责任、履行保险义务的具体体现。当被保险人的建筑、安装工程财产遭受自然灾害或意外事故造成直接经济损失时，保险人通过理赔工作使被保险人享受保险权利，获得经济补偿。理赔工作体现了保险的补偿职能。工程险理赔工作的主要任务是：确定建筑、安装工程保险财产及第三者损失的事实和原因；确定保险财产的损失项目、数额及程度；确定被保险人的赔偿金额。根据理赔职能和任务，以及保险法和FIDIC条款规定建立理赔的工作程序、方法，工程事故和保险责任的鉴定及分析，以及根据工程合同预算造价、工程定额及建筑企业财务会计制定具体的理赔要求和规定。本章较系统和全面地论述了工程险理赔理论和实务。主要内容包括：

- 工程险理赔概述
- 工程险理赔查勘及收集工程资料

- 工程项目灾害事故原因及责任分析
- 工程险理赔计算依据
- 工程灾害事故赔偿处理

15.1 工程险理赔概述

15.1.1 工程险理赔意义和作用

工程险的理赔工作是保险人按保险合同规定承担保险责任、履行保险义务的具体体现。当被保险人的建筑、安装工程财产遭受自然灾害或意外事故造成直接经济损失时，保险人通过理赔工作使被保险人享受保险权利，获得经济补偿。理赔工作体现了保险的补偿职能。

理赔工作也是进一步搞好建筑、安装工程保险防灾防损的重要工作内容。工程险属高风险险种，它由建筑、安装工程本身的特性所决定。通过理赔工作可对各种建筑、安装项目结构的设计、施工和管理以及不同地质区域进行统计分类，找出灾害事故的规律和原因，制定防灾防损方案，提出整改建议，开展防灾防损工作，以减少灾害事故给社会带来的危害和损失。

理赔工作既是对建筑、安装工程承保质量的检验，同时也可以促进保险业务的拓展。通过理赔工作检查承保质量，分析建筑、安装保险市场，制定合理的承保方案，提供优质承保服务，提高保险公司信誉。

15.1.2 工程险的理赔原则与要求

建筑、安装工程保险理赔工作技术性高，工作量大，涉及面广，实际情况错综复杂。因此理赔处理必须坚持理赔原则，按规则要求办理。

在处理赔案时，双方均要严格遵守合同条款规定，恪守信用，即遵守保险法和建筑法规等，严格履行经济补偿义务。这就要求理赔人员认真学习保险法，领会和掌握合同条款实质，把握理赔尺度，准确、合理地做好保险理赔工作。

实事求是是理赔工作的基本原则。当建筑、安装工程发生灾害或意外事故后，保险双方均要在尊重客观事实的基础上，对灾害事故进行客观而实际的分析鉴定，明确灾害事故的原因、性质以及责任。理赔人员既要严格按保险条款办事，又要结合实际情况，适当灵活处理。理赔人员要钻研建筑、安装工程专业知识，了解建筑工程设计、施工技术、管理、工程预（决）算或工程合同价及建工财务等方面的知识，在坚持实事求是的原则基础上，贯彻主动、迅速、准确、合理的理赔“八字方针”，才能圆满完成理赔工作。

15.1.3　工程险理赔工作的任务

1. 确定建筑、安装工程保险财产及第三者损失的事实和原因

当建筑、安装工程项目发生灾害事故时，调查灾害事故的原因是否属于保险责任，是整个理赔工作的前提。只有客观、全面地掌握灾害事故发生经过，以现场查勘为基础，按建筑、安装工程专业技术分析鉴定，才能调查清楚灾害事故原因，以确定这些原因是属于保险责任范围，还是属于除外责任范围。另外，被保险人是否严格遵守和履行保险合同的各项规定，是保险公司在保险合同项下承担赔偿责任的先决条件。

2. 确定保险财产的损失项目、数额及程度

以现场查勘为基础，清点受损财产项目、种类、数额及确定损失程度，再按被保险人的投保范围确定保险财产的损失项目、数额及程度。

3. 确定被保险人的赔偿金额

根据保险责任的归属、保险金额的组成，按保险合同条款规定审核工程预（决）算或工程合同价，核实实际工程价，依据工程损失数量和损失程度按工程项目单价计算来确定赔偿金额。

15.2　工程险理赔基础

现场查勘是理赔工作的首要环节，查勘工作质量好坏，直接影响着核实损失的准确性与合理性。建筑、安装工程项目出险，查勘人员必须按照必要的方法、步骤和程序进行调查。

建筑、安装工程发生灾害事故后，查勘人员的职责是做到了解情况、查明原因、分清责任、核准损失。

15.2.1　工程项目灾害事故现场查勘

1. 了解工程项目概况

(1) 理赔人员到达工程项目灾害事故现场，首先要注意观察工程概貌，对建筑、安装工程结构类型、基础形式、施工工艺、施工进度、工程状态进行了解。同时观察建筑场地特征、地形、地貌、周围建筑物地下管线、环境状况。

(2) 了解气候，查勘周围环境：了解灾害、事故发生前后的气象情况，有无

暴风、暴雨、洪水等自然灾害，并判断其影响程度。查勘周围环境情况及周围建筑物受灾害、事故影响的程度和抢救措施，注意周边有无其他工程项目施工，判断其影响程度等。

(3) 了解灾害事故原因，查勘受损项目：向工程技术项目经理、工程监理及灾害、事故发生时在场的有关工作人员，了解灾害、事故发生时间、经过、现状及原因。同时查勘灾害、事故现场，了解工程受损项目、范围、受损程度、抢救措施及事故发展趋势及造成的影响。

(4) 了解工程关系方：了解工程各关系方的工程合同，分包合同，设计施工方资质、技术力量水平。

2. 查勘受损项目、清点损失

建筑、安装工程在遭受自然灾害或意外事故时，受损项目与正在施工和已施工完毕的工程项目有关，而灾害事故的性质又与工程受损程度有关。一般灾害事故的性质分类为：

(1) 倒塌事故——建筑物整体或局部倒塌。

(2) 地基工程事故——地基失稳或变形，斜坡失稳及人工地基等类事故。

(3) 基础工程事故——基础错位，变形过大。基础混凝土孔洞，桩基础事故或其他箱型基础事故等。

(4) 变形事故——结构受力或施工工艺不当引起的建筑物结构倾斜、扭曲或变形过大等事故。

(5) 结构、构件承载能力不足事故——因承载力不足留下的隐患性事故。如混凝土漏放、少放钢筋。

(6) 开裂事故——钢筋混凝土结构或砖砌体开裂。

(7) 错位事故——建筑物方向、位置错误；结构件尺寸、位置偏差过大；预留件、洞、槽等错位偏差事故。

(8) 其他事故——塌方、滑坡、地面塌陷等事故。

根据事故的性质对受损工程项目进行清点，记录受损项目名称、财产种类、数量、受损范围等，以及受损设备型号、规格、生产厂家及日期。估计每项财产损失率大小。同时查勘第三者财产的损失项目、种类、数量、型号、人员伤亡数等。保险双方应在灾害事故现场对受损财产统计共同签字确认。

15.2.2 收集所需的有关灾害事故工程资料

在现场调查后，到工程指挥部或项目经理室，查看受损工程项目的各种图文资料，收集有关的地质勘测、工程设计、施工工艺等资料，全面了解灾害事故，并寻找事故原因。

(1) 有关受损工程项目设计说明书。

(2) 通过设计总平面图以了解出险部位、范围、影响程度等。

(3) 通过结构设计图以了解设计单位、结构类型、规定要求、说明事项等。

(4) 通过地质水文资料以了解该地区的土质状况、地下水分布情况等。

(5) 通过施工组织设计书以了解施工方案，施工工艺技术，施工流程，测量方案，保证质量的技术要求及安全措施，主要施工机械设备，工程复检、验收标准等。

(6) 施工记录、施工日记及其他有关资料。

施工日记反映事故前后施工情况、用料、施工范围、施工时间及抢救情况记录。

其他记录资料：如施工方法、施工质检记录和事故观测记录（沉降、变形、裂缝等）。另外还有打桩、混凝土施工、预应张拉、设计施工方案变更洽商记录、特殊处理记录等。建筑材料还要有出厂合格证、试验检查单等。

(7) 按出险受损项目核对工程预算或招投标合同书，对照保险金额的组成，审核工程各项目造价，确定受损项目是否属保险财产范围。

(8) 承包、分包工程合同及与受损财产有关的租赁合同，以了解关系方情况。

(9) 灾害、事故出险报告，出险后各类会议纪要，以了解事故原因、损失金额大小、抢救处理方案、步骤、方法及修理加固措施方案等。

15.2.3 工程项目灾害事故原因及责任分析

查明工程项目灾害事故原因和分清责任是理赔工作的重要任务，这关系到理赔工作的“准确和合理性”，因此是理赔工作最关键的环节。

工程项目灾害事故原因及责任分析：一般首先由建筑、安装工程行业的专门机构、保险公司理赔人员以及保险公估公司人员对灾害事故进行调查，找出造成灾害事故的真正原因及事故责任方，即哪些是直接或间接原因，哪些是自然因素或人为因素。然后，保险公司按保险合同条款规定及理赔原则进行原因分析，搞清造成灾害事故发生的远因和近因，再按保险近因原则、保险条款规定以及保险责任和除外责任范围确定保险公司应当承担的保险赔偿责任。

因为工程项目灾害、事故的原因与责任的不同，其所归属保险条款的责任也不同，进而赔偿的方式也不尽相同。因此，理赔人员既要了解建筑、安装行业对工程灾害、事故原因是怎样进行分析的，掌握其分析原因的方法、步骤及技术手段，又要运用保险条款及原则分析灾害、事故原因。这样，两者结合，才能使灾害、事故原因在保险条款内有准确的定位。然后，再根据灾害、事故责任的认定，确定基本的赔偿方式，使理赔工作做到准确、合理。

15.2.3.1　工程项目灾害事故原因分析

1. 工程项目灾害事故的主要原因分类

（1）工程地质勘察存在问题：地质勘察报告不详细、不准确，导致基础设计错误。

（2）设计计算存在问题：1）设计依据不足；2）结构方案不正确；3）结构设计简图与实际受力情况不符；4）荷载漏算、少算，不按规范规定验算结构稳定性；5）设计时不考虑建造的可能性。

（3）建筑材料、制品质量低劣。

（4）施工人员未按图施工。

（5）施工工艺不当。

（6）施工组织管理不善。

（7）灾害性事故：如滑坡（整体失稳）、暴风雨、火灾、爆炸等。

2. 灾害事故原因分析方法

建筑、安装工程项目的灾害、事故种类繁多，情况复杂，专业技术性强，牵涉面广，涉及人员多，从而造成事故原因的多样性，这给理赔人员调查事故原因带来难度。只有根据建筑、安装工程项目自身的特性，掌握事故的关键环节和要点，才能“由表及里”，“去伪存真”地找出造成灾害、事故的真正原因。

（1）确定事故原点。事故原点是事故发生的初始点，它往往反映事故的直接原因。找到事故原点后，就可围绕它对现场各种现象进行分析，把事故的发生和发展全部揭示出来，从中找出事故的直接和间接原因。

（2）灾害事故原因的综合分析。重大的建筑、安装工程，事故原因往往涉及设计、勘查、施工工艺及技术、材料制品质量、使用及自然和非自然因素等多方面。在事故原因调查分析中，必须全面认识各项原因对事故的综合影响，从中找到最直接的原因。

15.2.3.2　工程项目灾害事故保险责任确定

1. 工程项目灾害事故保险责任确定方法

我国建筑、安装工程行业的事故责任认定是由建筑质量监督总站等有关政府职能部门进行调查和裁决的，对灾害、事故实行“三不放原则”：事故原因不清不放过，事故责任者及群众未受到教育不放过，无防范措施不放过。保险公司在处理灾害、事故时要做到事故原因清，事故责任清，经济损失清。在理赔工作中，理赔人员可依据质监站或有关政府职能部门的事故调查报告和事故处理中的事故原因和事故责任裁决，根据保险近因原则，分析确定保险责任归属，以确定“准确，合理”的赔偿方式。

（1）建设主管部门责任认定。建设主管部门根据事故情况，查明事故责任单位和主要负责人。明确事故主要责任单位和次要责任单位承担经济损失的比例，提出对责任单位和负责人的处理建议。

（2）由保险近因原则确定保险责任。根据灾害事故发生的性质、时间等因素，按保险近因原则中的单一原因、同时发生的多种原因、连续发生的多种原因、间断发生的原因等综合分析保险责任的归属。

（3）确定除外责任以外的保险责任。根据保险条款除外责任以外的保险责任范围确定保险责任。

2. 不可抗力风险和不可预见的意外风险保险责任确定

工程施工合同规定的不可抗力风险和不可预见的意外风险的定义范围以及业主和承包商各自承担的风险介绍如下：

（1）不可抗力风险。不可抗力风险包括人力不可抗拒的自然灾害和特殊风险事件两项内容，人力不可抗拒的自然灾害主要包括如地震、飓风、台风或火山爆发等人力不可抗拒的破坏力强大的自然现象；特殊风险事件系指战争、敌对行动、入侵、外敌行动、叛乱、放射性污染、核危害等所造成的风险事件。

FIDIC 合同条件第 19.1 款定义不可抗力风险为：

1）一个特别事件或情况，在满足下列条件时称为“不可抗力”：

● 一方无法控制。

● 在签订合同前该方无法合理防范。

● 情况发生时，该方无法合理回避或克服，且主要不是由另一方造成。

2）除了满足上述条件的表述外，不可抗力一般包括（但不仅限于）：

● 战争、敌对行动、入侵、外敌行动。

● 叛乱、恐怖活动、革命、暴动、军事政变、篡夺政权或政变，或内乱。

● 暴乱、骚乱、混乱、罢工或停工，但不包括完全发生在承包商和分包商的人员内部的此类行为。

● 军火、炸药、离子辐射或放射性污染，但不包括因承包商的使用造成的此类事件。

● 自然灾害，如地震、飓风、台风或火山爆发。

在施工合同中，按 FIDIC 合同条件规定由工程业主承担的“业主风险”为不可抗力风险。第 20.4 款业主的风险是指：

● 战争、敌对行动（不论宣战与否）、入侵、外敌行动。

● 叛乱、革命、暴动或军事政变或篡夺政权，或内乱。

● 由于任何核燃料或核燃料燃烧后的核废物、放射性毒气爆炸，或任何爆炸性核装置或核成分的其他危险性能所引起的离子辐射或放射性污染。

● 以音速或超音速飞行的飞机或其他飞行装置产生的压力波。

● 暴乱、骚乱或混乱，但对于完全局限在承包商或其分包商雇用人员中间且是由于从事本工程而引起的此类事件除外。

● 由于业主使用或占用合同规定提供给他的以外的任何永久工程的区段或部分而造成的损失或损害。

● 因工程设计不当而造成的损失或损坏，而这类设计又不是由承包商提供或由承包商负责的。

● 一个有经验的承包商通常无法预测和防范的任何自然力的作用。

FIDIC 合同明确规定在发生“不可抗力”后，由于它的不可克服性，必须由业主承担因此可能引发的一切损失，负责向承包商提供合理的经济赔偿并支付相关费用，使得承包商能够避免“不可抗力风险”。

（2）不可预见的意外风险。一般认为不可预见的意外风险是指承包商在投标考察阶段，已取得了可能对其投标书产生影响或发生作用的风险、意外事件及所有其他情况的全部必要资料，应当认为承包商的投标书是以业主提供的可供利用的资料和承包商自己进行的上述视察和检查为依据的，因此，即使是一个有经验的承包商也不可能预见到的因素在实施过程中的出现称为不可预见的意外风险。

不可预见的物质条件系指承包商在现场施工时遇到的自然物质条件和人为的及其他物质障碍和污染物，包括地下和水文条件，但不包括气候条件。如果承包商遇到他认为不可预见的不利物质条件，应尽快通知监理工程师。此通知应说明物质条件，以便监理工程师进行检验，并应提出承包商认为不可预见的理由。承包商应采取适应物质条件的合理措施继续施工，并应遵守监理工程师可能给出的任何指示。如某项指示构成变更时，监理工程师可通过发布指示或要求承包商提出建议书的方式，提出变更。承包商应遵守并执行每项变更。所谓变更就是承包商要去完成原工程量中没有规定的工作，或在施工过程中发生了意外事件，业主或监理工程师按照合同的有关规定给予承包商一定费用的补偿或批准工期顺延。

每项变更的范围可包括：

● 施工合同中包括的任何工作内容的数量的改变（但此类改变不一定构成变更）。

● 任何工作内容的质量或其他特性的改变。

● 任何部分工程的标高、位置和（或）尺寸的改变。

● 任何工作的删减，但要教他人实施的工作除外。

● 永久工程所需的任何附加工作、生产设备、材料或服务，包括任何有关的竣工试验、钻孔和其他试验和勘探工作，或实施工程的顺序或时间安排的改变。

除非监理工程师指示或批准了变更，否则承包商不得对永久工程作任何改变和（或）修改。

3. 不可预见的意外风险与不利自然条件的关系和保险责任确定

根据 FIDIC 合同条件第 20.4 款，业主的风险指“一个有经验的承包商通常无法预测和防范的任何自然力的作用”，在工程实施中一般称为“不利自然条件”。不利自然条件是指即使有经验的承包商在投标阶段利用标书中所提供的资料和通过现场勘察都无法合理预见到的不利施工条件。但不利的自然条件不包括气候条件。

例如，在人工挖孔桩施工中出现的流沙流泥，需要采取用特殊处理钢板护壁等穿过，需要增加抽水台班等；在工程施工中遇到地质断层、天然溶洞、沉陷等，影响到原定的施工方法，并降低施工速度或增大工程量。遇到这些情况，关键是看业主或监理工程师判断承包商是否已知或者是否考虑到，如果属于不能合理预见的情况，如开挖中有关资料显示没有岩石的地方遇到岩石需要清除，业主或监理工程师会通过变更进行处理。这一类情况的判定条件是不利的现场条件与图纸、技术规范和业主提供的资料有实质性的不同。

另一种情况是，现场条件虽然比标书中描述的复杂和困难，但承包商在投标阶段通过分析和现场踏勘能够推断或预计到的一切情况，业主或监理工程师不予发布变更指示。对那些承包商投标时知道或应该知道的不利条件，以及根据承包商的资质与水平能够合理预见到的情况，业主可以拒绝承包商的索赔，尽管这种不可知条件当时业主也不知道，但并不能构成承包商获得索赔的理由。但如果属于业主在招标阶段已明确知道某种不利条件，但没有向承包商披露，则构成业主对真实情况的隐瞒，承包商可以对这种不利条件提出索赔。

另外，如果在施工中遇到合同文件或图纸中未注明的地下文物和构筑物时，业主或监理工程师应按变更工程处理。但变更往往不仅变更工程本身会产生的额外支出和工期延误，而且，如果影响到相关工作导致发生了其他额外成本，承包商还有权向业主提出索赔。

在工程保险事故中，如何判断工程事故是否是不可预见的，主要还是根据一个有经验的承包商在投标阶段利用标书中所提供的资料和通过现场勘察都无法合理预见到的不利施工条件来判断。同时根据承包商遇到他认为不可预见的不利物质条件时，是否尽快通知监理工程师，其通知是否说明物质条件以及承包商是否提出认为不可预见的理由，监理工程师是否进行了相应的检验，承包商是否采取了适应物质条件的合理措施等进行综合分析判断。然后保险人根据保险承保的意外事故是否具备以下三个条件再来分析工程事故是否属于保险承保的意外事故：一是突然发生的；二是正常情况下有经验的施工承包商所不可预料的；三是造成保险财产或第三者财产发生实际物质损失的。但工程重大事故或特别重大事故仍应按建设部有关工程建设事故调查程序进行调查，由事故调查报告的事故原因和事故的性质和责任，对照意外事故的三个必备条件，来分析判断工程事故是属工程责任过失和安全设施失当的工程事故，还是属有经验的施工承包商所不可预料的意外事故。

考虑到承包商已取得可能对其投标有影响或起作用的风险和意外及所有其他情况的全部必要资料，如果承包商遇到的现场的实际障碍和不利条件（气候除外）是一个有经验的承包商无法预见的，承包商应立即通知业主或监理工程师，而承包商采取的任何适当的合理措施必须是业主或监理工程师所能接受的。保险人在审核承包商的通知函和申请书以及业主、监理工程师的有关批复和指示后，凡业主或监理工程师确认“承包商遇到现场的实际障碍和不利条件（气候除外）是一个有经验的承包商无法预见的”，保险人可依据意外事故的三个必备条件来确定这类工程事故属于保险承保的意外事故。

但对于那些一个有经验的承包商在投标时知道或应该知道的不利条件，以及根据承包商的资质与水平能够合理预见到的情况，业主是可以拒绝承包商的索赔的，尽管这种不可知条件当时业主也不知道，但并不能构成承包商获得索赔的理由，这类工程事故同样也不属于保险承保的意外事故。

15.2.4　工程险理赔的计算依据和方法

15.2.4.1　损失清单的审核

保险责任明确后，核实保险财产损失金额是理赔工作的重要一环。被保险人对受损工程项目进行施救、整理后，要预算其修复造价。理赔人员根据现场查勘记录，按工程项目实际受损情况，对被保险人提供的损失清单（工程修复预（决）算）以及作为索赔依据的所有证明文件、资料和单据等，逐项加以审核。

1. 工程预（决）算与工程定额

（1）工程预（决）算。

建筑工程保险的特点是：其保险金额的确定不像企财险那样按账面金额投保，而主要是以工程预（决）算为保险金额。其他几种形式为：①承包合同价格或工程招投标价；②建筑工程最后的决算价格；③购货合同价格和安装合同价格加上各种费用。

工程预算是指按工程设计要求计算建筑费用的文件。它根据施工图纸、施工组织设计、工程预算定额及工程量计算规则、基本建设材料预算价格和施工管理费标准、利润税金等，计算每项工程所需人力、物力和投资额。

保险金额原则上应包括：设计费、材料设备费、建造费、运输费、安装费、关税等。在审核损失清单时，可以上述几种不同投保形式为基础，审核损失清单。如工程按招投标价格保险的，则以工程项目招投标中工程量清单为基准，对照损失清单，按建筑工程预算定额标准逐项审核，其损失金额不得超过招投标分项工程量清单价。

（2）工程预算定额。

工程预决算的价值如同企业财产保险财务账面各科目的明细账，而工程预决算价格是根据设计项目按建筑工程或市政工程定额标准汇编计算出来的。工程定额是审核工程损失清单的标准，它同机动车辆的标准配件价目表和汽车修理行业标准相同，是指确定一定计量单位的分项工程或结构构件所需人工、材料、机械、合理消耗数量的标准。因此工程定额条款选定不同，则由此编制的损失清单金额将大不相同，故能准确地利用定额审核损失是赔偿的关键环节。但利用工程定额审核要有一定的专业技术知识，一般可请教专家或专职技术人员。

审核工程预算可掌握工程项目的预算造价，为分项理赔提供依据。对损失清单项目按工程定额标准进行核查，可检查定额条款是否选对以及各条款单价和其他各种系数正确与否。

2. 受损工程量的核定

按损失清单的工程量，审核设计、施工图纸的损坏部位、范围，甲乙双方的承发包合同或协议，施工方案或施工组织技术措施等，结合现场查勘第一手损失资料，对由施工队提供的工程量计算书进行工程量核定。

对修复建筑所用的材料的种类、型号、数量、价格、土方量的计算说明以及机械设备使用情况等进行核查。要求施工单位提供详细的工程用料资料。

另外，也可通过财务查账，查看工程实际使用建筑材料、设备等的种类、数量、单价及规格等，以便审核实际工程量。

3. 审核损失清单

根据工程定额标准、工程用量的确定，按实际损失和实际施救等项目审核损失清单编制的合理性。不合理的项目予以扣除。同时根据保险责任归属，确定保险责任内的实际损失项目，以确定合理的损失金额。在进行修复工程预算审核时，要核对定额套用情况、取费标准、计算方法正确与否等。审核主要内容为：

(1) 审查工程直接费。

1) 认真审查定额中的项目选套，有无套错定额或故意高套定额项目的问题。

2) 主要审查工程量计算计量单位、计算方法是否与定额规定项目一致。工程量的计算结果有无差错，有无存在重复多算现象。

3) 审查材料预算费。材料费用一般占建筑工程造价的70%左右，因此，预算审查中应把材料费用的审查作为重点。主要审查材料原价和运杂费的计算以及材料种类、型号、品种等是否与建筑设计要求和定额规定相符合。

4) 审查施工机械使用费。施工机械使用费内包括折旧、大修、人工、机械运输等费用，燃料动力费也包含在机械费内。现在的水电费都综合考虑到定额内的材料费和机械费中，不再另行列项计算水电费。

(2) 审查其他直接费、现场经费。了解其他直接费和现场经费的组成，审查费用项目是否是应计取项目，计取项目的计取方式是否符合规定，审查计算费率标准和计算结果，看其是否以直接费为基数计算。

(3) 审查间接费。审查这些费用取费标准，应弄清应取的费用标准，防止高套取费标准进行计算。了解以上费用包括的范围和作用。审查间接费是否以直接费为基数计算。审查单独承包装饰工程的其他直接费、现场经费、间接费应以人工费为基数计算。

15.2.4.2　工程项目财务查账

为恢复工程实际所用的材料种类、型号、数量、价格等量值虽然大致可从施工资料上查到，但如资料不齐、不详细等就很难确定其量值。因此，必须进行财务查账以确定其量值大小。但对不同的被保险人，其财务查账的方式也不同。

1. 业主投保的建筑安装工程项目查账

一般企业（业主）的新建工程、改建、修理工程等所发生的实际支出，会计财务归结在固定资产的“在建工程”项目。在建工程主要包括：

(1) 工程是自营工程的，查询工程项目明细账。其中的余额反映：尚未完工或虽已完工但尚未办理竣工决算的工程实际支出，以及尚未使用的工程物资的设计成本，即已建造的工程支出。

(2) 工程是企业出包的：1) 查看：按规定预付承包单位工程价款数，或工程完工收到承包单位账单，补付或补记工程的价款数。2) 工程项目明细数、余额。3）同时查看承包施工单位的会计财务账目。

查看业主的“在建工程项目”财务，可查出工程设备价（由业主提供）或预付给承包单位的工程价款数及账单等，从而核实工程实际发生的支出费用。

2. 承包商或施工企业投保的建筑安装工程项目查账

承包施工（单位）企业在建筑工程实际发生的工程施工费用，其会计财务账目归结在流动资产的“存货”科目。“存货”科目反映：施工企业期末结存在库、在用、在途、在建和在加工中的各项存货的实际成本。另外，施工企业的固定资产财务科目可反映：建筑用机器、设备、装置及临时设施等项目。

(1)“存货”项目查账。“存货”项目中涉及保险的具体科目主要为：物资采购、库存材料、周转材料、工程施工。

1）物资采购。反映：①施工企业购入各种材料物资的实际采购成本。②发包单位拨入抵作备料款的材料。采购成本包括：买价、运杂费、采购保管费。贷方核算：①已验收入库的材料物资的实际采购成本；②应向供应单位、运输单位等收回的材料短缺或其他应冲减采购成本的赔偿款项。

2）库存材料：反映施工企业各种库存材料的实际成本。库存材料一般分类为：

①主要材料：钢材（筋）、水泥、木材、小五金、电器、化工材料等。

②结构件：钢结构、钢筋混凝土结构和木质结构的预制件等。

③机械配件：各种机械设备替换、维修的备品、备件。

④其他材料：燃料、油料等。

查贷方：反映领用、发出加工、对外销售及盘亏、毁损等原因减少的材料。查期末余额：反映库存的材料物资。对物资采购、库存材料进行查账，由损失清单项目查对工程用量，购入发票、入库单、领料单、库存报表、调拨单等。

3）周转材料：反映施工企业库存和在用的各种周转材料的实际成本。一般是指能多次使用而逐渐转移其价值的材料。如模板、挡板、脚手架及其他周转材料等。

记账方式为：①一次性摊销；②分期、分次摊销。

查账：查三个明细科目。①在库周转材料；②在用周转材料；③周转材料摊销。

4）工程施工：反映建筑安装工程施工所发生的各项费用支出。

①工程施工内容。包括：房屋、建筑物、设备基础等的建筑工程；管道、输电线路、通讯导线等的敷设工程；特殊炉的砌筑工程、金属结构工程、上下水道工程、道路工程；生产动力、起重、运输等各种需要安装设备的装配、装置

工程。

②工程施工费用。企业在施工过程中发生的各项费用，按成本项目核算。成本项目一般包括：人工费；材料费；机械使用费；其他直接费；间接费用（指企业各施工单位，如工程队、施工队等为组织和管理施工生产活动所发生的支出）。

各项直接成本费用，直接记入有关工程成本。

安装工程的施工费用包括：施工安装费和试车费用。

③余额。月末余额，为未完工程的实际成本。

④工程结算形式：按月结算已完工程成本，按期结算（竣工后一次结算或分段结算）已完工程成本。

按工程施工内容、施工费用的组成、余额的表示、工程结算的形式，可以正确地审核损失清单项目内容是否属于工程施工内容范围，是否是施工费用组成，是否反映工程实际成本等。

（2）建筑用机器、设备、装置或临时设施出险查账。

1）审核建筑用机器、设备、装置及临时设施是否投保，以及以何种形式投保（账面原值，或加成，或重置价值）。

2）核查施工企业固定资产项目。

①核查设备等购置价格、日期、型号规格；了解机器设备等的租赁情况及设备的合同书等。

②临时设施项目。核查企业为保证施工和管理的正常进行而建造的各种临时设施的实际成本项目。

15.3　工程灾害事故赔偿处理

保险的职能就是对灾害事故损失进行经济补偿。保险的双方是一种合同行为，保险双方在此合同下履行各自的责任和义务。

不论是建筑还是安装工程一切险，都是有限责任保险，其保险责任范围为保险单除外责任以外的任何自然灾害或意外事故造成的物质损坏或灭失（简称损失）。所以，保险赔偿必须符合保险条款，综合审核损失，才能使保险赔偿具有合理性。

15.4 赔偿原则

15.4.1 物质直接损失原则

在保险期限内，若保险单明细表中分项列明的保险财产在列明的工地范围内，因保险单除外责任以外的任何自然灾害或意外事故造成的物质损坏或灭失（以下简称“损失”），保险公司按本保险单的规定负责赔偿。

因此，保险财产的赔偿是物质的直接损失的赔偿，但保险人不承担各种后果损失或间接损失，如罚金、延误损失、合同丧失、利润丧失、收益丧失、不能履行合同而产生的各种经济利益或赔偿责任等。

15.4.2 有关费用原则

对经保险单列明的因发生上述损失所产生的有关费用，保险公司亦可负责赔偿。因此，发生上述损失所产生的有关费用是指包括清除残骸费用、专业费用以及附加条款规定的费用等，被保险人在缴纳上述有关费用的保险费后，保险人按保险单规定负责赔偿。

15.4.3 保险金额为准原则

保险公司对每一保险项目的赔偿责任均不得超过保险明细表中对应列明的分项保险金额以及保险单特别条款或批单中规定的其他适用的赔偿限额。但在任何情况下，保险公司在保险单项下承担的对物质损失的最高赔偿责任不得超过保险单明细中列明的总保险金额。

1. 损失赔偿原则

全部损失按保险金额赔偿，部分损失在保险金额的限度内按实际损失赔偿。

工程建设是按施工计划进度实施的，土建工程结构和安装工程项目随着工程费用的不断投入而逐步增长其价值，并随着工程施工进度的进展而逐步完善。

当施工中某个阶段发生保险责任的灾害事故，造成在建的土建工程结构和安装设备全部损毁，则最高损失价值为在建的土建工程结构和安装设备工程已投入的实际价值。保险的赔偿则以已投入的实际价值为准，按工程的工程量预算造价清单中所涉及的在建的土建结构和安装设备的保险金额为最高赔偿金额。

当工程项目完工但还未竣工验收时，发生保险责任的灾害事故造成工程项目全部损失，保险的赔偿按工程的工程量预算造价清单中所涉及的全部土建结构和安装设备的保险金额为最高赔偿金额。

当工程项目发生部分损失时，保险的赔偿为在工程量预算造价清单中的土建结构和安装设备的保险金额的限额内，按受损的土建结构和安装设备的实际损失价值赔偿。

2. 分项赔偿原则

分项赔偿有按保险财产项目分项赔偿和按保险工程结构项目分项赔偿。

这里介绍工程建设中的工程项目（单项工程）、单位工程、分部工程和分项工程。

（1）单项工程。单项工程亦称“工程项目”，是指具有独立的设计文件、竣工后可以独立发挥生产能力或效益的建设工程，如车间或联合企业的分厂。它是建设项目的组成部分。一个建设项目，可以是一个单项工程，也可以包括许多个单项工程。例如，新建一个工厂，这一建设项目可以按生产车间、辅助生产车间、办公楼、宿舍等分为若干个单项工程。单项工程是一个综合体，按其构成可分为建筑工程、设备及安装工程、工器具、生产工具的购置等。

（2）单位工程。单位工程是指具有独立施工条件的工程。一个单项工程可划分为若干单位工程。如宿舍工程是一个单项工程，每栋宿舍楼是一个单位工程。单位工程是单项工程的组成部分。单位工程一般划分为以下几个部分：

1）建筑工程。根据其中各组成部分的性质和作用，建筑工程又分为以下几种单位工程：

● 一般土建工程：包括房屋和构筑物的各种结构工程和装饰工程等。

● 卫生工程：包括室内外给排水管道、取暖、通风及民用燃气管道工程等。

● 工业管道工程：包括蒸气、压缩空气、燃气、输油管道工程等。

● 构筑物和特殊构筑物工程：包括各种设备、高炉基础、烟囱、水塔、桥梁、涵洞工程等。

● 电气照明工程：包括室内外照明、线路架设、变电与配电设备安装等。

2）设备及安装工程。设备购置与设备的安装工程，两者有着密切的联系，因此，在工程预算上把两者结合起来，组成为设备及安装工程。其中又可分为两个单位工程：

● 机械设备及其安装工程：包括各种工艺设备、起重运输设备、动力设备等的购置及其安装工程。

● 电气设备及其安装工程：包括传动电气设备、吊车电气设备、起重控制设备等的购置及其安装工程。

（3）分部工程。分部工程是指单位工程的组成部分。分部工程是按照不同的工程、不同的材料和不同的机械划分的。一般的土建工程可分为土石方工程、桩基工程、主体结构工程（砖石工程、架子工程、砼及钢筋砼工程）、金属结构运输工程、木结构工程、楼板工程、屋面工程、装饰工程、金属结构工程等。

（4）分项工程。分项工程是指分部工程的组成部分。分项工程是施工图预算中最基本的计算单位。通常按照不同的施工方法，不同材料的不同规格等，将分部工程进一步划分为分项工程。如，钢筋砼分部工程，可分为捣制和预制两种分项工程；预制钢筋砼板工程，可分为平板、空心板等分项工程；砖墙分部工程，可分为实心墙、空心墙、内墙等分项工程。

3. 设备赔偿原则

任何属于成对或成套的设备项目，若发生保险责任范围内的损失，赔偿责任不超过该受损项目在所属整套设备项目的保险金额中所占的比例。

15.4.4 合理施救费原则

发生保险责任范围内的损失后，被保险人为减少损失而采取必要措施所产生的合理费用，保险公司可予以赔偿。但本项费用以保险财产的保险金额为限。

“施救”是指灾害事故发生的当时，为减少保险财产损失而采取的措施，而不是在灾害事故发生之前所采取的预防措施。这是区别施救与预防费用的界限。凡在灾害事故发生之前支出的费用属预防性质，保险公司不应负责。但在某些特殊情况下，事故虽未发生，但已接近发生，施救刻不容缓，为保护保险财产免遭必然发生的更大损失，为此采取措施而支出的费用，虽在事故发生之前支出，也可视同施救费用，予以负责。

核定施救费用的原则为：

（1）要以发生保险责任范围内灾害或意外事故为前提。

（2）要以减少保险财产损失为目的。

（3）要以费用支出的必要、合理为标准。

（4）只对保险财产的施救费用负责。

（5）施救费用以保险财产的保险金额为限。

15.4.5 保险财产缺陷原则

若在某一保险财产中发现的缺陷表明或预示类似缺陷亦存在于其他保险财产中时，被保险人应立即自付费用进行调查并纠正该缺陷，否则，由类似缺陷造成的一切损失应由被保险人自行承担。

15.5 赔偿金额的确定

15.5.1 物质损失赔偿金额

1. 承保方式组成

保险财产投保项目的组成形式以及第三者责任险的承保方式决定着赔偿金额的基本组成形式。

2. 保险财产的价值组成形式

按工程造价、工程概算价、合同价或投标价投保的保险金额中是否包括设计费、材料设备费、建造费、安装费、运输费、关税及其他税项和费用；施工用机器、装置和机械设备等的投保方式是按账面原值、重置价还是估计投保。未足额投保的按比例赔偿，其差额视为被保险人所自保。

3. 实际物质损失组成

根据实际物质损失，分项目对照工程合同价、预算造价或招投标价等，参考工程定额，审核损失清单以确定分项工程保险金额内的损失金额。对每一保险项目的赔偿责任均不得超过保险单明细表中对应列明的分项保险金额以及本保险单特别条款或批单中规定的其他适用的赔偿限额。在保险单项下承担的对物质损失的最高赔偿责任不得超过保险单明细表中列明的总保险金额。

4. 赔偿金额的确定

(1) 全部损失或推定全损以保险财产损失前的实际价值金额为准。但保险公司有权不接受被保险人对受损财产的委付。

1) 全部损失：是指保险财产完全损毁或全部灭失，失去物质原有形态、性能，永远无法修复原状，是物质的实际全损。

2) 推定全损：保险财产受损严重，已无修复价值，或估计修理费用将达到或超过保险财产的保险金额，或对保险财产所实施的施救费用将达到或超过保险财产的保险金额，或对保险财产的施救费、修理费和其他必要支付的费用的总和将超过保险财产的保险金额，均可视为推定全部损失。

(2) 可以修复的部分损失，以将保险财产修复至其基本恢复受损前状态的费用为准，按修复至受损前状态的有关项目工程逐项审核其费用。部分损失是指保险财产受损后，未达到全部损失或推定全损程度的局部损失，但若修复费用等于或超过保险财产损失前的价值时，则按保险财产全部损失或推定全损处理。

(3) 发生损失后，被保险人为减少损失而采取必要措施所产生的合理费用，须按所实施的必要措施项目逐项确定其合理的费用。但该项费用以保险财产的保险金额为限。

（4）比例赔偿，在发生保险物质损失项下的损失时，若受损被保险财产的分项或总保险金额低于对应的应保险金额，其差额部分视为被保险人所自保，保险公司则按保险单明细表中列明的保险金额与应保险金额的比例负责赔偿。

若被保险人是以保险工程合同规定的工程概算总造价投保，被保险人应严格履行以下各条，否则，保险公司将视为保险金额不足，一旦发生保险责任范围内的损失时，保险公司将按保险单条款规定对各种损失按比例赔偿：

1）在保险单项下工程造价中包括的各项费用因涨价或升值原因而超过原被保险工程造价时，必须尽快以书面通知保险公司，保险公司据此调整保险金额。

2）在保险期限内对相应的工程细节做出精确记录，并允许保险公司在合理的时候对工程项目记录进行查验。

3）若保险工程的建造期限超过三年，则必须从保险单生效日起每隔十二个月向保险公司申报当时的工程实际投入金额及调整后的工程总造价，保险公司将据此调整保险费。

4）保险单列明的保险期限届满三个月内向保险公司申报最终工程总价值，保险公司据此以多退少补的方式对预收保险费进行调整。

（5）凡属附加险种规定的有关费用而未投保的不予承担赔偿。

（6）注意扣减免赔额和执行最高赔偿限额规定。

（7）扣除残值，扣除除外责任内的损失和费用以及扣除对保险财产修复或重置过程中发生的任何变更、性能增加或改进所产生的额外费用。

15.5.2 第三者责任险赔偿

1. 第三者

第三者是指被保险人、工程所有人或其他承包人及与工程有关系的工作人员以外的单位和其他人员。即订立保险合同双方以外的单位和个人。

2. 第三者责任

第三者责任是指在保险期限内，因发生与保险单所承保的工程直接相关的意外事故引起工地内或邻近区域的第三者人身伤亡、疾病或财产损失，依法应由被保险人承担的经济赔偿责任，保险公司按保险条款规定负责赔偿。

3. 第三者责任险赔偿原则

第三者责任险赔偿原则主要包括以下几个方面：

第一，工程发生属于保险责任范围内的意外事故。第三者责任赔偿的基础条件是工程施工期间的保险期限内发生了与承保工程直接相关的意外事故。保险人承担赔偿责任的主要原因为：一是工程发生了保险单物质损失项下定义的意外事故，即不可预料的以及被保险人无法控制并造成物质损失或人身伤亡的突发性事件，包括火灾和爆炸；二是非被保险人（法人）及其代表的工程人员主观上的过错导致的意外事故的发生造成第三者物质损失或人身伤亡。对于非承保工程和非直接相关的意外事故或自然灾害，以及除外责任造成在工地及邻近地区的第三者人身伤亡、疾病或财产损失，保险公司不予承担赔偿责任。

第二，依法应由被保险人承担的经济赔偿责任。第三者责任赔偿的前提条件是被保险人在民事法项下应当对第三者承担的经济赔偿责任，但不包括刑事责任。其要求为：一是在被保险人依据民事法履行了民事经济赔偿责任，并向保险人提出索赔申请后，保险人根据保险合同规定，按保险补偿原则承担赔偿责任；二是在责任保险中，保险人通常不承担被保险人承担的合同责任，而对于被保险人承担的民事法律责任予以负责，因此被保险人根据与他人的协议应支付的赔偿或其他款项，保险人不负责赔偿；三是对于被保险人根据法律规定的特殊侵权行为产生的对第三者的损害，保险人也不承担赔偿责任。

第三，保险人在第三者责任赔偿限额内对被保险人的损失予以补偿。第三者责任险赔偿的限制条件是赔偿限额为保险人履行赔偿义务的最高赔偿金额。在责任保险中保险标的是被保险人依法应承担的经济赔偿责任，而不是具体的财产数额，所以责任保险合同中没有保险金额，只规定保险人的赔偿限额。发生保险责任事故后，保险人按责任保险合同规定在赔偿限额内对被保险人的损失予以补偿。保险人赔偿金额范围包括第三者财产损失金额、人身伤亡补偿金额以及为施救或抢救所花费的施救费用，但最高赔偿金额不得超过责任保险合同规定的赔偿限额。

对于被保险人支付的诉讼费用以及事先经保险人书面同意支付的其他合理费用，被保险人可以在赔偿限额以外赔付。但当被保险人对第三者的赔偿金额超过保险单规定的赔偿限额时，保险人按赔偿限额与被保险人应承担的赔偿责任金额的比例赔偿诉讼费用。其分摊计算为：

保险人应摊费用＝诉讼费用×保险单赔偿限额/被保险人应负赔偿金额

4. 第三者责任险赔偿金额

（1）每次事故赔偿限额。每次事故的财产损失或人身伤害每人最高赔偿不超过保单约定的最高赔偿限额。

（2）保险有效期内的累计赔款限额。保险有效期内的累计赔款最高不得超过保险单明细表中列明的累计赔偿限额。

(3) 赔偿金额以法律裁定的应由被保险人偿付的金额为准。赔偿金额以法院或政府有关部门根据现行法律裁定的应由被保险人偿付的金额为准。

(4) 除诉讼费用等的承担。除诉讼费用和第三者人身伤亡、疾病或财产损失费用外，未事先经保险公司同意而支付的其他费用，保险公司不予承担。

(5) 第三者责任项下损失向任何责任方提出索赔要求。在发生第三者责任项下的索赔时，保险公司有权向任何责任方提出索赔要求。

(6) 第三者免赔额及赔偿限额。第三者财产损失有免赔额，第三者人身伤亡、疾病无免赔额，但有赔偿限额。

关键词

初步调查　详细调查　技术测试鉴定　事故原点　近因原则
事故　不可抗力风险　不可预见的意外事故
故意行为　重大过失　工程定额　交工证书　缺陷责任期
监理工程师　保险利益　单项工程　单位工程　分部工程
分项工程　施救　全部损失　推定全损　赔偿原则
赔偿金额　理赔基础　现场查勘　FIDIC合同条件
不利自然条件　赔偿处理　财务查账　第三者　第三者责任
公估理算

思考题

1. 简述工程险理赔原则与要求以及工作任务。
2. 简述工程险灾害事故现场查勘要求。
3. 工程险事故调查的具体步骤有哪些？
4. 简述工程险灾害事故原因调查及分析的方法。
5. 什么条件下工程险保险单无效？
6. 在何种情况下工程险保险单终止？
7. 简述工程险赔偿的必要条件。
8. 简述工程险赔偿的基本原则。
9. 简述第三者责任险的赔偿原则。
10. 拆除清理费用和一般的修复费用的区别是什么？
11. 建筑工程一切险和安装工程一切险承保的工程，如因保险事故毁损后，不予修复或重置时，保险公司是否需要理赔？其根据是什么？

12. 保险标的物发生部分损失后，对后续保险事故的损失，是否会构成不足额保险的问题?

13. 紧急抢救费用（须理赔）和防损费用（被保险人自行承担）的差别是什么?

第16章 责任保险理赔实务

本章预习

本章主要阐述责任保险理赔方面的原则、机制、流程以及如何确定保险责任和赔偿金额，最后还对责任保险相关主要险种的理赔实务和要素等内容一一作了介绍。主要内容包括：

- 责任保险理赔概述
- 责任保险的理赔要素
- 责任保险相关险种的理赔实务

16.1 责任保险理赔机制

责任保险是保险人以被保险人的民事损害赔偿责任为保险标的的保险，这种法律责任主要是指民事法律责任，更具体地讲是指民事的经济赔偿责任，而非刑事法律责任或行政法律责任。责任保险所承保的法律责任一般可分为侵权责任和合同责任。侵权责任是指被保险人因疏忽或过失违反法律应尽的义务或违背社会公共准则而致他人财产或人身遭受损害时，依法应对受害人进行赔偿的责任，侵权责任又称为“过失责任”。合同责任是指无论被保险人有无过失，根据法律规定或合同约定均须对他人造成的损害承担赔偿的责任，如雇主对雇员工作过程中受到的意外伤害，不论有无过失，均须对受害人负赔偿责任。

在财产保险中，保险人的支付义务与被保险人的财产损失相联系，一般称为赔偿责任；在人寿保险中，保险人支付义务产生时未必有被保险人的账产损失，一般称为给付责任。责任保险人的支付义务是赔付责任，是指责任保险人向被保险人或者受害的第三人赔偿保险金的义务；责任保险的被保险人对第三人的赔偿称为赔偿责任。

责任保险中，在发生保险责任范围内的赔偿责任时，经被保险人或受害的第三人请求，保险人应当对其赔偿责任的承担及其数额及时作出核定，支付保险赔偿金。我国《保险法》第二十四条规定：保险人收到被保险人或者受害人的赔偿或者给付保险金的请求后，应当及时作出核定，并将核定结果通知被保险人或受益人；对属于保险责任的，在与被保险人或者受害人达成有关赔偿或者给付保险金额的协议后十日内，履行赔偿或者给付保险金义务。保险合同对保险金额及赔偿或给付期限有约定的，保险人应当依照保险合同的约定，履行赔偿或给付保险金义务。

同时，责任保险的赔偿责任具有第三人性，即保险人在特定情况下可以直接对受害的第三人赔付保险金，《保险法》第五十条第一款规定：保险人对责任保险的被保险人给第三者造成的损害，可以依照法律的规定或合同的约定，直接向该第三者赔偿保险金。

责任保险赔付责任的承担，以发生保险责任范围内的保险事故为前提，责任保险的保险责任范围和除外责任将在后面叙述。

16.2 责任保险的理赔要素

16.2.1 保险责任的确定

1. 责任保险赔付行使的条件

责任保险以责任风险为保险标的，被保险人赔偿责任的确定需符合两个条件：第一，被保险人应负损害赔偿责任；第二，受害人行使损害赔偿请求权。一般来说，责任保险承保的就是被保险人的民事赔偿责任，只要其民事责任发生，保险人即承担赔付责任。但责任保险的目的是保护受害人的权益和填补被保险人的损失，如果受害人没有请求损害赔偿，则被保险人在法律上应当承担的赔偿责任并未转化为实际的损失，而且保险人支付保险赔偿金也不能到达受害人，这显然有违公平正义和法律设定的目的，因此，受害人求偿权的行使是责任保险赔付的条件。

2. 保险责任范围

根据我国《保险法》的规定，责任保险的范围包括两项内容：一是被保险人依法对造成他人财产损失或人身伤亡应承担的经济赔偿责任，这一保险责任是责任保险的基本责任，以受害人的损害程度及索赔金额为依据，以保险单上的赔偿限额为最高赔付额，由责任保险的保险人予以赔偿；二是因赔偿纠纷引起的由被保险人支付的诉讼、律师费用以及事先经过保险人同意支付的费用。保险人承担上述责任的前提条件是责任事故的发生应符合保险条款的规定，包括事故原因、发生地点、损害范围等均应予以明确。具体包括：

（1）财产损害赔偿。保险人承担的财产损害赔偿，仅限于被保险人因疏忽、过失行为或法律规定由其承担的责任，对于被保险人自身受到的财产损失则不属于保险责任范围。同时，保险人一般只对责任事故造成的直接财产损失承担责任，而不负责间接的财产损失。财产遭受损失的，应负相当于财产价值的赔偿责任；财产被损坏的，应予恢复原状或赔偿相应损失；财产虽未损失但丧失使用价值，应按其价值赔偿。

（2）人身伤害赔偿。身体伤害，不仅指身体之有形毁损，也包括脑力损害、痛苦、丧失工作及死亡等因素。造成人身伤害的责任保险事故的赔偿范围一般包括：

1）医疗费用。在事故中的受害人需要治疗护理而产生的住院费、医药费、护理费等。费用开支应由事故中的责任方来承担，如果责任方已经投保了有关的责任保险，即应由责任保险的保险人负责赔付。

2）丧葬费用。如果责任保险事故造成第三人死亡，则与丧葬有关的支出如殡仪馆费用等属于保险责任的范围。

3）误工损失。在责任保险事故中受到伤害的第三人因住院治疗等直接损失的工资收入属于保险责任的范围。

4）其他损失。因保险事故受到了身体伤害而应由被保险人承担赔偿责任的其他损失，例如受害人的抚养人的生活费用、丧失或部分丧失劳动能力的受害人今后的生活费用以及精神损害赔偿金等，也属于保险责任范围，但是这种损失的具体金额一般较难确定，可以由保险人和被保险人在合同中约定排除，否则，一般以法院的判决金额来确定保险人的赔付责任。

（3）诉讼的必要费用。责任保险的赔付基础是先确定被保险人对受害第三人的赔偿责任，这一确定的过程需要成本。因为被保险人承担的赔偿责任最终将转嫁给保险人，这种成本支出可以说是为了保险人的利益。因此，由于责任事故的赔偿纠纷而由被保险人支付的诉讼费、律师费、仲裁费、合理费用等属于保险责任范围。我国《保险法》规定除非合同另有约定，否则这些费用应由保险人承担。但从理论上讲，这些费用的承担应以保险人参与权的行使为前提，即在保险人参与了事故纠纷处理的情况下，这些费用才由保险人直接赔付。否则，如果是由于被保险人怠于处理纠纷而引起费用的发生，即使合同没有约定费用的负担，也应当由被保险人负担。

3. 责任保险的除外责任

责任保险的除外责任是依照法律的规定或保险单的约定，不属于保险责任范围的部分：

（1）法定除外责任。法定除外责任是不需约定而免予承担保险责任的情形，它一般基于法律规定、保险业习惯或法律理论。法定除外责任一般包括：

1）已经发生的保险事故。保险仅对将来不确定的危险提供保险保障，对已经发生的危险则不能适用保险。若将保险用于已经发生的危险，极易引发道德风险。所以在责任保险合同成立前，被保险人致人损害而应当承担赔偿责任的，保险人不承担保险责任。但保险合同约定之危险依其性质而具有溯及力的，不在此限。

2）道德危险。道德危险是指被保险人有故意致人损害的行为而引发的损害事故，不属于保险危险的范畴，保险人对之不承担保险责任。我国的责任保险条款一般约定下列道德危险为除外责任：被保险人因犯罪行为致使第三人受到损害的；被保险人故意使他人受到人身伤亡或财产损失的。

3）怠于防损而扩大的损失。在被保险人致人损害的事故发生后，被保险人应当采取必要的合理措施，防止损害的进一步扩大，但保险人应当承担由此而支出的费用。

（2）约定除外责任。约定除外责任是指依照保险合同的约定，保险人对被保险人致人损害的赔偿责任免予承担保险责任的情形。我国的约定除外责任通常包括不可抗力、被保险人事先与他人订有协议而应承担的责任、被保险人从事与保险单规定无关的业务或活动、核事故风险、非被保险人的原因引起的赔偿责任等。

4. 保险期限与索赔期限

责任保险的赔付一般需满足两个条件：一是保险事故发生在约定的保险期间即保险单的有效期内；二是索赔的提出不超过有关诉讼时效的规定。但在责任保险中，由于被保险人所致损害的发生，发现可能间隔较长时间，例如食品变质和环境污染所致的损害，有时在其实际发生后很长时间才能发现，即责任保险具有“长尾巴”特征，因此，责任保险一般采用期内索赔制的方式，以确定保险人承担赔偿责任的期限。

5. 索赔人与受害人、被保险人身份的确定

责任保险的合同主体，是责任保险合同的参加者，他们是订立合同、享受权利和承担义务的法律关系主体，责任保险的合同主体一般包括责任保险合同的当事人和关系人，除保险人外，还有被保险人、索赔人和受害的第三人。

（1）被保险人。根据我国《保险法》的有关规定，被保险人既可以与投保人为同一人，又可以分离。被保险人有两个基本特征：首先，必须是保险事故发生时遭受损失的人；其次，必须是享有赔偿请求权的人。

责任保险的被保险人，并不以被保险人本人为限，可以包括被保险人的家庭人员、代理人或者管理被保险人事务的雇员，除非合同另有约定，他们一般居于被保险人相同的地位，同样享受责任保险约定的利益。

（2）受害第三人。责任保险为第三人的保险，必须有第三人的存在，其专指责任保险约定的当事人和被保险人以外，对保险人享有赔偿请求权的受害人，因被保险人而受害的第三人，并非责任保险约定的利益的直接承受者，从一般意义上讲，受害人因合同的相对性，不得对保险人主张保险合同约定的利益。但合同的相对性原则并不具有绝对的意义，受害第三人根据法律的规定取得直接请求保险人给付保险金的权利也已在《保险法》第五十条中得到了法律保护。所以，被保险人和第三人皆有权利向保险人主张请求权。

总之，由于责任保险中保险人、被保险人、第三人的关系的复杂性，以及责任保险分散风险和保护第三人利益的目的，决定了责任保险赔付责任需要考虑众多因素，以合理确定赔付责任的大小和方式，平衡保险人、被保险人及受害第三人的利益。

16.2.2 保险金额的确定

1. 赔偿限额的确定

一般财产保险的保险标的价值是可以确定的，并作为确定保险金额的依据。责任保险中，保险人承担的是被保险人对第三者的损害依法应付的民事赔偿责

任，而非被保险人的财产或者财产利益的实际损失，被保险人的这种赔偿责任具有不确定性且没有固定的价值依据。所以，在订立责任保险合同时双方所约定的保险金额实际上即是保险人承担赔偿责任的最高限额。在责任保险单中一般约定有每次意外事故的最高赔偿限额或保险期内的累计保险赔偿限额。不论在保险期内发生多少次意外事故，保险人给付保险赔偿金，均以合同约定的最高赔偿限额为限。

对于诉讼费用的赔偿限额，一般是将其规定在人身和财产损失一个赔偿限额内，但也有将其单独列出一个赔偿限额的。

2. 免赔额

免赔额是保险人的免责限度，责任保险的免赔额以承保业务的风险大小为依据，以督促被保险人加强防灾，以减少赔偿频率和额度。责任保险的免赔额，通常是绝对免赔额，即无论受害人的财产损失程度是否超出了免赔额的规定，免赔额以内的损失保险人概不负责，由被保险人自行承担。责任保险对人身伤害没有免赔额的规定。

16.2.3 责任保险的赔付方式

责任保险的赔付以支付金钱为原则，但如果被保险人对受害人承担的是经济上的补偿责任，例如恢复原状的责任，则保险赔付的保险金应相当于恢复原状所应付出的金钱数额（同时适用免赔额和赔偿限额的规定）。

16.3 责任保险相关险种的理赔实务

16.3.1 公众责任保险理赔实务

公众责任保险理赔工作，是发生保险责任范围内的事故造成第三者人身伤亡或财产损失时，保险人根据保险合同的规定，承担被保险人依法对第三者应承担的经济赔偿责任（包括诉讼费用）。

1. 确定保险责任

保险人接到出险通知后应立即受理报案，首先要初步确定索赔是否属于保险合同项下的责任：

（1）保险事故是否发生在合同有效期以内。公众责任保险一般以期内发生式承保，所以如果保险事故发生的日期在保险期间，则为有效索赔。

（2）保险利益。被保险人在保险事故发生时是否具有保险利益，即第三人是否已向被保险人提出赔偿请求或提起诉讼，被保险人是否会因保险事故的发生而蒙受金钱损失或不利。

(3) 保险事故是否发生在承保地域之内。公众责任保险一般都有经营业务的地域限制，不在保单规定的场所或地域发生的索赔，保单不予负责。

(4) 保险事故是否属于保险责任范围。如，公众责任保险保障的是意外事故造成的第三者人身伤害或财产损失的法律责任，不是因意外事故造成的损失就不属于保险范围。

(5) 要求赔偿的人是否有权索赔。

2. 调查损失

保险人初步确定有理赔责任后，应对保险事故展开调查、估计损失，然后确定赔偿金额。

(1) 保险人须到现场查勘损失，确定有无损失或损失的程度。

(2) 保险人在调查时须注意被保险人是否履行保险合同上所有的被保险人义务条款。

(3) 经过查勘和认证之后，保险人要确定损失金额。人身伤亡一般为定额保险，不存在估价问题。财产损失应在赔偿限额之内，按实际损失协商或估价赔偿金额。

3. 支付赔款

经过调查属实并估定损失后，保险人应立即支付保险赔偿金、履行保险合同的义务。

(1) 对第三者的财产损失按实际损失计算赔款，并扣除每次事故财产损失的免赔额；对第三者的人身伤亡赔偿一般包括医药费、医疗费、误工工资、生活补助费、丧葬费、遗属抚恤金等，人身伤亡无免赔额的规定。

(2) 对于被保险人支付的诉讼抗辩费用以及事先经保险人同意的其他合理费用，保险人可以在限额以外支付。但当被保险人对第三者的赔偿金额超过保单约定的赔偿限额时，保险人按赔偿限额与被保险人应承担的赔偿责任金额的比例赔偿诉讼费用。其分摊计算公式如下：

$$\text{保险人应摊费用}=\text{诉讼费用}\times\frac{\text{保险单赔偿限额}}{\text{被保险人应负赔偿金额}}$$

(3) 如果出现重复保险情况，保险人按比例承担责任，其比例分摊计算公式如下：

$$\text{某保险公司应付赔偿}=\text{索赔金额}\times\frac{\text{该公司保单项下每次事故赔偿限额}}{\text{全部保单项下每次事故赔偿限额之和}}$$

4. 理赔要点

(1) 构成保险责任的两大要素：是否构成一次意外事故；是否属于被保险人应承担的民事损害赔偿责任。

(2) 每一次事故的概念为：不论发生几次索赔，只要是由一次意外事故或由同一事件引起的一系列事故，均视为一次意外事故。

(3) 核实被保险人是否选用可靠的、认真的、合格的工作人员并且使拥有的建筑物、道路、工厂、机器、装修和设备处于坚实、良好可供使用的状态。同时，应核查被保险人是否遵照法律法规的要求，对已经发现的缺陷予以立即修复，并采取临时性的预防措施以防止发生事故。

(4) 本保险的索赔时效为两年，被保险人应当在事故发生两年之内行使向保险公司索赔的权利，否则将被视为被保险人已经自动放弃了这项权利。

(5) 拒赔案件要严格按照有关规定处理。拒赔要有确凿的证据和充分的理由，应当慎重。决定拒赔的案件，应说明拒赔理由、依据。拒赔案件的所有材料必须妥善保管，必要时作好应诉准备工作。

16.3.2 雇主责任保险理赔实务

雇主责任保险主要是承担被保险人所聘用的员工在受雇过程中从事业务工作而遭受意外或患有与业务有关的国家规定的职业性疾病所致伤、残或死亡，被保险人根据《中华人民共和国劳动法》、《工伤保险条例》及相关劳动合同依法应承担的赔偿责任。

雇主责任保险的理赔，可以参照公众责任保险的理赔实务流程办理。由于雇主责任保险的理赔仅涉及人员伤亡，不涉及财产损失，所以处理理赔工作较公众责任保险相对简单一些，主要应注意以下几点：

1. 被保险人聘用的员工身份及范围审查

当发生承保范围内的保险事故时，保险人根据被保险人所提供的雇员名册，对发生伤残或死亡的雇员首先要核实员工姓名是否与名册一致，员工身份是否属实；其次还应注意员工的工种差别，长期固定工、短期工、临时工、季节工和学徒工等均可以包括在内，但雇主本人、未在本单位工作的雇主的直系亲属、已办离退休手续的职工及在投保当时已患重疾症的患者不得纳入本保险的承保对象。

2. 保险责任的审查

(1) 雇主责任保险以雇主为被保险人，保障雇主依雇佣合同或劳动法的规定而依法应负的赔偿责任，在核赔过程中，要注意审查所遭受意外事故是由于从事与业务有关的工作而致受伤、死亡还是患与业务有关的职业性疾病所致伤残或死亡，被保险人根据劳动合同或法律、法规须承担的医药费及经济赔偿责任，其中包括应支出的诉讼费用，但以保险人确认的为准。

（2）伤害必须在“雇佣过程中”发生，但即使是在受雇过程中，如果雇员从事与所雇业务无关的工作也不能得到补偿。怎样理解与业务有关呢？如果雇员在工作中为其私利目的而工作则应理解为与业务无关，例如，办私事或在工作中兼办私事的。另外，工作中必要的培训或应酬均应理解为与业务有关。外勤人员，如保单中没有规定雇员需在保单列明之地点工作的，也应视为与业务有关。

3. 赔偿限额的确定

最高赔偿限额的确定，通常以雇员工资收入为依据，由保险双方当事人在订立保险合同时确定并载入保险合同内。雇主责任保险的赔偿限额的特点在于以保险单上仅规定若干个月的工资收入为限，具体的赔付金额还需通过计算每个雇员的月均工资收入及伤害程度才能获得。

赔偿限额＝雇员月均工资收入×规定月数

4. 理赔要点

被保险人对保险人正式的索赔应以第三受害人（雇员）对被保险人（雇主）的索赔为前提条件，因为雇主责任保险的最终受益人是被保险人所聘用的员工。该保险的索赔程序应该是受害员工或其家属向雇主索赔在先，雇主向保险人索赔在后。值得注意的是，如果雇员的伤害当时未曾发现，后经检查才证明是由保险事故引起的，其对雇主的诉讼时效是从伤势被确诊之时起算的，即雇员可能在两年后仍然有权向雇主索赔。此时如按此两年计算被保险人（雇主）的索赔时效的话，雇主实际并未丧失向保险人索赔的权利，因为索赔期限应该从被保险人知道或应当知道保险事故发生之日起算，也即从雇员向雇主提出索赔请求之日计算被保险人向保险人索赔的时效期间。对于诉诸法律的索赔，只要第一次起诉行为发生在两年期间，对超过此期间的法院判决，保险人仍应负责。在实务中，雇主责任保险通常采用的是“期内发生”为基础的索赔方式，也就是说只要保险事故发生在保险期限之内，不论损失何时发现，不论在保单有效期内还是保险期限终了之后提出索赔，只要在索赔期限内提出索赔，保险人均应负赔偿责任。

16.3.3 产品责任保险理赔实务

产品责任保险理赔工作，是由于被保险人所生产、出售的产品或商品在承保区域内发生事故，造成使用、消费或操作该产品或商品的人或其他任何人的人身伤害、疾病、死亡或财产损失，依法应由被保险人负责时，保险人根据保险合同的规定，对被保险人依法对第三者应承担的经济赔偿责任（包括诉讼费用）予以赔偿的一项工作。

1. 产品责任保险的理赔机制

从法律角度分析，产品责任保险的理赔宗旨是保护消费者的利益。它承担的是产品制造者和销售者对其生产或销售的产品所应承担的第三者的人身伤亡或财产损害，不包括单纯的产品本身的损害。它是一种民事赔偿的侵权行为责任，适用严格责任原则，又称为无过失责任。按照严格责任原则的规定，只要产品有缺陷，对消费者或使用者构成不合理的危险，并因此使他们的人身或财产遭受损失，该产品的制造者或消费者就应承担赔偿责任。在严格责任制下，消费者使用产品受到损害，不必举证制造商或销售商的疏忽责任，只需证明在消费或使用该产品时受到伤害就足够了。2000 年修订后的《产品质量法》第四十一条规定：因产品存在缺陷造成人身、缺陷产品以外的其他财产损害的，生产者应当承担赔偿责任。第四十二条规定：由于销售者的过错使产品存在缺陷，造成人身、他人财产损害的，销售者应当承担赔偿责任。这两条规定，在产品责任方面也确定了严格责任原则。这标志着我国产品责任法的立法已基本与国际上的标准接轨。了解产品责任保险的发展和立法现状，有助于我们做好产品责任保险的风险评估和理赔工作。

2. 理赔要点

(1) 保险人接到报案后，如果保险事故发生在国内，应派人或保险公估人到现场查勘或与被害人接触，以证实事故的发生及损害的后果。如果保险事故发生在国外，应尽快委请当地有专业经验的保险公估人介入参与事故调查，如果案情需要，还应聘请当地律师参与事故处理、积极获取对案件发展所需的相关证据和材料。为出庭应诉做好准备。

(2) 要确认肇事产品是否为承保产品。

(3) 应了解受害人是否有使用产品不当的情况，如，是否遵守操作要求去使用该产品，在操作过程中有无过错。

(4) 产品事故是否发生在产品保质期或安全使用期以内。

(5) 生产出售的同一批产品或商品，由于同样原因造成多人的人身伤害、疾病或死亡或多人的财产损失，应视为一次事故造成的损失。

(6) 若被保险产品或商品中发现的缺陷表明或预示类似缺陷亦存在于其他保险产品或商品时，被保险人应立即自付费用进行调查并纠正该缺陷，否则由于类似缺陷造成的一切损失应由被保险人自行承担。

3. 司法管辖

国际上对产品责任保险案件，通常适用加害行为地或损害行为地法。在受害人大多在本国发生或住所地法院起诉的情况下，哪个国家的法院有管辖权，一般也就适用哪一国的法律。同一个产品责任保险案件，由于适用法律的不同，往往会产生差别很大的处理结果或判决。正因为如此，我们应该慎重对待司法管辖这一问题，尤其是司法管辖为世界范围，产品出口到美国、加拿大的产品责任保险案件。

16.3.4 职业责任保险理赔实务

职业责任保险理赔工作，是由于被保险人在其职业行为中因疏忽或者过失依法应承担民事损害赔偿责任时，保险人根据保险合同的规定，对被保险人依法对第三者应承担的经济赔偿责任（包括诉讼费用）在保险单约定的赔偿限额内予以赔偿的一项工作。目前，职业责任保险险种主要有医疗机构责任保险、律师责任保险、会计师责任保险等。下面对医疗机构责任保险和律师责任保险进行详细介绍。

1. 医疗机构责任保险

医疗机构责任保险承保被保险人在医疗活动中，因医疗事故造成患者人身损害并且患者在保险期限内首次向被保险人提出索赔，被保险人依法应承担的经济赔偿责任。

医疗机构责任保险承保医务人员由于医疗事故而致病人死亡或伤残、病情加剧、痛苦增加等，受害者或其家属要求赔偿的风险。主要表现为医疗事故责任和医疗差错。医疗事故是在诊治和护理工作中，主要由于义务人员的疏忽或过失或责任心不强或技术经验不足而造成医疗上的失误，致病人死亡、残废、组织器官损伤导致功能障碍及严重损毁等事件；医疗差错指在诊疗护理工作中，因医务人员诊疗过失，直接造成病人机体损害，但未构成医疗事故的事件。

（1）保险责任。医疗机构责任保险的保险责任一般包括以下几项：

1）因被保险人或其工作人员的医疗失误造成病人人身伤亡而应承担的损害赔偿责任。它应包括受害者已经治疗和继续治疗的医疗费用、受害者为此而延长病期的营养补助及死亡、残疾赔偿金等。

2）因被保险人供应的药物、医疗器械或食品有问题造成病人的伤害而应承担的损害赔偿责任，但仅限于与医疗服务有直接关系的，并且只以使病人受到的伤害为限。

3）因赔偿引起纠纷的诉讼、律师费及其他事先经保险人同意支付的费用。

（2）被保险人应提交的资料。被保险人应提交以下几项资料：

1）相关的病历资料，包括门诊及住院病历、体温单、医嘱单、辅助检查报告单、手术同意书、手术及麻醉记录单、护理记录单等。

2)《医疗机构执业资格证书》(载明诊疗科目)和责任人的名单及其执业资格证书。

3) 患者的身份证(若患者死亡的，应提供死亡证明书、户籍证明、法定代理人的身份证)。

4) 若作过尸检、药检、医疗器械鉴定的，应提供相关证明文书。

(3) 按医疗事故争议最终处理途径还应提交的资料。该资料包括:

1) 法院调解书或判决书。

2) 起诉书。

3) 法院传票和答辩书。

4) 医疗事故技术鉴定书及相关的司法鉴定书。

(4) 如按卫生行政部门调解，被保险人还应提供以下资料:

1) 当事人的医疗事故争议处理和调解申请书。

2) 卫生行政部门的调解书。

3) 卫生行政部门的医疗事故判定书或医学会的医疗事故技术鉴定书。

(5) 如医患双方协商解决，被保险人提供的资料包括:

1) 患方的索赔申请书。

2) 卫生行政部门的医疗事故判定书或医学会的医疗事故技术鉴定书或医院的医疗事故责任认定书(载明双方当事人的基本情况、诊治概要及争议要点、医疗事故的原因、等级、责任程度)。

3) 保险人的赔付同意书。

4) 赔偿协议书。

5) 如涉及误工费、被抚养人生活费等赔偿的，应提供相关凭证。

上述证明文书均应由相关部门出具并签字签章。

(6) 理赔要点。

1) 保险人在医疗事故中应有参与权。在接到被保险人的索赔申请后，保险人有权参与对医疗事故或医疗差错的调查和处理。未经保险人书面同意，被保险人或其代表对索赔事宜不得做出任何承诺、拒绝、出价、约定或赔偿的表示。保险人认为有必要的情况下，可以以被保险人的名义，自负费用进行抗辩或索赔。

2) 医疗事故的认定。根据 2002 年 9 月 1 日实施的《医疗事故处理条例》的适用办法进行认定，对存在争议的医疗责任，可由双方协商处理，协商不成的，可委托中华医学会进行医学鉴定或依保险合同的约定提交仲裁或提起诉讼。

3）医疗事故赔偿可通过法院判决或调解、卫生行政部门调解、医患双方协商三条途径解决。赔偿时应考虑医疗事故的等级、责任程度、损害后果与原有疾病状况之间的关系，并按照《医疗事故处理条例》第50条规定的11个款项确定赔偿数额。按《医疗事故处理条例》规定不属于医疗事故的，医疗机构不承担赔偿责任。

4）医患双方对医疗事故赔偿争议协商一致并经保险公司认可的，由医患双方签署协议书；医患双方协商不成的，或保险公司不认可的，可按《医疗事故处理条例》的规定，申请医疗事故技术鉴定、行政处理或提起民事诉讼。保险公司根据最终结案的法定书证、双方协议书、行政调解书、民事诉讼调解或判决书，在保险限额内一次性赔付，超额部分由医疗机构自行承担。

2. 律师责任保险

律师责任保险承保被保险人作为律师在职业服务中发生的一切疏忽、错误或过失行为所导致的法律赔偿责任，以及造成的对第三者的人身伤害或财产损失。

（1）索赔单证。

1）书面索赔报告、损失清单。

2）保险单正本、有关联责任的律师的《律师执业证》、同委托人签订的委托合同。

3）能证明事故发生原因、性质、损失程度的权威性文书。

（2）除外责任的掌握。

1）特定人造成的损失：律师事务所在册执业律师以外的任何人员给被保险人的委托人造成的经济损失，保险公司不负赔偿责任。

2）特定情况下发生的损失：价单一般有专门条款列明，在若干情形下给被保险人的委托人造成经济损失，保险公司不负赔偿责任。

3）特定人和特定情况造成的诉讼费用：由于特定人和特定情况所产生的诉讼费用和相关费用，保险公司不负赔偿责任。

4）超过规定的索赔提出时限，保险公司不负赔偿责任。

5）除非另有约定，否则律师在中国境外执业造成委托人的经济损失，保险公司不负赔偿责任。

（3）被保险人的委托人的索赔时限要求。由于被保险人的执业律师的疏忽或过失造成委托人的经济损失，被保险人向保险公司提出索赔，在时限上必须同时满足下列要求，缺一不可：

1）委托人首次在保险期限内向被保险人提出索赔。

2）被保险人对委托人的委托代理案件造成的损失系在本保险单明细表中列明的追溯期或保险期限内发生。

（4）被保险人的索赔时限要求。本保险的索赔时效为两年，被保险人应当在事故发生两年之内行使向保险公司索赔的权利，否则将被视为被保险人已经自动放弃了这项权利。

（5）诉讼费用和其他必要、合理费用限额的理算。对事先经保险公司书面同意支付的诉讼费用和其他必要、合理的费用，保险公司负责赔偿，但最高不超过每次事故赔偿限额的百分之十。在本保险期限内此项费用的累计赔偿金额不超过保险单明细表中列明的累计赔偿限额的百分之十。该项费用分别在每次事故赔偿限额和累计赔偿限额之外理算。

（6）理赔要点。

1）发生保险责任范围内的重大经济损失，应当坚持通过诉讼方式来解决被保险人与其委托人之间的索赔纠纷，不宜让被保险人与其委托人协商解决。必要时，聘请有经验的评估公司或其他单位的律师参与理赔过程。保险法有关条款规定，被保险人不通知保险人擅自与第三人和解，达成赔偿协议，保险人不承担保险赔偿责任。

2）收到索赔通知，保险公司理赔人员要立即着手建立理赔档案，概括记录处理过程中各个时段、环节的工作情况，如每次联系的时间、地点、人员，资料的来源渠道、获得时间，法院受理案件及审理案件的过程，法院民事判决书或民事调解书等情况。此类险种均不实行预付赔款制度。

16.3.5　旅行社责任保险理赔实务

旅行社责任保险理赔工作，是在保险合同有效期、旅游合同规定的旅游日程期限内，被保险人在经营旅游业务活动中由于被保险人或其雇员、代表的疏忽或过失造成游客的经济损失或费用，依法应由被保险人承担赔偿责任时，保险人按合同约定负责赔偿（包括诉讼费用）的一项工作。

旅行社责任保险的理赔要点主要包括：

（1）旅行社直接照管下的旅客行李发生的损坏或遗失属于责任范围，而旅行社导游等自身财产的损失不属于保险责任范围。

（2）核实被保险人是否就旅游安全情况事先对游客给予充分的提醒、劝诫、警告，或对可能发生的旅游意外事故是否采取了合理有效的预防措施，是否在旅游活动中严格遵守国家的有关规定。

（3）理赔时应查验保险单、有关部门事故处理原始记录和相关证明、损失清单、有资格医院出具的伤亡证明和其他保险公司认为必要的单证。如发生重要物品损失，还应察看“重要物品登记表”。

(4) 对于发生在境外的保险事故，应当索取由驻外机构出具的事故证明。由于境外医疗情况难以准确掌握，为了清楚起见，也为了即时处理案件，对于为人身伤亡事故的急救而采取的措施一般可相对放宽审核，而对于财产损失、费用损失则可以相对从严审核。

(5) 对被保险人已经与索赔方达成的任何承诺应当重新审核，对于不属于保险责任或明显不合理的部分应予以剔除。对保险事故引起的仲裁或诉讼，可以视需要以被保险人的名义接办处理。但若要诉讼，应综合考虑索赔额度和诉讼成本，本着经济合理的原则处理。

关键词

责任保险	赔偿责任	第三人	保险责任	合同责任	侵权责任
保险标的	核赔	拒赔	索赔期限	诉讼期限	免赔额
赔偿期限	医疗事故	追溯期	人身伤害	赔偿金额	诉讼费用
法律费用	被保险人	受害人	产品责任	施救费用	

思考题

1. 在责任保险理赔中，如何分清保险人、被保险人和受益人的关系?

2. 在责任保险中，保险赔偿金应支付给谁?

3. 责任保险合同在哪些环节容易引起保险纠纷? 应该采取什么措施来减少纠纷?

4. 案例分析题。

案例 1：1999 年 3 月被保险人王某，以其私有的面包车向 A 保险公司投保了机动车辆险、第三者责任险，保险期限为一年，最高赔偿限额为 5 万元。8 月份的一天，王某将乘客载至某站时，乘客赵某下车后，才想起自己将一物品遗忘在车上，遂急忙返身欲登车取回，不料王某已将汽车启动，赵某的旅行袋被车挂掉，车轮将价值 5 000 元的贵重物品辗碎。赵某要求王某赔偿，王某向 A 保险公司索赔。请问：

(1) 赵某在该案中是乘客还是第三人?

(2) 王某向保险公司索赔，保险公司应如何理赔?

案例 2：1998 年 7 月某日晚，李某在餐厅就餐时被突然爆炸的啤酒瓶炸伤左腿，共花去各种费用 5 000 元。后李某向啤酒生产者 A 厂索赔，因 A 厂已向 B

保险公司投保产品质量责任保险，所以 B 保险公司支付了 5 000 元。后经调查，啤酒瓶爆炸是因专门为 A 厂生产啤酒瓶的 C 厂产品质量不合格所致，A 遂要求 C 厂承担责任。B 则认为应由自己向 C 提出赔偿请求。请问：你认为 B 的做法是否妥当？为什么？

第17章

人身意外伤害险理赔实务

本章预习

虽然我国商业保险的发展历史并不长，但人们的自我保障意识正在逐步加强。在参加保险的人群中，除了办理养老保险和医疗保险外，越来越多的人开始投保意外伤害保险。本章重点介绍人身意外伤害险的理赔实务，主要内容包括：

- 人身意外伤害险的基本概念
- 人身意外伤害险理赔的特点
- 理赔资料的审阅
- 索赔人、受益人和被保险人等关系人的确认
- 人身意外伤害险核赔要点

17.1 人身意外伤害险理赔概述

17.1.1 人身意外伤害险简介

人身意外伤害险，是以被保险人因遭受意外伤害事故造成身故或残疾为保险条件的保险业务，在保险期限内因发生意外事故致使被保险人身故或伤残，保险人按照保险合同的规定给付保险金。

意外伤害：是指外来的、突发的、非本意的、非疾病的使身体受到伤害的客观事件。意外伤害的构成包括上述外来的、突发的、非本意的、非疾病的四个必要条件。

意外伤害身故：被保险人因遭受外来的、突发的、非本意的、非疾病的剧烈伤害而死亡。

残疾：指永久丧失全部或部分劳力和身体器官机能。暂时丧失全部或部分劳动能力和身体器官机能，不被认为是残疾。残疾包括两种情况：一是身体组织、器官的永久丧失；二是身体器官机能的永久丧失。

17.1.2 理赔机制

人身意外伤害险的理赔流程基本上与财产险类业务的理赔流程相同，分为报案、立案、调查、理算及理赔等五个步骤。尽管人身意外伤害险在保险期限、经营特点等方面与财产险业务比较相似，但在理赔的具体处理上差异较大。

产险公司的理赔人员往往从处理雇主责任险等责任保险的经验出发，认为意外伤害保险尤其是团体人身意外伤害险的理赔流程应等同于雇主责任险的理赔流程。这是个较大的误区，需要尽快调整过来：

（1）在保险原理上，雇主责任险承保的是雇主对雇员的责任，雇主要对雇员形成事实上的侵害关系并承担一定的赔偿责任，保险公司的赔付对象是雇主而不是雇员；人身意外伤害险则不同，保险对象是每一个具体的被保险人（雇员）的自身利益，当投保团体为其雇员投保本保险时，其实是给每一雇员提供一定的个人利益，当雇员受伤害时，直接从保险公司得到给付。

（2）在立案对象上，雇主责任险以每一投保人为单位立案，一定阶段内几个被保险人（雇员）的赔付资料可合并在一笔案卷中；人身意外伤害险则以每一个具体的被保险人为单位立案，如果这个被保险人在同一个保险公司同时有几份有效的保单，而保障责任相同（也即身故或伤残保障），则可合并在一笔赔案案卷中进行赔付。

(3) 在赔款支付上，雇主责任险项下，如果投保人（投保团体）同时有几份保障责任相同的保单，那么保险公司仅负比例赔付责任；意外伤害保险中，如果一个被保险人（具体雇员）同时有几份负身故或残疾给付责任的保单，可同时获得保险金给付，除非该保单责任是意外伤害医疗费的情况下，保险公司才负比例赔偿责任。

17.2 人身意外伤害险理赔要素

17.2.1 人身意外伤害险理赔资料的审阅

根据赔案所涉身故、残疾、医疗费用等保险责任的不同，案卷所需的理赔单证也有差异。须审核理赔单证是否齐全，以及该单证的真实性。

1. 被保险人身故，赔案中须含有如下单证

(1) 理赔申请书（保险金给付申请书）。

(2) 保险合同和最近一次保险费的缴费凭证（如无缴费凭证以公司记录为准）。

(3) 意外伤害身故有效证明材料，包括公司指定或认可的公立医疗机构出具的意外伤害死亡原因证明，如果是交通事故，应有交通部门出具的《道路交通事故责任认定书》，工伤死亡应有劳动部门出具的工伤死亡事故处理证明，刑事案件应有公安刑侦部门出具的案情证明等，公安、司法部门出具的户籍注销证明或尸体检验报告以及殡葬部门出具的火化证明。对于一些不能出具以上证明的案件，在及时、充分调查的基础上，可参考出险人所在单位或居委会出具的有关证明文件。

(4) 受益人的身份证和户籍证明，如委托他人时应出具《理赔委托书》。

(5) 受益人与被保险人的关系证明。

(6) 被保险人身份证明。

(7) 保险公司认为必要的其他文件。

2. 被保险人残疾的，赔案中须含如下单证

(1) 理赔申请书。

(2) 保险合同及最近一次保险费的缴费凭证。

(3) 被保险人户籍证明与身份证件。

(4) 公安部门出具的意外伤害事故证明。

（5）保险公司指定或认可的医疗机构出具的被保险人身体残疾程度鉴定书。

（6）保险公司认为必要的其他文件。

3. 被保险人发生意外事故治疗的，赔案中须含如下单证

（1）理赔申请书。

（2）保险合同和最后一次保险费的缴费凭证。

（3）保险公司指定的或认可的医疗机构所出具的门诊病历、出院小结、疾病诊断证明、医疗费收据及明细结账清单原件、转院证明。

（4）被保险人的户籍证明或身份证件。

（5）发生意外事故的证明材料，如由劳动部门出具的工伤事故鉴定书、由公安部门出具的道路交通事故责任认定书或刑事案件证明书、由卫生防疫部门出具的中毒事故证明材料等。

（6）保险公司认为必要的其他文件。

17.2.2 索赔人与受益人、被保险人等关系人的身份与关系的确认

1. 关于报案人身份的审核

审核内容包括报案人的姓名、联系方式、与本保险单及投保人/被保险人/受益人的关系。投保人、被保险人或受益人均有及时报案的义务。对未在事故发生之日起5日内报案的，须核定原因，对非故意的，也非不可抗力造成的，则保险公司仍须承担赔偿责任，但对于迟延报案导致增加的勘查、检验费，应由投保人/被保险人/受益人承担。

2. 对受害人身份的审核

审核伤者或受害人是否为本保险单规定的被保险人，有无相应的身份证明。

3. 对索赔申请人的审核

审核索赔申请人是否为被保险人或受益人。残疾责任保险金或医疗费用的索赔人，应为被保险人本人；身故责任保险金索赔人，应为保单规定的受益人，如为法定受益人，须取得该受益人与死者关系证明书。对索赔申请人不是被保险人或受益人的，须查明该人与被保险人及受益人的关系、索赔动机（是否有道德风险），并须取得被保险人或受益人的书面索赔委托书。

4. 对赔款支付对象身份的审核

残疾责任或医疗费用的保险金受领人，须为被保险人本人；身故责任保险金受领人，须为保单规定的受益人或法定受益人。对非本人领取赔款的，须持被保险人或受益人的书面授权书及身份证明领款。

17.2.3 保险责任的确定

1. 确认保单及条款

审核被保险人所持有的保单，确认所使用的条款及其内容，确认本保单的保障范围及除外责任以及保险期限及索赔期限的规定。

2. 对出险时间的审核

审核意外事故的发生是否在保险期限内，保险单是否有效。

3. 对身故或残疾判定时间及意外伤害医疗费支出期限的审核

死者的死亡鉴定时间或伤者的残疾判定时间是否是在意外事故发生后 180 天内；对治疗尚未结束的，被保险人的残疾鉴定是否在第 180 天时根据当时身体状况进行的。对意外伤害医疗费部分，保险期限届满时治疗仍未结束的，保险公司所承担的赔偿期限最长到意外事故发生之日起第 180 天为止。

4. 对造成伤者（死者）受伤（死亡）的事件的审核

审核该意外事件是否属保险公司意外伤害保险所承保的外来的、突发的、明显的、非故意的意外事故；是否可排除投保人或受益人故意伤害被保险人的嫌疑；是否可排除被保险人自杀或自伤的因素等。

17.2.4 赔偿金额的确定

1. 给付项目

根据目前现有人身意外伤害险各险种的保障范围，给付项目主要是如下三项：

（1）意外身故保险金给付。

（2）意外伤残保险金给付。

（3）意外伤害医疗费给付。

2. 保险金额

（1）对身故/伤残保险金以及意外伤害医疗费的给付额度，以保单规定的各自的保险金额为限。

（2）对伤残保险金及医疗费的给付，要审核同一被保险人在保险期限内是否已有过赔付记录，累计的给付金额不能超出保单规定的保险金额。

（3）对残疾保险金的给付，要审核残疾鉴定结果是否有夸大残疾程度的嫌疑。

（4）对因意外事故遭受伤害而发生医疗费用的，须审核针对该种受伤情况所采取的治疗方案是否得当，有无滥用贵重药物的现象，医药费的支出是否合理。

3. 免赔额

免赔额是针对意外伤害医疗费的给付规定的。对给付医疗费的赔案，应扣除相应的免赔额。

关键词

人身意外伤害险	理赔	核赔	意外伤害	身故
残疾	给付	被保险人	受益人	免赔额
保险责任	赔偿金额	保险合同	条款	索赔人
理赔单证	核赔要素	雇主责任		

思考题

1. 在索赔申请人的身份认定上，有何要求？

2. 在赔案定责方面，主要应考虑哪些因素？

3. 在赔案定损方面，主要应考虑哪些因素？

4. 对于被保险人身故的，所需理赔资料主要有哪些？

5. 案例分析：甲商场为其全体员工（包括行政管理人员、商场保安等所有人员）在A保险公司投保了团体人身意外伤害险，每人保险金额50 000元，保险期限自2002年3月15日零时起至2003年3月14日24时止，保费已全额交付。2002年9月1日晚间22：00，经营业户营业结束后，保安刘某按规定对商场五楼进行夜间巡逻，发现有一人鬼鬼祟祟正在撬一业户的门，上前查问时，该人神色慌张，与刘某打在一起，并将刘某刺伤后逃逸。其他保安赶到后将刘某送至医院治疗，并通知公司相关部门，次日向A保险公司报案。十天后刘某痊愈出院，重回工作岗位，医药费支付共计8 500元。在向A保险公司索赔时，该保险公司理赔人员认为刘某的工作性质为保安，工作职责即是保卫商场安全经营，该次伤害是其执行公务过程中造成的，是其工作性质可以预见的，不能获得赔付，遂予以拒赔。

请问：A保险公司的拒赔理由是否成立？

第18章

保证保险理赔实务

本章预习

本章主要讨论保证保险业务，包括产品质量保证保险和雇员忠诚保证保险，重点对涉及上述两个险种的理赔流程及要求进行了简要阐释，主要内容包括：

- 产品质量保证保险理赔实务
- 雇员忠诚保证保险理赔实务

18.1 产品质量保证保险理赔实务

18.1.1 产品质量保证保险概述

产品质量保证保险作为生产和销售企业的保证人，对其生产和销售的产品符合质量标准做出保证。该险种是以保证批量生产和销售的产品在一段既定时期内的质量标准和使用性能为特性的保险产品。

18.1.2 理赔时需审核的单证及资料

需审核的单证及资料主要包括：

● 保单正本；

● 保费收据；

● 出险通知书；

● 索赔申请书；

● 综合报告书；

● 赔款计算书；

● 出险产品的详细描述（名称、型号、规格、批量、制造日期、销售日期、销售渠道、销售过程）；

● 产品质量检验证书（合格证）；

● 损失记录、损失清单（发生时间、地点、原因、程度、金额等）；

● 出险证明材料，包括有关账册、发票等；

● 被保险人营业执照；

● 被保险人生产管理规定。

18.1.3 理赔要素

（1）及时通知义务。出险后，被保险人有否立即通知保险人，并以书面报告提供事故发生的经过、原因和损失程度。

（2）对被保证人的审核。审核被保证人的营业执照，确认该被保证人为合法企业，并注意审核该出险产品的生产日期处于营业执照有效期内

（3）审核保险责任期限。由于产品质量保证保险的责任期限为消费者购进保险期限内生产并销售的出险产品之日起的一年，在核赔时要注意审核该责任期限，尤其对安全使用期或失效期在一年以内的产品（如食品等短期消费品），应以标明日期为责任的终止日。

（4）对出险产品的审核。一是审核投保产品是否有国家产品质量检验机构出具的检验合格证书和批准生产的文件；二是审核出险产品是否有产品质量检验证书（合格证）；三是确认出险产品的出厂日期或销售日期，若出险产品为销售商进货超出一年半之后出售或超过保质期所致的损失，则保险人不承担保险责任；四是排除产品的自然磨损，运输、仓储过程中的损失，用户和消费者未按产品使用说明书安装、使用等情形造成的损失；五是审核过去同样的产品是否发生过损失，如果有，发生损失后有否进行质量改良。

（5）对一次事故的认定审核。同一批产品被保险人提出索赔后视为一次事

故，不同批产品被保险人同时提出索赔时视为一次事故。在核赔时要求被保证人提供所有出险产品的名称、型号、规格，以明确出险产品是否构成一次事故，从而确认保险人的赔付金额。

(6) 对产品质量难以评定的损失（如农药等）应及时聘请专业公估人调查取证。

18.2 雇员忠诚保证保险理赔实务

18.2.1 雇员忠诚保证保险概述

雇员忠诚保证保险是保证保险的一种，保险人作为被保险雇员的保证人（担保人）确保雇员在受雇期间发生不忠诚行为并导致雇主（被保险人）经济损失时，可从保险人处获得赔偿。因此，该险种是以保证个人道德品质和行为为特性的保险产品，其风险较难控制。

18.2.2 理赔需审核的单证及资料

雇员忠诚保证保险理赔时需审核的单证及资料主要包括：

- 保单正本；
- 保费收据；
- 出险通知书；
- 索赔申请书；
- 综合报告书；
- 赔款计算书；
- 出险雇员劳动合同；
- 公安机关立案证明；
- 出险雇员收入证明（自起保日到出险日）；
- 出险证明材料，包括有关账册、发票等；
- 出险雇员留存在被保险人处的现金及其他财产明细；
- 被保险人在雇佣出险雇员前对该雇员诚信情况的查询材料；
- 被保险人内部财务管理规定。

18.2.3 定责

(1) 及时通知义务。雇主及其代理人在发现雇员有某种欺骗和不诚实行为，可能造成钱财损失时，应随时通知保险公司。保险公司收到上述通知，并不意味着表示认可同意受理；保险公司有权审查雇主提供的索赔说明书、财务计算报告及其他单证；审核保单明细表后所附雇员清单，以确认出险雇员是否包含在内。

（2）审核出险雇员劳动合同，以确认出险雇员在保险期间内是否曾中断与被保险人的雇佣关系。如曾中断，则由此导致的该雇员的欺骗或不忠实行为造成的损失，保险人不承担赔偿责任。

（3）审核出险雇员收入证明（自起保日到出险日），以确认在保险期间出险雇员的收入是否有变化。若有被保险人降低出险雇员工资或津贴的情况，则由此导致该雇员的欺骗或不忠实行为造成的损失，保险人不承担赔偿责任。

（4）审核公安部门的立案证明，以此判断被保险人是否及时报案，尽到应履行的职责。雇主还应积极协助保险公司，向犯有欺骗罪和不诚实行为造成钱财损失的雇员进行追偿，或从雇主应付给上述雇员的报酬中扣回保险公司已支付的赔款。

（5）审核被保险人在雇用出险雇员前对该雇员诚信情况的查询材料，以确定被保险人是否查清出险雇员的诚实情况，这是保险人承担保险单项下任何责任的先决条件。

（6）审核综合报告书及被保险人提供的账册等文件资料，判断该案的出险原因是否属于下列各项除外责任：

1）被保险人的故意行为。

2）出险雇员的疏忽或过失造成。

3）出险雇员向被保险人借贷或使用被保险人的财产的行为，以被保险人事先知情为前提。

4）由出险雇员的不忠实行为导致的间接损失，如出险雇员挪用公款后，被保险人损失的银行利息等预期收益。

（7）确认出险雇员在案发时的工作职责是否与其雇佣合同相一致。出险雇员的不忠实行为所造成损失的财产，判断该财产确系被保险人所有、控制或保管。并确认上述财产仅包括货币、票据、有价证券及有形财物。

（8）确认出险雇员的不忠实行为确实发生在保险期限内，由于雇员不诚实行为造成钱财损失的发现期，一般规定为 6 个月，投保人必须在上述期限内提出索赔。

18.2.4 定损

（1）根据被保险人提供的索赔申请以及公安机关的立案证明等书面材料，并通过对被保险人提供的账册、会计报表及其他证明材料的审核来判断损失金额。

(2) 调查出险雇员在被保险人处留存的现金、押金及其他财产，包括被保险人尚未发放给出险员工的工资及津贴。将该笔费用从上述核定的损失金额中扣除。

(3) 调查是否另有其他关于雇员欺骗行为的担保或保证，若有，则本公司仅仅负责赔偿或分摊应赔付的比例部分。

(4) 上述确定的损失金额应扣除保单约定的免赔额（率），并确认其不超过保单列明的赔偿限额。

关键词

保证　保证保险　产品质量　保险责任期限　保险金额　免赔率　雇员忠诚　理赔　疏忽　过失除外责任　通知义务

思考题

1. 被保险人索赔时，保险人应要求其提供哪些材料？
2. 产品质量保证保险中如何认定“一次事故”？
3. 在雇员忠诚保险理赔中，应如何界定保险人的责任？
4. 对于已经赔偿的案件，我们应该如何进行追偿？

第19章

货运险理赔实务

本章预习

货物运输保险（简称货运险）是以运输过程中的各种货物作为保险标的的保险。不论是对外贸易还是国内贸易，一笔交易的货物从卖方到买方，都需要经过运输过程，在此过程中货物碰到自然灾害或意外事故而遭受损失是难以避免的。货物运输保险的目的正是对这种可能发生的货损加以赔偿，为正常的生产提供保障。而货运险核赔则是针对货物运输保险理赔的一项专门技术。由于货物运输的国际性、广泛性及复杂性，货运险核赔技术涉及法律、检验、货物学等多项学科。因此，如何以科学的管理手段和现代化的电脑操作技术来建立完善的核赔制度，审核各类进出口及国内运输案件，是保险公司在货物运输保险中重点研究的课题。本章重点对货运险核赔相关的基本概念、运作机制、理赔流程及法律依据等方面进行了较为详细的阐释，主要内容包括：

- 货运险核赔的要素
- 货运险理赔的流程

- 货运险的追偿
- 货运险中的特殊制度（赔偿责任限制、共同海损与救助）
- 货运险理赔中涉及的诉讼

19.1 货运险核赔要素

货运险核赔是指全程处理货运险各险种的赔案，包括损失通知、保险索赔、损失确定、责任审定、赔款计算、赔款给付、追偿以及与货运险业务相关的救助、共同海损、诉讼与仲裁等各项工作。

19.1.1 理赔资料的审阅

1. 理赔报告书

理赔报告书应做到：事实描述客观全面，责任判定准确，理算公式正确，索赔资料翔实。

2. 损失查勘报告

查勘报告应真实、全面地反映案件的情况。缮制查勘报告应注意以下几点：

(1) 报告内容应全面准确。应包括出险时间、地点、原因、施救过程、损余物资处理、损失情况、定损和修理意见、善后措施等。报告中上述内容的记载应来源于现场查勘记录与其他调查记录。

(2) 查勘报告应充分反映出险案件发生和现场处理的全部过程。对报告中的每一项目，如货损原因、程度、部位的描述要准确，以免给定损和复核工作带来困难，有分析资料的应附在查勘报告后面。

(3) 对处理赔案的有关当事人的姓名及其处理案件的有关主要情况，都要在查勘报告上阐述清楚。

3. 公估报告

对案情复杂、专业技术含量高的个案应聘请公估人出具检验报告。审阅时应注意该报告是否客观、公正，对案情分析、责任判定以及损失确定是否准确合理。

19.1.2 查勘检验与施救

查勘的目的主要是为了明确保险责任和事故损失，为理赔工作提供依据和情况。做好现场查勘工作，对减少理赔纠纷，准确、合理、及时地处理赔案，提高理赔工作质量具有十分重要的意义。

19.1.2.1 查勘检验

1. 普通货运险案件查勘

（1）查勘时应注意以下问题：

1）作好现场查勘准备，了解货物承保、运输方式和运输工具的有关情况，携带必要的查勘和防护用具赶赴现场。

2）查勘人员争取到第一现场，认真调查、详细记录、搜集情况、查看实物，向当事人和有关人员详细询问了解灾害事故的经过、原因和责任，收集旁证材料并初步查验保险标的损失程度、损失部位、估计损失金额。

3）对案情复杂、定损困难的案件，应聘请技术专家协助做出技术鉴定，防止盲目处理。

4）查勘现场时必须对受损货物拍照，必要时可进行录像。同时要做好对当事人的调查笔录取证工作，笔录后应请被调查人签字，也可进行谈话录音。

（2）查勘工作要点包括下列内容：

1）查明出险时间。根据货物运单承运与到达的日期记载，查明保险货物实际到达的日期，核实保户是否在规定日期内报案索赔，以明确货损是否发生在保险期限内。

查勘工作应注意以下两个问题：

①运输部门签发的记录（货运记录、普通记录、商务记录）是否是在货物到达后 24 小时内编制的，否则只能作为参考。

②对出险日与保险责任起始日相接近的报案，应特别注意核实，防止发生先受损后投保的道德风险。

2）查明出险地点。货损是否发生在运离起运地发货人的最后一个仓库或储存处所和运抵目的地收货人的第一个仓库或储存处所之间，以明确损失是否属于保险责任起讫范围之内。

查勘时应注意区分以下三种情况：

①在起运地出险的，应查明保险责任是否已经开始。

②在目的地出险的，应查明是否已经结束。

③在途中受损的，应查明是否属于正常的运输路线和时间段内。

对已经转售或从车站、码头直接调拨的货物，保险责任自提货之时起终止，因此，必须要确定出险的确切地点。

3）查明出险原因。应随时随地留意查看并掌握充分证据，以实事求是的态度，结合货物特性、损失情况以及装卸、配载、仓储、运输、内外包装等进行综合分析，做出合情合理、有根有据的判断，区分货物的原残、途残、短卸和短提等损失责任。根据近因原则了解货物损失究竟是什么原因致损，是自然原因还是人为因素造成。根据所承保的险别，对照条款和条款解释，确认是否属于保险责任范围。

4）查明货物受损情况。一般情况下，查勘中的货物受损情况可以用运输单位的货物损失证明作为参考依据，但仍建议现场核实损失证明中记载的品名、数量与损失程度，以初步确定货损程度与数量。检查货物应注意以下两个问题：

①金额较高的单件机器、仪器，需明确其损失的部位和程度。

②大宗物资，如建材、有色金属、食品百货、酒类饮料、化工原料等，需对损失情况详细核实，必要时应抽样检验，明确损失数量、程度或比例。如损失程度轻重不等，可按等级分成几类定损。

2. 其他需了解的情况和资料

（1）陆运。重点了解承运公司的名称、地址及联系方式；承运车辆的车号、载重吨等情况；驾驶员证件、身份证等；承运车与货主的运输合同；交通事故报告。

（2）海运。主要是了解船东名称、地址、联系方式、其加入的保赔协会；船舶资料（船籍、船籍港、船值、载重吨、登记吨和建造年份）；运输条件和租约（期租、程租、班轮或 CNF 对方派船，尽可能取得租约副本）；海损经过情况（海损时间、地点、致损原因，如船舶碰撞、搁浅、触礁、失火、遇恶劣气候等以及船货损失情况）；载货资料（提单、发票、装箱单、仓单及合同，查明包装、唛头件数、重量、单价、总价、发货人、发货港、卸货港、收货人）；救助情况（在到港前是否业经救助，以及救助人、救助协议、救助担保或救助仲裁等情况）；共损（如船舶是否已宣布共损，船方是否已委请理算人，理算地点；准备提供共损担保，视情况对保险公司有利时，准备签署不可分割协议书等）。

19.1.2.2 进口货物查勘检验

船舶到港卸货前，若获悉有货损，理赔人员要与港口有关单位密切配合，共同登轮联合检验。必要时可到锚地登轮检验。

登轮检验的主要工作是：

（1）向船长了解海事原因、经过情况以及采取的施救和救助措施。要求提供有关文件，必要时可向其了解装港情况并索取批注、保函、舱单和配载图等。

（2）查看航海日志、机舱日志、甲板日志和海事报告等。对有关情况均应详细摘录下来，必要时可向船长要求提供副本或影印件。

（3）会同船检查勘船舶情况，特别对发生事故的部位要仔细查看，做好记录并做必要的拍照。

（4）会同商检进行舱位检验。开舱后要下舱查看，对货物的表面情况、积载情况和残损情况要作详细记录，必要时拍照。并对货物受损原因、数量和程度做出初步分析和估计。

19.1.2.3　申请验船验货

（1）经过收集资料、登轮查验，取得一定的证据，在认为船东对货损应负有责任的情况下可申请验船验货，目的是取得船东责任的确凿证据和损失数据。

（2）申请办法：

1）以收货人的名义申请验船验货。

2）如果到港船舶已宣布共同海损，在必要情况下（为区分共损和单损的需要）则由保险公司出面申请共损检验。

19.1.2.4　联合检验

当得到被保险人（或收货人）在港口提货发现货损的通知时，首先应要求其取得有关责任方的签证和记录，同时应立即通知被保险人会同有关方（如商检部门等公正的第三方）在船上、港口码头或收货人首次验收的仓库或场地进行联合检验，判明责任归属。

此项工作要注意以下问题：

（1）对于整件短少的货物，收货人应持有港务局、装卸公司或承运方、船方、铁路、航空公司等所出具的短缺证明或计数单等证明。

（2）对损失数字很小的案件，可凭保险公司的《货物运输保险查勘检验报告》定损赔付或按照保险双方在承保时的特别约定赔付。

（3）损失数字较大的案件，应联合检验部门或公正的第三方检验机构出立货损检验报告以作为理赔的依据。

（4）在港口的初步检验中，如果遇到货物包装虽有损坏，但估计内部货物不会有大的损失，开箱检验反而有增加损失的可能，或即使开箱检验，因技术和工具的限制也无法鉴定损失者，可以暂不开箱检验，但必须办妥异地检验手续（特别是涉及国外的第三者责任方，有必要申请商检机构）。为了防止在装运期间扩大货损，被保险人（收货人）必须在转运前对残损货物及包装进行足够的整理、修补、加固或做其他必要的处理。

（5）进口成套设备残损，凡合同订明必须会同外商共同开箱检验的，为做到及时检验，判明致损原因和责任，采取有效措施减少和防止扩大损失，应要求被保险人（或收货人）立即将包装残损情况告知订货人或外商，争取尽早对残箱先行开箱检验。涉及海外承运人，应根据实际情况，保险人和其他方尚需登轮检验，在必要时还可申请船检、卫检等。

19.1.2.5　施救整理

施救整理的要点主要包括：

(1) 前往查勘现场时，如果被保险货物尚未脱离危险状况，被保险人有义务会同有关部门采取必要的、合理的措施。如货物因凌乱而难以确定损失时，应组织人力进行整理。如果保险货物需要施救、整理、修理的，应配合保险查勘人员确定其范围、项目、部位，并初步估算有关费用。

(2) 鲜货、冷藏货物，如不及时处理会扩大损失，甚至会发生全损情况的，应按合理的原则立即进行处理，以减少或避免货物进一步损失。

(3) 如果被保险货物经修理可以恢复原状或原使用价值，则被保险人应配合确定修理范围、项目、部位，确认修理单位，并初步估算零配件、工时等有关费用。

19.1.3　索赔单证真实性的确认

审单要求“单单相符”，即理赔的主要单证编号要相符，保单、提单、发票和装箱单等反映的内容必须一致，才可视为同票货的单证。除此之外，其他货损证明的编号必须与提单编号相符。理赔中，主要审核的单证有：

1. 保单

索赔时，被保险人提供的保单必须是第一正本，无第一正本的要请被保险人签立保单遗失保证书（Letter of Indemnity）。

2. 运输凭证

运输凭证包括海运、陆运、空运运单。

这些单证证明保险货物承运件数、运输路线、交运时的货物状态，用以确定受损货物是否属于保险标的，便于了解保险责任开始前的货物情况。

若涉及二程船承运的货物，应要求被保险人提供第二程提单，以查实第二程提单是否清洁，最终确定向哪一程追偿。

3. 货物发票或货价证明、装箱单、磅码单

证明保险货物装运时金额、件数和重量的细节，是核对损失数量的依据。

4. 承运人出具的货物损失证明

货物损失证明有货运记录、商务记录等；短卸证明应有承运人签字；船舶在运输中遇有海事的，应该提供海事报告和港监签证。

5. 承运人签认的残损证明

海运证明是提货单或理货单（Delivery Order or Tally Sheet），证明残损货

物的件数及外表受损情况，最好加注数量和程度，有时船长或船代也在上面有批注（如：承认有卸下短少之词等），应根据不同的批注内容处理。空运残损证明是机场有关部门签发的残损证明。

6. 商检证书

证明残损数量、程度和原因的基本证件。应积极要求在证书上注明区分有关责任的结论。

7. 其他专业检验机关出具的第三方责任的证书

这些证书包括船检证书、火灾鉴定报告、卫生、动植物检疫证书等。

8. 有关施救等的费用单据或清单

如有施救、整理、修理及其他责任方索赔的费用，应有有关单位进行施救等工作后的收费单据或索赔方的费用清单。

9. 被保险人向第三者责任方的索赔函

若涉及第三者责任方，应有被保险人向其索赔的信函或提出保留追偿权益的信函以及被保险人、保险代理人与第三者责任方之间的往来函。

10. 其他索赔单证

其他索赔单证主要有：

（1）大宗物资的出库清单或磅码单，或能够代替清单的有关单证（或复印件）；收货单位的验收单或入库单（或复印件）。这些单证可作为核对损失数量的依据。

（2）遭受盗窃的应提供铁路或港区或县级以上公安部门的证明，或由上述公安部门在相关损失证明上的签字。

（3）当索赔人或实际受益人与被保险人名称不符时，应有被保险人的权益转让证明。

（4）自然灾害造成的损失，应提供受损地区的气象报告或有关灾情证明。

（5）不同品种、型号或规格的货物应提供装箱单以便核实发货数量。

（6）货物涉及发货人责任的应提供货物供销合同或出厂证明，以审核货物质量、规格等是否符合供销合同规定；涉及货物质量的应提供货物质检证明书等证明材料。

（7）中转货物应提供中转地的货物交接清单。

19.1.4 索赔人、被保险人、保险利益

保险利益是保险人履行保险责任的前提。当保险标的遭受保险事故而致损时，被保险人只有在对该保险标的具有保险利益时，才有权向保险人索赔，保险

人才向其履行保险赔偿责任。否则，被保险人的索赔权丧失，保险人不予赔偿。同时，就海上保险而言，被保险人据以索赔的保险利益应当处于海上运输的风险之中。超出此范围的损失（如尚未交付海上运输的货物），被保险人即使投保了海上保险，也不得向保险人索赔。

大多数国家的海商法和保险法将保险利益原则作为海上保险合同成立的法定条件，当事人不得协商变更。我国海上保险实务中也遵循这一原则。

基于海上保险的特殊性，保险利益在适用于海上保险合同方面也就形成了诸多特色。适应国际贸易和航运经营的特点，保险利益原则的运用不同于其他保险合同，即充分强调在保险事故发生时，被保险人必须对保险标的具有保险利益，以此作为衡量被保险人有无索赔权的标准。而对于被保险人在订立海上保险合同之时具有的保险利益，许多国家的法律并不做硬性限定。在审核赔案时应仔细审核索赔人是否对保险标的具有可保利益。

19.1.5 保险责任的确定

根据查勘取证情况严格遵照条款规定，认真进行综合分析，把握责任界限，确定事故是否属于保险责任范围。

（1）发生的损失是否由保险条款载明的自然灾害或意外事故引起。是否发生在保单规定的运输路线和保险责任起讫期限内。对于明确属于货运险责任范围内的损失，应确定赔偿责任。

（2）对事故原因比较复杂，难以确定责任归属，现行条款上又没有明确规定，要确定保险责任也缺乏充分依据的疑难案件，在处理时要注意不能违背条款精神，又要考虑到被保险人的实际情况，同时要注意可能产生的影响。对确无把握，且有争议或涉及诉讼的拒赔、疑难案件，应按照规定报上级主管部门审定。

（3）按规定或经与被保险人商定，请有关专业权威部门对损失货物所做损失鉴定费用掌握如下：凡检验报告所列明的损失是在保单承保责任范围之内的，检验费或鉴定费可一并计入赔偿金额中；若损失不在承保责任范围之内，则被保险人应自担检验费用。

（4）对确定应由被保险人承担事故责任的，或属于保险除外责任的，应把握好充分证据，慎重地向被保险人解释清楚，以书面形式向被保险人说明拒赔原因。

（5）是否发生在保单规定的保险责任起讫期限和索赔期限内。对于属于货运险责任起讫以及索赔期限内的损失，应确定赔偿责任。

19.1.6 赔偿金额的确定

1. 赔偿限额

保险金额是保险人与被保险人双方约定的保险人最高赔偿限额。理论上，定值保险单的保险金额视作等于保险价值。进出口货物运输保险单为定值保险单，保险单上的保险金额往往就作为保险公司在发生损失时赔款计算的依据。

2. 通常核定损失的方法

（1）审核原始单据、凭证和提（发）货单所列的货物名称、件数、规格、单价是否与被保险人的报损清单相符，是否都属于承保范围，是否足额投保，盘点已经获救和加工整理后的货物，按档次分别核定损失情况。

（2）对一般的货损情况，可在查勘现场与保户共同协商确定赔付范围，包括损失程度、数量等，初步估算损失金额。

（3）对技术难度大的货运险案件，要通过聘请有关专家或技术人员作出鉴定意见后与被保险人协商定损。

（4）对案情复杂或定损困难的赔案，应争取和依靠有关部门的支持，来确定保险范围内的损失金额。

（5）对重大货损情况，在核实损失程度并清点损失数量后，要与被保险人及时签订损失赔偿协议书，尽量一次性处理，不留尾巴。

3. 核算注意事项

赔案经审核符合要求，属于保险责任，应立即理算应赔金额。一般情况下被保险人都已列出具体赔偿要求、赔偿的依据和具体金额。因此在核算时需注意：

（1）货物本身损失部分。审核要求赔付的损失数量和检验报告所列的数量是否相符；不同性质的损失是否分别计算；按净重和按毛重计算的是否区分；自然损耗或免赔率是否扣除，扣除的标准和计算办法是否正确；损失程度或贬值率定得是否合适；损余价值是否已扣回，作价是否合理等等。

（2）施救整理费用部分。费用的支付是否必要、合理。

（3）检验费用。检验费用的支付是否合理。

（4）代理费用。如果是代理人经手的案件，要核对代理人收取的核赔费用是否按照代理协议的规定办理。

4. 免赔额

根据保单约定的免赔条件，按照损失的实际情况扣减综合免赔或单项免赔。

5. 重复保险

重复保险，是指投保人以同一保险标的、同一保险利益、同一保险事故分别向两家或两家以上的保险公司订立保险合同的保险，在保险期限相同的情况下，其保险金额的总和超过了该保险标的的价值。

重复保险的分摊原则是保险补偿原则派生出来的一项原则。在出现重复保险的情况下，当保险标的发生损失时，按照保险补偿原则，被保险人是不能从保险人那里获得超过保险标的受损价值的补偿的。为了防止被保险人所受损失获得双重赔偿，把保险标的损失赔偿责任在各保险人之间进行分摊，这便是重复保险的分摊原则。

对重复保险分摊金额的计算，最常用的方法是比例分担责任。即在保险标的发生损失时，各保险人按各自保单中承保的保险金额与总保险金额的比例承担保险赔偿责任。

重复保险的分摊是保险赔偿的一个重要内容。国际上保险公司林立，各家自成体系。对重复保险的赔偿都有规定，有的规定在出现重复保险的情况下，由本公司和其他公司共同分摊责任；有的规定如有他保发生，本公司不承担保险责任，或约定对分摊金额的限制，等等。因此，在理赔时应注意是否存在重复保险。

19.2 追　偿

19.2.1 索赔时效

追偿一定要有“请求权”。目前，国际上多数国家对于货方向船方索赔的时效都按照《海牙规则》（Hague Rules）定为一年，一般以货物交付之日开始计算。如果不能在一年内解决的案件，一旦丧失了向承运方索赔的时效，船方可以不赔。在实际工作中，会遇到有的船东虽已同意赔款，也提出了办法，但尽量拖延赔付，一年后又会以“已过时效”（time-bar）为由推翻先前的承诺（但依据中国海商法，只要被请求人同意履行其义务，索赔时效就发生中断，自中断之日起重新计算）。也有的船方对索赔采取不理会的态度。因此，一般来说，要保住对货损赔偿的请求权，就得按《海牙规则》或国内法律的相关规定在一年内提起诉讼或仲裁，以中断时效。

1. 起诉要达到的目的

起诉要达到的目的包括：（1）使船东重新落实其原来的赔偿承诺；（2）要求法院向承运人出立传票，要求起诉方延长向其追偿的期限。

值得注意的是，如果先前已与承运人有约定，承运人已同意在一年时效外再延长数月的时效，而起诉是在承运人同意的一年以外提起，这种情况只能适用于欧美国家。根据我国法律规定，向中国承运人申请追偿延期是不受法律保护的。因此，若涉及此类案件，一旦向承运人追索的期限（根据船东的提单规定）已临近，可立即向法院起诉或依据提单或租约提请仲裁。

2. 铁路、航空、水路、公路的追偿时效

(1) 铁路运输部门索赔的追偿时效为自铁路运输企业交付货物的次日起 180 天，如果货物已确认灭失的，自铁路运输企业交付货运记录的次日计算（据最高人民法院《关于铁路运输损害赔偿案件若干问题的解释》）。

(2) 有关航空运输的诉讼时效期间为两年，自民用航空器到达目的地点、应当到达目的地点或者运输终止之日起计算（据《中华人民共和国民用航空法》）。《华沙国际航空运输统一规章公约》（简称《华沙公约》）规定国际航空货物运输的诉讼时效也为两年。

(3) 托运人、收货人就沿海、内河货物运输合同向承运人要求赔偿的请求权时效期间为一年，自承运人交付或者应当交付货物之日起计算（据《中华人民共和国海商法》及最高法院司法解释）。

(4) 公路索赔追偿时效为自货物运抵到达地点的次日起算，不超过 180 天（据《公路货物运输合同实施细则》）。

3. 多式联运提单

在多式联运提单（Combined Transport B/L）下，其背面的首要条款往往适用《海牙规则》，但在承运人责任期限一条中却显示诉讼期仅九个月（Carriers shall be discharged of all liability under this B/L unless the suit is brought and written notice thereof given to the carriers within nine months after delivery of the goods……），有的更短一些，只有六个月。目前在实际追偿过程中，一般掌握如下：在 Combined Transport B/L 情况下，如能证明损失确实是在某一段海上运输（Port to Port）过程中发生的，则可按照该程船提单责成该程船船方按照《海牙规则》一年有效期负责货损货差。相反，如不能确实证明这一点，则只能按提单中所规定的九个月期限，即保险公司向船方索赔的期限必须在卸货后九个月内提出，否则就丧失了向船方索赔的有效期。

因此，遇上多式联运提单必须先审核背面条款的有效诉讼期限，并注意在到期之日前将索赔单证送达所追承运人处，否则，如在到期日后收到（差一天也不行）船方即会称过期而退回单证拒赔。对于大金额、期限紧的索赔案应特别注意尽快处理，确保承运人在有效期限内收到索赔函。

19.2.2 向货物运输承运人追偿的法律依据

1. 有关国际货物运输的公约

规范海洋货物运输承运人责任的国际公约主要是《海牙规则》。规则的全称为《关于统一提单的若干法律规定的国际公约》。承认和参加《海牙规则》的国家较多，现在国际上的提单条款大都是以此规则为基础的。我国不是《海牙规则》的签字国，但在租赁外轮所签订的租船合同时均接受《海牙规则》来作为确定船东运输责任的依据。中国远洋运输公司在国际航线上航行的船舶所签发的提单是根据我国对外贸易和远洋运输的需要并参照国际航运习惯制定的。在提单上有关船东责任条款的内容基本上是与《海牙规则》一致的。我国现行的《海商法》中关于海上货物运输合同中承运人责任与免责的规定，主要是参照《海牙规则》而制定的。

航空货物运输承运人的责任在国际上受《华沙公约》的规范。国内航空货物运输以《中华人民共和国民用航空法》为依据。

国际铁路运输的有关公约有《关于铁路货物运输的国际公约》（简称《国际货约》）和《国际铁路货物联运协定》（简称《国际货协》）。

2. 各国法律

一般的货运提单或其他运输合约都会有司法管辖权条款和仲裁条款，相应地，当产生运输合同纠纷时，法院会依据上述条款所选择的法律来处理有关案件。

与货物运输相关的中国法律有《民法通则》、《合同法》、《海商法》、《民用航空法》等，部委规章有《国内水路货物运输规则》、《铁路货物运输合同实施细则》、《公路货物运输合同实施细则》等。

除了有关法律和规章外，最高人民法院的一些有关货物运输的司法解释也是用以处理货物运输纠纷的法律渊源。

我国港口和外国港口、港澳港口之间的国际海上货物运输合同适用于《中华人民共和国海商法》，而交通部制定颁发的《国内水路货物运输规则》适用于国内沿海及内河港口之间的水路货物运输。

19.2.3 追偿有效单证

追偿，必须备好能证明损失确实发生在所追责任方名下的各项单证，同时应提供提单、发票、装箱单、检验报告和收据及权益转让书等。

（1）世界港口和地区常见的一般有效追偿证件，按其效力顺序排列如下：船方检验报告，船方代理证明，船港方交接证明，港方或海关证明，卸货公司或码头方证明，检验报告（有船方代理参加的联合检验报告较有效），承运人与被保险人之间往来信函（如被保险人的索赔函）。

（2）根据不同损失性质，特别需要提供的证明如下：

损失证明	有效证明
Shortlanding（短卸）	当地船代理理货单、港船方交接记录证明
Shortage（短少）	卸货时港船方对外包装情况记录、检验报告
Breakage Denting（破碎、凹损）	同上
Wetting（salt）（潮湿）	当地水损检验局检验结果（Analysis Certificate）
Sweating Heating（汗湿、发热）	船方航海通风记录（logbook）
Improper Storage & Allocation（配积载不当）	Storage List（配积载图）

19.2.4 向实际责任方追偿

1. 直运提单（Direct B/L）

（1）提单签发者（提单抬头的承运人）系该船（提单中所显示的船名）船东，可直接向提单所显示的承运人追偿。

（2）提单中所显示的船名系提单签发人的租船，则向实际船东追偿。在租船运输情况下，应视具体情况具体分析，在国内，租船人与船东订立的租船合同往往规定货损货差责任由船东承担，应向船东追偿，但如果涉及法律诉讼，则提单的出单人往往列为第一被告。如系国际租船，则应根据租船合约，向提单出具人或船东追偿。

（3）二程船承运人为揽货需要，开立以一程船为船名的直运提单（即提单签发人与实际船东不一致的直达提单，但又非租船提单），可向契约承运人，即提单所显示的承运人追偿。如货损属第二程船的责任，则由签发直运提单的一程船方向二程船方追偿。

2. 转船提单（Transhipment B/L）

转船提单指货物运输全程需由一艘以上船舶完成时（需在中途港转船）所签发的提单。

（1）向签发全程提单的承运人追。签发全程提单的承运人应对货物的全程运输负责货损货差。

（2）向负责分程运输的实际承运人追。承运人责任划分以实际承运人所签发的分程提单为准，即提单条款中的“各负各航程条款”。但是在全程运输提单条件下，对货物所有人（保险人）来说应当主张提单权利，提出索赔诉讼时，仍应以全程提单签发人作为第一被告，也可将所有分程承运人全部列为被告。

3. 多式联运提单（Combined Transport B/L）

此提单主要用于集装箱运输，即全程运输由干线集装箱船、支线集装箱船、航空、铁路、公路、内海、内河等运输工具协同完成时签发的提单，一般由承担海运段运输的船公司签发。

多式联运方式中各区段的承运人的责任和每件货物的最高赔偿额因受制于各自的国际公约及有关国家国内的相关法律而各不相同。此类提单各区段的承运人的责任划分和赔偿责任可按以下三种方法划分。

（1）分区负责制：由损坏发生区段的承运人根据该区段适用的责任原则分别向货主负责。

（2）网状责任制：由签发提单的承运人对货主负全程运输责任，但按发生损坏所在区段适用的责任赔偿，然后由该区段承运人向签发提单承运人负责。

（3）同一责任制：由签发提单的承运人按运输契约规定的一种责任原则向货主负责，然后，由实际损失发生区段的承运人负责。

4. 根据提单批注确定责任方

根据提单清洁与否确定责任方。二程船提单如有批注，说明一程船有责任。若目的港理货单（船方）上有批注，则责任在第二程。

19.2.5 责任限制

1. 国际海上货物运输承运人的赔偿限度

《海牙规则》规定了承运人对货损的赔偿限额为每件以一百英镑或其他等值货币计算。

1979 年《维斯比规则》的议定书将承运人责任限制金额计算单位改为特别提款权，即承运人责任限制金额为每件或每单位货物 666.67 特别提款权，或按货物毛重每公斤 2 特别提款权计算，二者之中以较高者为准。

《汉堡规则》的全称为《1978 年联合国海上货物运输公约》，对《海牙规则》做了几点实质性的修改。《汉堡规则》删除了《海牙规则》中承运人对船长、船员等在驾驶船舶或管理船舶及火灾中的过失免责，对承运人实行完全的过错责任原则。另外，《汉堡规则》特别对承运人责任限额做了明确规定，即货物每件或每一装运单位为 835 特别提款权，或每公斤毛重 2.5 特别提款权，二者以较高者为准。与《维斯比规则》相比，大幅提高了承运人的责任。《汉堡规则》目前已经生效，但是参加的国家很少，而且都非主要海运国家，故未能被国际航运界所使用。

我国《海商法》中对承运人的单位责任限制的规定均采用计算单位作为责任

限额的单位。我国《海商法》规定："承运人对货物的灭失或者损坏的赔偿限额，按照货物件数或者其他货运单位数计算，每件或者每个货运单位为666.67特别提款权，或按照货物毛重计算，每公斤为2特别提款权，以二者中赔偿限额较高者为准。但是，托运人在货物装运前已经申报其性质和价值，并在提单中载明的，或者承运人与托运人已经另行约定高于本条规定的赔偿限额除外。"

海上承运人的责任限制只是在提单或运输合约适用时才能享受。我国海商法还规定："经证明，货物的灭失、损坏是由于承运人的故意或者明知可能造成损失而轻率地作为或者不作为造成的，承运人不得援用上述限制赔偿责任的规定。"因此，船东故意违反合约，擅自将货物转载舱面以及欺诈行为等都不能享受赔偿限额。

2. 国际航空货物运输的承运人责任限制

《华沙公约》第二款规定："运送登记行李及货物时，承运人的赔偿责任，每公斤最高以250金法郎为限。但如托运人在托运时，特别声明其在交货地点的价值，并在必要时加缴运费，则承运人的赔偿责任，最高以其所声明的价值为限。但承运人如能证明其所声明的价值大于交货地点的实际价值，则不在此限。"

我国《民用航空法》规定国际航空运输承运人对托运行李或者货物的赔偿责任限额，每公斤为17计算单位。

19.2.6 代位求偿问题

1. 取得代位求偿权应注意的问题

(1) 代位书签发日期在有效的索赔期限之内，以免承运人在延期问题上找麻烦。

(2) 如在索赔有效期内，由于金额大，案情不清楚，单证不全，尚未赔付给收货人，则由收货人直接向承运人申请延期，得到承运人同意收货人延长时效的确认。

2. 使用代位求偿权应注意的问题

(1) 若保险人向承运人追偿的权利因被保险人的原因受到损害，则受损害部分由被保险人承担。

(2) 货物发生货损货差后，被保险人同时向承运人和保险公司索赔并获得双倍赔偿时，保险公司仍可向承运人追偿，责成其将赔付收货人的款项归还本保险公司，或本保险公司直接向被保险人要求归还从承运人处获得的赔款。

19.3 共同海损和救助

19.3.1 共同海损及理算的法律依据

国际海运共损理算一般采用《约克-安特卫普规则》。我国的共同海损理算工作以《中华人民共和国海商法》为法律依据，由中国国际贸易促进委员会海损理算处按北京理算规则办理，但如果提单或租约另有约定，也可以使用《约克-安特卫普规则》。

19.3.2 共损的处理程序

1. 宣布与通知

船舶在航程中发生共同海损后，通常由船长以电报通知船东、租船人或船东代理人等，以便他们通知收货人在船舶抵达中途港或目的港时尽快提取货物。当船舶抵达中途港或目的港后，船方必须立即委派查勘人和理算人对船舶和货物遭受的所有损失进行查勘，以便确定损失程度并估计损失总额，然后由船方根据查勘人和理算人的查勘结果，确定货物所有人或收货人在提取货物前应缴付多少共同海损分摊保证金。

2. 审核案情

保险公司在获悉发生共同海损事故后，应通知本货卸货港的分支机构和代理人，在船舶抵港后了解事故经过，在发现事故有由于船方不可免责的过失责任引起的嫌疑时，货主或保险公司可以要求登轮，做好现场调查工作，取得海事报告、甲板日志和机舱日志摘录、船舶检验报告等船舶文件或抄本，查明船舶损失部位和性质并做好记录。

3. 出立共损担保协议

船舶发生共同海损后，进行共损理算往往在船货抵达目的地后需相当长的时间才能完成。为了不影响货主提货，船方有权要求货主在提货前办理担保，否则船方对承运货物享有留置权。

在承运货物已保险的情况下，均由保险公司代货方提供担保或签发担保函，传真给理算人或有关方。

4. 共损担保协议的种类

(1) 共同海损担保函（General Average Guarantee)。保险公司的海损担保为“共同海损担保函”或由船方或理算人提供格式、寄送方式和份数，按要求办理。

（2）共同海损担保合约（Average Bond）。为简化手续，目前我国贸促会已不签这种合约，如国外坚持要求签具此合约，也可同意。

（3）不可分割协议（Non-Seperation Agreement）。船舶发生共同海损事故，驶进避难港，船东可以宣布中止航程，而将货物另行换船续运至原目的港。据此，船东可以要求货主签订“不可分割协议”，协议规定各有关方同意按照船货不分离的同样权利和义务原则处理。即货物虽然离开原装运船，但货主仍保证继续分摊以后可能由船东支付的属于共同海损的费用。如经有关各方同意，保险公司可以作为货物保险人代货方签具。

（4）货物价值单（Valuation Form）。货物价值单是货物分摊共同海损的依据。在提供共同海损担保时，一并交给船方。价值单的内容包括船名、航次、提单号、保单号、货名和价值情况。货物分摊价值一律按货物目的地到岸价格计算。

5. 进行货物损失检验，及时处理残损货物

如果货物遭受损失，货物保险公司应在避难港或卸货港委请检验人对受损货物进行检验，确定损失性质、数量和程度，特别是分清单独海损和共同海损。另一方面，为了避免损失扩大或节省费用，应抓紧时间对受损单独海损货物进行加工整理或作价出售。根据损失的性质，开列清单连同有关单证报送理算师，要求纳入共同海损理算。主要单证为：货物损失赔偿计算书、货物损失检验报告、提单副本、发票副本等，并请其复函证实。

6. 理算报告的审核

当共同海损理算完毕后，理算人要将理算报告分送有关利益方。保险公司收到报告后，应对以下方面进行审核：

（1）造成共损的原因和性质是否构成共同海损的条件，有无船东的责任事故（特别要根据《海牙规则》对船舶适航性的规定结合实际案情加以审核）。

（2）船东采取的共同海损措施是否合理。

（3）共同海损要求补偿的损失和费用是否合理。主要是审核是否有将不属于共同海损性质的损失和费用列入共同海损补偿范围，一般应注意以下几个方面：

1）船舶修理费项目是否全属共同海损措施所致的损失，修理费项目、费用、折扣是否合理。

2）船舶在避难港出入费用和港口费用是否合理。

3）船舶延长航程和避难港额外停留期的计算是否合适。

4）代替费用的支付是否节省了原来应支付的共同海损费用。

5）共同海损损失和费用的利息、手续费支付是否符合理算规则的规定。

6）同一条船承保的出口货物有几个目的港，进口货物有几个起运港的，要将发生共同海损时已经卸下或尚未装船的货物剔除。转船货物如原来承保甲船的货物转到乙船后发生共同海损，应先向乙船船方了解从甲船转来的保险公司承保货物的清单，以确定属于共同海损范围内保险公司承保的全部保单和金额。对二程船上发生的共损，应以二程船船名开立共同海损卷，同时要以一程船名开立副卷以备查验。

（4）共同海损的分摊值和分摊金额。重点审核以下方面：

1）货物的分摊值和补偿金额同报给理算人的清单是否相符。

2）船舶的分摊值是否偏低。

3）保险公司承保货物分摊或应收的金额是否恰当。

4）理算时计算的货币换算率是否准确。

经审核理算报告无误，应立即根据理算报告的要求将分摊的金额汇给理算人或船东。如还需向其他利害关系方取得补偿，要及时通知理算人或船东，办理结算。

7. 共同海损的摊回

保险公司对共同海损的赔偿，是以保险单上所载作为根据的。保险公司赔付共同海损内的牺牲或损失以后，可以享受摊回数额，但仅以已经赔付的数额为限。因此，发生共同海损后，保险公司应做好以下工作：

（1）发生共同海损船舶上的保险货物受损后，在进行赔付时，应分清属于共同海损还是单独海损。

（2）由保险公司国外代理人代为赔付的货物损失，如果报来的赔付清单上注明已经报理算人，保险公司可以不必再报，否则应由保险公司补报。

8. 要求船东提供承担货物损失赔偿的担保

如果海损是由于船方不可免责的过失引起的，即使船方已宣布了共同海损，货物保险人也应要求船方提供承担赔偿货物损失的担保。

19.3.3 救助

1. 到达卸货港前的救助工作

（1）获悉进口货物船只发生事故后，视事故情节，应立即通知保险公司国外代理人代表货方利益到船舶出事地点或避难港详细了解事故原因及船货损失情况，特别要强调查明船方责任，必要时申请验船验货。

（2）遇难船只需要救助时，一切救助事宜原则上均应由船方办理。如果向保险公司索要救助担保，保险公司可根据估计获救的完好货物价值提供担保。

(3) 残货如果确实没有运回国内的价值，应指示保险公司代理人在国外以最低的费用、最好的价格出卖处理，如仍有运回价值，则应在保证运输安全的条件下运回国内。鉴于国外人工费用很高，因此一般不宜对残货进行施救整理。

(4) 如果原船在出事后已不能继续航行，则要及时和船东联系货物的转船工作，如货物在避难港需要卸下，应要求船方委托保险代理人做好装卸存仓、保险、转运工作，以免遭受损失。

2. 海上救助方式

(1)“无效果无报酬”救助合同。如常用的“劳合社海上救助契约标准格式”(LOF)，其救助合同对报酬金额是开口的，在救助完成后，可由双方商定或仲裁决定。

(2) 雇佣救助合同，又称实际费用救助。是以救助人所花的人力和设备按章计时为依据的，有时约定如救助成功，或者在一定日数内成功则按比例增加若干救助费。雇佣救助的救助指挥权在遇险船一方，并且不论救助成功与否被救助方都要支付救助费，从经济上讲对被救助方较有利，救助成功把握较大时采用。

3. 救助报酬

任何情况下，救助报酬不得超过获救财产的价值。救助行为一般与共同海损联系在一起，救助报酬是为船、货共同安全而支付的额外费用，应由受益的船、货方共同分摊。

保险人对救助费用的赔偿责任是保险货物本身的损失和救助费用一起计算(按货物获救部分占整个保险货物的比例计算救助费用)，不得超过货物的保险金额。

19.4 诉　讼

19.4.1 诉讼管辖

在诉讼中，管辖权是法院受理案件的基础。海上货物运输保险合同的诉讼案件应提交海事法院，使案件的处理专业化。在向承运人起诉的案件中，要注意运输合同所订立的管辖条款。

19.4.2 诉讼当事人

在保险合同诉讼中，保险双方是诉讼当事人。在货运险追偿纠纷中，导致货损的责任方是承运人或是船东，在以往的追偿诉讼案件中，曾有告错对象而使保险公司遭受不利的教训。有些船东往往开设几家单船公司，而这些姐妹公司的名称又相似，而且大多地址也相同，所以应当仔细加以辨别。实践中在暂时确定不了正确的被告对象的情形下，必要时也可以多告几个对象，将有牵连的各关系方一并列为被告。

19.4.3 送达

送达是法院依照法律规定的程序，将诉讼文书送交当事人或其他诉讼参与人的行为。许多诉讼期间也是从诉讼文书的送达而开始计算的。

考虑到涉外海事诉讼的具体特点，根据我国有关的法律规定，海事诉讼中对于船舶实施扣押和解除扣押的法律文书（扣押令和解除扣押令），可以对船舶送达，即由海事法院执行人员登轮送达，在向船长宣读后，由船长在送达回证上签字。船长拒绝签字的，由送达人和见证人签字后，即视为送达。

19.4.4 扣船保全

对船方责任确凿的案件，在卸货完毕、船舶离港前，均应采取保全措施。

（1）按估算的货损金额加上支付的各种费用（如果宣布共损，应考虑加上本保险公司可能需要分摊的共损费用），要求船东提供担保。

担保的方式有：1）可接受认可的保赔协会的保函；2）银行担保。

担保函或银行担保均应明确下列项目：1）受益人（均以收货人名义）。2）担保金额。3）发生损失事故的船舶名称。4）担保有效期自接受担保之时起，至判决书、裁定书、调解书、仲裁裁决书和和解协议执行完毕时止，不可撤销。5）付款条件凭受益方提供的各项单证友好协商、仲裁或法院裁决。仲裁和诉讼地点应选择在中国。如有特殊情况，如班轮或卖方派船，提单有其他规定者另行考虑。6）付款时间和地点应争取按付款条件在卸货港立即付款。

（2）在要求船方提供担保的同时应着手准备向当地法院办理扣船的申请，内部办妥扣船手续，如果船方拒绝提供担保，法院立即下达扣船命令。目的是强迫船东提供担保。

申请扣船时，扣押当事船总是比较保险的。应注意的是要防止当事船已易主而搞错对象，除非有船舶优先权担保。在具体操作中，应注意扣船申请书需附上具有海事请求权的证据，如物权凭证、运输合同、提单、理货报告、装卸记录、海事报告、船舶受损报告、货物检验报告、货物灭损/损坏通知书、照片等。

办理扣船必须注意：

1）弄清海损事故原因，初步查明货损数量和损失程度，提出比较合理的索赔金额。

2）取得船方责任的可靠证据，以及同船方抗辩的各种理由。

3）收集齐各种必要的单证资料，认真研究租约和提单上的条款及批注，严格审查船舶的情况，确定是否值得扣留该船。

4）需要办理扣船的船舶主要是班轮、卖方派船、程租船、即将还船的期租船。除此一般可不考虑采取扣船措施。

5）作好组织联系工作，联系港口各有关部门，包括港监、法院、外运、外代、商检和船检等，相互配合，密切协作，并应将全部情况报总公司备案。

6）对外交涉工作可以通过各种有利的途径进行。如通过外轮代理公司或外运公司与船东联系，也可与保赔协会联系。

7）船方办妥担保手续后，申请人即应向法院提出“释放申请书”。

（3）有以下情况者亦要注意采取保全措施：

1）对货损不大，但船方或货方已垫付了大笔救助费及其他费用的案件，经调查了解后认为船东有责任，必须在港口申请检验。对引起事故的部位查找原因或搜集其他必要证据。在取得船东责任的证据后，如果货主或保险公司已垫付了部分费用或单独向有关方提供了共损担保，应在港口办理保全措施。

2）船舶虽未发生海损事故，但卸货后发现货损货差严重，亦应要求船东提供担保。

（4）扣船令下达后应办理向法院起诉的准备工作。对船舶实行扣押后，大多数情况下被申请人都会向法院提供担保。但无论船方是否提供了担保，保险人（或被保险人）都应在规定的期间里提起诉讼或仲裁（诉讼或仲裁的扣船除外），因为一般各国都规定，扣船期限内被申请人未提供担保、申请人又未起诉（或提请仲裁）的，扣船法院应释放被扣押的船舶。因船舶被扣押而使被申请人所遭受的损失由申请人负责。如果被申请人提供《诉讼前扣押船舶的具体规定》，保全海事请求权的扣船期限为30天。扣押船舶不受当事人协议管辖和仲裁协议的约束，扣船法院因扣船取得对实体海事纠纷的管辖权。但是，当事人有仲裁协议的，应在扣船期间内，根据协议将纠纷提交仲裁机构仲裁。

（5）证据保全。在解决争议时，不论是协商还是诉讼或仲裁，一定要有确凿的证据来支持自己的主张。在保险追偿中，必须注意设法收集、保全各种确凿、有用的证据来证明损失确属船方的责任，以保证向船方追偿成功或诉讼（或仲裁）的胜诉。

1）船舶不适航的证明。在货运险追偿案中绝大多数的重大损失都是由于船东未尽到如《海牙规则》或我国《海商法》所规定的承运人的责任所致，所以要注重调查研究。对于在国外发生的损失应要求当地代理人进行调查、收集证据，以及指示代理人咨询专家协助办理等。对于到达我国港口的船舶应由港口有关单位一起来进行调查取证。如果货主或保险公司认为货损是由于船舱舱盖水密不够引起的，应申请联合检验，让船检作水压实验，以取得有关各方认可的证据。

2）权益证明。在诉讼（或仲裁）中，索赔请求人还有义务提供证据证明他对受损货物享有权益，通常也就是货方应提供他的货权证明。因此，在理赔的同时，要注意收集完整的货权证明文件（最好是正本），除提单、发票外，还要有贸易合同往来成交函电、货款收据或货款付款证明、信用证等。权益证明（提单发票等除外）一般只在审理时才用，而诉讼案件的审理往往会拖延好几年，如果不事先收集保存好，很可能到时候无法提供。

如果用保险公司名义提起诉讼，还要事先准备保险单、保费发票、权益转让书、赔款收据等文件来证明保险公司对标的有权益。为方便起见，最好以收货人名义起诉。

关键词

货运险核赔	查勘	检验	施救	理赔流程	责任审定
索赔时效	损失证明	免赔额	追偿	代位求偿权	责任限制
追偿限额	共同海损	救助	担保	扣船	

思考题

1. 出口货运险的理赔中主要涉及哪些单证？它们的具体作用是什么？
2. 我国海商法中如何规定承运人责任限制问题？
3. 共同海损有哪些特点？
4. 共同海损中涉及的担保的种类有哪些？
5. 对原残、代位求偿权、共同海损等名词进行解释。
6. 戴维森诉伯南德案（Davidson V. Burnand）：货主的一批货物要从甲港运往乙港，为此他对这批货物投保了航程保险。当货物在甲港装上运货船舶以后，由于货物重量的缘故，船上的排水管浸在水面之下。又出于船员疏忽，忘记及时关闭排水管的阀门，海水因而通过排水管倒灌进货舱损坏了货物。造成货损的原因有两个：一个是船员疏忽，另一个是海水进舱。请分析哪一个是近因？

（注：海事法院支持了被保险人即货主的观点，判决海水进舱是近因，要保险人赔偿属于其承保责任范围内的风险所造成的货损。）

7. 汉密尔顿诉潜多夫案（Hamilton V. Pandorfs）：装运着货主一批货物的船舶在海上航行途中，由于船上的老鼠把船舶的一条管道咬破，海水从管道的破洞处渗进来，浸湿了管道下货舱内的货物，造成损失。货主向保险人索赔，被保险人拒绝。拒赔的理由是：货损的近因是鼠害，而不是海水进舱。船上老鼠给货物造成的损害属于承运人未管好货物的责任，货主应向承运人索赔。请进行近因分析。

（注：英国初审法院同意保险人的观点，并作出相应判决。然而，上议院否定了初审法院的判决，认为海水进舱才是造成货损的近因，而海水进舱是保险人承保的风险，因此保险人应当赔偿货主损失。上议院的分析是：老鼠在航行于海上的船舶上咬坏管道，才会出现海水进货舱湿损货物的后果。如果在岸上的码头仓库里，老鼠咬被管道只有空气从管道漏洞中进入仓库的可能，货物不会因此遭受损失。由此推断海水进舱损坏货物是海上固有的一种风险，是近因。）

8. 一艘满载水果的船舶在驶往某港口途中与别的船相碰后，不得不到附近港口修理。为了修船，船上所载运的水果必须卸下，等船修理完毕再重新装船。在卸下装上的过程中，水果因露天堆放，未加妥善管理而发生变质，再加上因修船而使航程延迟，待到最后运抵目的港时，水果已开始腐烂，损失严重。在造成水果损失的碰撞、装卸堆放和延迟航程等三个间断发生的原因中，哪一个是近因？

第20章

船舶险理赔实务

本章预习

船舶险理赔是船舶保险人履行保险合同的承诺，实现保险补偿功能的实际体现。通过保险理赔，保险人支付赔款，被保险人获取补偿，实现了财务稳定和经营稳定，从整体上而言，船舶保险人一方面收取保费，另一方面在保险事故发生后为航运公司提供补偿，从而提高了航运业抵御外界风险的能力。本章重点介绍船舶保险理赔的基础知识，主要内容包括：

- 船舶险理赔工作概述
- 船舶险理赔管理
- 船舶险部分损失事故理赔要点
- 船舶险全损事故理赔要点
- 船舶险碰撞触碰事故理赔要点
- 船舶险共同海损理赔要点
- 船舶险救助理赔费用要点

● 船舶险施救费用理赔要点

20.1 船舶险理赔工作概述

1. 船舶险理赔工作的任务和意义

理赔是指保险人依据保险单或条款及有关法律法规的规定，受理被保险人提出的海上保险赔偿请求，进行查勘、定损、理算和实行赔偿的业务活动，是保险法律制度中十分重要的业务环节。船舶保险理赔是船舶保险人对被保险人因保险事故遭受损害后，对保险人提出的定损请求或者赔偿请求进行收集事故损害资料、查勘、定责、定损，然后进行保险理算，确定赔偿并进行财务划付及向再保险人摊回赔款、向各责任方追偿的一系列活动的总和。

通过保险理赔，保险人可以确定总体的保险赔付率，以此作为保险精算的基础，进而据以确定以后年度的船舶险定价。而对被保险人来说，在保险事故发生后，保险人积极介入理赔及事故处理工作，提供检验、担保、补偿，对被保险人实现财务稳定和正常经营活动实施保障。

2. 船舶险理赔的原则和要求

为了使被保险人尽快获得经济补偿，也为了实现保险补偿的社会功能，以协助被保险人尽快恢复生产和经营，保险人应积极主动地做好理赔工作。理赔必须遵循以船舶保险单为依据，及时和合理做出赔偿的原则。

所谓以保险单为依据，是指所有船舶险的理赔工作是以船舶保险单作为权利义务的依据和理赔的基本出发点，保险单约定属于承保范围的，保险人须做出赔偿；而对于不属于保险单范围内的事故，保险人可以不做出赔偿，因为保险人不负对超出保险单之外的事故或责任进行赔偿的义务。根据我国目前的保险实践，关于船壳机器（Hull & Machinery）保险，主要存在中国船舶保险条款、英国协会定期险条款（Insititute Times Clauses-Hulls，ITC 条款）和沿海、内河船舶保险条款三种条款，三种险别条款在承保范围上有些类似，但具体承保范围并不相同，因此，对船舶保险条款的理解决定了船舶保险理赔的项目、范围、金额。

所谓及时和合理，是指从接受船舶保险出险通知开始，保险人就应着手进行出险的查勘、检验或委托检验、核实案情、理算赔偿金额工作。如果确定属于保险责任范围的事故，保险人应该进行赔偿，而不应该有不合理的延误。同时，根据我国《海商法》规定：“保险事故发生后，保险人向被保险人支付保险赔偿前，可以要求被保险人提供与确认保险事故性质和损失程度有关的证明和资料”。被保险人有义务根据客观条件，提供给保险人关于事故的一切必要材料，以协助保险人查勘、定损，供保险人理赔决策时参考，并协助向其他有关方追偿。及时、合理地赔偿也是保险人履行保险补偿的社会职能的具体体现。

20.2 船舶险理赔管理

20.2.1 船舶险索赔单证

船舶受损后被保险人要求索赔，应及时提交下述单证：

- 海损报告、海事声明；
- 航海、轮机日志、车钟记录、无线电通讯记录本等；
- 船舶检验证书、船级证书和船员证书；
- 检验报告；
- 招标书或工程计算单、修理费用明细表；
- 委付通知书（被保险人提出推定全损索赔时）；
- 费用清单、涉案的各类发票；
- 理算书（船舶发生共同海损损失或费用时需提供）；
- 有关涉及第三方责任的往来函电；
- 船舶保险单及抄单；
- 其他确定权利义务的文书（如法院判决书、仲裁书等）。

20.2.2 理赔单证

在被保险人提起赔偿请求时，保险人也应准备理赔案卷、赔款计算书、赔款收据、收据和权益转让书等单证。较完整的理赔案卷应包括以下材料：

- 承保公司的结案意见；
- 正确缮制的赔款计算书；
- 投保单和保单；
- 出险通知书；
- 出险时航海日志、事故记录、口供等资料；
- 经海事主管机构签证的海事报告或海事声明；
- 船舶有关适航证书、船员证书等船舶证书；
- 关于出险事故出险原因、损失的公估检验报告书、理算书；
- 船舶出险当时的价值估算报告等资料；

● 如果聘请了律师，则应提供聘请代理人、律师的信函或服务合同复印件；

● 如果案件涉及诉讼或法律纠纷，应提供法院判决书、调解书、仲裁书、协议书等资料复印件；

● 支撑赔款计算书中各款项下的发票、收据等复印件；

● 关于事故处理的各种往来函件。

20.2.3 理赔评估事项

（1）审核保险单是否有效，船舶出险时间是否发生在保险有效期限以内，被保险人是否按保险单规定缴付保险费，索赔时效是否在有效期以内（被保险事故或损失在2年以内）等。

（2）对船长海事报告以及主管部门（港监、船检、气象等部门）确认材料所列的出险原因，要认真研究，详细分析，以明确保险责任归属。

（3）当确定保险责任后，还应对损失逐项详细审核。比如哪些是潜在缺陷本身的损失（应剔除），哪些是由于潜在缺陷所致其他机件的损失。

（4）对于损失引起的费用，如拖带费用、船员工资、燃油费用、船坞费用等，应根据适用的保险条款，区分哪些项目应由保险人负责赔偿，哪些由被保险人自己承担。

（5）如损失由船舶碰撞引起，则对于碰撞过失责任比例、船货损失详情以及承保船舶或第三责任方能否享受海事赔偿责任限制、限制金额是多少应确认无误。

（6）如船舶发生共同海损损失，应对共同海损的经过、原因以及是否构成共同海损的事实核查清楚。

（7）涉及海事仲裁或司法诉讼的船舶险赔案，应对法律费用支付是否合理以及裁决书或判决书的效力情况逐一查清。

20.2.4 理赔关键环节管理

1. 查勘检验

（1）检验的及时性。保险人在接到承保船舶出险通知后，必须掌握船舶受损原因、受损情况和受损程度等第一手材料，以便正确确定损失是否属保险责任范围以内和相对准确的估损金额，这些工作将会为以后的理赔工作奠定良好的基础，避免被动。

（2）检验的安排。检验工作应当由被保险人在船舶出险后，立即通知保险人派员进行或者由被保险人通知保险人指定的当地代理人或检验人进行。如果出险地点没有保险代理人，可委请当地公认的合格检验人进行检验。

（3）检验目的（船舶检验应着重查明的问题）包括以下内容：

1）损失原因。船舶发生损失，有些是船舶不具备适航引起的；有些是船舶机件的自然磨损而引起的；有些是意外事故或自然灾害引起的。因此，必须通过检验来明确事故原因，以界定是否属承保范围。

2）损失程度。对损失程度应予详细调查。要查明哪些是由于被保险人没有采取应有的救助措施而扩大的损失以及哪些属于自然磨损性质和不属于保险责任范围内的损失等。调查意见应明确、肯定，不能模棱两可，似是而非。

3）损失责任。船舶发生海损事故，可能是由于船长或船员的疏忽或过失，也可能是无法控制的外界因素所致，也可能是被保险人或其他方的疏忽或过失引起。要通过检验说明责任方，便于可能引起的向第三方追偿。

4）海损金额。船检报告应对船舶海损金额做出估算，对修复费用做出预测或对实际修复费用进行审核，以便核赔人员定损。

（4）对检验报告的要求包括以下方面：

1）准确、真实和详细。

2）具有法律效力。船舶保险合同纠纷常涉及第三者责任理赔，也会涉及海事诉讼，检验报告作为提交法院的重要证据之一，其法律效力不容忽视。

3）维护申请人的合法权益。

4）检验应有所侧重。船舶出险，情况不同，事故的种类不一，检验应根据海损事故的不同性质，做出相应的安排。从船舶保险理赔的角度看，检验的种类主要有：单独海损检验、共同海损检验、碰撞责任损失检验等。

2. 海事担保

船舶发生海事或航运争议时，必然产生一方（或双方或多方）当事人蒙受损失。受损方一般要求责任方提供银行或保险人的担保函，以保障自己的利益。担保函出立后，当事各方可以暂息事端，确保业务正常进行，更有利于日后理赔工作的顺利进行。

（1）船舶险海事担保函的种类包括以下两个方面：

1）船舶碰撞责任担保函（包括碰撞码头设施等）；

2）船舶救助报酬担保函。

（2）担保函的主要内容包括：

1）被担保人——解决船舶险碰撞责任或船舶救助纠纷案件的被担保人，一般为船舶保险合同的被保险人。

2）债权人——船舶碰撞事故的受损方或实施救助行为的救助人。

3）担保人——保险人。

4）担保事由——船舶产生碰撞责任事故或由船舶出险引起救助人的救助行为。

5）担保金额——一般情况下，最多以船舶保险金额为限。在实际工作中，尽可能避免出立无限额的海事担保。

6）担保协议的条款和管辖权以及法律适用。

上述事项，应在海事担保函中明确约定，力求避免争议。

（3）担保函的出立注意以下问题：

1）尽可能以保险人的名义出立，以节省费用，树立公司信誉并扩大公司的社会影响。

2）对船舶碰撞责任或救助人的救助报酬的预先估计应相对准确。

3）当承保船舶发生海事，保险责任不是十分明确时或遇有被保险人资信状况不良、业务规模前景有限等情况，保险人应尽量避免出立海事担保。即使因种种原因，需要出立海事担保函，也必须要求被保险人同时向我方出具同等金额的反担保或办理船舶（财产）抵押手续，以确保我方利益不受损害。

3. 海事诉讼和仲裁

由于船舶险业务具有专业性强、法律关系复杂、涉外因素突出等特点，在理赔过程中，船舶保险合同双方当事人之间以及所涉第三方当事人间所发生的一切争议，常需要以仲裁或法律诉讼的方式最终加以解决。另外，保险双方发生争议需仲裁或诉讼时，仲裁或诉讼的地点常常在被告方所在地。如果涉及海事律师的聘请，还应把握以下几点：（1）聘用有较高专业水平的专职海事律师。（2）聘用律师要有高度的责任感和良好的职业道德。（3）签订委托代理合同，明确律师代理范围、职责和收费标准。在实际理赔过程中，我们应根据案件争议标的金额大小、案情性质、案情的复杂程度等不同情况，制定相应的律师收费标准，在可能的情况下，对律师费的支出应严格控制。

4. 赔款计算与给付

（1）经过核赔工作确定保险船舶受损程度和应承担的对第三方的责任，应结合保险条件，根据船舶全部损失、部分损失、共同海损分摊和碰撞责任、施救救助费用等各种不同情况，逐项计算赔款金额。

（2）缮制完整的赔款计算书。

（3）赔款给付同时，应获得被保险人的赔款收据和权益转让书。

（4）一些协商结案的船舶险赔款支付之前，还应与被保险人签署赔款协议书，以免后患。

（5）涉及船舶碰撞责任、船舶救助等海损案，在公司已出具的海事担保函的情况下，在结案支付赔款同时，还应立即向有关方撤回担保函。

（6）不足额承保的赔付及免赔额扣除。

5. 分保赔款的摊回

分保赔款摊回的主要单证有：

（1）赔款凭证（赔款收据）。

（2）检验理算报告、判决裁决书（如涉及诉讼、仲裁时）、海事报告等。

（3）赔款计算书。

（4）支撑赔款计算书各种损失项目的费用清单。

此外，保险人取得追偿款收入时，在扣除一定的合理的费用后，追偿款的再保比例部分应该进入冲抵已摊回的分保赔款中。

6. 代位求偿

船舶险代位求偿常发生在以下情形之中：

（1）船舶碰撞事故；

（2）船舶所载货物影响到船舶的安全。

对于上述两类事故，保险人在赔付被保险船舶后，被保险人对第三方追偿的权利转移至保险人。根据《中华人民共和国海事诉讼特别程序法》的规定，保险人可以以自己的名义独立地向第三人追偿。

20.3　船舶险部分损失事故的理赔要点

船舶遭受保险事故，其损害程度未达到全部损坏、灭失或完全丧失价值的情况，称为部分损失。

20.3.1　已修理部分损失的赔偿计算

（1）对船舶部分损失应付的赔偿不作以新换旧扣减（new for old clause）。尽管有此规定，但并未赋予被保险人要求使用新材料的权利。被保险人出售损坏的旧材料所得款项应从修理费折扣或相应扣减赔款。如船舶螺旋桨一片桨叶受损，经检验核定需要重新定制螺旋桨，计花费 30 万元，而受损螺旋桨出售所得 5 万元，在这种情况下赔款时，应相应扣减 5 万元。

（2）关于临时修理费用（temporary repairs）。船舶发生保险事故，在就近停靠港无法进行永久恢复性修理，只能做临时修理，使其适航开往修理港，这可以作为合理的修理费，应予以赔付。如果被保险人仅仅是为了自己的方便而做临时修理，这种修理费是不合理的，保险人不予赔付。

(3) 关于加班费 (overtime)。加班费是为了加快修船速度，减少船舶在厂时间而支出的，其是否合理将根据具体情况而定。为了减少船舶坞修时间，或是客货班轮赶船期而加班是合理的，保险人应予以赔付。仅仅为被保险人方便而加班是不合理的，理赔时应予以剔除。

(4) 为推迟修理损失而增加的修理费 (increased cost of repair due to deferment)。船舶遭遇一般危险而受损，而这种损坏不影响船舶继续投入运输服务。一段时间以后，该损坏才进行修理，这种修理费可能比损坏刚发生时增加很多，这被认为是为了被保险人自己方便而支出，不予以赔付。但是，当这种推迟修理的做法对保险人有利时，应负责赔偿。

(5) 坞修费 (drydocking)。相对于船舶其他修理项目，坞修费用一般比较昂贵。船舶遭遇保险事故损坏或正常检修都有可能进坞修理。船舶遭遇承保危险必须进坞修理，保险人承担赔偿责任。倘若二者同时进行 (current repair)，一般按对半比例分摊。如果坞修涉及单独海损和共同海损坞修，就须在两者之间平均分摊。

(6) 船底除锈、喷漆费用 (scraping and painting bottom)。与保险事故无关的船底除锈和喷漆费用由被保险人单独承担，保险人只承担承保危险所致的海损修理中的除锈和喷漆费用。

(7) 受损船舶移往可以修理港口的费用，也称移动费用 (removal expenses)。船舶受损所在港口无法予以修理时，需要移往可以修理该受损船舶的港口，由此而发生的合理和适当费用可获得保险人赔付。倘若这种移动不仅是为了保险人承保的海损项目，而且也为了被保险人自己的需要，那么上述费用应在保险双方之间按比例分摊。

(8) 工资和维持费用 (wage and maintenance)。这种费用属延迟所引起，一般不予赔偿。但如果是船员自修，保险人应予赔付合理的费用。

(9) 燃料和物料费用 (fuel and stores)。船舶发生保险事故导致部分损失，修理期间的燃、物料费用，理论上，保险人应予以赔付。但我国船舶险条款未作明确规定，在理赔中，应根据实际情况，区别对待。

(10) 代理佣金 (agency commission)。被保险人委托代理获取有关单证是其应尽义务，由此产生的代理费用不予补偿，但保险人同意由被保险人委请的代理处理保险事故不在此限，应予以赔付。

(11) 监修费 (owner's superintendent's fee)。船舶发生保险事故，修船期

间，被保险人往往派出雇佣人员监管修理工作。由此发生的费用，可合理列入检验费或修理费中。

20.3.2 未做修理船舶部分损失的赔偿计算

此部分可按下列办法计算赔款：

(1) 以检验人出具的检验报告损失为据，扣减免赔额赔付。

(2) 以部分损失未曾进行修理的合理估算费用进行折扣为据，但最高不超过对损坏作全部修理的费用。折扣可理解为船舶完好价值减去受损的合理估算费用后再除以船舶完好价值。

(3) 以保险合同终止时船舶保险价值为限进行赔付。

20.3.3 船舶部分损失的招标原则和费用承担

(1) 船舶修理招标原则。从原则上讲，同等船期，要选择低的报价；同等报价要选择船期短的；低报价船期长，高报价船期短的情况要测算后选择一个接近两者中间值的报价并将船舶在修理期间有关航运业务一并考虑在内。船舶修理招标原则着重强调被保险人要像一个精打细算未投保的船东，对受损船的修理进行招标，以接受最有利的报价。

(2) 保险人在招标期间应承担的费用。作为被保险人为保险人利益考虑而招标的代价，保险人同意补偿被保险人在发出招标通知时起至接受招标时止，这一期段间所支付的燃料、物料、工资、给养等维持费用，但最高不超过保险价值的30%。

20.4 船舶险全损事故的理赔要点

船舶险中的全损可分为实际全损和推定全损。

20.4.1 实际全损

按《海商法》的理解，保险标的发生保险事故后灭失，或者受到严重损坏失去原有形体、效用或者不能再归被保险人所有的情况，为实际全损。据此对全损的理解，船舶险的实际全损通常可分为如下类型：

(1) 保险船舶完全损毁和灭失，如船舶遭遇风暴倾覆而沉入深海，无法打捞。

(2) 保险船舶失去原有的性质和用途，如油船因爆炸火灾而烧毁。

(3) 保险船舶的所有权丧失，已无法追回，如船舶在战争期间被敌国逮捕。

(4) 船舶失踪，达到一定时间杳无音讯。在通常保险业务中，船舶失踪达6个月的，可视为构成实际全损。

20.4.2 推定全损

按《海商法》的理解，船舶发生保险事故后，认为实际全损已经不可避免，或者为避免发生实际全损所需支付的费用超过保险价值的，为推定全损。据此理解，船舶险的推定全损，通常可分为如下类型：

(1) 保险船舶的实际全损已经无法避免。

(2) 遭遇海难船舶为防止实际全损发生而需要的施救和救助费用将超过预计的获救价值。

(3) 修理受损船舶的修复费用将超过其保险价值。

对于推定全损，保险价值而不是保险金额是判断其成立与否的标准。

20.4.3 船舶全损中应注意的问题

(1) 委付是推定全损成立的先决条件，被保险人不提交委付通知，保险人对受损船舶只能作部分损失处理。被保险人对于实际全损一般也要提交委付通知书。

保险船舶发生推定全损时，被保险人通常对保险人发出函件要求委付船舶，标的物归保险人所有，而其获得保险金额的补偿。由于保险人接受委付后，可能遭遇标的物上的责任，如强制打捞、油污清理及后续事故处理等义务，因此，保险人对待被保险人要求的委付，得十分慎重。

委付虽是被保险人的一种单方面行为，但不得附带条件，只存在无条件的委付，不存在带条件的委付。接受委付必须经保险人明示做出，不存在默示的委付，保险人可以同意接受委付（acceptance of abandonment）、放弃接受委付（waiver acceptance of abandonment）和拒绝接受委付。

(2) 全损理赔的有关单证。除有关部分损失理赔要求所必需的单证外，全损事故还需要以下单证：

- 船舶险保单；
- 船舶所有权证书和抵押权证书；
- 船舶抵押权人未重复购买保险的证明和放弃抵押权证明；
- 救助人报告及船舶检验报告；

● 船舶出险时的估价证明；

● 预计船舶救助和修复费用的有关证明；

● 船舶受损后残值的估价证明。

（3）船舶全损时救助和施救费用的处理。

1）救助费用。根据我国《海商法》第一百七十九条的规定，救助方对遇险船舶进行救助，取得效果的，有权获得救助报酬；救助未取得效果的，除其他法律另有规定或者合同另有约定外，无权获得救助款项。对船东方面，船舶经救助仍发生全损，一般不需支付救助费用，但救助合同有规定时，还需按规定支付有关救助费用。

2）施救费用。船舶仍遭到全损，保险人除按保险金额赔偿全损外，对因施救所产生的合理施救费用还可在另一个保额限度内给予赔偿。

20.5 船舶险碰撞事故的理赔要点

20.5.1 船舶碰撞的基础知识

从过失的类型上看，船舶碰撞分为无过失责任碰撞和过失责任碰撞。

1. 无过失责任碰撞

无过失责任碰撞可分为不可抗力导致的碰撞、原因不明的碰撞。此类碰撞并不存在人为的过失因素，碰撞纯粹由于客观原因或者原因不明所造成。此碰撞类型下，船舶保险人在对被保险人因碰撞事故引起损失进行理赔时，无须考虑对方的责任，也无法向对方追偿。

2. 过失责任碰撞

过失责任碰撞分为三种类型：单方过失责任碰撞、双方过失责任碰撞、因双方过失而碰撞第三船。单方过失责任碰撞情形下，肇事方要承担损失的全部责任，保险人在理赔时无须考虑双方责任分担问题，考虑更多的是损失项目、范围、金额及合理性问题。对于另两类事故，保险人既要考虑被保险船舶的损失，又需要考虑可能承担对非被保险人之外的第三方所需要承担的法律上的碰撞责任。

20.5.2 赔偿

1. 确定碰撞责任的因素

在划分碰撞责任比例时，查明各方的过失比例极为重要，依照碰撞海事事故处理经验，责任的划分主要集中于以下几个方面：

（1）有关避碰规则的违反方面的过失，如港章、港口惯例、《国际海上避碰规则》等可能适用的规则。

（2）哪方造成了紧迫局面，造成紧迫局面的一方应承担主要责任。

（3）碰撞前后的航向、航速，碰撞前后所采取的措施。

2. 按过失比例承担责任

碰撞引起的民事赔偿责任须按照过失比例进行划分。

（1）由于不可抗力或者不能归责于任何一方的原因或者无法查明的原因造成的，碰撞各方互相不负责任。

（2）单方过失由过失方承担赔偿责任。

（3）双方都有过失的，按各自过失比例负赔偿责任。

3. 损失计算

船舶碰撞造成的损失分为两部分：

（1）费用损失，如运费、租金、救助费用等。

（2）物质损失，指船舶及属具、货物及其他物体的损害和灭失等，其最终以一定的费用金额体现出来。

20.5.3 海事责任限制

船舶碰撞很可能导致巨大灾害事故。因此，保险人承担的损失赔偿金额也是巨大的，从保险人的利益考虑，在可以享有海事责任限制时，被保险人应该申请海事责任限制。

我国《海商法》有关责任限制的实质性条款基本上从《1976 年海事索赔责任限制公约》中引入，但沿海运输船舶，其责任限制适用于我国交通部制定的特别规定。

1. 责任限额的确定

按照我国《海商法》及交通部有关规定：

（1）总吨位 300 至 500 吨的船舶，赔偿限额为 167 000 计算单位。

（2）总吨位超过 500 吨的船舶，500 吨以下部分适用（1）款规定，500 吨以上的部分应当增加下列数额：

①501 吨至 30 000 吨，每吨增加 167 计算单位；

②30 001 吨至 70 000 吨，每吨增加 125 计算单位；

③超过 70 000 吨的部分，每吨增加 83 计算单位。

（3）超过 20 吨、不满 300 吨的船舶及 300 总吨以上沿海运输或作业的船舶海事赔偿责任限制限额以下列办法计算：

①21 总吨以下的船舶，赔偿限额为 27 500 计算单位；

②超过 21 总吨的船舶，超过部分每吨增加 500 计算单位。

从事中华人民共和国港口之间货物运输或者沿海作业的船舶，不满 300 总吨的，其海事赔偿限额按上述两项规定的 50%计算；300 总吨以上的按①、②款的 50%计算。

人身伤亡的赔偿限额及受偿顺序，因人身损害不在船舶险保单条款保障之列，在此不予讨论。

2. 责任限制权利的丧失

根据我国《海商法》的规定，被保险人在“经证明，引起赔偿请求的损失是由于责任人的故意或者明知可能造成损失而轻率作为或者不作为造成的，责任人无权依照本章规定限制赔偿责任。”所以一方存在故意或者轻率作为或者不作为，将被剥夺海事责任限制的权利。

3. 责任基金的设立

按照《中华人民共和国海事诉讼特别程序法》及相关司法解释的规定，如果被保险人申请海事责任限制，保险人可以按照海事责任限制基金的金额为其提供担保，而这种担保也是可以为海事法院所接受的。

20.5.4 船舶保险合同碰撞责任条款的分析

船舶碰撞责任条款的种类如下：

1. 普通船舶碰撞责任条款

ITC 条款仅承保船舶与其他船舶或者其上面装载的财产发生碰撞所产生的法律赔偿责任，及其他船舶或财产因碰撞而引起的共同海损、救助费用，而且仅承保此类金额的 3/4。

2. 广泛性船舶碰撞责任条款

既承保船舶之间的碰撞损失，又承保触碰任何固定的、浮动的物体或者其他物体引起的法律赔偿责任，即广义的 FFO（floating and fixed objects）条款，中国船舶保险条款也是如此。中国船舶保险条款承保的范围在碰撞的定义、金额、责任的范围上明显广于 ITC 条款。

但无论是 ITC 条款、沿海内河船舶保险条款还是中国船舶保险条款，对人身伤亡、货物损失或者责任、残骸清除费用、船舶或所载物体造成的污染以及被碰撞物体的延迟或丧失使用的间接费用，保险人不予以赔偿，因为上述各项损失、费用或责任属于保险单中列明的除外责任。

20.5.5 船舶碰撞案的处理程序

（1）碰撞双方各自向过失方提出要求提供船舶碰撞损害的担保，担保金额包括船舶碰撞损害估损金额和3～5年的利息。

（2）双方邀请验船师对船舶损害部位作无偏见检验（without prejudice survey），确定损害的范围及程度。

（3）选择诉讼管辖地。

（4）双方提供海事报告、检验报告、航海日志、海图、气象资料、车钟记录、证人证词和其他有关资料。

（5）双方提供船舶救助、修理等发票以及费用开支文件和其他有关资料。

（6）如果赔偿金额超过海事赔偿责任限额，由申请限制方向法院提出申请并证明己方没有实际过失或私谋以至于丧失责任限制。

20.5.6 船舶碰撞责任的计算

1. 单一责任的计算方法

依据碰撞责任条款规定，在两船碰撞，双方互有过失的情况下，只要一方或双方依法享受船东责任限制，那么船舶碰撞责任就应按单一责任方法计算。单一限制责任中哪部分是修理费，哪部分是船期损失就不明确了。总之，限制责任的适用一定要在以单一责任原则确定之后。

［例］ A船与B船发生碰撞，A船损失20 000元，B船损失15 000元，A船责任比例80%，B船责任比例20%，那么

A船对B船的责任为：15 000×80%＝12 000（元）

B船对A船的责任为：20 000×20%＝4 000（元）

各自的责任冲抵后A船赔付B船的单一责任为8 000元，而如果A船责任可限制责任至3 500元，此时才会对抵，即A船只需赔付3 500元而非8 000元，法律上不承认分别先由A船赔付B船12 000元，然后再由B船赔付A船。A船保险人承担的碰撞责任为3 500元，B船保险人无碰撞赔付责任。

2. 交叉责任的计算方法

在本船保险人和被保险人之间，按交叉责任原则计算保险人的碰撞责任是公平合理的，因为单一责任原则，一方面掩盖了保险人实际享受对保险船舶船期损失的代为求偿权的事实，对保险人不公平；另一方面掩盖了保险人实际上很难主张法定除外责任和约定除外责任的事实，在实际存在除外责任的情况下，对保险人不公平。

在船舶碰撞双方有责任且没有任何一方依法限制责任的情况下，根据保单条

款约定，与被保险人之间，本船保险人所负的碰撞责任按交叉责任原则计算，好像各船东被迫按各自的责任互相赔付一样，如上例中视为A船要赔付B船12 000元，而B船要赔付A船4 000元，分开来赔，没有冲抵。

3. 船舶碰撞责任中的姐妹船条款

船舶碰撞常常发生于同属一个船东或同一个经营人所有的姐妹船之间。在双方互有过失的情况下就会产生在同一个法人下互相起诉自己的法定代表人，这就违反了民事诉讼的基本原则，是法律所不允许的。在船舶保险合同中定明了姐妹船条款，将同一法人的两船视作为两个不同法人所拥有的船舶，就克服了上述困难。

20.5.7 几个值得注意的问题

(1) 船舶保险合同项下的船舶碰撞责任仅限于非合同项下的侵权行为所造成的损失，不适用于船舶之间具有拖带合同等形式下的碰撞损害。

(2) 碰撞责任与碰撞损失。保险人承担对其他船及船上财产和约定的被碰撞物体损失的赔偿责任是保单中的碰撞责任。由于碰撞造成保险船本身及船上财产的损失属于海上危险，涵盖在风险条款以内，这种损失是属于单损的碰撞损失。

(3) 被撞船舶及物体的延迟或丧失使用。这些责任属于碰撞责任，船舶险保单一般只涵盖被撞船舶和物体等合理的滞期费用。同样需要注意的是，对于碰撞或触碰的另一方的延迟或丧失使用的费用，如码头营运利润的损失，保险人在碰撞责任中并不予以赔偿。

(4) 关于连续发生两次以上碰撞事故的责任限制问题。被保险船舶有时会在较短时间内连续发生碰撞，特别是在较拥挤的航道内。如果引起首次碰撞事故的原因一直连续起作用而没有导致碰撞事故的其他原因插入，那么这样的几次碰撞只能算一个事故、一个限额。如果有另外导致连续碰撞的原因插进来，则为两个或多个限额。

(5) 时效。在我国，船舶碰撞的请求权时效期间为二年，而非适用民法通则中一年的规定，时效起始日自碰撞事故发生之日起算。但这里需特别指出的是："互有过失的船舶，对造成的第三人的人身伤亡负连带赔偿责任"，一船连带支付赔偿超过责任比例的，有权向其他过失的船舶追偿。这一互有过失船之间互相追偿的请求权，与受伤害的第三人向船舶碰撞的双方或一方提出的损害赔偿的请求权的时效是不同的。这一追偿请求权的时效期为一年，自追偿请求权人连带支付人身伤亡的损害赔偿之日起计算。

20.6 船舶险共同海损事故的理赔要点

共同海损指在同一海上航程中，船舶、货物或其他财产遭遇共同危险，为了共同安全，有意地采取措施造成的特殊牺牲，支付的特殊费用的损失。譬如船舶在海上航行遭遇风浪袭击，船长为确保船舶安全，不得不抛弃部分货物，这种被抛弃的货物称为共同海损牺牲。又如船舶航行中不慎搁浅，为了脱浅起浮，过度使用机器倒车而导致的船舶主机损坏，也称共同海损。

20.6.1 共同海损的构成要素

（1）船舶、货物、运费或其他利益方必须处于共同危险之中，为了共同利益而采取措施。

（2）为了获得共同安全所采取的措施必须是有意而且是合理的。

（3）产生的损失和费用必须是特殊的，并且是共同海损行为的直接后果。

（4）措施最终必须要有效果，否则共同海损就失去了赖以存在的基础。

总之，共同海损的成立应同时满足以上四个要件，缺一不可。

20.6.2 共损理算规则

共同海损经过百余年的历史演变，已由最初的航运习惯，逐渐被各国确定为一种法律制度。目前为世界大多数航运国家接受采用的是《1974 年约克-安特卫普规则》。该规则自 1890 年制定以来，已经 1924 年、1950 年、1974 年、1990 年多次增删修订。上述各修订规则是独立并行的，可由当事人在合同中自愿采用。

需要指出的是，《约克-安特卫普规则》并不是国际公约，而仅仅是民间的协定。尽管《1974 年约克-安特卫普规则》被移入我国《海商法》，但其在法律上仍具有柔性的本质。

1.《1974 年约克-安特卫普规则》的主要内容

该规则共有 7 条字母规则和 23 条数字规则。字母规则是共同海损原则的规定，包括共损的定义，分摊方的确定、损失程度的确定，共损成立条件与过失方的关系，举证之责，附加费用的依据以及船舶的估值依据等。数字规则详细规定了在实践运用中理算细则，如各种共同海损牺牲（包括抛弃货物、灭火行为、搁浅、减载等）、费用损失（包括避难港费用、替代费用、救助费用等）、分摊价值的计算、利息损失、保证金处理、法定限制等。

2.《1975 年北京理算规则》的主要内容

该规则全称为《中国国际贸易促进委员会共同海损理算暂行规则》，于 1975 年 1 月 1 日起施行，是我国共损理算的主要依据，被并入我国航运企业的提单条款（或运输合同）中。

该规则共有 11 条，包括共同海损的范围、原则、金额计算、共损分摊、利息、手续费、共损担保、时限等内容。《1975 年北京理算规则》与《1974 年约克-安特卫普规则》基本一致，强调了实事求是、公平合理的原则，文字易懂，条文简单，便于理解。

3.《1974 年约克-安特卫普规则》与《1975 年北京理算规则》的不同特点

《1974 年约克-安特卫普规则》中共损成立的条件，不以船方或任何方的过失为前提（如船舶不适航、货物包装不固等），即使这种损失或费用是由于其中任何一方的过失所致，也同样不影响共损的分摊，如存在不能免责的过失导致共损损失，有关方在分摊后相互实施追偿。

而《1975 年北京理算规则》明确规定，确因运输合同一方不能免责的过失而引起的共损案件，则不进行共损理算。

20.6.3 船舶险保单项下承保共同海损费用的规定

（1）保险人负责赔偿被保险船舶共损损失和费用的分摊部分。

（2）被保险船舶发生共同海损牺牲，视为单独海损处理。被保险人可获得对这种损失的全部赔偿，无须先行行使向其他各方索取分摊额的权利。

（3）理算规则按有关合同规定或适用的法律或惯例办理。如运输合同无此类规定，应按《1975 年北京理算规则》或其他类似规则理算。

20.6.4 船舶险业务共损核赔步骤

（1）敦促被保险人宣布共损并要求其获得满意的担保。担保的主要方式有：

1）货方提供的海损保证金；

2）货物保险人提供的海损担保函（有限额或无限额两种）；

3）船货双方签署的船货不分离协议。

如无法实施上述担保方法，应要求被保险人留置货物，以保障自身和船舶保险人的利益。

（2）聘请检验人检验，弄清产生共损的原因。

（3）赔付被保险船舶发生的共同海损牺牲并取得被保险人的代位追偿权，待日后向其他关系方请求摊回。

（4）仔细审核共损理算报告。审核的重点是：

1）共同海损损失和费用应当由受益方按照各自的分摊价值的比例分摊。对共损损失和费用的确定的合理性应予以重视。

2）船舶共损分摊价值的确定。按船舶在航程结束时当地完好价值，在扣除不属于共损损失金额或者按船舶在航程结束时的当地实际价值加上共同海损补偿额确定。

3）货物共损分摊价值的确定。按卸货时货物价值计算，一般按交给收货人的商业发票为准。如没有这种发票，应按货物装运时的价值加上保险费和运费以及共损补偿来计算。如果货物在抵达目的港前出售，则按出售的净值加上共损补偿额来计算。

4）其他利益方分摊价值的确定（如运费等）。

（5）赔付共损分摊金额。保险人应按保险价值下的分摊价值与船舶共损分摊价值之比例，赔付共损分摊额。在共同海损损失和分摊价值等于或低于船舶保险价值的情况下，保险人可以按共损分摊金额赔偿。如果共损损失和分摊价值高于船舶保险价值，保险人按照比例赔偿，其差额由被保险人自己承担。如果保险人已赔付被保险船舶共同海损牺牲，在赔付共损分摊费用时应扣除其他受益方应支付的共损分摊额。

（6）保险人赔付船舶共损牺牲和垫付的共损费用应收取利息。共损的理算过程较长，如果有关共损损失和费用已由保险人赔偿给船方，则在理算结算时，原应给船方（被保险人）的利息，应自保险赔偿之日起按年利率付给保险人。

（7）船舶险业务共损理赔计算实例。

［例］某轮从上海载货驶往伦敦，在马六甲海峡搁浅，采取加足马力倒车脱浅无效，但轮机受损，经抛弃一部分载货并雇用拖轮协助脱浅成功，该轮抵达目的港后宣布共同海损。本案的各有关方遭受的共同海损牺牲、费用的补偿和分摊结算如下（单位：人民币）：

船舶轮机修理费（属共同海损牺牲）	250 000 元
雇用拖轮及其他共同海损费用	50 000 元
抛弃货物（净值）	35 000 元
船舶在目的港的完好价值	1 000 000 元
货物到岸价值（不包括抛弃货物部分）	365 000 元

该轮投保（船舶一切险 86/1/1）保险价值和金额都订为：人民币 1 000 000 元。

根据上述材料，船舶、货物和运费各有关方能获得的共同海损补偿和支付的分摊金额如下：

①共同海损补偿金额（单位：人民币）：

船舶修理费	250 000 元
货物（抛弃货物到岸价值）	50 000 元
共同海损费用	50 000 元
	350 000 元

②共同海损分摊价值（单位：人民币）：

船舶完好价值	1 000 000 元
扣除损失	250 000 元
	750 000 元
加：共同海损补偿	250 000 元
	1 000 000 元
货物到岸价值	365 000 元
加：共同海损牺牲	35 000 元
	400 000 元

③共同海损分摊金额（单位：人民币）：

船舶：1 000 000/1 400 000×350 000＝250 000（元）

货物：400 000/1 400 000×350 000＝ 100 000 元

350 000 元

④船舶分摊金额的分析（单位：人民币）：

船舶应支付共同海损分摊金额 250 000.00 元

其中属于船舶共同海损的损失：

1 000 000/1 400 000×250 000＝178 571.43（元）

船舶共同海损分摊 71 428.57 元

⑤船舶保险单赔偿金额（单位：人民币）：

船舶共同海损损失 178 571.43 元

船舶共同海损分摊

1 000 000/1 000 000×71 428.57＝ 71 428.57 元

共计人民币 250 000.00 元

在此案中，如果被保险人先行索赔船舶共同海损牺牲，保险人的赔付程序是：

①先行赔付被保险人船舶共损牺牲（船舶修理费）人民币 250 000.00元（＋）。

②共损理算结束后，保险人赔付货损、拖轮及共损费用分摊人民币 1 000 000/1 400 000×100 000＝71 428.57 元（＋）并摊回货方应分摊的船舶共损牺牲损失人民币：400 000/1 400 000×250 000＝71 428.57 元（－）。

这样，船舶险保单项下，保险人仍累计赔付共损分摊总额为人民币 250 000.00 元。

20.7　船舶险救助费用的理赔要点

海上救助指对在海上遭遇灾难的船货及其相关的运费以及与被救助财产有牵连的人命，由外来力量对其进行救助的商业活动或法律行为。海上救助是海商法律一项古老的制度，早在公元前的《罗得法》中就有救助的规定。

20.7.1　救助成立的条件及救助报酬的确定

理赔时，需注意构成海上救助必须符合如下条件：

(1) 被救助船必须遭遇实际海上风险。这种海上风险必须是实际存在的，而不是主观推断的。船舶没有实际遭遇台风，而是预想到航行前方有台风而驶往避难港修理，不构成海上救助，因此所发生的费用不构成救助费用。

(2) 救助人的救助必须出于自愿而不是出于法律上的义务。

(3) 救助必须要有效果。

20.7.2　救助报酬确定的因素

(1) 船舶和其他财产的获救价值，根据海商法，救助报酬无论如何不得超过获救船舶及财产的价值。

(2) 救助人在防止或减少环境污染灾害方面的技能和努力。

(3) 救助人的救助成效。

(4) 危险的性质和程度（包括救助和被救方两方面）。

(5) 救助人救助财产和生命的技能和能力。

(6) 救助人所用的时间、支出的费用和遭受的损失。

(7) 救助服务的及时性。

(8) 用于救助作业的船舶和其他设备的可用性和使用情况。

(9) 救助设备的备用状况、效能和设备的价值。

通俗地讲，救助报酬由救助成本和冒险奖金两部分构成，救助报酬不得超过被救助的财产的获救价值。

20.7.3 救助合同的内容简介

救助与被救助方常常在事先以合同形式明确双方的权利和义务。在国际航运界已逐渐形成标准救助合同，供当事人协商采用。其中最普通的劳埃德救助合同标准格式（LOF 即 Lloyd's Open Form）有 LOF 1980、LOF 1990、LOF 1995，LOF 1990、LOF 1995，与 LOF 1980 相比，其明显的区别是 LOF 1990、LOF 1995 参照《1989 年国际救助公约》，增加了关于“特别补偿”条款，确定了救助报酬有关特别补偿的最高限额，体现了国际海难救助法律的最新发展。其主要内容有：救助人的义务、被救助人的义务，其核心是救助金额的确定及给付问题，因此 LOF 规定了救助报酬应提交伦敦仲裁委员会确定，而救助费用的担保应提交给劳氏委员会；为保障救助人得以实现，LOF1995 就担保、仲裁员的权利、上诉、款项的支付等一系列程序性问题做出明确的规定。

此外，中国贸促会也制定了《北京救助合同标准格式》，较之于 LOF1995，其内容及程序的规定较为简单。

20.7.4 船舶海上救助与共同海损的关系

在保险船舶发生海难需要救助的情况下，如果船舶载货或有其他利益方时，救助是共损行为，救助费用是一种共同海损损失。实际工作中，救助常与共同海损联系在一起。无论何种情况，保险人以船舶保险价值为据，仅赔付救助费用的分摊部分，但前提是船舶需要救助的起因必须是承保危险引起，否则，保险人不予赔偿。

理解救助条款时，必须注意：所发生的救助或者救助费用必须是由于列明的承保危险所引起，才存在保险人支付救助费用问题，而对于非列明的风险或除外风险所引起的救助费用，保险人不负责赔偿；保险人的赔偿责任是保险人船舶承担的救助或救助费用的金额，对于不足额保险，保险人仅按照保险金额对保险价值的比例承担。

20.8 船舶险施救费用的理赔要点

施救费用指由于承保风险造成船舶损失或船舶处于危险之中，被保险人为防止或减少根据保单条款可以得到赔偿的损失而付出的合理费用。

20.8.1 施救费用的性质

船舶施救费用是一种特别费用（particular charge），保险人对船舶施救费用的赔偿责任独立于保单其他条款规定的赔偿责任以外，目的是为了鼓励被保险人积极采取必要的合理措施，尽力避免或减少保险事故造成的损失。

施救极容易和救助相混淆，二者的区别是：

（1）救助人与被保险人签订合同，主动提供救助服务而产生的是救助费，并非是被保险人为了避免或减少保险船舶损失而采取合理措施所支付的施救费用。

（2）救助报酬的取得与救助效果相互依存，而施救费用的赔付则不然，只要施救费产生，不论施救成功与否，保险人都应赔付。

20.8.2 施救费用的核赔

（1）被保险人及其雇佣和代理人所采取的措施和支付的费用必须是为了避免或减轻应由保险人赔偿的损失，即存在合理性。

（2）被保险人及其雇佣或代理人所采取的措施和支付费用必须经保险人事先同意。

20.8.3 施救费用的计算

（1）在任何情况下，施救费用以船舶保险金额为限。

（2）船舶不足额投保而发生施救费用时，船舶的完好价值超过保险价值，这种情况下保险人按比例赔付施救费用，计算公式为：

$$\text{保险人赔付金额}=\frac{\text{保险金额}}{\text{保险价值（完好价值）}}\times\text{已发生施救费用}$$

关键词

船舶保险	理赔	核赔管理	理赔单证	部分损失
船舶保险合同	修理招标	全损事故	实际全损	推定全损
委付	共同海损	理算规则	时效	施救费用
救助费用	碰撞事故			

思考题

1. 船舶碰撞和碰撞责任的区别是什么？
2. 请列举海事几种请求权的索赔时效？
3. 海事争议的解决途径有哪些？

4. 请对比海事仲裁与海事诉讼的特点?

5. 计算题：A、B两船相撞，双方互有过失，经海事机关最终调解，A船承担60%碰撞责任，B船承担40%碰撞责任，事故中A船受损100万元，B船损失80万元。假设两船均只向不同保险人投保4/4碰撞责任，请计算：

(1) 按单一责任制，两船各应承担多少碰撞责任金额，两船保险人赔付多少金额，船舶最终损失多少金额?

(2) 按交叉责任制计算，两船各应承担多少碰撞责任金额，两船保险人赔付多少金额，船舶最终损失多少金额?

第21章

航空险理赔实务

本章预习

航空险的理赔工作是保险人按保险合同规定承担保险责任、履行保险义务的具体体现。当被保险人因自然灾害或意外事故造成直接经济损失时，保险人通过理赔工作使被保险人享受保险权利，获得经济补偿。本章主要介绍航空险核赔原则和航空险核赔基本程序，具体内容包括：

- 航空险核赔原则
- 航空险核赔所需的相关资料

21.1 航空险理赔原则

航空险业务出险后理赔工作的涉案金额较大，涉及相关法律较多，专业技术要求较高，且颇具社会影响力。因此，航空险业务理赔的基本原则是："出险报案及时，查勘行动迅速，情况掌握翔实，定责理由充分，定损明晰准确，赔付果断到位，后续服务周全。”

21.2 航空险赔案处理的基本程序

1. 登记立案

航空险保单条款规定，被保险人在损失发生后，应立即以书面形式通知保险人，如果时间紧迫，也可先行以电话通知，但事后必须补报书面《出险通知书》。保险人接到被保险人的上述出险（或索赔）通知后，应立即登记立案。

2. 抄单

调阅保单，熟知保障范围、除外责任，了解批单和分保有关情况。

3. 现场查勘

保险人接到被保险人出险通知后，应尽快赶赴出险现场，积极协助并配合被保险人和有关部门组织抢险，督促被保险人并会同有关方面采取必要措施，要尽可能减少损失，及时了解、收集、掌握事故的第一手资料，并妥善留存。具体内容如下：

(1) 协助被保险人采取切实可行的措施，避免损失的进一步扩大，同时提醒被保险人施救费用的合理性。当赔案涉及人身伤亡时，应尽一切可能优先抢救伤员，并将可能受伤者送往医院检查。

(2) 检查出险地点是否与保单相符；出险时间是否在保单有效期内；损失标的是否为保险标的；被保险人是否具有保险利益；损失原因是否属于保单范围；被保险人是否全面履行保单规定的义务；被保险人是否按时支付了保费。

(3) 向受害者、当事人、第三者、目击者或其他证人了解事故经过（条件允许时，应作笔录、摄像或录音），并记录其姓名、家庭（单位）地址和联系方式。

(4) 对事故现场和受损标的进行拍照、摄像。当涉及航空器损失时，应在受损航空器及其零部件移动或维修前进行检查和拍照。当在机身险下发生地面或飞行事故时，还应现场收集有关航空器适航、国际注册、飞行员驾驶执照（含健康证明）以及飞行任务书等资料。

(5) 检查导致保险事故的原因是否和第三者有关联或由其负责，初步认定是否可向其追偿。

(6) 检查民航管理机构或航空公司的事故报告和机场控制塔的相关记录。

(7) 协助理算人进行调查，并提供理算人所需的文件资料。

4. 定责定损

根据现场查勘情况和各种资料、信息加以分析研究，找出导致事故的近因，进而确定该事故是否属于保险责任。对于航空险而言，由单一原因导致的保险事故较少，绝大多数事故的出险原因比较复杂、难以确定，必要时，要聘请航空事故处理的有关专家和理算人。航空险理赔一般需要被保险人提供下述资料：

（1）事故经过说明材料。

（2）被保险人的索赔函。

（3）损失清单和定损金额。

（4）有关部门对事故责任的鉴定或法院的判决。

（5）修理方案和修理费用预算表。

（6）修理发票、关税发票。

5. 赔付

对核赔材料进行审核无异议，并与被保险人签订《权益转让书》后，即可向被保险人支付赔款结案。结案后，对于对外安排分保的项目，应及时向再保接受人摊回相应的赔款。

6. 追偿

结案后，如本保险公司掌握的第三方对事故损失确实负有责任的事实清楚、证据确凿，应向第三方追偿损失。

理赔的基本程序见图 21—1。

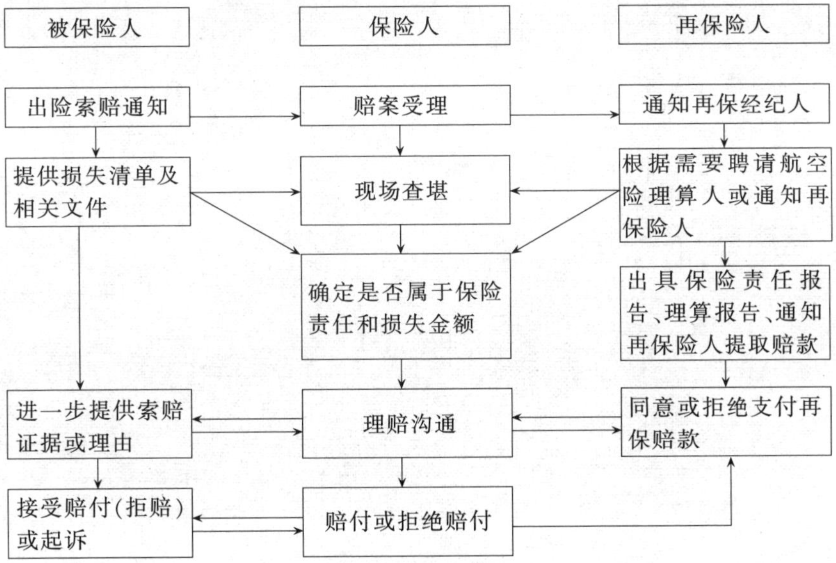

图 21—1　理赔的基本程序

关键词

保险　　航空航天　　核赔　　核赔原则　　处理程序　　追偿

权益转让书　　定责定损　　现场查勘　　立案

思考题

1. 如果航空器发生保险事故，理赔时需提供哪些单证？
2. 现场查勘过程中需注意哪些问题？
3. 简述航空险理赔的基本程序？
4. 请分析美国“9·11”事件赔偿所涉及的航空险险种。

第22章

机动车辆保险理赔实务

本章预习

机动车辆保险核赔工作是整个理赔处理过程中的关键环节。在核赔过程中，核赔人员需要综合运用相关法律法规知识（如《中华人民共和国保险法》、《道路交通事故处理办法》等）和合同条款，在全面、认真地审核案卷材料，整体把握事故发生、处理等有关过程的基础上，运用近因原则，准确、合理地做出核赔决定。本章内容详细介绍了从事核赔工作需要掌握的相关知识和核赔的运作机制，主要内容包括：

- 核赔运作机制
- 核赔要素审核
- 核赔决定过程及结果

22.1　机动车辆保险理赔概述

22.1.1　机动车辆保险理赔简介

1. 核赔在机动车辆保险理赔工作中的地位

机动车辆保险理赔工作主要包括以下几个方面：受理被保险人的报案、现场查勘、损失核定、收集案卷材料、赔案理算、核赔、赔付。核赔在整个机动车辆理赔处理过程中处于核心地位，主要体现在：

（1）核赔工作决定了赔案的处理结果。核赔是对整个赔案进行审核并做出赔付决定的过程，其处理结果直接影响到被保险人的经济利益关系。

（2）核赔工作对理赔处理的前期过程起到监控作用。在核赔中，有经验的核赔人员可以发现理赔前期处理过程中存在的种种问题，如理赔人员违反有关业务规定的行为，在损失核定过程中存在的侵犯公司利益或被保险人利益的行为等等，并相应提出改进理赔工作的意见与建议。

（3）核赔工作的质量反映了公司的理赔处理能力、水准。核赔人员需要综合运用法律法规、合同条款、相关专业知识与经验处理复杂的索赔案件，其处理的公正与否、准确与否、合理与否直接反映了公司的理赔处理水准，影响到公司的公众形象和信誉。

2. 机动车辆保险核赔工作的特点

机动车辆核赔工作具有自身的特点，主要有以下方面：

（1）关于机动车辆事故的处理国家有专门的法规进行约束，核赔处理有法可依。道路交通事故发生频繁，且往往造成车辆损坏、其他物品损坏和人身伤亡，给国家、企事业单位、个人带来经济利益损失和人身伤亡损害。为加快道路交通事故的处理，准确界定事故责任，规范事故处理程序，明确事故赔偿标准，政府通过制定法律和行政法规，对道路交通事故的处理进行规范和约束。在核赔过程中要准确理解、充分掌握上述办法的具体规定，依法核定损失项目和赔偿标准，维护保险合同双方的合法权益。

（2）车辆的流动性需要事故现场查勘工作的网络化，核赔工作应充分注意代查勘工作的质量和时效。出于各方面的需要，车辆在全国范围内到处流动，尤其是从事营运的大吨位货车。一旦车辆在其他省市（非该车办理保险的省市）发生事故，为及时处理事故，就需要当地的保险分支机构或代理机构进行事故现场查勘工作，以确定事故的发生原因、过程和损失程度，即需要保险公司建立全国性的代理查勘服务网络，以满足业务处理的需要。在核赔时，可以全面衡量、监督代查勘工作的质量和效率，发现问题，纠正不足，以确保分支机构或代理机构提供优质、高效的保险理赔服务。

（3）小额事故多，核赔工作应注重时效和理赔质量的均衡。车辆本身的价值较低，据此确定的保险金额也相应较低且较为均衡，发生事故时造成的车辆本身的损失也较低，存在大量的小额事故（即损失金额较小的事故）索赔。为提高案件处理效率，保证小额事故处理质量，核赔工作要充分考虑处理时效和理赔质量的均衡问题，在保证质量的前提下，尽可能提高理赔处理效率，以满足被保险人的需要。

（4）车辆零部件有标准、规范的名称，可以建立价格信息数据库，为车辆损坏定损提供价格、技术支撑，使核赔工作逐步走上信息化、技术化、标准化。核赔包括核定损失和确定保险责任。车辆的零部件虽然繁多，但是具有规范、标准的名称和相对稳定的价格，可以开发价格信息数据库，为核定车辆损失提供技术、数据支持。通过建立价格数据库，对于当地的同类型车辆提供了定损的统一标准，避免定损中的偏差和随意性，大大提高了定损的一致性、准确性。

22.1.2 理赔运作机制

保险公司的理赔处理模式主要有两种：一种是高度集中管理运作模式；一种是分级授权管理运作模式。在这两种模式下，通过合理分工、科学授权，辅之以科学的绩效考评体系、奖励约束机制，以保证核赔工作的高效运转。

1. 高度集中管理运作模式

在这种模式下，总公司对核赔工作实行高度集中管理，分支机构基本上没有理赔处理权限。所有的车险赔案必须经总公司审批后方可对外支付。在总公司内部，对核赔人员按照一定的标准进行分级授权管理，级别越低则需要的人员越多（处理大量小额事故的需要），较高级别则需要的人员相对较少。通过合理授权、分工协作，以满足业务处理的需要。所有的索赔案件，按照一定的处理流程在上述不同级别的核赔员之间流转，直到有权限的核赔员审批后为止。

2. 分级授权管理运作模式

这是一种常用模式，为大部分公司所采用。在这种模式下，可分为两种不同的授权方法：一是对人授信，二是对机构授信。

（1）对人授信模式。总公司根据一定的衡量标准，对分公司核赔人员实行分级授权制度，并实行业务垂直管理制度。赋予权限的核赔员可以对权限内的赔案进行独立审核，其签署后即可对外支付赔款。该核赔级别属于技术序列，在业务处理方面享有权威，一般不具有行政职权。

（2）按机构授信模式。总公司按照一定的岗位划分标准，对分支机构实行按岗位授权制度，与具体的核赔人员无关，只要在某个具体岗位上，即可获得该岗位的核赔权限。索赔案件按岗位序列流转，直到赋予权限的岗位审批后为止。

上述几种不同的理赔处理模式，各有优缺点，关键在于选拔合适的人员从事核赔工作，并制定相应的规章制度、考核指标体系、激励约束机制，促进核赔工作有序、高效、高质量地运转。

22.2 机动车辆保险理赔要素

核赔工作是机动车辆保险理赔的最重要环节，实际上就是保险公司对已经提交索赔的赔案进行核实把关的过程，保险公司的核赔员通过对赔案中客户提交的有关索赔资料和保险公司理赔工作人员对案件的调查取证和损失核定记录进行审核，对赔案整个处理过程进行全面了解分析，最终确定案件的真实性，提出案件的疑问点，对赔案做出最终理赔意见。因此，核赔工作应该是整个车险理赔工作中责任最重、要求最高、技术最全面的环节。

22.2.1 理赔资料的审阅

理赔资料是核赔员审核赔案的重要依据，通常核赔员是把案卷中留存的相关理赔资料的审阅作为核赔的第一步工作。理赔资料一般分为客户提交的理赔资料和保险公司理赔人员缮制的理赔资料两种。

22.2.1.1 对客户提交理赔资料的审阅

1. 有关事故情况及责任认定的证明材料

（1）对于道路交通安全事故，一般由公安交通管理部门处理。根据《中华人民共和国道路交通安全法》规定，道路是指“公路、城市道路和虽在单位管辖范围但允许社会机动车通行的地方，包括广场、公共停车场等用于公众通行的场所。”公安交通管理部门对发生在道路上的交通事故，依据《中华人民共和国道路交通安全法》及其实施条例认定事故各方所负责任，并结合事故发生地公安交通管理部门公布的赔偿范围、项目和标准，以及保险合同的规定计算保险赔款金额。

（2）对于非道路交通事故，一般是指在公路、城市街道和胡同（里巷），以及公共广场、公共停车场等供车辆、行人通行的地方以外使用车辆过程中发生的事故。非道路交通事故，公安交通管理部门一般不予受理，可以提交事故发生地公安部门或政府有关部门依据相关规定处理。

(3) 对于火灾事故，由于其事故危害程度和灾害损失的特殊性，一般来说，除了道路交通管理部门处理外，公安消防部门还会赶赴现场扑救。在机动车辆保险基本条款中，一般将车辆自燃和不明原因燃烧列为不保责任，因此，事故车辆的火灾原因鉴定证明非常重要，根据有关规定，公安消防部门是具备资格的火灾原因鉴定部门，由其出具《火灾责任认定书》和《火灾原因鉴定书》。

(4) 对于气象及地质灾害事故，其发生时一般涉及地域面广，灾害范围大，受损数量多，往往造成数量众多、危险集中、风险类别单一的情况。在机动车辆保险中，一般规定把普通常见的自然灾害、气象灾害作为基本险责任，对具有地域特点和区域范围的气象及地质灾害，设计出相应的附加险，由客户在投保时选择。此类灾害一般由当地气象部门确定灾害性质和程度，以及受灾范围；如果当地公共媒体（地市级以上公开发行的报纸、当地电视台等）对气象情况给予报道的，也可作为事故证明。

(5) 对于盗抢事故，由于涉及刑事犯罪，因此必须经公安部门立案侦查，对于在一定时间内侦查未果的，可以按照盗抢险责任赔偿。索赔时必须提供公安部门的立案证明和未破案证明。

在审阅上述资料时，应注意以下重点：

(1) 出证单位是否具备出具证明和进行鉴定的资质。

(2) 证明材料对事故经过及责任认定是否符合规定程序、是否明确。

(3) 证明资料中对事故时间、事故当事人的记载是否与赔案中的记录相符。

(4) 对事故责任的认定是否属于保险责任范围，是否涉及免责和增加免赔等事项。

(5) 证明材料是否真实无误、是否存在伪造或涂改等疑点。

2. 有关事故损失情况及支出费用资料的审核

(1) 对涉及车辆损失费用的审核。

机动车辆保险的赔偿是以修复为主原则。对事故中的受损车辆，由保险公司查勘定损员，会同车主、被保险人以及修理厂家共同对损失情况、换修项目、修复金额进行商定。根据各地情况和事故不同情况，参与定损的还有公估公司、物价鉴定部门等其他机构。对车辆损失费用资料的审核，主要是以下单证：1) 发票及维修清单；2) 施救费用发票；3) 事故照片；4) 公估报告；5) 价格鉴定部门出具的损失鉴定报告。

审阅上述资料时应注意查看是否存在涂改、伪造疑点；发票及其他票据是否真实有效等；在时间上是否吻合；实际发生金额与定损金额是否相符。

(2) 对涉及财物损失费用的审核。

1) 事故造成市政设施损坏和建筑物损坏的，应该按照根据成本和费用造价做出的预算报告确定损失费用。在审阅时应注意剔除间接费用和扩大维修部分费用。

2) 造成路产损失的，由公路管理部门出具路产损失费用清单。审阅时注意剔除条款中列明除外责任的污染等间接损失费用。

3) 农作物损失的，应提供当地政府相关部门的损失报告，或由保险公司、车主与农民共同确定损失范围。审阅时注意比照当地农作物的正常单位产量及国家收购价计算赔偿金额，同时应考虑残值问题。

4) 对于牲畜伤亡的核定，应该依据当地兽医院或牲畜交易管理机关的证明和鉴定，未失去使用价值的就地治疗，失去使用价值的，折价赔偿。

5) 导致城市用水损失的，当地供水公司或相关管理机构必须出具实际用水损失清单，根据国家规定的用水价格确定赔偿费用。

6) 导致通讯设施和供电设施损坏的，由相关管理部门出具正式的损失清单及修复预算，审阅时注意剔除间接损失和扩大损失部分费用；另外，对于不符合国家规定高度架设的线路及未按规定架设的设施，应根据责任来区分是否属于保险赔偿范围。

(3) 对涉及人员伤亡赔偿费用的审核。

1) 致人伤残事故应提供县级以上医院出具的诊断证明书、出院证明、公安部门出具的伤残等级评定结论、误工护理工资证明、病休证明、家庭情况证明、被抚养人劳动能力证明、医疗费原始发票及用药清单、外购药品的外购证明和医疗处方等。

2) 致人死亡事故应提供死亡证明书、户籍注销证明或火化证明、家庭情况证明或户籍本复印件、被抚养人劳动能力证明等。

在对人员伤亡案件的资料进行审阅时，核赔注意要点：

1) 注意区分是否是本次事故直接造成的，防止恶意利用残疾或伤病扩大索赔。

2) 审核伤亡人员的诊断证明书，是否是条款规定的医疗机构所出具的，字迹、内容、术语是否有不规范之嫌，通过对照病人的症状、体征、检查结果、用药等是否与诊断结果相符，判断与此次事故的关系。

3) 审核死亡证明书、户籍注销证明及火化证明，确定死亡事故中死者身份及年龄等。

4）审核医疗发票：

①审查发票的有效性。是否是就诊医院开具的，是否有有效的税务章和财务章，同一张发票是否属同一人笔迹。

②审查发票的号码。审查就诊日期有否逆号，被保险人提供的发票是否联号或间隔较短。

③不同日期的发票是否出自同一收款人之手。

④通过医学分析，核实处方药品及治疗项目是否为医治保险事故所造成的人身伤害之必需，审查发票金额和处方药品金额是否相符。

⑤开具发票的医院与病历上表明的就诊医院是否一致或有出入。

⑥外购药品的费用赔偿应提供购药发票、医师处方和医院证明。

⑦对于需要后续治疗的，注意审核其前期住院的治疗情况，以及主治医生和医院的后续治疗情况说明。

5）审核涉及人员伤亡赔偿其他项目的证明材料：

①误工费、护理费：工资证明应由工作单位劳资部门出具工资及其他收入签收单复印件、纳税证明等，并加盖公章。

②抚养对象及被抚养人生活费：应出具家庭成员及直系亲属详细名册和相应的户口簿复印件，对应由具有抚养义务和抚养能力的人共同承担抚养责任的，死者或丧失劳动能力的残者只承担本人应抚养的一份费用。

③伤残或无劳动能力鉴定：应由司法机关专业部门出具证明，并加盖专用章及鉴定人章。对被抚养人属于残疾的，应提供民政部门签发的残疾证明。

6）其他赔偿费用的审核：

①残疾用具费：应提供第一次配置残疾用具的原始发票。对于后期配置费用，应根据残者年龄及残疾用具制造厂家证明，协商确定。

②交通费：应提供发票原件。在审核中应注意发票是否联号、发生时间是否与实际情况相符、是否属超标乘坐交通工具、发票是否真实有效、是否超过规定的最多人数等。

③住宿费：应提供发票原件。审核中掌握按照当地公布的人均住宿标准计算，时间应该控制在参加事故处理期间。

④其他物损费用：对于死者或伤者自身携带衣物的损坏，原则上应提供原始购物发票，以及损坏物品修理发票。

⑤凡涉及第三者责任损失分摊而确实无法提供发票原件的，可提供相应复印件并由事故处理机关或事故证明单位加盖公章。

⑥对不能提供发票的相关赔偿费用，应提供道路交通管理部门出具的经济赔

偿凭证，并由当事人双方签字、交警部门盖章证实。

3. 其他与保险赔偿有关的单证审核

（1）涉及诉讼的资料审核：如法院判决书、法院调解书、仲裁机关的仲裁决定及诉讼费收据等。

（2）涉及逃逸案件的，提供当地交通管理部门对逃逸案件损失分摊的正式文件。

22.2.1.2 对保险公司定责定损资料的审核

1. 对人伤案件的查勘资料审核

涉及人伤案件的调查取证，查勘人员应缮制医疗核损报告。在审阅中应注意：

（1）医疗核损人员应跟踪治疗的进程，注意区分事故导致的医疗诊治与非事故疾病诊治的费用。

（2）确定手术中使用的内固定、置换关节等器材的标准，确定必要、合理的二次手术费、继续治疗费。

（3）非住院受伤者，确定门诊费用的合理性。

2. 对车辆或财物损失的查勘资料审核

（1）理赔报告书。机动车辆保险在理赔案卷中，均要求缮制理赔报告书。理赔报告书是对整个赔案发生及处理全过程的总体描述。缮制理赔报告书应做到：

1）对事故发生情况的描述客观、全面。

2）对保险标的及保险事项的确认准确、清晰。

3）对保险责任判断及条款运用准确、合理。

4）理算公式及计算正确。

5）索赔材料完备翔实。

（2）损失查勘报告。损失查勘报告是保险人判定保险责任、确定损失程度、核定损失金额的重要依据，撰写损失查勘报告是查勘人员必不可少的工作环节。通常，损失查勘报告由保险公司查勘人员在进行现场及受损物的实地查勘、并确定保险责任和损失情况后撰写。损失查勘报告应填写详尽、数据清晰、签章齐全。缮制损失查勘报告应做到：

1）报告内容填写全面详实。

①出险情况报告：包括出险时间、出险地点、出险原因、出险经过、对于第一现场的确认以及对现场状况的描述。

②车辆情况报告：包括对受损车辆车牌号码、厂牌型号、行驶证及年审、车辆装载情况、发动机号及车架号确认车况等状态的描述。

③人员情况报告：包括肇事驾驶员驾驶证校验、对驾驶员精神状况的观察、随车人员情况、伤亡情况等。

④道路及气象情况报告：包括出险时的天气情况、道路状况、现场遗留物确认等。

⑤报案情况报告：包括是否立即向相关部门报案、交警或其他受理报案机构是否到现场处理等。

2）报告撰写应真实反映事故发生经过和处理的全过程。

报告中应根据搜集的资料做出查勘分析，对事故真实性进行确认，对保险责任进行初步确认，对受损车辆的责任也应做出初步意见。报告应绘制事故现场草图，标明事故发生地地形及碰撞轨迹；报告还应对当事人做调查笔录。

3）损失查勘报告要求语言简练、用词准确，对于损失原因及责任认定应表达清晰，避免语意含糊，以免在定责定损以及核赔时带来纠纷。

（3）公估报告。公估报告是具备公估资格的公估公司或公估人，受保险人或被保险人的委托，对案情复杂特殊、专业技术含量高、定责定损意见存在分歧的赔案，根据专业经验出具的检验报告。公估报告应该客观公正，对公估案件的案情分析、责任确定以及损失核定准确合理。对公估报告的审核包括：

1）委托公估事项的内容是否准确无误。

2）对委托被公估方的保险事项是否了解。

3）调查取证过程是否全面细致，记载是否详细明白。

4）对被公估事项的分析是否合理合法，是否具有专业水准。

5）公估结论是否准确明了，是否客观公正。

6）有关调查资料是否齐备。

（4）定损单。定损单是保险公司对受损车辆换修项目及费用的核定清单。对定损单的审核内容包括：

1）定损单中是否注明查勘时间、是被保险车辆还是第三者车辆。

2）对于损失金额较大的车辆是否拓印或核对发动机号和车架号、VIN码等。

3）是否详细列明更换配件和修理项目的费用，以及对残值的处理意见。

4）是否在定损单中规定工期、质量、价格和违约责任。

5）是否经保险人、被保险人和承修厂家三方盖章确认。

22.2.2 查勘检验与施救

现场查勘是车险理赔处理的前期重要工作，是维护公司信誉、提高理赔质量、实现合理赔付、把好理赔出口关的重要环节。查勘工作的好坏，直接关系到对保险责任的判断、对损失金额的核定，关系到整个核赔工作的准确性、合理性，直接影响到保险合同双方当事人的利益。因此，做好查勘检验和做到合理施救对减少理赔纠纷、提高理赔水平具有重要意义。

22.2.2.1 现场查勘检验

现场查勘分为对第一现场查勘和第二现场查勘。第一现场是指事故发生时未移动的原始现场；第二现场是指原始现场被移动后的事故发生地和事故车所在地。查勘前的准备工作有：(1) 查抄被保险车辆单底，确认保险事项和保险标的，以及根据报案记录初步了解事故概况、损失情况，以及当事人的联系方式。(2) 准备与查勘有关的工具，如查勘箱、相机、卷尺、安全警示牌等。

1. 各种事故现场的查勘

(1) 道路交通事故的查勘。

道路交通事故的查勘要求包括以下内容：

1) 尽可能查勘第一现场，并指导客户采取合理的施救保护措施，但必须保护好原始现场，防止因变动现场导致公安交警部门对变动现场方的责任认定。

2) 对损失较大的碰撞事故，即使交警部门到现场处理，也应对第二现场进行回勘，寻访线索和目击证人。

道路交通事故的查勘内容包括以下方面：

1) 查明出险时间：了解出险时间是否在保险期内，并通过对肇事司机、目击者、伤者治疗时间和其他当事人的询问核实出险的真实时间。

2) 查明出险地点：通过核对报案人通报的出险地点、肇事司机指证的出险地点、出证单位证明的出险地点，核对现场痕迹和遗留物，确认出险地点的真实性。

3) 查明出险车辆的基本情况：核实肇事车辆的车牌、车型、发动机号和车架号、行驶证、安全防盗装置等，与保险合同中的相关内容核对；对于存在超载现象的，抓紧时间搜集有利证据，并与交警部门做好沟通工作；对于主车拖带挂车或其他拖带物的，应查明相应的保险情况，并留照备案；对于不具备安全行驶技术状态的，要注意搜集有关证据。

4) 查实车辆的使用性质：主要核查出险时使用性质与保险单、批单是否相符，对于发现有不符之处的，应尽量收集有关证据。

5) 查明驾驶员情况：核对驾驶员姓名、性别；核对驾驶证准驾车型及年审情况；核对出险驾驶员与报案记载的驾驶员是否相符等。

6）查明出险原因：通过查访、询问、观察、取证、鉴定等方法，对造成事故的直接原因进行分析，得出正确结论。

7）确定损失情况：查明受损车辆及财物、损失程度、伤亡情况。

8）绘制现场草图：通过绘制简单草图再现现场状况。

9）现场照片拍摄：拍摄照片要求有事故现场远景及附近固定目标；有事故车牌照号码、车辆或财产损坏部位及大额更换配件；单方事故应拍摄被撞固定物的碰撞痕迹；照片应注明拍摄人及拍摄日期。

10）缮制查勘记录：详细记录查勘要点、核实疑点问题。

（2）非道路交通事故的查勘。

1）非道路交通事故原则上应查勘第一现场，并注意调查取证工作。

2）对于责任不明确、当事人对事故描述不准确的，应寻访目击证人，做好询问笔录。

3）对责任不能准确划定的，可向公安交通部门请求协助。

（3）水灾事故的查勘。

水灾事故查勘要求包括以下内容：

1）构成水灾责任的必须是大面积发生的自然灾害，以当地气象部门报告为准，也可以当地新闻媒体公告为准。保险公司应根据报告判定是否属于保险责任和赔付范围。

2）对水灾受损车辆的查勘以“快速处理”为先，避免因时间拖延而造成的电器元件扩大损失。

水灾事故查勘的内容包括以下方面：

1）对水灾造成损失的车辆，一般不允许现场发动车辆，以避免造成发动机部位的扩大损失。

2）车辆在行驶过程中遭遇水灾事故，应重点检查发动机部分，在检查中应重点区别正常机械损坏和事故损坏的界限。

3）对在停放过程中遭受水灾或遇到水灾停止发动的车辆，应采取牵引的方式将车拖至高处或拖回修理厂检测、清洗。

4）对水灾中遭受严重泡损的车辆，对其机械部分应尽量清洗除锈及润滑；对电器、仪表部分应进行干燥处理，对确受损的，可以更换；对车内装饰部分，应进行清洁晾晒，对已损坏部分可考虑更换。

5）对因水灾造成的外观件损坏，根据实际损失情况予以理赔。

（4）火灾事故的查勘。

火灾事故查勘的要求包括以下几个方面：

1）火灾事故应由公安消防部门出具火灾原因鉴定及火灾事故责任认定。

2）注意对目击证人和周边环境的调查取证。

3）对被保险人及驾驶员经济状况进行了解。

火灾事故查勘的内容包括以下方面：

1）火灾事故必须查验本车，严格掌握保险责任与责任免除的区别。根据有关部门的鉴定或查验事故车起火点，必要时还可请有关技术部门进行鉴定，研究、分析起火原因，防止道德风险发生。

2）在查勘中，首先要查明着火点，如与外界物体相撞，查看是否有碰撞痕迹，碰撞点是否有引起火灾的可能；单车燃烧的，应分析是否属于线路老化或其他自身原因引起的。

3）对于老旧车辆、淘汰车型、右舵车辆、低价值高保额车辆，应该作为调查核实的重点，认真查勘分析，防止道德风险的发生。

（5）人身伤亡事故的查勘。

人身伤亡事故的查勘包括以下方面：

1）涉及人员伤亡的案件应该由专职的医疗核损员进行跟踪审核。

2）针对人伤案件中有可能出现的超标用药、多人用药、拖延住院时间、扩大治疗范围，以及出院后扩大伤情或残疾等级等情况，保险公司最好采取提前介入的办法，包括事前、事中、事后的调查，以争取主动。

人身伤亡事故查勘的内容包括以下方面：

1）对于已经住院的伤者，应详细了解受伤人数、姓名、性别、年龄、伤情、住院详细地点等，根据上述情况开始登记医疗调查表。

2）对伤势较重的，通过提前介入走访医护人员，得出初步结论及预计费用。

3）对于伤情严重、需要长期治疗的，可以与病人家属协商后一次性提前结案。

4）根据伤者本人及家庭情况核定其他赔偿项目和金额，具体项目及标准应参照国家制定的道路交通事故赔偿标准执行。

（6）物产损失事故的查勘。

较常见的物产损失一般是第三者车辆所载货物、道路及道路安全设施、房屋建筑、电力和水利设施、通信通讯设备和设施、花木、牲畜、农田庄稼等。应注意区分合法财产或非法财产的区别，如晾晒在公路上的谷物、乡村非法拉设的电力设备、违章建筑等属非法财产。

在查勘中，查勘员应根据报案情况进行现场查勘、拍照，并做好丈量、清点工作，对公路设施及电线的高度、损坏长度、制成材料、房屋结构及损坏面积、货物类别等，要进行分门别类，逐项清点。

（7）盗抢事故的查勘。

1）发生盗抢险赔案，现场查勘和调查取证十分关键，必须到事发地查勘拍照，到有关部门（如公安局、停车场等）了解情况，应注意取得代位追偿权。

2）还应对被保险人的经济状况、车辆日常使用、停放及保管情况、车辆防盗装置等做出详细调查。

3）对于车辆被盗抢前是否改装、是否经过交易及交易价格、有否超额保险等情况取得证据。

4）对驾驶员及其他证明人应单独进行询问笔录，核实事发情况。

22.2.2.2 施救组织与内容

保险车辆发生保险责任范围内的事故，往往存在保护现场、组织施救的要求。对于施救费用的核定，应以“必要”和“合理”为赔偿原则。如租用吊车、拖车将车辆拖至修理厂的费用、事故发生后为防止损失扩大而雇人看守费用等。查勘人员到达现场，如果险情没有控制，应与有关部门协商采取有力措施进行施救，使车辆和其他财物尽快脱离危险，尽量减少不必要损失。

22.2.3 索赔人保险利益的确认

保险利益是指投保人对保险标的具有的法律上承认的利益。我国《保险法》规定：“投保人对保险标的应当具有保险利益”、“投保人对保险标的不具有保险利益的，保险合同无效”。由此可见，具有保险利益是保险合同产生效力的前提条件。

在现行的机动车辆保险实务中，保险合同中除注明投保人、被保险人外，还约定了索赔权益人。根据《保险法》有关内容，被保险人是“有权请求保险人赔偿的人”，因此，被保险人和索赔权益人可以是同一人，也可以是不同人，被保险人可以通过转让和授权自由处分其索赔权。如果没有通过法律途径，在被保险人和索赔权益人分离的情况下，只有被保险人对保险标的才具有保险利益和索赔权益。

根据机动车辆保险中保险标的的特殊性，在理赔过程中，应根据掌握的资料核对行驶证车主、投保人、被保险人、索赔权益人是否一致，在保险期限内是否存在过户、转卖、批改等事项，对有出入的应重点核查，确认投保人、被保险人的保险利益，以及索赔权益人的索赔权益。

22.2.4 保单条款的审阅与保险责任的确定

保险双方签订保险合同后，保险公司根据保险合同的约定和保险条款内容履行赔偿责任。在核赔中，应严格遵照条款规定，合理确定事故性质，准确界定责任范围，履行双方的权利义务。一般来说，可以从以下方面进行审核。

1. 保险责任

（1）对照保险单中载明的保险险种，确定事故的发生是否属于保险责任中明确规定的自然灾害或意外事故引起的，以及是否属于附加险中列明的保险责任。对于确定属于保险责任的，应按照条款规定给予赔偿。

（2）对于事故原因比较复杂、责任难以确定，或处理意见分歧较大的赔案，界定是否属于疑难案件、争议案件，应充分理解条款精神，同时考虑实际情况，必要时可聘请专业部门进行鉴定，提供案件处理依据。

（3）为确定保险责任、鉴定损失原因和损失程度、核定损失费用，以及确定赔偿比例等与保险理赔有关的费用支出，包括检验费、鉴定费、咨询费、诉讼费、技术费等，应该列为赔偿范围。但损失不在赔偿范围内的，应不承担其相应的检验鉴定费用。

2. 除外责任

根据赔案的各种现场和背景资料，首先分析事故的发生是否属于除外责任，若是，当然不属于保险责任。但当事故不属于列明的除外责任时，也不一定就属于保险责任，因为保险条款在责任设计上不是按照“非此即彼”的二维思路拟订的，而是采取列举式，所以只有当事故的发生完全符合条款关于保险责任的规定时才构成保险责任。对于不属于保险责任的，应当掌握充分证据，并做好对被保险人的解释工作，以书面形式向被保险人说明原因。

3. 保险期限与索赔期限

根据《保险法》相关规定，保险双方在签订保险合同时，需约定保险起讫时间，即保险期限，保险双方在保险期限内履行合同规定的权利义务。在保险事故发生时，应首先核实是否发生在保险合同约定的期限内，如不是，则不予受理报案。

根据《保险法》规定，被保险人对保险人请求赔偿的权利，自其知道保险事故发生之日起两年内不行使而消灭。因此，在理赔处理中应注意对未决案件的清理，尽量在索赔期限内提醒被保险人行使索赔权，对确实超过索赔期限的，应作为放弃索赔请求权处理。

22.2.5 赔偿处理的原则

机动车辆保险的赔偿处理，应遵循以下处理原则：

1. 按责赔偿原则

保险人依据保险车辆驾驶员在事故中所负责任比例承担相应的赔偿责任。

2. 物损修复原则

除在保险时另行特约保险以外，保险车辆或其他财物损失，以修复为原则。

3. 责任险一次赔偿结案原则

对涉及责任险的基本险和附加险赔付，均采取一次赔偿结案的原则，保险人在赔偿后，不再承担对受害人的任何费用的增加。

4. 扣除规定的免赔原则

（1）按责免赔。根据投保险种中对免赔率及免赔金额的规定，发生保险事故后，在相应的险种下扣除规定的免赔率。

（2）增加免赔。在机动车辆保险中，除了按责规定的免赔率外，一般对被保险人未履行合同规定义务造成的损失实行增加的免赔率，在核赔时应严格对照条款执行。

5. 比例赔偿原则

（1）由于约定部分损失保险金额未按照新车购置价确定而造成保额不足的，发生保险事故造成部分损失时，应按照保险金额与新车购置价的比例进行赔付。

（2）由于错误告知引起的比例赔偿，根据《保险法》及相关条款规定，对错误告知，已影响到保险人决定费率水平，且投保人因此得到相应的费率优惠时，按照保单保费与应缴保费比例计算赔款。

6. 推定全损协商处理原则

按照国家关于对机动车辆报废标准的处理规定，对实际修复费用达到或超过车辆实际价值的80%时，经保险双方协商可做推定全损处理。

7. 延迟办理退保发生保险事故赔偿原则

根据《保险法》有关规定，投保人要求终止保险合同（除法律规定不得终止情况外）而保险人拒绝或延迟办理时，发生保险事故，保险人承担赔偿责任。

8. 代位求偿原则

根据《保险法》有关规定，保险人在发生保险责任范围内事故应由第三者赔偿的，赔偿后在赔偿金额范围内代位行使被保险人向第三者请求赔偿的权利。

9. 重复保险比例分摊原则

依照《保险法》有关规定，对于重复保险的保险金额总和超过保险价值的，各保险人的赔偿金额的总和不得超过保险价值。一般来说，应该对重复保险按照比例分摊原则计算赔款，各保险人按照其保险金额与保险金额总和的比例承担相应的赔偿责任。在理赔时，应注意掌握被保险人的保险情况，要求被保险人如实告知，如属重复保险，应按照比例分摊原则计算赔款。

22.3　核赔决定

22.3.1　赔付决定

经审核，对于确属保单责任范围内的损失，且索赔单证齐全、证据确凿，可按照条款约定做出赔付决定。

决定赔付应同时满足以下条件：

(1) 保险事故原因属于机动车保险条款列明的责任范围。

(2) 保险事故损失属于机动车保险条款列明的赔偿范围，而且保险双方当事人对损失金额达成一致意见。

(3) 被保险人提供的索赔单证齐全有效。

22.3.2　预付赔款

对于保险责任明确，但不能及时结案的案件。为尽早补偿被保险人损失，可就损失已确定的部分先向被保险人预付部分赔款。

预付赔款应严格掌握，一般只对以下保险事故可以预付赔款：

(1) 交通事故损失大，被保险人无经济能力赔偿而无法了结案件的，可预付部分赔款让被保险人了结案件后提供完整的索赔单证。

(2) 案件社会影响较大（如多人伤亡的交通事故），暂时无法结案的，可预付部分赔款解决案件，树立保险公司的良好形象。

(3) 在部分损失明确，但保险人和被保险人就最终损失金额未达成一致意见的情况下可预付赔款，以利于案件的解决。

预付赔款由被保险人向保险人提出书面申请，并提交以下材料：

(1) 可以明确保险责任的有关证明，如交警的事故责任认定书、公安消防证明等。

(2) 可以明确损失金额的有关单证，如物损清单、发票、人伤医疗单证等。

保险人接到书面申请后，对被保险人提供的单证材料认真审核，并根据查勘情况形成赔付意见，按公司规定程序报批后赔付。预付赔款的单证应妥善保管，待整个案件结案后一起归档。

22.3.3　协商通融赔付

通融赔付是保险人根据有关规定，经上级主管部门批准，适量赔偿被保险人不属于保险责任范围内的损失。对通融必须从严掌握，并按规定程序报批，不得随意承诺赔付。在实施通融赔付时应注意把握以下几个方面：

（1）赔付对象必须是长期向保险公司投保各种保险业务的被保险人。

（2）被保险人长期支持保险公司保险业务发展，并取得显著经济效果。

（3）标的损失金额相对较小。

22.3.4 拒赔

经审核，对于不属于保险责任范围内的损失，可根据保险条款约定予以拒赔。对以下情况可以拒绝赔偿：

（1）属于除外责任的。

（2）不属于保险责任的。机动车险保险条款是列明责任，不属于除外责任但也不属于保险责任的可以拒赔。

（3）被保险人不履行机动车条款规定义务的。

拒赔案件容易引起诉讼，做出拒赔要十分慎重。应根据有关部门的出险证明材料、查勘人员的查勘材料、被保险人提供的材料进行分析判断，形成拒赔意见。并按规定程序报批后，向被保险人出具拒赔通知书。

关键词

机动车辆	理赔	核赔	《道路交通安全法》
价格信息数据库网络化	时效	核赔机制	运作模式
理赔资料	核赔要素	授权	授信
零配件	集中管理	现场查勘	人伤
医疗核损	定责定损	保险期限	索赔期限
保险责任	除外责任	赔偿金额	

思考题

1. 为什么说核赔工作在理赔处理过程中处于关键环节？
2. 简要说明车辆核赔运作机制。
3. 说明火灾事故现场的查勘注意要点。
4. 举例说明人身伤亡案件的审核要点。
5. 在什么样的情况下可以做出拒赔决定？

第4篇

人寿保险核保实务

第23章

人寿保险的风险选择

本章预习

核保（underwriting）的过程，也称为风险选择（risk selection），本章主要介绍了核保即风险选择的基本原理和方法、逆选择的概念、对保险公司安全经营的影响、逆选择的防止方法及效果。通过学习，进一步理解核保对寿险公司经营的作用和意义。本章主要内容包括：

- 寿险风险选择概述
- 逆选择及其防止方法
- 选择效果

23.1 人寿保险风险选择概述

风险选择是指保险公司根据保险标的的不同风险水平进行审核、筛选、分类，以决定是否签发保单以及如何签发保单的过程。其过程分为两个方面：选择和分类。选择是保险公司评估每件投保申请并确定被保险人风险程度的过程。分类是将被保险人分配到期望损失概率与其最接近的被保险人一组。保险公司进行风险选择最重要的原因是，保险标的的风险水平客观上存在着差异。

十八世纪以前的人寿保险公司，对被保险人群体几乎不进行选择。保险公司对所有被保险人收取相同保费。这样做的问题在于：首先，该群体人数有限，其年龄结构可能与精算预定死亡率所使用的人群不同，甚至存在很大差异；其次，对所有人收取相同保费，会造成事实上的“不公平”，如果一个身体健康的年轻人发现他和一个体弱多病的老年人缴纳相同的保费、获得相同的保险保障，那么他很可能会要求退保。而当人们发现保险公司不分男女老幼皆适用同一保费标准时，体弱多病者将是最踊跃的投保者，这就会产生一个叫“逆选择”的问题，本章在以下的内容中将会谈到。

不进行风险选择的直接后果就是，保险公司按照标准死亡率收取保费，结果被保险人群体的死亡率高于标准死亡率，保险公司入不敷出而使得经营难以维持。风险选择的意义就在于，将一个群体按不同风险水平进行分类，根据不同的风险程度收取不同的保费或是拒保，在风险公平的原则上，根据大数法则原理，形成尽可能大的标准风险体和次标准风险体人群，使得群体的实际死亡率不会超过预定的死亡率，从这个意义上而言，即保证了保险公司的正常经营，也维护了广大客户的利益。

下面的例子表明保险公司进行风险选择和不进行风险选择的差别。保险公司由于没有进行风险选择，接受了以下群体购买保险，他们的分布情况如表 23—1 所示。

表 23—1　　某保险公司被保险人群死亡率（调整前）

被保险人分布	实际死亡率 （与标准死亡率相比较）	标准死亡率 （保单预定死亡率）
90%	100%	100%
5%	125%	100%
3%	150%	100%
1%	200%	100%
1%	300%	100%
合计	105.75%	100%

从表 23—1 可以看出，被保险人的整体死亡率高于保单预定死亡率，保险公司会出现亏损。解决这个问题的途径之一就是对后 10%的人，拒绝承保，这样

被保险人的整体死亡率与保单预定死亡率一致，保险公司不会亏损。

另外一个解决办法就是进行风险选择和分类，即对死亡率高于标准死亡率的部分人群收取较高的保费，以符合他们较高的风险水平，如表23—2所示。

表23—2　　某保险公司被保险人群死亡率（调整后）

被保险人分布	实际死亡率（与标准死亡率比较）	标准死亡率（保单预定死亡率）
90％	100％	100％
5％	125％	125％
5％	拒保	拒保
合计	101.32％	101.32％

从表23—2可以看出，保险公司对5％的人群设定了与之相适应的预定死亡率，并对风险极高的另外5％拒绝承保，最终该被保险人群体的整体死亡率与保单的预定死亡率一致，保险公司获得预期利润。

对于人寿保险来说，保险标的就是被保险人生命和健康，而一个人由于健康水平、工作性质、生活习惯、业余爱好等方面的不同，导致风险水平差异很大。

有一个现象在任何保险市场都是存在的，即认为其发生损失的可能性大于平均几率的人比认为其发生损失的可能性等于或小于平均几率的人会更积极投保的选择倾向，称为逆选择。越是风险大的人，越热中于购买保险，结果造成被保险人整体的风险水平和出险概率高于保单的预定出险概率，导致保险公司亏损。保险公司为了避免亏损，被迫提高价格，结果造成风险水平较低的良质被保险人加快流失，而逆选择倾向强的人更愿意留下来，被保险人的整体风险水平进一步恶化，保险公司的亏损不但无法弥补，反而继续扩大，最终，被保险人集团崩溃，形成逆向选择螺旋。对于公众来说，保险公司如果不进行风险选择和分类，也是不公平的。一个健康状况良好的年轻人和一个体弱多病的老年人同时投保，如果保险公司无视年龄和健康的差别，而对他们收取相同的保费，可想而知，身体较好的人会因为感觉不公平而拒绝购买保险，留给保险公司的只有健康水平较差的被保险人。

人寿保险进行风险选择时考虑的因素主要有健康、职业、业余爱好和生活习惯等。

健康因素主要是指被保险人在投保时的身体状况，包括既往病史、家族病史、当前是否已患有某种疾病以及该疾病可能的发展情况。不同的险种，对被保险人健康状况的要求也不同。

职业因素是保险公司进行风险选择和分类时需要考虑的重要因素。因为不同职业的人，所处的工作环境，以及由此产生的对健康的影响是不一样的，他所面临的风险水平也不相同。这就是保险公司制定职业分类表的原因。比如，井下作业的工人，工作环境恶劣，发生意外伤害和罹患矽肺病的概率很大，保险公司承保这样的群体，就应收取较高保费。而对于普通公司职员来讲，工作环境舒适，发生意外伤害的可能性不大，可以适用较低的费率。而对于高空作业、爆破、潜水员等风险非常大的职业，一般不予承保。

随着社会经济的发展，职业的种类和数量会不断变化，某一行业或工种的风险水平可能提高或降低，职业风险等级分类表也会随之进行相应调整。

保险公司经过对投保标的的一系列筛选、评估，对其进行风险程度的判定，最终将风险归入正确的风险等级组。风险组是指一组风险特征基本类似的被保险人集合。保险公司向每个集合收取与该集合保户所反映的风险量相符的保费。

优质风险组是指预期死亡率明显低于平均水准且风险程度也低于平均水准的人群。

标准风险组也称为标准体，是指保险公司能够以标准费率接受的被保人群，即保险公司认为这一人群的死亡率与预定平均死亡率是大致相符的。一般来说寿险的被保险人 90%以上为标准体，其比例可能因年龄、地区而有差异，但不会相差太大。

次标准风险组也称为次标准体，是指风险程度较高不能按标准费率承保，但可用附加特别条件接受的被保人群。即保险公司认为这一人群的死亡率超出预定死亡率一定比率，但仍然可以通过对其额外死亡率加收特别保险费等方式来加以承保。一般次标准体的承保方式包括加收保险费或适当变更保险责任等。

不可保风险组包括拒保和延期，是保险公司不能接受的被保人群。拒保组指保险公司认为这一人群的死亡率大大超出了预定死亡率，也不可能采用附加特别条件承保，因而无法接受。延期组是指这一被保人群的风险程度不明确或不确定，无法进行准确合理的风险评估时，暂时不予承保。对于这一人群，可在延期时间到达后重新提出投保申请，并补充资料由保险公司重新进行审核。

23.2 逆选择及其防止方法

23.2.1 逆选择的定义

逆选择是指认为其损失可能性大于平均几率的人比认为其损失可能性等于或小于平均几率的人会更积极投保的选择倾向，是投保人所进行的对其自身有利，对保险公司及其他投保者不利的选择。通常投保人比保险公司更了解保险标的的真实状况，因此，越是风险高的保险标的，投保人越热中于购买保险。在人寿保险中，健康状况较差甚至根本不符合投保条件的人，往往最有积极性购买保险。具体表现为：身体状况不好，死亡率高的人乐于参加死亡保险；高事故发生率的人倾向投保人身意外伤害保险；身患疾病或身体状况较差，面临高医疗花费的人愿意投保医疗保险。这些具有高危险率的人往往为了使投保被接受并以标准费率承保而隐瞒真实情况。

逆选择是与保险公司的风险选择相对而言的，保险公司希望通过风险选择淘汰质量较差的被保险人，而这类被保险人恰恰是投保意愿最强烈的人群。逆选择问题源于信息不对称，即被保险人清楚地知道自己的健康状况和风险水平，但保险公司并不完全拥有这些信息，必须花费一定的成本才能获得被保险人的真实情况。

逆选择的存在是保险公司必须进行风险选择的重要原因。如前所述，如果保险公司不进行风险选择，防止逆选择的发生，那么被保险人的整体预期出险概率会高于预期出险概率。而保险公司的保费标准是根据设计保单时的预期出险率确定的，大量次标准体的存在，将导致保险公司所收的保费不足以支付保险金。

因此，在某种程度上，逆选择是影响保险公司生存的重要问题。从某种角度而言，可以说核保就是判断和识别逆选择问题的过程，通过核保，对不同风险水平的人群，适用不同的保费标准，必要时剔除完全不符合承保条件的个体。

23.2.2 逆选择的防止方法

解决逆选择问题，首先要解决信息不对称问题。核保人员应尽可能多地掌握被保险人的可靠信息。比如被保险人当前的健康状况、既往病史、家族病史、家族寿命、吸烟和饮酒的数量、职业、工作环境、业余爱好、性格特征、财务状况（包括收入来源、收入数量、债权债务等）。核保人员掌握的信息越多，越容易识别被保险人的逆选择行为。

当然，这并不意味着需要了解被保险人的所有信息，因为搜集信息是需要成本的，核保人员可以有针对性地了解某些方面的信息，既要有风险意识，也要有成本概念，根据获得的信息做出合理的评估和推测，反映被保险人的整体风险状况。按照对被保险人的健康评估，核保人员相应调整保费或保险责任，评估被保险人的工作环境，是判断其发生意外事故概率的重要依据，财务状况和收入来源决定了被保险人是否能够按时缴纳保费，是否保额过高，以及是否因此存在着道德风险，最终目的是为了使保险公司承担的风险与保费收入相匹配。

除上述危险选择的一般方法外，保险公司还通过以下措施限制逆选择：投保年龄的限制、保险金额的限制、体检的实施、缴费方式及保险期间的限制等。

23.3 选择效果

选择效果是指在核保人员对被保险人的目标群体进行风险选择和分类，以及不进行风险选择和分类这两种情况下，目标人群死亡率的差异。

通过筛选，将保险标的分为标准体、次标准体，并剔除那些风险过高的人群，也就是拒保、延期。因此，在保单生效的初始阶段，选择效果十分明显。但是随着被保险人的年龄不断增长，选择效果逐渐减弱，保单刚生效时的标准体，逐渐变为次标准体，甚至成为不可保人群。不过，由于承保时的筛选，被保险人的平均死亡率还是会低于普通人群的平均死亡率。

保险公司在定价时充分考虑到选择有效期内平均死亡率较低的因素，因此对于经过筛选的被保险人，保险公司收取的保费会大大低于未经过筛选的人群。普通年轻人的死亡率很低，因此很少有人被拒保，选择效果大概会在十年之后明显减弱。而对于老年人来说，选择效果不会大幅度下降。

表 23—3 是美国男性每千人的死亡率，选择的时点分别是第一、第六和第十一个保单年度，最终死亡率选择在十五个保单年度之后。作为对照的是普通白人男性（未经筛选）的死亡率。

表 23—3　　美国男性每千人的死亡率

年龄	第一保单年度	第六保单年度	第十一保单年度	最终死亡率（十六年后）	普通美国白人男性
22	0.73	1.14	1.32	1.41	1.9
32	0.63	0.80	0.90	1.12	1.7
42	0.97	1.86	1.94	1.97	3.2
52	1.99	4.3	4.8	5.7	8.5
62	3.7	8.9	12.2	15.3	21.2
72	9.4	22.8	24.7	39.8	49.0

从上表死亡率的对比可以看出选择效果十分显著。即使选择效果最终消失后，最终死亡率也比普通民众的死亡率低得多。

关键词

风险选择　　逆选择　　逆选择螺旋　　选择效果　　风险组

预定死亡率　　实际死亡率　　标准体　　　　次标准体　　延期
拒保

思考题

1. 请简述风险选择的原理。
2. 什么是逆选择？如何防止逆选择？
3. 逆选择的危害是什么？
4. 请谈谈您对寿险核保重要性的认识。

第24章

人寿保险核保环节和过程

本章预习

核保的过程就是一个危险选择的过程，整个程序一般可分为：销售人员的危险选择（即第一次危险选择）、体检医师的危险选择（即第二次危险选择）、生存调查的危险选择（即第三次危险选择）、核保人员的危险选择（即第四次危险选择）。销售人员在销售保险的过程中，对客户的投保动机、职业及工作情况、健康情况、生活习惯与环境较公司其他人员了解得更加清楚。体检医师在核保中依据其寿险医学和技术对被保险人的健康所做的危险选择即为体检医师核保。通过生存调查可以防范道德危险与逆选择，维护公司经营的稳健性，促使客户如实告知，规范业务员的展业行为。核保人员危险选择是指在规定的权限范围内，根据客户的投保单、健康及经济状况告知书、业务员报告书、各类健康和财务问卷、生存调查材料以及体检医师提供的体检报告等投保材料，按照核保手册及保险公司核保哲学和原则的要求，进行综合分析，做出危险选择。本章主要内容包括：

- 销售人员核保
- 体检医师核保
- 生存调查
- 核保员核保

24.1 销售人员核保

24.1.1 销售人员核保的意义

保险合同的确立，通常要经过多次的危险选择过程，而销售人员在业务拓展过程中所作的危险选择，称为“第一次危险选择”。目前国内的寿险营销模式始自1992年，由友邦保险公司引进国际通行的营销方法。随后大规模开办个人寿险业务的国内寿险公司也采用了该方法。

这种营销模式是以大量的销售人员（营销员）去寻找目标客户为手段，绝大部分新业务的达成均有一个积累促成的过程，也就是说要和客户进行一段时间的接触，因而对客户的投保动机、保险需求、健康状况、职业及工作环境、财务状况、家族情况、生活环境及方式及其他契约上的重要事项了解清楚。如果销售人员能审慎地收集客户的有关信息并提供正确的报告，即可达到有效的危险选择，避免逆选择的发生。而专职核保员最后所面对的只是一堆由客户和销售人员签署的书面材料，由于成本及各方面的原因，专职核保员不可能再一一会晤投保人及被保险人，或逐一调查，所以，销售人员的初步危险选择在核保工作中扮演着相当重要的角色。特别是在免体检（低保额、低年龄）投保时，销售人员核保几乎代表了核保的全过程，尤为显得重要。

通过良好的销售人员核保，寿险公司在营运上可达到以下目的：

（1）避免逆选择，健全经营。通过业务人员和客户的直接接触，对健康状况不佳、投保动机不良、具有道德风险的人群予以首次排除，实现被保险人之间互助行为的公平性，使保险经营日益健全。

（2）提高工作效率。做好销售人员核保，为核保员提供准确、详实的资料，可以减少第二、第三次危险选择的人力、物力和时间，提高核保工作的效率。同时又可以避免因为销售人员资料不全而被核保员约见或签发核保照会，节省很多时间。

（3）减少保险纠纷。由于销售人员核保的疏忽造成保险事故发生后保险金不能给付，引起合同纠纷的事件时有发生，而良质契约在理赔时保险金能迅速、准确、及时地给付，减少纠纷、误解，提高公司的信誉和形象。

（4）利于提高客户服务质量、开拓保险市场。良好的危险选择，可使利益和客户共享，最终达到回馈客户的目的，并提高公司信誉，巩固现有业务来源和开拓新市场。

销售人员核保是销售人员在其招揽业务过程中完成的，销售人员只有具备良好的业务素质、言谈技巧和敏锐的观察力，才能按照要求达到危险选择的目的。

24.1.2 销售人员核保的内容

销售人员的核保，其整个过程并非是在短时期内完成的，而是和整个展业、促成过程密切相关、逐步深入的，其主要的核保内容包括以下方面：

1. 面晤

销售人员一定要和投保人、被保险人见面，从而做到以下方面：

（1）了解投保人的投保动机，确定投保人、被保险人、受益人之间的关系，分析其购买保险的目的是为了获得保险保障和投资，还是其中存在道德风险。

（2）指点投保人填写投保单，明确健康声明及告知必须由被保险人填写，被保险人、投保人签字。

2. 观察

详细观察被保险人的健康状况及生活环境，具体包括以下方面：

（1）被保险人的体格、外观、脸色、行动是否正常。

（2）被保险人有无残疾、智力和功能障碍。

（3）被保险人的家庭情况、工作、居住环境如何。

3. 询问

对被保险人的健康情形、职业及告知等作技巧性的询问，包括以下方面：

（1）投保的目的、投保的历史（应问明所投保的公司、险种、总投保额、既往有无被加费、限额、延期、拒保）。

（2）被保险人的既往病史、家族史。

（3）被保险人的职业及使用工具的具体情况。

4. 了解投保人的经济能力

一方面，评估投保人的续期缴费能力，即考察其所缴保费和其收入是否合适，通常情况投保人所缴的所有保费之和不超过其年收入的 20%，否则会导致保单失效率大幅上升。另一方面，评估投保人所购买的所有保险的累计保额是否合适，购买超额保险会诱发一些道德风险。

5. 填写报告

根据此次观察询问的情况，据实做出报告，提供给核保人员。

24.1.3 销售人员核保要求

销售人员作为整个风险评估过程中的第一核保人员，在展业过程中应注意以下几点：

（1）作为后续阶段危险选择的基础，第一次危险选择首先应尽力排除道德风险，对非善意投保者，无可保利益者应予婉拒，并根据职业状况及收入状况提供适当的保额。

（2）详细观察被保险人的体型、颜貌、精神状态和步态等情形，对被保险人的健康状况有初步的掌握，并初步判断客户是否需要体检。

（3）应详细解说由寿险契约所产生及衍生的法律行为，如条款责任、告知义务、责任免除、失效复效规定、宽限期及契约撤销请求权、退保规定等，以免日后客户误解或不了解而引起纠纷。投保单上的内容特别是健康和财务的告知务请投保人、被保险人详细、清晰填写，并让各自亲手签名（未成年人由其法定监护人代签），不得相互代签甚至由销售人员代签。

（4）应认真填写销售人员报告书，如实说明此次危险选择的结果，对被保险人的健康状况、财务状况和工作状况中存在的特殊状况予以详细说明，为专职核保员进行书面审核提供准确依据。

销售人员核保固然重要，但需提醒广大专职核保员注意的是，该核保环节具有极大的不稳定性，具体原因包括两个方面：一是在目前我国的保险营销体制下，营销人员与保险公司的利益并不完全一致，极大部分的业务人员收入是佣金制，在经济利益的驱使下造成销售上的逆选择，或不考虑客户的续期保费缴付能力而希望提高保额。另一方面是营销员本身素质的局限性，一般来说，营销人员重视销售技能的培养和提高，而在风险选择上要求不高，这必然会影响营销人员的核保能力。

24.2 体检医师核保

24.2.1 体检医师核保的意义

（1）健康危险因素存在的要求。在我们的生存环境中，存在许多不确定的危险因素，其中健康危险对人的寿命影响甚大。同时，从保险经营角度考察，因被保险人的健康因素对其实际寿命影响极大，且这种危险比较容易促使被保险人做出逆选择，故为了维护众多保户的利益，保证保险公司的健全经营，必须对投保人群中保额较高或有潜在健康危险因素的被保险人进行身体检查，以发现危险，防止逆选择，排除不良契约。

(2) 核保工作的需要。核保工作的目的在于维护差别费率的公平性，对健康危险不同的被保险人赋予不同的费率承保。而惟有通过体检医师的诊查为核保人员提供科学准确的健康资料，使核保人员做出正确的核保结论，才能把被保险人的实际死亡率控制在精算人员预定的死亡率范围内，维护客户之间的公平性，保证公司安全有效的经营。

(3) 对于个别被保险人来说，通过体检可以了解到自身的健康情况，避免身体状况在不知不觉中恶化，通过体检预知可能出现的健康问题，提请受检者注意，避免身体健康受到进一步的损害。

24.2.2 承担体检的医师类型

目前国内保险公司现有的检查医师一般分为两类：一类是专任医师，由保险公司的职员担任；另一类是由受保险公司委托的医疗机构的医师兼任，也叫特约医师。由于保险医学（Insurance Medicine）与临床医学（Clinic Medicine）的差异，专任医师的检查结论更贴近保险公司的要求，更有科学性、准确性及可靠性，所以在体检问题上，专任医师的结论较之兼职的特约医师更有权威性。

1. 公司的体检中心及专任医师

拥有自己的客户健康体检中心是成熟的寿险公司的一个重要形象标志，特别是处于国内保险行业竞争激烈的地区，寿险公司提供全面便捷的客户健康体检，以利于搜集客户的相关资料，进一步提高承保的质量，并为客户提供医疗保健服务以及其他一些客户附加服务已成为体现寿险公司的实力，以及提升品牌形象的重要举措。

建立保险公司体检机构的优点：

(1) 体检中心的体检结论更具准确性，为核保提供的资料更具价值。

(2) 可以简化体检的手续，缩短体检时间，适当控制体检费用，顺畅体检程序，从而提高核保的效率。

(3) 可以为客户提供良好的体检环境和优质的体检服务，避免和减少交叉感染的可能，给投保客户以良好的感受，有利于提高公司形象。

总之，保险公司的投保体检，应尽可能在自己的体检机构由专任医师进行，同时还应与特约医院联系，作为对保险体检的必要补充，从而达到危险选择特别是健康危险评估的目的。

综合考虑当地保险市场发展规模、市民的消费理念及行为、经济发展状况、医学发展水平及行政管理体制、公司核保健康体检要求等诸因素，客户健康体检中心的建立可采取“先期基本到位，后期补充完善”的方案，即先期配置的仪器设备应能满足下列各项检查项目：一般物理检查，血、尿常规，血肝、肾功能，血糖，血脂，HBsAg，心电图，腹部B超等。以后待条件成熟，可再进一步补充配置肝炎病毒二对半检测、X线检查（固定或移动式）、运动心电图等仪器设备。

考虑到医用检查仪器设备的精密性和易损性、操作的专业性、维护的复杂性，因此客户健康体检中心应由1～2名熟悉医技检测的公司正式员工全面负责仪器设备的使用和维护保养、样本的比对以及试剂等消耗品的采购和质控、各类设备、场地消毒、废弃物的集中规范处理等。其余的则可根据体检中心的规模，聘用2～3名离退休的医务人员进行体检。

2. 特约体检医院或医师

由于建立公司的体检中心前期投入多，所以对于一些规模不大或新建的公司，可以采用建立特约医院、聘用特约医师的方法。特约医院必须为当地管理规范、医疗质量较高、信誉较好的区县级以上公立医院。公司通过与医院签订协议，明确体检的要求，并规定体检医师的工作职责，还要定期与体检医师座谈，了解医疗新动向，同时对体检医师的保险知识、保险体检的侧重点进行指导（附特约医院协议书）。

特约体检医院存在的不足包括以下方面：

（1）临床医师对保险学知之甚少，不了解寿险核保的需求是什么，只能按照临床医学的观点审视检查。这对于核保来讲是很不利的。

（2）在医院进行检查的体检费用较昂贵，而且医院是医疗单位，以治病为主，门诊流动人员多，增加了交叉感染的机会。体检结果的索取也费时、费力，体检结果不能及时返回保险公司，影响核保工作效率。

（3）目前我国医疗体制还不够完善，存在着一些漏洞，且找关系出具假结果、假证明的情况屡有发生，加之某些人缺乏法制观念并同时可能有道德风险存在；个别寿险代理人，业务员只为了眼前利益不计后果，与投保人、被保险人一同隐瞒不良的身体状况，甚至采用冒名顶替的方法使体检结论不能如实反映被保险人的真实情况；更有个别人更改体检结果以逃避公司的危险选择，这些现象对核保人员的核保结论起干扰破坏作用，其本身也破坏了保险的最大诚信原则，造成不良保件流入保险公司，严重影响了广大保户的利益。

（4）在医院进行体检很难按照公司的要求对待客户，尤其当病人多，医院的工作人员服务态度生硬不耐烦时，会给保户造成不良印象，影响保险公司的声誉。由于特约医院在时间上不能灵活变通，不能完全满足投保客户体检的需要，加之医院所处的地理位置、环境以及交通状况等，这些都可能给投保客户检查造成不便。

24.2.3 体检医师的工作内容

1. 听取告知

体检医师在进行体检时首先要了解被保险人的投保险种、投保金额以及被保险人的年龄、既往疾病史、家族史、现病症、职业、生活环境、医疗状况及常用药物等对其身体健康状况及预期死亡率有影响的各种因素。在听取被保险人告知的同时，不断地进行询问，以得到准确详细的相关信息，为具体体检提供线索，最终得到一份理想的体检报告。

2. 进行身体检查

体检医师通过仔细观察被保险人的体型、体质、面色、皮肤、精神状态、言谈举止、步态等，了解其一般状况，再通过身高、体重、血压、脉搏及身体各部位的物理诊查，验血、验尿及必要的化验辅助检查后，准确掌握被保险人的健康状况，避免逆选择。

24.2.4 体检结果及转达要求

1. 体检报告书

体检报告书是体检医师工作内容的记录，是对被保险人健康状况的具体描述，它较全面准确地反映了被保险人的身体机能，是体检医师劳动的结晶，是核保人员医学查定的主要依据。除个别情况下为明确诊断，由核保员提出需增加体检项目外，一般不允许对体检项目进行复查，尤其是血压、血生化等项目，因为必须防范服药后体检等做假因素。

体检医师在书写了体检报告书（Report of Physical Examination）后，还应对核保结论提出自己有影响力的核保建议，它对最终是否承保及适用何种保险费率有重要意义。

体检报告书分为由被保险人填写的健康告知部分和由体检医师询问、检查、综合评价后填写的体检结论部分。前一部分原则上应由被保险人亲笔填写，在某些情况下也可由体检医师仔细询问后填写，但必须经被保险人亲笔签名认定，因为它是保险合同（insurance contract）的组成部分。后一部分由体检医师按要求项目检查后填写，通常须重点检查并予以记录在报告书上的项目包括身高、体重、血压、脉搏，心、肺、肝、脾检查，面色、精神状态、智力及活动情况等。若告知有既往病史及现病症时，应仔细询问其所患病名、发病时间、治疗及复查时间、如何治疗、治疗效果如何、主治医师或就诊医院名称，结合具体病人检查有关项目并予以记录，经综合评价后得出体检结论，并对核保决定提出建设性的意见。

2. 体检报告书的流转

体检报告书中有被保险人的健康资料，体检医师有替受检者保密的义务，同时体检报告书的结果会对核保决定产生影响，因此不得随意告知他人。对于由特约医院进行的体检，体检报告书必须由医院专人负责与公司核保内勤登记交接，不得随意让客户、业务员领取。公司体检中心进行的体检，体检报告书必须由公司内勤登记交接，注意体检资料不得遗失。

3. 体检的注意事项

（1）被保险人体检时，应持有效身份证明及本公司的体检通知书由业务员（或公司核保内勤）陪同前往。体检报告书应贴有被保险人本人一年内的免冠照片，加盖体检单位公章，并注明业务员所属的业务部（或内勤所在部门）名称。体检医师应对体检表中被保险人身体状况的相关问题进行询问，且由被保险人签字确认，被保险人在体检报告上的签名应与投保单一致（另外，体检完毕后，陪检人员应在体检报告书上签名）。体检结果由公司领取，不得交由被保险人或业务员。本公司对体检结果严格保密，以保护被保险人的隐私权。

（2）在被保险人填写健康声明书时应再次向其说明此乃保险合同的一部分，须如实告知，若有隐瞒或不实声明会对将来不利。有既往病史的被保险人，应根据需要进行针对性体检或做出补充说明。如有病历资料或近期的体检报告，应请其一并提供，以便核保部门参考。

（3）体检发现有可疑之处时要详细询问检查并记录于体检报告书上，不可受他人左右，更不能草率行事，使某些居心不良者得逞，损害公司及广大客户的利益。

（4）最终的核保结论，是由公司核保人员经综合分析后做出的，因此体检医师最好不将体检结果可能引致的承保结论告知投保人或营销人员，以免引起争议，影响核保人员的核保。

（5）体检中发现的被保险人的异常情况，医师有替受检者保密的义务，不得随意告知他人。

（6）被保险人应避免在感冒、劳累、熬夜或应酬后体检。女性被保险人应于月经结束三天后体检，以避免化验时出现误差。体检时勿穿连衣衫裙；在体检前两天内不要服用药物；需要抽血化验的体检当天早晨应空腹前往。

（7）由体检中心（特约医院）出具的体检报告，普通体检、B超、胸透、X

光片及心电图有效期限为6个月，其余的化验报告有效期限为三个月。被保险人所提供的其所在单位集体体检资料，必须是原件，体检时间距投保日不可超过6个月，且必须经核保员确认方可采用。

24.3 生存调查

24.3.1 生存调查的意义和目的

生存调查（简称“生调”）是指在保险合同成立前或复效时，由寿险公司行政调查人员收集被保险人的各项资料，为决定保险合同的成立或复效提供依据的活动。广义的生存调查还包括保险金给付中对生存的被保险人的调查，我们这里仅讨论承保前的生存调查。

1. 生存调查的意义

我国《保险法》第十六条明确规定了投保人的如实告知的义务，保险人有对被保险人有关情况提出询问的权利，并明确了投保人未履行如实告知的责任。那么，如何知道客户是否履行了如实告知的义务？只有调查。通过调查，进一步核实被保险人的投保动机、财务、健康状况、职业性质及业务员的招揽情况，确定投保人、被保险人有无隐瞒告知，将可能有损公司及整体客户利益的行为消灭在承保前，达到公平合理的核保目的。

2. 生存调查的目的

（1）防范道德危险与逆选择。由生存调查员代表公司收集投保人、被保险人有关投保的资料，并对所告知的内容进行核对，以防止其告知不实。投保人、被保险人常有隐匿现病症、既往病症、财务状况、保险历史及现处境等，通过生存调查人员的收集与核对，摒弃不实告知，弥补业务员、体检医师或专业核保员的选择遗漏与过失，可阻止不良保件的承保，客观上收到了防范风险的效果。

（2）维护寿险经营的稳健性。人寿保险的功能在于对未来可能发生的、生活工作中不确定的危险转嫁为确定的保费支出。为了确保经营的稳健性，寿险公司于承保前，必须依被保险人的年龄、健康状况、职业等因素来决定危险程度，并对危险程度进行分类，以确定承保的范围及保费的高低。通过生存调查来提供审核分类的依据，进而使投保人所交保费与保险公司对其危险负担彼此相当，减少承保后合同解除的发生，使被保险人能享受保险利益，获得保障，保险公司也能获得预期的利益，以维持寿险公司健康发展。

（3）促使客户如实告知。客户的许多资料是投保书内容难以囊括的。有一些涉及个人隐私的资料，如收入状况、婚姻家庭状况、个人嗜好、职业性质等，客户并不愿意在投保单中声明，这些情况只能通过生存调查来完成。生存调查员根据询问客户与观察的情况完成调查报告，使公司对客户的现在、未来的状况有一个全面的了解，促进危险选择的公平性。

（4）规范业务。业务员的服务品质如何，有无超越保险法、本公司条款范围，向客户随意解释、随意承诺，有无代客户填写投保书、代客户签名等违规行为，体检医师难以发现客户健康状况以外的问题，专职核保员一般不直接面晤客户，而生存调查人员可以代表公司，对达到一定保额的保件及抽查件进行核对，能在一定程度上证实投保资料的真实程度。同时，对行为不规范的业务员起到一定的威慑作用，促使他们更好地把好危险选择第一关，更好地服务于广大客户。

24.3.2 生存调查的内容和方法

1. 生存调查的内容

在核保的过程中，生存调查大体上有如下主要内容：

（1）投保事项：投保内容是否经被保险人同意，投保单是否经被保险人亲笔签名；投保人、被保险人、受益人的关系，是否同意指定；住址、户口所在地是否确定；投保的险种、保额与其身份是否相称；投保动机如何；业务员的服务情况如何，与投保人、被保险人有无关系、有无面见被保险人。

（2）健康状况：通过与客户的面晤、交谈，判断客户的身高、体重是否相符，精神状态如何，有无语言智力障碍；观察其脸色面貌如何，有无明显的伤疤（特别是手术疤痕）或肢体残废，视觉、听觉有无异常；肢体运动是否协调，有无突然的不自主的震颤、举动；了解客户现有无病症及状况；过去有无住院或手术，近期有无体检，体检结果有无异常，在何医院，体检项目；对于有过住院治疗状况的需通过各种途径去医院调阅病史资料，记录下发病情况、诊断结果、治疗手段、手术状况、用药情况、异常的化验结果、出院情形及预后；了解客户有无因健康状况被其他公司延期、拒保或拒赔过。

（3）财务状况：年收入状况及来源、保险历史、投资情况、家庭资产状况。

（4）职业与环境：现职工作内容、工作性质为何，有无高空作业情况、有无使用危险工具等，有无兼职；居所与周围环境如何，有无危险因素；工作环境如何。

（5）习惯与嗜好：是否有赌博、吸毒等不良恶习，有无犯罪、违法记录；有无抽烟、嗜酒，其量如何，有无药物依赖；是否有危险运动的嗜好。

并非每一次生存调查都需要完全按上述内容进行，核保人员应会同调查人员对客户提供的资料认真研究，列出调查的重点及应注意的问题。

2. 生存调查的内容和方法

根据调查的对象划分，生存调查可以分为间接调查和直接调查。

（1）间接调查方法。间接调查就是通过与被保险人生活圈中人群（如邻居、亲戚、朋友等）的接触，调查被保险人的身体健康状况及经济条件是否符合投保条件的要求。由于间接调查方法得到的资料不是直接来源于被保险人和投保人，不可避免地夹杂有受访者的主观意识或毫无根据的个人评价，因此有必要对所获得的信息做进一步的分析，并做出准确可靠的调查报告书。经过查证的间接调查信息一般较为客观，并可减少逆选择和道德风险，是核保人员进行适当核保的重要资料来源，特别是在健康核保时，可通过去被保险人就诊过的医院向医生咨询，或调阅被保险人的既往病史，可以比较客观、准确地掌握被保险人的过去健康状况，确定被保险人有无隐瞒病史。但间接调查时效慢，成本高，且如果被客户知悉可能引起不必要的误会，影响公司形象，故在实际运用中一般情况下仅对投保金额过高，或是有特别危险顾虑的保件采用。

（2）直接调查方法。直接调查是通过直接面晤的方式，了解被保险人的健康状况、经济状况，并听取受访者的告知，必要时还可向受访者索取有关的病历和既往体检、治疗记录、补充告知书等，对危险单位做综合评估。一般而言，直接调查法是最直接、最经济，而且最不会引起客户反感的调查方法，如果此工作由寿险公司的行政编制人员来执行，则整个危险选择的过程都可在寿险公司的控制下，如能注意询问问题的技巧性、针对性和深入性，对需要了解的部分资料予以充分发掘，则效果更好。缺点是当受访者有意隐瞒时，不易获得事实的真相。

24.3.3 生存调查中应注意的问题

生存调查人员是寿险公司的行政编制人员，其一举一动既代表公司形象，又影响客户投保的心理，故对下列问题应高度注意。

（1）生存调查人员对调查准备要详尽，如对投保单上有关客户基本资料、告知情况、投保内容、体检结果，要做到心中有数，从而明确此次的查证重点，然后以电话与客户联系后再前往拜访。

（2）在进行生存调查拜访时，应先做好“打交道”的工作，再渐渐引进主题。并随时注意客户的反应及对调查环境的观察，与客户交谈时，态度要诚恳、亲切有礼，并且注意服装仪表的整洁端庄，切勿使客户产生不良印象或反感。

（3）拜访时间一般跟客户预约，可由客户决定，或提供时间给客户，不反对的话即可进行，也可采用“突然袭击式”。拜访的时间长短应视实际状况及客户对生存调查人员的态度好坏而决定。如实际情况显示被保险人有身体、道德上的危险时（如被保险人的行动不便或肢体异常），应立即深入调查；如客户对生调工作已发生反感时，切勿逗留过久。对应调查的重点要把握，以客观超然的立场为之，不能夹杂主观成见。

（4）生调的最佳地点为被保险人的住宅，因为从被保险人住宅的环境及装潢可以了解其生活基本状况及教育程度。其次为被保险人的工作单位，因为可以此了解其工作环境、工作性质及担任的职务。一般情况下，不要接受被保险人要求于第三地点接受拜访。

24.3.4 调查报告

生存调查报告要内容详实，不应以主观的推测代替客观的描述。另外，要有时效性，书写要规范。

内容的详实性包括真实和详细两方面。真实就是要客观地反映调查活动的全过程，实事求是地记载被保险人或投保人的真实情况。内容一般包括投保事项、健康状况、财务状况、职业和环境、嗜好和习惯等，应分保叙述，从不同方面共同说明调查对象的情况。写作者不能凭主观想像进行推测、随意分析、取舍，更不能歪曲事实，弄虚作假。详细是指要反映调查的全过程，需要对一些细节的描述。内容详实是调查报告的基本要求，否则就失去了调查报告存在的价值。

一般来说，写作的时效性是指调查报告需在调查结束后当天完成。因为随着时间的推移，调查人员的记忆不断弱化和消失，这将削弱调查报告写作内容的详实性。另一方面，绝大多数调查件，一般均为高额件或存在特殊风险的保件，具有风险高、出险频率高的特点，必须及时排除，否则会影响公司的稳健经营。

调查报告是在调查工作中形成的一种固定文字材料，在形式上必须规范、统一，反之，则会给核保人员的审核工作带来困难，并且不利于各地同行的交流和研讨。

24.4 核保员核保

24.4.1 核保员核保的意义

核保员核保是指核保人员根据业务人员的报告和投保单再次进行审核，判别是否可以承保或者以何种方式进行承保的过程。

核保人员的核保在整个操作过程中具有如下两方面的意义：（1）筛选符合保

险公司预定死亡率的被保险人，淘汰危险性较高的劣质被保险人，以保证公司经营的安全。（2）根据被保险人的风险程度对被保险人进行细分，划分为标准体、次标准体和非保体，并采用不同等级费率，保证被保险人之间的相对公平性。

24.4.2 核保员核保的一般程序

1. 核保员核保的作业流程

（1）收集投保客户资料。投保资料是核保人员进行准确核保的重要依据，一般核保员需要了解的基本投保资料有：投保单、代理人报告书、体检报告书、补充告知、健康及疾病问卷、职业及驾驶问卷、既往病史及住院病历、生存调查报告、高额件财务状况报告书、同业资料等。

（2）初步审核。核保人员在收到投保人、业务员所提供的基本资料后，即可按照有关要求，并根据公司的投保规则及经营政策对所提供的资料检查核对，以确定资料是否齐全，是否需进一步补充资料，客户的投保需求是否超出了公司的有关规定和承受能力。

（3）投保资料的进一步收集。在投保金额较高，告知声明有异常、不全面或核保员在初步审核过程中发现有疑点时，有必要进一步收集有关资料。一般对健康状况有疑点时可要求进一步提供病历资料、填写健康问卷或要求被保险人体检，以获得进一步的健康资料。对财务状况有疑问的，有针对性地要求补充客观有效的财务证明文件或专人调查，以确定保险需求是否合理。

（4）综合分析，查定核保手册。核保人员根据投保资料，对影响被保险人死亡率的有利及不利因素进行综合分析，依据核保手册，运用数理查定方法，以标准体的死亡率为基准，查定被保险人的额外死亡率，并依次确定被保险人所处的危险等级，决定承保的条件。

（5）确定承保条件。核保人员依被保险人的危险程度，把被保险人划分为标准体、次标准体、拒保体。对于次标准体，核保人员依据其危险程度，做出加费、附加承保条件、限额、缩短保险期限、改变缴费方式等决定，以达到危险选择的目的。

2. 核保员核保的基本方法

核保是一个审核、决定的过程，即根据投保申请书、业务人员报告书、体检报告书、生存调查所提供的有关投保人、被保险人的信息资料，由核保人员进行综合分析，运用数理查定法，对被保险人的危险加以量化，依其危险程度，将其划分为不同的类型。

24.4.3 核保结论的基本要素及其形成

核保人员根据定量的危险程度分类后，对每一类危险单元做出是否承保以及以何种条件承保的决定，这种决定就是核保结论。

核保结论（underwriting conclusion）最终将申请参加保险的被保险人分成两类：一类为可保体（insurable case），另一类为非保体（uninsurable case）。可保体是指保险公司可以接受的危险体。可保体又分为标准体（standard case）和次标准体（substandard case）。非保体即指至少此次投保时，因危险过大或危险程度难以确定而不能被保险公司所接纳的被保险人群体，非保体又可分为延期体（postpone case）和拒保体（decline case）。

1. 标准体的承保

（1）标准体的概念：

标准体是以标准保险费率（standard premium rate）承保的被保险人群体的总称。人寿保险的标准费率是由精算部门依据预定死亡率（expected mortality）订立的。预定死亡率一般来自保险公司既往的经验数据，即经验生命表（experience life table）。所以，大部分欲参加保险的被保险人，其实际死亡率（actual mortality）与预定死亡率是大致相符的。一般来说，寿险公司 90%以上的被保险人属标准体，可以按照标准保险费率承保。从核保角度讲此种承保方式称为无条件承保（unconditional underwrite）。

（2）标准体的范围：

寿险的核保是对于特定被保险人的危险程度进行的评定，而实际上对某个被保险人进行测算，确定其危险程度是根本无法做到的，也是无实际意义的。通常的做法是将每个保险标的划入与其有同样风险的被保险人集团中，运用大数法则（Law of Large Numbers）测定该集团的危险程度（degree of risk），再适用于集团中的个别被保险人，以此作为该被保险人应缴纳保险费率的依据。

在核保实务中，是运用数理查定法确定个体的死亡率，将它与标准死亡率（standard mortality）100%进行对比，超过标准死亡率一定数值内的保险体可认为是近似标准体，可采用标准费率承保。标准体的范围因寿险公司的实力及在保险市场的竞争地位的不同而有差异。市场占有率较大的公司，由于其承保的被保险人集团较大，所保危险数量多，可依大数法则将其标准体范围放宽，采取较宽松的做法，因为对其整体的实际死亡率影响不大。而市场占有率较小的公司，由于其承担的危险数量有限，如果采取冒险的做法，可能会将以往的经营成果化为乌有，因此标准体的范围相对较小，以确保经营的安全性（safety）。

另外，标准体的死亡率范围还可根据不同的保险种类进行调整，如生存保险的选择范围最广，生死合险的范围次之，而死亡保险的标准体死亡率范围则限制得比较严格，这也是根据以往的经验数据得来的。一般参加生存保险的被保险人团体平均寿命最长，死亡保险的平均寿命较短，生死合险则介于二者之间。这既是经验生命表提供的信息，同时也提示了逆选择倾向的客观存在，说明了危险选择的重要性和必要性。

一般说来，寿险公司被保险人90%以上是标准体，其比率依年龄、地区的不同而有所差异。根据各保险公司在经营管理上的差异，各公司的政策有所不同，在核保的尺度上也存在着区别。那些选择面较宽的公司会遇到比较集中的逆选择，这必将为保险经营者带来困难。因此，保险公司应尽可能消除人为地放宽选择标准的现象。

2. 次标准体的承保

由于临床医学的发展及保险医学研究的逐渐深入，根据缺陷研究可证明，某些可以按标准体承保的，虽其数量未达到以经验数据进行统计的程度，但在医学上可寻找到有力支持的，应以研究的态度积极将其编入标准体；在医学上已被认为可保的，应引入次标准体积极地予以承保，这是保险公司应有的态度和原则，因为它本身是在收支平衡原则下的被保险人团体，这对保险公司的正常经营影响不太大，同时还可以提高保险公司的社会地位，扩大知名度。对于次标准体通常采用以下方法加以承保。

(1) 加收保费（loading）。对于在身体健康上有缺陷或从事危险职业的次标准体，可以用增加保险费收取的办法加以承保。

1) 加龄法（rating up in age method）：它是指对于递增性或恒常性危险，按被保险人的危险程度对其年龄加算一定年数，以加龄后的年龄为标准收取保险费的方法。例如某被保险人45岁患高血压，经诊查认为其与正常50岁的人死亡率相同，那么就可以按照50岁的保险费率承保。此法的优点是可直接查表取得加龄年数后，再查标准费率表即可得出收取保险费的实际数值，便于操作，不需要计算额外加费。不足之处是加龄法较为粗略，不够精确，如果额外危险较大时不能运用此种方法，它容易引起投保者心理上的反感，目前核保实务中极少使用这种方法。

2) 增收额外保费法：根据被保险人的危险程度，查定核保手册计算出额外死亡率，再结合被保险人的年龄、险种、保险期换算出额外保险费的数目予以加收。增收额外保费法又分为：①一定期间内加收保费，适用于一时性或短暂性危险（如妇女妊娠期）、递减性危险（如手术后等），在订立合同后一段时期内征收特别保费（special premium）。②整个交费期内均衡增收保费，适用于递增性和恒常性危险，在整个交费期内以一固定数目增加收费，例如高血压病。

3）职业加费：通常根据职业分类分为若干等级，如我国台湾地区分为六级，而大陆则一般分为三级，视职业危险的程度按保险金额予以额外加费。此种加费可以因职业变更而随时予以调整。在实际工作中，由于健康因素被保险公司增加收费的被保险人，通常会在自觉健康状况比投保时有改善时，便提出要求重新检查核定，希望能够减少甚至取消额外保费的加收，这种申请是不能为保险公司接受的。因为关于投保时被保险人额外危险的审核结果，是针对整个保险期间各种状况的次标准体集团考虑的，如果被保险人的健康状况恶化，保险公司是不能再提高加收保费数额的。同样，健康状况好转也不能减少或取消特别保费。如果核保人员对健康状况改善者予以重新评估，而对健康状况恶化者维持不变的承保条件，势必将打破整体危险分类的平衡。

（2）附加特别约定或批注。这是对于某一种危险加以限制而不增加其他承保条件的方法，例如身体某部分有缺陷，则因此部分发生的保险事故保险公司不承担给付责任。对于从事危险职业的被保险人因在现场工作而发生的保险事故，也可以用特别批注形式，将此保险责任予以除外。此种方法应慎重使用，因为在实务上较易引起理赔纠纷。

（3）削减保险金法。它是指缔约后一定期间里发生的保险事故，保险公司对保险金削减一定比例后支付，适于递减性危险或一时性危险。对于递减性额外危险，在保险合同订立的初期及在额外危险消失前的期间内，采取保险金削减给付的方法，若被保险人在保险合同订立后的一定期限内死亡，则按照合同订立时的约定，保险公司对保险金削减一定的比例后支付，削减期间最长为 5 年。

（4）保险期限缩短法。对于递增型危险，随着保单年度的增加，额外危险程度愈加增大，为了避免在高危险期间承担过高危险，对于危险较大的保件可采用缩短保险期间的方法。

3. 延期（postpone）承保

当被保险人危险因素的程度不明确，无法给予准确合理的风险评估时，核保人员常采用暂时不予承保，即延期处理。

（1）被保险人的预期死亡率较高，但对其死亡率的确切评定极为困难的采取延期承保。例如：乳腺癌切除术后，由于在一定时间内被保险人仍属高死亡率人群，对于其生存年数很难预测，对其死亡率判定也有困难，有些患者乳腺癌术后几年内复发而死亡，而有些人则未复发而寿终。故对于乳腺癌术后的投保者，根据其临床及病理 TNM 分期不同而决定延期 1～8 年。

(2) 因被保险人的个人资料十分缺少，故对其死亡率难以评定。如在体检时发现被保险人尿检为满视野红细胞，初步诊断为血尿。由于血尿的病因较为复杂需多方面的检查，且血尿的病因不同，患者的死亡率也有很大差异，有的因泌尿系感染，可在短期内治愈，对其死亡率影响不大，而有些血尿则由泌尿系统肿瘤所致，患者预后极差。故在被保险人检查资料缺乏，难以明确病因，无法确定其死亡率时，也须采用延期承保的方法。

(3) 对暂时性的疾病短期内有非常不确定的高死亡率变化者采取延期承保。如被保险人外伤手术后不足一定时间，因外伤手术后可能会出现诸如感染、出血、休克、腹膜粘连、肠梗阻等合并症，短期内有可能出现高死亡率，故多采取延期一年再行评估的方法。

(4) 对近期无法判定其预后归属的病症采取延期承保。如小儿 2 岁患脑瘫，由于脑瘫属于先天性中枢神经系统发育不良；某些患儿病变仅侵犯运动神经系统，只有运动障碍；而某些人由于损害了大脑皮质而同时伴有言语、智力障碍。因为确定患儿是否言语、智力障碍需待一定的年龄，故而通常对于 10 岁以下的脑瘫患儿均采用延期承保的方式，待 10 岁后确认无智力障碍后再进行投保，而有智力障碍者则应予拒保。

对于延期承保的投保申请，可在到达延期年限后或资料依据齐备能够供核保人员正确评估被保险人风险时重新投保。

核保结论是对一份投保申请所做出的最终承保决定，核保结论一经确定就意味着合同一旦成立保险公司与投保者就依此结论开始执行各自的权利与义务，故核保人员在作结论时一定不可草率行事，本着对公司及投保客户负责的态度，尽可能做出准确的核保决定，最大限度地达到危险选择控制风险的目的。

4. 拒保体

拒保体 (decline case) 指被保险人的预期死亡率超过了通常规定的范围，其危险程度超过了次标准体。由于次标准体的特别附加条件过于严格，投保人无意投保的，也视为拒保体。拒保体并不是说事实上构成被保险人高死亡率，而是针对具有这等危险程度的被保险人群体，由于预期死亡率极高，风险太大，为了保险公司经营的安全稳定及广大客户的公平利益而采用拒保方式。但采用此种方法会给被保险人造成较大伤害，增加其心理负担，甚至影响其永远不能被其他保险公司接受而获得保险保障。因此在采用拒保方式处理保件时，投保人员要慎之又慎，除非万不得已，一般不予采用。

常见的拒保疾病有以下方面：

(1) 癫痫、弱智、精神病患者。

（2）残疾人从事三类及以上职业的。

（3）恶性肿瘤。

（4）慢性酒精中毒。

（5）慢性迁延性肝炎、慢性活动性肝炎、肝硬化。

（6）慢性肾功能不全、尿毒症、曾接受肾脏移植者。

（7）脑血管疾病：如脑梗塞、脑血栓、脑出血、脑血管畸形等。

（8）严重心脏病：如严重的冠状动脉粥样硬化性心脏、不稳定心绞痛、心肌梗塞、严重的风湿性心脏瓣膜病、高血压性心脏病、肺源性心脏病、严重的先天性心脏病。

（9）严重糖尿病。

（10）慢性活动性肺结核。

（11）曾经或正在服用、吸食、注射成瘾性药物或毒品者。

（12）性病、艾滋病或 HIV 抗体阳性。

（13）寿险评点高于“＋300”点、重大疾病评点高于“＋150～200”点者。

此外，对于投保动机不纯、存在明显逆选择倾向等道德风险的投保者，社会背景复杂与暴力团体有来往者，曾有不良投保记录者（如曾被拒保，解除合同等），职业风险（occupational hazard）过高者（如特技演员、化学爆破兵、试飞员等），通常是采取拒保的方式。

关键词

第一次危险选择	销售人员（营销员）	第二次危险选择	体检医师
第三次危险选择	生存调查	第四次危险选择	核保员
健康危险因素	标准体	次标准体	延期
拒保	加龄法	额外加费	调查报告
体检报告书	体检中心	特约体检医院	职业风险
递减性风险	递增性风险	恒常性风险	

思考题

1. 销售人员核保在寿险公司风险管理中的意义是什么？
2. 销售人员核保的步骤有哪几个？
3. 试述对销售人员进行核保知识培训时，应特别强调哪些方面？
4. 在目前寿险公司的营销体系下，销售人员核保有何局限性？

5. 体检在寿险公司经营中所担负的职责是什么？
6. 体检医师体检时应注意什么？
7. 生存调查的目的有哪些？
8. 如何对被保险人的健康状况进行生存调查？
9. 直接调查法的特点是什么？
10. 根据做核保员的工作实际，谈谈在生存调查中要注意哪些问题？
11. 调查报告主要应涵盖哪几方面的内容？
12. 核保人员核保在公司风险管理过程中所起的作用是什么？
13. 请详述次标准体核保的常用处理方法及其运用。
14. 请结合工作实际，谈谈如何把握拒保与延期的尺度？

第25章

风险因素分析

本章预习

个险核保与团险核保不同，其组成由分散的单个被保险人组成，逆选择风险较高。因此在个险核保中要收集较多的信息，从健康因素、财务因素、个人因素等方面评估个体的风险，从而厘定合理的费率，提供适当的保障。

通过学习，理解核保需考虑的基本思路；年龄、体格、家庭史、疾病对预期寿命的影响；收入、纳税、负债、固定资产等财务因素以及职业、爱好、可保利益、生活习惯等个人因素对核保的影响。本章具体内容包括：

- 健康因素
- 财务因素
- 其他因素
- 生活习惯、职业与爱好、运动、可保利益等个人因素

25.1　健康因素

25.1.1　医学核保资料的来源

健康因素在个险核保中非常重要，是医学核保的核心内容。这里简略介绍一下医学核保可能的收集信息的渠道。在收集各种资料时，必须要注意时效性和成本，以及获得的资料对核保结论的必要性。

1. 投保单

投保单可以说是大部分保件核保时最重要的核保资料，是保险合同的组成部分。与健康因素有关的信息包括被保险人年龄、性别、职业状况、健康告知的情况、家族史、生活习惯、以往的保险记录等。需要强调的是，投保单中任何告知为“是”，或有信息模糊、涂改、遗漏的地方，都要详细说明。

2. 业务员报告书

业务员报告书并非保险合同的一部分，保险公司有义务对其内容保密。因此代理人尽可无所顾忌地在其中披露有关被保险人各方面的详细信息。因为只有代理人面见过被保险人，对被保险人的健康状况、家庭情况、身体缺陷等有真实的了解，所以代理人一贯的业务品质可有利于核保员保证核保质量。

3. 病史资料

核保员可能会在以下情况下索要病史资料：告知近期有常规体检史；告知有特定疾病；根据各公司核保规程的要求，符合一定保额的高额保件；同业工会中有不利的信息；某些保险公司还会在核保规程中要求超过一定年龄的被保险人提供病史资料。

对于近三个月内有过常规体检史者，由于存在着因在体检中发现异常而投保的可能，故应要求其提供详细的体检资料。对某些疾病，若长期稳定没有复发则可依据核保技术手册不要求提供病史，但若在近一年内有症状，核保员必须要求提供病史资料。这些疾病包括消化性溃疡、贫血、关节炎等。而对另外一些疾病，不论近期是否复发，均要求提供病史资料，这些疾病包括嗜睡、惊厥、精神神经系统疾病、胸痛或胸部不适、心悸、高血压、循环系统疾病、风湿热、心脏杂音、糖尿病、癫痫、肺气肿、乙肝或丙肝、甲状腺疾病、肿瘤等。

4. 体检报告

每个保险公司都有各自的体检规定，并非对所有被保险人均要求体检。被保险人健康告知事项为合同的组成部分，对任何告知“是”的部分，被保险人必须提供与之相关的详细情况并签字确认。体检医师的体检结果记录部分及其他相关检查报告非保单合同的一部分，被保险人无须签名，体检医师及保险公司有义务对其内容保密。

5. 特殊健康问卷

特殊健康问卷是要求被保险人提供有关特定疾病或症状详细情况的书面文件，它也是保险合同的组成部分，需要被保险人或投保人（若被保险人为未成年人）签字确认，保险公司有义务对其内容保密。许多保险公司对某些有较大潜在风险的疾病或症状设计了特殊问卷，如癫痫、呼吸系统疾病、精神神经系统疾病、消化系统疾病、胸痛、颈部或腰背部疼痛、高血压、骨关节疼痛、免疫缺陷、肿瘤等。

6. 生存调查报告

部分家族史的信息、残疾情况、智力情况等可通过面见被保险人确认；部分病史资料可通过调阅医院档案获得第一手资料。

7. 同业工会记录

同业工会为行业内的非营利组织，其会员单位有义务向其报告有关被保险人的异常健康信息及核保决定，有权利在其黑名单数据库中检索被保险人在其他保险公司的相关信息，可作为进一步收集资料的基础，但不可作为核保决定的惟一依据。

25.1.2 核保所需考虑的健康因素

1. 年龄、性别

年龄是衡量平均寿命长短的最重要的单因素。从生命表和年龄一死亡率曲线中可以看出：人在10岁以前，年龄愈小，死亡率愈大；在0～3岁婴幼儿期死亡率相当。人群在10岁左右死亡率是最低的，从出生至10岁死亡率逐年下降，而10岁以后死亡率即又开始逐年增加，尤其是超过40岁后死亡率直线上升。所以几乎所有寿险合同对被保险人的投保年龄上限都有限制。国外的终身寿险平均上限年龄为80岁，定期寿险较低，为75岁。随着人口老龄化的趋势，有些保险公司也在修改对投保年龄上限的规定，有的延长至85岁，甚至90岁。在个案的核保中，基本不会要求被保险人提供证明其真实年龄的文件，原因如下：投保时较少有年龄误告的现象；理赔时通过要求提供被保险人的身份证明文件可予以控制；保险合同中多有年龄误告条款。

核保中对年龄的具体做法有：（1）为了保护未成年人的利益，并从保险原理出发，对未成年人有最高身故保额的限制。（2）对40岁以上的投保者，需要进行比较系统的健康核保，尤其是对于首次投保者，要首先考虑其投保动机。(3)由于年龄过高的被保险人风险较大，保障价值也小，故对最高投保年龄加以限制。这同时也是避免逆选择和道德风险的需要。

性别因素表现为：对寿险而言，女性寿命平均高于男性；从狭义的健康险来看（不包括意外险、重大疾病险），生育期女性的出险概率平均高于相同年龄组的男性。

2. 体格

体格取决于体形、性别、年龄、饮食、身高、摄入的热量以及内分泌功能。影响体格的基本因素有：遗传因素、心理因素、内分泌疾病（如库欣综合征、甲状腺功能低下）、下丘脑的疾病或外伤。理想的体重已经被编辑为表格，其中考虑到身高、性别和年龄因素。根据 Broca 的公式，一个成年男性的体重数（公斤）应等于其身高减去 1 米所得出的厘米数，这一公式并没有区别个体间的差异，所以会引起对矮小和很高的人的错误评价。现代科学假定，如果没有存在危险因素（比如说高血压、升高的胆固醇水平），一个体重高于或低于正常体重 20%的人，其期望寿命不会受到影响。以下是衡量体格的一些最常用的指标：

身高和体重之间的关系，加以性别和年龄校正，表示为体重指数（BMI）：

$$BMI=Kg/M^2$$（即体重/身高的平方）

在医学上，正常值范围为 18～25。在被保人群中，正常值范围界定较为宽松，亚洲人群为 17～25。超过 25 为超重，超过 30 为肥胖，许多核保手册基本上对 BMI 超过 30 才有评点。低于 17 为体重不足。

肥胖易于诱发或加重的疾病有：心血管疾病、消化系统疾病、脂肪肝、高血压、慢性支气管炎、脂代谢紊乱、肿瘤（结肠、乳房、子宫等）、胆囊疾病。核保还要考虑脂肪的分布情况，许多研究表明，腹部肥胖和疾病风险的增加有特别的关联。有的直接以腰围来衡量，男性腰围超过 85cm 即为超重。肥胖人群表现为腹围大于胸围，在有些核保技术手册中会额外根据胸腹围的关系调整评点。如：腹围小于胸围 7.5cm，减去 15 点；腹围大于胸围 7.5cm，再加 15 点。

应注意对肥胖症定义的正确理解，肥胖系由于机体生化或生理机能的改变而引起体内积蓄过多的脂肪，造成体重增加。肌肉发达的人，例如举重、摔跤运动员、杂技演员等表现为某些肌肉的异常发达，而体内脂肪量正常，同样可以出现超常体重，在核保时对这样的保件应予以区别对待。

体重在短期内明显的增减也是核保应考虑的情况。短期内体重明显变化很可能是疾病的结果，也有可能是主观行为造成的，比如减肥。核保人员应当弄清楚体重变化的真正原因。如果准被保险人是有意的减肥并且体重保持稳定 6 个月以上，则健康评估时应使用近期的体重数值。

此外，对于儿童及青少年体格的核保还需特别说明一下：由于被保险人处于儿童或青少年时期，他们的生长发育未完全定型，对于那些身高、体重超过上限或下限者，通常核保采取延期承保的方法，尤其对那些年龄较小者。因为身高、体重发育异常对于青少年来说，可能隐含着某些代谢性疾病的存在，核保时须特别注意，如少儿表现为过高、过重可能患垂体瘤、巨人症，而过低或过轻则可能患有呆小症。

3. 现病症及既往病史

现病症即投保时存在的身体器官上的病症。现病症包括投保时所患疾病，如高血压、糖尿病等，还包括体检所发现的身体的不良机能状态和症状表现。原则上，现病患者要延期投保，但对于某些病情发展缓慢的慢性病，如高血压、控制较好的Ⅱ型糖尿病，能通过统计学方法预测其将来的风险，可以按次标准体承保，具体可依据核保手册核保。过去曾患过某种疾病或有外伤史等称为既往病史。人在患病时，或多或少均有死亡的危险，导致死亡率增加，不过，许多疾病治愈后死亡率就随之下降。有些急性病如肺炎、急性肝炎，在完全治愈后，可以按健康人标准承保。有些较难治愈且易于复发的疾病，如十二指肠溃疡，不经过一定时间治疗是不能按标准费率承保的。而对于患有诸如脑溢血、心脏病、肿瘤、精神病的被保险人，即使临床治愈，其死亡率仍大大高于正常健康人群，一般情况下，病情需稳定相当一段时间后才允许投保，并且往往要加费承保。

4. 家族史

核保考虑的家族史和医学上讲的家族史有一点区别，除了有家族遗传疾病及遗传倾向疾病外，还涉及寿命、家族背景、家族习惯等一些核保时考虑的因素。因遗传基因的影响，家族史也是重要的危险因素。但在很多保险公司，家族史并不直接作为危险分类的标准，除非家族的某些疾病在被保险人身上体现出来。例如，某一被保险人患有高血压或其他心血管疾病，而他的直系家庭成员中有两个或两个以上在60岁前也患过心血管系统疾病，则需根据这一家族病史评定额外死亡率。

(1) 寿命。人的生长发育、衰老死亡过程均受到基因规律的作用。寿命长短也是基因等因素作用的一个结果，所以在推测一个人寿命是长是短的时候，其父母的寿命是一个重要的参考因素，有时父母寿命的长短也是核保评点的考虑因素。但在考虑被保险人寿命长短的时候，关键是看其他因素，如社会因素、自然因素、疾病因素对其基因寿命或称为自然寿命的影响。例如，某被保险人其父母均活到90岁，可以认为其有长寿基因。但其本人社会压力、工作压力、生活压力较其父母大，生活的自然环境和其父母迥然不同，并且经常受到疾病的侵袭，甚至是致命疾病的侵袭，就不能说明他能长寿。而另一被保险人其父母亲均活到90岁，其本人所在的工作生活环境、自然环境、卫生保护条件均和其父母相似或好于其父母，则可以认为其可能长寿。总之，在考虑寿命的遗传因素作用时必须考虑其他因素的影响。

(2) 疾病。从遗传的角度可以将遗传疾病分为两类：第一类是遗传因素起主导作用的疾病，这类疾病在出生后甚至在胚胎时期已发病，在正常条件下均会表现出功能障碍，例如血友病等。第二类是环境因素与遗传因素共同作用的疾病，遗传因素提供了产生疾病的遗传背景，环境因素促使机体发病，表现出相应的症状和体征。这类疾病有多基因遗传病、遗传易感性疾病等，是需要核保人员进行判断的，这些疾病包括高血压、糖尿病、精神分裂症、恶性肿瘤、动脉粥样硬化、冠心病、高脂血症、多囊肾、多囊肝等。

(3) 家族背景和家族习惯。这里所指的是被保险人的家族中一些传统及习惯导致一些疾病的必然产生，例如不允许和外族人结婚的长期族内婚姻或者近亲结婚导致一些遗传缺陷性疾病发生。核保人员在发现有这种情况时就应做更进一步的调查，要求被保险人做医学方面的检查，做家族系谱疾病分析等以进行深层的核保。

一些传染性疾病不属于遗传病，是由于母亲在怀孕或分娩时将此疾病传染给婴儿所致，在母亲有此病的子女投保时，核保人员应要求其出示这方面健康检查的报告。这些疾病有获得性免疫缺陷综合征（艾滋病）、肝炎等。

另外，还有一种和家族习惯有关的疾病，被称为家族性疾病。这些病也是传染病，有家族聚集现象，是由于习惯的共穿衣物、共使浴巾浴盆、共用餐具等引起的家族中或家庭中多个人患病，如麻风、梅毒、肝炎等。对于家庭中有此类疾病的人员，投保应要求其做专项的检查。对于配偶有艾滋病或其他性病者，同样要求其做专项检查，且在承保时可要求做特别约定以除外针对这些疾病的给付。

总之，了解家族的存活、死亡、患病情况，有助于对被保险人死亡率进行评估，从而为核保提供重要的依据。

25.2 财务因素

财务核保是一个综合性相当强的承保风险评估和控制的过程，牵涉的方面众多，可以说涉及保险标的工作生活的方方面面：从专业的财务评估管理到家庭个人的理财；从企业经营到个人的职业收入；从社会关系到心理判断；从法律到伦理道德；从客观判断到逻辑推断等等。

财务核保的基础是确定保险的金额、保险期和产品种类与所要保障的风险是相适应的。保险的目的绝对不是使保单持有人或受益人从被保险人的事故中受益，保险只是对保险事故提供补偿，绝不是鼓励保险事故的发生。

在大多数的保险市场，早期索赔，尤其是因暴力、自杀或“意外”引起的索赔发生率随着保额的增高而增加，所以对大额保单的核保尤其需要谨慎，以避免客户的潜在“获利”可能。欺诈、逆选择和过高的保单中途失效率是常见的需要进行财务核保的三个主要理由。

（1）保险欺诈。客户进行欺诈通常需要冒很大的风险，需要使用很多手段以及利用很多相关的人员，欺诈的实施费用有时也很高，所以骗保者的目的不会是蝇头小利，而是大额的赔付。当然，不是所有的大额保单都有欺诈性，但当投保金额超过预期金额时，核保员需警惕其中隐藏的动机。

（2）逆选择。为了保险业有效地运作，保险公司需要依赖客户完全的如实告知，否则所收取的保费将不足以覆盖风险。一旦这样的低于定价的情况存在，客户就很可能冒险投保比正常需要高得多的保额，以便使自己或家人获利。一项调查研究表明：没有告知被保险人收入的投保单，其实际死亡率是预期死亡率的175%，尤其是定期寿险更为突出，实际死亡率是预期死亡率的247%。所以，防止逆选择的发生是财务核保的一个基本方面。核保员在核保大保额保单时应当注意客户是否保留了一些未告知的信息（医疗、非医疗或财务方面），或者是否有不如实告知。

（3）过高的保单失效率。保单失效率是指在一特定时间里（如一年）客户自动终止的保险业务所占总业务的百分比。与失效率相对应的是续保率，即在某特定时期内，业务持续生效的百分比率，它表示保单的持久性。人寿保险多是长期契约，由于寿险营销模式的特殊性，通常在保单的初始阶段，保险公司的开销很大，这些费用包括前期的产品开发费用、培训费用、首期佣金等，保险公司需要依赖良好的保单持续率在未来的时间里产生利润。如果保单在保险公司收取的保费在足以支付保单分销和新契约费用之前失效，公司将因此遭受损失。因此只有长久的保单才是保险公司的目标。对于投保人来说，按期缴纳保险费是一个长期的支出过程，投保人应具有长期缴纳保险费的能力，换句话说，购买保险所支付的保险费额度应该以不影响家庭的正常生活开支为前提。如果相反，则投保行为很可能是一种短期行为，该保单极有可能因要支付过高的保费而无法继续下去，致使保险合同中断，投保客户与保险公司的利益均遭受损失。大保额意味着高保费，核保员需要确定客户是否真正具有长期承担这笔费用的能力。

25.2.1 财务核保资料来源

1. 投保单

大部分投保单填写的内容都比较简单，不会出现财务问题，看上去明显可以被接受。但是，核保员对于投保单上的财务问题必须仔细审核，并且需要有详细、准确、合理和完整的信息，以便确认客户所申请的保额是恰当的。很难对财务核保制定非常精确的规则，如果有疑点，核保员一定要自问“这是否成立?”。

2. 业务员报告书

业务员对被保险人有更详尽、真实的了解，业务员报告书可反映被保人的资产、收入状况、投保动机、家庭情况、企业经营状况。核保员对代理人业务品质的熟识程度有助于保证核保质量。

3. 财务问卷

无论是个人保险财务问卷还是商业保险财务问卷，都是评估大保额保单所不可缺少的资料。问卷必须由保单持有人签署，因为如果在今后理赔中对财务方面有任何争议时，财务问卷将是非常重要的证据。一般来说，财务问卷应包含：(1) 申请人的个人资料；(2) 现存保单的详细情况；(3) 详细的投保目的；(4) 申请人职业的详细情况；(5) 过去三年收入的详细情况；(6) 客户公司的详细情况；(7) 声明该财务问卷将作为投保单的一部分。

对于大保额商业保险，申请人最好提供最近几年的财务报告，包括资产负债表和损益表等。对于更大的保额，则需要有第三者财务审计报告。

4. 生存调查报告

核保员会根据公司的财务核保的规定对一些高额件做生调，或在核保人员审阅一份投保单时发现投保人的财务状况与其保险需求不相适应，即保额高于实际保险需求或者保费金额超出其支付能力（保费支出在其年收入中所占比重过大），则需要保险公司派出调查人员或要求专门的调查机构对投保人的财务状况做出尽可能详细的调查。核保人员也可以要求业务人员出面安排一次与投保人及被保险人的面晤，直接了解其投保的原因、保险需求，制定适合的保险方案。生存调查在财务核保中的价值很大，可反映被保险人的个人信息、职业状况、收入情况及其他资产、负债情况。调查对象可以是被保险人本人、家人、同事、合伙人、员工、银行、会计师等。随着我国征信体系的不断完善，消费者征信体系也将是一个新的渠道。

5. 财务证明

财务证明包括各种资产所有权证（房屋、企业、车、其他重要资产）、税务工商注册证明、企业财务状况分析、财务报表（资产负债表、损益表、现金流量表、收益分配表等）、奖励证明及其他可以证明资信的文件、租赁合同、收入证明、身份证件。

目前可以得到的财务证明有：银行存款凭证、股票凭证、各种债券凭证、收入证明、纳税证明、各种资产的证明（如房产证、购车证、企业注册登记等）、企业财务报表、租赁合同、工作身份证件、户口本等。

6. 财务报表

对于经营企业的业主或某些要人，保险公司会要求客户提供财务报表，在反映企业经营状况的报表中，最主要的是年度的资产负债表和损益表。

（1）资产负债表提供了公司有关财务收益率和资金流动性的情况。如果可能，需请客户提供最近三年的资产负债表。资产负债表上与财务核保最密切相关的内容包括以下方面。

1）固定资产：指超过一年或一个营业周期才能转换为现金或长期占用现金的资产。它可分为有形资产，如土地、建筑物、设备、折旧等；对外投资，如股票和长期债券；无形资产，如商标、专利、特许权等；其他资产，包括非流动性应收款和预付款等。

2）流动资产：指流动性较好、变现能力较好的资产。包括现金、可作为现金替代物使用的资产、可在一年内或一个营业周期内转化为现金的资产。体现在资产负债表上为现金、有价证券、应收账款、存货、预付款等。

3）长期负债：指在一年或一个营业周期后必须偿还的债务。它可分为与筹资协议相关的负债，如应付票据、应付债券、贷款协议等；与经营活动有关的负债，如退休金债务、递延税金、产品售后担保债务等；少数股权，为被合并但未100%控股的子公司少数股东的所有权。

4）流动负债：指在一年或一个营业周期内必须用现有流动资产偿付或用其他流动负债替换的责任。包括应付款、预收收入等。

（2）损益表也称利润表，是一种用来反映企业在某一会计期间的经营成果的会计报表。损益表反映企业在一个会计期间所有收益（包括营业收入、投资收益和其他收益）与所有费用（包括营业费用、其他费用与损失）。损益表可以评价一个企业的经营成果和投资效率，分析企业的盈利能力以及未来一定时期内的盈利趋势。

通过对上述两种表格的分析，基本可以了解企业目前的经营状况。一般认为，经营效益好、利润高、走势好、无负债的企业为其雇员投保、团体投保或业主投保时，投保高额长期性险种被认为是合理的，否则被视为是不合理的。

7. 第三方信息

为了证实大保额保单，还需要通过第三方信息对客户提供的资料进行确认。这样的证据包括：（1）审计师或会计师对财务状况的评估；（2）通过税务员确认被保险人过去三年的收入情况；（3）确认过去三年的税单。

此证据基本上是独立地对客户所提供的信息进行核实。有些地区普遍漏税、建立两套账本（一套用于外部审核，另一套才是真实记录），处理这种情况需谨慎。这种情况会是比较多见的，但是很显然，“非正式的数字”只是客户的一面之词，其对于大保额保单的支持必然要受到限制。通常，只有正式的数字才能用作支持大保额保单的证据，但是对于这种情况很普遍的地区，可以考虑使用两套数据的中间值来评估保额。

8. 其他信息

尽管所列举的证据多为正式的财务资料，但也有其他类型的证据。报纸经常会披露一些富豪的故事或者列出名次，这些对于衡量客户财产的情况也有帮助。但是，对于此类依据一定要谨慎，因为核保员无法知道这些消息的确切来源，很多时候是来源于客户自己。

互联网越来越多地为核保员所使用，搜索客户的名字或客户公司的名字，可能会发现惊人的结果或者很有用的背景资料。使用互联网信息也需要小心，因为很多网页是客户自己建立的。

偶尔，核保员还会得到其他一些非正式的资料，在衡量这类资料时核保员务必慎重。总的来说，例如“每个人都知道他很有钱”或者“他拥有很多不同的公司”的说法是可以忽略不计的。因为这经常是生意人从自己的利益出发而故意宣扬的，以便巩固其客户或者合作伙伴的信心，无论是真的富有还是假的。对一些临界的案例，代理人的意见可能会很有帮助，但是，只有那些核保员熟悉的、有良好记录的代理人才能相信，并且需要就为何没有正式文件作为依据做出合理解释。

有些辩解，例如“他就是不愿公开财务资料”等均应予以质疑。国家法律通常规定公司或个人要有一定形式的财务记录，所以客户没有理由不提供这些资料。如果客户担心是否保密，那么他尽可放心，如果他不是很信任代理人，也可以直接把资料交给核保员。

25.2.2 财务核保所需评估的因素

1. 可保利益

财务核保首先要考虑的就是确定是否存在可保利益，以确保受益人或保单持有人只是试图获得对保险事故造成损失的弥补，而不是为了获利。如果可保利益是有限的（例如债权人与债务人之间），那么保障就应该限制于利益范围内（例如不超过贷款金额），有效期也不应超过利益存在的时间。

理论上，每个人对他自己的生命都有无限的可保利益，但是被保险人本人并不能从其自身的死亡中获得赔偿。实际上，个人寿险的补偿是给予对被保人的依赖者的，所以这类保险计划可以用被保人的收入来计算。

我国《保险法》第十二条规定：投保人对保险标的应当具有保险利益。投保人对保险标的不具有保险利益的，保险合同无效。保险利益是指投保人对保险标的具有的法律上承认的利益。此外，人寿保险中，投保人对于哪些人具有保险利益也做出了明确的规定。例如，《保险法》第五十三条规定："投保人对下列人员具有保险利益：（一）本人；（二）配偶、子女、父母；（三）前项以外与投保人有抚养、赡养或者扶养关系的家庭其他成员、近亲属。除前款规定外，被保险人同意投保人为其订立合同的，视为投保人对被保险人具有保险利益。"

从上述内容我们不难看出，我国有关保险利益的法律规定只是对投保人、被保险人的关系进行了说明，并未对被保险人和身故受益人的关系进行说明，这给核保人员的实际操作带来一定的困难，因为尽管投保人和被保险人之间存在保险利益，但指定一个与被保险人关系不大的人为其身故受益人，总让人有一种可能潜在着道德风险的感觉。核保人员在审核投保人和被保险人与身故受益人之间有无保险利益时一定要认真分析，了解指定受益人的原因，是否有充分理由证明这种指定不存在道德风险。

2. 投保动机

在进行财务核保时应评估投保人的投保原因（投保动机）。恰当的投保动机需要有明确的投保目的、合乎逻辑的受益人和合理的投保金额。如果动机有任何疑问，必须确认其中没有投机目的。

国内普遍接受的购买个人寿险的财务目的是家庭收入保障，国外除了家庭收入保障外还有遗产规划、捐赠等目的。

与代理人讨论某些特别的情况可能会很有帮助，例如是否是客户主动接近代理人，客户要求比推荐保额高得多的保险保障或是提出购买与推荐的产品完全不同的计划。大部分规范的代理人都会愿意提供上述信息，因为他们也很介意可疑高额索赔对他们的声誉带来的影响，但是这些信息只能用于一些临界的保单，同时要求该代理人是核保员了解并且信任的人。

3. 道德风险

在订立保险合同时，只要没有不纯正的动机，保险事故的发生率必能符合大数法则，但实际上，从保险的历史看，道德风险一直是影响保险事故发生率的一个重要因素。道德风险是指对被保险人的死亡率产生影响的心理状态，是投保人为了谋取保险金赔偿或给付而投保，然后促成或故意制造保险事故，骗取保险金的风险。由于其属于动态风险，故不属于可保风险的范畴。核保人员在核保时应尽可能地避免道德风险的存在。一般情况下，逆选择也属于道德风险的一种表现形式。财务核保的重要目的是防止道德风险，实务中要注意以下几个方面：保障需求是否与其财务状况相匹配；投保动机是否纯正；保险利益是否明确存在；保险需求是否合理；保险计划是否有利于逆选择的发生；等等。

4. 投保的保额是否合理

财务核保中的合理保额是指投保人投保的保额在一个合理的范围内，这个合理的范围和投保人的经济能力、保险需求、投保目的相适应，这个范围通常只有一个最高值，即最高保额是在多少额度以下。确定合理的保额也就是确定投保的最高保额。人身保险因人的生命价值的无限性而与财产保险有不同之处，没有所谓的超额保险、重复保险、保险人代位权等问题，但是如果投保与被保险人资力不相当的巨额保险金，容易发生道德风险。通常情况下，保险公司均会根据被保险人的情况规定最高限额。保险公司是用被保险人在发生保险事故时所造成的经济损失来衡量其生命的保险价值，也即可以被接受的最适合的保险金额。最常用的确定被保险人保险价值的方法是生命价值法，它是按预计个人的工作年数（假设能够正常工作到 65 岁）乘以每年的收入总值扣除每年个人所需要的生活费用所得的积按利息折算成现值。

影响合理的最高保额的因素通常有以下方面：

（1）保额和收入的情况是否适合。通常情况下，收入越高，合理的最高保额越高，即最高保额和收入成正比关系。

（2）保额和保险需求是否适合。在一定的范围内保险需求越大，则投保保额越高，即保额和保险需求成正比。

（3）保额相对应的保费和收入是否适合。

（4）保额和年龄。通常，随着年龄的增长，对家庭保障需求的减少及远期收入增长能力的减少，最高保额也相应减少。

（5）保额和投保目的。

（6）家庭成员的投保保额。

（7）投保人的保险保障意识、生活风格。

（8）收入。收入是指通过劳动或其他途径所得到的金钱和财务。通常有劳动报酬、投资报酬、奖金、继承、赠与等，所以财务核保是不能只考虑劳动工资报酬的。

（9）收入组成。劳动所得收入根据收入的范围可分为三种：总收入、可支配收入、剩余收入。可支配收入通常是核保时使用的收入指标。可支配收入是指在一定时期内得到的实际收入扣除个人所得税后的余额，是国际上通用的衡量城镇居民收入水平的一个主要指标，城镇居民人均可支配收入数据是通过开展城镇居民家庭抽样调查来取得的。可支配收入的内容主要有：职工从单位中得到的收入、个体经营和个体被雇收入、离退休再就业收入、其他就业收入和其他劳动收入、财产性收入和转移性收入等几个方面。1999 年北京市城镇居民人均可支配收入为 9 255.67 元，城镇居民的收入渠道正在向多元化方向发展，但从单位中得到的收入仍占 70%以上。2000 年人均可支配收入超过了万元。

根据收入的组成还可以分为：显性收入、隐性收入。目前，在国内会计制度不完善的情况下，还有账面收入和账外收入的区别。账外收入的判断是核保员面临的一个重大的难题。

另外，根据收入的来源还可以分为：工作薪水收入、兼职收入、投资分红、利率收益等。其中，有的收入来源是永久的，有的是暂时性的。正因为收入的组成来源不同，这就给收入的判断带来了许多困难，问题是用什么样的收入来确定和保额的关系，通常，在确定保险金额是否合理时，将收入分为认可的收入和非认可的收入。认可的收入为收入的主体且较稳定，是一旦被保险人身故，则会丧失并对家庭经济来源造成影响的收入。常见认可的收入包括全职工作的工资、兼职工作的工资、定期奖金（持续数年）、佣金和分红（稳定并持续 3 年以上）、房屋津贴（每月固定的补贴）、各种社会福利（如养老金、公积金、社会保障金等）、其他福利（如公司的假日津贴、医疗保障、教育培训津贴等）。不被认可的收入包括股票分红、利息收入、房租收入等，因为即使被保险人身故，这部分收入仍然存在，不会对家庭经济状况造成影响。

一般来说，总的保险金额应为投保者平均年收入的 10～20 倍。确定保险金额时还应考虑收入的稳定性、未来收入的潜力及通货膨胀等因素。对学历较高、从事行业前景较好、工作时间不长尚未达到事业顶峰的人可考虑调高其保险金额。年龄较小的投保者，由于其保费较低廉，家庭负担较少，且考虑其将来的发展等，保险金额相对年收入的比例可以稍高一些，而年龄较大者则相反。为了便于根据收入情况确定合理的保险金额，大多数保险公司利用年龄因素的保险金额参考表来确定一个被保险人的价值。此表为一种最适合的投保金额、年龄及年收入的比例关系表。表中的收入只包含靠自身劳动所获得的收入，不含如果发生保险事故不会受损失的财产，如银行的存款、继承的房产等，也不含偶尔投机所得，如彩票中奖，最高保险保额为收入的倍数。每个保险公司都会有相关的具体规定。表 25—1 是中国内地人寿保险公司常用的各年龄段最合适投保金额和收入的比例关系表。

表 25—1　　中国内地人寿保险公司各年龄段寿险保险金额参考表

年龄	年工资收入的倍数
不超过 35 岁	×18～20
36～40 岁	×16
41～45 岁	×10～12
46～50 岁	×9
51～55 岁	×8
56～60 岁	×5
61～65 岁	×3
65 岁以上	IC

在大多数保险公司，收入因素表会由于社会经济的改变、保险公司的产品调整和理赔经历而调整，通常可能每 5 年调整一次。核保员并不是机械地只以当前收入是否符合收入因素表做出判断合理最高保额的惟一依据。

（10）收支结余。由于受传统的社会保障观念的影响，特别是在城市，一般个人和家庭还没有将保险的支出列入日常的支出中，只是在家庭费用节余中考虑支出保险费用，或是作为一项投资手段，所以需要分析一下家庭费用的节余。保费占收入的比例，通常不应超过税后个人收入的 20%。

5. 合理险种保额和搭配

核保要考虑投保方案是否是符合需求的合理险种的组合，是否是单一的最低费率的险种，根据险种发现最大的危险所在，如死亡、伤残、疾病、医疗住院等。

实际上，几乎每个人均需要各种保险，但不同的人群对保险种类的需求顺序是不一样的：如无医疗保障的低收入者，首先考虑的是医疗保险和意外保险，其次才是寿险。

重大疾病的保额应以得病后的医疗费用加被保险人由此引起的之后的收入减少的费用为判断基础。重大疾病险只考虑相关费用的支出和损失，而不用考虑资产等其他的一些因素，不适合用收入来衡量保额的多少，医疗险、残疾收入险、长期护理险与之相同。目前，对于重大疾病，国内最先进的治疗方式单次治疗

20万元，加上后续的治疗，在中国可以假设治疗费用在20万～40万元之间，这还要看其他的一些因素相应地增减。由于重大疾病保额中包括目前收入的损失和将来收入的损失，所以重大疾病的合理保额同样是随年龄的增加而降低，因为随着年龄的增加，被保险人的预期收入减少。

合理保额的确定主要是意外险和寿险，意外险的合理最高保额可高于寿险，这是因为：第一，意外险应包括高残的医疗费用和被保险人晚年的生活费用，不仅仅是子女的生活费用或遗产。第二，由于意外事故的突发性特点，被保险人意外身故比疾病身故时给家庭带来的经济损失更大。在确定意外险的合理保额时还要考虑到意外险具有保险费低廉、保障程度高的特点，容易诱发道德风险。为了避免逆选择和道德风险的发生，一般将意外险和寿险按一定的比例进行捆绑式销售，意外险和寿险的比例定在3：1以下较为合适。

6. 保单持久性

保单持久性是指一张保单或一批保单保持持久的生效状态。如果保单保持很长的一段时间的效力，就被认为有很好的保单持久性。保单持久性是保险公司实现预期经济效益的重要因素，通常寿险公司在新契约业务的头几年，尤其在首年费用开支非常大，需要有良好的保单持续率在未来的时间产生利润。导致不佳保单持久性的主要原因有以下方面：

(1) 收入：低收入的保单所有人更可能出现保单失效的情况。对投保人来说，按期缴纳保险费是一个长期的支出过程，投保人应具有长期缴纳保险费的能力，购买保险所支付的保险费也应以不影响家庭的正常生活开支为前提。通常，寿险公司认为投保人支付的保险费占其年收入的6%～20%之间较为合理。

(2) 职业：低技能的工人显示有更高的保单失效率。

(3) 地址变换：如果工作或居住地时有变换，且这种变换并不是因为经济状况改善的结果，则将会有较差的保单持久性。

(4) 以前的失效情况：过去曾经有过保单失效记录的投保人更有可能再来一次。

(5) 缴费方式：月缴保费方式提示有较高可能的保单失效。

(6) 保险计划：定期险比起普通的人寿险来说有更频繁的保单失效。

当核保人员面临一份显示有不佳保单持久性的投保单时，要对其保费是否合理、保额是否合理给予更多的注意。有时为了减少一旦保单失效给公司带来的损失，可以采取一定的变通方式，比如，把首年佣金化成一定的年限分发。

7. 既往投保的分析

既往投保是指投保人和被保险人及其家人、亲人，或企业员工的投保情况，以及既往保单的续保理赔情况。了解既往投保情况的目的在于：(1) 了解投保人及被保险人的投保目的和保险意识；(2) 投保人的经济承受的能力；(3) 保单持续缴费的情况和理赔的情况等。分析的内容包括：(1) 被保险人既往的理赔情况；(2) 投保人和被保险人家庭成员的保障情况，既往投保的险种和数量（本人、家庭），是否为同一个代理人，该代理人既往的业务水平和工作认真可靠情况如何；(3) 被保险人既往的投保是否在同一家公司，是否为多家公司投保；(4) 投保的期间和间隔。通过分析，从中可以反映出被保险人和投保人的保险意识。如果被保险人和保险人的家庭成员均有相当的保险保障和保额，则道德风险的可能性就下降。有资料显示，绝大多数的道德风险理赔案例发生在首次投保或短期内多次投保的人中。通常情况下，距离首次投保的时间越长，投保保额平均的道德风险越低；短期高额投保往往显示有较高的道德风险。

25.3 其他核保因素

25.3.1 职业风险因素

职业及工作性质不同，发生意外事故及患某些疾病的几率也有所不同，所以对于被保险人职业风险的评估也是核保的重要内容。职业上的风险主要分为意外和健康两个方面的内容。

1. 职业意外事故风险

虽然职业意外事故的比例较交通意外事故低，但是某些职业集团仍具有高度的危险性，所以核保时要进行职业危险的选择，其内容包括对危险职业者的识别和对危险职业的评价。

所谓危险职业者是指在统计学上其意外伤害事故的发生率比正常人群的意外事故发生率显著增高的人。决定其是否为危险职业者取决于两个因素：一是工作性质本身的危险程度的高低；二是工作环境中的职业有害因素。表25—2列出了常见的具有高危险性的职业。

表25—2　　常见的具有高危险性的职业

职业	工种
高空作业者	航空执勤、飞机试飞员、电台天线维修人员、鹰架工、钢骨结构工、空调安装维修工等
爆破工作者	火药制造者、工程爆破人员
海上工作者	海上打捞、海上捕鱼、海上钻探、潜水员等

续前表

职业	工种
矿业、采石和坑道工作者	井下采矿、爆破采石工
军人	武装警察、爆破兵、空中服勤者
运动和娱乐人员	特技演员、驯兽员
其他	特种营业人员、起重机操作工、土木工等

2. 职业健康风险

职业在身体健康方面的风险体现在两个方面：一是生产性有害因素对人体健康的不良影响；二是职业病。对身体健康有明显影响的常见职业有：煤业、酿酒业、核能工作者、高温工作环境等。

核保人员对于职业危险的核保是根据职业分类表进行的，职业风险等级为“拒保”的，除纯年金险外，一般不接受投保申请。对其有较高职业风险等级的常采用加费承保和限额承保。

25.3.2 个人和生活方式因素

个人和生活方式因素是指那些由于自身行为所产生的不利于健康的危险因素。这些行为危险因素并非无法避免，而是由于社会心理因素的影响或无知愚昧的习惯势力才使人们产生危害自身健康的行为。常见的行为危险因素有：由于消费不当所致的危险性，如吸烟、酗酒等；不利于健康的业余活动，如文体活动过少、赌博等；求医行为方面的危险因素，如不遵医嘱、滥用药物等。调查资料表明，在美国，行为危险因素占全部致病因素的48.9%，在我国占37%以上。

1. 资料来源

（1）投保单：有关于被保险人个人信息的详细情况，如出生日期、地址、婚姻状态、职业、资产、收入状况、常住地址及原址的详细信息、爱好及生活习惯、驾驶记录信息、犯罪信息、国外旅行或居住信息、家族史等。

（2）业务员报告书：优秀的代理人可提供有关被保险人职业状况、生活习惯、特别爱好的有价值的第一手资料。

（3）机动车驾驶问卷：可提供被保险人的所驾车辆、驾龄、交通违规等信息。

（4）生存调查报告：可确认和补充有关被保险人职业状况、生活习惯、特别爱好。

（5）特别爱好及高风险运动问卷：针对已告知或已从其他渠道了解的特别爱好和高风险运动，仍难做出核保决定者，可要求被保险人填写相关问卷。

2. 核保所需考虑的个人因素

（1）可保利益（详见财务核保章节）。

（2）特殊爱好。

随着人们生活水平的不断提高，双休时间的增加，业余爱好已成为人们生活中的重要组成部分。被保险人可能会有各种各样的特殊爱好，有一些是对被保险人的健康寿命无影响和不可能产生意外伤害的爱好，如下棋、打牌、看电影等，核保时可不用考虑。对于另一些爱好，因为其会影响被保险人的健康与生命，出现意外的可能性较大，例如饮酒、赛车、登山、探险等，这些有时成为核保的重点。而且对于不同的爱好应予以区别对待。

1）体育活动。生活水平的提高使人们娱乐和锻炼身体的要求增加，而体育活动是意外伤害中的一个危险因素。越来越多的人为追求新奇刺激而从事一些高风险的业余活动。目前，国内对各种业余爱好的风险统计很少，核保的结论往往是根据有限的资料和核保人员的经验得出的。首先，在核保业余爱好及专业体育活动时应区别注意意外伤害的风险级别，高风险级别的体育活动应缴付较高的保险费，如拳击、赛车、杂技等。风险级别较低的运动可采用低费率，例如田径运动、小球类运动、棋类等，其致死亡、致残的可能性小。具体的风险级别见职业分类表中的职业运动项。

另外，还要考虑参加体育活动的时间长短、有无保护措施及从事体育运动的动机。在被保险人为运动员时还要考虑到一些追求成功而使用各种损害健康的手段。例如使用兴奋剂和毒品来提高运动成绩或延长运动寿命。这些药物对健康有严重的影响，甚至会发生意外。还有一些体育项目如拳击，运动员常有机会为换取名利而以生命安全或健康为代价。

核保时另一个需要考虑的是被保险人从事体育活动的损伤保护和医疗保健质量。如果是成功人士，其常常会得到高于一般运动员的损伤保护和保健措施，而基层运动员及业余运动人员的保护及保健措施相对较差，但亦应视参加活动的时间长短而定。

2）饮食与烟酒嗜好。

①饮食嗜好。饮食嗜好是指被保险人对某些食物的特殊偏爱，这些食物对健康会带来一定的影响。对某些食物的嗜好可导致一些有害物质在体内聚集而影响健康，如酒精、脂肪等。对荤食的过分偏爱可导致脂肪在体内增多而导致肥胖、高血脂、脂肪肝、冠心病等。例如，某被保险人告知每天均要食用半斤肥肉，否则没有食欲，体检时发现高血脂且肥胖，故对于此客户核保员应增加其保险费。对于一些腌制食品的嗜好，可使体内的亚硝酸盐含量增加，增加癌症的发病率。

对于一些生食食物的嗜好，可以导致寄生虫病和传染病的发生，例如生鱼片、螃蟹等。对于有这些饮食习惯地区的被保险人投保时，核保员应加以询问。对于食物的嗜好还包括偏食，即对一些食物爱吃，对另一些食物不爱吃，而导致体内某些必需营养物质缺乏影响健康。例如含铁物质如精肉、菠菜、肝等摄入不足，而导致缺铁性贫血；对含碘物质如含碘盐、海产品摄入不足而导致甲状腺肿大。

②嗜酒。嗜酒是长期连续地对酒精有特殊的嗜好，对酒精有依赖性，在饮酒量上失去控制且饮酒是绝对主动的。酒精对人体许多系统有伤害，例如消化道、肝脏、心血管系统、神经系统等，研究的数据结果已表明嗜酒大大影响人的寿命。俄罗斯人的人均饮酒量高居世界之首，其男子平均寿命远远低于同等发达国家男子平均寿命，就是由于酒精的缘故。所以嗜酒、酗酒是核保考虑的重要因素。

核保人员如何掌握好嗜酒的技术是个很困难的问题。因为核保员对于被保险人嗜酒的资料难以掌握，难以精确计算被保险人的酒量与饮酒频率。而即使知道了被保险人大致的饮酒量与频率，又难以说明其对酒精是否有依赖性，是否已失去量的控制。当出现了酒精性肝硬化、酒精性肝炎、酒精中毒时，已到了酒精损害的晚期。酒精长期的慢性损害在危险评估时也是很重要的，但医学上还缺乏酒精对身体长期慢性损害及统计学的研究。通常，核保应从如下方面来进行：

● 饮酒量。确定评估的最主要困难之一，是许多申请人在接受询问时有意或下意识地少报自己每日的饮酒量。如果有所怀疑，在申请提案中对申请人的回答下结论时，可以参考医师关于申请人健康、体征和一般态度的意见。每日饮酒量以不超过 48 克为宜，否则，将导致对重要脏器的慢性损害。

每日酒精克数＝每日饮酒毫升数×酒精度数

● 是否有酒后事故。如果酗酒后住过院一次或数次，或出现交通事故、犯罪行为，则可拒绝承保。

● 是否出现身体健康状况的异常。饮酒后是否出现肝功能的异常、转氨酶的异常，或长期饮酒导致肝硬化，或者出现酒精性肝炎、肌炎。即便没有大量饮酒的病史，但要记住厌食症、恶心和呕吐是大量饮酒的症状，当然这也可能是其他疾病的结果。最近的胃炎、胃溃疡、胰腺炎、肝病、周围神经病或不能解释的房颤应该注意警觉酗酒的存在。对某些没有明显原因的焦虑症、神经紧张、忧郁症的病例，也应该考虑类似的可能。

● 职业。申请人的职业是决定饮酒量的重要因素。酒馆老板和其他销售、分派酒类的相关职业特别容易接触到酒，饮酒量也会多于一般人。商业管理人员因为经常出差并需要应酬也有类似的状况。在某些国家，重体力劳动工人过量饮酒也是很常见的。

③吸烟。吸烟对人体危害极大，香烟中含有尼古丁、焦油及一氧化碳等有害物质，增加癌症、气管炎、肺气肿、心脑血管疾病等的发病几率，对健康及寿命有重要影响。例如吸烟者患肺癌的发病率是不吸烟者的3倍，吸烟是动脉粥样硬化的主要致病因素。

吸烟多少的评估有两种常用方法：一种是每日吸烟的支数，另一种是以年支计算，即以每日吸烟支数乘以吸烟的年数。由于短期内大量吸烟的危害很大，年龄越小对健康和寿命的影响越大，所以常常以每日吸烟的量来进行核保。

在实际操作时给予评点加费，对于核保员来说比较困难，被保险人很难接受，并难以对其进行解释。所以在制定费率时，最好采取分开吸烟者和不吸烟者的费率的办法。不吸烟者的费率低于吸烟者的费率。另外，在被保险人有体重过高、糖尿病、高血脂症、高血压病、冠心病、脑血管病、末梢动脉疾病或慢性呼吸系统疾病时，若伴有吸烟者，应增加相应的评点。

(3) 药物/毒品滥用的核保。

某些药物和毒品无严格的界限，例如吗啡、可卡因等在用于非疾病时就是毒品。药品滥用一样会有害于健康，所造成的损害有：很快致死，如麻醉药品；短期致死，如吗啡、激素类过量使用；缩短寿命。

核保员要发现是否有药物毒品滥用往往是很困难的。因为投保客户很多，不可能逐一进行查询调查，而投保单上的健康告知又常忽略此项，即使有此项内容或核保员查询时，因被保险人未能意识到药物滥用或私下暗地使用而未公开，仍会使核保员受到蒙骗，往往在进行体检时或进行其他因素核保时，或发出保单出险后才知道。

对于药物滥用的核保，核保员在核保时需要特别注意的要点包括：被保险人有无药物滥用；为何滥用；所用药物是否会增加被保险人的死亡率或使其受到严重伤害；结合被保险人的健康或医疗状况，该药物是否会影响被保险人的预期寿命。

对于边境地区如云南、广西、新疆、北京、广州等地，核保员对可疑保件需考虑到被保险人吸毒的可能，例如被保险人经济状况急剧变坏、无工作、性情变坏、有偷盗诈骗历史、行为怪异等，应考虑吸毒的可能。

根据以上情况，一般需要进行进一步的调查。了解被保险人滥用药物或吸毒的具体情况与程度如何、目前其健康状况如何、是否曾有戒断过而没有戒绝、有无接受治疗，治疗方案如何，必要时应使用专门的药物毒品滥用问卷。

在做核保决定时，对于被保险人自己有意地使用毒品，有长期大量使用史，或不能戒断史，或身体状况、精神状况、家庭状况不良，或有过恶性事故者，需从严核保。注意，在做出核保决定之前，一般都应对被保险人做相应的全面体检。

（4）驾驶记录。

在意外伤害保险和意外伤害医疗保险中，驾驶常被视为一个重要的考虑因素。驾驶分为职业驾驶和非职业驾驶，非职业驾驶的危险和职业驾驶的危险基本相似，但前者发生危险的频率肯定低于后者。核保时应结合以下因素考虑：1）被保险人年龄：年纪较轻、驾龄较短的驾驶员较易开快车，年纪太大，如65岁以上的驾驶员不易保持警觉状态，应急反应能力较慢。2）交通违规的次数、性质、时间：发生过多次交通意外的人极易发生致命的交通事故。3）饮酒情况及药物和毒品滥用情况：在酒精和药物的影响下很容易发现交通意外。4）某些疾病：如癫痫、某些心血管疾病、神经症、睡眠呼吸暂停综合征、精神神经系统疾患都会导致意外发生。

25.3.3 保险计划

虽然保险计划本身并不是影响死亡率的评估因素，但是保险计划对于核保人员仍是要考虑的因素。一方面。核保最基本的目的是防止逆选择的可能，核保人员结合保险计划来判断是否隐含逆选择风险。比如，一个年轻人仅仅投保高额、短期的重大疾病保险，一个50岁的人首次单独投保高额意外险或定期险，这就增加了不利于保险公司危险选择的难度。相反，如果保险计划是一个综合的保障需求，包括养老险及终身寿险，或者说个人的投保是企业给员工福利保障的一部分，则逆选择的可能性就相对小得多。另一方面，对于一个次标准体，保障时间的长短也是影响公司风险选择的因素。短时间的保障，可能以临界标准承保，而终身的保障，核保人员就要考虑其预期寿命可能给公司带来的风险。

投保人所选择的缴费方式可能也会成为影响核保最终决定的一个因素。月缴保费的保单是保单失效率最高的，支票缴费的保单通常有较好的保单持久性。续期业务有利于保险公司的资金稳定运作和客户资源的积累，但从核保的角度看，缴费的年限越短，保险公司的风险越小。缴费年限越少，期缴的保费越多，保险公司也越早地完成责任准备金的建立。对于趸缴的保单，由于其责任准备金已经建立起来，核保审核和承保决定会相应宽松。如一个40岁的人投保普通寿险，经过体检发现有轻度的脂肪肝，尽管核保手册提示需要一个小的次标准费率，但如果缴费期限如果由原来的20年限缴改为5年限缴，则可能会给予临界标准承保。

关键词

同业工会　体格指数　健康问卷　体重指数　体格　道德风险
偿付能力　可保利益　可支配收入　个人和生活方式因素

思考题

1. 核保需考虑的健康因素包括哪些方面?
2. 给出个人和生活方式因素的概念，影响核保的不良生活方式主要有哪些?
3. 核保时需考虑的财务因素主要包括什么? 合理的投保动机有哪些?
4. 道德风险的定义是什么? 如何防范道德风险?
5. 如何确定合理的保额?

第26章

个人保险核保

本章预习

通过学习，使学员理解个人寿险、意外伤害保险、医疗险、重大疾病险等的核保思路，掌握各险种的核保要点。掌握对特殊人群：儿童、青年学生、老年人、家庭主妇、无固定收入者、军人、孕妇、外籍人士、残疾人的核保思路。本章的主要内容包括：

- 个人寿险的核保要点
- 个人意外险的核保要点
- 个人医疗险的核保要点
- 个人重大疾病险的核保要点

26.1 分险种个人保险核保

26.1.1 个人寿险核保

虽然人寿保险单的名目繁多，但人寿保险的基本种类只有三种：定期寿险、终身寿险和两全保险。定期寿险是在约定的保险期间内提供保障的寿险产品；而终身寿险则是提供终身保障的寿险产品；而两全保险无论被保险人在保险期末生存还是死亡，保险人都要给付规定的保险金。显然，被保险人死亡及伤残发生率的高低将直接影响风险保费的厘定，因此，此类保险核保的概率基础为死亡率。

在对寿险的核保过程中，总体而言，仍从健康因素、财务因素、个人和生活方式因素等三个方面进行评估，最终确定风险与损害因素对准保户死亡率的影响程度。

寿险的核保考虑过程中，因其具有较为复杂的保险保障，投保人险种的搭配、缴费方式的不同等都会影响最终的核保决定。这种保险责任包含了意外身故、疾病身故、疾病致残、意外致残、生存年金的给付、在不同时期部分或全部返还保险金等诸多的保障，所以在核保考虑过程中，就必须综合性地对各种危险因素进行全面考虑，并经综合评价后决定承保条件。

核保的要点是确定所收取的保费与其可能发生的赔付相比是否充分。也要认识到核保的效力并不能持续至保单的整个保险期间，仅能维护最初几年的风险控制，因此，对个案来说，最初几年出险可能获得的所有赔付金额与其保费的差额部分是我们重点要关注的。

1. 保险责任

若产品中除身故责任外还有全残责任，对其个人和生活方式的风险因素等要多加考虑；对含豁免责任的险种，还需评估投保人的健康状况、职业和财务状况；对含保险期间内生存金给付的部分应转换做身故保额考虑；对分红部分、满期金部分等可不予考虑。

2. 保额的变化

有的保额为平准保额，有的为递增或递减，核保的重点为确认被保人最初几年出险可能获得的所有赔付金额与其保费的差额。

3. 缴费方式

对出险概率基本相同、保额也相同的个案而言，若为终身寿险，短期缴费方式相对于长期缴费方式风险较小。对定期寿险而言，较短的保险期间虽从生命表的死亡概率来看出险几率较小，但核保员一定要核实其投保动机，排除其逆选择和道德风险的可能性。

26.1.2 个人健康险核保

健康险是指被保险人在保险合同有效期间内，如遭受意外伤害事故或患保险责任范围内的疾病，保险公司则按照保险条款的约定，对因此而发生的医疗费用支出、住院津贴等以及失能收入减少承担给付保险金责任的保险。国外因健康险还包括失能引起收入损失的保险，所以又称为伤病保险；国内未涉及失能保险，所以又称为医疗保险或疾病保险。

1. 健康险的特点

（1）以被保险人为受益人。健康险是以提供被保险人的医疗费用补偿为目的的保险，保险公司不受理指定受益人是为了被保险人能够得到确切的保障。

（2）以疾病的发生率和意外伤害事故的发生率为保费计算的基础，而不像其他寿险那样以死亡率来作为确定保险费率的基础。

（3）逆选择较其他寿险多。健康保险非死亡险种，作为给付条件的保险事故的发生对被保险人的生命威胁不像一般寿险那样大，加之受益人为被保险人本人，以及保险事故责任范围的界定以及出险后损失的频率与发生疾病的严重程度在一定时期内不具有相对的稳定性，所以这种情况导致逆选择发生的可能性增大。若不具备严格的核保环节，及有效的医疗机构管理办法，常易引起道德风险。对医疗资源的滥用在很多国家都很常见，索赔人和医疗从业人员的道德风险极大地影响了赔付率。

（4）为了控制逆选择和道德风险，保险期限多为一年，少数为三年以上，且往往都会有或长或短的健康观察期限；在理赔时往往有一定的免赔额。

2. 健康险的核保资料

由于健康险是以被保险人的伤病罹病率为确定费率的基础，且易于发生逆选择，故健康险核保更重视健康风险和道德风险的评估。因此核保要求被保险人的资料要全面正确。健康险通常的核保资料包括：

（1）被保险人的告知及健康声明。这是最重要、最基本的资料，同时也是做出核保结论和决定是否要再补充其他有关资料的前提。

（2）业务员报告书。业务员报告书一般提供以下信息：和客户认识的方式和时间；客户是否是主动投保；业务员对被保险人健康状况的了解情况等。由于业务人员有机会直接接触被保险人，通过直接观察，可以发现被保险人明显的健康状况不良的外在表现，如听力障碍、发育不良、肢体残疾、呼吸困难等。作为核保过程中的第一环节，业务员对健康险的核保非常重要。

（3）体检报告书。它是体检医生根据核保人员的要求，对被保险人体检结果真实、客观的记录和报告。它可以揭示被保险人未知或者不肯定的疾病，如高血压、糖尿病等；可以帮助提供主要疾病的相关资料，如高血压患者的病情，是否有心脏肥大、蛋白尿，是否有伴发的危险因素，如合并高血脂；还可以对既往症的近期情况提供判断依据，如一年前有肾结石碎石治疗史，腹部B超可以了解是否有结石复发。

（4）病历。病历是被保险人在医院就医的记录档案，其中详尽记述了被保险人发病的时间、原因、症状、经过、检查结果、诊断和治疗方法、治疗转归等情况，同时也比较完整地记录了其既往史和家族史的有关资料，由于其全面、客观、真实，所以称为健康险核保的一个重要信息来源。

（5）特别补充告知问卷。如果在投保书或体检报告书中有异常但又不够清楚，核保人无法做出准确风险评估时，可以让被保险人有针对性地详细说明。常用的疾病问卷有：高血压问卷、糖尿病问卷、痛风问卷等。

（6）生存调查报告。通过生存调查人员对被保险人直接或间接地调查，发现一些故意隐瞒的告知事项、顶替体检行为和体检中没有发现的疾病和缺陷。所以生存调查对健康险的风险评估，尤其是对于逆选择的防范起着十分重要的作用。

核保人员在收集医学资料时要考虑取得这些资料的成本，使用这些资料时也要灵活运用。根据健康险的特点，核保主要考虑以下因素：

1）专业因素：包括年龄、性别、体格和营养状况、疾病的性质、病程的长短、发作次数和频率、家族史和遗传史、疾病转归以及理赔记录等。

2）非专业因素：包括保险利益、收入、职业、驾驶记录、道德情况、习惯爱好和生活习惯、国外居住等。

综合考虑上述因素的目的是判断将来发生伤病索赔的可能性大小以及避免逆选择和道德风险，同时兼顾理赔的成本和可操作性。

3. 健康险的核保决定

像寿险一样，核保人员根据被保险人的风险程度做出标准承保、条件承保、延期甚至拒保的决定。条件承保包括：加费承保、附加限制条件、除外责任以及三者的结合应用。

（1）标准承保。如果被保险人是标准体，就可以在标准保费下享受条款规定的所有保险责任。

（2）加费承保。如果被保险人的伤病发生率高于普通正常人群，其相对于标准体的额外伤病率风险可以通过加费的方法来抵消。其优点是由于不改变公司承担的保险责任，客户可获得足额保障，减少理赔纠纷。缺点是不利于防范逆选择，因为对那些有逆选择的人来说，他们为了获取足额的保障，并不会在乎增加的额外的保险费。

（3）附加特别约定承保。这是一种在原来费率的基础上，就被保险人已有的额外风险，做给付上的限制或减少的承保方法。其具体有以下方面：

1）缩短保险期间。适用于风险呈递增的各种较严重的慢性进行性的病症，可避免公司因时间延长而承担过高风险的可能。

2）限额承保，降低公司可能承担的风险。适用于递减型的健康风险。另外，因为住院补贴型医疗保险是对因住院而造成的收入减少的补偿，所以规定日补贴金额应不超过日工资额的80%为宜，而且此日补贴金额应将被保险人在其他保险公司投保的日补贴金额累计计算。由于目前医院管理不规范，住院补贴医疗保险极易产生逆选择，因此应对家庭主妇、无业人员、学龄前儿童等无收入者或退休人员限制保险金额或限制投保档次。

3）提高免赔额。适用于概率高、责任较难认定的小事件风险，比如意外伤害医疗的门诊、急诊责任。

4）延长免责期。免责期是在保险公司开始承担保险责任并因保险事故发生而给付保险金前，必须要等待的一段时间。对于医疗费用保险，免责期从保单生效开始，在这段时间内发生保险事故，保险公司不承担保险金给付责任 。对于失能保险，免责期从失能发生时开始。这种处理方式适用于近期危险程度较大或是病程短且可完全康复的疾病，以及失能风险呈递减型的病症，可避免带病投保。

5）附加除外责任特约。除外责任一般用于投保前已患的疾病，或者投保前虽没有疾病表现但将来很有可能出现的伤患。前者比如投保前患有胆囊炎，则可以将因胆囊炎引发的医疗责任除外。后者如既往史提示将来极有可能复发或者有慢性病史将来很可能需要治疗。例如，一个有乳腺癌家族史的女性，投保时患有纤维囊性增生病，其日后发生乳腺癌的可能性大大增加，核保时一般会将乳腺疾病排除在保险责任外。为了切实减少保险公司的风险，并避免日后可能发生的理赔纠纷，做除外责任时一定要注意，只有疾病明确、损害局限的才可以做除外，显然，具有全身性影响的疾病如高血压、糖尿病无法完全除外责任。还应将与该责任密切相关的责任也一并除外，所以除外的范围可能比实际的要广，例如，签发给有肾结石的准被保险人的保单可能会排除所有肾脏或泌尿系统疾病。这样做是有必要的，因为肾结石可能会加重另一种相关疾病，并且也可以避免被保险人因相同的病因但却是稍微不同的诊断提出索赔。除外责任特约的文字表述还应该简单明了、在医学和法律上易于认定。

(4) 延期承保。它是对目前患有较严重疾病或某些疾病处在严重阶段，但经过适当治疗和一定时间后可以或可能治疗的疾病采用的核保决定。有些严重的疾病虽然已经接受良好的治疗，甚至临床治愈，但由于在一定时间内还不能肯定其严重的影响是否可完全彻底消除，通常也采取延期的方式。比如急性胰腺炎痊愈后一般需要延期 6 个月，而无转移的恶性肿瘤完全切除术后要等数年才有可能被接受投保申请。

(5) 拒保。是对目前正患有严重疾病或投保动机不纯、有较大道德风险的处理办法。

26.1.3 个人意外险核保

1. 意外险的特点

意外险，顾名思义就是指在保险期间内因发生意外事故致使被保险人死亡或伤残，保险人按照合同给付保险金的保险，国外又称为平安险或伤害保险。其各种给付项目通常包括死亡给付、伤残给付、医疗费用给付、丧失工作能力收入给付等。意外险的特点是：

(1) 保险费的计算是根据保险金额的损失率而定，这种方式的考虑是基于被保险人发生意外伤害的概率取决于其职业、工种和其所处的生产、生活环境。

(2) 保险金额的给付数额与伤害程度和实际损失基本一致，在意外险中，保险金既可按约定的保险金额给付，也可以在保险金额限度内补偿全部或一定比例的实际损失，且意外保险多有一定的免赔额。

(3) 保险期限短，一般不超过 1 年，但目前市场上也有定期意外险保单出售。

(4) 保费低廉。意外险的核保概率基础为意外事故发生率。

2. 意外险核保要点

意外险核保通常考虑的主要因素包括：职业、生活环境、驾驶、性别、年龄、专业或业余体育活动、移民和国外居住、特殊爱好、财务状况、道德风险。其中尤其要注意以下几点：

(1) 年龄。意外险核保最主要的因素莫过于被保险人的年龄，许多保险公司规定被保险人的年龄不超过 65 岁或 70 岁。这种限制的一个原因是因为老年人更容易受到意外伤害，另一个原因是保险事故发生时难以裁定保险责任。比如一个年老的被保险人同时遭受到心脏病发作和汽车意外事故，很难说是心脏病发作导致意外事故，还是意外的惊吓造成心脏病发作。

（2）健康因素。在考虑健康因素时，其重点为考虑某些健康损害可能增加意外事故发生的概率，如失明、聋哑；某些疾病可导致出险时理赔认定意外责任的困难，如中风、高血压、癫痫等；某些不良因素或习惯增加意外的发生几率，如酗酒、药物滥用等，通常对于有酒精滥用者不予承保意外险。应当注意的是，对于癌症患者，虽然癌症本身并不一定增加意外发生的危险性，但是统计表明癌症患者的自杀率远较普通人群高，由于存在自杀难以认定的困难，一般对癌症现症患者也不予承保意外险。但通常而言，对标准体的范围界定相对寿险要宽，一般寿险评点不超过200点的，意外险可以标准承保。

（3）道德风险。由于意外险具有保费低廉、保障程度高的特点，且又是一年期险种，容易诱发逆选择和道德风险。意外险核保时一定要注意被保险人有效累计意外险保额，防止被保险人累计保额过高，从而防止道德风险的发生。对于以下几种情况在做出核保决定前应特别注意：

1）短时间多家公司重复投保。

2）短时间内多次投保以意外保障为主的险种。

3）企业的经营状况不良的私营业主投保高额意外险。

26.1.4 重大疾病险核保

1. 重大疾病险简介

重大疾病险本质上是健康险的一种，其产生与发展的直接原因得益于现代科技进步，特别是医学科技的迅速发展，致使各种医疗检查、治疗费用昂贵，特别是几种或十几种特定的重大疾病在治疗时的花费，更非一般家庭所能承担，基于这一原因，重大疾病险得以迅速发展并在相当大的程度上被人们所接受。

鉴于上述原因，重大疾病险在国外已有相当深入的研究，主要集中于心肌梗塞、冠状动脉搭桥术、脑血管疾病、慢性肾功能衰竭、四肢瘫痪、重大器官移植及恶性肿瘤等七种，但随着研究的深入和对重大疾病认识的不断深入，后又陆续发展了诸如暴发性肝炎、大动脉手术、心源性休克、严重烧伤、重大眼疾、弥漫性播散性血管内凝血、肺栓塞等30余种疾病，但目前通用的仍为最基本的七种重大疾病。

重大疾病险的主要特点是几种或十几种重大疾病的发病率、发病年龄比较客观、稳定，且随着医学科技的发展，通过有效的检查和及时的治疗，有望救治。所以，不仅在核保的尺度上易于掌握，而且在精算上有较为准确的数据可资借鉴，在核保中的特别加费上多采用增加特定百分比的费率方式，简便快捷。

大多数重大疾病保险所保障的疾病的特点都是非常高的最初死亡率和首次发

病存活后高的额外死亡率。由于重大疾病死亡是三分之二成人死亡的原因，所以寿险核保员需要寻找被保险人的任何一项具有重大疾病倾向的线索。同样，理论上如果被保人对任一重大疾病有较高风险，则寿险不能评估为正常风险。但是实际操作中，经常会出现重大疾病额外加费而寿险为临界正常费率承保的情况，这是因为重大疾病因素在整个死亡风险中只占一小部分的缘故。

2. 核保考虑的因素

由于其保险责任均围绕着与保险条款内容相关的几种重大疾病，所以重大疾病险的核保主要考虑以下因素：

(1) 与重大疾病有关联的现病史。

(2) 与重大疾病有关的既往史。

(3) 吸烟与饮酒等的特殊嗜好。

(4) 目前身体状况。

(5) 与重大疾病相关的家族史或遗传倾向。

(6) 年龄。

(7) 性别。

(8) 与重大疾病有关的职业因素。

概括来讲，核保须考虑以下因素：

(1) 主要危险因素。是指对重大疾病有直接影响的因素，一般包括以下因素：

1) 高脂血症：是心肌梗塞和脑中风等疾病的致病因素之一。

2) 高血压：是脑中风、心脏病及肾功能衰竭等病的基础或原因。

3) 吸烟：对于心脏病、肺癌、中风等多种重大疾病有诱发或加重作用，并且它的危害程度与吸烟的量成正比关系。

4) 家族史：家族史是被保险人在60岁前可能患重大疾病的估量依据之一，对于家族中有两个以上在65岁以前患重大疾病或死亡的投保者，至少应加重评点。

(2) 次要危险因素。是指对重大疾病有间接影响的危险因素。它们虽不如直接因素那样对重大疾病的发生影响那么大，但作为相关因素，评估时仍应加以考虑并适当评点。其主要有：长期饮酒、高甘油三酯血症、高尿酸血症、体重超重、危险职业、心电图异常等。

(3) 道德风险的防范。由于重大疾病死亡率极高且治疗费用十分庞大，人们一旦罹患就往往会产生一种截然不同的生活态度。一是设法生存，二是安排后事。这种情况足以促使那些已自觉身体某些机能衰退，可能患有重大疾病的人隐匿不告、带病投保。另外，对于以诈取保险金为目的的被保险人也会在日后提供虚假证明以达到目的。因此核保人员在进行重大疾病核保时必须严密注意体检告知和其他资料的质疑事项，在蛛丝马迹中寻找线索，排除道德风险和逆选择。对于以下情况应采取审慎的态度：

1）有医疗背景的人员投保高额重大疾病保险。

2）为未成年人投保高额重大疾病保险。

3）年轻人投保短期的重大疾病保险。

4）连续多次主动投保重大疾病保险。

5）40 岁以后主动首次投保。

3. 重大疾病险核保决定

重大疾病险的核保是一般健康险核保的延伸，不同的是，重大疾病保险是对某些特定的疾病进行的赔付，由于是治疗前给付，同时风险程度较普通寿险和健康险为高，所以核保和承保条件更严格。

（1）对以下情况必须拒保：

1）正在患有或者既往病史中有任何一种属重大疾病范畴的疾病，如冠心病、中风、恶性肿瘤、肾功能衰竭、瘫痪、器官移植等。

2）正患有任何一种与重大疾病有较大关联的疾病，如高血压、糖尿病、动脉硬化、慢性血液疾病、慢性肝病、慢性泌尿系统疾病、克隆氏病、重度痛风、溃疡性结肠炎、家族性结肠息肉病、慢性萎缩性胃炎伴肠化生等。

3）对曾经或正在患有与重大疾病无关联的疾病，只要其额外危险率超过150％，如类风湿性关节炎、精神异常等，也应拒保重大疾病险。

（2）通常情况下，重大疾病险核保要比一般的终身人寿保险严格，健康评点要高一些，比如对乙型肝炎病毒携带者。但也有在极少情况下，重大疾病评点反而比寿险低，比如慢性支气管炎。这主要看健康损害是对寿命的影响大，还是与重大疾病的关联大。

（3）由于目前国内寿险保险公司的许多重大疾病保险条款同时含有非重大疾病死亡和意外死亡的责任，因此核保时必须还要参考一般寿险评估因素。

26.2　特殊人群核保

26.2.1　儿童险核保

在人身保险中，并没有关于儿童险的特殊划分，但在实际工作中，常常会遇到婴儿和少年作为被保险人参加保险的情况。由于这组人群在保险利益、保险需求、出险概率上明显有别于成年人群组，所以，常常把专为此组人群设计的保险条款称为儿童险或少儿险种。

在保险公司出售的保险单中，儿童险可为长期险、定期险、中短期险（保险期限为1～5年）。它的特点是包括的责任范围较为广泛，疾病、意外及教育金都是必须要考虑的重要因素。在欧美或东南亚地区的保险条款中，通常对于新出生的婴儿，都需要有短至30天长至一年的时间范围内不能参加保险，其原因就是对于一些低体重儿、早产儿、早期不能观察诊断出的先天性疾病如动脉导管未闭，房、室间隔缺损，大血管错位或异构等情况，缺乏有效的早期判断方法并且不能准确地判别其预后的好坏，同时，为了避免日后理赔出现不必要的麻烦，而采取的控制健康因素风险的方法。目前，我国的一些寿险公司也已意识到这一情况，为更好地防范此类风险的发生，也已采取类似的出生后若干时间内不允许参加投保的方式。对于三岁以下年龄偏小的被保险人，由于其身体素质、遗传状况、身体抗病能力等方面都不及年龄较大者强，所以对于他们的疾病致残、疾病致死亡等健康因素的考虑尤其应放在突出的重要地位。而对于10岁以上的被保险人，特别是14～18岁的少年，由于其生理发育逐渐开始成熟，心理发育不成熟，对人生、社会的认知处于一种朦胧的萌芽阶段，尤其需要考虑其意外事故的发生率。所以，同样为儿童险种，针对不同年龄段的被保险人，则有着不同的考虑侧重。

因被保险对象年龄的关系，在核保考虑时同样地会涉及社会因素、道德因素。重点考核投保人、受益人与被保险人的关系，监护人签字的合法性，以杜绝道德风险的发生。

依上述情况，在核保过程中需要考虑的因素分别为：年龄、健康状况、出生时状况（3岁以下）、家族史、家庭生活状况、投保人、受益人、道德风险以及投保险种。

在做出核保决定前应注意以下几点：

（1）保险利益关系。未成年人投保含身故责任的保险首先要求投保人、被保险人、受益人之间存在保险利益关系。如果投保人不是未成年人的父母，比如是其祖父母或家庭其他成员时，一定要由父母的签字确认。尽管有些地方法律允许这种投保申请，但核保时还是应尽可能获得符合逻辑、理由充分的解释。有的时候出于担心被保险人的祖父母对被保险人的健康状况不一定了解，核保往往要求被保险人父母对健康告知也签字确认。对于被收养的儿童，只有完成法律上要求的收养手续后，收养人才能为其投保含身故责任的保险。

（2）保额的确定。对于儿童的人寿保险一直以来都有所争议，不同的文化背景有不同的观点。总的来说，这一领域的核保一定要慎重，不应只给儿童投保，儿童的保险应该是作为整个家庭保障计划的一部分，而且家庭中每个孩子的保障应该是相当的。如果一个家庭的众多孩子中仅一个投保或者其中一个的保额较其他的高很多，核保人员就应调查其原因。以作为今后教育费用为目的的含有投资成分的计划是比较理想的，而不应该鼓励单纯高额寿险保障计划。父母的财务状况很重要，如果父母双方均无工作，则不应该接受其对子女的保险申请。

（3）健康因素的核保。对于未成年人投保，一般不要求进行体检，这主要是因为：1）在1岁以后，儿童的死亡率很低。2）大多数情况下，未成年人投保的保险金额不高。

对于三岁以下的儿童应重点考虑其出生时的健康状况，如健康评分、疫苗接种情况、先天性疾病的患病情况，尤其对于一些不常见疾病如川崎病、大脑黄斑变性综合征、小婴综合征，由于统计资料太少，缺乏相应的经验，核保时应慎重；4～12岁的儿童应重点考核其智力发育状况、体格发育状况；13～18岁的青春期少年应重点考核其体格发育状况、家族遗传病如糖尿病的发病状况等。

（4）含有保费豁免责任时的核保。当为未成年人投保含有保费豁免责任的保险时，核保人员还要适当考虑投保人的可保利益是否存在，一般会对投保人的年龄、性别、职业、体格以及既往病史进行综合考虑。如果健康记录或告知事项表明投保人的健康状况可能有明显异常，则需要进一步针对性体检。只有当投保人是优质风险、标准风险或轻微次标准风险的情况下，才可以接受其作为投保人投保含保费豁免责任的保险。

（5）核保时需注意的其他情况。对于未成年人投保，如果有以下情况出现，核保人员应慎重审核，仔细分析，排除可能潜在的逆选择和道德风险。

1）兄弟姐妹之间保额差别较大。

2）子女的身故保额超过父母。

3）为被收养者投保。

4）被保险人间断居住在两个家庭（如在父母离婚时）。

5）被保险人有体格或智力发育异常。

6）病史记录中有频繁的或原因不明的外伤或皮肤青紫淤血等（可能是家庭暴力的结果）。

26.2.2 老年人核保

根据年龄与死亡率曲线，核保员通常将成年被保险人依其自然年龄分为三类：18～40岁年轻人；40～60岁中年人；60岁以上老年人。

正常情况下的衰老称之为生理性衰老，它是生命过程的必然结果。这是由于60岁以上的老年人神经内分泌功能失调、免疫功能下降、组织器官功能的衰退，导致皮质醇水平增高、生长激素减少、睾丸酮减少、雌激素减少、发病率升高、抗病力减弱；随之而来的是各项生理机能的减退，但其进展速度受性别、教育程度、经济状况、体力活动情况、既往患病及服药状况、生活习惯等因素影响，所以生理性衰老存在着一定的个体差异。一般而言，受教育程度高、经济状况好、爱好运动、无慢性病、性格豁达的人群生理性衰老的速度较慢；反之，则速度较快一些。而性别对生理性衰老的影响主要表现为女性较同龄男性衰老速度要快一些，但由于60岁以上男性心脑血管疾病发病率明显高于女性，且恶性肿瘤的死亡率男性高于女性，以致男性的平均寿命较女性低2岁左右。

鉴于老年人的上述生理特性，保险公司在保险产品的设计过程中，老年人的保险费率会随着年龄的增加而提高，而由于已过了退休年龄老年投保人的收入来源明显减少，所以，在对老年人进行核保评估时，核保员应重点考核其投保动机、保费来源、受益人是谁，除纯养老保险外还应详细了解其健康状况、家庭及生活状况（对于健康险及高额保险尤为重要），并进行体检。而对于纯意外险我们只需通过询问排除逆选择风险即可承保。

在很多寿险公司，老年市场变得越来越活跃了。当今的老年人寿命越来越长，生活方式也日益活跃，所以也有更多的保险需求，要求有更贴近现实、更符合市场需要的保险。

在许多国家，大部分的财富集中在老年人，所以在这一人群中也会出现一些大保额保单。尤其要关注那些有特别的税务问题以及仍需供养依赖者的老年人。随着退休年龄的不断提高，雇主们也发现老年人群的丰富经验和知识是其他人难以取代的，这些也促使老年人的保险业务不断增长。

核保员应当对那些以前几乎没有投过保的老年人提高警惕，因为这有可能是投保人试图在存在核保员不易察觉的医疗或非医疗风险情况下获得保险而从中获利。

26.2.3 其他特殊人群核保

在核保实务中，为了简化操作程序，核保员通常针对健康风险或职业风险明显有别于一般人群的被保险人群体制订相应的承保规则，以便迅速地做出核保决定，在此，重点阐述残疾人、军人、孕妇的核保要点。

1. 残疾人核保

每个保险公司对残疾人的核保会有特殊规定。不同的残疾部位及程度、残疾发生的年限、是否合并相关疾病及后遗症、有否正常固定的职业及收入且生活能否自理、保险责任等会有详细的规定。对残疾人承保有残疾给付责任的险种时，应在投保单上注明残疾状况，除外已残疾部位的保险责任。残疾人作为被保险人，一般不承保附加意外伤害医疗保险。轻微残疾者（如一手指缺失等），核保人可酌情承保。投保附加住院医疗险种，核保员根据被保险人残疾部位及程度决定是否做特别约定。残疾人员作为投保人投保含豁免保费的险种时多不予受理。残疾情况不明确者需做物理体检及面晤，必要时可增加体检项目。

2. 军人核保

军人的职责是准备战斗，而战斗带来的结果即是出现伤残或死亡，所以战争或军事行动的结果如果让保险公司承担其损失，对保险公司来说可能是灾难性的。所以，保险公司在承保以被保险人身体、生命为标的的保险时通常将战争、军事行动、暴乱及武装叛乱作为除外责任。在和平年代，对现役军人的投保申请一般按以下原则处理：

（1）对爆破兵、防化兵、潜水员、防暴警察、负有布雷爆破任务的工兵、空中及海中服役者等高风险特殊兵种、警种，绝大部分不承保有身故、残疾责任的保险。

（2）军队警察内勤人员、文职人员可按一般人员承保规定执行。

（3）军校学生、警校学生等在统计数据上显示保单失效率和意外死亡率较高，绝大部分保险公司不予承保或对保额有所限制。

3. 孕妇的核保

女性在妊娠期间及分娩过程中有一短暂的高死亡率阶段。妊娠妇女的死亡率高低，通常由其体质、年龄、生活环境、营养状况、过去分娩次数及有无合并其他疾病而定。核保人员在审核妊娠妇女的投保申请时，对于被保险人孕期不足26 周者，需提供产前定期检查报告，并了解其既往妊娠及分娩史，如证实其健康状况正常的，可以投保，对其保额会有所限制。对于产后、流产后及宫外孕术后的被保险人需延期承保 4 周以上且无并发症时可接受投保。怀孕至产后 4 周期间，不接受投保住院医疗及住院补贴等附加险投保。

关键词

个人寿险	个人健康险	重大疾病险	个人意外险
儿童险核保	主要危险因素	次要危险因素	逆选择
道德风险	除外责任	免责期	保费豁免
生理性衰老	孕妇核保	残疾人核保	军人核保

思考题

1. 寿险核保考虑的因素主要有哪些?
2. 意外险的特点是什么?
3. 在短期健康险的核保过程中应注意什么?
4. 重大疾病险核保考虑的因素主要有哪些?
5. 简述不同年龄段儿童核保考虑的重点。
6. 简述军人及孕妇的核保要点。

第27章

团体保险核保

本章预习

团体保险是指使用一份总的保险单承保同一团体中全部或部分符合投保资格的成员的一种保险形式。在核保过程中，团体保险显示出与个人保险在保险标的、风险类型、考虑因素和核保做法上的不同之处。团体保险核保与个人保险核保相比，其特点和基本原则是什么？本章将对这些问题进行重点介绍。

鉴于团体保险与个人保险的不同，团体保险核保时考虑的因素也不同，核保人员在对团体保单核保时考虑的团素有：投保的险种、参加保险的人数及数量比例、支付方式（保费分摊、保费不分摊）、性别及年龄构成、工作性质、单位性质、团体的地理位置、保险金额的多少、既往理赔经验等等。本章的主要内容包括：

- 团体保险的概念及特点
- 团体保险核保的基本要求
- 团体保险核保考虑的因素

● 团体保险核保的要点及一般规则

27.1 团体保险的概念及其特点

27.1.1 团体保险的概念

团体保险是指使用一份总的保险单承保同一团体中全部或部分符合投保资格的成员的一种保险形式，该保险通常是由一个组织（例如一个雇主或一个机构）来投保的。在此保单下，被保险者通常被作为一个整体而不是个人。在国外，团体人身保险是公司雇员福利计划的重要组成部分，与个人保险、社会保险并列为经济保障制度的三大支柱。美国保险监督协会（NAIC）对团体寿险的定义是：所谓团体寿险，是就十人以上的受雇员工，经身体检查或不经身体检查与雇主签订的保险契约。保险费由雇主负担或由雇主与受雇员工共同负担；对象为全体受雇员工，或依雇佣条件，仅为部分员工提供保障，不予个别选择，以受雇人的利益为目的而签订的人寿保险。但保险费由雇主与受雇员工共同负担，且以全体合格员工为保险给付对象时，必须要有受雇员工的75%以上人员参加保险。

27.1.2 团体保险的特点

由于在销售组织、风险类型和经营管理等各方面均与个人寿险有很大的差异，保险公司往往把团体寿险和个人寿险作为单独类别独立经营。但团体保险在根本上并不是一个不同的保险类别，而是在组合、定价、管理和核保方面采用了与个人保险不同方法的保险业务。在核保过程中，团体保险显示出与个人保险在保险标的、风险类型、考虑因素和核保做法上的不同之处。团体保险具有以下的特点：

1. 团体保险的对象为团体

团体保险核保的对象也是团体，即团体的性质、规模、稳定性及组成等。团体的风险选择与个人的风险选择不同，承保的保险公司关心的是整个团体的可保险性，而不计较团体中单个成员是否可保。实务上，团体保险一般无须体检和可保证明书。但保险公司在进行团体保险承保时往往对其中的异常人群进行体检或调查。

2. 团体保险形式——以一张保单保障同一团体内被保险人

在个人保险中，保险合同的当事人是保险人和保单持有者个人（可能是也可能不是被保险人），团体保险契约是保险人和投保人（企业团体）之间的契约，而非保险人和被保险人之间的契约。亦即企业团体是保单持有人，被保险人仅持有保险证明。大多数的团体保险单持有人是企事业单位或雇主，保险公司向每一被保险人发一份保险证，保险证上只有被保险人的姓名、受益人姓名、保险金额、领取保险金的开始时期等内容。不能将被保险人持有的保险证明视为保险人和被保险人之间的契约，被保团体的成员与保险人之间没有直接关系。

3. 成本低、保障高

团体保险由于风险分散和集体投保的原因，所以成本较低，可以以较低的保费获取保险保障。一般而言，在相同给付条件下团体保险的人均保费要比个人保险的费用低廉。与个人保险相比，其以下的优点决定了费率低、保障高。

（1）团体保险手续简便，一份总的保险单可以承保成千上万个被保险人，采用统一费率的方法，以年度更新为基础，没有精算准备金，故不需要大量的数据处理。简化了定价、承保、收费、给付等手续，提高了保险公司的效率。大批量的销售方法也减少了保险公司的营销费用和业务管理费用。

（2）免检保险，节省了保险公司的费用。个人保险的核保工作非常繁杂，而在一张团体合同下的被保险人通常享有自由保险，即在利益合理的前提下，不需要接受医疗或财务核保。

（3）团体保险消除了逆选择的风险因素，使平均死亡率相对下降，保险公司的赔付率也降低。

虽然团体保险因其规模经济而费用通常低于个人保险，但因为市场竞争激烈，成功的几率可能较低，因此团体保险的费用也不可忽视。

4. 定价简单

团体保险的定价不像个人保单那样需要许多保险“精算理论”，保险费率通常以经验费率为主，而个别团体的实际经验对保费的调整可能有决定性的影响。所谓经验费率法是指：在团体保险中，根据上几个年度的理赔记录来确定下一年度的保险费率。团体保险费率的厘定，主要考虑投保团体所属的行业、职业特点、以往的理赔记录等，其中理赔记录是决定费率高低的主要因素。

团体保险契约可持续很久，其效力不因个人的脱离团体而削减，同时对于新进人员只要其符合投保规定，亦可加入团体保险。

核保人员除了要了解团体保险的特点之外，还需了解团体寿险对保险各方的重要性。

（1）从保险公司的角度看，由于团体保险不需要许多精算理论，在管理方面，严格的团体保险更类似于“非人寿保险”，所以在一些人寿保险产品还没有被认同的新兴市场，团体保险是加强发展人寿保险和提高保险意识的理想的开始业务。在一些市场中，团体寿险已成为保费收入的主要来源，而且是主要的获利来源。

(2) 从投保方的角度看，团体寿险可以使单位尽到对员工必需的责任，如医疗、养老、意外等，防止员工因这些原因而造成的财务损失。

(3) 从被保险员工角度看，团体寿险使被保险员工及其眷属获得应有的保障，因为有些员工是家庭的主要收入来源。

(4) 从社会角度看，团体保险有助于达成某些社会目的，例如孤儿的扶养；减少救济金的发放、减少医疗负担等。

27.2 团体保险核保的基本要求

如同个人寿险，团体保险的核保人员必须要了解投保团体保险的风险性，从而可厘定投保团体所能接受的承保条件并厘定费率。团体核保的主要目的有二：(1) 维持团体内危险的公平性，避免逆选择。(2) 维持对团体保险经营的最低成本。

团体保险的核保是一个复杂的操作过程，基本上要求具备以下几个方面。

27.2.1 合格的团体

1. 团体的类型

保单所有人必须有签订保险合同的合法权利，投保团体必须是正式的法人组织，从事特定的业务活动，独立核算。尤其重要的是，当事团体必须是一个“自然”团体，即该团体不是为了其成员参与保险目的而成立的。这一原则旨在减少逆选择。如果团体是以取得保险这一特定目的而集结起来，则团体中健康状况不佳的人所占的比例就会过大，保险公司的赔付风险增加。对于哪一种团体适合投保团体保险，每个国家、各家保险公司之间都有差别，但大致可归为五大类：

(1) 单一雇主雇用团体。是指单一雇主、多数员工的单一单位团体，此类型是合格团体中最重要的类别。这里说的单一单位并非只限于独资的企业，而且包括合伙的公司组织。它还包括团体保单的持有者和合伙下属公司、关系企业的员工、退休的员工。如果雇用团体属于家庭形态者，其逆选择的危险会较高。

(2) 多雇主雇用团体。此类型最重要的是各种同行的协会、联合会。协会团体为同一营业性质的行业所组成的多雇主团体，但协会内的成员，则属雇用团体。

（3）工会团体。是以同一工作性质所组成的团体，属于多雇主或无固定雇主的形态。保险人直接与工会签订保险合同而予其会员保障，保费大多由会员缴付。

（4）信用团体（债权－债务人团体）。是因借贷关系所产生的团体，例如商业银行、金融公司、信用社等。投保团体为债权人，保额为递减形态。

（5）其他团体。不属于以上四种的团体，如教师、律师、医师协会，退役军人组织，大学同学会等。

2. 合格团体的原则

（1）合格的团体必须是已存在团体，团体必须不是为了保险的目的而组织的。这个要求帮助保险公司防止逆选择，如果没有这个要求，许多具有高风险的人就会为了轻易获得保险而组成团体。

（2）成为团体成员的条件必须清楚，必须有明确的资格定义，以排除某些单纯为了获取保险而加入团体的人。团体的成员必须有明确的同一性。共同的特性和风险因素是保证正确评估保险风险的实质所在。

（3）为了保证风险的合理分布，团体有最低成员人数要求或者最低参保比例要求。可保团体应不低于最低人数，有足够大的规模。在任何情况下都必须规定团体最小人数及最小的接受率。订立最低人数的目的在于：

1）减少投保团体的逆选择。团体愈大，因一个或多个身体较弱的人来决定投保的可能性也愈小。

2）风险分摊，减少管理费用。小团体因管理费用较高，同时通常理赔经验数据也较不稳定，因此，保费通常较高。而大的团体，风险分摊，理赔经验数据稳定，故可更精确地计算保费与保单利益的安排。

对于公司的雇员保险计划，一般要求团体至少由 5～10 人组成。

（4）全部投保，投保条件要求的一个最普通的例子是要求所有现时在岗、全职工作人员参加。

（5）保险金额相等，或者保险计划中各成员利益等级合理分配，其利益必须有如实合理的标准确定。通过限制对保障与利益的选择，排除逆选择。

（6）时间统一。其目的是追求团体的整体健康水平和完整性。

（7）团体保险的保单持有人应能够做一些人事管理以及直接与保险计划相关的管理工作。保单管理的配合，是核保考虑的一个很重要的因素。

（8）团体中的成员要富有流动性，有固定的新成员来源前景。团体不断有年轻人参加进来和老年人退出，这样才会使团体的人口和平均年龄始终保持稳定，死亡率和发病率也能保持相对稳定，团体的整体风险始终维持在同一水平。

（9）参加团体保险的团体必须是长久存在的团体和稳定的团体，团体必须不是为了保险的目的而组织的，既不是为参加保险而临时成立的团体，也不是随时都有可能停办、倒闭、解散的团体。其人员进出有一定的规则规定，使得团体的年龄、性别、保险金额可以长期保持相对固定的结构。参加保险的成员必须能从事正常工作。成员因疾病、休假或其他事故在契约生效日未能参加正常工作的须等该成员正常工作后方可投保。团体中的成员须在取得投保资格之日起三十日内参加投保，否则以后须提供健康证明，得到保险公司认可后方可投保。

27.2.2 投保人数的限制

关于投保人数有两个问题：一是最低人数限制；二是投保人数占总人数的比例。首先，团体保险一般对最高人数没有严格的限制，而是根据各保险公司的业务范围及承保能力而定，保险公司通常愿意承保人数多的团体，以增加保费，减少手续、节省费用。团体保险的特点是信誉度高、道德风险低，所以在核保时不太考虑最多人数。而对最低人数有要求，其理由有二：一是减少对被保险人个别选择，而使其享有较宽松的核保和低保费；二是分散成本，借以降低每个被保险人的费率。国外，通常将最低人数定为 10 人，国内则各公司的运作不同，人数少时应考虑增加费率，个人营销的保险品种其费率常和个人投保的费率相同。其次看投保人数和总人数的比例。通常，在保费不分摊支付方式之下，凡是合格的员工均应参加。在保费由单位和员工分别摊付的方式下，参加保险的人数须占总人数的 75％以上。之所以对投保人数比例要有严格的要求，是为了排除逆选择和降低成本。

27.2.3 给付计划表

团体保险保单持有者可以为团体中的全部成员投保，也可以为部分成员投保。保险金额不能由雇主和雇员任意选择，团体保险对每个被保险人的保险金额按照统一的规定计算，要么整个团体的所有被保险人的保险金额相同，要么按照被保险人的工资收入、职位、工龄等因素分别制定每个被保险人的保险金额。如果只为部分人投保或者给不同成员投保不同的保险金额，则这种区别一定是根据团体中的聘用条件或成员的条件而定。不能仅根据员工的年龄或性别进行排除或制定保险金额，保险公司偏爱所有成员均参加的保险。给付计划表是为了防止员工和单位进行逆选择而设计的。在设计给付计划表时要考虑的因素有被保险人的收入、职位、服务年限、年龄等。因为收入是职位、服务年限及其在团体中重要性等的综合体现，所以通常根据员工的收入来制定给付计划表。给付计划表示例见表 27—1。

表 27—1　　给付计划表示例

被保险人	月收入（元）	职务	保险金额（元）
王海波	2 000	文员	25 000
刘文静	5 000	经理	60 000
李文明	10 000	总经理	120 000

有的单位有时也根据保费制定给付计划，但须制定给付计划的统一规则，不允许有个别选择。

保险金额即根据给付表每位员工的保险金额依一定的原则所定，不允许有个人的选择。通常决定保险金额的方式有五种：（1）所有被保人采用同一金额（same amount）；（2）以被保人的薪金（salary）额为基础；（3）以被保人的职位（position）为基础；（4）以服务年限为基础；（5）选用上述两种以上的方式为基础。核保人员在进行核保或要求投保人改变保额方式时，需考虑此五种方式的优缺点。总之，应注意把个人保额与总保额的比例保持在适当范围，以避免个人死亡给付影响到全体的死亡给付费率。

27.2.4　保费分摊

团体保险费的支付方式有两种：一种是保费不分摊；另一种是保费分摊。保费不分摊即由单位全部负担保险费，保费分摊即由单位和员工共同负担保险费。由单位全部负担保费的优点有：（1）简化办理的手续；（2）节省签约和管理费用；（3）税收上的优惠；（4）全部员工参加保险；（5）单位对保险具有较大的控制力。由单位和员工共同分担保费的优点是：（1）可增加保费；（2）增加员工的兴趣；（3）单位比较能够充分运用保费分摊部分；（4）员工对保险有较大的控制力。如果由团体的成员缴付全部保险费，那么年轻人就会分担老年人的保险费，促使他们退出团体保险，影响团体保险业务的开展。由企业或雇主缴付全部或部分团体保险的费用，这一原则十分重要，尤其是对团体定期寿险来说。

27.3　团体保险核保考虑的因素

团体风险选择与个人风险选择是不同的，在团体保险核保时不需要提供每个团体成员的可保性证明。一般来说，核保员要审核投保团体的特征，评估所申请的保障和服务类型，另外，对于续保和转保的业务，要评估投保团体的既往索赔经验。投保团体需要在人员数目、保险计划设计和管理过程等方面都满足保险公司的要求。团体风险选择应考虑的因素可分为基本因素和其他因素。

（1）基本因素：投保团体的投保动机，投保的最低人数，投保的人数比例，最高保额之限制，以及员工选择保额的权利等。

（2）其他因素：单位是否合作，保费分摊方式，员工的流动率，团体的大小，团体的成员、职业、工作环境、区域经济状况等。

具体核保时主要依据下列两大方面对整个团体进行选择评估：（1）投保团体的特征；（2）保障的特点，即投保的险种。风险选择的目的是将团体的性质进行分类，即分为标准团体、次标准团体、高标准团体。表 27—2 是两类特点包括的风险评估因素的概括。

表 27—2　　团体保险的风险评估因素

保障的特点	投保团体的特点
保险计划	团体存在的原因
保险管理计划	团体的类型
佣金支付模式	团体的稳定性
	团体的大小
	团体的地理分布
	行业性质
	雇员的分类
	参保比例
	年龄构成
	性别构成
	共同被保险人
	保单持续情况
	既往保障和理赔经验

27.3.1　工作性质

这里的工作性质是指工作对死亡危险和身体伤害危险的影响程度。有许多危险职业的团体，例如消防队团体、矿工团体、特技表演的团体、出租司机的团体等，这些可参照个人投保时的职业分类方法。对于高职业风险的团体，可进行职业加费。拒保团体一般有海上渔船船员、液化气油罐车司机及随车人员、远洋航运的水手、潜水工作人员、爆破工作人员、火药爆竹制造处理人员、战地记者、特种兵等。

如果在一个团体中有部分属于拒保或高危险的成员，则结合其他因素进行综合权衡。这些因素包括危险人员占所有投保人员的比例、投保的人数、有没有个别选择、投保保额，并可对照以往的赔付经验单独厘定费率。投保团体或其中被保险人由于工作场所、设备、人员、业务种类等变更时导致危险显著增加，投保人应及时通知保险公司，保险公司做相应变更处理。

对核保员来说，团体稳定性意味着团体有持续而且稳定的年轻的新成员进来，以代替或者至少平衡年老成员逐步增加导致的年龄结构老化。众所周知，死亡率和残疾率随着年龄的增加而增加。如果团体的成员在相当一段时间维持相对静止，则成员的年龄结构老化，从而会出现异常的高赔付。然而，和长时处于静止状态一样，如果一个团体的人员构成变化太快，同样不是一个有利的核保因素。成员变化太快，不但增加保险管理成本，也可能表明团体中的个人存在逆选择的情况，新成员可能仅仅为寻求短时间的利益而不断出入，其结果是赔付率大大增加。对于成员轮换率过高的投保团体，为了避免逆选择，可对参保成员规定资格条件：投保当时不在岗的新雇员必须工作一段时间后（视团体的大小，可为3～6个月）才具有参保资格。

27.3.2 参加人员的数量及比例

保险公司在团体投保时对参加人员的数量和比例都有较严格的规定，并且在核保时常常将此作为一个特别重要的因素。当团体中所有合格的人员均投保时，除金额的多少以外，不存在逆选择的可能性。所以各类风险程度不同的成员在团体构成中应保持相对衡定，在有人员进出改变了此构成的稳定时，则应告知保险公司，保险公司可作一些必要的处理。

依据保费负担的方式，团体保险计划可分为“保费不分担保险”和“保费分担保险”。保费不分担的保险是指团体保单持有人支付所有的保费，被保险人不支付任何保费，符合资格要求的成员自动享受保障。保费分担保险是指团体中的被保险人需自己支付一定比例的保险费，成员有权选择是否参保。

对于保险人来说，团体保险尽可能要求参保比例接近100%。保费不分担的保险要求团体中所有符合资格的成员均应参加，而保费分担的保险一般亦要求投保人数占总人数的比例应在75%以上，除此以外还应考虑保险金额的分配应符合预定的规则。

随着保险业的发展以及保险公司核保技术和经验的不断积累，团体最低人数的限制也在不断放宽，最初国外的一些保险公司要求团体保险的最低人数限制不得少于100人，后降到不得少于50人，再后来降到10人。现在一些保险公司甚至会接受2～3人的团体投保，只要不影响公司团体的总的风险控制。一般说来，与小团体相比，大团体有以下优势：（1）团体死亡率和残疾率更接近精算基础；（2）赔付情况比较稳定，赔付率波动少而小；（3）保费中管理费用所占比例小。鉴于此，小团体对核保人员来说仍是一个挑战。

27.3.3 单位性质

单位性质即是指投保团体的组织结构及功能，其经营状况如何，资产的属性如何，人事管理状况如何，是何种特定的团体。核保时考虑单位性质即从这些角度出发考虑团体的总的风险程度。一般来说，人事制度管理严格、单位有专门的人事管理机构，以及录用解聘有严格程序的单位更容易被视为标准团体承保。

在诸多形式的团体保险中，最重要的类型是公司为其雇员投保，这种保险是雇员福利计划的组成部分。在这样的保险计划中，当事团体的定义通常是清楚的，参保成员逆选择风险小，年龄结构合理，以及健康状况较好。大部分保险所需要的信息，如年龄、性别、被保险人的薪水、职位、职业情况以及投保史都可以获得，有利于降低管理成本。另一种常见的团体保险为多单位团体保险（多雇主雇用保险），为了防止逆选择，核保时应有明确的承保规则，核保应重点关注此类团体的大小，团体规模越大，逆选择的可能性越小。另外是既往投保和理赔情况，尤其对于小的团体。第三种是职业协会或贸易联合会等团体的保险，这种团体通常较难界定，其逆选择的危险也较大。对于此类团体，代理人的相关行业经验十分重要。第四种主要的团体保险涉及抵押贷款，在此计划中，当事团体包括一个银行或购房融资所的所有债务人。通常情况下，逆选择不是一个大的问题，但被保险人的情况和信息较难获得。

单位的性质还包括投保团体是长期稳定的还是临时组织的，是官方的还是民间的。一般对临时组成的团体不予投团体保险或做特殊承保，考察队、观光团等这些团体可参加一些短期的旅游平安保险。另外一些民间团体，其成员加入时无一定的资格要求、无数量大小的控制，通常不予投团体保险，例如，球迷会、各种爱好者联谊会、校友会、同乡会等，原因是这些团体没有固定的经济基础。

地理分布也是一个重要因素。如果同一团体的成员分布广泛，比如分布于不同的地区甚至国家时，则应考虑两个重要的因素：（1）所在地区适用的保险监管制度；（2）各所在地区不同的死亡率和残疾率。

另外还应考虑团体的自然环境、经济发展状况以及社会环境。一般来讲，处于城市的团体其经营条件、生活条件、医疗卫生、保障均好于农村。有自然灾害的地区还应考虑自然灾害的风险。

27.3.4 团体成员保费分担情况

前面已经谈到团体保险保费的支付方式分为个人分担保费的保险和个人不分担保费的保险。团体保险核保时要充分了解了这些情况后再结合投保人数和比例来分析有无逆选择存在并影响到该团体的平均死亡率，从而使其成为次标准团体。

在个人分担保费的保险计划中，保险投保人通常支付的保费不应低于25%，并且参加保险的人数不应低于总合格成员人数的75%。如投保人所缴的保费低于25%，就会导致保险人数不足，使逆选择的可能性大大增加。在保费不分担的保险中要求所有合格的成员均参加。

另外还有一种情况，即团体可能投保多个险种，其中一部分是个人不分担保费，另一部分是个人分担保费。个人不分担保费的要求所有人都上保险，而个人分担保费的不是所有人都愿意投保，特别是一些自认为属于低风险的人不愿意参加，所以逆选择的可能性增加。保险公司在这种情况下，就应要求参加个人分担险种的人数不能低于一定的比例，如50%、75%等，并且要对此险种进行专门的核保，要求参加的成员提供健康证明资料，或要求其进行体检，然后做具体的处理。

27.3.5 年龄、性别

核保人员在进行团体保险的核保时，要评估平均团体死亡率，必须考虑性别比例和年龄结构。因为女性寿命通常长于男性，其预期死亡率低于男性。而平均投保年龄年轻的人群其预期的死亡率和疾病发生率要比高龄团体低。所以核保人员在核保时要考虑到团体的男女比例是否适当，年龄层次是否合适，并且将来是否会因人员的进出而有所改变。

27.3.6 给付分配情况

核保人员核保时要查看保户的给付计划表，看其是否严格地按照前面所讲的一些规则，如根据工资、职位等予以保额制定，看有没有低工资、低职位等的员工有高保额情况，若有的话是什么原因，应予以调查。在投保一个险种时是这样，投保多个险种时也是这样。高薪水、高职位的职员人数少，给付高于其他的职员，成阶梯样。保额越高人数越少又被称为“金字塔法则”。核保人员在核保时应予以分析是否有不符合此法则的情况发生，以防逆选择。

27.3.7　既往的经验

对于有在其他保险公司投保史的团体，保险人应全面了解其相关情况，主要包括：(1) 转保的原因；(2) 向原保险公司支付保费的规模；(3) 该团体的理赔经验；(4) 原承保人有关承保规则；(5) 费率变化情况。通过这些信息的掌握，可以对该团体的风险状况进行初步的评估，并特别注意防范其逆选择的可能。

保险公司在接受某些团体投保时，由于缺乏承保经验和历史数据，没有一定的费率标准或其他标准作为核保依据，或者即使有固定的标准，在作核保结论时也要考虑以往的经验而作调整。在以往风险发生率低的情况下，可以放松核保的标准，如不需提供健康证明或作体检。对以往风险发生率较高，高于当初核保时的风险评估标准的，应予严格的核保，重新进行风险的评估，增加费率。和个人保险不同，团体保险在每次续缴保费时都重新进行核保。核保人员可根据以往一年或数年的经验，调整今年的费率。对所有当初核保时考虑的因素重新考虑，并且参照上一年的赔付情况，有变化则需根据其变化而做一些处理，必要时可解除保险合同，例如当团体人数下降到最低人数以下时。

27.3.8　其他

1. 保险计划

核保人员在面对一个团体保险计划时，尤其要注意两个投保要素：被保险人的资格要求和保障水平。

设定被保险人的资格要求是为了防范逆选择，资格要求包括两个方面：一是资格条件，严格的条件是为了排除一些只为了参与保险而加入团体的个人。二是投保条件，用于明确规定某个符合条件的雇员于何时或如何可以参加保险。

保障的水平包括保障类型和保额的高低，团体保险合理的保障水平和分布是减少逆选择、降低管理成本的重要因素。核保人员须根据险种的不同而予以各有侧重的核保。团体寿险的种类可分为两种：一种为团体定期寿险，此种保险无现金价值，其目的是提供早期死亡的保险，对老年生活用处不大。另一种为团体长期寿险，其目的是保障退休员工的生活。前者依承保对象不同可分为单位—员工型团体寿险和团体信用保险；后者又分为平均缴费式团体长期险、团体趸缴保费长期险、储金式团体长期险。团体定期寿险按短期寿险核保，而团体长期寿险按长期寿险核保，对储金式团体长期险可直接承保，无须核保。

2. 管理计划

与个人保险不同，许多团体保险计划需要保单持有人主动积极地参与保障安排与相关管理工作。比如一个个人健康险保单持有人，所做的工作就是申请、保费支付以及可能的理赔申请，其余的保全工作全由保险人独立完成。而对于团体保险，保单持有人起着联系保险人与众多被保险人的作用，从而在保单的后续管理中扮演十分重要的作用。有效的保单管理在以下两方面起很关键的作用：（1）降低成本；（2）提高保单持有人和被保险人的满意度，并从而有助于保单持续。所以团体保险的核保人员应评估保单持有人参与管理的积极性和管理水平。一般说来，保单持有人应做到以下几点：（1）参与筹划、完善并推动保障计划的实施；（2）鼓励所有符合条件的雇员参保；（3）对每个雇员的状况及保费支付情况准确且完整的记录；（4）参与保险金给付的申请等。

3. 佣金支付模式

如果核保人员觉得投保团体长时持续投保的可能性不大，则代理人佣金支付应采用数年分期支付，而不能在首年一次性支付。这样，一旦保单在第一个保单年度结束时失效，保险人不至于因费用过高而蒙受损失。

4. 预期保单持续情况

投保团体可能因寻求更高质量的服务、低费率或者其他保障而改变保险人。但是，团体保单持续的时间越长，越符合保险人的利益。在保单的第一年度，佣金、宣传费用和管理费用大大地影响保险人的利润。为了尽可能减少因为退保导致的损失，核保人员应评估投保团体的预期保单持续期。如果一个团体过去有反复退保史，则需要对早期退保的风险进行额外加费。

27.4 团体保险核保的要点及一般规则

27.4.1 团体标准

1. 投保单位

团体保险业务所称的团体系指依法成立的企事业单位、机关、社会团体及其他组织，或是以参加大型社会活动或文体活动等而组建的团体，而不是以购买保险为惟一目的而临时组建的团体。

2. 参保比例

法人投保的团体保险业务，投保团体成员人数等于或少于 8 人的，该团体符合投保条件的所有成员必须全部投保。投保团体的成员人数多于 8 人的，投保成员人数应不低于该团体全部人数的 75%，投保单位须在投保单上注明参保比例。如果投保人为单位中一部分特殊人员投保（视为一投保团体），也可以接受其申请，但不接受单位内某一风险较高作业人群的单独投保。

3. 参保成员资格

团体保险的被保险人应为身体健康、能正常劳动或工作的全日、正式的单位成员。最重要的资格条件是要求雇员在公司的薪水册上，或专职或兼职，属于法定的保险受益范围。年龄和工作年龄的限制较不重要，一般由雇主来判断。团体保险要求只有在保险开始日或更新日，正在工作的员工才可以参加保险（无论是强制或自愿参加）。当时不在岗的员工必须工作一段时间后方具有参保资格。这段时间的长短取决于保险计划的大小，因为小的保险计划中，团体为了保险而特别组成的可能更大，其危险也会更大。

对于保费分担的保障计划，对符合参保资格要求的雇员，其参保的日期应有时间要求。一般是规定在其具有参保资格一个月以内参保，如果时间过长，则逆选择的风险就会增加。

员工参保分“强制成员制”和“自愿成员制”。从保险公司的角度看，理想的计划是强制参与的保险，即其中的员工没有选择参加与否的权利。新员工加入公司便自动成为参加保险的成员。与“强制成员制”相比，“自愿成员制”存在逆选择的危险，因为其中认为自己更需要保险的人才会参加保险。

投保有身故保障性质的险种应取得被保险人同意（书面、员工大会、职代会等形式），除“书面”形式外，以其他形式取得被保险人同意的还应同时提供投保人声明，并加盖公章。

4. 保障的程度

保障水平（保障的范围和保额）对保险人和被保险人都十分重要。如果保障水平超过正常的保险需求，则会促使被保险人过度利用，从而导致高赔付；反过来，如果保障水平太低或者保障在员工间不合理的分配，则会影响参保积极性，达不到期望的参保率。故团体保险保障利益的安排要着眼于以下四点：(1) 使团体内的每位成员获得公平且适当的保障；(2) 避免投保团体被保险人个人选择；(3) 最高保额与总保额的关系要合理；(4) 节省团体保险作业上的管理成本。

团体中每个成员的保额应由整个保障计划自动决定。每位员工保障的程度应由预定的标准或规则来决定，而不允许有个人的选择，以避免由于其中的成员自由选择保障范围和保障程度而造成的逆选择。通常，决定保险金额的方式有五种：(1) 所有被保险人采用同一金额；(2) 以被保险人的薪金额为基数；(3) 以被保险人的职位为基础；(4) 以服务年限为基础；(5) 结合上述两种以上的方式为基础。

一般情况下，团体中每一被保险人的保额、缴费方式和保险期限应一致。根据客户需要，也可接受单位以被保险人工龄、职位、工种或作业风险程度或其他分级方法而划分保额档次，同一档次被保险人的保额应一致。若以被保险人作业风险程度划分保额，则被保险人作业风险的高低应与保额高低成反比。

（1）固定金额。最简单的确定投保总额的方法是为每一成员设定相等的保险金额。此种方法的优点是可以降低投保团体的逆选择及道德上的风险，降低管理成本；缺点是对高收入的员工保障不够，故适用于低收入的工厂员工，也适用于协会或贸易联合会的保障计划，在这些保险计划中，保险金额较小，只要所有人员强制投保，则逆选择的危险也有限。

（2）工资。保险金额是工资的固定倍数，这是最常用的决定每个成员保障水平的方法，当工资增长时，受保障水平将自动提高。此方式适合各行业。一般身故保额设定为年薪的3～5倍，最高上限为年薪的10～15倍。

（3）职位。一方面，员工根据不同的职业分类，不同的职业类别设不同的固定的保险金额。在这种方式下，员工职业分类必须明确。另一方面，按被保险员工的职位高低，决定其保额大小，此种方法的安排，需注意员工投保资格的认定。在这种计划中，雇员的职位被细分，如被分为高级管理人员、一般管理人员和工人，保险金额依职位分类不同而是其年薪的不同倍数。如管理人员是4倍的年薪，职员为3倍的年薪，而一般工人为2倍的年薪。

另外，身故保额的水平还通常取决于员工是否参加了养老保险。

27.4.2 最高保额限制

团体保险中最高保额与平均保额的关系应有一个合理的平衡。其目的是排除少数人对个人保额的选择，以及总保额不成比例地集中于少数人身上。通常成员中最高保额不应超过平均保额的3倍。但在实务上往往有些团体会要求对其高级人员提供较高的保障，由于这些人对投保团体的保险具有决定性的影响，因此保险公司仍需考虑其要求。在此情况下，核保人员应注意此类高级人员的参保比例，最高保额是否符合相关法令或保险公司决策的规定，以及有无逆选择存在。

27.4.3 费率厘定规则

团体保险费率的厘定应遵循三个原则：（1）充分的保费以能满足管理费用及保险金给付之需要；（2）保费公平合理，每一被保团体的费率与其风险一致；（3）费率具有市场竞争性。同时，费率结构需简明、易于了解及管理。同个人保险一样，团体保险的费率厘定需考虑的因素包括被保险人的死亡率（罹病率）、利息因素（预计投资利率）和附加费用因素。一个团体保险计划的定价涉及多层次的处理，包括：根据基础费率表进行统一费率的初始计算，团体经验的应用并考虑其他费率影响因素，佣金和管理费用。

虽然大多数的保险公司在定价团体保险时采用计算机精算系统，但是，团体保险的实际费率并不仅仅就是计算机计算的结果。对于一个特定的团体，一般采用“表定费率”、“经验费率”或者二者结合，并同时适当考虑其他影响费率的因素。相对于经验费率，表定费率是一种基础费率，一般用于小规模的团体、没有足够的可信的理赔经验数据的团体。所以，表定费率一般适用于团体保险的初年度。第二年度以后，则可在前一年度经验数据的基础上调整保费，此为“经验费率”。

确定“表定费率”的数据来源包括市场经验、人口统计、保险公司自身的经验数据、已公布的社会精算数据、个人保险的费率表和统计表等。团体寿险的费率是以投保团体内的被保险人年龄、性别及保额加权平均计算而得。团体意外伤害保险则是以被保险员工的职业类别费率及保额加权计算，若职业风险太大者，则再需酌情职业加费。

“经验费率”是团体保险定价的一个重要的特征。由于团体保险有资格条件和投保条件的要求以及责任免除事项等，逆选择风险小，故团体经验比一般人口经验更加有意义。从保险人的角度看，经验费率有以下三个明显的优点：(1) 经验费率的方法有助于保险人对不同的团体收取的保费与其风险一致，符合保费公平的原则；(2) 经验费率的方法有利于市场竞争；(3) 经验费率有利于消除投保团体的逆选择。

“混合费率”是指采用“表定费率”和“经验费率”相结合的办法。如果一个团体已经有了部分经验数据，但又不足以单独作为定价的依据时，就需采用混合费率。此时，根据特定团体的实际情况，给其理赔经验数据设定一个“可信系数”，以百分率表示。

$$混合费率=经验费率\times可信系数+表定费率\times(1-可信系数)$$

27.4.4 团体保险体检标准

团体保险被视为免体检保险，一般不需团体中成员提供可保证明，不对团体成员的个别危险性和早期理赔的可能性作调查。但保险公司在进行团体保险承保时往往对其中的部分人进行体检和调查。保险公司根据自身经营管理水平、风险承受能力，团体的规模、平均保额水平制定免体检保额的标准。

免体检保额是指一个团体保险的单个成员不经过个人体检核保而直接被接受参加保险的最高限额。理论上的免体检保额水平应设在体检的费用等于从附加体检而获得的额外预期死亡率和发病率的下降。在实际设定免体检保额时，还要考虑其他因素：（1）保险计划的大小。对于小的计划，次标准成员在团体中所占的比例相对要大；（2）保险计划是强制性还是自愿性；（3）保险金额的分配和平均保险金额等。

27.4.5　特殊人群核保

团体保险中，个人核保方法的应用因团体保险计划的不同而不同。对于大的强制性计划可以是一个简短的健康声明，对于小的自愿性计划则需要一份完整的申请书以及体检。在欧美等西方国家和地区，决定是否个人核保常按以下做法：

（1）一般说来，当团体人寿保险计划有 5～10 人并且是强制性保险时，通常给予免体检。而对于自愿性计划，如果没有达到最小参保率的要求，则根据保险计划的其他特点（如是否有可信的经验数据）决定个人核保的具体要求。

（2）免体检保额＝平均保额×(1＋0.01×团体总投保人数)。免体检保额最大1 000 000万元。对团体中保额超过免体检保额者要求做个人核保。

（3）小团体核保的做法。对于团体保险，团体中特定个人成员的年龄、健康和其他风险因素对整体风险水平的影响随着团体规模的减小而反向增加。对于人数在 25 人以下的小团体，可应用个人保险的核保技术来审核。即由每一位员工填投保书、健康声明及既往症的资料，核保人员对每一个成员的风险性逐个考量。年龄 40～50 岁且保额大于免体检保额者以及健康声明异常者应体检。

关键词

团体保险	团体保险核保	单一雇主雇用团体	多雇主雇用团体
债权—债务人团体	资格条件	强制成员制	自愿成员制
最低参保比例	最低参保人数	给付计划表	保费分摊
保费不分摊	经验费率	表定费率	混合费率
免体检保额			

思考题

1. 团险业务核保中常用的核保规则包括哪些方面？
2. 团体业务核保有异于个人业务的方面有哪些？
3. 为什么团体成员的保费分摊方式会影响核保决定？
4. 团体业务核保时主要考虑的因素有哪些？
5. 团体业务核保时应遵循的一般规则是什么？
6. 团体保险如何确定费率？

第28章

健康核保

本章预习

保险医学是建立在人身保险的基础上，以医学理论和技术为基础，结合保险学、数理统计学、风险管理学、法律等相关学科在人身保险中综合运用的一门交叉性边缘学科。通过本章可以了解保险医学的概念和特征，保险医学和临床医学的联系和区别；健康核保的工具：核保手册的使用以及健康因素的评点规则。本章主要内容有：

- 保险医学基础
- 健康核保工具

28.1 保险医学基础

28.1.1 保险医学的基本概念

保险医学是在人身保险事业的发展过程中逐渐形成和发展的一门保

险学和医学相结合的交叉性学科。它是随着人身保险的发展而产生的，保险医学的建立和发展，同时也为人身保险理论的研究开拓了一个崭新的领域，对人身保险事务也将起到加强、完善和推动的作用。

1. 保险医学的概念

保险医学是介于人身保险学与医学之间的一门年轻的边缘学科。对于保险医学含义的界定，世界各国保险界人士及学者从不同角度都有阐述，综其所述，将保险医学定义如下：保险医学是建立在人身保险的基础上，以医学理论和技术为基础，结合保险学、数理统计学、风险管理学、法律等相关学科在人身保险中综合运用的一门交叉性边缘学科。换言之，保险医学是为适应人寿保险不断发展和健全经营的需要而形成的，将人身保险事业经营上所涉及的各个门类的医学综合起来就是保险医学。

保险医学的主要特征是具有很强的实用性、边缘性和综合性。首先，保险医学不仅研究理论，更重要的是侧重于应用，其研究内容与保险业务活动密切相关。其次，保险医学具有广泛的兼容性，它不仅兼容了许多学科内容，如保险学、医学、心理学、伦理学、数理统计学、风险管理学，还派生出若干分支并分别使之得以有力地发展。再次，保险医学具有一定的交叉性、边缘性。所谓交叉性是指保险医学在其自身研究领域中涉及其他学科，如数学、统计学、社会心理学、风险管理学、人口学等知识，需要运用其他某些学科的原理和方法为自身的发展提供保障。

2. 保险医学研究的目的和作用

保险医学是人身保险的基础学科，与临床或基础医学科学的研究目的有着本质的区别。临床或基础医学科学的研究目的在于探讨疾病的预防治疗、转归和预后的规律，是为了提高医疗服务质量，减少疾病发生率，提高治愈率，保障人人享有健康；而保险医学是联系医学与保险学的学科，起源于医学基础，但又不是单纯医学在人身保险过程中的简单运用。其研究的目的在于借鉴现代医学理论及方法来解决人身保险实务中所涉及的有关医学与健康方面的问题，对各种危险因素进行选择、分类和评估，进行量化分析研究，从而保证人身保险事业的稳定经营和健康发展，保证维护公平合理的原则。例如，同样是甲状腺亢进以药物治疗的既往病史，在临床医学中可能因其痊愈而不成问题，但是痊愈以后几年中复发率较高，这种患者如果投保某些长期寿险就会受到许多限制，与此相似的还有胃和十二指肠溃疡等。像这些在临床医学中通常被认为是无关紧要的问题，在保险医学方面却是十分关键的问题，这是由保险医学的研究目的所决定的。

总的说来，保险医学包括两个方面的内容：一是应用医学基础理论为人身保险业务提供理论依据，如新险种的可行性论证、寿命的计算、死亡率的统计、费率的制定等。这些均需要对人群死亡率、事故率及发病率等进行调查研究。二是应用医学技术和方法为人身保险业务的发展提供现实的手段，如运用医学诊查技术进行投保体检，应用医学统计学方法制定或修正生命表，为人身保险金的给付提供医学鉴定标准等。

保险医学的产生是人寿保险经营的必然需要，并且随着人寿保险的不断发展而逐渐形成了体系与学科。保险公司体检医师制度的建立使保险医学初见端倪，并为医学上的查定工作奠立了基础。次标准体核保评分系统的建立、数理查定法的完成更促进了保险医学的发展，使其具备了学科特点并形成了理论体系，从而使保险医学成为一门新兴的学科。

28.1.2 保险医学和临床医学的异同

1. 研究对象

保险医学与临床医学研究的对象均是人的生、老、病、死，所不同的是保险医学的具体对象是参加了人身保险这一特定社会经济活动的群体，而临床医学则多是以自然人群中的患病人群或身体有不适感的人群作为研究对象的，即保险医学与临床医学研究的是不同人群的生、死、健康和伤害情况。

2. 运用的方法

保险医学与临床医学一样，依据的是医学科学理论，运用的是医学的技能和方法。例如，投保体检和临床体检均通过物理诊查。通过体检、病史的采集等判断受检者的身体状况，运用医学理论与知识，判定受检者可能的疾患。但是保险医学依据的是统计学基础，是对特定人群的死亡和健康损害的可能性（概率）的统计研究。

3. 研究目的

保险医学与临床医学的研究目的不同。投保体检主要是判定受检者体检当时有无存在的或潜在的影响其死亡率的健康危险因素，而不是确诊疾病。临床体检是以对受检者明确诊断，找出有效治疗方法为目的。因此投保体检要视具体情况，在兼顾质量和效率的同时，还要考虑成本，进行针对性的有限的体检。临床体检为找出病因往往进行范围较广有时甚至是重复项目的体检，以保证诊断的正确和治疗的效果。此外，投保体检较为重视的必查项目如身高、体重，在临床体检时通常是忽略不查的，其原因在于保险医学研究的是生命预后问题，重点在于研究人群死亡率，它与临床医学上的预后概念有不同的内涵。临床医学指的预后通常考虑的是治疗的可能性及预后。保险医学的预后则研究的是某种危险因素对预期死亡率的影响，是以群体为对象的。保险医学对于投保寿险的被保险人，要通过其投保当时的状况来对他的死亡率做出判断。对于具体的个人，判断其何时死亡或死于何种疾病是不可能的，只能针对由同质风险被保险人组成的一个大的集团，运用大数法则估算这个群体的预期死亡率后再适用于个体。因此，保险医学只能针对群体而不能针对个体予以研究，研究的结果是基于统计学基础的一种可能性。

4. 研究内容

临床医学的研究内容主要是疾病的病因、发病机理、诊断及治疗，并且随着社会的进步，临床医学研究已不仅仅局限于生物因素，社会因素、心理因素在防病、治病过程中的作用也越来越引起人们的重视。保险医学的研究内容主要包括人身保险经营中的危险选择和危险测算、伤残鉴定、保险金的给付调查、死亡调查等。所以保险医学在一定程度上说，处理的是可能性而不是确定性。此外，保险医学还包括对人身风险分布及对策的研究、对医疗卫生保险政策及社会保险相关内容的研究。保险公司医务工作的实务则包括投保体检、医务核保查定及对被保险人集团死亡率的研究、经验生命表的修订等，同时还应包括保险公司体检机构的管理及体检医师制度的完善。

28.2 健康核保工具

28.2.1 核保手册的应用简介

核保手册是由精算人员、医务人员、核保人员、理赔人员共同依各健康损害因素及其危险程度和理赔经验，评估其死亡指数，以超过标准死亡指数的部分列为计点额外死亡指数（简称点数），并按这些健康损害的计点额外死亡指数编集成的健康损害计点准则。核保人员可按此准则对投保资料加以评定，算出被保险人的计点死亡指数，并将之归属于各级被保险人集团，依之决定最适当的承保条件。目前所有的核保手册都包含了用于疾病费率厘定的指南和非固定的科学尺度。

核保手册的基础是保险公司的经验积累和国际上公布的统计结果，但各保险公司的核保手册和准则还通常反映其在承保方面的经验。核保手册作为核保指南并非天衣无缝，核保员的经验对准确核保仍具有重要意义。应当强调的是，核保手册中的建议措施和加费评点只用作参考而决非硬性规定，核保员可根据投保单的特征与环境对其进行修正。正因为如此，在相互竞争的保险公司之间，核保决定可能会有很大差异。

使用核保手册的目的，一方面是核保员在核保工作时有据可依，另一方面是核保员采用相同的核保依据，在风险管理中控制风险的发生，使之符合精算师所做的死亡率预测。在使用核保手册前，核保员应首先仔细分析投保单和所获得的各种医学资料（如病历和体检报告等），判断被保险人是标准体还是非标准体。如是非标准体则按照下面列出的步骤，对每个危险因素加以评估。评估应依据实际的诊断结果，假如没有诊断结果，则可根据其症状或体征做出评估。

（1）确定非标准体的不健康因素。对于每个不健康因素（疾病），可以通过目录查找。

（2）查阅描述。在每种疾病下都有对该种疾病的描述或详细的评论（包括症状、治疗及预后等），使核保员能了解该种疾病，以做出专业的评估。

（3）核保结论（拒保、延期、除外责任等）或评点。根据不健康因素对照核保手册得出一般准则或评点。

28.2.2 健康核保的评点系统

一般核保手册遵循标准的数值加费率系统（数值评点系统）进行核保评点，即死亡率或重大疾病发病率随着相关的额外死亡因素和额外发病因素的增加而增加。同样，对于失能和收入保障保险，也是在标准保费基础之上根据额外百分加费率增加保费。

数值评点系统基于这样一个原理，即由大量危险因素组成的危险体，其每项因素对寿命或健康的影响程度可以通过生命统计研究得出的点数计出。在该方法下，100%（基本点是100）代表正常或标准风险，它们代表身体健康、财务稳健且有正常保险需求的人。每一具体的对死亡率有影响的因素视其正面或负面的影响被指定一个正的数值或负的数值。数值评点系统将正数分配给在统计上被确定能增加一个人死亡风险的因素；将负数分配给在统计上被确定可降低一个人死亡风险的因素。比如一个患有一定程度高血压的被保险人的死亡率是标准死亡率的150%，则其有50%的额外死亡率，其点数为150点或+50点。大多数保险公司的评点范围从75点或更低到500点或更高，一般说来，死亡率在75%～125%之间的被视为优质或标准风险，125%以上的被视为次标准体或拒保体。一般来说，多个增加额外死亡率的因素同时出现时，评点累计计算。但是，如果当两项因素紧密相关以至于一项因素增加了另一项因素的影响时，所加数值可能大于或小于两项的简单相加。比如，心脏病家族史、高血压、肥胖同时出现对额外死亡率的影响比这三个不利因素评点之和要大。

数值加费率系统是基于与疾病相关的额外死亡率在所有年龄都是一个恒定的因数的假设推定得出的。然而在事实上，许多疾病因数随着年龄增长而下降。对于某些疾病，这一点在加费率表中有所反映。受年龄影响的额外死亡率和暂时额外保费表现在：出现健康损害因素的年龄越大，对额外死亡率的影响越小；而出现这些不利因素的年龄越小，则预后较差，对额外死亡率的影响也就越大。核保手册一般采用两种评点方法，额外死亡率的百分率（亦即核保手册上的点数为相对于标准体增加的点数）和暂时额外保费方法。暂时额外保费主要受年龄影响，其额外保费以投保额的千分率来表示，暂时额外保费有时同额外死亡率的评点额外保费一并收取。核保手册中两种评点方法均可按二至四种不同投保年龄段做评点，或是不论年龄大小统一评点。

28.2.3 医学发展对健康评点的影响

核保考虑的因素在一定程度上受到医学发展的影响，随着医学的进步，核保考虑的健康因素也在做不同的调整。核保手册对次标准危险的核保评分及核保查定都是基于现代医学和现代数学的基础，由医师与精算师密切合作而形成的，它也必将随着医学的不断发展而变化。核保的数值评点系统是依据健康危险所增加的死亡率进行评点的，总的趋势就是危险因素使人类死亡率增高愈多，评点愈高。随着医学的不断进展和健康水平的不断提高，死亡率在持续地和稳定地改善，这一改善使标准死亡率假设内的死亡率下降，这些死亡率的下降自动地体现到数值评点系统中额外保费的计算中。因而，健康评点也在不断地修正。比如，结核病在20世纪初期应属于重加点甚至拒保疾病，对有结核病危险因素的亦应有加点，但是现在结核病的发生率及死亡率均有明显降低，它再也不会成为典型的拒保疾病。这也说明随着医学科学的不断进步，次标准危险的核保分数评分系统也将相应地发生改变。

关键词

保险医学	临床医学	数理统计学	交叉性边缘学科
核保手册	标准死亡指数	额外死亡指数	数值评点系统
健康评点	标准风险	次标准体	现代医学

思考题

1. 保险医学与临床医学的异同有哪些？

2. 为什么说保险医学是一个交叉性边缘学科？

3. 如何利用核保手册进行健康评点？

4. 健康评点加费的原理是什么？

5. 如何理解现代医学发展对健康评点加费的影响？

第29章

疾病核保

本章预习

本章为保险医学的基础，对人体各系统常见疾病进行了比较详细的描述。这些疾病包括心血管系统疾病、呼吸系统疾病、消化系统疾病、血液系统疾病、内分泌系统疾病、泌尿系统疾病、神经系统疾病、精神疾病、妇产科疾病、儿科疾病、肿瘤、传染性疾病。本章对每种疾病的常见症状、病因、预后，以及核保的思路和一般原则进行了介绍。本章对各种健康的评点仅供参考，在实务中，评点可能会因所使用的核保手册的不同而有所不同，并且会受投保的险种、公司销售策略、市场竞争因素的影响。本章主要内容有：

- 心血管疾病的核保
- 呼吸系统疾病的核保
- 消化系统疾病的核保
- 血液系统疾病的核保
- 内分泌系统疾病的核保

- 泌尿系统疾病的核保
- 神经系统疾病的核保
- 精神疾病的核保
- 运动系统疾病的核保
- 妇产科疾病的核保
- 儿科疾病的核保
- 肿瘤的核保
- 传染性疾病的核保

29.1 心血管疾病的核保

29.1.1 高血压病

1. 病情简介

高血压是最常见的心血管疾病，它以体循环动脉压增高为特征，易引起心、脑、肾等重要器官的损害。高血压可分为原发性高血压及继发性高血压两大类。高血压的病因不明，称之为原发性高血压，占高血压总数的95%以上；在不足5%患者中，高血压升高是某些疾病的一些临床表现，本身有明确而独立的病因，称为继发性高血压。

原发性高血压，又称高血压病，患者除了可引起与高血压本身有关的症状以外，长期高血压还可成为多种心血管疾病的重要危险因素，并影响重要脏器如心、脑、肾的功能，最终可导致这些器官的衰竭。继发性高血压见于肾脏疾病（肾性高血压）、内分泌紊乱（内分泌性高血压，如甲状腺功能亢进）、心脏疾病（心血管性高血压）、大动脉缩窄。主要受累器官如下：

- 心脏：引发冠状动脉疾病，左心室肥厚及心力衰竭。
- 眼：视网膜病变（视网膜出血、渗出、视神经乳头水肿）。
- 肾脏：肾动脉受损而致肾功能不全，最终导致肾衰竭。
- 大动脉、周围血管：大动脉炎、动脉硬化、动脉闭塞性疾病，导致脑血管意外（脑出血、栓塞）。

高血压的病因：本病病因未完全阐明，目前认为以下因素可能与发病有关：遗传因素、环境因素（高盐、高脂饮食、饮酒、吸烟和肥胖、职业和环境）、代谢异常等。危险因素包括：高脂血症、糖尿病、吸烟、超重等。

高血压的预后：缓进型高血压病发展缓慢，病程常可达二三十年以上。如血压能经常保持正常或接近正常，则心、脑、肾等并发症不易发生，病人可长期保持一定的劳动力，但血压进行性增高，眼底病变较重，家族中有早年死于心血管病的病史，以及血浆肾素活性或血管紧张素Ⅱ高的病人，预后较差。如病情发展到有脑、心、肾等脏器的严重损害，发生脑血管意外、心力衰竭、肾功能衰竭的可能性增多，可使劳动力减退或完全丧失。

高血压病的死亡原因，在我国以脑血管意外为最多，其次为心力衰竭和尿毒症。

2. 核保资料

评估高血压的风险需要正确而完整的病历资料：以往及现在的血压记录、病史资料。血压报告的资料应至少包含两年内的所有个别单次血压值，而非简单的血压平均值。投保之两年前的血压记录一般不列入血压值的计算中，但病程和病情有特殊意义者，为了全面评估风险，应列入考虑。

填写高血压问卷：了解客户何时发现高血压病、当时血压值是多少、是否服药治疗、药物名称、是坚持服药还是间断服药、平时是否定期测量血压、平常血压多少、最高血压多少、有无发现高血压的并发症如脑中风、肾功能异常等、父母及兄弟姐妹有无患高血压者。

体检资料：投保体检的数据现实地反映投保者目前的身体状况，如高血压的程度、各脏器功能状态、有无严重并发症。主要体检项目有：物理体检（包括眼底检查）、尿常规、心电图、胸片、肾功能等。

3. 核保分析

综合上述三方面核保资料，根据投保者的患病时间、患病原因、家族史、烟酒史、有无超重、有无合并糖尿病、高脂血症及有无并发症（蛋白尿、视网膜病变情况等）、高血压病的严重程度（轻、中、重），结合投保年龄进行评点。

4. 核保要点

一般血压值超过 180/110mmHg 时，通常要延期。如果被保险人已接受治疗、血压值维持在稳定的较正常水平，且无任何药物副作用，才可依其状况决定承保条件。在下列情况下应加重评点甚至拒保：有长期药物治疗史；超重、抽烟、饮酒、蛋白尿、肾疾患、脑或视网膜病变、糖尿病、高脂血症、家族史、心电图异常等。

投保寿险及重大疾病险的核保：血压控制较好、心电图、肾功能及眼底检查结果正常者可加费承保；严重高血压、发病年龄较早如 30 岁前即患高血压、有并发症的拒保；恶性高血压一律拒保。

投保健康险的核保：与投保寿险及重大疾病险的核保处理基本相同。

投保意外险的核保：可依据评点加费承保，较严重者同时限制保险金额。

29.1.2 冠心病

1. 病情简介

冠心病是指冠状动脉粥样硬化，使血管腔阻塞导致心肌缺血缺氧而引起的心脏病。它是动脉粥样硬化导致血管病变的最常见类型，是严重危害人民健康的常见病。

冠心病可分为五种临床类型：(1) 隐匿型冠心病：病人无症状，但在静息或负荷试验后有心肌缺血。(2) 心绞痛：有发作性胸骨后疼痛，为一时性心肌供血不足引起。(3) 心肌梗塞：即心肌急性缺血性坏死。(4) 心力衰竭和心律失常：是长期心肌缺血导致心肌纤维化引起的。(5) 猝死性冠心病。上述五种类型的冠心病可以合并出现。

冠心病多发生在40岁以后，男性多于女性，脑力劳动者较多。危险因素包括：年龄及性别、家族史，职业、吸烟、肥胖、饮酒、口服避孕药、高血压、糖尿病、高脂血症等。

冠心病的预后取决于冠状动脉受损的部位、心脏的功能、发生缺血性心脏病的可能性等。冠状动脉病（CAD）伴发下列疾病可能影响生存寿命：脑动脉粥样硬化、糖尿病、高血压、高脂血症、肥胖、阻塞性动脉疾病、吸烟。

2. 核保资料

进行体检、审查病历、检查资料（一般是物理检查、静息及运动心电图、胸片，必要时作心脏B超、放射性核素检查、冠状动脉造影、ECT检查）、曾经进行的外科手术记录、心脏病问卷等。

3. 核保分析

有无高血压、糖尿病、高脂血症病史以及有无超重及家族史；起病年龄及患病时间长短，冠心病的严重程度（发病症状、发病频率等），治疗方法及时间；血脂、心肌酶、心电图、超声心电图、冠脉造影检查结果；有无心律失常、心力衰竭及心源性休克等并发症。

4. 核保要点

心肌梗塞及较严重、发作频繁的心绞痛拒保。

冠心病伴发下列风险因素时投保寿险要额外增加评点甚至拒保，重大疾病保险一般拒保：高血压、糖尿病、高脂血症、肥胖、吸烟及家族史、闭塞性动脉病、脑动脉硬化等。

有不严重的心绞痛及心电图有心肌缺血改变的寿险可加费承保。

投保意外险可依据评点加费承保，较严重者同时限制保险金额。

29.1.3 风湿性心脏病

1. 病情简介

风湿性心脏病是风湿性炎症过程所致的瓣膜损害，主要累及40岁以下人群。二尖瓣最常受累，其次为主动脉瓣。

2. 核保资料

审查被保险人既往门诊、急诊及住院病历记录、手术记录，近期的心电图、超声心动图、24小时动态心电图检查结果、有无心律失常。

3. 核保分析

了解被保险人的一般状况、心功能情况、心脏杂音的性质、有无心律失常等，通过血压数值、血常规、尿常规、心电图、胸片、超声心动图、肾功能等了解有无严重并发症。

4. 核保要点

严重的风湿性心脏病或有并发症者拒保；累及心脏的风湿热现症应延期，完全康复半年到一年后可标准承保。

较轻的风湿性心脏病，只是曾经患风湿热，心脏柔和杂音，病情多年无进展，超声心动图无明显异常可以承保。

进行过心脏手术多年无并发心脏异常改变者可承保。

29.1.4 心肌炎

1. 病情简介

急性心肌炎的预后多数良好，多数可以完全治愈。在患病时处于过劳或睡眠不足等状态时，可能在短时间内病情急剧恶化，甚至死亡。死亡原因多为严重心律失常和心功能不全。未能完全恢复而转为慢性的病人，心脏增大、心电图异常、心功能低下，则预后不良。

2. 核保资料

核保资料包括病历、体检资料（心电图、胸片）、最近的心电图检查、心脏病问卷。

3. 核保分析

分析发病原因、发病过程、是否短期痊愈、有无复发、有无并发症、心功能情况、目前心电图检查结果有无心律失常及ST段改变、心脏有无增大。

4. 核保要点

多数一过性病史已痊愈的投保者可标准承保。现患病者拒保，完全康复不足六个月甚至时间更长者需延期承保，完全康复时间较长的，根据情况可加费承保或标准承保。有并发症者视情况决定是否承保或加费承保。

29.1.5 心肌病

1. 病情简介

心肌病是指伴有心肌功能障碍的心肌疾病，它包括扩张型心肌病、肥厚型心肌病、限制型心肌病和致心律失常型右室心肌病。

扩张型心肌病：预后差，一般认为症状出现后的5年生存率在40%，10年生存率在22%左右，大部分年龄大于55岁的患者在症状出现后5年内死亡。除心脏移植外，本病尚无彻底治疗的方法。

肥厚型心肌病：预后不定，本病的预后可因人而异，可出现从无症状到心力衰竭、猝死等不同结果，一般成人病例10年存活率为80%，小儿病例10年存活率为50%。成人死亡原因最多见为猝死，而小儿则多为心力衰竭。

限制型心肌病：预后不良。

2. 核保资料

审查医疗报告、心电图、超声心动图、胸片。

3. 核保要点

心肌病的预后不良，核保通常的方式是拒保。

29.2 呼吸系统疾病的核保

影响呼吸系统疾病的主要相关因素包括：大气污染和吸烟的危害、吸入病原增加、呼吸系统感染的病原学特点、社会人口老龄化。呼吸系统疾病的主要检查和其他检查包括：血液检查；抗原皮肤试验；痰液检查；胸液检查和胸膜活检；影像学检查：X线、CT；支气管镜；肺活组织检查；呼吸功能测定；血气分析。

29.2.1 支气管哮喘

1. 病情简介

全球约有1.6亿支气管哮喘患者，各国患病率约1%～13%不等，我国患病率接近1%～4%，儿童发病率高于成人，成年男、女患病率大致相同。约40%

的患者有家族史。并发症包括：哮喘持续状态（严重哮喘持续数小时或数天）、阻塞性肺气肿、呼吸功能不全。

该疾病的预后取决于病情严重程度、发作次数以及发作类型。合理治疗，可减轻发作或减少发作次数，部分病人可以治愈。儿童期哮喘发作者，青春期后往往消逝，据统计约有25%～78%的儿童，经过治疗或到成年期可完全缓解。如诱发因素未能消除，哮喘反复发作而加重，可并发肺气肿，肺原性心脏病，心、肺功能不全则预后较差。

2. 核保资料

病历资料：注意了解家族过敏史；有否确定诊断、哮喘的严重程度、发作频率、上次发作的日期、目前接受的治疗情况、是否需要口服类固醇激素；吸烟习惯及其他有关的疾病；填写“哮喘问卷”。

体检资料：胸片、心电图、血常规、肺功能测试。

3. 核保要点

投保寿险及重大疾病险的核保：病情较轻且多年未发作者可标准承保；病情较重、发作较频繁、合并慢性支气管炎、体检结果不正常者根据客户的具体情况需加费承保；吸烟者和（或）长期皮质类固醇治疗者需要加重评点（50点左右）；病情严重、有严重并发症如肺气肿、肺心病者拒保。

投保医疗险的核保：根据病情通常特约除外已患疾病及并发症后承保；病情严重或有哮喘持续状态、有严重并发症如肺气肿、肺心病者拒保。

29.2.2 肺炎

1. 病情简介

肺炎分为细菌性肺炎、病毒性肺炎、支原体肺炎、真菌性肺炎及其他病原体所致肺炎。其中以细菌性肺炎最为常见，约占肺炎的80%。诱发因素包括吸烟、心脏衰竭、慢性阻塞性气道疾病及免疫低下的疾病及抑制免疫的治疗。

该病预后通常较好，但如有下列因素存在，预后则较差：年老者；原有心、肺、肝、肾及代谢疾病基础者；体温及血液白细胞计数不高者以及免疫缺陷者；病变广泛、多叶受累者；有感染性休克等严重并发症者。肺炎痊愈者预后良好。

2. 核保资料

患急性肺炎距今不足三个月者，需提供病历资料。

体检：胸透、胸片。

3. 核保分析

核保考虑发病年龄、病因、患病时间、治疗情况、治疗结果、是否反复发病、目前身体状况。如老年人，反复固定部位发病者，尤其应注意并排除恶性肿瘤的可能。

4. 核保要点

单次急性肺炎已治愈、X线检查正常者按标准承保；多次急性发病且已治愈超过3个月可标准或轻度评点承保；3个月以内一般要延期承保；已治愈有并发症的按并发症性质评估。

急性肺炎后至今仍然未完全康复者，延期承保。对于年龄偏大、反复发病者需谨慎，若病因不确定考虑延期承保。

29.2.3 慢性支气管炎

1. 病情简介

慢性支气管炎（简称慢支）是指气管、支气管粘膜及其周围组织的慢性非特异性炎症。临床上以咳嗽、咳痰或伴有喘息及反复发作的慢性过程为特征（咳嗽、咳痰症状连续两年，每年的发作持续超过三个月）。早期常无异常。病情若缓慢进展，常并发阻塞性肺气肿，甚至肺动脉高压、肺原性心脏病。发展到气道狭窄或有阻塞时，就有阻塞性通气功能障碍的肺功能表现，如第一秒用力呼气量占用力肺活量的比值减少（＜70％），最大通气量减少（＜预计值的80％），流速—容量曲线减低更为明显。

主要并发症有支气管肺炎、化脓性支气管炎、肺脓肿、支气管扩张、肺气肿、支气管哮喘、肺纤维化、肺心病。

慢性支气管炎如无并发症，预后良好。如病因持续存在，迁延不愈，或反复发作，易并发阻塞性肺气肿，甚至并发肺心病而危及生命。

2. 核保资料

审查病历资料、胸部X线检查、肺功能测试、血常规、呼吸系统问卷、吸烟习惯。

3. 核保分析

如果客户告知曾患支气管炎，应详细询问并告知如下内容：医生诊断为急性还是慢性支气管炎，若为慢性支气管炎多长时间发作一次，每次持续多长时间可好转，发病时是否出现呼吸困难，用什么药物治疗，是否同时并发肺气肿、肺源性心脏病。如果客户曾经住院治疗，需提供住院病历资料（包括出院小结、首次病程记录等）；门诊治疗需提供门诊治疗记录；检查胸部X线检查及呼吸功能检查是否异常；检查工作环境、吸烟习惯（每日吸烟量、吸烟年数）。患慢性支气管炎的客户一般需体检。

4. 核保处理

投保寿险及重大疾病险的核保处理：慢性支气管炎无严重合并症的，根据病情严重程度、肺功能情况加费承保；对于阻塞性支气管炎、有吸烟嗜好者需加重评点；慢性支气管炎合并严重肺气肿、肺源性心脏病的通常拒保。

投保医疗险的核保处理：慢性支气管炎无严重合并症的通常特约除外已患疾病后承保，慢性支气管炎合并严重肺气肿、肺源性心脏病的通常拒保。

29.2.4 阻塞性肺气肿

1. 病情简介

阻塞性肺气肿（简称肺气肿）是由于吸烟、感染、大气污染等有害因素的刺激，引起终末细支气管远端（呼吸细支气管、肺泡管、肺泡囊和肺泡）的气道弹性减退、过度膨胀、充气和肺容积增大或同时伴有气道壁的破坏。肺气肿的这种改变使肺的弹性回缩力减低，呼气时由于胸膜腔压力增加而使其气道过度萎陷，造成不可逆的气道阻塞。由于大气污染、吸烟人数的增加，近十几年来有逐渐增加的趋势。

该疾病的预后与病情的程度有关。中位数生存年限变化相当大。尽管有些病人开始 FEV1（一秒钟用力呼气量）值非常低，仍可存活 12～15 年。然而，一般 FEV1 在 1.2L 以上的患者，生存年限为 10 年；FEV1 在 1.0L 时，生存期限约为 5 年；FEV1 低于 700ml 者生存期约为 2 年。

2. 核保资料

体检及病历：要特别注意有否确定的诊断、治疗、病程，曾否出现呼吸困难的现象及是否有吸烟的习惯或填写“呼吸系统疾病”问卷、胸片及肺功能测试。

3. 核保处理

一般要中重度评点，另外，哮喘或支气管扩张以及吸烟者，按该病增加适当的评点；静态有呼吸困难现象者、肺功能测试的结果严重异常者、出现肺源性心脏病的迹象者拒绝承保。

投保意外险增加额外评点 100。

29.2.5 肺原性心脏病

1. 病情简介

肺原性心脏病（简称肺心病）主要是由于支气管、肺组织或肺动脉血管病变所致肺动脉高压引起的心脏病。可分为急性肺心病和慢性肺心病两类，以后者多见。慢性肺心病是由于肺、胸廓或肺动脉血管慢性病变所致的肺循环阻力增加、肺动脉高压，进而使右心肥厚、扩大，伴有或不伴有右心衰竭的心脏病。

肺心病常反复急性加重，随肺功能的损害病情逐渐加重，多数预后不良，预期寿命缩短，病死率约为10%～15%。

2. 核保资料

审查病历、体检、胸肺X片、心电图、肺功能测试、超声心动图、呼吸系统疾病问卷。

3. 核保要点

根据病因、病程、疾病的严重程度、是否反复住院、目前的身体状况、胸片、肺功能测试、超声心动图结果进行综合考虑，通常的核保方式是拒保。

29.2.6 肺结核

1. 病情简介

结核病是结核杆菌引起的慢性传染病，可侵及许多脏器，以肺部受累形成肺结核最为常见。排菌患者为其重要的传染源。除少数起病急骤外，临床上多呈慢性过程。表现为低热、消瘦、乏力等全身症状与咳嗽、咯血等呼吸系统疾病表现。若能及时诊断，并给予合理治疗，大多可获临床痊愈。

2. 核保资料

问卷：何时患病、肺结核的类型、在什么医院治疗、如何治疗、所用药物的具体名称、用药多长时间停药、是否医生建议停药、复查结果如何、有无复发、何时复发、如何治疗、是否同时患糖尿病。

病历资料：曾住院治疗的需提供出院小结、复查结果；若为手术治疗，还需提供手术记录；门诊治疗需提供门诊治疗记录。

体检：核保员根据客户的具体情况决定是否需体检。体检包括胸片、血常规、肝肾功能等。

3. 核保要点

核保主要考虑肺结核的类型，并结合病灶是否已完全治愈、肺功能是否正常，是否有肺纤维化存在而综合考虑。

对于常规胸部X线检查时发现的陈旧结核病灶，无活动病变，可标准承保。

对于继发性肺结核，其核保要较原发性肺结核慎重。

患肺结核的客户在医生建议停止抗结核治疗一年后方可投保。

投保寿险及重大疾病险的核保：患病距投保时间较长，肺结核经正规治疗已痊愈，无复发情况，近期胸片检查无异常者可标准承保；肺功能正常但胸片显示有轻中度肺纤维化、投保年龄较小或同时患糖尿病等情况可中度加费承保；病变范围广泛，有中度以上肺纤维化，有空洞存在或肺功能受损者拒保。

投保医疗险的核保：根据病情通常可标准承保或特约除外已患疾病后承保；病变范围广泛、肺功能严重受损者拒保。

29.3　消化系统疾病的核保

29.3.1　消化性溃疡

1. 病情简介

消化性溃疡的发生与胃酸和胃蛋白酶的消化作用密切相关，故名为消化性溃疡，因为发生的部位多在胃和十二指肠，故又称为“胃及十二指肠溃疡”。消化性溃疡除发生在胃及十二指肠外，少数可发生在食管下段、胃—空肠吻合口、美克尔（Meckel）憩室等处。该病是一种常见病，10%～20%的人口在一生中曾发生过胃或十二指肠溃疡。在临床上，青壮年的发病率高，男性多于女性，十二指肠溃疡比胃溃疡多见。

2. 核保分析

通过病历资料、疾病问卷了解发病的情况、发病时间、有无复发、溃疡位置、有无并发症、有无手术、最近的发病情况。核保员根据客户的具体情况决定是否体检。

3. 核保要点

消化性溃疡手术后3～6个月、复发性溃疡6个月后方可投保，出现幽门梗阻症状的需手术治疗后方可考虑投保。

投保寿险及重大疾病险核保要点：消化性溃疡经胃镜等检查已愈合且无复发的，可根据患病年限标准承保或加费承保；溃疡有复发、有出血或穿孔等并发症、有手术病史、术后有复发的需加费、特约承保，溃疡有恶变的拒绝承保。

投保医疗险核保要点：通常特约除外已患疾病后承保，溃疡有恶变的拒绝承保。

29.3.2　病毒性肝炎

1. 病情简介

病毒性肝炎是由肝炎病毒引起的，以肝脏炎性损害为主的一组传染病，具有传染性强、传播途径复杂、流行面广、发病率高等特点，临床上多以急性为主，部分乙、丙、丁型肝炎可演变为慢性，少数可发展为肝硬化，甚至肝癌。

至目前为止，已确定和可疑为病毒性肝炎的已达 8 种，常见的为 5 种，即甲、乙、丙、丁、戊型肝炎。

(1) 甲型肝炎：由甲型肝炎病毒（HAV）引起，是一种消化道传播的肝炎，通常是通过粪便污染的食物或水经口传播的，该型肝炎预后良好，一般不引起肝脏慢性病变。

(2) 乙型肝炎：由乙型肝炎病毒（HBV）引起，是传播最广泛、传播途径复杂的肝炎，除血液传播为其主要传播途径外，密切接触，饮食亦为其传播途径，与甲肝相比，它有以下特点：起病相对较慢，潜伏期长。急性症状发生率低于甲肝。部分患者可变成慢性，反复发作，成为慢性活动性肝炎或迁移性肝炎，乙肝病毒携带者，仍可将病毒传染给他人。慢性患者少部分可演变成肝硬化和肝癌。

(3) 丙型肝炎：是由丙型肝炎病毒（HCV）引起，一般通过血液传播，其特点是：患者多有输血、输血制品史。起病隐匿，病情相对较轻，肝功能异常主要表现为转氨酶（ALT）呈中度或轻度升高，很少患者出现黄疸。慢性化率高，治疗效果差。与肝硬化、肝癌关系密切。据统计，慢性丙型肝炎 20%将变成肝硬化，肝硬化中又有 20%将发展成肝癌。

(4) 丁型肝炎：是由丁型肝炎病毒（HDV）引起的，其特点是：①缺陷性。HDV 是一种缺陷病毒，它必须在有乙型肝炎病毒感染存在的情况下，才可能感染人，因此，丁型肝炎严格讲不是一种独立的疾病。②感染性。一种是和乙肝病毒同时感染，另一种是在慢性乙肝病毒感染的基础上再感染，在乙肝患者中再感染了丁肝病毒，可使病毒加重，甚至发展成重症肝炎，此型肝炎在几种肝炎中最少见，但最危险，因为同时有两种疾病在起作用。

(5) 戊型肝炎：是由戊型肝炎病毒引起的，戊型肝炎和甲型肝炎有许多相似之处，经消化道传播，一般不导致慢性肝炎，但不同于甲肝的地方是：平均病情重于甲肝，黄疸发生率高，病情恢复比甲肝慢，易发生胆汁淤阻，使黄疸不能顺利排出。孕妇特别是中晚期妊娠患罹戊型肝炎往往后果严重。

(6) 肝炎肝硬化：早期肝硬化临床上常无特异性表现，很难确诊，须依靠病理诊断，B 型超声波、CT 及腹腔镜等有参考诊断意义。凡慢性肝炎患者具有肯定的门脉高压证据（如腹壁及食道静脉曲张、腹水），影像学肝脏缩小、脾脏增大、门静脉增宽，且除外其他引起门静脉高压原因者均可诊为肝硬化。

(7) 慢性 HBsAg 携带者：又称为乙肝病毒携带者，无任何临床症状和体征，肝功能正常，HBsAg 持续阳性 6 个月以上。

实验室检查及诊断：肝功能检查和病原学检查。

HAV：抗-HAVIgM 一般在病后 1 周黄疸出现时即可测出，2 周时达高峰，1～2 个月滴度开始下降，3～4 个月大部分消失。此为 HAV 诊断最常用的重要指标。

HBsAg：是感染 HBV 后最早出现的血清学指标，可见于各种乙型肝炎病毒现症感染者，包括潜伏期患者、急慢性乙肝患者、部分肝硬化及肝癌患者和 HBsAg 携带者。

HBsAb：此为 HBsAg 刺激机体产生的特异性抗体，是感染 HBV 后产生的惟一保护性抗体，见于乙肝恢复期、HBV 既往感染者和乙肝疫苗接种后。

HBcAg：血清中 HBcAg 阳性表示血液内含有乙型肝炎病毒，传染性强，病毒复制活跃。

HBcAb：为感染乙型肝炎病毒后最早出现的抗体，为非中和抗体。先是抗-HBcIgM阳性（4 个月内），高滴度的抗-HBcIgM 为 HBV 急性或近期感染的标志。在一些慢性乙型肝炎、肝硬化、肝癌、慢性 HBV 携带者中抗-HBcIgM 也可阳性但滴度较低，表示体内病毒有复制，传染性强。抗-HBcIgG 可持续不退，是 HBV 感染的标志，包括现症感染和既往感染。

HBeAg 和 HBeAb：感染乙型肝炎病毒后 HBeAg 在潜伏期未出现，略晚于 HBsAg。进入恢复期随着 HBsAg 的消失而消失，如病后 3～4 个月 HBeAg 仍未消失则有慢性化的倾向；HBeAg 阳性表示体内 HBV 复制活跃、传染性强，而 HBeAb 阳性者病毒复制终止或减弱，传染性低。

HBV-DNA 和 HBV-DNA-P 阳性为 HBV 现症感染的可靠指标，可灵敏地反映出病毒的复制及传染性的强弱。

有下列任何一项即可诊为 HBV 现症感染：

- 血清 HBsAg 阳性；
- 血清 HBV-DNA 阳性或 HBV-DNA-P 阳性；
- 血清抗-HBcIgM 阳性；
- 肝内 HBcAg 和/或 HBsAg，或 HBV-DNA 阳性。

HCV 抗体：抗-HCV 在感染 HCV 后 4～6 周或更长的时间出现。抗 HCV 阳性可诊断为 HCV 感染，抗-HCVIgM 似更能反映为现症患者。

HDV：HDV 是发生于 HBV 基础上，包括同时感染和重叠感染。

同时感染先出现 HBsAg 阳性，继而血清 HDV-RNA 阳性。急性期出现一过性血清 HDV-RNA 阳性，多于数日内消失，继之血清抗-HDIgM 阳性。

重叠感染在慢性 HBV 感染的基础上出现血清 HDV-RNA 阳性和 HDAg 阳性，或抗-HDIgM 或抗-HDIgG 阳性。

慢性 HDV 感染时血清持续高滴度抗-HDIgG（主要血清学标志）、HDV-RNA 阳性，肝内 HDV-RNA 和（或）HDAg 阳性。

HEV：感染 HEV 后 2 周抗-HEV 阳转，3～5 周后达高峰，然后逐渐下降。抗-HEVIgM 更具诊断意义。

甲型、戊型肝炎如果不伴并发症，恢复好，则预后良好；甲型肝炎经治疗通常不会转成慢性疾病，且终身免疫。乙型、丁型肝炎有进展为肝硬化的可能。丙型肝炎与乙型肝炎相似，慢性化率高，治疗效果差。

2. 核保资料要求

病史资料；体检，包括肝炎标记物、肝功能（必备 GGT 以及 GPT/ALT）、腹部 B 超及 AFP 等。

3. 核保分析

核保考虑因素：所患肝炎类型、何时患病、是急性还是慢性肝炎、有无复发、如何治疗等。

乙型肝炎病毒携带者：如果乙型肝炎患者在 6 个月之后血清 HBsAg 仍然是阳性，而血清 HBsAb 不出现，则应被认为是慢性乙型肝炎病毒携带者。所有乙型肝炎病毒携带者都有可能发生急性—慢性的病变，或有肝硬化、肝细胞癌的风险。感染年龄是评价乙型肝炎病毒携带者风险的最重要指标。

地区考虑：在乙型肝炎流行地区，感染多发生在婴幼儿时期，成年后成为慢性乙型肝炎病毒携带者的可能性大，并且有发生远期并发症的可能。在非流行地区，感染多发生在较大年纪，预后较为乐观，病程的结果与肝酶的升高程度有密切的关系。

慢性乙型肝炎患者，其发生急性肝损害的频度和严重程度在一定程度上与以后发生肝脏硬化的严重程度相关。

丙型肝炎：男性患者、酗酒者、老年患者的疾病进展相对较快。

4. 核保要点

目前有症状或血清学显示为活动性病变，需恢复正常 3～6 个月后方可投保。

投保寿险及重大疾病险核保要点：甲型及戊型肝炎痊愈后可标准承保；肝炎病毒携带者需加费承保；乙型肝炎病毒携带者若为大三阳（HBsAg＋、HBeAg＋、抗-HBc＋），丙型肝炎患者、慢性肝炎、肝硬化投保重大疾病险拒保。

投保医疗险核保要点：甲型及戊型肝炎 3 个月内要延期承保，痊愈后可标准承保；肝炎病毒携带者需特约承保；慢性肝炎、肝硬化拒保。

29.3.3 胆囊炎和胆结石

1. 病情简介

胆囊结石占胆石症的50%，它与原发于胆管系统的结石在发病机理与临床过程上均有显著差别。胆囊结石与胆管结石的发病情况与饮食习惯、地理环境、营养条件、胆道病理改变及全身情况密切相关。北方多以胆囊结石为主，沿海、西南、长江流域以胆管结石为多。发病率城市人口高于农村人口，脑力劳动者高于体力劳动者，血脂高者多于正常人。

急性胆囊炎：老年人有严重的合并症，如心肺等严重病患者，死亡率常可达5%～10%，并发胆囊局限性穿孔预后尚好，如胆囊穿孔，引起弥漫性腹膜炎时，死亡率高达25%，但较少见。

慢性胆囊炎：与有无并发症有关。一般来说，无并发症，胆囊切除术在90%左右的患者中，可收到良好的远期效果。

2. 核保资料

需提供的资料为：若为住院治疗，需提供出院小结；若为门诊治疗，需提供门诊检查、治疗记录。

了解重点：若客户患有胆石症，需详细询问及告知如下内容：胆结石的部位是在胆囊还是在胆管；是否并发胆囊炎、化脓性胆管炎及胰腺炎等；如何治疗；若为手术治疗，何时手术，术后情况如何。

体检：核保员根据客户具体情况决定是否体检，检查腹部B超、肝功能。

3. 核保要点

若为手术治疗，需待手术后恢复正常6周至3个月方可投保。

投保寿险及重大疾病险核保要点：成功手术治疗后可标准承保；多颗结石或结石较大、有胆囊炎等并发症者可加费承保。

投保医疗险核保要点：成功手术治疗后可标准承保，未手术者需特约后承保。

29.3.4 胰腺炎

1. 病情简介

按病理组织等改变，胰腺炎可分为急性水肿型胰腺炎与急性出血坏死型胰腺炎两种，前者多见，占90%，预后良好；后者较少见，但病情急重，并发症多，病死率高，约40%～70%。引起急性胰腺炎的病因在我国主要为胆道疾病，如胆囊炎、胆石症、胆道蛔虫症、胰腺疾病及十二指肠乳头近部病变，胰管结石或蛔虫、胰管狭窄、胰腺肿瘤、十二指肠憩室炎、肠系膜上动脉综合征，另外，酗酒和暴饮暴食也是急性胰腺炎的主要发病原因，其他病因较少见。

水肿型胰腺炎预后良好，但若病因不去除常可复发，坏死型轻症的病死率为20%～30%，重症者可达60%～70%，存活者亦多遗留不同程度的胰功能损害或发展为慢性胰腺炎。影响急性胰腺炎不良预后的因素有：年龄大、低血压、低钙血症及各种并发症。慢性胰腺炎积极治疗后可缓解症状，但不易根治，晚期则多死于并发症，如衰竭、糖尿病、胆道感染，少数可演变为胰腺癌。

2. 核保资料

审查病历、一般物理检查、体检资料（肝胆胰腺B超、肝肾功能）。

3. 核保分析

审查胰腺炎是否反复发作；引起胰腺炎的病因是否持续存在。有利因素包括肝酶、淀粉酶、脂肪酶正常；不利因素包括饮酒、内在病因（胆石）、病因持续、糖尿病、胰外分泌功能不足。

4. 核保要点

（1）急性胰腺炎：

投保寿险：①康复不足6个月延期承保；②1年以上无复发，肝功能、B超正常者标准承保；③有反复发作病史者需加费承保，如果仍继续饮酒则拒保。

投保医疗险：可特约除外责任。最后发病时间已超过2年且完全戒酒可不予评点，其他加费承保急性胰腺炎。

（2）慢性胰腺炎：

投保寿险通常拒保。①原因不明或手术不足1年延期承保；②完全戒酒不足3年延期承保；③已完全戒酒且无症状3～5年以上可加费承保。

重大疾病保险通常拒保，医疗险加费承保或拒保。

29.4 血液系统疾病的核保

29.4.1 贫血

在一定容积的循环血液内红细胞计数、血红蛋白量以及红细胞压积均低于正常标准者称为贫血。其中以血红蛋白最为重要，成年男性低于120g/L（12.0g/dl），成年女性低于110g/L（11.0g/dl），一般可认为贫血。

贫血是临床最常见的表现之一，然而它不是一种独立疾病，可能是一种基础的或有时是较复杂疾病的重要临床表现。慢性贫血通常是由慢性炎性疾病或者恶性疾病所致，现症通常拒保。

1. 再生障碍性贫血

预后因骨髓衰竭的程度、患者的年龄、治疗方法和时机的不同而有很大差异。经骨髓移植治疗后，部分病人可恢复正常。

核保要求提供病史资料、全血象检查。现症应拒保；完全康复且血液检查正常后 2 年内延期，2 年后可根据病因是否明确以及完全康复后的时间进行加费承保。

2. 缺铁性贫血

这是贫血中最多见的一种。在育龄妇女，尤其是孕妇和婴幼儿中发病率高。缺铁性贫血本身并不难治愈，但预后取决于原发病的治疗情况。

核保考虑的因素包括引起缺铁性贫血的原发病及贫血的程度、性别。如病因不明应延期承保。病因明确，除贫血的核保外，还要对病因核保。

3. 溶血性贫血

这是红细胞破坏加速而骨髓造血功能代偿不足时发生的一类贫血。

诊断首先确定是否为溶血性贫血，然后确定是哪一种溶血性贫血。有下列任一情况，可考虑溶血性贫血：（1）有红细胞过度破坏及幼红细胞代偿性增生。（2）幼红细胞极度增生，仍有持续贫血。（3）红细胞下降速度超过严重再障。（4）有血红蛋白尿或其他血管内溶血征象。病因诊断可根据病史、体检、血液检查及抗人球蛋白试验等得出结论。

核保考虑的因素：溶血性贫血的类别、目前血红蛋白和红细胞的数量，是现症还是病史，是否曾有溶血危象发生，有无脾切除，是否继续暴露于致病毒物等。

如果溶血是药物引起，已愈合，无须跟踪治疗者可以加费或标准承保；其他情况下通常拒保。

29.4.2 白血病

根据白血病细胞不成熟的程度和自然病程，可分为急性白血病和慢性白血病。

1. 急性白血病

急性白血病的自然病程仅几个月，骨髓移植是治疗的一大进展，可治愈部分患者。

预后不利的高危因素有：（1）1 岁以下及 9 岁以上的患者。（2）男孩。（3）治疗前白细胞在 50 000/ul～100 000/ul 以上。（4）分型属 L2、L3、M4、M5、

M6、M7。(5) 染色体异常。(6) 治疗前血小板小于 2 000/ul～50 000/ul。(7) 治疗后骨髓中白血病细胞减少缓慢，缓解时间短。(8) 肝脾肿大明显或有脑膜白血病。

2. 慢性粒细胞白血病

患者以 30～40 岁居多，起病大多徐缓，依据脾肿大和典型骨髓与血象可以确诊。

治疗后的生存时间约为 3～4 年，Ph 染色体阴性病人预后很差。

3. 慢性淋巴细胞白血病

在我国和东亚少见，欧美白人发病率高。起病平均年龄 60 岁。病程长短不一，平均 3～4 年。

患者淋巴结和肝脾肿大，依据症状及典型骨髓象和血象可确诊。

核保考虑的因素：是否接受正规治疗，有无肝脾和淋巴结肿大，目前血常规的化验结果。寿险、重大疾病保险、意外险、医疗险一般拒保。

29.5 内分泌系统疾病的核保

29.5.1 糖尿病

糖尿病是一组以高血糖为特征的内分泌代谢疾病。其特点为由于胰岛素的绝对或相对不足和靶细胞对胰岛素的敏感性降低，引起碳水化合物、蛋白质、脂肪、电解质和水的代谢紊乱。它是影响健康和生命的常见病，患病率呈现逐年增高的趋势。

1997 年美国糖尿病协会将糖尿病分为 4 大类：(1) Ⅰ型糖尿病。患者有胰岛 B 细胞破坏，多见于青少年，起病较急，病情较重，体形消瘦，多需依赖胰岛素治疗，预后差，易发生酮症酸中毒。(2) Ⅱ型糖尿病。患者有胰岛素抵抗和胰岛素分泌缺陷，发病多在 40 岁以后，起病缓慢，病情较轻，甚至没有症状，体形肥胖，用药物多数可以控制血糖，病程较长。(3) 其他特殊类型的糖尿病。如青年人中的成年发病型糖尿病。(4) 妊娠期糖尿病。

糖尿病的实验室检查主要有血糖、尿糖测定，葡萄糖耐量试验，糖化血红蛋白及糖化血浆白蛋白测定，血脂测定，肾功能检查等。据 1997 年美国糖尿病协会提出的修改糖尿病诊断标准的建议：(1) 空腹血浆葡萄糖＜6.0mmol/L 为正常，6.0mmol/L≤空腹血浆葡萄糖＜7.0mmol/L 为空腹血糖过高，空腹血浆葡萄糖≥7.0mmol/L 为糖尿病（需另一天再次证实）。(2) 口服糖尿病耐量试验中

2小时血浆葡萄糖<7.8mmol/L为正常，7.8mmol/L≤血浆葡萄糖<11.1 mmol/L为糖耐量减低，血浆葡萄糖≥11.1mmol/L考虑为糖尿病（需另一天再次证实）。(3) 糖尿病的诊断标准：症状＋随机血糖≥11.1mmol/L，或空腹血糖≥7.0mmol/L，或口服糖尿病耐量试验中2小时血浆葡萄糖≥11.1mmol/L。症状不典型者，需另一天再次证实。

糖尿病的危险因素包括：糖耐量异常/临界DM；肥胖（体重超重≥20%，BMI≥27）或即使无超重但腹部肥胖（导致胰岛素抵抗）；家族史；年龄≥45岁；吸烟；高血压；脂质异常。

糖尿病的并发症是病人的主要死亡原因（尤其是心脑血管并发症），如能做到早期发现和严格控制糖尿病，预防和治疗各种感染，早期发现和治疗各种后期并发症，可改善糖尿病的预后。

1. 核保资料

检查病历等医学资料。特别注意诊断、治疗方法、有无并发症以及化验报告；糖尿病问卷；现时的空腹血糖，最好有目前的糖化血红蛋白结果；静态及运动心电图等。

2. 核保分析

糖尿病的分型和发病年龄，血糖控制的程度，有无肾脏、心脑血管及末梢神经受累。

糖尿病患者出现心血管疾病、脑血管意外、肾功能衰竭的风险明显增大，且与病程有关，病程越长，危险越大。

核保评点的有利因素：两个或两个以上的指标显示血糖控制良好；尿液检查无蛋白尿；最近的眼底检查显示视网膜无任何变化；最近的静态及运动心电图正常。

核保评点的不利因素：有高血压、高脂血症、肥胖、吸烟及饮酒、家族史等额外风险因素；接受糖尿病治疗不足一年；未接受长期规律的治疗；血糖水平控制不佳；家庭成员中有60岁前患有冠心病、脑血管病或末梢动脉疾病者；经常有血糖过低现象；曾出现过尿酮体阳性；微量蛋白尿等。

3. 核保要点

糖耐量异常按糖尿病风险评估；糖尿病投保重大疾病保险应加重评点甚至拒保。

对于新发现的糖尿病一般需延期3～6个月，直到确定诊断并接受适当治疗。被保险人具备下列条件方考虑承保：根据其态度及背景，判断其可能尽早接受了长期规律的治疗；没有其他健康风险；非胰岛素依赖型。

对于治疗中的糖尿病，被保险人必须遵从医嘱，控制血糖，否则加重评点（额外+75）；依投保年龄、患病后时间长短、血糖控制情况决定加费额度；有额外风险因素、控制不良者额外评点。妊娠期糖尿病先延期，待生产后，再依血糖值评估。

29.5.2 甲亢

甲状腺机能亢进症，简称甲亢，是指甲状腺腺体本身产生甲状腺激素过多而引起的甲状腺毒症。

1. 核保资料

包括病历资料、体检资料（甲状腺功能、近期血钙水平、尿液检查等）。

2. 核保分析

核保考虑的因素：最初诊断甲亢的时间、症状和检查结果，治疗方式、时间，有无并发症，治疗后起效的时间，复查结果，停止治疗的时间，有无复发，复发次数，最近一次复发的时间，最近一次复查的结果，目前的症状。

3. 核保要点

现症：未治疗或虽在治疗中但病情控制不佳、症状严重（休息时脉搏次数每分钟超过110次，有突眼、震颤或心房纤颤）应延期或拒保。经治疗，病情控制中、非恶性（无突眼及震颤）、心电图正常，可中度加点承保。经治疗，病情控制良好、无并发症达6个月以上，可轻度评点。

病史：完全痊愈，无并发症，可以轻度加费或标准承保；甲状腺机能恢复3年以上，标准承保。

29.5.3 高脂血症

当血浆中脂质浓度超过正常高限时称高脂血症。当血浆脂蛋白超过正常高限时称高脂蛋白血症。血浆中主要的血脂成分有胆固醇、甘油三酯、磷脂及游离脂肪酸。

血脂浓度受多种因素影响，胆固醇及甘油三酯随年龄而增长，至60岁达高峰后稍下降；女性稍高于男性；高脂肪餐后血脂常暂时升高，多进荤食者比长期素食者为高。此外，运动、劳动和减肥可使血脂下降。

本病的病因分为：（1）病因不明的家族遗传性；（2）糖尿病未经控制；（3）肾病综合征引起；（4）甲状腺功能减退者；（5）各型肝炎、脂肪肝等肝胆疾病；（6）肥胖症伴随脂肪肝者。

本病的并发症广泛，最常见的为糖尿病、肾病综合征、慢性胰腺炎、酒精中毒、脂肪肝、肝硬化、痛风等。血脂异常与动脉硬化密切相关：胆固醇、甘油三酯、低密度脂蛋白的升高以及高密度脂蛋白的降低与心脑血管疾病的发生呈正相关，是冠心病、脑血管意外的危险因素。本病的诊断主要依靠化验检查。

预后：取决于高脂血症的类型、血管的病变情况和附加风险因素（如吸烟、肥胖、糖尿病、高血压和生活方式）。成功的治疗和在血管病变发生之前进行正规控制，预后可能较好。患有Ⅱ型糖尿病和家族性高胆固醇血症者可能产生丧失工作能力的可能性。

1. 核保资料

包括病历资料、体检资料（一般体检、胆固醇、甘油三酯、高密度脂蛋白、低密度脂蛋白、极低密度脂蛋白，必要时作心电图检查）。

2. 核保分析

核保考虑的因素：血脂增高的程度，尤其是总胆固醇与 HDL 胆固醇的比例；有无超重、吸烟；是否合并高血压、冠心病、脑血管病、糖尿病等。继发性高脂血症需考虑其原发疾病的风险（如糖尿病、甲状腺机能低下、痛风、肝肾疾病、胰腺炎、酗酒等）。与总胆固醇或 HDL 值相比，总胆固醇/HDL 比值是衡量冠心病危险性的更好方法。当总胆固醇/HDL 比值大于 6 时，或 LDL/HDL 比值大于 4 时，动脉硬化的风险增高。

3. 核保要点

家族性高脂血症，以及高脂血症合并高血压、动脉硬化，体重指数超过 30 点以上，且抽烟每日一包以上，多半考虑拒保。

其他情况下要加费承保，如果年龄在 40 岁以上，血压不高，胸部 X 光、心电图正常，可以适当减点。

29.5.4 超重

当进食热量多于人体消耗量而以脂肪形式储存于体内，超过标准体重 20% 时称肥胖症。对于无明显病因可查者称为单纯性肥胖症。现代科学假定如果没有存在危险因素（比如说，高血压、升高的胆固醇水平），一个体重高于或低于正常体重的 20%的人，其期望寿命不会受到影响。

引起超重的外因，以饮食过多和活动过少为主。而内因包括家族遗传性、神经精神因素和内分泌调节因素共同作用发病。肥胖因可并发高血压、糖尿病、高脂血症、痛风以及动脉硬化而死亡率增加。

根据身高和体重即可诊断本病，体重指数（BMI）＝体重(公斤)/身高(米)^2，女性大于 27.3，男性大于 27.8 则可诊断为超重。体重指数并不指示脂肪分布，研究表明，腹部肥胖和疾病风险的增加有特别的关联。

核保考虑因素：体重指数、血压、尿检、肝肾功能、心脏功能、血脂、血糖、家族史（家庭成员中有 60 岁前患心血管疾病）。

一般的超重需要评点；有额外风险因素，例如血管病变、高血压、糖尿病等需要另外评估其风险，且一般要加重评点。如果严重超重或病态的肥胖则拒保。

29.6 泌尿系统疾病的核保

29.6.1 急性肾小球肾炎

急性肾小球肾炎简称急性肾炎，是以急性肾炎综合征为主要临床表现的一组疾病。起病急，特点为血尿、蛋白尿、高血压、水肿表现，可伴有一过性氮质血症。多见于链球菌感染后，也见于葡萄球菌、肺炎双球菌及病毒感染后。多见于儿童，男多于女。

绝大部分病人于发病 1～4 周经利尿、消肿、降压治疗后好转，4～8 周多数化验指标正常。但少量镜下血尿及微量尿蛋白有时可迁延半年至一年才消失。少于 1%的患者可因急性肾衰竭救治不当而死亡。多数病例远期预后良好，可完全治愈。老年患者，有持续性高血压、大量蛋白尿或肾功能损害者，肾组织增生病变重的预后较差。

1. 核保资料

包括病历、血压、肾功能测试（肌酐、尿素氮、肌酐清除率）、尿常规及尿液分析。

2. 核保分析

目前尿中是否有蛋白，目前血压及肾功能情况，有否复发。

3. 核保要点

一般原则：现症或急性发病康复后不足三个月的所有病例应延期承保。急性肾小球肾炎发病超过二次按“慢性肾小球肾炎评点”。单次发作超过 3 个月，完全治愈，尿液检查及肾功能正常可标准承保。多次发作，尿液检查正常，末次发作至今超过 3 年的可标准承保。

29.6.2 原发性肾病综合征

原发性肾病综合征由多种肾小球疾病引起，主要病理是因大量尿蛋白漏出、血浆白蛋白浓度降低、水肿和高脂血症。

肾病综合征预后的个体差异很大。大量蛋白尿、高血压、高血脂、存在反复感染、血栓栓塞并发症及某些病理类型如局灶性节段性肾小球硬化预后较差。

核保考虑的因素：病因、病程、尿液检查、肾功能，血脂及血压水平，肾脏病理检查结果。

一般原则：一般是延期甚至拒保。对于肾功能、尿液检查和血压正常的病例，在严格的承保条件下可考虑接受其投保申请，给予中度以上评点。

29.6.3 慢性肾小球肾炎

慢性肾小球肾炎简称慢性肾炎，指蛋白尿、血尿、高血压、水肿为基本临床表现，病情迁延，发展缓慢，可有不同程度的肾功能减退，最终将发展为慢性肾衰竭的一组肾小球病。多见于中青年男性。病因包括原发性肾病及系统疾病（例如：糖尿病、红斑狼疮、淀粉样变性、过敏性紫癜等）。

凡尿化验异常（蛋白尿、血尿、管型尿）、水肿及高血压病史达一年以上，无论有无肾功能损害均应考虑此病，在除外继发性肾小球肾炎及遗传性肾小球肾炎后，临床上可诊断为慢性肾炎。

本病最终将发展至慢性肾衰竭。进展速度个体差异较大，主要取决于其病理类型，也与是否重视保护肾脏及保护是否恰当有关。

1. 核保资料

包括病史、病历资料、体检资料、肾功能测试（尿液常规及尿液显微镜分析、肌酐、尿素氮）。

2. 核保要点

有下列情况的应拒保：肾功能损害、水肿、高血压、有渐进的趋势、长期接受皮质类固醇或免疫抑制剂治疗、病因不明。其他情况下中重度评点加费承保。

29.6.4 肾盂肾炎

肾盂肾炎发病率相当高，临床上分为急性和慢性两种，好发于女性，是由各种致病菌直接侵袭所引起的肾盂肾盏感染性炎症。致病菌以大肠杆菌最多。上行感染是最常见的途径，其次还有血行和淋巴道感染等。可并发高血压。

急性肾盂肾炎如及时治疗，用药恰当，90%以上可痊愈；慢性肾盂肾炎则较难完全治愈。炎症长期不愈或急剧进展者，则有可能发展成尿毒症。

1. 核保资料

包括病历资料、肾功能检查、尿液检查。

2. 核保分析

目前的尿液检查、肾功能、血压是否正常，泌尿道梗阻等现象是否仍存在，患病时间长短、有否复发。

3. 核保要点

现症延期；急性单次发作，已痊愈且无后遗症可标准承保；多次急性发作，已痊愈 1 年以上且无后遗症可标准承保。慢性肾盂肾炎，以病情、肾功能情况评估，如果肾功能正常，可中重度加费承保；如肾功能异常，则拒保。

29.6.5 肾功能不全

肾功能不全包括急性和慢性，在此主要介绍慢性肾功能不全。慢性肾功能不全是一个临床综合征，发生在各种慢性肾脏疾病的基础上，缓慢地出现肾功能减退而至衰竭。在我国最常见的病因依次是：原发性慢性肾炎、梗阻性肾病、糖尿病肾病、狼疮肾炎、高血压肾病等。

当肾小球滤过率（GFR）低至正常的 10％～20％，血肌酐升高达 450umol/L～707umol/L 时，称为肾衰竭期；当 GFR＜10ml/min，血肌酐＞707umol/L 时，就到了肾衰竭晚期。

不进行肾移植预后差，成功肾移植则预后较好。

核保资料包括：医学报告、住院治疗的详细报告。

核保考虑的因素：目前的肾功能，发病原因，有无使用肾移植或透析疗法等。

一般原则：拒保。

29.6.6 泌尿系统结石

肾结石是常见的肾脏疾病。发病与过度摄取无机盐、水量摄入减少、尿 PH 值变化、感染等有关，有些系因全身代谢异常、甲状旁腺功能亢进所致。多见于 20～40 岁，上尿路结石男女患病年龄相近而以男性患者较多见，下尿路结石多见于 20 岁以下青少年，尤以 1～10 岁儿童占最多数，男性显著多见。

结石以肾盂内最常见，肾结石可引起肾盂肾盏损伤、感染和阻塞。症状取决于肾结石的大小、形状、所在部位和有无感染、阻塞等并发症。结石移动可引起剧烈腰痛，多发生于剧烈移动后，结石移动擦伤肾盂和输尿管粘膜可引起血尿，结石梗阻尚可引起尿闭。5mm 以下的细小结石可无症状，能顺利排出，并不影响肾功能。固定在肾盂或下肾盏内不移动、无感染的结石，也可无症状或仅有轻度腰部不适。

核保资料包括：病历、体检以及最近的尿液检查。

核保考虑的因素：目前尿常规检查是否正常，导致肾结石形成的因素是否持续存在，结石是否已排出或消失。

现症：无症状的单侧结石且不合并肾功能损害可标准或轻度加费承保；有症状的单侧结石但无肾功能损害可轻度到中度评点；有肾功能损害者应拒保。双侧结石可中度评点甚至延期。

过去史：结石经治疗或自行排出，肾功能及尿液检查正常，标准承保。两年内多次发作的应予评点。病因仍存在的增加评点。

29.7 神经系统疾病的核保

29.7.1 脑血栓形成

脑血栓形成是缺血性脑中风的一种，是指脑动脉在管壁病变的基础上形成血栓，导致脑动脉供血范围内的脑血液循环障碍、脑缺血或梗死。最常见的病因为脑动脉粥样硬化，常伴有高血压。高血压、高脂血症或糖尿病可加速动脉硬化的发展。本病中老年人多见，据我国六城市调查，其年发病率为 81/10 万，患病率为 419/10 万。

预后：取决于永久性损害的严重程度、病因、同时存在的疾病、防治措施等等。意识的损害、智力的衰退、失语症及严重的脑干症等症状均表示预后不良。病情好转得越快，整体的预后越乐观。后遗症持续超过六个月表示此症已转为永久性。脑梗塞的复发相当常见，且每次复发均会加重神经性的损伤。脑血栓形成，急性期病死率约 10%～15%。昏迷严重伴发脑水肿、出血性梗塞或严重的肺部感染者预后较差。存活者约 30%部分或完全恢复工作，腔隙性梗塞的长期预后差。

核保资料包括：病历资料及体检结果（头部 CT 或磁共振检查）。

核保要点：通常拒保。

29.7.2 短暂性脑缺血发作（TIA）

短暂性脑缺血发作（TIA）系指一时性脑血管缺血所引起的局限性脑功能障碍，症状发生迅速，消失亦快，通常持续数秒至数十分钟，并在 24 小时内完全缓解，不留任何神经功能缺损。其病因包括微栓子、颈动脉过长或外伤、颈椎病、颅内动脉炎、血粘度增加、血高凝状态等。

1. 病历资料

了解发病详细情况，发病的时间，是否复发，有无后遗症，发病年龄，有无高血压、冠心病、糖尿病、高脂血症等，有无家族史。体检：血压、心电图、血糖、血脂、血粘度等。

2. 核保要点

年龄较大、反复发作、每次发作持续时间较长并伴有高血脂、高血压、冠心病、糖尿病及家族史者，因复发和进展的可能性极大，通常采用拒保的方式。

对于仅有一次发作，时间较长（超过 6 个月）无复发，无高血压、冠心病、糖尿病及家族史者，可考虑加费承保。

29.7.3 脑出血

脑出血是指脑实质内的动脉、毛细血管或静脉破裂引起的出血。高血压动脉硬化是脑溢血最常见的病因。

核保资料包括：病历资料、体检资料。

核保通常拒保。

29.7.4 多发性神经炎

预后：通常在发病 1～2 周内症状最重，多数在病情稳定后 2～4 周开始恢复。死亡较少见。一般儿童比成人恢复得较快且较安全；若病情进展速度快，需要辅助呼吸以及电生理检查运动传导速度明显下降者预后差。约 1/3 可留后遗症，如腱发射低、足下垂、手肌萎缩及无力、自主神经功能障碍等。

核保考虑的因素：病历资料，发病时间、病程、治疗情况、目前的身体状况、有无后遗症，体检资料。

核保处理：病情已完全恢复正常者，可不予评点，按标准体承保；若麻痹现象已持续 6 个月尚不稳定，且不能自我照料者，延期承保；若已有后遗症状且承保范围包括瘫痪、四肢机能丧失或永久性完全失能者，除评点外，应将相关保障除外或拒保。

29.8 精神疾病的核保

本节主要介绍躁狂抑郁性精神病。

躁狂抑郁性精神病是以情感障碍为主导症状的重精神病，在疾病过程中可伴有思维和行为障碍，这些障碍与情感障碍相协调，该病可以反复发作，其间歇期精神状态可以完全正常，病程进展中始终不发生精神衰退，疾病发作形式可以只有躁狂发作或抑郁发作，也可以有躁狂抑郁交互发作。

预后：躁狂抑郁性精神病的预后一般较好，发作间期精神正常，少数患者可处于持久的躁狂状态，可延续数年至数十年，抑郁型患者有10%左右死于自杀。隐匿性抑郁症病程短者易缓解，病程两年以上者症状易迁延而且预后较差。

核保要点：除年金险外，目前均拒保。

29.9 运动系统疾病的核保

29.9.1 类风湿关节炎

类风湿关节炎是一个以累及周围关节为主的多系统性炎症性的自身免疫病，其特征性的症状为对称性、周围性多个关节慢性炎性病变，临床表现为受累关节肿痛、功能下降，病变呈持续、反复发作过程。其病理为慢性滑膜炎，侵及下层的软骨和骨，造成关节破坏，60%～70%的患者在活动期血清中出现类风湿因子。女性发病较男性发病率高。

由于本病的病因不明，目前临床上尚缺乏根治本病的方案以及预防本病的措施。治疗措施包括休息等一般性治疗、抗风湿药物、外科手术治疗，其中以药物治疗最重要。

大多数患者呈现发作与缓解的交替过程，出现轻重不等的关节畸形和功能受损，少部分患者在短期发作后自行缓解，另有一些在1～2年内就进入到关节和骨的明显破坏状态。

核保资料包括：病历资料、体检资料（一般物理检查、类风湿因子、血沉）。

核保考虑的因素：疾病类型、病程的长短、药物治疗的方法、治疗的时机、病变是否处于活动期等。

核保要点：斯提耳氏病（Still病）、费耳提氏综合征（Felty综合征）现症拒保；完全治愈可标准承保。其他类型，病情较轻，血沉30mm/h以下可轻度加费或标准承保；病情严重，有关节畸形，类风湿因子强阳性，血沉60mm/h以上重度评点或拒保。

29.9.2 进行性肌萎缩

进行性脊髓性肌萎缩属于运动神经元疾病，细胞变性限于脊髓前角α运动神经元。特点是进行肌萎缩和肌软弱，通常自手的小肌肉开始，蔓延至整个上肢和下肢，反射消失，感觉障碍不出现。

目前仍无特效治疗方法。可用氨基酸制剂、核酸制剂、维生素、血管扩张剂，给予高蛋白低脂肪饮食，保证充分的休息。

核保要点：拒保。

29.10 妇产科疾病的核保

29.10.1 乳腺囊性增生病

本病常见于30～50岁的妇女，大约50%的绝经前妇女可能患有慢性乳腺炎。与卵巢功能失调有关。数据显示患有上皮细胞增生型乳房纤维囊性疾病的女性，特别是不典型增生的患上乳腺癌的机会较高，癌变率较高。

核保资料：病历资料、一般体检、乳房影像检查、病理报告（如有）等。

核保考虑的因素：病变是否只累及一侧乳房，肿块的增长情况，是否有明确的病理诊断，是否已手术切除治愈。

核保要点：刚发现的肿块，病变不明确者，以及进行性生长（包括大小、数量和症状）的应延期承保。非进行性生长、病情已稳定三年以上，已手术切除或病理证实良性者可标准承保。病情初期正接受检查者应延期。其他情况下可轻度评点，如果只影响一侧乳房或者是绝经后有渐进的现象，应加重评点、慎重承保。

29.10.2 子宫肌瘤

子宫肌瘤为子宫良性肿瘤，因主要由平滑肌纤维组成，故也被称为子宫平滑肌瘤，是女性盆腔中最多见的肿瘤。多无症状而在普查中发现，或因其他疾病剖腹探查或尸检时发现。

核保考虑的因素：发病年龄，肌瘤大小及变化情况，是否合并贫血及其他并发症。

核保要点：无症状、肌瘤体积无变化者可以标准承保，引起月经过多、贫血者可适当评点，引起尿路梗阻者应延期。

29.11 儿科疾病的核保

29.11.1 新生儿黄疸

新生儿黄疸又分为生理性黄疸和病理性黄疸两类。

生理性黄疸。大部分新生儿在生后第2～3天，出现黄疸，于第4～6天最重，足月儿在生后10～14天消退，早产儿可延迟至第3～4周才消退。在此期间，小儿一般情况良好，不伴有其他临床症状，称为生理性黄疸。生理性黄疸的产生原理是综合性的，与前述的新生儿胆红素代谢特点有关，其中胆红素产生过多和肝酶系统发育不完善最为重要。

病理性黄疸。下列情况常考虑为病理性黄疸：（1）出现过早黄疸，在出生后24小时内出现；（2）程度过重，血清胆红素超过生理性黄疸限度，大于12mg/dl或每日上升超过5mg/dl；（3）持续时间过长，足月儿在第2周或早产儿于第3～4周肉眼检查仍有黄疸者或黄疸退而复现，或进行性加重；（4）结合胆红素大于1.5mg/dl。

病理性黄疸的主要病因：（1）新生儿期溶血性疾病；（2）新生儿败血症及其他感染；（3）新生儿肝炎；（4）先天性胆道闭锁，胆道闭锁可能发生在胆总管、肝管及肝内胆管。

核保考虑的因素：血清胆红素的水平及出生后出现黄疸的时间，是否为病理性黄疸，引起病理性黄疸的原因，是否有核黄疸。

29.11.2 脑瘫

脑性瘫痪是指出生前到出生后一个月以内各种原因所致的非进行性脑损伤。主要表现为中枢性运动障碍及姿势异常。症状在婴儿期内出现，有时可伴有智力低下、癫痫、行为异常或感知觉障碍。是小儿时期常见的一种伤残情况。

核保要点：通常拒保。

29.12 肿瘤的核保

29.12.1 癌症的病理分级和临床分期

根据肿瘤细胞分化程度可对肿瘤进行病理分级：Ⅰ级为分化好，恶性程度低；Ⅱ级为分化中等，恶性程度中度；Ⅲ级为分化差，恶性程度高。恶性肿瘤的病理分级提示肿瘤的恶性程度，可为临床治疗和预后提供参考。

患者可能处于恶性肿瘤的早期、中期或晚期，医学上依据肿瘤大小（T）、淋巴结（N）和远隔部位有无转移（M）对癌症患者进行临床分期。各种癌症的分期标准内容不尽相同，但通常都可以分为Ⅰ、Ⅱ、Ⅲ和Ⅳ期。肿瘤的分级：根据肿瘤的病理形态对肿瘤进行病理分级，可表明肿瘤的恶性程度，为临床治疗及预后提供依据。

国际抗癌联盟（UICC）根据原发肿瘤的大小及范围（T）、局部淋巴结（N）受累情况以及肿瘤转移情况（M）三项指标对肿瘤进行病理学分期。简述如下：

PT：原发肿瘤。

PT_{is}：浸润前癌（原位癌）。

PT_0：手术切除物的组织学检查未发现原发肿瘤。

PT_1，PT_2，PT_3，PT_4：原发肿瘤逐级增大。

PT_x：手术后及组织病理学检查均不能确定肿瘤的浸润范围。

PN：局部淋巴结。

PN_0：未见局部淋巴结转移。

PN_1，PN_2，PN_3：局部淋巴结转移逐渐增加。

PN_4：邻近局部淋巴结转移。

PN_x：肿瘤浸润范围不能确定。

PM：远距离转移。

PM_0：无远距离转移证据。

PM_1：有远距离转移。

PM_x：不能确定有无远距离转移。

病理分级反映肿瘤的恶性程度，临床分期反映患者患恶性肿瘤的早晚，对患者造成危害的程度。医师可根据病理分级和临床分期准确了解癌症患者的严重程度和恶性程度，有利于做出正确诊断，选择恰当的治疗方法，估计患者的预后。

29.12.2 肿瘤的核保分析

需要有充分的资料，明确诊断和病情并找出对应的风险等级，主要包括：肿瘤组织的病理检查报告；手术治疗的资料；最近复查检查的资料；手术后的年限；肿瘤问卷；资料不完全应进一步提供资料。

肿瘤的部位和类型：不同部位肿瘤其判断危险程度的标准不同。良性肿瘤和恶性肿瘤在生物学特点上是明显不同的，因而对机体的影响也不同。良性肿瘤一般对机体影响小，易于治疗，疗效好；恶性肿瘤危害较大，治疗措施复杂，疗效还不够理想。颅内的良性肿瘤如果进行性增长，可造成颅内压迫等严重后果。

治愈的年限：年限越长其预后越好。

肿瘤的核保要点：所有恶性肿瘤并未进行外科手术完全切除，或放射治疗或化学性治疗者，延期承保。局部复发的情况超过两次，拒绝承保。确定对应等级的，根据风险等级决定承保条件：加费承保和（或）约定责任除外；限额；拒保或延期。

29.13　传染性疾病及其他的核保

29.13.1　艾滋病

核保考虑的因素：病历资料、体检结果、目前病人的身体状况。

核保处理通常拒保。

29.13.2　性病

性病包括淋病、梅毒、软下疳、衣原体病、性病性淋巴肉芽肿等性传播疾病。核保时要考虑其道德因素以及生活习惯的危险性。现症以及多次发作或未完全治愈的一般拒保，仅一次发作且完全治愈的可以标准承保。

29.13.3　毒禁品

某些药物和毒品并无严格意义上的区分，如吗啡、可卡因在用于治疗时为药品，用于非治疗使用时即为毒品。药物使用合理、恰当，对身体健康和疾病治疗有益无害，药物滥用、药物依赖和毒品使用对健康极为有害。有的侵害神经系统，导致昏迷、精神错乱；有的侵害心脏，导致心功能受损、心律失常；有的侵害免疫系统，使机体抵抗力下降；有的侵害造血系统，使造血机能障碍，最终大大地增加死亡率。一般常见的毒品和滥用药物有：

（1）麻醉剂：如吗啡、杜冷丁、可卡因、海洛因等。

（2）致幻觉作用：如大麻、摇头丸等。

（3）兴奋剂：如类固醇类激素、麻黄碱类、可卡因等。

（4）镇静剂：如巴比妥类药物、苯二氮卓类药物等。

（5）其他如镇痛剂等。

1. 核保分析

核实被保险人有无药物毒品滥用情况，为哪一类的药物或毒品滥用，此类药物或毒品是否增加了被保险人的死亡率。

核保人员要发现被保险人有无药物毒品滥用是很困难的，只能通过告知、体检和生调人员的调查才能发现。其中生调人员的调查特别重要，因为客户一般不会主动将其吸毒或药物成瘾的状况告知保险公司，生调人员可通过正面观察、技术性询问和侧面了解，如被保险人有一些异常情况，诸如经济情况急剧变坏、失业、性情变坏、出现偷盗诈骗史、行为怪异、手肘处有注射留下的针眼等，就要怀疑吸毒的可能。对于被保险人身体某处有长期疼痛，如关节炎长期疼痛、腰痛，要询问其治疗中有无长期使用镇痛药物；对有失眠的患者，要了解有无长期应用镇静安眠药；对于生育期妇女，要了解其有无长期使用避孕药物；对于专业的运动员，要了解其有无服用兴奋剂的迹象或有无服用兴奋剂史，诸如此类。当然，核保时还要结合其投保的险种和保额，缴费的方式。如果是购买高额纯寿险和意外险、定期寿险、选择月缴或季缴方式，核保人员要提高警惕。

2. 核保要点

核保处理一旦确认有吸毒史，即便被保险人目前已断瘾，国内的做法大都是不予承保。一方面吸毒者的道德风险较大，财务状况也极不稳定，身体机能相对较差；另一方面，吸毒者的毒瘾很难戒断，极易复发。

对于有药物滥用史的被保险人，如果目前仍在应用，一般不予承保；曾经使用过，目前虽然已停用，但已经造成了对身体机能脏器的损害，一般也不予承保；对已戒断多年，且没有对身体健康状况造成较大损害的情况，可酌情评点后承保。

关键词

高血压	心肌炎	肺源性心脏病	冠心病	心电图
肺炎	大三阳	病毒性肝炎	消化性溃疡	慢性肾炎
蛋白尿	糖尿病	空腹血糖	高脂血症	超重
脑血栓形成	脑出血	乳腺癌	白血病	肿瘤
良性肿瘤	恶性肿瘤	性病	艾滋病	

思考题

1. 高血压病的病因及其预后有哪些？核保的处理原则有哪些？

2. 病毒性肝炎的类型，病毒性乙肝的核保处理原则是什么？

3. 胰腺炎的分类及核保处理原则是什么？

4. 简述冠状动脉粥样硬化性心脏病（心绞痛、心肌梗塞）的临床分型、预后因素。

5. 判断贫血的主要类型有哪些？

6. 糖尿病的主要并发症是什么？

7. 简述心肌病的分类及其预后。

8. 什么是慢性支气管炎？核保的处理原则有哪些？
9. 短暂性脑缺血发作的病因有哪些？预后如何？核保的处理原则有哪些？
10. 高脂血症的原因及危险是什么？
11. 简述肿瘤的分类、分期以及核保的一般原则。

第30章

核保和其他相关职能的关系

本章预习

在保险公司，核保、理赔、保全都归属于业务部门，三者之间有着密切的联系，相辅相成。只有熟悉核保、理赔、保全的操作原理，了解其中的相互关系，并在实际操作中加以应用，才能真正体现保险的意义。本章主要内容包括：

- 核保与理赔、保全的关系
- 保全核保及理赔后再核保的处理原则
- 保单复效、变更，理赔后再核保等的处理原则

30.1 核保与保全

保全又称契约保全或保单保全，是指为保持保险单的效力而进行的一系列售后服务工作。广义的保全包括：客户回访，保费催收，各类提

醒、通知，退保的劝阻，以及各类变更、退（撤、加、减）保，复效，给付等等。狭义的保全包括：合同关系人的变更，基本信息变更，缴费期限变更，保单复效，加保，减（退）保，保险费垫缴，减额缴清，展期，补发保单，保单迁移，满期给付，保单质押贷款等工作。

一般需核保的变更类保全作业有复效、加保、更改健康资料、更改寿险计划、职业变更、年龄更改等情况。

30.1.1 保单复效的核保

对于分期缴纳保险费的长期性保险，一旦接受承保，保单效力即行生效。投保人在交付首期保费后，以后各期的保费均应按照保单所约定的时间及日期交付。为了保障被保险人的利益，对投保人未按时缴纳保费的，依国家与地区情况的差异，一般的保险都设有 30～90 天不等的宽限期（grace period）。在宽限期结束以前，如果不支付续期保费，保单效力自行中止。然而，大多数保险条款都明确包括一条规定，允许投保人在保单失效后一定时间内（一般为 1～5 年，多数为 2～3 年），可以对保单复效提出申请，经保险公司重新核保同意并履行必要的手续后，可以恢复原保单的效力。但如果保户已经将保单退保（撤保），则不再享有这种权利。这个条款并不是强迫保险公司一定要接受复效申请，只有当保户缴纳了所有逾期未缴的保险费加利息并且提供了目前具有可保性证明后，保险公司才会同意复效。

对于失效保单复效时的核保，通常的考虑包括两个方面的因素，即健康状态的变化及逆选择发生的可能性。

一般情况下，在复效时，保险公司都会要求客户重新填写健康告知声明书或提供必要的健康证明（health evidence）、目前的身高体重状况等，必要时会要求复效客户进行某些方面的医学检查，其中健康告知声明书会涉及投保客户既往的健康状况。更重要的是询问其在保单失效阶段的门诊或住院就诊情况，保单失效期间的意外事故及为此进行的手术情况，失效期间家庭其他成员如父母、兄弟、姐妹的医疗、意外或身故情况，借以寻求其复效动机的一切可能因素。复效件核保通常要比新契约件的核保宽松些，而且保单以往的有效年度越长，复效时核保越宽松。

在复效时，必须考虑的另一个因素是客户以前投保的要求可能有逆选择的动机。当然，除我们上述谈到的健康方面的因素外，还有某些关于投保人利益的问题在复效时必须尽可能得到答案，这些问题包括：（1）导致保单失效的原因？（2）失效是偶尔意外、长期出差，还是疏忽？（3）是否有家庭生活或家庭财务的原因？(4) 所需要的复效保单的主要保障是什么？(5) 最直接的复效动机是什么？(6) 复效时家庭生活或家庭经济状况如何？等等。

当上述全部问题均得到复效肯定的答案而无特殊疑问并且健康状况无特别变化时，可填妥有关申请书和必要的文件，并经投保人补缴中止期间的保费及利息后，可以予以同意复效，否则需要考虑拒绝复效申请的方式。若投保客户复效被拒绝而坚决要求投保，解决问题的办法多采用保险公司按相关规定对原保单支付保单现金价值（cash value）而请客户重新投保且在新的核保资料基础上重新开始核保程序，根据核保情况以决定承保条件的方式。

在核保员决定保单复效时，一个值得注意的问题是需要留意复效申请上投保人与被保险人的签名，需要与以前投保资料上的签名核对，以防止逆选择的发生。

30.1.2 保险合同变更的核保

在保单有效期内，被保险人可能会因投保意识、经济状况的变化，意外的变迁和意识及观念的改变，要求对保险合同进行部分变更，变更的项目可能包括保险险种、增加或减少保额、更改健康资料、受益人（beneficiary）、增加原保单的受益率等等。

在保单有效期内投保人提出加保，保险公司会要求投保人、被保险人填写加保申请、健康及财务告知书，核保人员根据核保规则进行核保，以决定是否同意加保、限责承保或加费承保，收取相应的保险费。

职业变更往往涉及保费的增减。核保人员根据职业分类表进行核保，以决定是加减保费还是拒绝继续承保。

在对这类变更保件进行核保的过程中，不论其变更的是投保险种、保险金额，还是受益率及保险费率，要把握的中心环节都是变更结果是否增加了变更保件的风险程度，变更后的保件有否适应当初承保时的承保条件，是否增加了道德风险，有无逆选择的动机等等。

通常情况下，投保人会因家庭经济状况的改善、保险意识的提高、家庭生活的影响、子女的因素等方面的影响，为较大的投资拥有较高的保障而改变原来的投保计划，这种情况下的变更一般是合理且安全的。但是，也有可能存在一种核保的问题：如果新的保险计划中含有保费豁免责任，那么，新的高保费保险计划也相应增加了这种保费豁免的风险。所以，面临保单变更的情况，被保险人变更时的年龄、身体状况、财务状况、心理状况等核保资料都需要有一个新的、全面的记录。通过搜集到的全面的变更资料，确认被保险人无身体上的异常损伤及健康异常，体格状况在标准范围之内，变更后的保费与其收入的比例合理，对于变更申请单上的告知均无异常，保单变更理由充分合理时，保险公司可以接受保单的变更请求。

值得注意的一个问题是，若被保险人想通过保单变更以较小的投入获得最大可能的保险金额时，就需要特别留意逆选择的可能性。另一个问题就是对于被保险人为少儿或老年人时，变更受益人的问题。这种保单变更情况一经出现，需要核保人员特别留意投保人、被保险人、受益人三者之间的关系，特别需要尽可能地了解投保家庭的生活及财务状况，必要时可通过直接或间接调查的方式，了解其家庭生活状况及相互之间的经济利益，以避免道德风险的发生。

30.2　核保与理赔

30.2.1　核保和理赔的关系

核保是保险人在承保时所做的风险管控，以防范保险人及其被保险人承担过量的风险。有效的理赔管理使保险人充分履行其对被保险人的职责，从而及时准确地支付所有有效的索赔，并且拒绝支付不受保障的或欺诈性索赔。核保和理赔都要求以事实为依据，真实的核保体现了对广大保户的公平，真实的理赔同样维护了广大保户的实际利益，反映了公平的原则。所以，核保、理赔在处理原则上是一致的，即依据事实，公平公正。

从风险管理的整个过程看，核保是风险管理，理赔是危机处理。严格核保目的是排除逆选择和道德风险进入被保险人集团，维持公司的安全经营。而理赔则可以剔除掉混入进来的不良客户，如保险欺诈、带病投保者。而通过理赔工作也可以反思核保政策，达到核保理赔间的互动。一般而言，精算部门是保险公司中的政策制定者，核保部门是政策的执行者，理赔部门是政策的验证者。如果总的赔付率维持在预定的范围内，那么就是正常赔付率，如果赔付率超出了预定范围，就说明核保政策或产品定价可能存在问题，公司需要进行相应的政策调整。经验数据显示核保后的长期险承保件一般在前五年中会充分地反映核保的效果，经过五年后应进入正常的生命表所反映的数据状态。因此，经核保后的承保件，如果在最初的数年内出险率高、理赔率高、理赔数额大，则说明核保效果不佳，需要进一步调整核保政策，加强核保人员的工作责任心及核保技术的培训。

正因为如此，核保与理赔是密切相关的，在核保与理赔之间建立密切的合作关系有助于保险人有效地管理风险，提高核保与理赔决策的准确性和质量，并因此而在竞争激烈的商业环境中占据有利地位。

30.2.2 理赔后的核保

理赔后的核保是对曾发生过保险事故的被保险人在投保新的保件时的核保和理赔后对原保险单的核保。一般有以下几种情况：

（1）附加险续保的核保。附加医疗险发生索赔后，应根据身体情况决定是否续保和如何续保。

（2）新保的核保。将发生过理赔的信息作为被保险人健康资料的一部分，按核保手册的规定评点，决定如何承保。

（3）附加险理赔或拒赔后发现主险承保时的问题，对主险重新核保，有时涉及其他有效保单。这类问题多为存在不实告知，需对主险保单进行重新核保，予以妥善处理。

（4）主险理赔或拒赔后发现主险承保时的问题，对主险重新核保。

在理赔调查过程中发现的问题及提供的线索和保险金给付情况等资料，都为新一轮核保提供了极具价值的资料。对此类投保在核保时查阅其理赔记录是非常重要的，它可能对核保意见有决定性的影响。

例如，某被保险人，男性，36岁，投保重大疾病险并附加住院医疗保险，健康告知无异常，保险公司接受了其投保申请。半年后该被保险人因肝功能异常住院治疗，向保险公司提出索赔申请，理赔人员经调查核实证实该被保险人于投保时即已患有慢性乙型活动性肝炎，并存在早期肝硬化征兆，由于其未履行如实告知义务，故此住院医疗保险的索赔申请不予认可，并拒绝给付赔偿金。由于该被保险人投保的主险为重大疾病保险，核保人员获此拒赔信息后，建议保全部门以投保人未履行如实告知义务，严重影响了公司的核保结论为理由而解除被保险人重大疾病保险合同。

综上所述，核保与理赔是寿险公司风险控制的两大重要环节，它们之间的相互支持、相互促进，必将对广大保户合法利益的充分体现、保险公司的稳健经营及寿险事业的蓬勃发展做出积极贡献。

关键词

核保	合同变更	保全	保全核保	保单复效	理赔
赔付率	道德风险	逆选择	保单现金价值		

思考题

1. 简述核保与保全的关系。
2. 简述复效时核保要点。
3. 简述核保与理赔的关系。
4. 简述理赔后核保的类型。

第31章

再保险实务运用

本章预习

再保险是保险人在原保险合同的基础上通过签订分保合同，将其所承保的部分或全部风险和责任转嫁给其他保险人的保险。通过本章学习，使学员理解再保险事务中各当事人及其法律关系、再保险处理在保险公司经营风险中的特殊作用、再保险的主要种类和安排方式，以及再保险过程中的核保要求。本章具体内容包括：

- 再保险基础知识
- 再保险安排方式
- 再保险种类
- 再保险的核保

31.1 再保险基本知识

31.1.1 再保险与保险的关系

再保险，又称分保，是指一家或多家保险公司或再保险公司对原保险公司所承担的风险的保险，也被称为保险的保险。保险公司通过与再保险公司签订再保合同，并按此合同支付相对应的分保费给再保险公司，将其所承担的风险和责任转嫁一部分给再保险公司，在理赔发生时，再保险公司依照合同的规定，对原保险公司的赔付予以补偿。将自己承保的业务分出去的原保险人被称为分保分出人或分保公司，接受再保险业务的公司被称为分保接受人或接受公司或再保险人。分保公司为再保险的购买者，接受公司为再保险的提供者，两者是再保险合同的双方当事人。保单所有人并不是交换关系的一方当事人，而且在大多数情况下，并不知道保险人已将其保单中的风险全部或部分转移给了再保险人。保单所有人只与最初承保的分保公司有合同关系，而与再保险人不存在合同关系。当被保险人索赔时，虽然再保险人向分出公司支付其承担的那部分索赔额，但是在法律上，分出公司仍然承担向保单受益人支付所有保险金的责任。

如分保接受人又将接受的业务再分给另一家保险公司，这一过程称为转分保，双方分别称为转分保分出人和转分保接受人；分保公司将一部分风险和责任转嫁需要支付一部分保费，这种保费称为分保费；同时，分保公司为了支付承保业务，需要向接受公司收取一部分费用，这种费用称为分保手续费或分保佣金。

保险和再保险的目的都是对风险的承担、分散和转让，彼此相辅相成，互相支持、互相促进、互相依存。保险是再保险的基础，而再保险又支持了承保，可以使保险公司有能力承担大额业务，两者互相协作，共同发展。在实务操作中，分保分出人对于实行分保的业务应自留一部分，而将其余的业务分保，分保接受人在接受过程中，是以原分保分出人核保后的承保条件为基础，从这一角度看，合同双方的利害关系是一致的。但分保分出人和分保接受人所处的地位不同，彼此达成的协议又是在自愿互惠互利的情况下进行的，所以双方都存在着选择的余地，即分保分出人有权选择接受公司和分保的条件；同样，分保接受人也可以选择对分保是否接受以及接受分保的条件。在这样的情况下，除了公司的实力、信誉与知名度之外，分保的过程实际上是对原保险人做出的承保条件，即对核保的能力、尺度、准确性及核保结论进行的评价与检测。

保险的基本原则在再保险中也同样适用。最大诚信原则表现在分出公司对接受公司明确告知所保风险的各种情况，在人寿保险中包含的则是有关健康与非健康方面的因素。因为再保险可以是在一个或多个国家内进行的，所以每一项被接受的业务，都是根据双方提供的情况来确定的，在这一前提条件下，更多的是凭借过去积累的对双方的了解与诚信，在相互信任的情况下开展业务，分出公司对分保业务没有隐瞒与谎言，接受公司也有权查询；只要分出公司严格遵守诚信原则，接受公司就有义务根据合同支付赔款，即原保险人根据保险合同支付赔款后，接受公司没有异议且遵照再保险合同负责赔偿并切实做到责任分摊。这样的结果就是保险与再保险双方始终恪守的原则。遵守最大诚信原则，也是遵守再保险业务不论在业务质量还是业务范围方面不断扩展、国际合作不断加强的首要原则。再保险的可保利益原则也是以原保险责任为基础的原则之一。如出现理赔，再保险公司按照再保险合同的约定，负责分保业务部分的补偿而不能修改原承保条件；假如保险公司在承保后，依客户的需要进行批单更改或承保前及承保后改变了原承保条件，分出公司也应通知接受公司，从而使双方共同维护可保利益共享的基本原则。保险的最终结果就是对造成的损失进行赔付，同样地，再保险的目的也是对保险公司赔付后进行补偿。损失补偿原则在再保险中表现为客户向保险公司索赔后，接受公司根据分保合同的规定对保险公司予以补偿。因保险合同与分保合同在实务操作中可能是针对同样的客户，但这却是两个不同的合同约定，因此客户不能直接向再保险公司报案索赔，再保险公司在出险后也不直接给予保户赔付。但在美国，如在再保险合同中具有接受公司可以直接给客户赔付的直接赔付条款的规定，这样在发生索赔后，客户可以直接向接受公司索赔。最大诚信、可保利益与损失补偿原则在再保险中是密切联系的，对于接受公司给分出公司的损失补偿，是以最大诚信和可保利益为基础的，如分出公司不遵守最大诚信和可保利益原则，则接受公司有权不予赔偿。因此，保险的三大基本原则同样是再保险业务良性经营的重要原则。

31.1.2 再保险的作用

投保客户将风险转嫁给保险公司以求得风险发生后财政上的稳定。基于同样的道理，对于专营风险的保险公司也需要将承受能力之外的责任部分转移到一家或多家保险或再保险公司，通过分保或转分保的方式，在国内或国外更大的范围内分散风险。对于某些巨额保单，不但一家保险公司不能单独承担，还需要分给多家保险及再保险公司，而且接受公司还需将此业务办理转分保，将其巨大的风险转移到世界各地。所以，从风险损失在更大范围内均摊的角度理解，再保险的基本职能就是分散风险。

再保险作为保险的支柱和后盾，其主要作用表现在下列四个方面。

1. 稳定业务经营成果

在人们日常生活中，疾病、意外、死亡等风险随时随地可能发生，通过投保，人们将这些风险转嫁给保险公司。保险公司是专门经营风险的机构，在业务经营中，决定业务经营成绩好坏的主要因素就是保险费收入、赔款数额及各项费用的开支。如果赔款和各项费用开支超过保费收入，就会出现亏损；反之，如果赔款和各项费用的支出小于保费收入，则会出现盈余。各个年度的赔付率受各种因素的影响，往往波动很大，因此保险公司的经营成果难以保持相对稳定。虽然再保险并不能消除索赔水平的波动，但由于再保险人能帮助支付部分到期的保险金，从而有助于减轻索赔支付的波动。所以，再保险的作用之一就是能减少保险公司损失的波动，使保险公司的业务经营趋于稳定。

2. 提高承保能力

所谓承保能力，是指对于某一特定风险，保险公司在财务上所能承担的最高保障金额。一家保险公司的承保能力受其资本及准备金等自身财务状况的限制，依大数法则，只有尽可能多地接受风险，才能增加保费收入。但保险公司若承担的风险过多，特别是承担数额巨大、风险巨大的保件，则无疑是埋下了一颗定时炸弹，从而极大地影响了经营的稳定性。因此，当保险人希望能超出其当前的承保能力签发保单时，可通过再保险的方式来提高其承保能力。采取分保的方式，保险公司则可将承保的业务分给其他保险或再保险公司而不受自身偿付能力的限制，保险公司可以接受超过其自身承受能力几倍甚至几十倍的风险，从而扩大了其承保能力。

3. 增加运用资金

在保单开始的最初几年，保险公司所收取的保费并不够用来弥补有关销售保单和维持准备金所发生的费用。为了在保单开始的最初几年就建立所要求的准备金，保险人必须动用自己的一部分盈余。对于保险公司而言，这种由于新保单的高额初始成本和准备金要求所引起的盈余减少称为盈余缩水。盈余缩水一方面可能会使保险人的盈余水平降至法律所规定的最低盈余标准，另一方面也影响保险公司的资金运用。有的时候，特别是在比例分保合同中，为了防止接受公司在支付能力方面出现意外以及履行未到期保险责任方面出现问题，分出公司采用扣留责任准备金的方式来增加资本金运用。

4. 增进了解，扩大影响，获取核保经验

再保险是在世界范围内经营的，通过对外业务联系与交往，可以增进彼此的了解，深入了解国际保险市场。特别是国外著名的再保险公司，都具有强大的技术力量，通过业务往来，可以引进先进的技术与经验。通过广泛联系，扩大对外影响，推动本国保险事业的蓬勃发展。

再保险公司不但从他们的客户（保险公司）获取理赔经验信息，还根据自己的赔案进行经验统计。另外，一些再保险公司通过多年承保风险的经历，积累了相当丰富的经验。因此，再保险公司能够凭借其在损害风险因素方面的丰富知识，为保险公司建立合理的核保准则与程序提供建议。正在开发产品的保险公司通常在产品设计阶段就考虑再保险，尤其是在该产品有一些特殊的特征或者在定价上必须有竞争力的时候。大多数保险公司希望在新产品投入市场前就建立再保险关系。如果保险公司决定提供该产品并为该产品寻购再保险，再保险公司就能通过评估产品的核保标准、业务管理流程和方式、系统能力、保费结构、定价假设、佣金计划以及营销方式等来协助保险公司评定该产品的竞争力。

31.2　再保险的安排方式

再保险协议中的风险可在自动生效、临时或预约的基础上被接受或拒绝。在实务中最常见的分保安排方式有三种，即临时再保险、合约再保险和预约再保险。

31.2.1　临时再保险

临时再保险是最早使用的分保方式，再保险的条件是临时约定的，它是在需要分保时临时达成的分保行为。对于临时再保险，核保的特点是再保险公司自己逐个个案核保。在安排临时分保时，分出公司需要将分出业务的危险状况、是否分保、分保条件、自留额度逐项告之接受公司，而接受公司可以根据风险的性质、责任决定是否接受、接受分保的条件、接受的业务量多寡，双方完全自由选择。有时根据业务性质的不同，双方为了使分保业务达成的条件更有利于自己，还可以采取“谈判”或“讨价还价”等方式。所以说，临时再保险对分保的双方可以自由安排、自由选择，结果是该项业务可以达成，也可能因承保条件等诸多因素不能符合双方的条件而不能达成分保，即对保险公司和再保险公司双方没有任何约束力和强制性。在实务操作中，保险公司通过和再保险公司签署分保条约，作为确立分保双方权利、义务与责任的依据。办理临时分保的业务，多数是超过合同限额的部分或是新近开办的业务。临时分保的主要特点是原保险人自由安排，再保险公司可随意自由接受；分保条件清晰，便于接受公司了解和掌握业务情况，不易积累责任；手续费低，付费快，有利于接受公司的资金运用；时间性强，一旦在没有达成分保手续前出险，损失巨大；分保手续较为烦琐，费用较高。一般而言，在临时再保险安排下分出的风险可能是次标准风险或带有异常特征的标准风险，如巨额保险等。

31.2.2 自动再保险

自动再保险又称为合约再保险或称为固定分保，即分出公司和接受公司双方通过签订合同的方式将一定时期内对一类或几类业务进行彼此间的约束性分保，接受公司仅依据分出公司单方面的核保判断就同意承保条件。采用这一方式，将各种分保条件以文字形式加以固定，明确双方的权利和责任。自动再保险分保合同一旦签署，双方即应共同遵守，具有法律效力。自动分保的特点是具有强制性，合同一旦签订，双方都不能自由选择，这也是与临时分保的根本区别；所有业务不论质量好坏及风险大小，均需按合同的规定办理：自动生效再保险规定分出公司不能选择是否分出保障，再保险公司也不能选择是否接受保障。承保范围不同于临时分保只局限于某一笔业务，而是某一险种或某一类业务，从而使分保的合同量大，保费较多，风险经营相对稳定。再保险合同不同于临时分保，其中的规定繁杂详尽，特别是对于可自动分保的保单类型、合同的起始和终止、责任范围、分保手续费、保费准备金等都有详细约定。

对于自动再保险，在大多数协议中，保险人为其所保留的风险数额设立一个自留限额，称为自留额，再保险人也规定一个自动生效限额。自动生效限额指再保险公司不经自行核保就接受的单一生命风险的最大金额。超出分出公司自留限额的风险必须分出，再保险公司必须接受面额不超过自动生效限额的所有保单风险。一旦超过自动生效限额，可在临时或预约的基础上向再保险公司提出分保。如果分出公司因被保险人的年龄和死亡率等特殊原因打算自留的部分小于其规定的自留限额，或者出于其他考虑按照临时分保的方式提交了某项业务，那么该项业务不能以自动生效的方式分保。为了防止再保险中的逆选择，如接受公司拒绝了某一临时分保业务，那么分出公司不能为了自动生效保障而重新提交该分保业务。

31.2.3 预约再保险

预约再保险是介于临时再保险与合约再保险之间的一种再保险安排方式，是合约再保险的一种重要补充。这种分保安排方式基于以下的协议：（1）允许分出公司选择是否向再保险人分出业务；（2）如果再保险人有足够的承保能力，在协议规定合同范围内的每笔业务，要求再保险人仅根据分出公司的核保接受业务。采用预约分保安排方式对于分出公司来说是非常有利的，因为既可享受合同分保的优惠条件，又可以及时分散风险。预约分保较为流行的原因还包括：再保险过程中的承保管理手续较为简便实用，再保费更为便宜，预约分保的安排方式主动灵活，对于分出公司特别是出现错漏或过早发生理赔等问题有更好的保障。但对于接受公司来说，这种分保方式并不太受欢迎。预约分保一般适用于比例分保方式。

31.3 再保险的种类

31.3.1 主要的再保险种类

1. 成数分保

成数分保合同是保险公司和再保险公司根据合同限额百分比确定分出、分入责任的一种合同再保方式。当再保险当事人采用成数法来分配风险时，分出公司保留一定比例的风险，将剩余风险分给一家或多家保险公司。具体采用两种成数分保方式：全额成数分保和溢额成数分保。

(1) 在溢额成数分保中，分出公司保留其全部自留额，将剩余风险按百分比分给两家或多家接受公司。

(2) 在全额成数分保中，分出公司不管自留额的存在与否，将整个承保风险按约定比例分给一个或多个接受公司，即分出公司将其承保的风险全额按比例分出。该分保方式下，对分保双方而言，手续简化，减少人力、物力，减少不必要的费用开支。但其明显的缺点是：分保费的支付较多，也就是说对质量好的小额业务，本来没有必要分保，但据合同的规定也必须分保；而对于质量不佳的业务，保险公司亦不能减少自留额，所以成数分保更多的是适用在新开办的保险公司、新开发的险种以及小型规模的保险公司。

2. 溢额分保

溢额是指超过保险公司自留额以后的保险金额，溢额又称为分保额。在溢额分保方式下，保险人分出超过其自留额的特定保障数额。自留额和分保额与总保额之间的比例分别称为自留比例和分保比例，这两种比例随保额大小而变化，与之相关联的是分配保费和分摊赔款也相应改变。若保额低于自留额，这一业务自然就无须分保。随着业务发展的需要，保额不断增加，一个溢额分保不能满足分出公司的业务需要时，保险公司会在原来溢额分保的基础上再组织其他溢额分保，即会出现第二、第三溢额分保，即所谓的再保险分层。

3. 超额赔款分保合同

超额赔款分保合同又称超赔分保合同，它是以赔款作为计算基础，故属于非比例分保方式。超额赔款有两个限额，即起赔点（又称免赔额）和接受公司的最高责任额。在实际操作中，往往分为险位超赔和巨灾超赔两种，险位超赔是以每一危险单位发生的赔款来计算自负责任和分保责任额。采用这一方式，可以使小额业务的损失得以保障。巨灾超赔是以一巨灾事故造成的赔款总额为基础，统计自负责任和分保责任的超赔分保方式，它同样是对在较高的免赔额以上的分保责任进行损失补偿。这一分保方式实际上是险位超赔在数量级上的扩展，以此使巨灾风险和责任累计得以保障。因为巨灾超赔分保合同的保额高、责任大，所以也可根据业务需要，如同溢额分保一样，分总保额为若干层次，进行"溢额分保"。

4. 损失终止超赔合同

损失终止超赔合同是按每年累积的赔款金额与总保费收入的比率（即赔付率）来计算自留责任和分出责任的一种形式。当保险公司赔款超过规定的赔付率时，才由再保险公司负责超过部分的赔款，直至达到约定的赔付率或限定的保险金额。这是一种对经营成果的分保，也是对分出公司财务损失的保障。它是在其他运用形式的分保完成之后对经营结果的一种保险，所以也有人称之为累积超赔。

超额赔款和损失终止超赔都是以赔款金额作为计算基础确定再保险公司赔付责任的再保险方式，故都属于非比例分保，它主要是针对团体风险的再保险安排。

31.3.2 自留额和影响自留额的因素

保险公司的核保人员在办理分保前，依据评估保件的风险大小及自身承担风险的能力而确定的本公司承担的自留保险金额称为自负责任或自留额。自留额的确定是保险公司制定再保险计划时首先需要考虑的问题。

自留额的确定取决于多方面的因素，其外部因素包括国家对保险业的规划、保险市场的发展、市场竞争状况、保险公司在一定时期内的经营策略；内部因素则包括核保人员对风险的判定能力、精算人员结合市场状况把握的风险管理尺度、财务部门对公司财力状况的综合考虑，特别是公司的规模和资本及盈余状况以及公司决策者做出的经营策略。

31.4 再保险的核保

在再保险中，核保起着同样重要的作用，尽管再保险核保员与其他核保员相比要处理更多的较异常或较疑难的情况（例如财务核保），但核保再保险风险与核保任何风险基本上是一致的。然而，再保险的核保与分出公司的核保（也称初始核保）有两项重大差异。

在分出公司中，核保扮演的角色是审核营销员展业提供的投保单及投保资料，这其中包括对投保客户的健康与非健康状况的调查了解，对营销员信誉、核保能力的评估。也就是说，对于初始核保而言，核保员对代理人忠诚度的判断在核保决定中有一定的作用。而在再保险核保中，核保员主要着重于审核分出公司核保部门的水平。其最重要的工作是对分出公司核保质量的评价，而不是对营销员及客户的评价，特别是在采用合约与预约分保的方式下，分出公司分保保件的质量和核保部门的核保能力对接受公司来说就显得异常重要，因为他们的工作不仅仅表现于核保保件的准确程度和质量，更重要的是体现了分出公司对风险控制与管理的水平。一旦接受公司同意对分保达成协议，则表示认可与自己合作的分出公司的核保水平、质量及核保效率。在临时分保方式中，再保险的核保部门可能会有机会复查审核分保的投保资料，从这一角度讲，接受公司的核保与分出公司的核保并不具有同样重要的地位，接受公司的核保工作必须依靠分出公司的核保人员，才能获得适宜的核保资料。

再保险中核保工作的另一侧重点是对分出公司核保人员的培训。寿险核保需要考虑的因素众多，而实际工作中能够查证到的相关资料又甚少，核保人员的构成多数由医务人员或财政金融专业的人员担任，也都相应地存在着对保险知识或医学知识理解不够的缺陷。所以，紧密结合我国国情，需要有丰富经验的保险、医学、核保、社会学知识的人士对保险公司的核保人员加以培训与辅导。在这种情况下，由再保险公司核保人员负责进行的这项工作就有着非常重要的意义，在这一过程中，除了提高本国核保人员的专业知识与核保技能之外，同时也为再保险公司获取质量良好的再保保件打下了坚实的基础。

关键词

再保险	再保险公司	分出公司	转分保	接受公司
再保险合同	准备金	承保能力	盈余缩水	自留额
自动生效限额	临时再保险	自动再保险	预约再保险	成数分保
溢额分保	再保险核保			

思考题

1. 再保险的几种主要合同安排方式的适用性。

2. 再保险的主要种类。
3. 保险与再保险之间的关系。
4. 再保险工作在保险公司经营管理中的重大作用
5. 自动再保险的主要特点是什么?

第32章

核保案例汇编

本章预习

本章通过一些具体案例的分析，使读者对核保实务有一定的感性认识。一个熟练的高级核保人的培养，需要多方面的知识，包括保险、法律、医学等，还需要广博的社会常识以及丰富的经验。经验的积累是培养职业敏感性的必经之路。从这些案例中，读者将感受到，核保不仅仅是知识的运用，从某种意义上说，它是一种艺术，一种融合了各种社会经验、技巧的艺术。本章主要内容包括：

- 投保单填写不规范案例
- 医务核保案例
- 团险核保案例
- 保全核保案例
- 理赔照会二次核保案例

32.1 诊断学结果在医学核保中的应用

医学核保就是利用各种医学信息对准被保险人的健康风险进行综合分析的过程。它是结合核保对象的风险因素，根据相关的临床检验指标数值，判断特定个体患某种疾病的可能性。由于检验指标的检测结果往往受多种因素的影响，无论诊断试验在疾病的诊断中所起的作用如何重要，它的任务都仅仅是为健康损害的可能性提供证据，不能仅凭一项指标的阳性结果就判断患有某病。阳性结果可能由多种原因造成，可能是真阳性，也可能是假阳性。真阳性表示阳性结果是由于拟诊的疾病所致，假阳性表示阳性结果是由于拟诊疾病以外的原因所致。阴性结果也不能排除疾病，可能是真阴性，也可能是假阴性。如果疾病的患病率很低，投保人如没有患病的风险因素，则阳性的诊断学结果可能是假阳性。作为一个核保员，在应用诊断学结果时，最基本的是应把风险因素和实验室资料结合起来看，而不能把孤立的实验室检查结果作为惟一的标准。

在分析某项临床检查指标的作用时，核保员需要了解以下方面：

（1）为什么要做这一检查。

（2）受保人的风险因素如何。判断准被保险人患特定疾病的可能性。实验前可能性是指不考虑某项指标数值的情况下，个体患病的可能性。对于普通人群，实验前可能性即为某疾病的患病率；而对于特定个体，实验前可能性除与特定人口疾病的患病率有关外，还与个体所具有的相关风险因素有关。比如对于我国35～70岁的人群，高血压病的患病率为27.2%，意味着个体患高血压病的可能性为27.2%，但与无高血压家族史者相比，双亲一方有高血压者的高血压患病率高1.5倍，双亲均有高血压病者的患病率则高2～3倍。显然，一个临界的血压数值对有家族史者的诊断意义更大。

（3）引起临床检验指标异常的其他因素。

（4）诊断学结果的真实性判断。包括敏感度、特异度、阳性预计值、阴性预计值、所讨论疾病的患病率。

敏感度：是指经诊断金标准诊断的有病者，用诊断试验检测为阳性的比例；是筛检方法能将实际有病的人正确地判为患者的能力。

$$敏感度=\frac{真阳性}{真阳性+假阴性}=1-假阴性率$$

假阴性率是指筛检方法将实际有病的人错判为非患者的比例。

特异度：是经诊断金标准诊断的无病者，用诊断试验检测为阴性的比例；是一项筛检试验能将实际无病的人正确地判定为非患者的能力。

$$特异度=\frac{真阴性}{真阴性+假阳性}=1-假阳性率$$

假阳性率指全部非病人中筛检呈阳性者所占的比例。

预测值表示检查结果的诊断价值，它随着灵敏度和特异度的变动而有所改变，也受患病率的影响。

阳性预测值是由诊断试验检测为阳性的样本中，真正患者所占的比例，它表示筛检阳性中患该病的可能性。阳性预测值主要受患病率的影响，患病率越高，则阳性预测值越高；临床医师根据某病的患病率和诊断试验的阳性结果就能预测就诊者患某病的可能性大小；当患病率一定时，特异性越高，阳性预测值越准确。阴性预测值是由诊断试验检测为阴性的样本中，真正无病者所占的比例，它表示在筛检阴性中未患该病的可能性。当患病率一定时，诊断试验的敏感性越高，则阴性预测值越高。下面通过案例进行分析。

投保人，49 岁，已婚女性，投保人寿险 500 000 元，重大疾病保险 100 000 元，已有保额 30 000 元，总保额 630 000 元。她儿子是保单受益人。她的职业是内科医师。根据病史，她不吸烟，不饮酒，声称“素来体健”。家族史：无特别，没有糖尿病家族史。

体格检查：无异常，主要检查结果为：体格指数 20%；血压 115/75mmHg；心率 75 次/分；尿液检查无异常；其余检查正常。体检医师认为她非常健康，可以按标准体受保。

体检结果：血脂正常；空腹血糖正常，为 96 mg（正常< 110mg)；HbA_1C 轻度增高为 7.5%（正常< 6%）。其余实验室结果无异常。

概述：49 岁已婚女性，不吸烟，无Ⅱ型糖尿病家族史，体格检查无异常，除了轻度 HbA_1C 增高外，实验室检查无异常。

分析：这是一个比较简单明了的案例，一般有经验的核保员很可能给予标准承保。但我们可借此案例分析临床化验结果在医学核保中的应用。我们可以问一下，HbA_1C 轻度增高，她是否有Ⅱ型糖尿病？或只是试验假阳性，我们可以不予考虑呢？空腹血糖正常是否是因为投保人采取了药物控制的结果？

对该案例，是否可以根据增高的 HbA_1C 来诊断为糖尿病？

阳性预测值：轻度 HbA_1C 增高可以诊断为Ⅱ型糖尿病的“可能性”有多大？

阴性预测值：空腹血糖正常可以除外Ⅱ型糖尿病的“可能性”有多大？

要回答这些问题，我们必须结合“风险因素”来分析实验室检查结果，也就是说“实验前可能性”有多大，因为我们知道：

“实验前可能性”越高→“实验后”阳性预测值就越高；

“实验前可能性”越低→“实验后”阳性预测值就越低。

现在，让我们来看一下该投保人患Ⅱ型糖尿病的“实验前可能性”：

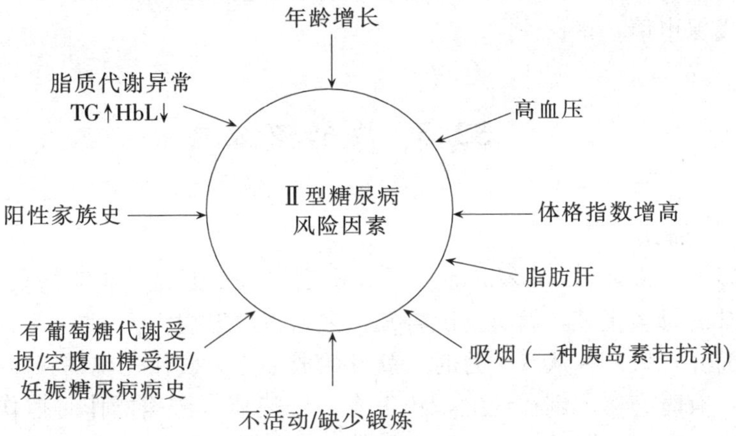

除了年龄49岁以外，受保人没有超重，没有高血压，没有脂质代谢受损，无糖尿病家族史，不吸烟，没有理由怀疑她有脂肪肝，没有葡萄糖代谢受损（空腹血糖受损——葡萄糖耐量受损）的病史，所以她的“实验前可能性”应该与普通人群相似（根据她的风险因素，甚至比小于50岁的人群更低），所以临界增高的 HbA_1C 很有可能是假阳性，而正常空腹血糖则是真阴性。我们知道，HbA_1C 是反映在过去6～8周内血糖水平，每1% HbA_1C 的变化，平均血浆葡萄糖含量就会有35%的差异。根据新的国际诊断标准，HbA_1C 排除在诊断标准之外，理由是其测定误差大，方法未能标准化。

32.2 投保单、要约

案例1 保单填写不规范

吴女士作投保人，2002年5月2日为其18周岁的儿子投保50万元高额寿险。所有的投保单、体检资料、高额财务问卷都齐全，初审意见为“建议按标准体承保”。复审时核保员发现一个问题：所有的被保险人签名均是其母亲代签的，而且非常明显。

《保险法》第五十六条规定，以死亡为给付保险金条件的合同，未经被保险人书面同意并认可保险金额的，合同无效。并规定，父母为其未成年子女投保的人身保险，不受前述条款的限制。此案中被保险人是成年人，投保申请必须由其本人亲自签名。经调查发现吴女士在业务员的劝说下为其当时在国外读书的儿子投保高额的寿险，并且代被保险人签名。由于无被保险人亲笔签名，最终保险公司未接受投保申请。

32.3　医务核保

案例 2　癫痫

被保险人，朱××，6 岁，投保重大疾病保险 5 万元，年缴保费 560 元，投保人为朱某的母亲张某，健康情况告知：朱××患癫痫。

病史简介：朱××从 6 个月时，就开始成串点头发作，现在有时单次全身闪电样抖动，有时突然震倒在地上，身上有多处疤痕（癫痫发作时摔伤所致）。语言、智力发育也不如同龄儿童。脑电图发现有几种类型的癫痫发作，并见有“慢尖慢波”。诊断 Lennox-Gastaut 综合征。他从 6 个月开始到现在，基本没有停止过治疗，中药、西药、偏方、单方都试过，病情无明显改善。他至今仍然每天都有多次癫痫发作，有肌阵挛、强直等多种类型。

核保考虑的因素：癫痫发作的频率、引起癫痫的原发疾病。

核保分析：Lennox-Gastaut 综合征是小儿时期的难治性癫痫之一，表现多种多样，有强直发作，肌阵挛发作等，一般有智力发育落后，脑电图可见到“慢尖慢波”。目前总体来讲，10%～20%的癫痫病人癫痫发作控制不住，小儿患者比例稍小。控制难治性癫痫发作是一个国际难题，目前全球科学家都在努力寻找新的药物。朱××病情未控制，发生意外的可能性较高，虽然所投保险的主要保险责任是重大疾病，但仍有身故责任，核保处理：延期待病情控制后再做评估。

案例 3　高血压病

被保险人（投保人），王××，男，44 岁，公司经理，年收入 20 万元。受益人是被保险人的妻子，职业为教师。1999 年 8 月投保终身寿险 50 万元，缴费方式为 10 年期缴。

健康告知：一年前发现高血压，最高 150/100mmHg。父亲 78 岁身故，死因不详。母亲 78 岁，健在。兄弟 2 人均健在，妹妹 1 人健在。1998 年单位体检时发现血脂高，未治疗。吸烟 15 年，10 支/日。

高血压问卷显示：1998 年 7 月首次发现高血压，血压 150/100mmHg，1998 年 8 月开始间断服用药物治疗，血压波动在 135～140/90mmHg。没有进行定期的血压监测，否认有心慌、胸闷、头晕、头痛、下肢浮肿等症状。

体检资料：身高 175cm，体重 93kg，体重指数为 30.4%。BP：140/105mmHg。HR：66 次/分，心律齐，各听诊区未闻及杂音。胸透：心肺未见异常。血尿常规：正常。肝肾功能、血糖：正常。总胆固醇：7.6mmol/L（3.6—6.5），甘油三酯：3.7mmol/L（0—1.71），高密度脂蛋白：1.0mmol/L（1.16—1.55）。乙肝表面抗原：阴性。眼底检查：未见异常。心电图：正常。腹部 B 超：脂肪肝。心脏超声：心内结构及血流未见异常。

核保分析：被保险人发现血压高一年，最高血压 150/100mmHg，间断服药治疗，同时患高脂血症，超重，有吸烟史 15 年。高血压病是一种常见病，患病率逐渐增高，且常引起人体重要脏器的损害，以心、脑、肾最为显著，不良后果包括左心室肥厚、猝死、心力衰竭、视网膜动脉病变、心肌缺血、心肌梗塞、脑出血、肾功能衰竭等。核保时主要考虑的因素有：被保险人的年龄、性别、饮食习惯、职业、有无家族史、是否吸烟、饮酒及数量、是否肥胖、有无糖尿病、是否服用避孕药、激素，高血压病的治疗是否系统，有无心、脑、肾等器官的损害。相关资料包括：高血压问卷、血压数值、身高、体重、尿常规检查，血液检查包括血糖、血脂、肝功、肾功、血尿酸、静止心电图、胸透、超声心动图、眼底检查，必要时做运动心电图检查，根据上述资料，就可以对高血压做出比较准确的核保结论。

核保决定（寿险）：

超重	＋20
高脂血症	＋100
高血压	＋75
脂肪肝	0
总计	＋195

按评点＋195 点，查阅加费表加费承保。

案例 4　冠心病

被保险人（投保人）：李××；年龄：56 岁；职业：律师；年收入：10 万。受益人是被保险人的儿子，在校大学生。投保重大疾病保险 6 万元，缴费方式为 10 年期缴。

健康告知：父亲 80 岁身故，死于冠心病心肌梗塞；母亲 78 岁，患高血压病；妹妹 48 岁，健在。本人在 1998 年单位体检时发现血脂高，未治疗。有吸烟史 30 年，10～15 支/日。体检资料：身高 172cm，体重 85kg，体重指数 28.7%。BP：135/85mmHg；HR：76 次/分，心律齐，各听诊区未闻及杂音。胸透：心肺未见异常。血尿常规：正常。肝肾功能、血糖：正常。总胆固醇：8.6mmol/L（3.6—6.5）；甘油三酯：4mmol/L（0—1.71）；高密度脂蛋白：1.0mmol/L（1.16—1.55）。乙肝表面抗原：阴性；心电图：ST—T 改变。心电图活动平板运动负荷试验因呼吸急促、疲劳、ST 段压低而终止。结论：运动试验阳性，考虑冠心病，心功能正常。

核保处理：

（1）核保查询：无已成效保单，未在其他公司投保。

（2）核保分析：被保险人有冠心病、高血压病家族史，同时患高脂血症，超重，有吸烟史 30 年。心电图提示 ST—T 改变。综合上述资料发现，被保险人有许多冠心病易患因素，初步考虑被保险人可能患有冠心病，但临床资料不完全，需做超声心动图和运动试验。超声心动图未见异常；运动试验结果：阳性，考虑为冠心病。

资料返回后再分析：心血管疾病的发病率和死亡率高于其他疾病，特别是冠心病，已成为危害人类健康的多发病、常见病。因此，对冠心病的核保就显得尤为重要。核保中首先要考虑与冠心病发病相关的因素，主要有：年龄及性别、家族史、职业、吸烟、肥胖、饮酒、口服避孕药、高血压、糖尿病、高脂血症，其中最主要的是高血压、高脂血症、吸烟和糖尿病。除上述因素外，核保还可参考以下相关资料：静态心电图、动态心电图、运动试验、核素检查、超声心动图以及冠状动脉造影。此外，冠心病还可出现严重并发症，如恶性心律失常、心源性休克、心力衰竭等。尽管被保险人目前无心肌缺血的症状，但长期心肌缺血的后果是极其严重的，死亡率明显增高。应全面分析，合理评估，最终做出正确核保。

（3）核保决定：

超重	＋15
高脂血症	＋75
心电图 ST－T 改变	＋15
运动试验阳性	＋100
总计	＋220

重大疾病评点＋220 点，予以拒保。

案例 5　慢性呼吸衰竭

投保人林某为其父亲投保重大疾病保险 5 万元，林父 56 岁，为一退休工人。

每年缴保费 1 305 元，10 年限缴。健康告知有慢性咳嗽，并因此病两年前曾住院一次。

核保处理思路：被保险人林父 56 岁，有慢性咳嗽，应考虑有慢性支气管炎的可能，投保人告知两年前曾住院一次，如能查询到住院病历，对核保决定有参考意义。

核保处理：补充资料——两年前的出院小结。显示 2000 年 3 月 4 日至 2000 年 4 月 24 日因慢性支气管炎、肺气肿、慢性呼衰住院。

简要病史：

主诉：慢性咳嗽、咳痰二十年，加重二周伴呼吸困难。

现病史：患者自二十年前起，每年有咳嗽，咳痰发作，痰为黄脓痰，每年发作 3～4 次，尤其是冬、春季，用消炎药后好转，两周前因受凉后出现咳嗽，咳痰，且伴有发热，并出现夜间不能平卧，乏力，双下肢浮肿……

入院时查体：口唇紫绀，三凹征（+），颈静脉可有轻度怒张，桶状胸，上腹部剑突下有明显心脏搏动，两肺呼吸音低，可闻及干湿啰音，心率 100 次/分，心音轻，肺动脉区第二音亢进，肺部叩诊呈过度清音、肝浊音上界肋下一指……双下肢浮肿（+）。

入院时检查 X 线：肺充血，两肺纹理增粗，两肺透明度增加，两膈下降。EKG：右心室肥大。动脉血气分析：PaO2：50mmHg；PaCO2：70mmHg。血白细胞及分类：血细胞总数 11×10^9/L，中性粒细胞 85%，淋巴细胞 11%。

住院经过：入院后经抗感染、吸氧、利尿，改善呼吸功能，纠正呼衰，现夜间能平卧，咳嗽咳痰减轻，双下肢浮肿（－），予以出院，门诊随访。

核保分析：根据病历，被保险人有慢支、肺气肿、慢性呼衰。慢性支气管炎是由于感染或非感染因素引起气管、支气管粘膜及其周围组织的慢性非特异性炎症。其病理特点是支气管腺体增生、粘液分泌增多。临床出现有连续两年以上，每次持续三个月以上的咳嗽、咳痰或气喘等症状。早期症状轻微，多在冬季发作，春暖后缓解；晚期炎症加重，症状长年存在，不分季节。疾病进展又可并发阻塞性肺气肿、肺源性心脏病、慢性呼吸衰竭，严重影响劳动力和健康。该类疾病预后较差，死亡率高。林父在两年前已出现慢性呼吸衰竭，病情较为严重。

核保决定：拒保。

案例 6　肾结石及泌尿道结石

被保险人姚××，男性，26 岁，未婚。某电脑公司技术人员，年收入约 10 万元。本人投保重大疾病，保额 20 万，年缴保费 2 640 元，20 年缴，保险责任至 70 岁终止。受益人为其父母，受益份额为各 50%。无其他投保记录。

告知情况：无异常。

体检项目及结果：身高175cm，体重76kg。BP：110/80mmHg；内、外科检查无异常；血、尿常规（一），腹部B超探及左肾下极一0.6cm的小结石，余无异常。

核保分析：投保人青年、未婚男性，IT职员，中、高收入。为本人投保重大疾病险，无不良嗜好，保险金额及受益关系合理。体检结果显示左肾小结石，余无异常。

核保决定：次标准体＋25点，重大疾病加费25％。

类似案例的处理要点：是否两肾均有结石；有无多次结石病史（考虑有内在病因，如甲状旁腺机能亢进）。

案例7　慢性肾炎

被保险人王×，女性，38岁，已婚，有一子，北京郊区农民。其夫为其投保终身住院补贴2份，重大疾病险保额9万元，寿险保额6万元。年缴保费3 818元，20年缴，保险责任为终身。其父和其子顺序受益。无其他投保记录。

告知情况：4年前因急性肾炎住院治疗3周。此后，时有眼睑、下肢浮肿，间断服药，无系统检查及治疗。

体检项目及结果：身高162cm，体重60kg。BP：140/95mmHg；血红蛋白9.5g％；尿蛋白（＋）；超重血BUN7.8mmol/L，Cr2.5mmol/L；腹部B超显示双肾轻度弥漫性病变。

补充病历资料：提供的住院病历资料及出院后门诊就诊记录提示慢性肾炎诊断明确，病情控制不稳定。

核保分析：被保险人已婚，女性，38岁，无固定收入，投保重疾分红型及住院补贴型保险。保险需求尚合理，受益关系正常。健康告知慢性肾炎史，未接受系统治疗。体检结果提示血压升高，轻度贫血，蛋白尿，肾功能轻度异常，超声提示肾实质改变。

最终核保意见：风险过高，拒保。

类似案例的处理要点：充分、细致而技巧地与代理人及投保者进行沟通，详细了解被保险人的健康状况。结合病历资料、体检结果，明确被保险人病情，做出准确核保结论。

案例8　类风湿性关节炎

赵女士，28岁，教师，为本人投保终身寿险10万元及终身住院补贴2份，保费合计2 100元，被保险人年收入2万元。

健康告知：二年前患类风湿性关节炎，目前能正常工作，家族史无特殊。

核保分析：被保险人年龄、职业、收入及保险需求符合承保规则要求，被保险人自述二年前患类风湿性关节炎，目前存在两种可能性：其一，经正规治疗后被保险人目前临床症状已缓解；其二，被保险人虽经积极的治疗，症状仍无法控制，疾病呈进展状态。这时，病历及体检资料成为核保员做出核保决定的重要依据。根据告知，应选择类风湿性关节炎的相关检查。

收集资料：体检医师询问既往病史及治疗情况；体检资料：普检（注意手足小关节有无变形）、血沉、类风湿因子。

资料返回后再分析：

体检可有两种结果：（1）普检正常、关节无变形、血沉正常、类风湿因子阴性，说明被保险人体内目前无类风湿活动，处于疾病的缓解期；（2）关节变形、血沉高于30mm、类风湿因子阳性或正接受激素治疗，说明被保险人正处于类风湿活动期。此案例类风湿因子阳性、血沉60mm/h，指间关节呈梭形肿胀。

核保决定：寿险及健康险均延期承保。

处理注意事项：此类案例处理的关键在于对被保险人所患疾病诊断及治疗资料的收集、分析。

案例9　慢性胃炎

被保险人28岁，男性，出租车司机，为本人投保终身寿险10万元。健康告知：既往有慢性胃炎病史四年，家族史无特殊。

资料分析：分析被保险人病史资料，通过既往胃镜检查结果了解其所患慢性胃炎的病理分型（充血渗出性胃炎、平坦糜烂性胃炎、隆起糜烂性胃炎、萎缩性胃炎、出血性胃炎、反流性胃炎和皱襞增生性胃炎）及其治疗效果、有无并发症，有无近期钡餐或胃镜检查结果。并应结合其有无饮酒嗜好、服用阿司匹林史，以及被保险人职业为出租车司机，生活紧张且不规律，判断此为胃炎及溃疡的易患因素。

资料补充：若无6月内钡餐或胃镜检查结果，需检查后再做核保决定。

核保决定：

萎缩性胃炎：伴重度不典型增生——延期承保；伴严重贫血——延期承保；其他——＋50。

其他类型慢性胃炎：症状较轻、不伴其他器质性疾病的可标准件承保，症状较重的给予评点。

若被保险人嗜酒，应＋25。

慢性胃炎由于其发病原因复杂，临床症状不典型，常常需要与其他腹部常见疾病如胃溃疡、胃部肿瘤、慢性胆囊炎等疾病相区别，其最具价值的检查为胃镜及胃X光检查。由于上述检查方法较复杂，费用相对较高，客户及业务人员往往不能接受，故核保员在做核保决定前应尽量利用手头已有的资料，结合病史询问或问卷综合分析后得出结论，只有在高度怀疑其有不利因素或保额较大时才考虑进一步的检查。

案例10　乙肝

被保险人2岁，女性，投保重大疾病保险5万元、少儿乐5份。健康告知：顺产，无既往病史。家族史：母亲32岁，为乙型肝炎病毒携带者，最近一次肝功能检查正常。

资料分析：被保险人为顺产女婴，其母亲为乙型肝炎病毒携带者，因乙型肝炎具有母婴传染的特性，所以，我们必须考虑女婴感染乙肝的可能性有多大？虽然母亲最近一次肝功能检查正常，但HbsAg+，存在母婴传染的可能性，由于婴儿太小，我们不能要求其做乙肝全套检查，应从免疫的角度排除婴儿感染乙肝的可能。

资料补充：补充婴儿出生时是否接受高效乙肝免疫球蛋白及乙肝疫苗注射的资料。资料返回后再次分析：婴儿出生时已注射高效乙肝免疫球蛋白及乙肝疫苗，基本可排除感染乙肝的可能性。

核保决定：按标准件承保。

处理注意事项：对于此类案例，即使母亲肝功能异常，只要婴儿注射过高效免疫球蛋白及乙肝疫苗，均可以标准件承保。

案例11　酒精性肝损害

投保资料：被保险人钱某，男，40岁，已婚，某桑拿中心业主，投保终身寿险30万元。投保告知吸烟史20年，20支/天，饮酒史10年，饮白酒（38度）500ml/周，其他既往病史无，家族史不详。

体检结果显示：身高176cm，体重94kg，血压120/85mmHg，心率61次/分，GPT 52IU/L（0—40），GOT 38IU/L（0—37），GGT 175IU/L（7—50），MCV 102fl，HBsAg（—），B超提示脂肪肝，其他无明显异常。

核保分析：根据投保资料，该被保险人有以下健康损害因素：超重（BMI 30.35）、吸烟20年、饮酒史、脂肪肝、肝功能异常。核保的关键是如何看待被保险人的脂肪肝和肝功能异常。肝酶异常，其原因可以是病毒性肝炎、脂肪肝、酒精性肝损害、肥胖等。那么，此投保人肝酶异常的原因是什么呢？尤其是GGT升高超过3倍，MCV偏高，强烈提示被保险人可能饮酒过度，尽管其告知饮酒量不大，且为低度酒，但考虑其职业为桑拿中心业主，以常识分析推测其饮酒告知可能不实，结合B超提示脂肪肝，HBsAg阴性，综合评估肝功能异常应为饮酒过度所致的酒精性脂肪肝。

核保结论：酒精性脂肪肝，结合超重、吸烟等风险因素，应予拒保寿险。

案例 12　甲亢

被保险人 30 岁，女性，文秘，投保两全保险 20 万元，住院补贴 4 档，年收入 3.8 万元。健康告知：一年前患“甲状腺机能亢进”，经手术治疗痊愈，家族史无特殊。

资料分析：30 岁女性，职业及收入状况符合承保规则要求，健康告知一年前曾因“甲状腺机能亢进”进行手术治疗，目前应考虑的因素是当时手术的方式、术后有无并发症。

资料补充：手术出院时主治医师书写的出院小结、出院后复查记录，必要时体检。

资料返回后再分析：若出院小结、术后复查记录齐全，可依据该资料进行核保评估。若手术后复查心电图正常、甲状腺功能测试正常，说明甲状腺机能已恢复正常，可按“甲亢”病史评点；若出现心衰症状或“甲低”症状，则终身寿险应按相应情况增加评点，健康险应延期承保。

核保结论：甲状腺功能恢复正常，可按标准件承保寿险及医疗险，如出现心衰症状，延期承保或拒保，出现甲低症状，可评点＋50～＋100 加费承保寿险，但医疗补贴险应延期承保。

处理注意事项：对于有“甲亢”告知的客户，首先要弄清其病因诊断，对于原因不明的被保险人，一定要慎重审核（若没有把握，最好采取延期承保的方式处理）；其次，还应了解其临床症状及甲状腺功能状态及治疗方法，并应考虑各种治疗方法所引发的负效应，针对每一个体做出核保决定。

案例 13　糖尿病

被保险人 38 岁，男性，合资企业经理，年收入 10 万元，投保终身寿险 50 万元、重大疾病保险 5 万元。健康告知：既往体格健壮，无家族病史。公司体检：身高 178cm，体重 98Kg，尿糖＋＋＋，空腹血糖 16.2mmol/l。

资料分析：中年男性，职业及收入状况符合承保规则要求，健康告知正常，无家族病史，体检发现：身高 178cm、体重 98Kg（BMI30.9）、尿糖＋＋＋、空腹血糖 16.2mmol/l。说明被保险人为糖尿病患者，且体格指数偏高，但尿蛋白阴性，目前其尚无肾脏损害，但还应对其有无其他器官的并发症及糖尿病的类型进行评估。

补充资料：糖化血红蛋白、静态心电图测定、服用降糖药能否有效控制血糖（糖尿病问卷）。

资料返回后再次分析：如糖尿病问卷显示以前无糖尿病病史，糖尿病为本次体检时刚发现，则应延期承保。对于治疗中的糖尿病，若血糖值可用药物有效控制，说明其为非胰岛素依赖型糖尿病，可根据被保险人的检查资料了解被保险人病情控制情况，按Ⅱ型糖尿病评点。若必须注射胰岛素才能控制血糖水平，则按Ⅰ型糖尿病评点。

核保决定：

Ⅱ型糖尿病：如为刚发现的糖尿病，应延期承保。如果是治疗中的糖尿病，糖化血红蛋白显示控制良好，EKG 正常，则糖尿病评点＋100～＋150，BMI＋50，合计＋150～＋200，加费承保终身寿险。如寿险评点超过＋150，重大疾病保险应慎重承保或拒保。若出现肾脏、末梢神经病等并发症，则延期或拒保。

Ⅰ型糖尿病：如果无任何并发症＋250 承保终身寿险，重大疾病险拒保。

处理注意事项：对于“糖尿病”告知，首先应分析其所患疾病的类型；其次，应了解其病史情况、有无并发症、治疗效果及相关不利因素是否存在；然后，再根据所申请的险种确定承保条件。由于糖尿病对心血管疾病、恶性肿瘤的发生率有显著影响，所以应慎重承保重大疾病保险。

案例 14　乳房肿块

被保险人，王某，女，35 岁，教师，已婚，年收入 3 万元。投保寿险保额 10 万元和重大疾病保险保额 15 万元，受益人为被保险人的女儿。健康告知正常，父亲健在，母亲 56 岁死于癌症，既往未曾投过保险。根据核保规程的要求，被保险人接受了投保体检，体检结果显示：物理体检被保险人双侧乳房多处肿块，外观改变不明显，其余检查均正常。

核保处理措施的选择：对于乳房肿块，可能的核保结论包括如下几种，具体视情况而定。

不承保：恶性的肿块或恶变倾向很高的保件。

加费承保：主要是针对寿险、重疾险等。

特别约定，除外责任承保：除外因乳腺癌导致的保险责任，主要是针对重大疾病保险等。

延期承保：主要是针对怀疑恶性，但没有明确诊断的保件。

案例分析：乳房肿块、乳腺小叶增生的案例在投保中经常碰到，也是核保员觉得比较头疼的一个问题。其原因：一是没有特异性较高的检查方法和手段，核保员在碰到此类问题时的解决办法也比较少；二是乳房肿块的发生率较高，但其中恶性肿瘤发生的概率相对较低，不可能对所有的乳房肿块患者都做特异性的检查。本案例可采取的措施有：要求被保险人填写肿瘤问卷，做乳腺扫描，可能时核保员询问体检医师恶性的可能性等。然后根据所得到的资料信息来做核保结论。除了根据特殊的检查结果做核保决定外，有一些情况可以帮助核保员来做核保决定，例如被保险人是否生育、生育时的年龄，家庭中是否有乳腺癌患者。有统计数据表明，无生育史的高龄妇女患乳腺癌的可能性较高，生育时年龄较大的妇女患乳腺癌的可能性较高，母亲姐妹中有乳腺癌患者的患病可能性较高。本案准被保险人的母亲 56 岁死于癌症，应进一步调查是否为乳腺癌，如果其母亲患乳腺癌，则此准被保险人罹患乳腺癌的危险性明显增加。

核保要点：由于乳腺癌是女性最常见的恶性肿瘤，所有的乳房肿块必须仔细检查，对肿块的性质明确后才做核保。本案件的重点是确定乳房肿块是否是恶性的肿块或恶变倾向很高，将这些保件做特殊的核保处理，核保结论规避不应承担的风险。

案例 15　恶性肿瘤：肝炎—肝硬化—肝癌

被保险人张某，男，55 岁，私营企业主，离异，年收入 30 万元。投保寿险保额 50 万元和重大疾病保险保额 80 万元，受益人为法定受益人。健康告知正常，父母亲均身故，原因不详。既往无投保记录。被保险人接受了投保体检，体检结果显示乙肝表面抗原阳性，谷丙转氨酶 75U，其余检查均正常。核保员未做进一步的检查，予以加费承保。承保 7 个月后，被保险人的女友通知保险公司被保险人已经因肝癌住院。经过理赔调查得知被保险人在投保前已经患有肝硬化，但没有得到确定的病历诊断资料，保险公司就是否赔付很是为难。要想在承保时防止此类短期赔付的发生，核保可采取如下措施：

(1) 对于肝炎或乙肝病毒携带者，填写肝炎或乙肝携带者问卷。

(2) 如有肝炎等的诊断治疗史，要求提供既往治疗的病历。

(3) 增加有针对性的体检项目，如乙肝两对半、肝脏 B 超、AFP 等检查。

案例分析：本案例牵涉到对肝炎和乙肝病毒携带者如何进行核保的问题。肝炎和乙肝病毒携带者核保的指导思想应该是将肝炎和乙肝病毒携带者中的肝硬化、肝癌或肝硬化、肝癌倾向高的保件和一般的案例区分开来。所以肝炎和乙肝病毒携带者核保的首要目标就是检查是否有肝硬化或肝硬化倾向。

通常对于肝炎和乙肝病毒携带者做的检查应包括肝脏 B 超和乙肝五项，保险金额较大或者有可能时检查 AFP，如果被保险人有诊断治疗，则要求被保险人提供诊断治疗资料。

在核保结论中，通常采用的方式根据不同的险种和有无肝硬化、肝硬化倾向，加费、延期、拒保和特约除外责任。

32.4　团险核保

案例 16　考虑团体职业风险

保险公司拟通过某矿务局统一承保该地区矿工意外险业务。保险方案为团体短期意外伤害险及附加团体意外伤害医疗保险。主险、附加险保额均为 1 万元/人，拟定井上工人保费 120 元/人，井下工人保费 330 元/人。拟定投保人数在 10 000 人左右，保费规模约为 260 万元。

核保考虑：本案核保时从以下几个方面考虑风险。

1. 职业风险的客观存在

本保险主要为各类矿山、矿井的职工提供意外伤害保险保障，此类人员在职业分类表中通常处于第四类或特案、拒保职业，由于行业风险相对较大，经验数据不足，因此第一步先选择煤炭行业进行试点。煤炭生产属于高危行业，每年发生的死亡、伤残事故居各行业之首，尤其是井下职工在作业过程中，经常处于水、火、瓦斯、煤尘威胁之下，突发事故多，发生身体伤害的风险大，频率高。

2. 风险差异分析

根据国家煤炭部提供的数据，国有重点、国有地方和乡镇煤矿在原煤生产事故发生率和人员死残率上存在着较大的差异。这三种类型的矿井从宏观上看，自然灾害发生率没有本质的区别，矿井的装备水平和管理水平成为决定伤亡事故和伤亡人数的主要因素。特大型、大型煤矿不仅产量高，而且技术装备水平高，管理严格，意外伤害事故少；中小煤矿技术装备水平差，事故隐患多，意外伤害事故也多。但同时特大型大型煤矿一旦发生意外事故，往往导致大规模的意外伤亡事故，巨额损失风险相对更加集中。

影响矿井安全生产的风险因素可以分为自然地质条件和装备水平两大类因素，主要包括矿井通风能力、瓦斯、火灾、煤尘、煤层赋存条件、顶板围岩、机械化程度和水文地质条件。核保时可对每一风险因素进行分析并给予相应分值。

（1）矿井通风能力。矿井通风能力是反映矿井风量是否充足的指标。矿井风量大小与瓦斯、煤尘、火灾等事故休戚相关，如瓦斯煤尘爆炸、一氧化碳中毒等等，因而作为矿井灾害度的影响因素之一。

通风能力采用需要风量（$Q_{需}$；米^3/分）和实际风量（$Q_{实}$；米^3/分）的差值与需要风量（$Q_{需}$）的比值（A）来衡量。比值（A）大于 10%为矿井通风能力严重不足，即：

$A=(Q_{需}-Q_{实})/Q_{需}\geqslant 10\%$

根据煤矿安全规程的规定，矿井必须采用机械通风，自然通风是绝对禁止的。但目前不少煤矿仍采用自然通风，暂定为0.5分，并限期改造，否则上浮为1分。

通风能力	风量不足	严重不足	自然通风
特征	低于额定能力	$A\geqslant 10\%$	—
评价分数	0.3	0.4	0.5

（2）瓦斯。

瓦斯：指煤矿井下以甲烷（CH_4）为主的有毒、有害气体的总称。

突出矿井：突出指煤与瓦斯在地应力和瓦斯（含CO_2）的共同作用下，破碎的煤和瓦斯由煤体内突然喷出到采掘空间。在矿井的开采过程中，只要发生过一次煤与瓦斯突出（简称"突出"），该矿井就定为突出矿井。

高瓦斯和低瓦斯矿井：划分指标是相对瓦斯量，即生产吨煤的瓦斯的涌出量（米^3/吨）。高瓦斯矿井的瓦斯涌出量大于10米^3/吨，低瓦斯矿井的瓦斯涌出量小于10米^3/吨。

瓦斯	低瓦斯	高瓦斯		突出
指标	<10米^3/吨	10～25米^3/吨	>25米^3/吨	
评价分数	1	2	3	4

（3）火灾。

火灾主要指煤层自燃发火，衡量指标通常用煤层的自燃发火期，用"月"来表示。时间越短，煤层自燃发火越严重。自燃发火期严重但采取灌浆或氮气防灭火系统的，评价分数降低一档。

自燃发火期（月）	>12	7～12	3～6	<3
特征	发火不严重	较严重	严重	极严重
评价分数	0.2	0.3	0.4	0.5

（4）煤尘。

煤尘经常参与瓦斯爆炸事故，也有单独爆炸事故，通常用煤尘爆炸性指数来衡量，即煤质中挥发物与可燃物（固体碳加挥发物）之比。爆炸性指数大于10%的煤尘有爆炸危险，小于10%的无爆炸危险。煤尘爆炸指数大于15%，但采取防爆隔尘和防洒水灭尘的，评价分数降低一档。

煤尘爆炸指数（%）	<10	10～15	15～28	>28
特征	一般不爆炸	可燃烧，爆炸性弱	有爆炸危险，火焰短	爆炸性强烈，火焰长
评价分数	0.1	0.3	0.4	0.5

（5）煤层赋存条件。

主要考虑煤层的倾角和厚度，根据开采方法的难度选择急倾斜煤层、倾斜煤层和薄煤层。急倾斜煤层的开采，常常不能正规循环作业，是顶板事故多发的原因之一。

煤层赋存	薄煤层	倾斜煤层	急倾斜煤层
指标	厚度<1.3 米	倾角<45°	倾角≥45°
评价分数	0.2	0.5	1

（6）顶板围岩。

顶板围岩性状指煤层顶板的老顶、直接顶赋存状况。直接顶岩石的稳定程度和老顶的显现规律一般分成四类进行管理。

类别	特征	评价分数
Ⅰ类顶板	无周期来压或周期来压不明显的顶板。直接顶大于采高的 2～4 倍，或直接顶厚度虽达不到采高的 2～4 倍，但老顶在弯曲，下沉过程中岩块相互支撑，使顶板缓慢下沉。	0.1
Ⅱ类顶板	有周期性来压的顶板。直接顶厚度一般小于煤层采高的 2～4 倍，其上为比较坚固的老顶层。随着回采工作面的推进，直接顶随之垮落，但因厚度不大，不能填满采空区。因此老顶下沉量大，在断裂垮落时形成剧烈的周期来压。	0.5
Ⅲ类顶板	周期性来压较严重的顶板。其特点是坚硬的老顶直接位于煤层之上。由于老顶垮落时下沉量一般很大，导致工作面呈现明显的周期性来压。	1.0
Ⅳ类顶板	极坚硬顶板。煤层上方是极坚硬的整体厚岩层，在采空区悬落而不垮落。当垮落时则整体下沉，形成暴风。	1.5

（7）机械化程度。

主要指采煤工作面采产量占原煤总产量的构成比。机械化程度的高低与顶板事故的发生频率有密切关系。

机械化程度（%）	>70	50～70	30～50	<30
评价分数	0.1	0.4	0.7	1.0

（8）水文地质条件。

采用水文地质构造的复杂程度衡量。地质构造复杂，容易水灾。根据“矿井水文地质规程”规定，按其构造和开采时受水害影响程度分成四类。

类别	特征	评价分数
Ⅰ类	水文地质简单，采掘工程一般不受水害影响。	0.1
Ⅱ类	水文地质中等，采掘工程受水害影响，但不威胁矿井安全。	0.4
Ⅲ类	水文地质复杂，采掘工程、矿井安全受水害威胁。	0.7
Ⅳ类	水文地质极复杂，矿井突水频繁，来势凶猛，含泥沙量高；采掘工程，矿井安全受水害严重威胁。	1.0

风险因素的综合评估：根据国家煤炭部的统计，在1994—1996年全国各类煤矿事故死亡人数中，瓦斯事故占总死亡人数的43%，顶板事故占总死亡人数的32%，其他依次为机械、运输、火灾、水害等事故，合计占25%；重、特大事故中瓦斯事故占绝大多数。在各类死亡事故中，造成事故发生的危害因素往往不是一个，而是多个因素共同作用或叠加的结果。因此，差别费率的计算采取按影响因素和评价分数打分的方法。每项影响因素按照危险边际或管理习惯给定评价分数，各项因素评价分数之和为该煤矿的综合评价分数。将综合评价分数按等差划分为八级，即将各类煤矿按综合评价分数划分为八等，每等按等比给定差别系数，中间值为1。以该差别系数乘以该煤矿的标准费率即为差别费率。

初步投保意向如下表：

		意外伤害险	附加意外伤害医疗险
保额（元）		10 000	10 000
费率	井上矿工	4.5‰	7.5‰
	井下矿工	13.3‰	19.7‰

通过了解当地煤矿事故发生的粗略数字，此项业务的风险便凸现了出来：

	年度	事故次数	死亡人数
地煤局	2000	2	19
	2001	1	1
	2002年上半年	3	3
矿务局	2000	不详	不详
	2001	不详	83
	2002年上半年	不详	13

拟定处理方式：

(1) 试点承保：此前通过比较，排除了以往出险几率较高的鸡西地区承保方案，拟定选择鹤岗地区作为试点地区。

(2) 为避免逆选择，投保的煤矿企业原则上应为其井上、井下全部职工投保，投保比例不得低于90%。

(3) 要求各矿区大、中、小煤矿全面投保，以分散风险，防止逆选择。

(4) 本保险仅针对拥有三证一照（采矿许可证、煤炭生产许可证、矿长资格证和工商营业执照）的煤矿办理。

(5) 降低保额、限额承保。将每人的主附险保额控制不超过1万。

(6) 通过安排分保计划将发生大事故的潜在风险转嫁出去。

核保过程中需要考虑的其他情况：

(1) 统保的可能性大小，是否需要与各矿区逐个谈判。此项业务如果不能保证一定的保费规模，则很难避免经营风险。

(2) 投保过程中当地煤矿先后两次发生特大安全事故，伤亡近200人。事故频发的严峻事实表明：虽然国家安全生产管理部门三番五次下令大力整顿，但煤矿的安全隐患并未得到根本的整治。

最终核保结果：

鉴于没有准确的经验数据、没有根本有效的风险控制手段，最终要求进行拒保处理。

32.5 保全核保

案例17　主动调查件

王女士，40岁，某市郊区农民。2001年2月在某保险公司投保定期寿险30万元。投保告知无健康异常，年收入为3万元。按照此公司的核保规定，可以不用体检。此单很快经电脑自动出单。

出单后10天内，此公司正好进行电话回访，此单在电话回访范围内。当时电话打到被保险人家中，其家人说王女士不在家。回访员于是多问了一句王女士到哪里去了。家里人说住院去了。回访人员立即警惕了起来，追问原因，其家人语句便模糊不清起来。

核保处理：

核保员得到回访员的汇报，立即安排调查员到当地医院调查。结果不出所料，王女士正在医院的普通外科住院。查阅其病历，显示其“1999年即患乳腺癌，并于当年接受手术治疗。2001 年 1 月 25 日（投保前 8 天）因乳腺癌复发再次入住医院接受手术治疗”。核保员根据以上资料，判定该客户存在恶意带病投保，因此对此份保单做解除合同处理。

此案的教训：

（1）体检标准的制定应该比较科学。对于某些地区，体检标准必须严格，避免某些客户利用保险公司的承保漏洞带病投保。

（2）核保员在实际工作中，应具有敏锐的洞察力。例如某些客户故意投保比应体检额度稍低的保额而体重等又超标的，核保员应适当安排这些客户进行体检。

（3）核保员作为公司管控风险的主要人员，其作用只是相对的。营销员与客户的接触最为直接和密切，了解并参与其投保的全部过程，营销员能否提供真实、可靠的核保资料对公司的核保决定起着至关重要的作用。对于免体检件，营销员几乎代表了核保的全过程。在展业过程中，营销员应发挥“第一核保员”的职责，引导客户如实告知。

32.6　理赔照会二次核保

案例 18　不如实告知件

被保险人黄某，男，45 岁。2001 年 5 月 23 日为自己投保重大疾病保险 10 万元及住院医疗津贴保险三档，健康告知事项正常。2001 年 10 月 24 日被保险人因“慢性乙型肝炎”住院治疗，申请住院医疗津贴保险金。病历资料显示“既往史”有“鼻咽癌放疗”，理赔人员随即到当地肿瘤医院查勘了解到：被保人 1995 年 9 月份即患有“鼻咽低分化鳞癌”，并定期进行化疗。2001 年 5 月 2 日 CT 复查显示“右侧鼻咽癌放疗后复发”。但被保险人投保时未将以上信息如实告知保险公司。

理赔部门对此案做出拒赔处理。之后，理赔人员将有关资料照会核保员。

核保处理：因投保人投保时故意隐瞒其患癌病情，核保员决定解除此两份保险合同。

案例分析：

（1）此案例是一个典型的不如实告知件。不少客户存在这样一种认识，即得大病后，比如癌症等，只要治疗（如手术、化疗）后，经过几年没有复发就认为是没事了，不用告知保险公司。而在保险公司看来，这却是个很需要认真考虑的风险。因为癌症患者，其 5 年或 10 年生存率明显低于普通人群。

(2) 理赔与核保是两个联系非常紧密的部门，它们在寿险公司的风险控制中起着极其重要的作用。本案例就是个很好的例子。

关键词

癫痫	高血压病	冠心病	高脂血症	不典型增生
乙肝病毒携带	糖尿病	乳房肿块	电话回访	不如实告知
带病投保				

思考题

1. 投保代签名的后果是什么？
2. 简述复效时核保要点。
3. 矿工投保时核保应如何考虑职业风险？
4. 简述营销员在免体检保额件核保中的作用。
5. 简述癌症病史告知对核保的重要性。

第5篇

人身保险理赔实务

第33章

人身保险理赔的基本原理

本章预习

索赔与理赔是一个问题的两个方面，构成保险活动的重要环节，它们都直接体现了保险的职能。索赔是保险合同关系人获得实际的保险保障并实现其保险利益的具体体现，理赔是保险人履行其保险赔偿义务的具体体现，二者都是保险合同主体履行义务、实现权利的关键环节。

人身保险合同的特征也决定了人身保险的理赔与财产保险的理赔存在着一定的差异。本章具体内容包括：

- 人身保险理赔的概念
- 人身保险合同和一般合同
- 人身保险合同的概念与法律特征
- 人身保险合同的分类

33.1　人身保险理赔的概念

33.1.1　保险索赔和理赔的定义

索赔，是指投保人或被保险人在保险标的遭遇保险事故造成财产或人身伤亡时，根据保险合同条款的约定，请求保险人承担赔偿或给付保险金的法律行为。

理赔，是指保险人或理赔代理人在承保的保险标的发生保险事故，保险合同关系人提出索赔的请求后，根据保险合同条款的约定，审核保险责任并处理保险赔偿的法律行为。

索赔和理赔是一个问题的两个方面，构成保险活动的重要环节，它们都直接体现了保险的职能。索赔是保险合同关系人获得实际的保险保障并实现其保险利益的具体体现，理赔是保险人履行其保险赔偿义务的具体体现，二者都是保险合同主体履行义务、实现权利的关键环节。

33.1.2　保险索赔和理赔的意义

在保险运营中，索赔和理赔是减灾防损的继续，也是保险经济职能的体现。考察保险索赔与理赔，揭示其内在的本质和规律，可以帮助我们更好地掌握保险运营机制，充分发挥保险的职能。做好索赔与理赔工作，对于加强保险运营与管理，提高保险公司的信誉和经济效益，真正维护被保险人或者受益人的合法权益具有重要的现实意义，具体表现在以下几个方面。

1. 通过索赔与理赔，为社会再生产提供经济保障

我国保险业的运营方针，是积极拓展业务，组织经济赔偿，预防灾害损失，保障社会再生产，稳定社会生活，积累和运用保险基金，支援社会主义市场经济建设。保险理赔是这一运营方针的中心环节。通过理赔，使得家庭或者个人获得经济补偿，能够重建家园，安定生活，树立或者增强生活的信心，对社会的稳定发挥积极的作用；通过理赔，使法人、联营体、合伙组织等单位的经济损失得到补偿，从而保证了再生产过程的持续进行，为社会创造出更多的物质财富。因此，保险的功能和作用是否能得到充分的发挥，保险经营方针能否得到贯彻，在保险理赔方面体现得最明显、最突出。

2. 通过索赔与理赔，被保险人或者受益人所享受的保险权益得到实现

保险的最基本职能是分散风险，实现经济补偿。正是基于这种职能，使得被保险人通过与保险人签订保险合同的方式，来转移自己所面临的潜在风险，也就

是说通过签订保险合同，以缴纳一定的保险费为代价，享有一旦发生风险事故造成经济损失时获得经济补偿的权利和利益。保险理赔，是保险补偿功能的具体体现，是保险人依约履行保险责任和被保险人或者受益人享受保险权益的实现形式。

3. 通过索赔与理赔，保险承保的质量得到检验

保险公司在保险运营过程中，保险展业是否深入，承保手续是否齐全，保险费率是否合理，保险金额是否恰当，在保险事故发生前轻易不能察觉。一旦出险，发生赔付案件，上述问题就清清楚楚地暴露出来。从这个意义上看，索赔与理赔过程是对承保质量的检验，因此，保险公司应当针对索赔与理赔工作中暴露出来的问题进行认真的研究，及时处理，以加强承保工作质量，提高保险运营管理水平。

4. 通过索赔与理赔，可以进一步改进和提高减灾防损工作

减灾防损属于事前预防，索赔与理赔工作属于事后补救。理赔工作是减灾防损的一面镜子，能够为事前预防提供依据。通过事后补救，分析案情，总结经验教训，可以进一步掌握灾害事故发生的规律，发现减灾防损工作中的薄弱环节和存在的问题，从而改进减灾防损工作，使其更加有效率。

5. 通过索赔与理赔，使得保险经济效益得到充分体现

保险经济效益的高低，在很大程度上取决于保险运营成本的大小，而在保险运营成本中最大的成本项目就是赔付款支出。因此，赔付款支出成本对保险经济效益的高低具有决定性影响。在通常情况下，一定时期内，保险赔付款支出少，而其他条件不变，则保险经济效益就好。反之，经济效益就差，或者无效益可言。

33.1.3 人身保险理赔工作的特殊要求

保险理赔关系到保险公司的信誉，体现着国家的保险方针和法律、法规及政策，同时保险理赔牵涉面宽广、情况复杂，每一个险种都有其不同的业务要求和特征。因此，从事人身保险理赔工作的审核人员，必须具有较深的法律法规知识和丰富的保险业务经验。具体要求如下：

1. 应当懂得一定的专业知识

保险理赔是一项涉及面广、专业技术性很强的工作，而且保险标的（通常为被保险人，但对于某些特殊的保险责任如豁免保险费，其保险标的为投保人）、出险的原因和性质种类繁多且各不相同。因此，从事人身保险理赔的专业人员，除了必须具有保险方面的专业知识外，还必须熟悉很多其他方面的知识。

（1）法律法规方面的知识。保险合同作为一种技术性很强的标准合同，当事人双方应遵守保险法律、法规，并且在理赔过程中也要依据法律法规操作。因此，理赔专业人员应当学习法律法规知识，如保险法、民法、婚姻法、公司法、海商法、继承法等民商法知识，还要学习各种交通法规和有关国际惯例等，以便在理赔时有法可依。

（2）医学和医院收费管理方面的知识。人身保险理赔计算的重要依据是被保险人实际支付的医疗费用，它是由多种不同的费用汇总而成的，理赔人员需要核实、计算被保险人的各种明细账目，以确定保险责任、赔付范围和损失金额。这就要求人身险理赔人员了解并掌握一定的医学和医院收费管理方面的知识，以便理赔人员对被保险人发生的事故是否属于保险事故加以判断，并对被保险人实际支付的费用是否符合医院和就诊医院当地医保报销的规定予以判定。保证准确、科学地核定损失和计算保险赔付金额。

2. 应当熟悉保险条款和有关业务规定

各种保险条款和有关业务规定，是处理保险赔付案件的理论依据，又是保险合同当事人双方权利和义务顺利实现的具体保证，因此，作为保险理赔人员，首先应当熟悉保险条款的内容和有关保险业务的具体规定，切实理解其精神实质，以免理赔时出现误差。

3. 要有深入实际、联系实际和实事求是的工作态度

保险理赔过程中出现的问题和遇到的具体情况，往往比人们事先预计的情况要复杂，这就要求理赔人员只有深入实际、联系实际，虚心向有关方面的专家请教，在掌握大量第一手资料，并对其认真分析研究的基础上，才能实事求是地处理理赔过程中出现的问题，准确地履行赔付保险金的责任。

4. 应当树立廉洁奉公、以身作则的工作作风

保险理赔政策性较强，并涉及大量的钱财和物资。因此要求保险理赔人员不仅要有较强的责任感，而且必须树立廉洁奉公和以身作则的工作作风，才能杜绝保险理赔工作中存在的不正之风，树立良好的社会形象，保证保险理赔工作的顺利实现。

33.2 人身保险合同和一般保险合同

33.2.1 合同和保险合同的含义及法律后果

合同又称“契约”，是平等主体的自然人、法人、其他组织之间设立、变更、

终止民事权利义务关系的协议。合同都具有对当事人的约束性和国家的强制性、保障性。

我国《保险法》第十条规定:“保险合同是投保人与保险人约定保险权利义务关系的协议”。即投保人与保险人双方经过协商约定,投保人向保险人支付保险费,保险人在保险标的遭受约定的事故时,承担经济补偿责任或履行给付保险金义务的一种协议。

保险人经营保险业务的过程中,业务量的多少是以合同数量的多少来衡量的,市场经济体制下,投保人与保险人的具体行为是以合同来约束的,所以一个合法的合同对当事人而言是非常重要的。

33.2.2 人身保险合同的主要形式

根据《中华人民共和国合同法》(简称《合同法》)第十条的规定:“当事人订立合同,有书面形式、口头形式和其他形式。法律、行政法规规定采用书面形式的,应当采用书面形式。当事人约定采用书面形式的,应当采用书面形式。”《合同法》第十一条规定:“书面形式是指合同书、信件和数据电文(包括电报、电传、传真、电子数据交换和电子邮件)等可以有形地表现所载内容的形式。”

保险合同的形式,是指保险合同当事人用以签订保险合同的方式。根据我国《保险法》第十三条的规定:“投保人提出保险要求,经保险人同意承保,并就合同的条款达成协议,保险合同成立。保险人应当及时向投保人签发保险单或者其他保险凭证,并在保险单或者其他保险凭证中载明当事人双方约定的合同内容。经投保人和保险人协商同意,也可以采取前款规定以外的其他书面协议形式订立保险合同。”依据上述规定,原则上保险合同应采用保险单、保险协议或保险凭证等书面形式订立。

保险合同的书面形式在保险运营实践中被广泛地运用,并已经固定成为格式化的标准合同文本。在实践中,保险合同的书面形式主要有投保单、保险单、暂保单和其他保险凭证等。

1. 投保单

投保单,是指保险人事先制订好的供投保人提出保险申请时采用的一种书面凭证。投保单一般都记载保险合同的必要条款,如投保人、被保险人、受益人、保险标的、保险价值、保险金额、保险费率和保险费、保险期限等,并载有投保人申请保险时应向保险人尽如实告知事务的注意事项。投保单本身虽然并不是保险合同的书面形式,但是经保险人签字盖章确认的投保单却是保险合同的重要组成部分。

2. 保险单

保险单即保单，是指保险人向投保人出具的同意接受投保人申请保险的书面凭证。保险单并不是保险合同的全部，它只是保险合同的重要组成部分。保险单通常记载下列内容：投保人、保险人、被保险人、受益人的名称（姓名）和住所、保险种类、保险标的、保险责任、除外责任、保险期间、保险金额、保险费及其支付方式、保险金给付方式、订立保险合同的时间和地点等等。常见于个人保险业务。

3. 暂保单

暂保单即临时保单，是指保险人或者其保险代理人虽然同意承保但又不能即刻出具保险单或者其他保险凭证，而临时向投保人开出的保险凭证。暂保单的性质是，在保险单做成并向投保人出具以前的有效保险期间内，具有与保险单同等的法律效力。暂保单的期限一般比较短，保险人向投保人签发正式保险单后，暂保单项下的条款效力自动终止。

保险人与投保人签订保险合同时，一般情况下不使用暂保单，在下列特殊情况下可以向投保人出具暂保单：

（1）保险公司的分支机构已接受投保人的投保，但由于超出授权范围仍需向总公司请示批准或者备案时。

（2）保险代理人争取到保险业务而还没有办妥保险单时。

（3）保险人与投保人对保险合同的主要条款已经达成一致，但尚需对其他条款进一步商洽时。

4. 保险凭证

保险凭证是指简化了内容和格式的保险单。保险凭证的法律特性是，虽然不能囊括保险合同的全部内容，但却和保险单具有同等法律效力。当保险凭证的记载内容与保险单记载内容相抵触时，应当以保险凭证记载的内容为准，保险凭证未列明的内容，应参照保险单列明的内容。如保险人已向投保人签发了保险凭证时，就不再签发保险单。保险凭证常见于中介业务，尤其是意外险业务使用居多。

5. 其他书面协议

其他书面协议是指保险人与投保人签订的合同采用上述保险单或其他保险凭证以外的其他书面形式表现的保险合同。双方协商一致后共同拟定书面协议，当事人的权利与义务在协议书上列明，并由合同各方签字或盖章后成立。这是保险人和投保人订立保险合同的辅助形式。常见于团体保险业务。

33.2.3　人身保险合同的构成

按一般条款规定，人身保险合同由保险单和其他保险凭证、所附条款及主险条款、投保单、与本合同有关的投保文件、声明、批注、附贴批单及其他书面协议构成。

值得注意的是，保险协议、保险单和保险凭证并不等同于保险合同本身，保险合同还包括所附条款及主险条款、投保单、与本合同有关的投保文件、声明、批注、附贴批单等内容。

33.2.4　人身保险合同区别于一般合同的特征

人身保险合同作为投保人与保险人约定保险权利与义务关系的协议，具有以下特点。

1. 人身保险合同是有名合同

有名合同是法律直接赋予某种合同以特定的名称，并以相应的法律制度调整的合同。人身保险合同是法律直接赋予名称的合同。同时，又有《保险法》对人身保险合同进行特别的调整。因此，人身保险合同是有名合同。

2. 人身保险合同是要式合同

要式合同是指采用特定形式订立的合同，比如必须以书面形式订立的合同就是一种要式合同。根据我国《保险法》规定：我国保险合同应当以“书面协议形式”订立。也就是说，最终以出具保单作为保险关系成立和有效的证明。这主要是因为人身保险合同与人身密切相关，具有很大的不确定性，特别是寿险合同，其期限往往还很长。为了避免日后发生纠纷和争议，维护公平有效性，对人身保险合同做出要式性的规定是非常必要的。

3. 人身保险合同是附和性合同

附和性合同又称为格式合同，是指合同的条款是先由当事人的一方拟定，另一方只有接受或不接受该条款的选择，而不能就该条款进行修改或变更。

人身保险合同的条款事先由保险人拟定，经监管部门审批或报备。投保人购买保险，要么附和保险人的合同，即同意合同条款并购买该合同；要么拒绝购买该保险，一般没有修改合同内容的权利。由于人身保险合同的这种附和性，当合同双方对人身保险合同条款的某些词义理解有分歧时，法院通常会做出有利于被保险人的解释。

4. 人身保险合同是有偿合同

有偿合同是指享有权利的同时必须承担义务的合同。订立人身保险合同是双方当事人有偿的法律行为。一方要享有合同的权利，就必须对另一方付出一定的代价，这种相互报偿的关系，称为对价。投保人的对价是支付保险费，保险人的对价是承担给付保险金的责任，但这种对价并不意味着保险人对投保人付出对等的代价，即一定要给付保险金或赔偿损失。只有当被保险人死亡、伤残、疾病或者达到合同约定的年龄、期限时，才承担给付保险金的责任。这也正是人身保险合同的本质所在。

5. 人身保险合同是双务合同

双务合同是指合同当事人双方相互享有权利，同时也承担义务的合同。人身保险合同的保险人享有收取保险费的权利，同时承担约定事故发生时给付保险金或补偿被保险人实际损失的义务；人身保险合同的投保人承担支付保险费的义务的同时，被保险人或受益人在保险事故发生时依据人身保险合同享有请求保险人赔付保险金的权利。

6. 人身保险合同是最大诚信合同

在我国的《保险法》中，明确规定从事保险活动必须遵守最大诚信的原则。最大诚信原则是保险的基本原则，每个人身保险合同的订立、履行都应当遵守最大诚信原则。对人身保险合同双方当事人违反最大诚信原则的行为，《保险法》规定了严厉的处罚措施。

33.3 人身保险合同的概念和法律特征

33.3.1 人身保险合同的概念

根据《保险法》第五十二条规定，人身保险合同是指以人的寿命和身体为保险标的的保险合同。人身保险合同和财产保险合同共同组成保险合同体系，人身保险以被保险人的生存、死亡、残废、疾病为保险事故，如果被保险人的生命或身体因自然灾害、意外事故、疾病、衰老等原因，引起死亡、残废或者丧失劳动能力，年老退休或保险期满时生存，保险人应当按照保险合同的规定，向被保险人或者受益人给付保险金或者年金。

33.3.2 人身保险合同的法律特征

1. 人身保险合同的主体具有自然属性

人身保险合同中的被保险人只能是自然人，并且保险标的只能是人的生命或者身体。人身具有不可估价性，即人身不是商品，人身保险不存在保险价值的概念，保险金额的约定不能以保险价值为基础，而是由投保人与保险人协商决定，具体的过程就是投保、核保与承保的过程。人的这种自然属性和财产保险合同所体现出来的属性显著不同，财产保险合同的被保险人除了自然人外还包括法人和其他经济组织，其保险标的只能是财产及相关利益。

2. 人身保险合同的保险金具有定额给付性质

人身保险合同的保险金额不允许在保险事故发生后再由双方协商，而是由双方当事人在订立保险合同时，根据被保险人的经济收入水平和危险发生后经济赔偿的需求协商确定一个定额，因此人身保险合同具有定额给付性质，在保险事故发生时，由保险人按照合同约定的定额给付保险金。这种保险金的定额性是由人的生命或身体的特殊性所决定的，而不像财产保险合同中的保险金额那样是根据保险标的的价值大小而确定的。

3. 人身保险合同的保险期限具有长期性

人身保险合同的保险期限一般很长，有效期可以持续几年或者几十年，甚至终身。人身保险合同的长期性向被保险人或受益人提供了稳定的生活保障，保险人也能够利用保险基金进行各种法律许可的投资。

4. 人身保险合同关系人中包括受益人

人身保险合同的关系人中有由被保险人指定的受益人的存在。被保险人、投保人可以自己充当受益人。根据《保险法》第六十一条的规定：人身保险的受益人由被保险人或者投保人指定。投保人指定受益人时须经被保险人同意。被保险人为无民事行为能力人或者限制民事行为能力人的，可以由其监护人指定受益人。

5. 人身保险合同的保险费具有储蓄性

人身保险合同的储蓄性主要表现在投保人交付的保险费构成获取保险基金的物质基础，决定着保险金的数额大小，而保险人充当着保险资金管理人的角色。当合同约定的保险事故发生时，则由保险人以给付保险金的形式将收取的保险费退还给被保险人或其指定的受益人。

6. 人身保险合同的保险事故发生具有规律性

人身保险合同中保险人承保的保险事故的发生具有稳定性和有规律的变动性，作为计算人身保险费率基础之一的人的生存或死亡或然率是以生命表为依据的，它符合大数法则的要求，因而呈现出一定的稳定性和规律性。例如，在具体合同关系中，保险人可以根据现有的危险统计，决定承保时被保险人的身体状况和体检项目。

7. 人身保险合同中保险费的收取具有非讼性

《保险法》规定，保险人对人身保险的保险费，不得用诉讼方式要求投保人支付。法律的此项规定，充分肯定了人身保险合同中的高度社会公益性，并且照顾到长期投资保险特征，推定投保人仅仅是善意原因而未及时缴费，应当给予宽限期，各国保险立法通常都是这样规定的。

8. 人身保险合同中不存在超额保险、重复保险和代位求偿

因为人身保险合同中的保险金额大都由当事人在订立合同时约定一个金额，所以人身保险合同中不存在超额保险和重复保险，这是由于人的生命和健康价值难以衡量而决定的。

当被保险人死亡、伤残或疾病等保险事故是由第三者的侵权行为而引起，根据法律规定应由第三者负担赔偿损失责任时，人身保险合同的保险人向被保险人或受益人给付保险金后，不得享有向第三者追偿的权利，但被保险人或受益人仍有权向第三者请求赔偿；而在财产保险合同中，被保险人不得同时得到保险金和赔偿金，而是在被保险人取得保险金后，由保险公司代位行使向第三者的赔偿请求。

33.4 人身保险合同的分类

33.4.1 保险合同的分类

1. 按保险标的进行分类

根据《保险法》第九十二条的规定，同一保险人不得同时兼营财产保险业务和人身保险业务。因此可将保险合同按照保险标的进行分类，分为财产保险合同和人身保险合同，这是我国保险法的基本分类方法。

2. 按赔付原则进行分类

根据保险合同的赔付原则，可将保险合同分为损失补偿性保险合同与定额给付性保险合同。财产保险合同、医疗保险合同一般属于损失补偿性保险合同，即按照被保险人实际发生的损失金额进行核定赔偿的金额；人身保险合同为定额给付性保险合同，即保险人和投保人事先约定保险金额，一旦被保险人发生保险事故，则按照预先约定的保险金额进行赔付。

3. 按保险期限分类

根据保险合同对保险标的的承保期限，可将保险合同分为短期保险合同和长期保险合同。通常以一年期为界限，一年以内的保险合同为短期保险合同，超过一年的为长期保险合同，长期保险合同又可按照各险种缴费期限的不同，分为五年缴、十年缴、十五年缴等等。

33.4.2 人身保险合同的分类

1. 根据保险产生的依据

人身保险合同可以分为自愿保险合同和强制保险合同。大部分人身保险合同都是因当事人自愿而订立的，我国目前只有公路、铁路、航空的旅客运输意外伤害保险合同属于强制人身保险合同。

2. 根据被保险人的多寡

人身保险合同可分为个人人身保险合同和团体人身保险合同。在个人人身保险合同中，被保险人都是单一的，简易人身保险合同一般都是个人人身保险合同；团体人身保险合同是以法人或其他社会组织的全体成员为被保险人的人身保险合同。

3. 根据保险危险的种类不同

人身保险合同可以分为人寿保险合同、健康保险合同和意外伤害保险合同。人寿保险合同是人身保险合同中最基本的一种，是以被保险人在一定期限内死亡或生存为给付保险金条件的人身保险合同；健康保险合同是以被保险人因疾病、分娩而致死亡或伤残为给付保险金条件的人身保险合同；意外伤害保险合同是以被保险人遭受意外伤害并致伤残或致死亡为给付条件的人身保险合同。

关键词

索赔	理赔	人身保险合同	人寿保险合同
健康保险合同	意外伤害保险合同	双务合同	有偿合同
附和合同			

思考题

1. 人寿保险与财产保险理赔工作有什么异同之处？
2. 人身保险合同与一般的合同有什么区别？保险条款是否就是保险合同？
3. 人寿保险合同与人身保险合同是否是同一种合同？
4. 个人人身保险合同与团体人身保险合同各有什么特点，在理赔审核时应当注意哪些问题？

第34章

人身保险理赔基本知识

本章预习

理赔人员进行理赔必须具备一定的知识结构，这些知识包括医学、法律和保险知识。尽管理赔是一种复杂的活动，除了专业知识技巧外，还要处理多方面的关系，但作为一个人身保险理赔人员，应该从最基本的知识了解。了解了基本的理赔知识之后，就是通过具体的理赔实践来提升自己的专业技能了。本章主要介绍一些人身保险理赔人员所需要了解的基本知识。主要内容包括：

- 理赔的法律背景和条款基础
- 保险责任与责任免除
- 受益人与受益权
- 理赔与保险代理
- 理赔与保险法律责任

34.1 理赔的法律背景和条款基础

34.1.1 理赔的法律背景

市场经济就是法治经济，市场各个主体的行为都要置于法律规范的调整之下，按照法律的要求从事经济活动，法治是市场经济的必然要求。保险中的理赔行为作为市场行为之一，必然要遵循法律，按照法律规范的要求进行。因此，理赔人员进行理赔时，首先要考虑的就是与理赔相关的法律规定。而国家为了规范保险行为，颁布了一系列的法律规范来调整。在各国的法律体系中，尤其是以英国为代表的发达资本主义国家的法律体系中，保险立法形成了较为完备的体系，其立法水平也较高。其他国家的保险立法，或多或少地受到这些国家的影响。

人身保险理赔的法律背景是理赔时应参照的法律规范，它既是保险条款的制定依据，又是理赔时的直接依据。人身保险理赔的法律背景主要有保险法、民法、合同法及民事诉讼法等法律规范。

我国的保险法包含保险合同法和保险业法两部分。其中的保险合同法是合同法的特别法，而保险业法则被当作公司法的特别法。中国的保险立法始见于1981年的《经济合同法》，该法中规定了财产保险合同。现行的保险法规是1995年6月30日颁布的《中华人民共和国保险法》及1992年11月7日颁布的《中华人民共和国海商法》中有关保险合同的部分。《保险法》是人身保险理赔时的首要法律依据，其中的合同法律制度调整着参与保险商品交换的各方当事人之间的权利义务关系。

民法在大陆法系国家的基本法律形式是民法典，中国目前还没有一部统一的民法典。1986年4月12日通过的《民法通则》是中国目前基本的民事法律规范，是调整中国目前民事关系的基本立法，其中关于民事法律行为、民事主体、继承等方面的规定都是人身保险理赔时的依据。《民法通则》对保险法的适用还具有补充作用，填补保险法的不足。

合同法是调整平等主体之间财产交换关系的法律规范。保险合同法是合同法的特别法，人身保险理赔除了遵循保险合同法的一些特别规定外，对于保险合同法没有规定的，都要就民事合同的共性问题遵循合同法的一般规定，如关于要约和承诺、缔约过失责任等规定。合同法对于人身保险理赔工作具有特别重要的意义。

此外，继承法、婚姻家庭法和民事诉讼法等法律规范对于人身保险的理赔工作都是不可或缺的，这些规范和上面的保险法、民法、合同法等法律规范构成了人身保险理赔的法律背景。每一个人身保险理赔人员都应该熟知和灵活运用这些法律，更好地做好人身保险理赔工作。

34.1.2 理赔的条款基础

人身保险的理赔工作除了遵循法律的直接规定外，还要忠实于保险合同条款的规定。保险合同的条款应作广义理解，不应仅限于该险种的条款，应包括保险单及所附条款、投保单、合法有效的声明、体检报告书、批注、附贴批单及其他有关书面文件的内容。因此，人身保险合同的条款包括基本条款和特约条款两种。基本条款是格式条款，特约条款是保险人和单个当事人之间的特别约定。基本条款和特约条款有同样的法律效力，在理赔时都要遵循。

下面介绍人身保险的主要条款：

1. 当事人条款

保险人：《保险法》规定了保险人的主体资格以及业务范围。

投保人：自然人、法人或其他组织只要具备法定的民事行为能力和保险利益，均能成为人身保险合同的投保人。

被保险人：被保险人只能是自然人，并且符合条款规定的年龄限制和身体条件等要求。

受益人：受益人在人身保险合同中是一个独立的主体，将在以后章节中另述。

2. 保险责任条款

人身保险合同的保险责任是以被保险人因自然灾害、疾病或意外事故而死亡、残废、医疗或生存至保险期限届满作为给付保险金条件的。下面是某保险公司重疾保险条款对保险责任的描述：

在本合同有效期内，保险人对被保险人负下列保险责任：

一、重大疾病保障：

（一）本合同生效或复效（以后发生者为准）180 天内：

被保险人经保险人认可的医疗机构确诊初次患本合同列明的重大疾病（无论一种或多种），或在保险人认可的医疗机构初次接受了本合同列明的重大手术（无论一种或多种），保险人给付重大疾病保险金，给付金额为已缴保费（不计利息且不含核保后加费部分），本合同终止。

（二）本合同生效或复效（以后发生者为准）180 天后：

被保险人于 18 周岁合同生效日对应日前经保险人认可的医疗机构确诊初次患本合同列明的重大疾病（无论一种或多种），或在保险人认可的医疗机构初次接受了本合同列明的重大手术（无论一种或多种），保险人给付重大疾病保险金，给付金额为合同约定保险金额全数，本合同终止。

被保险人于18周岁合同生效日对应日及以后经保险人认可的医疗机构确诊初次患本合同列明的重大疾病（无论一种或多种），或在保险人认可的医疗机构初次接受了本合同列明的重大手术（无论一种或多种），保险人给付重大疾病保险金，给付金额为合同约定保险金额的2倍，本合同终止。

因重大疾病及重大手术给付的保险金不可兼得。

二、身故或全残保障：

（一）意外伤害身故或全残：

被保险人于18周岁合同生效日对应日前因意外伤害身故或全残，保险人给付身故或全残保险金，给付金额为合同约定保险金额全数，本合同终止。

被保险人于18周岁合同生效日对应日及以后因意外伤害身故或全残，保险人给付身故或全残保险金，给付金额为合同约定保险金额的2倍，本合同终止。

（二）疾病身故或全残：

本合同生效或复效（以后发生者为准）180天内：

被保险人因疾病身故或全残，保险人给付身故或全残保险金，给付金额为已缴保费（不计利息且不含核保后加费部分），本合同终止。

本合同生效或复效（以后发生者为准）180天后：

被保险人于18周岁合同生效日对应日前因疾病身故或全残，保险人给付身故或全残保险金，给付金额为合同约定保险金额全数，本合同终止。

被保险人于18周岁合同生效日对应日及以后因疾病身故或全残，保险人给付身故或全残保险金，给付金额为合同约定保险金额的2倍，本合同终止。

3. 保险金额和保险费条款

我国《保险法》规定："以死亡为给付保险金条件的合同，未经被保险人同意并认可保险金额的，合同无效。""保险人对人身保险的保险费，不得用诉讼的方式要求投保人支付。"如某保险公司重疾保险条款对保险金额和保险费的描述：

一、本合同的保险金额按份计算，每份为人民币10 000元，投保人可为每一被保险人投保一份或多份。

二、本合同设趸缴、期缴（5年缴、10年缴、20年缴、30年缴）等缴费方式供投保时选定。保险费缴费标准视被保险人的性别、投保年龄及所选定的缴费方式而定（详见本合同保费表）。

4. 保险期限条款

保险期限要明确保险始期和保险费缴纳日期。保险始期是人身保险合同的保险责任开始的日期。在实践中，往往以投保人缴纳首期保险费的次日零时作为保险始期。

5. 不可抗辩条款

不可抗辩条款又称不可争议条款，是人身保险合同的常见条款。其内容是从人身保险合同成立或复效之日起，经过合同约定或法律规定的期限后，人身保险合同的效力就不可争议了。不可抗辩条款规定的抗辩时间一般为 2 年。目前，保险法中仅对年龄误告和自杀适用此条款，对不如实告知不适用不可抗辩条款。

6. 年龄不实条款

年龄不实条款又称为年龄误告条款，《保险法》对此作了全面规定。合同中一般也会将保险法对年龄不如实告知的后果列入条款，作为条款的一部分。如某保险公司重疾保险条款对年龄不实作如下表述：

本合同订立时，保险人应向投保人明确说明本合同的条款内容，特别是责任免除条款，并可以在合同订立时或本合同效力申请恢复时就投保人、被保险人的有关情况提出书面询问，投保人、被保险人应当如实告知。

投保人、被保险人故意不履行如实告知义务，保险人有权解除本合同，对于合同解除前发生的保险事故，不负给付保险金的责任，并且不退还保险费。

投保人、被保险人因过失未履行如实告知义务，足以影响保险人决定是否同意承保或提高保险费率的，保险人有权解除本合同；对保险事故的发生有严重影响的，保险人对于合同解除前发生的保险事故，不负给付保险金的责任，投保人未缴足 2 年保险费或合同生效未满 2 年的，保险人在扣除手续费后退还保险费予投保人，合同生效满 2 年且投保人缴足 2 年以上保险费的，保险人按照合同约定向投保人退还保险单的现金价值，本合同终止。

7. 宽限期条款

根据《保险法》的规定，人身保险合同约定分期交付保险费的，首期保险费的交付不存在宽限期，而其余各期保险费的缴纳则适用宽限期，具体期限可以由合同约定，也可以法定的 60 天为依据。

8. 复效条款

《保险法》规定，人身保险合同效力中止的，经保险人与投保人协商并达成协议，在投保人补交保险费后，合同效力恢复，但自合同效力中止之日起 2 年内双方未达成协议的，保险人有权解除保险合同。

9. 贷款条款

贷款条款适用于长期性人身保险合同，这是以人身保险单的现金价值为基础的。如某保险公司重疾保险条款对贷款条款作如下表述：

合同生效逾2年，投保人可凭保险单向保险人申请质押贷款。贷款金额不超过贷款时保险单现金价值扣除各项欠款及利息后余额的80%，贷款期间最长为6个月，贷款利息在贷款到期时一并归还。逾期不还，贷款本息及各项欠款达到保险单现金价值时，本合同终止。

保单质押贷款须填写保单质押贷款申请书及其他相关文件，并凭保险合同、最后一次缴费凭证及投保人的户籍证明或身份证明办理。

10. 自杀条款

自杀条款的基本内容是：人身保险的被保险人，在投保后一段时间内自杀的，保险人不承担保险金给付的义务，仅退还所缴的保险费，但法定期间经过后的自杀，保险人应承担保险责任。自杀条款的立法本意主要是防止道德风险，防止被保险人图谋保险金而蓄意自杀。同时为了保护受益人的利益，人身保险合同经过两年后被保险人自杀的，保险人仍负给付保险金的义务，以使受益人生活不因被保险人的自杀而陷入困境。中国保险法将两年后自杀给付保险金看做是保险人的权利，是可以选择的。但是目前国内保险业的惯例是对两年以上的自杀还是赔付的。

11. 受益人条款

国内保险公司对受益人条款一般做如下表述：

被保险人或投保人在订立本合同时，可指定一人或数人为身故保险金受益人，受益人为数人时，应确定受益顺序和份额，未确定份额的，受益人按同等份额享有受益权。

被保险人或投保人可以变更受益人，但需书面通知保险人，由保险人在保险单上批注。投保人在指定和变更受益人时，须经被保险人书面同意，但被保险人为未成年人的，须经其监护人书面同意。

被保险人身故后，遇有下列情形之一的，保险金作为被保险人的遗产，由保险人向被保险人的继承人履行给付保险金的义务：

一、投保人、被保险人未指定受益人的；

二、受益人先于被保险人身故，没有其他受益人的；

三、受益人依法丧失受益权或放弃受益权，没有其他受益人的。

若保险人已向被保险人的继承人之一履行保险金给付义务，则保险人的保险金给付义务已告完成。

重大疾病保险金、全残保险金的受益人为被保险人本人，保险人不受理其他指定。

12. 保险单转让条款

人身保险单因其具有现金价值，与其他有价证券一样能够转让。但以死亡为给付保险金条件的保险单，未经被保险人同意的，不得转让，保险法对此有规定。至于其他给付条件的人身保险单的转让及条件，由当事人自己约定。

13. 不丧失价值任选条款

这一条款涉及的是人身保险单的现金价值不因合同的失效而丧失。它的具体内容是：投保人没有能力或不愿意继续缴纳保险费时，保险单项下已经积存的责任准备金具有储蓄性质，在任何情况下，保险人都不可以没收。

34.2 保险责任与责任免除

34.2.1 保险责任

1. 保险责任的概念和构成要件

保险责任就是保险人对于合同约定之保险事故所致的损害负给付保险金的责任，这就是通常意义上的保险责任。

保险责任的构成须具备以下要件：

（1）被保险人在保险期限内遭受了合同约定的保险事故。

被保险人遭受保险事故必须是一个客观事实，而不是仅凭推断和臆想。有时候被保险人突然死亡的原因不明，出乎人们意料之外。但由于不能证实被保险人是由于遭受意外伤害造成死亡，保险人不负给付意外伤害保险金的保险责任。

保险事故必须在保险期限内发生。在意外伤害保险中，要求造成死亡、伤残的原因发生在保险期限之内，而并不要求死亡、伤残的后果一定发生在保险期限之内。因此，被保险人在保险期限内遭受保险事故，在保险期限结束之后造成损害后果的，保险人可以承担保险责任；而在保险期限开始之前遭受保险事故，在保险期限内才发生损害后果的，保险人不予给付保险金。

保险事故必须是相应人身保险合同约定范围内的事故。

（2）事故造成了被保险人损害的后果。

被保险人遭受意外伤害之后，如果经过治疗恢复了身体机能或劳动能力，并未造成死亡或伤残的后果，那么就不构成保险责任。只有当被保险人造成死亡或伤残的后果时，保险人才承担保险责任。

（3）保险事故与损害后果之间存在因果关系。

在意外伤害保险中，只有当意外伤害是造成被保险人死亡或伤残的直接原因时，保险人才承担保险责任。如果意外伤害没有直接造成被保险人死亡或伤残，但它引起另一个或一连串事故直接造成被保险人死亡或伤残，而其中又没有其他独立因素介入，这时，意外伤害是造成被保险人死亡或伤残的近因。在人身保险理赔实务中，近因视为直接原因，保险人要承担保险责任。

为了便于判断意外伤害与死亡、伤残之间的因果关系，在意外伤害保险中还规定一个责任期限，一般是自意外伤害发生之日起180天。责任期限可以延长到保险期限结束之后。被保险人的伤残程度应该在责任期限内确定。即使被保险人尚未治疗完毕，也要按责任期限结束时的情况确定伤残程度，给付保险金。

2. 意外伤害保险责任的认定

在人身保险中，意外事故是指在被保险人没有预见到或违背被保险人意愿的情况下发生的外来、突发且剧烈的客观事件。意外事故是常见的索赔理由，在实际判定中易引起争议的事故有：腰部疾患；食物中毒；继发性病症；头晕目眩、癫痫、贫血引起的伤害；治疗上的事故以及并发症；输血感染；有疾病或身体上的原因等。

意外事故有以下几个特征：

首先，事故必须是非本意的行为。非本意是指对于被保险人的主观状态而言，伤害的发生是被保险人事先没有预见到的或违背被保险人主观意愿的。没有预见包括被保险人事先无法预见（或者说不能预见）和被保险人事先能预见到伤害的发生，但由于疏忽而没有预见。前者如被保险人乘坐飞机失事坠毁，使被保险人遭受意外伤害，因被保险人登机前不能预见飞机起飞后会坠毁，所以伤害属于意外。后者如停电时被保险人未切断电源就动手修理电路，因恢复供电而触电遭受伤害。

违背被保险人的主观意愿也包括两种情况：一是被保险人预见到伤害即将发生时，在技术上已不能采取措施避免。例如，在海上从事捕捞作业的渔船忽遇暴风袭击，海船随时会倾覆使自己淹溺，但附近没有避风港，不能采取有效措施使自己免遭淹溺。二是被保险人已经预见到伤害即将发生，但是由于法律或职责上的规定，不能躲避。例如，民警负有保护人民生命财产的责任，民警看到正在犯罪行凶的歹徒，挺身与之搏斗遭受伤害，属于意外伤害。

凡是被保险人的故意行为使自己身体所受的伤害，都不属于意外伤害。故意行为是指，被保险人明知自己的行为会使自己受到伤害，并且希望遭受伤害而积极采取措施促成伤害的发生，或者是被保险人已经预见到伤害即将发生，而且也能够采取措施避免，但由于被保险人主观上希望自己遭受伤害而不采取措施避免，任其发生。在实务中，如果能够证实被保险人的伤害是由于自己的故意行为造成的，就等于排除了伤害属于意外。

其次，意外必须是外来、突发且剧烈的事故。外来的是指自身以外的有效原因，它是指伤害发生之前，致害物已存在于被保险人的身体之外，而不是在被保险人身体内部形成的，如结石、血栓等。通常，外来的原因要大于内在身体的病因。如被保险人因遭受轻微碰撞而导致脑溢血后死亡，通常人受此轻微碰撞均不至于死亡，致死的主要原因在于被保险人自身原有之疾病，故非意外死亡。突发的是指在很短时间内突然发生，而不是较长时间内缓慢发生。只有并非出于被保险人的故意且不能预期的突发事故，才是意外。所以，铅中毒、汞中毒等均不被认为是意外伤害。那些慢性、反复性的原因所引致之事故，并非意外原因，如职业病中尘肺、空气污染所引起的气喘等均非意外事故。

许多事故究竟是属于意外伤害还是属于疾病，不易区分，必须基于因果关系学说。但由于疾病或体质性因素，经轻微外因而发生病症或使其症状恶化时，其外因不视为外来、突发且剧烈的事故。

再次，意外必须是偶然发生的事故，即在一般情况下不会发生的事故。正因为如此，被保险人事先不能预见或很难预见，它的发生属于意外。如果是必然发生或几乎必然发生的事故，被保险人事先就应该已经预见到，它的发生就不属于意外。例如，一个不会游泳的人，在没有任何保护措施的情况下跳入深水游泳遭到淹溺，这是必然要发生的伤害，因而不属于意外伤害。

34.2.2 责任免除

责任免除是指被保险人或者受益人的给付保险金请求不属于保险责任范围的，保险人有权依据法律和合同拒绝给付保险金。投保人、被保险人或受益人在知道保险事故发生后有及时通知义务，并承担举证责任。保险人在对方履行义务后，应及时审核是否具备给付要件，以及是否适用保险人责任免除条款。

1. 法定免责事由

法定免责事由是指保险法强制条款所规定的保险人责任免除事项，具体涉及以下五个方面：

（1）违反告知义务。因投保人违反告知义务得以解除保险合同而责任免除。

投保人故意隐瞒事实，不履行如实告知义务的，保险人对于保险合同解除前发生的保险事故，不承担赔偿或者给付保险金的责任，并不退还保费。

投保人因过失未履行如实告知义务，对保险事故的发生有严重影响的，保险人对于保险合同解除前发生的保险事故，不承担赔偿或者给付保险金的责任，但可以退还保费。

（2）保险欺诈。因投保人、被保险人或受益人欺诈得以解除保险合同而责任免除。

被保险人或者受益人在未发生保险事故的情况下，谎称发生了保险事故，向保险人提出赔偿或者给付保险金请求的，保险人有权解除保险合同，并不退还保费。

投保人、被保险人或者受益人故意制造保险事故的，保险人有权解除保险合同，不承担赔偿或者给付保险金的责任，除保险法另有规定外，也不退还保费。

保险事故发生后，投保人、被保险人或者受益人以伪造、变造的有关证明、资料或者其他证据，编造虚假的事故原因或者夸大损失程度的，保险人对其虚报的部分不承担赔偿或者给付保险金的责任。

（3）故意行为。

投保人、受益人故意造成被保险人死亡、伤残或者疾病的，保险人不承担给付保险金的责任。投保人已交足二年以上保险费的，保险人应当按照合同约定向其他享有权利的受益人退还保险单现金价值。

受益人故意造成被保险人死亡或伤残的，或者故意杀害被保险人未遂的，丧失受益权。

（4）自杀行为。

以死亡为给付保险金条件的合同，被保险人自杀的，除下款规定外，保险人不承担给付保险金的责任，但对投保人已支付的保险费，保险人应按照保险单退还其现金价值。

以死亡为给付保险金条件的合同，自成立之日起满二年后，如果被保险人自杀的，保险人可以按照合同给付保险金。

（5）犯罪行为。

被保险人故意犯罪导致其自身伤残或者死亡的，保险人不承担给付保险金的责任。投保人已交足二年以上保险费的，保险人应当按照保险单退还其现金价值。

2. 约定除外责任

保险公司即使在合同有效的情形下，为维护社会公共道德或因发生率难以估计，对于若干导致死亡、伤残或疾病之原因预先声明不负给付保险金的责任。这种在保险合同中规定的上述保险人责任免除事项，称为除外责任。

人寿保险合同的除外责任一般有以下几种：投保人或受益人故意的行为；被保险人故意犯罪；被保险人自杀，但自本合同成立之日起或复效之日起二年后被保险人自杀的除外；被保险人醉酒、殴斗、吸毒；被保险人驾驶无证或法律禁止的机动交通工具及无照或酒后驾驶机动交通工具；被保险人患有艾滋病及其并发症；战争、军事行动、内乱或武装暴乱；核爆炸、核辐射或核污染。

健康保险合同的除外责任一般有以下几种：被保险人在订立保险合同时已患有的疾病或怀孕的；被保险人故意自杀或企图自杀而造成的疾病及因此致残致死的，法律另有规定的除外；被保险人因故意堕胎所致的疾病、残废、流产和死亡的；非以治疗为目的之手术或一般体格检查；一般牙齿治疗手术（意外伤害所致者不在此限）。

意外伤害保险合同的除外责任主要有以下几种：被保险人之故意或重大过失行为；暴动、内战、叛乱或任何战争行为；任何犯罪行为或拒捕；精神病、酒精中毒、吸食毒品、无照或醉酒驾驶。

34.3 受益人与受益权

34.3.1 受益权的概念

受益权是一种民事权利。在人身保险合同中，是指由被保险人或投保人指定的受益人在保险事故发生时直接向保险人行使的保险金的请求权。受益权必须是通过受益人的行为来实现的。

受益权具有以下法律特征：

（1）受益权的主体是享有保险金请求权的受益人。受益人为被保险人或投保人所指定，受益人的保险金请求权是通过被保险人或投保人处分自己的权利受让而来的。

（2）受益权只有在保险事故发生时才能转化为现实的权利。在未发生保险事故的时候，受益权只是一种期待权，同样受到法律的保护。

（3）受益权不受受益人的行为能力及保险利益的限制。在人身保险合同中，只规定了投保人在投保时必须具有保险利益，在保险合同存续期间没有这样的要求，对受益人享有保险金请求权时更没有此法律规定。

34.3.2 受益权与继承权

受益权与继承权同是一种期待权，都在他人死亡之后实现，但两者的性质不同，适用的法律也不同。

1. 取得的方式不同

受益权是受让取得，继承权是通过继承享有遗产的分割权。

2. 法律适用不同

受益权的取得适用《保险法》的有关规定，作为受益人，其领受的保险金无须偿还被保险人生前的债务；而继承人在其继承遗产的范围内有为被继承人偿还债务的义务。

3. 受益权不能继承

当受益人先于被保险人死亡时，该受益人的受益权不能转给其继承人。若受益人为数人时，则其他受益人可按份额享有保险金。若受益人为一人的，则按法律规定，保险金作为被保险人的遗产，由保险人向被保险人的继承人履行保险金的给付义务。

34.3.3 受益人的认定

1. 受益人的指定

人身保险合同的受益人由被保险人或投保人指定，投保人在指定时须经被保险人同意；被保险人为无民事行为能力人或限制行为能力人时，由其监护人指定受益人。被保险人或投保人可以指定一人或数人为受益人。受益人为数人时，被保险人或投保人可以确定受益顺序和受益的份额，未确定受益份额的，受益人按照相等份额享有受益权。

受益顺序一般为：

原始受益人，即最初指定的受益人；

后继受益人，即保单注明的原始受益人死亡后由其受益的人；

法定继承人，亦即法定受益人。

未指定受益人或指定受益人先于被保险人死亡或放弃、丧失受益权的，被保险人的法定继承人为当然受益人。在各种受益人中，原始受益人优于后继受益人，后继受益人优于法定继承人。

2. 受益人的变更

《保险法》第六十三条规定，被保险人或者投保人可以变更受益人，但应当采取书面形式通知保险人。同时，投保人申请变更受益人的，必须经被保险人书面同意才有效。

在保险事故发生前，受益人所享有的只是一种期待权，还处于一种不确定状态。尤其是人身保险合同多为长期性的，在保险合同有效期间，会发生各种情况，如夫妻离婚而导致配偶身份的消除，继父母、继子女关系的产生等等。在这种情况下，若不允许被保险人或投保人变更受益人，就有可能诱发道德风险的发生，因此，在保险事故发生前，保险法赋予被保险人或者投保人变更受益人的权利。

但是，为了保障被保险人的利益，残疾保险责任，除纯年金保险、重大疾病保险及住院医疗保险的受益人为被保险人本人外，保险公司不受理指定与变更。

3. 几种特殊情形下受益权的处理

(1) 没有指定受益人。《保险法》第六十四条规定，没有指定受益人的，保险金作为被保险人的遗产，由保险人向被保险人的继承人履行给付义务。

(2) 投保人在投保时指定受益人的，后又遗嘱变更受益人的。投保人或被保险人在保险事故发生前又用遗嘱的形式变更受益人的，须书面通知保险人才有效，否则，保险人仍按原保险单上指定之受益人给付保险金。

(3) 受益人故意谋害被保险人而丧失受益权的。《保险法》第六十五条规定，受益人故意造成被保险人死亡、伤残或故意杀害被保险人未遂的，丧失受益权。

受益人丧失受益权，同时又没有其他受益人的，保险金作为被保险人的遗产，由保险人向被保险人的继承人履行给付保险金的义务。若该受益人为被保险人继承人中的一个，则由其他继承人来继承；若该受益人即为被保险人的惟一继承人，则根据继承法的有关规定，继承人丧失继承权又没有其他继承人的，该保险金收归国有。

受益人丧失受益权，投保人已交足 2 年以上保费的，保险人应当向其他权利人，退还保单现金价值。

(4) 共同灾难。依保险惯例，受益人取得保险金的权利通常是以他在被保险人死亡时仍生存为条件。当被保险人与受益人同时遇难，不能证明其死亡之先后的，推定为受益人先死亡。即受益人于被保险人死亡时并非为生存者，保险金归属于被保险人之遗产。

(5) 失踪后的死亡推定。在我国的司法实践和保险实务中，保险人一般不能推定被保险人是否死亡，而须由司法机关依照有关程序来宣告。

《中华人民共和国民法通则》(简称《民法通则》) 第二十三条规定：公民下落不明满四年的，或因意外事故下落不明，从事故发生之日起满二年的，其利害关系人可以向人民法院宣告他死亡。《中华人民共和国民事诉讼法》(简称《民事诉讼法》) 第一百六十八条规定：宣告死亡的公告期为一年，因意外事故下落不明，经有关机关证明该公民不可能生存的，宣告死亡的公告期为三个月。

在理赔中，发现受益人未经宣告死亡而来申请给付的，理赔人员有义务提醒受益人按法定程序取得索赔凭证后，再行保险金给付请求权，但是，如被保险人确在特别灾难（如飞机、轮船失事）中丧身，保险人在法院宣告死亡前可向受益人先行垫付部分保险金，同时约定当被保险人生还时，保险人有保险金追偿权。

(6) 团体人身保险合同的受益人。根据保险法的规定，受益人只要被保险人以书面的形式同意即可，对受益人的主体资格也没有限定，因此，从这个意义上讲，受益人可以为投保单位。但如果保险单上约定的受益人为个人，则保险金应直接给付享有受益权的个人，任何单位不得限制受益人取得保险金的权利。

34.4 理赔与保险代理

34.4.1 保险代理概念与特征

保险代理是代理保险公司招揽和经营保险业务的一种制度，又称保险代理制度。保险行为属于民事法律行为的范畴，因此保险代理必须符合民事代理的法律特征。《民法通则》第六十三条规定：代理人在代理权限内，以被代理人的名义实施民事法律行为。被代理人对代理人的代理行为，承担民事责任。保险代理亦是如此，代理人以保险人的名义进行招揽保险的行为，其所产生的法律后果在授权范围内由保险人来承担。保险代理制度是现代保险制度的重要组成部分。

1. 保险代理人的概念

保险代理人是根据保险人的委托，向保险人收取代理手续费，并在保险人授权的范围内代为办理保险业务的单位或个人。保险代理人与保险公司的关系在形式上是以合同表现出来的契约关系，其实质是一种经济关系，即代理人的代理行为是以保险人给付佣金为代价的。保险代理人制度有两种具体形式，即独立代理人制度和专用代理人制度。独立代理人可以同时代理多家保险公司，而专用代理人仅代理一家保险公司。人身保险是一种长期的保险，因此其代理人一般均是专用代理人。

2. 保险代理人的特征

（1）保险代理是一种民事代理，具有民事代理的法律特征：保险代理人以保险人（被代理人）名义进行代理活动；保险代理人在保险人授权的范围内做独立的意思表示；保险代理人与投保人实施的民事法律行为，具有确立、变更或终止一定的民事权利义务关系的法律意义；保险代理人与投保人之间签订的保险合同所产生的权利义务，视为保险人自己所做的民事法律行为，法律后果由保险人承担。

（2）保险代理是基于保险人授权的委托代理。这种委托代理必须是书面的形式。这是保险代理有别于一般民事代理的特点。

（3）保险代理的后果由保险人来承担。保险代理人若过失或故意越权代理，即使保险合同上明确了代理权限、期限及违约责任，当被保险人出险时，保险人仍应承担责任，之后保险人再向代理人追偿。这种做法是为了更好地保护被保险人的利益。若保险代理人与投保人恶意串通的，保险代理人负连带责任。

（4）保险代理是代表保险人利益的中介行为，代理人是保险人的代理人。

34.4.2 理赔与保险代理的关系

人身保险的保单是通过业务员的展业行为所取得的。人身保险业务的开展离不开保险代理人的代理行为。保险代理是人身保险业务不可或缺的部分。然而，由于目前国内保险业还处于起步阶段，保险代理制度尚不成熟，难免会有许多保险代理的违规行为出现，诸如业务员展业时夸大保险责任范围，擅自许诺或委托他人代理，对投保人告知的风险不通知保险人，发生保险事故时又不能及时通知保险人，协助保险人理赔时对被保险人的索赔请求随意承诺等等，这些行为均给理赔工作带来困难。而理赔又是体现保险人信誉的窗口，因此理赔人员在妥善处理此类事件的同时，还要为保险代理制度的完善出谋献策，以便更好地维护被保险人的利益。

34.5 理赔与保险法律责任

34.5.1 保险法律责任的概念

保险法律责任是指实施了违反《保险法》行为的主体，根据《保险法》或者其他法律法规的规定应当对其违法行为承担的某种法律上的后果。承担保险法律责任的主体包括：投保人、被保险人和保险受益人；保险人（包括保险公司或其他工作人员）；保险中间人（包括保险代理人、保险经纪人等）；涉足保险活动或保险有关的其他人（包括国家机关、企事业单位、社会团体或个人）；国家保险业监督管理机关的工作人员。

保险法律责任的特征主要有：以危害后果决定法律责任。即危害后果不同，法律责任也不同；执法具有严肃性，即有法必依、违法必究、执法必严；追究法律责任必须由国家专门机关或国家授权的机关执行，任何没有法定权限的国家机关或其他单位个人都无法执行。

保险法律责任是保险业法的重要组成部分，它是正确处理各类纠纷的法律依据。

34.5.2 理赔与保险法律责任的关系

理赔与保险法律责任关系密切，理赔时除了正常的赔案外，还会遇到各式各样的保险诈骗，遇有这种情形，保险公司要坚决用法律武器维护自己的合法权益。此外，保险理赔员要了解各种法律责任，有助于理赔过程中识别违法犯罪的行为并避免自己滑入犯罪的深渊。可以说，保险法律责任是悬在各个保险法律责任主体头上的一把利剑，稍有差池，便遭制裁。保险法律责任主要有刑事法律责任、行政法律责任和民事法律责任，以下分述之。

1. 刑事法律责任

刑事法律责任是指违法主体实施了犯罪行为而受到的刑事处罚。根据《刑法》规定，刑事犯罪有三个特点：一是社会危害性；二是刑事违法性；三是应受处罚性。

关于违反《保险法》的刑事法律责任的内容在《刑法》中有明确的规定。涉及保险的犯罪有以下几种：保险诈骗罪；虚假理赔罪；擅自设立保险公司罪、非法从事保险代理业务和经纪业务罪；滥用职权罪、徇私舞弊罪和玩忽职守罪。

违反《保险法》的刑事法律责任的处罚方式主要有主刑和附加刑。主刑有死刑、无期徒刑、有期徒刑、拘役和管制。附加刑有罚金、没收财产和剥夺政治权利。

2. 行政法律责任

行政法律责任是指行政法律关系的主体违反行政法律规范，损害行政法律保护的个人、组织的合法权益或国家及社会公共利益所应承担的法律责任。行政法律责任是违反《保险法》的法律责任的主要责任形式，是保险人因其不当行为而所要承担的法律责任。

行政法律责任的处罚方式主要有行政处罚、行政处分和处分三种。其中国家监督管理部门实施的行政处罚又包括警告、罚款、责令改正、责令退还收取的保费、没收违法所得、限制业务范围或责令停止接收新业务、责令撤换负有直接责任的高级管理人员和其他直接责任人员、取缔、责令停业整顿和吊销经营保险业务许可证或代理业务许可证或经纪业务许可证。

3. 民事法律责任

民事法律责任是行为人实施了违反《保险法》规定的行为，给他人造成了损害，司法机关将根据《民法》的规定，追究行为人的民事责任。

《保险法》规定：违反本法规定，给他人造成损害的，应当依法承担民事责任。它的主体范围很广，包括了保险活动的所有相关人员。这种违法行为包括作为和不作为两种行为。违反了《保险法》所禁止的行为即是作为的违法行为。违反了《保险法》所必须进行的行为，即是不作为的违法行为。同时，违法行为与损害结果之间必须有因果关系，主观上有故意或过失的过错才承担民事责任。

违反《保险法》的民事法律责任的处罚方法有停止侵害、排除妨碍、返还财产、恢复原状、消除风险、赔偿损失、消除影响和赔礼道歉等。上述方式可以单独使用，也可合并使用。

关键词

法律基础　条款基础　保险责任　责任免除　受益人
受益权　保险代理　保险法律责任

思考题

1. 人身保险理赔主要涉及哪些法律？
2. 人身保险合同主要有哪些条款？
3. 意外伤害保险责任怎样认定？
4. 人身保险的责任免除事项主要有哪些？
5. 人身保险的受益人是如何确定的？
6. 保险代理的概念和特征是什么？
7. 保险法律责任有哪些种类？

第35章

理赔程序规则

本章预习

保险理赔是保险经营的一个重要环节，是保险履行其职能的具体体现。

当被保险人发生事故后，理赔人员为了确定该事故的性质、原因及损失程度，必须进行必要的审核活动，包括调查事故经过、鉴定客户提供的单证的真伪、判断事故是否属于保险事故等。人身保险的审核对象是被保险人、事故发生现场、有关的人证及物证等。保险事故的审核过程是保险公司承担保险合同约定的保险责任、履行赔偿或给付保险金义务的前提条件。在保险理赔活动中，保险公司会遇到很多不同的事故经过、不同的单证及证据，不同的情况涉及不同的法律问题。保险公司及被保险人依据法律及保险合同，都有权对事故进行检验。

通过本章的学习，应该了解正常理赔案件的处理流程，如何确认保险人应承担的赔偿责任或给付义务，如何确定赔付金额及保险赔偿给付方式等。本章主要内容包括：

- 理赔处理流程
- 核付理赔
- 理赔案件送审规则
- 理赔时效规则

35.1 理赔流程

理赔实务分为报案受理、立案、理赔审核、调查、理赔计算、复核、结案等几个环节。作业流程简述如下：当一个被保险人出险时，无论其持有几份保险合同，接案人员只对其作一个报案登记。如资料齐全，进行立案处理。核赔人员对每份合同分别初次理赔审核，对需要调查的案件提出调查要点并通知调查人员；无需调查的案件，直接将案卷移交核赔人员进行审核。调查人员经过调查，对本次出险事故形成统一的调查报告并移交核赔人员。核赔人员应对每份保险合同分别审核并进行理赔计算，形成理赔计算书，将案卷移交复核人员。复核人员对每份保险合同的理赔计算书分别复核后移交结案人员。结案人员进行领款人身份确认等结案处理，待领款人领款后，将案卷按结案时间归档，至此理赔流程结束。具体见图 35—1。

35.1.1 报案受理

1. 报案方式及受理要点

报案是指在被保险人发生保险事故后，知情人将该事故情况通知保险公司的行为。报案人的身份没有具体的限制，可以是被保险人本人，也可以是其他知情人，但报案是投保人、被保险人及受益人的法定义务。

报案方式包括上门报案、电话报案、传真或其他方式报案。报案人应在相应保险条款规定的时间内，及时将出险人的姓名、身份证号码、身份（是投保人还是被保险人）、出险人持有的保险合同号、险种名称、出险时间、地点、简要经过和结果、就诊医院、科室、床号以及报案人姓名与出险人关系、联系地址及电话等重要信息及时通知保险人。

报案环节应当引起理赔人员的高度重视。在接待报案的过程中，理赔人员可以了解到事故发生的第一手资料，通过详细询问凭直觉还可以发现案件存在的疑点和调查方向，为今后的理赔工作打好基础。在报案登记过程中，接案人应准确记录报案时间，以便判断是否因延迟报案而增加理赔查勘费用。

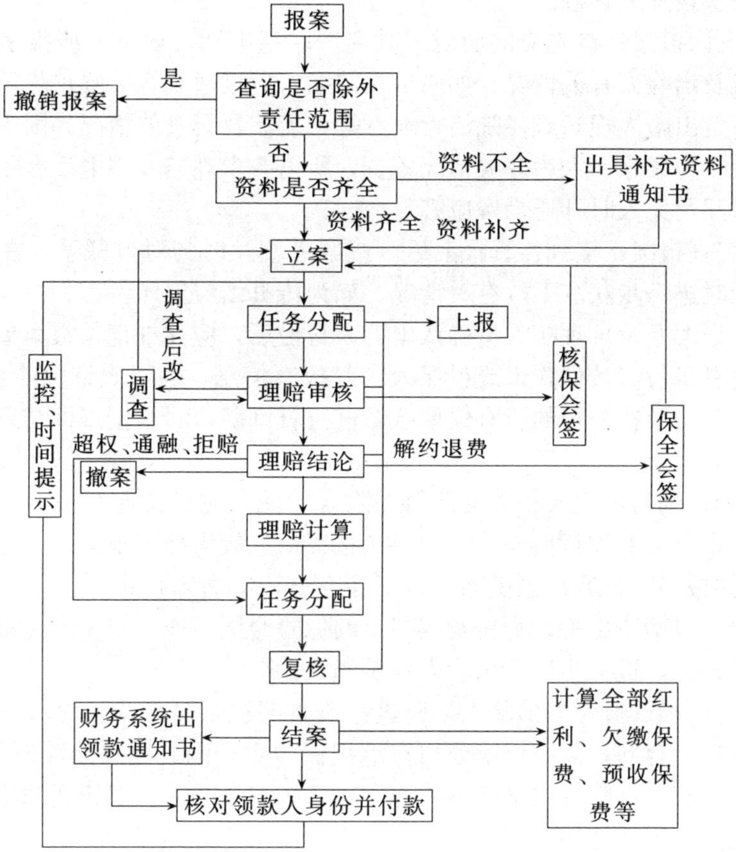

图 35—1　人身保险理赔流程图

2. 作业流程

(1) 报案登记。公司接受客户或保险事故的口头或书面报案。报案的方式可分为上门报案、电话报案、传真报案等。

1) 上门报案：理赔人员应先引导报案人到会客室就座，并主动询问报案事宜。询问的重点是出险时间、地点、原因、出险人姓名、身份证号及现状、保单号或投保险种及保额、联系电话、地址；报案人姓名、身份证号、年龄、与被保险人关系，报案人电话、地址、报案时间、本次索赔事故的性质。理赔人员指导报案人填写理赔给付申请书，对报案人带来的材料要逐一审视、登记，对原件不能留下的证明材料要复印并在复印件上签上审件人及送件人姓名及日期。口头询问后，接案人应在报案登记簿上填写相关内容，特别注意报案时间的填写是否准确，并要求报案人签章。

2）电话报案：首先应问明对方姓名、联系电话、地址，所报案件事故、时间、地点及出险人有关情况。如属重大赔案，应接通录音装置，尽可能在电话报案时问清楚出险人现状或住院治疗地点等可能涉及调查的情况。因为首次报案报案人一般较为紧张，人为夸大情况较少，所以要求理赔专用电话有录音装置，并在下班时间及无人时开通录音应答。

3）传真报案：接到传真报案后，接案人应及时与对方联系，在确认已收到报案的同时进一步获取事故有关情况。如为传真纸应复印保存。

（2）报案登录。理赔人员确认出险人身份后，应详细记录报案事项、投保情况及事故者身份（被保险人或投保人）等报案信息，通过查询保险公司的系统，对出险人身份及在公司的所有保单状态进行查询确认。根据查询结果分作下述处理：

1）未查到与出险人相关的任何保险合同的，应尽快通知报案人，告知该出险人未在本公司参加任何保险，并将该报案信息置为撤销报案。

2）如报案时，客户提供的资料不够齐全，应通知报案人补充提供出险人的身份资料，以确认出险人身份及其持有的保险合同；或在申请人提供理赔申请资料时一并补充，进一步进行出险人身份确认。

3）对已确认身份的出险人，应进一步查明包括其作为投保人、被保险人在内的所有保险合同，以及保险公司应承担保险责任的合同在出险时的效力状态，如出险人持有的保险合同全部为效力中止已满二年的，应尽快通知报案人告知其不予立案的原因，通知客户不予受理。如出险人持有的保险合同为有效合同，应将这些合同置为“报案”状态，为核保、保全部门提供信息。如果是身故，经核实后，可以将保单的状态变更为“终止”状态，对该保单做出终止划账和终止续缴保费动作，并在保单中标记“有报案”。

如需伤残观察，应书面告知客户有关伤残鉴定的注意事项。

符合受理条件的案件，予以立案。

3. 注意事项

接案人应注意礼貌周到，不要随意解释，不允许随意做理赔承诺。

应急措施：接案人应根据所掌握的案情，依相关的理赔规定，判断案件性质以及是否需要采取适当的应急措施，并在报案登记簿中注明。对于意外伤亡或其他需要紧急取证的案件，如预计赔付金额较高、社会影响较大的案件，接案人应尽快通知核赔人员；对于应保留现场的案件，还应通知报案人采取相应的保护措施。

需要在报案受理时通知核赔人或调查人的案件有：预计赔付金额较高的案件；意外伤亡案件；社会影响较大的案件；其他需要紧急取证的案件。

可做撤销报案的案件有：非所属条款保险责任的；报案案件并没有发生或发生后果未达保险责任条件的；客户主动申请撤销报案的；不能提供保单原件，保险公司也无其投保资料的；不能提供与保险责任认定有关的单证的；其他确实可做撤销报案的。

35.1.2 立案

1. 立案规则

（1）立案条件。立案必须符合下列条件：保险事故发生；出险人是保险单上的被保险人；保险合同为有效合同；被保险人在保险有效期内出险；理赔申请在保险法规定的时效内。

（2）申请人条件。除条款有特别约定外，各项保险金的申请人为：残疾、重疾、医疗保险金为被保险人；身故保险金为受益人，未指定受益人的，由法定继承人申领；保费豁免为投保人、被保险人或被保险人的监护人；权利人也可委托他人代为申请，但必须向公司提交有权利人（委托人）和代理人签名认可、授权明确的《授权委托书》及双方的身份证明。

理赔人员在接待申请人时，要求其提供相关证明材料（原件）。此后，按照条款规定及保单项目审核其是否具备申请人资格。如果申请人不具备资格，理赔人员应要求其转告有申请权之人提出理赔，或者让其提交由申请人签署的授权委托书；如果申请人具备资格，理赔人员应在理赔申请须知上注明须提交的原始单据及投诉电话，并将理赔申请须知交由申请人。

（3）立案申请材料。根据理赔规定和理赔申请类别提供相应的证明材料。理赔申请书要求由权利人亲自填写，由代理人填写的应持有授权委托书及其委托人身份证明。

在申请人提出理赔申请时，根据发生保险事故的性质和申请类别，申请人应提交不同的证明文件。

1）身故保险金给付申请：保险单或其他保险凭证；受益人户籍证明及身份证明；最近一期保险费收据；公安部门或国家卫生部门所属的县级以上（包括县级）公立医院出具的被保险人死亡证明书，如被保险人为宣告死亡，受益人须提供人民法院出具的宣告死亡证明材料，如因意外事故导致被保险人身故的，还应提供有关单位出具的意外事故证明；被保险人户口注销证明；如为代理人的，应提供授权委托书。

2）重大疾病给付申请：保险单或其他保险凭证；被保险人户籍证明及身份证明（被保险人生存时，受益人为其本人）；继承人户籍证明及身份证明（被保险人因重大疾病身故而未领保险金，则视为被保险人遗产）；最近一期保险费收据；由公司指定或认可的医疗机构或医师出具的附有病理检验、血液检验及其他科学方法检验报告的医疗诊断书或手术证明；如为代理人的，应提供授权委托书。

3）住院医疗给付申请：被保险人在住院期间身故而未领取保险金的，保险金视为被保险人的遗产，由被保险人的继承人为申请人，填写给付申请书；保险单或其他保险凭证；继承人户籍证明及身份证明；遗产继承协议或其他合法的继承文件，如继承人之间的继承关系或份额不能达成协议或产生争议，应提供人民法院或仲裁机构出具的调解书、判决书、裁决书等法律文件；保险费收据；由公司指定或认可的医疗机构或医师出具的医疗诊断书、死亡证明书及住院医疗费用的原始凭证、结算明细表；被保险人户口注销证明；如因意外事故导致被保险人住院医疗的，还应提供有关单位出具的意外事故的证明。被保险人住院医疗的，被保险人或其代理人应于被保险人出院后，填写保险金给付申请书，并提供下列证明资料：保险单或其他保险凭证；被保险人户籍证明及身份证明；保险费收据；由公司指定或认可的医疗机构或医师出具的医疗诊断书及住院医疗费用的原始凭证、结算明细表；如因意外事故导致被保险人住院医疗的，还应提供由有关单位出具的意外事故的证明。

申请人提交的证明资料由理赔人员在《理赔申请材料签收单》中签收，若需补交材料的，应在上述签收单中注明具体材料名称。

（4）暂缓立案。如出险事故类型为残疾给付的，应根据相关证明材料，进一步判断是否需要伤残观察。若需经180天观察期的案件，应暂缓立案，同时通知报案受理人出具《伤残观察通知书》一式两份，一份交申请人，另一份由立案人留存待查。对180天观察期满的案件，立案人应主动通知被保险人至保险公司指定或认可的司法、医疗机构进行伤残鉴定，根据伤残鉴定证明，视实际伤残程度决定是否立案（肢体缺失的无须伤残观察）。

2. 退件

以下情况不予立案：出险人非保单上的被保险人；保险事故的发生不在保险期间内；理赔申请超过保险法规定的时效；申请人资格审查不合格；证明资料不齐全且在规定的期限内仍无法补全的。

上述情况及其他不符合立案条件的案件，立案人员必须填写《理赔申请材料签收单》，将处理决定及理由书面通知申请人，同时必须对申请人提交的原始单证复印留底后做退件处理，在复印件上注明日期及送件人姓名存档，并将处理日期在《理赔申请书》上进行登记。须强调指出，这种做法是为了防止申请人伪造其他证明材料重新进行索赔。

3. 作业流程

(1) 立案审核。接案人员收到报案受理人员或申请人提交的理赔申请书、理赔申请材料签收单及相关证明材料后，在电脑系统中复核所有报案信息，查询既往承保、理赔记录，审核理赔申请书、理赔申请材料签收单填写是否符合要求，证明材料是否齐全，申请人是否符合申请资格；对立案审核结果，接案人员应做如下处理：

1) 符合立案条件的，进行立案登记。

2) 证明材料不完整或效力不足的，向申请人说明原因，通知客户尽快补齐证明材料。待证明材料齐全后，重新审核、立案。

3) 对审核过程中发现的、申请人尚未申请理赔的、公司应承担保险责任的保险合同，应告知申请人补交保险合同。待证明齐全后，进行立案登记。

(2) 立案登记。经立案审核符合立案条件的理赔申请，接案人员做如下立案登记处理：

1) 对报案登记中记录不全的项目进行补充；对报案登记中记录不准确的项目进行补正，并计算预估赔付金额。

2) 应对申请人提出理赔申请的保险合同分别立案登记，记录立案时间、接案人等。

(3) 案卷移交。助理核赔员根据理赔申请及事故证明材料，确认立案后，将理赔申请书、授权委托书、理赔申请材料签收单及所附证明材料入档，送交核赔人初审。进行案卷移出登记，记录移交案卷的赔案号、理算人员姓名及案卷移交时间，并由初审人员签名确认。

35.1.3 理赔审核（初审）

1. 审核要点

理赔审核是指核赔人审定保险事故及保险责任的行为与过程。它是正确给付理算的基础，是人身保险理赔中极为关键的一个环节。

(1) 审核的对象与环节。审核保单原始资料和保险金申请人提供的索赔证明材料的真实性、调查人员案情事实调查报告的正确性。通过这两点的审核确定保险人是否承担保险责任及应承担多大的责任。

1) 审核保险合同的有效性。核赔人员从任务队列中接受审核任务后（作为对报、立案过程的审核），首先根据保单查询系统及相关证明材料判断申请理赔的保险合同在出险时是否有效。主要方法是：第一，根据保险合同及理赔申请书，检查出险日期是否在保险合同载明的保险期间内；第二，根据最近一次交费凭证和保单信息上的保险费交至日期，检查出险时保险合同的效力是否中止；第三，如申请理赔的保险合同在报案前曾办理合同效力恢复保全作业，应进一步查明出险日期是否在复效前的效力中止期间；第四，对健康险复效后设有免责期的保险合同，应进一步查明出险日期是否在免责期间。

2）审核出险事故的性质。审核人员根据保险合同、理赔申请及相关证明材料，判断申请理赔的出险事故是否为保险责任范围内的事故。主要方法如下：首先，检查出险事故是否在保险合同保险责任条款约定的事故范围之内；其次，检查出险事故是否为保险合同责任免除条款约定的情形之一。

经出险事故性质认定的保险合同，审核人员分作下述处理：对于出险事故在保险责任范围内的，应进一步审核申请人所提供的证明材料是否完整、有效；对于出险事故不在保险责任范围内的，应做出审核意见，同时记录审核人员及审核时间。

3）审核事故证明材料。审核人员根据理赔申请及相关证明材料，判断出险事故的类型，检查申请人所提供的事故证明材料是否完整、有效。主要方法如下：首先，根据理赔申请书和赔案信息判断出险事故的类型，如医疗给付、疾病给付、残疾给付等；其次，检查证明材料是否为相应事故类型所需的各种证明材料；再次，检查证明材料的效力，即是否为公司认可的医疗单位、公安部门及相关机构所出具，证明材料的印章是否有效。

4）审核案件是否需要调查。理赔员调阅被保险人的投保资料，根据报案情况，查看被保险人投保时的健康及财务告知、体检报告等事项，分析是否可能存在道德风险及责任免除的情况，以此确定是否需要进行调查及调查的重点。需重点进行调查的理赔案件包括：①预计赔付金额较高的赔案；②长期险合同订立2年内死亡的；③存在保险欺诈、恶意投保可能或有保险责任免除可能的；④核赔人认为其他确有必要进行调查的。

如上述案件事实清楚、证据齐全、责任明确，可免于调查，但必须制作免调审核单写明免于调查的理由。

（2）审核结果处理。如保险事故发生在合同有效期内，属保险责任范围，且证明材料齐全、有效，理赔人员应结合调查结果，做出理赔结论后，计算理赔给付金额。理赔人员对案卷进行理赔计算前，应审核案卷所附材料是否足以做出正确的给付、拒付、豁免处理，并依审核结果分做下述处理：

1）证明材料不完整的，应通知申请人补齐证明材料。

2）对于资料尚有疑义的案件，如需进一步调查，应通知调查人员继续调查。

3）遇有不实告知、年龄误告或职业变更等，需请核保部门重新评估该保件的风险程度时，理赔员可交核保人员审核。

4）对于可能有法律纠纷的案件，理赔员可选择法务会签，请有关法务人员提出意见。

5）理赔计算前，需保全会签的案件，交保全部门会签。

6）上述资料均完整提供后，则可进行给付、拒赔、通融处理。

2. 理赔结论

（1）正常给付。理赔人员根据调查、核保会签等意见，确认可正常给付。

（2）通融给付。对一些案情特殊、责任不够明确但具有重大社会影响的疑难案件，可做通融给付处理。通融案件是应严格掌握的极少数特别案件，不得任意通融。处理时必须掌握以下原则：

1）由于公司在展业、服务方面确实存在不足而无充分理由而拒赔，客户一旦提出诉讼公司无望胜诉的。

2）给付后确实能巩固和促进业务的发展，不会产生连锁反应，造成工作被动的。

3）给付后不会造成不当得利，引发道德风险。

4）理赔员应详细说明通融理由、通融处理方法及拟通融给付金额，并按规定的程序，在规定的权限内逐级审核上报。

5）通融给付的金额最高为正常给付金额的100%；

6）通融给付有争执的，受理机构在履行给付手续前，必须要求受益人与公司订立和解书，并由受益人出具放弃保险单上所有权利的保证。

（3）解约给付。根据保险法或合同条款规定，做解约处理。下列情况可在解约时做全部或部分退还保费：

1）合同自始无效。

2）对于条款中列明全部或部分退还保费或退还现金价值的。

3）按保险法规定应全部或部分退还保费或退还现金价值的。

4）其他经协商、仲裁或法院判决等情况需全部或部分退还保费或退还现金价值的。

（4）预先给付。

1）预付赔款的条件。在合同签署当地具有重大影响、责任明确的重大意外伤害保险以及补偿性的医疗保险事故，可视其具体情况申请预付赔款。

2）预付赔款的处理。各分支机构如有需要预付赔款的案件，应及时上报上级公司审批。上级公司接到申请后，如同意预付赔款，可授权分公司对案件进行快速审核。所缺的各项单证及资料可在事后补齐。如不同意预付赔款的，则分公司按正常理赔处理流程处理。

（5）不给付。不给付的情况包括：

1）拒赔：依据条款、合同及相关法律不承担保险金给付责任的案件，可做拒赔处理。

2）解约不退费：投保人故意不履行如实告知义务，在保险人对保险合同解除前发生事故，不承担赔偿或给付责任，解除合同时，不退还保险费。另外，若经查实，客户有保险欺诈的情况，根据保险法的规定解约不退费。

35.1.4 调查

1. 调查取证

凡需要发现、提取、保全现场痕迹及物品的调查案件，调查员应当及时赶赴现场查勘。

调查取证一般须由双人共同进行。调查时必须本着迅速及时、实事求是、遵纪守法的原则。对于医疗保险赔案的医疗病史复印和摘抄工作，可视情况由具有医学知识且有半年以上医疗保险查勘经验的理赔人员单独进行。

明确事故原因，即判明事故性质，界定事故责任，确认是否属于保险给付的范围。

见人、见状、见证。调查员在调查过程中应对被调查人员的情况、证据的取得、来源、调查结论等事项进行保密，且不得就保险金给付事项做出任何形式的承诺。

做调查笔录，详细记录查勘时间、地点、参加人员和查勘的目的、内容、结果等。调查笔录必须由实地调查者双人签名，并遵循回避原则。

现场调查时，必须以笔录、照相、制图、录像等方式记录现场的原始状态，相关文件应要求见证人签字。

调查人员在进行调查时须根据公司用章要求，开具介绍信并携被保险人、受益人授权委托书开展调查。

案件中存有伤残、死亡、医疗等情况并需要鉴定的，应及时聘请专门机构或专业人员进行鉴定。

调查中注意收集保险市场等方面的情况，遇到重大事项应及时上报，以利公司及时做决策。

做好与医院、司法部门、同业之间的沟通与联系工作。

2. 调查的主要方法

对于不同类型的案件，调查人员应通过不同的途径及方法进行调查，方可取得满意的调查结果，为保险责任的认定及理算提供可靠依据。各种类型案件调查的主要方法简述如下：

(1) 需要证明就诊事实、住院情况的，应到就诊医院摘抄或核实病历等相关资料，并尽可能向主治医师了解所有病史。对有转院情况的案件，应尽量到所有被保险人就诊治疗过的医院进行调查取证；调查时应注意是否所有就诊医院都是公司指定或认可的医院。对于住院治疗的，还应查证住院标准是否超标。

(2) 属交通事故且需要调查的案件，应到公安交警部门进行调查取证。重点了解案发原因、责任归属及处理结果，并索取相关资料（如道路交通事故责任认定书等)。如报案及时，还应赴事故现场进行查勘取证。

(3) 需要进行其他方面查勘的案件，应就所需调查的内容到相关部门或向有关人员取证，并注意取证结果的权威性和真实性。

(4) 对于出险人同时持有其他保险公司签发的保险合同的案件，应调查该承保公司的调查结果及处理意见。

3. 证明核定

证明核定是指审核所有理赔申请证明材料的真实性、合法性和有效性，并以此决定是否作为认定事实的依据。

(1) 死亡证明。死亡或验尸证明应由公安部门或国家卫生部门所属的县级以上（包括县级）公立医院出具被保险人死亡的原始证明，如只能提供复印件留存，应要求受益人先将证明材料原件交理赔人员审核，确定其效力后，由理赔人员在复印件上注明“原件已核”及复印日期，并分别由审核人员及提交证明人签字。如被保险人为宣告死亡，则受益人须提供人民法院出具的宣告死亡判决书。

(2) 伤残证明。伤残等级鉴定报告应要求申请人提供证明材料原件，对于鉴定报告，理赔人员认为有必要重新鉴定的，可要求被保险人到公司指定医院或机构进行鉴定。鉴定人必须具有法定鉴定资格。对于功能丧失的鉴定，应在被保险人结束治疗后 6 个月进行。

(3) 医疗证明。对于医疗给付案件，原则上要求被保险人提供医疗诊断书、出院小结或病历原件（复印件须加盖医院公章）；医疗费收据原则上要求提供原始收据，若有正当理由不能提供原件而只能提供复印件的，申请人须做书面说明，并交原件审核或附原件核销单位之证明。

4. 撰写调查报告

经过调整取证后调查员应及时撰写调查报告，在调查报告中撰写查证途径，证据事实与结论，其内容必须真实、完整、不加主观臆断，并附有关证明材料呈交核赔员。

审核或签批人员对调查报告的事实及结论持有异议，认为需要重新调查的，可照会调查人重新调查。

5. 作业流程

（1）案卷移入登记。调查助理接案后，应进行案卷移入登记，记录所接案件的赔案号、调查人姓名、代码及接案时间。

（2）理赔调查。

1）调查人员根据理赔调查申请提示的调查要点，采取适当的形式与方法，对该案件查勘取证。

2）需异地机构代理查勘的理赔案件，调查人员应委托相关分支机构代为查勘取证。

3）在对案件有关当事人以及知情人的调查过程中，调查人员应及时撰写调查笔录，记录调查人姓名、调查时间、调查地点、被调查人姓名、职业、年龄以及调查内容，并尽量提请被调查人亲笔签名认可。

（3）调查报告的撰写。

1）每次理赔调查后，调查人员应撰写理赔调查报告，注明赔案号、调查序次、出险人姓名、性别、身份证件名称及号码，详细记录调查时间、调查地点、出险时间、地点、原因、就诊医院、门诊时间、住院天数及起止时间、调查所取得的证明材料的名称及件数等调查情况，最后记录调查报告形成的时间。

2）委托异地机构调查的案件，调查人员根据受托单位返回的代查勘结果判断是否需要进一步调查；确认调查完毕，依代查勘结果撰写调查报告。

3）对于调查过程中发现需要申请人进一步提供证明材料的，调查人员应在理赔调查报告中做特别说明，提示立案人员通知申请人尽快补齐所需证明材料。

4）缮制理赔调查报告。

5）审核或签批人员对调查报告的事实及结论持有异议，认为需要重新调查的，可照会调查人重新调查。

（4）调查结果的处理。理赔调查报告撰写完毕后应及时送交核赔人员。

35.1.5 理赔计算

（1）理赔员在计算、核定理赔给付金时，应注意下列各点：

1）投保人是否有尚未归还的保单借款，如有，则应相应扣减借款本金及利息。

2）保单是否处于保费垫缴状态，如是，则应相应扣减垫缴保费的本金及利息。

3）是否有欠缴保费、预收保费，如有，则应相应扣减欠缴保费或退还预收保费。

4）如申请人延误报案的，还可扣除因申请人延误报案而发生的核赔、查勘费用。

5）如有未领取的满期保险金、红利、利差，应予以补付。

6）如在宽限期出险，计算时应扣除欠缴保费。

（2）对于被保险人因意外伤害所致残疾或死亡的理赔案件，还应注意以下事项：

1）核实被保险人180天内有无伤残给付，本次死亡给付是否由于同一事故所致，如是，则应扣减已支付的伤残给付金额。

2）在同一保单年度内有无伤残给付，如有，应对保险金额作减额处理。

（3）本保单是否已申请了重大疾病提前给付，如是，则应在核定给付时，做保险金额减额处理。

（4）医疗保险理赔时，应注意的问题有：

1）如医疗费用险在保险公司全额赔付时，须收取医疗原始收据。

2）如医疗费用险部分在保险公司赔付时，医疗费收据原则上应按条款要求提供原始收据，经保险公司赔付后，如申请人索要原始收据，则由保险公司提供原始发票复印件及分割单。

3）若有正当理由不能提供原件而只能提供复印件的，提供的复印件上需加盖支付单位的公章并出具收取票据原件单位注明已赔付金额的分割单。

4）医疗补贴险赔付时，可审核医疗费原件后留存复印件，并注明“复印于原件”等字样和复印人签名。

35.1.6　结案、归档

1. 结案

理赔人员收到核赔人移交的理赔案卷后，应进行案卷移入登记，记录赔案号、结案号、结案人姓名及移入时间。

2. 作业流程

理赔人员进入结案菜单，录入立案号，查询理赔结论计算信息，并做如下操作：

（1）确认领款人资格。

1）领款人凭领款通知书到柜面出纳处领款，领款人在领款时要出示本人身份证、工作证等证件，由经办人员进行核对，确认其是否具有领取保险金的资格。

2）如确有特殊原因，领款人本人无法亲自前来领款的，可委托他人代领，但必须向保险公司提交由领款人和代理人签名认可、授权明确的授权委托书及双方的身份证明。

（2）理赔档案整理归档。

1）理赔案件结案后，助理核赔员对案卷中的材料与明细表内容核对后签收，按顺序将案卷进行装订后归档。

2）理赔归档的材料及装订顺序：理赔案卷目录；保险单正本或复印件；理赔申请材料签收单；委托授权书；理赔给付申请书；理赔调查报告书及相关调查材料；照会和各类会签结果；各类通知书；领款收据及批单；被保险人、受益人身份证明；申请人申请索赔的各种事故证明材料和医疗费用等有关单据；合议笔录；案件呈报或上报上级公司的报告书副本及上级公司批复文件；起诉书、应诉书、答辩状、法庭调解书和庭外和解协议书。

（3）理赔拒付流程：对于拒付案件，核赔人应根据理赔结论，打印《拒赔通知书》阐明具体拒付理由，并由立案人送达。结案人应要求申请人在《理赔申请材料签收单》副联上签字后，将其交回，以此换回保险单正本及有关材料。立案人应将退回的材料复印，注明审件日期，在卷宗留存以备案。

（4）保费豁免流程：根据条款规定享受保费豁免的保单，由核赔人签发保费豁免的具体金额并通知申请人。另将通知单交客户服务部出批单批注后，一联转客户留存（加盖骑缝章），一联由业务留存，粘贴于业务留存保单上。经审核不符合保费豁免条件的，核赔人应填写并送达《保费豁免决定通知书》，阐明不予豁免的具体理由。

3. *理赔时效规则*

《保险法》规定：对属于保险责任的，保险人应当在与被保险人或受益人达成给付协议后 10 天内，履行给付保险金义务；保险合同对保险金额及给付期限有规定的，保险人应当按照保险合同的约定，履行给付保险金义务；对于不属于保险责任的，应当向被保险人或受益人发出拒绝给付保险金的通知书。

保险人自收到给付请求和有关证明、资料之日起 60 日内，对给付保险金的金额不能确定的，应当根据已有证明和资料可以确定的最低数额先予支付；保险人最终确定给付金额后，应当支付差额。

4. *注意事项*

保险金应一次支付给合同的受益人或法定继承人，如合同受益人或法定继承人为数人时，公司应在受益人或法定继承人全部签名认可其相应份额的保险金或出具合法的授权委托书后，一次支付给申请人或受托人。

如受益人或法定继承人各方对保险金的分配发生争议时，公司不宜介入对保险金的分配。保险金分配待由有权利的各方商定形成书面文件或经仲裁机关仲裁、法院判决后，保险公司再据此进行给付。

如保单未指定受益人，且被保险人的法定继承人为二人以上时，公司应在法定继承人商定保险金分割方案并形成书面文件、签字认可后进行给付，并要求保险金领取人签署书面文件，说明："本保单未指定身故受益人，保险金按被保险人的遗产处理。本公司向被保险人的法定继承人履行保险金给付义务后，若有其他遗产继承人要求取得保险金，由保险金领取人与其协商解决。"

如为通融给付的，在履行给付手续前，必须要求受益人与公司签订给付协议书，由受益人保证放弃保单项下其他所有与本保险事故有关的权利或终止合同。

35.2 核付理赔

35.2.1 死亡给付

人寿保险是指以被保险人在合同规定的期间内死亡，或在合同规定的时间内仍然生存，保险公司按照合同约定向被保险人或者受益人给付保险金的保险。人寿保险以被保险人的生命为保险标的。人寿保险包括定期死亡保险、定期生存保险、终生死亡保险、生死两全保险等。我国目前保险公司经营的年金保险主要有个人养老金保险和团体养老金保险，这些年金保险实际上是生死两全人寿保险。死亡给付，指在保险合同的有效期限内，被保险人发生保险事故以至其死亡，保险人依照合同规定向受益人或被保险人的法定继承人给付死亡保险金的过程。理赔人员的首要任务就是根据受益人提供的资料确定被保险人是否死亡，并判断被保险人死亡的原因。

目前，关于死亡的判定标准分为心脏死亡与脑死亡两种。心脏死亡的定义很简单，是指机体生命活动和新陈代谢终止，呼吸心跳停止，并没有复苏可能时所确认的死亡。至于脑死亡的判断，则须符合以下六点条件：严重昏迷、瞳孔放大、固定、脑干反应能力消失、脑电波无起伏、呼吸停顿。以上六项要连续出现6个小时而毫无变化。我国医学界和法律上现行采用的死亡标准是前者。

由于死亡给付的保险金额一般较高，因此对于该类理赔案件，应加强调查，以确保没有带病投保、未如实告知事项，若发现确实有未如实告知事项，应交由核保部门二次核保，根据其二次核保的结果完成理赔审核。

根据导致被保险人死亡发生的原因可将死亡分为四类：疾病死亡、意外伤害死亡、宣告死亡和自杀死亡。

1. 疾病死亡给付

被保险人若在保险合同生效或复效后短期内因病死亡，应注意该被保险人是否为带病投保或有其他不实告知事项。若被保险人在国外死亡，应自费取得所在国使领馆或当地政府机构确认的有效书面死亡证明材料原件，提供给保险公司以供审核。对于保险合同生效或复效满两年的，被保险人自杀身亡者可按照疾病身故保额赔付。

2. 意外伤害死亡给付

对于曾发生过意外伤害事件，然后死亡的被保险人，应根据意外伤害的定义判定是否属于意外伤害死亡，主要是遵循近因原则确定意外伤害事故与死亡之间是否存在必然的联系。同时要注重对造成意外事故的因素进行调查，特别注意对责任免除中的事项加以判定。给付死亡保险金时，应注意扣除曾经支付的残疾保险金。

有时，被保险人因不明原因突然摔倒而死亡，经医生诊断死亡原因是猝死的，受益人经常会向保险公司申请意外伤害死亡给付索赔。由于意外伤害死亡给付的保险金额往往要高于疾病死亡给付的保险金额，因此有必要精确地审核死亡原因是否为意外伤害事故。因为猝死有着明确的医学定义，即平素健康或有严重疾病但病情已基本稳定，而突然产生的非人为因素的死亡。故根据其定义，就可判定猝死并非意外伤害事故导致的，对于猝死应按照疾病死亡赔付。

3. 宣告死亡给付

宣告死亡是指公民下落不明满一定时间，人民法院依据利害关系人的申请，以审判程序宣告该公民死亡的法律行为。根据《民法通则》第二十三条的规定，公民有下列情形之一的，利害关系人可以向人民法院申请宣告他死亡：(1) 下落不明满四年的；(2) 因意外事故下落不明，从事故发生之日起满二年的。在理赔中，受理此类事故，必须让受益人提供法院出具的《宣告死亡判决书》，一旦人民法院宣告失踪的被保险人死亡，下落不明满四年的被保险人被宣告死亡的，保险公司应按疾病死亡保额给付；因意外事故下落不明满二年，被保险人被宣告死亡的，应按意外死亡保额给付。被宣告死亡的被保险人重新出现或确实知其没有死亡，保险公司有权追回已给付的保险金。

人民法院宣告被保险人死亡的宣告日期即为被保险人的死亡日期，因此在失踪后直至宣告死亡的日期，投保人应当持续缴纳保险费才能维持保险合同的效力，使得被保险人被宣告死亡时保险合同仍然有效而确保受益人能够得到保险公司的保险金赔偿。但是，很多保险合同的投保人和被保险人是同一人，若被保险人，也就是投保人失踪后，无人可以缴纳保险费，这时保险合同的失效是由不可抗力导致的，因此，若严格按照保险合同是否有效的标准来判定赔偿与否，对被保险人及投保人是不公平的。基于此，一些保险公司就按照宽赔付的原则予以赔偿，只是在赔偿的金额中扣除需缴纳的保险费。

4. 自杀死亡给付

自杀即主观上有结束自己生命的意愿，并且在客观上亦实施了足以使自己死亡的行为。由于自杀者通常会在无旁观者的情形下实施自杀行为，所以受益人经常会向保险公司提出意外伤害死亡给付的索赔，甚至有些受益人明知被保险人是自杀身故，因利益驱使，也会向保险公司提出意外伤害死亡给付的索赔。这时，要求理赔人员能够尽量做好调查核实工作，以便于掌握足够的依据来判断被保险人的死亡原因究竟是意外事故还是自杀导致。通常非正常死亡的案件，被保险人的家属会报警方立案，那么保险公司的调查方向主要是调阅警方的卷宗档案，以明确被保险人的死亡原因。若警方未明确被保险人的死亡原因，保险公司只能根据死亡现场的情况及向发生事故的相关人员进行调查来判断被保险人的死亡原因。

35.2.2 健康保险给付

健康保险，是指投保人向保险公司缴纳保险费，当被保险人患病或者由于疾病致残或死亡时，保险人按照合同约定给付保险金的保险。健康保险以人的身体为保险标的，包括疾病保险、医疗费用保险等。

1. 医疗费用给付

医疗费用给付是健康保险的主要保险责任。根据相关保险合同条款的规定，医疗费用给付是以被保险人实际支付的且合理的医疗费用为基础的，在计算时尚需剔除不符合保单签发地政府基本医疗保险管理规定范围内的医疗费用，具体根据保险合同的约定进行计算。被保险人若同时投保多份健康保险合同或在多家保险公司投保该险种，其所能获得的赔偿的总额不得超过其实际支付的符合保单签发地政府基本医疗保险管理规定范围内的医疗费用。

医疗费用给付不同于被保险人伤残或死亡时的定额给付。从其实质来看，医疗费用给付相当于损失的赔偿。故有观点认为，医疗费用给付与财产保险的赔付一样，同样适用代位求偿原则，即对于第三者原因造成的被保险人的伤害，如果第三者已经向被保险人赔偿了医药费，则保险公司无须再给付被保险人医疗费用，如果保险公司向被保险人给付医疗费用保险金后，对第三者享有代位求偿权，不受保险法规定的限制。但是，保险法规定人身保险的被保险人因第三者的行为而发生死亡、伤残或者疾病等事故的，保险人向被保险人或者受益人给付保险金后不得享有向第三者追偿的权利。这已明确提出，保险人一旦向被保险人或者受益人给付了保险金，就不可再向引起事故的第三者追偿。保险公司的理赔作业是不能够违反《保险法》的规定的。

对医疗费用给付案件审核时，应注意是否为被保险人本人住院，是否有带病投保的可能，若提供的门急诊病历卡或出院小结上关键字有涂改痕迹，应立即展开调查。对于应调查的案件，应考虑尽快调查，以缩短理赔的审核周期，尤其是预计赔付金额较大或社会影响较大的案件，更应尽快完成审核过程中的各项工作周期（包括理赔流程中各阶段的实际操作时间）。

由于意外事故所致伤势与所必需治疗的费用应该符合，如因意外就诊时同时给予治疗疾病（如高血压、糖尿病等）的药物，应予以扣除该项治疗费用，如使用了医保报销范围之外的药物或材料费等，也应扣除。

对于因意外事故导致的医疗费用须调查的，应着重调查：事故的详细经过；事故发生后的处置方式；事故者伤势及治疗与伤势是否符合；查证事故双方或关系人对事故的描述；如有可能，应该对金额较大或情节较严重的事故进行现场查勘及向目击者询问事发原因、经过和结果；调阅警方处理记录，确定责任方，这对于车祸类事故尤其重要，可确定是否存在责任免除中的“酒后驾驶”、“无照驾驶”或“驾驶无有效行驶证的交通工具”；根据近因原则判断有无疾病引起的可能性，包括意外事故发生过程中是否曾服用过针对疾病的药物；对就诊医院所记录的病史进行查证等等。

2. 住院补贴给付

住院补贴给付是按照保险合同预先约定的当被保险人住院时每日应赔偿的金额，以被保险人实际住院的日数来计算总赔付金额的一种保险责任。住院补贴给付与医疗费用给付不同，与被保险人在住院期间实际支付的医疗费用无关，因此保险公司在对该类索赔审核确定可予以赔付后，无须收取住院收据原件。

住院补贴给付审核的主要内容是判断被保险人是否确实住院，并根据病历资料，判断是否需住院治疗及住院治疗合理的时间。根据医院提供的资料确认住院者是否为被保险人、出院时间与实际住院时间是否相一致，是否每天都满 24 小时住院，尤其节假日期间是否有请假外出的情况，是否有挂床现象。若对所提供的资料有疑问或资料有涂改，则需进一步调查。

35.2.3 重大疾病定额给付

如果被保险人在合同约定期间被诊断初次患有合同约定的重大疾病，保险公司按照合同约定的保险金额给付保险金。目前国内各大保险公司都设定多种重大疾病，各公司根据其赔付的经验数据的不同，重大疾病包括的种类也不同。

重大疾病给付在审核时，首要问题是如何确定被保险人符合重大疾病的诊断。仅以“恶性肿瘤”为例，恶性肿瘤最直观的诊断依据是手术后标本取样的病理诊断报告。对于被保险人癌症发生于早期的，一般都以手术治疗为首选治疗手段，这时提供病理报告毫无问题。但是对于晚期癌症患者，手术治疗可能会加快被保险人的死亡，因此不能选择手术而使被保险人无法提供病理报告。这时，由于被保险人只能提供CT、MRI、内窥镜、体液放射免疫等报告，缺乏恶性肿瘤的直观依据，确定被保险人是否符合恶性肿瘤的诊断就存在一定的困难，会成为被保险人和保险公司争执的焦点。由于现代医学对恶性肿瘤的非手术诊断能力已经较发达，诊断的准确率已经相当高，误诊率很小，因此门诊或临床上的诊断与病理检验诊断应当具有较高的准确性，保险公司应当在一定程度之内予以认可。

被保险人索赔重大疾病给付的时候，提供的住院病历要尽量详细，检查项目、报告要齐全，必要时被保险人应到保险公司指定的医院进行复查，以便于保险公司审核其疾病是否符合保险合同条款的约定。理赔人员审核时，应调查重大疾病的病理诊断报告是否为首次检查报告，以防止有未如实告知事项、带病投保的可能。

理赔人员应注意免责期的界定，重大疾病只有初次发生和确诊都在免责期后，即该疾病确实发生于保险合同生效期间，才属于保险责任范围。对于重大疾病的给付责任，多数保险公司会在条款中指定一个期限，在此期限内发生的重大疾病属于保险公司的责任免除范围，这个期限即免责期。

重大疾病给付的审核重点应该是根据被保险人提供的病历资料或者鉴定材料，对其所患疾病是否属于保险合同约定的重大疾病加以判断。对于重大疾病的诊断，在每一份重大疾病保险合同中都有明确的定义，下面以某公司的重大疾病条款为例讨论重大疾病的诊断。

1. 急性心肌梗塞

急性心肌梗塞，是指由于冠状动脉阻塞而导致部分心肌缺血性坏死。其诊断必须同时具备下列三个条件：

（1）突发性、持久而剧烈胸痛或胸骨后压迫性疼痛。

（2）近期心电图呈异常变化，常伴有严重心律失常和（或）急性循环功能障碍。

（3）心肌酶异常增高。

符合上述标准的情况才能确定为患有急性心肌梗塞。首先必须有典型的突发性、持久而剧烈胸痛或胸骨后压迫性疼痛，这是急性心肌梗塞的特殊症状。其典型的心电图表现是起病时（急性期）面向梗塞区的导联出现异常 Q 波和 ST 段明显抬高，后者弓背向上与 T 波连接呈单向曲线，R 波减低或消失；背向梗塞区的导联则显示 R 波增高和 ST 段压低。发病后数日至两周左右，面向梗塞区的导联，ST 段逐渐恢复到基线水平，T 波变为平坦或显著倒置。异常 Q 波以后常永久存在而 T 波有可能在数月至数年内恢复。但也有一些心肌梗塞的心电图表现不如此典型。急性心肌梗塞患者的血液中心肌酶系含量异常增高，血液心肌酶系主要由血清肌酸磷酸激酶（CK 或 CPK）、乳酸脱氢酶（LDH）和谷草转氨酶（AST 或 GOT）组成，在急性心肌梗塞时，上述三种酶及其同功酶均有不同程度的升高。血清肌酸磷酸激酶发病 6 小时内出现，24 小时达高峰，48～72 小时后消失，由于血清肌酸磷酸激酶指标具有的特性，任何延迟超过梗塞后 36 小时所做的心肌酶谱检查时，其血清肌酸磷酸激酶指标都有可能是正常的，但是乳酸脱氢酶会持续较长的异常反应，一般为 7～9 日。肌钙蛋白 I 或 T 的出现和增高也是反映急性心肌梗塞的指标。

2. 恶性肿瘤

恶性肿瘤指由遗传性发生改变并伴有相对自主性生长能力的细胞所构成的新生组织，具有向周围正常组织浸润和向远处器官转移的特性。凡经病理检验确定，符合国家卫生部门公布的“国际疾病伤害及死亡分类标准”，就归属于恶性肿瘤的疾病。但下述除外：

（1）第一期何杰金氏病。何杰金氏病是一种淋巴瘤，多见于青年，儿童少见，首见症状是无痛性的颈部或锁骨上淋巴结肿大，其次为腋下淋巴结肿大。根据 1970 年 AnnArbor 会议推荐的临床分期法，何杰金氏病可分为四期：Ⅰ期，病变仅限于一个淋巴结区（I）或淋巴结以外单一器官（Ie）；Ⅱ期，病变累及横隔同一侧二个或更多的淋巴结区（Ⅱ）或病变局限侵犯淋巴结以外器官及横隔同侧一个以上的淋巴结区（Ⅱe）；Ⅲ、Ⅳ期略。

（2）慢性淋巴细胞白血病。慢性淋巴细胞白血病是一种由于小淋巴细胞克隆性扩展，最终导致造血功能衰竭的一种恶性疾病，老年人高发。国际上分为三期。绝大多数该类病人处于休止期（G_0 期），一般一期病人无需治疗，定期复查即可。二、三期病人给予化疗，一般效果良好。

（3）原位癌。原位癌指癌细胞局限于上皮层内，尚未穿透基底膜，是癌的最早阶段。一般无临床症状，不浸润周围组织，不发生转移，可治愈。诊断主要依靠病理报告。常见的原位癌有宫颈原位鳞形细胞癌、乳房原位 Peget 病、皮肤 Bowen 氏病、膀胱原位移行细胞癌、喉原位鳞形细胞癌等。

(4) 恶性黑色素瘤以外的各种皮肤癌。恶性黑色素瘤是惟一在皮肤癌中作为保险责任的癌症。恶性黑色素瘤是一种较易转移的恶性肿瘤，可由色素痣恶化形成，但也可原发于正常皮肤或原发于内脏等处。恶性黑色素瘤可以发生于任何部位，一旦转移，预期后果不良，死亡率极高。

3. 四肢瘫痪

四肢瘫痪指肢体机能永久完全丧失，包括两上肢或两下肢，或一上肢及一下肢，各有三大关节中的两大关节以上机能永久完全丧失。所谓机能永久完全丧失，是指经 6 个月以后，其机能仍完全丧失者。关节机能的丧失是指关节永久完全僵硬或关节不能随意识活动超过 6 个月以上者。

上肢三大关节包括肩关节、肘关节、腕关节；下肢三大关节包括髋关节、膝关节、踝关节。

4. 慢性肾衰竭（尿毒症）

慢性肾衰竭，指两个肾脏慢性且不可复原的衰竭而必须且已进行定期透析治疗者。

其保障范围不包括单一的肾脏切除或急性肾衰竭时的暂时透析。

5. 脑中风

脑中风，指因脑血管的突发病变，导致脑血管出血、脑血栓形成和脑栓塞、脑梗塞致永久性神经机能障碍者。永久性神经机能障碍，指事故发生 6 个月后，经保险人认可的医疗机构神经专科认定，仍遗留下列障碍者：

(1) 植物人状态。植物人状态（植物性生存），指当大脑皮质发生广泛而严重的损伤时，患者将处于不可逆的深昏迷状态，丧失意识活动，但皮质下中枢仍可维持自主呼吸运动和心跳，此种状态称植物人状态，处于这种状态的患者称植物人，标志着大脑皮质死亡，也称为脑死亡。

(2) 一肢以上机能完全丧失。一肢以上机能完全丧失是指一肢（含一肢）以上感觉或运动完全丧失。

(3) 两肢以上运动或感觉障碍而生活无法自理。两肢以上运动或感觉障碍而生活无法自理，指两肢（含两肢）以上感觉或运动障碍而生活无法自理。生活无法自理指事物摄取、大小便始末、穿脱衣服、起居、步行、入浴等基本生活活动都不能自理，而需要他人扶助的状态。

6. 严重烧伤

严重烧伤，指全身皮肤 20%以上受到第三度烧伤。但若烧伤为被保险人自发性或蓄意行为所致，不论当时清醒与否，皆不在本合同保障范围之内。

本条款上的严重烧伤指体表烧伤面积达到20%且烧伤程度达Ⅲ度的烧伤。Ⅲ度烧伤的标准为皮肤（表皮、真皮或皮下组织）全层的损伤，累及肌肉、骨骼，软组织坏死、结痂、最后脱落。其面积计算采用九分法，深度估计采用三度四分法。在审核时应注意，保险合同上严重烧伤的定义与医学上的烧伤严重程度定义有所不同，医学上深Ⅱ度烧伤也可称为深度烧伤。

7. 暴发性肝炎

暴发性肝炎，指肝炎病毒感染导致大部分的肝脏坏死并失去功能（自行服毒或酒精中毒者除外），其诊断必须同时具备下列条件：

（1）肝脏急剧缩小：肝细胞萎缩。

（2）肝细胞严重损坏：肝脏组织病理切片提示弥漫性肝小叶结构破坏，仅剩下倒塌的支架结构。

（3）肝功能急剧退化：黄疸迅速加深，血清胆红素$>171\mu mol/L$，且肝功能急剧退化。

（4）肝性脑病：肝性脑病，出现意识障碍。

8. 帕金森氏病

帕金森氏病，指缓进性的神经系统退化疾病，主要症状包括行动迟缓、反应迟钝、肌肉僵硬、休息时有不自主震颤及姿势摇摆。此外还需同时满足下列各项：

（1）无法以医疗方法控制。

（2）渐进的损害症状。

（3）日常生活活动评定确认被保险人在无旁人协助下无法完成下列至少三项事情：洗澡、穿衣、进食、上下床、排便。

（4）病因不明。有明确病因如食物中毒或毒品引起者除外。

（5）须由神经专科医生做出判断。

9. 重大器官移植手术

重大器官移植手术，指被保险人必须且已进行心脏、肝脏、肺脏、胰腺、肾脏或骨髓移植手术。其他器官或组织的移植手术不包括在内；器官捐赠者也不在保障范围内。

10. 冠状动脉绕道手术

冠状动脉绕道手术，指为治疗冠状动脉疾病必须且已进行的血管绕道手术。

冠状动脉绕道手术也称冠状动脉旁路移植手术（CABG）、冠状动脉搭桥手术。须经心导管检查，患者有持续性心肌缺氧造成心绞痛并证实冠状动脉有狭窄或阻塞情形，必须接受冠状动脉旁路手术。在处理理赔时，一定要取得心导管检查报告。

11. 主动脉手术

主动脉手术指必须且已进行的胸、腹主动脉手术以矫正狭窄、分割或切除主动脉瘤。但胸、腹主动脉的分支手术除外。

因外伤所致主动脉创伤修复手术属于除外责任。

12. 心脏瓣膜置换手术

心脏瓣膜置换手术指因瓣膜狭窄或闭锁不全必须且已进行心脏瓣膜更换手术。但瓣膜修复手术或切除手术除外。

35.2.4 残疾给付

1. 残疾给付的定义

残疾指永久丧失全部或部分劳动能力和身体器官技能。残疾给付，是保险公司根据保险合同的约定，以被保险人因意外伤害或因疾病造成残疾为给付条件，向被保险人履行给付保险金义务的行为。

2. 残疾的评价

被保险人因意外伤害或疾病造成身体残疾，保险人按保险单所载保险金额及该项身体残疾所对应的给付比例给付残疾保险金。在治疗结束后，由保险公司认可的鉴定机构进行鉴定。若自被保险人遭受意外伤害或患病之日起 180 天内治疗仍未结束，按意外伤害或疾病发生之日起第 180 天时的身体情况进行鉴定，并据此给付保险金。被保险人因同一意外伤害或同一疾病造成两项及两项以上身体残疾时，保险人给付对应项残疾保险金之和。但不同残疾项目属于同一手或同一足时，保险人仅给付其中一项残疾保险金；如残疾项目所对应的给付比例不同时，仅给付其中比例较高一项的残疾保险金。具体审核时应以条款的描述为处理依据。

3. 残疾给付的审核要点

若保险合同中残疾给付标准在不同时期的条款中所列项目和标准有所不同，在执行中应以当时条款为准。理赔或调查人员应面见被保险人，观察询问致残情况，并对被保险人的身体状况进行检查，判断是否符合保险条款所约定的残疾标准，若确实属于残疾，尚需核定其残疾的程度，按照保险条款中不同的残疾程度应给予不同的给付比例。理赔人员应侧面调查周围邻居或同学、同事，以排除逆选择和未如实告知的可能。

35.2.5 豁免保险费

豁免保险费的保险范围是当被保险人或投保人（在保险合同中为未成年被保险人的父母）因为疾病或意外伤害而致残疾丧失从事一切工作或原来工作的能力，无法通过工作获得报酬，且此残疾情况持续超过180天而未能痊愈者，保险公司应从被保险人或投保人残疾诊断确定之日起，于其持续残疾期间，豁免投保人应缴的保险费，而该保险合同仍然有效。

1. 豁免条件

在不同的保险公司，其条款所约定的豁免保险费的条件各不相同，但不外乎以下几种情况：罹患重大疾病、二至三级残疾、投保人身故等。

通常保险条款约定，对于为未成年子女投保的投保人或者被保险人本人（这时被保险人为成年人并与投保人是同一人）在死亡、高度残疾或重大疾病时，符合保险公司豁免保险费的条件。保险公司同意豁免保险费后，其豁免保险费的年限，须视该保险公司的条款约定。

2. 豁免保险费的审核要点

理赔人员审核时，应判断投保人死亡、残疾或重大疾病是否属于责任免除范围，确认保险合同是否有免缴责任和该赔案是否符合免缴条款的约定。若保险公司最终同意豁免保险费，其生效日应当为保险事故发生日。

如该保险合同有预缴保险费，应全额退还该部分保险费。在被保险人或投保人提出豁免保险费的申请时，若已到续缴保险费的期限，应要求投保人或被保险人的法定监护人（原投保人死亡时，应有法定监护人继续履行缴纳保险费的义务）先缴纳保险费，待保险公司核定同意豁免保险费后，再退还该部分保险费，以免保险公司拒绝豁免保险费时保险合同失效。

35.2.6 解除合同

1. 允许保险人解除保险合同的条件

《保险法》对保险人解除合同有明确的规定。除此之外，保险人还可以在保险合同中约定其他可以解除保险合同的情况。

具体来讲，发生下列情况时，保险人可以解除保险合同：

(1) 投保人不履行如实告知义务。依据《保险法》第十七条规定：“订立保险合同，保险人应当向投保人说明保险合同的条款内容，并可以就保险标的或者被保险人的有关情况提出询问，投保人应当如实告知。投保人故意隐瞒事实，不履行如实告知义务的，或者因过失未履行如实告知义务，足以影响保险人决定是否同意承保或者提高保险费率的，保险人有权解除保险合同。”故对投保人不履行如实告知义务，且其不如实告知的内容造成保险人错误地承保或采用了较低的保险费率时，保险人有权解除保险合同。

（2）投保人、被保险人或受益人欺诈索赔。《保险法》第二十八条第一款规定，被保险人或受益人在未发生保险事故的情况下，谎称发生了保险事故，向保险人提出赔偿或者给付保险金请求的，保险人有权解除保险合同。

（3）故意制造保险事故。《保险法》第二十八条第二款规定，如果投保人、被保险人或者受益人故意制造保险事故，保险人有权解除保险合同。

（4）投保人将并不存在的或者没有保险利益的保险标的向保险人投保，该保险合同无效，保险人有权解除保险合同。

（5）保险合同失效满二年。《保险法》第五十九条第一款规定，自合同效力中止之日起二年内双方未达成协议的，保险人有权解除合同。

（6）《保险法》第五十四条第一款规定，投保人申报的被保险人的年龄不真实，并且其真实年龄不符合合同约定的年龄限制的，保险人可以解除合同。

2. 保险人解除合同时保险费的处理方法

依据《保险法》的规定，在某些情况下，保险人不仅有权解除合同，而且有权不退还保险费；而在另外一种情况下，《保险法》只规定保险人有权解除合同，并未规定保险人有权不退还保险费，这种情况下，保险人应该退还相应的保险费。至于如何计算应退还的保险费，《保险法》没有规定，只能靠合同约定。一般的，保险人对解除合同时的保险费处理有如下几种情况：

（1）退还全部保险费。除犹豫期退保，保险人应退还投保人全部保险费外，下列情况保险人也应退还全部保险费：

1）投保人因过失未履行如实告知义务的，保险人在解除合同时，也可以退还全部保险费。

2）合同自始无效（如未经被保险人同意的死亡保险、投保人对被保险人无保险利益等）。

3）条款中列明退还保险费的。

4）条款规定因疾病在免责期内死亡的。

（2）退还部分保险费。

1）投保人解除合同，或者保险合同效力中止二年内，投保人与被保险人未达成恢复合同效力协议的，如果投保人未交足二年保险费的，保险人在扣除手续费后，退还保险费。

2）条款中明确规定扣除手续费后退还保险费的。

（3）退还保单的现金价值。

1）《保险法》规定，如果合同约定分期支付保险费，投保人支付首期保险费后，超过规定的六十日仍未支付当期保险费，自合同效力中止之日起二年内，保险人与投保人未达成恢复合同效力协议的，如果投保人已交足二年以上保险费的，保险人在解除保险合同时，应当按照合同约定退还保险单的现金价值。

2）《保险法》第六十五条第一款规定，投保人、受益人故意造成被保险人死亡、伤残或者疾病的，保险人不承担给付保险金的责任。投保人已交足二年以上保险费的，保险人应当按照合同约定向其他享有权利的受益人退还保险单的现金价值。

3）《保险法》第六十六条第一款规定，以死亡为给付保险金条件的合同，被保险人自杀的，除另有规定外，保险人不承担给付保险金的责任，但对投保人已支付的保险费，保险人应按照保险单退还现金价值。

4）《保险法》第六十七条规定，被保险人故意犯罪导致其自身伤残或者死亡的，保险人不承担给付保险金的责任，投保人已交足二年以上保险费的，保险人应按照保险单退还其现金价值。

5）《保险法》第六十九条规定，投保人解除合同，已交足二年以上保险费的，保险人应当自接到解除合同之日起三十日内，退还保险单的现金价值。

（4）不退还保险费。

1）《保险法》第十七条第三款规定，投保人故意不履行如实告知义务的，保险人对于保险合同解除前发生的保险事故，不承担赔偿或给付保险金的责任，并不退还保险费。

2）《保险法》第二十八条第一款规定，被保险人或受益人在未发生保险事故的情况下，谎称发生了保险事故，向保险人提出赔偿或者给付保险金请求的，保险人有权解除保险合同，并不退还保险费。

3）《保险法》第二十八条第二款规定，如果投保人、被保险人或者受益人故意制造保险事故，保险人有权解除保险合同，不承担赔偿或者给付保险金的责任，除投保人已交足二年以上保险费，保险人应当按照合同约定向其他享有权利的受益人退还保险单的现金价值外，也不退还保险费。

35.3　理赔案件送审规则

分支机构核赔人处理各自权限内案件，超权限赔案逐级报批；超分公司核赔专员权限的案件，须经核赔专员审核提出具体意见后上报总公司核保核赔中心审批。

超权送审的案件，应提交以下材料：

（1）保险凭证及批单；

（2）理赔给付申请书；

（3）赔案综合报告书（案情重大或特殊）；

（4）合议案件须有合议笔录及合议决定；

（5）通融和解案件须附《人身险业务通融和解给付案件审批表》；

（6）涉及医疗费用赔付须附《医疗费用理算说明书》；

（7）有关证明材料及原始单据。

35.4 理赔时效规则

《保险法》规定：对属于保险责任的，保险人应当在与被保险人或者受益人达成给付协议后十日内，履行给付保险金义务；保险合同对保险金额及给付期限有规定的，保险人应当按照保险合同的约定，履行给付保险金义务。对不属于保险责任的，应当向被保险人或者受益人发出拒绝给付保险金的通知书。

保险人自收到给付请求和有关证明、资料之日起 60 日内，对给付保险金的金额不能确定的，应当根据已有证明和资料可以确定的最低数额先予支付；保险人最终确定给付金额后，应当支付差额。

关键词

立案	重大案件	拒赔	通融给付	伤残观察
死亡	医疗费用	医疗补贴	重大疾病	解除合同
残疾	豁免保费	保单现金价值	退保	

思考题

1. 什么样的案件可以采用“简易流程”完成理赔作业？
2. 标准理赔流程包括哪几个方面？
3. 在处理需伤残观察的案件时应注意哪些方面？
4. 通融给付案件需掌握哪些原则？
5. 什么是死亡给付？死亡给付的类型有几种？
6. 对于精神病患者，如何判断其死亡是自杀还是意外事故？

7. 医疗费用给付和住院补贴给付有什么区别，在索赔时需提供的资料有什么不同的要求？为什么有这种区别？

8. 重大疾病给付的审核要点是什么？

9. 被保险人经残疾鉴定后已获得理赔，但是如果他用这笔赔偿金去进行治疗而使其残疾痊愈，保险公司是否有权追讨这笔保险金？为什么？

10. 被保险人为未成年人的豁免保险费的合同，若被保险人因残疾而申请豁免保险费，是否应得到豁免？为什么？

第36章

理赔调查实务

本章预习

理赔调查是指公司为了核查保险事故的事实，明确事故的性质、原因与保险合同成立的诚信基础，为及时、准确、公平地做出理赔决定提供事实依据而依法进行的证据调查活动。理赔调查的主要任务是核查事故事实、明确事故原因、判明事故性质、确定损失程度，并发现、记录或保全、搜集证据，为理赔提供证据或线索。

本章阐述保险理赔调查的基本原则、基本要求、方法、重点与步骤。本章主要内容包括：

- 理赔调查基本原则
- 理赔调查方法与途径
- 理赔调查的重点与步骤

36.1　理赔调查基本原则

1. 迅速及时原则

（1）迅速及时是调查工作的基本要求。调查人员必须树立“时间就是效率”的观念。

（2）迅速及时是准确、合理、及时结案的基本保障。

（3）迅速理赔是服务质量的重要指标。

2. 实事求是原则

为了恢复事实的本来面目，保证结论的正确性，调查人员在整个调查过程中必须遵循实事求是的原则。从理论上讲，证据调查就是一种实事求是的活动，实事求是体现了证据调查活动的本质属性。

（1）坚持实事求是原则，应当做到在收集、分析、研究、审查证据过程中力求客观、全面，并做到有错必纠、有漏必查。

（2）坚持实事求是原则，要求调查人员不能主观臆断，即使调查人员经验丰富，也必须深入细致地调查研究；不能先入为主，不能偏听偏信，调查人员需克服心理倾向和心理偏见。

3. 遵守法制原则

证据调查又是一种自主性或随意性较强的行为，因此，必须强调遵纪守法的重要性。

调查活动必须严格依照法律规定的条件程序进行，认真遵守有关法律中规定的行为准则，维护实体和程序的公正。

4. 保守秘密原则

调查工作是一项保密性较强的工作，关系着客户利益和公司信誉。调查人员必须增强保密观念，养成保密习惯。需要保密的主要事项有：

（1）在调查阶段需要保密的案件情况，如收集的证据数量、来源等。

（2）是否为保险事故，是否给付以及给付的金额等情况。

（3）调查中所涉及的客户及有关人员的隐私和公司商业秘密。

（4）不得随意向外公布、影印和说明的调查内容。

36.2　理赔调查方法与途径

36.2.1　现场查勘

1. 现场查勘的概念

现场查勘是查勘人员对事故现场进行查考的证据调查活动，是立案前的一项重要的审查性措施。凡需要发现、记录或保全、提取现场物品及痕迹的理赔案件，查勘人员应当及时赶赴现场查勘。如有特殊情况需加紧调查的，务必尽快安排调查。

现场查勘必须以笔录、照相、制图、录像等方式记录现场的原始状态，相关文件应要求见证人签字。

2. 现场访问

现场访问特指查勘人员在现场查勘中，为查明案件情况，收集有关案件证据材料和信息，对案件当事人、行为人、目击者、知情人等进行的调查访问工作。

3. 现场查勘任务

(1) 明确事故原因、判明事故性质、界定事故责任、确定损失程度。

(2) 发现、记录或保全、收集证据，为理赔提供证据和线索。

4. 现场查勘要求

现场查勘要及时、客观、合法、保密；参加人员至少有两名；须在当事人或其近亲属、单位领导陪同下进行；未经当事人同意不能随意动用现场物品。

现场查勘结束后，应当制作《现场查勘笔录》。

《现场查勘笔录》是对查勘过程和事故现场一切与保险事故有关的客观事物进行记录的文字材料，包括导言部分、叙事部分、结尾部分三部分。《现场查勘笔录》必须记明查勘的时间、地点、内容和参加查勘的主持人、查勘人、见证人、当事人等情况，有时还需要写明查勘时的有关气象、地理、水文等情况。笔录应由全体参加查勘的人员注明意见后签名或盖章。

对于死因不明或复杂且保险金额又较高的案件，查勘人员赶赴现场后应与受益人签订有关协议，明确保险公司保留对被保险人进行尸检的权利。同时阐明，如未经保险人同意而将被保险人的尸体火化处理，以致最后无法确定死因的，由此引起的保险人无法给付保险金的责任由被保险人的受益人承担。

36.2.2 询问调查

询问调查是调查人员通过谈话或问话的方式了解情况的一种重要的调查方式，是收集人证的主要方法。

询问可分为正式询问和非正式询问；依询问人身份的出现情况，分为正面询问（公开询问）和侧面询问（秘密询问）；在形式上，有走访询问、电话询问等。询问调查过程中，调查人员应及时制作《询问笔录》或《访问笔录》。

重大案件、疑难案件、疑有保险欺诈的案件等特案，在进行询问调查前，应当拟定询问计划（包括选择合适的时间和地点），装备工作器材，必要时可挑选合适的调查人员组建专门的询问活动小组。“主问”人员应具备敏捷的思维力、丰富的想像力、集中的注意力和敏锐的观察力。

在策略上，可采用迂回渐进或重点询问方式；技巧上，可设计运用各种“言外之意”的方法。

36.2.3 聘请专门机构鉴定

调查中需要解决案件中专业性问题（如需对伤残、死亡、医疗等进行鉴定）的，应当及时聘请专门机构进行鉴定。

依据《司法鉴定执业分类规定（试行）》（司发通 2000159 号），司法鉴定种类有法医病理鉴定、法医临床鉴定、法医精神病鉴定、法医物证鉴定、法医毒物鉴定、司法会计鉴定、文书司法鉴定、痕迹司法鉴定、微量物证鉴定、计算机司法鉴定、建筑工程司法鉴定、声像资料司法鉴定、知识产权司法鉴定。

通常需要鉴定的事项有：死者身份鉴定、事故原因鉴定、事故性质鉴定、伤残等级鉴定、笔迹鉴定等。

1. 法医学鉴定

法医学鉴定的对象包括人（活体、尸体）和物，分为死体检验，活体检验，物体、书证检验，灾害、事故现场和犯罪现场检查。

法医学鉴定的主要内容：

（1）现场勘验：现场，指犯罪或发生事故的场所，以及发现尸体的地点。法医鉴定人在侦查人员的主持下赶赴现场进行法医现场勘查，借以发现与案件相关的物、事和人，查明死亡原因、判断死亡时间，了解死亡过程及致死手段和方法，推断致伤或致死工具，提取法医物证。

（2）尸体检查：这是法医工作最常见、最重要的项目之一。主要是为了判明死亡原因和推断死亡时间；确定损伤的部位、形状和程度；推测凶器的种类和用法；鉴定生前伤和死后伤，如为生前伤，推测伤后存活时间，其间行为能力如何；自杀、他杀或灾害等等。

（3）活体检查：主要是检查被害人和犯罪嫌疑人的生理和病理状态，包括损伤性质、受伤时间、劳动能力丧失程度、年龄、个人特征、生育能力、妊娠、分娩、亲子鉴定、精神状态、是否精神病、诈病、造作伤（病）或匿病等。

（4）物证检验：物证，是指与案件有关、对案件的真实情况有证明作用的物品和痕迹，包括凶器及各种留有犯罪痕迹的物品。例如检查有无毒物、是否人血、属何血型等。

（5）文证审查：凡能证明案件真实情况的文字资料，均称文证。如与案件有关的调查笔录、尸体或活体检查记录、鉴定书、证明书、医疗记录等。

2. 其他司法鉴定

文件鉴定是运用文件检验学的理论和方法，检验各种刑事、经济和民事案件中的文件物证，确定文件与案件事实、与当事人或嫌疑人的关系的一种技术侦查和司法鉴定手段。文件鉴定包括笔迹鉴定、印刷文件鉴定、污损文件鉴定、文件材料鉴定、言语识别、人像鉴定等。

36.2.4　必要时提请司法介入

合作调查是指在调查取证方面与有关单位、部门进行合作的证据调查方法。合作调查的形式有协助调查和联合调查。保险业具有很强的社会性，保险事故常涉及社会的其他许多部门行业，对保险事故的调查处理同时也是有关部门的职责，因此，合作调查是一个重要的调查方法，其中与公安部门开展联合调查或请求协助调查尤显重要。

36.3　理赔调查的重点与步骤

36.3.1　意外事故理赔调查重点与步骤

1. 意外残疾调查

残疾情形可分为缺失及机能丧失两种，在认定上缺失较无问题，而机能丧失较有争议，故残疾调查除查证医院诊断书外，最重要的是有关现状的陈述，尤其是眼睛伤残，往往因事故不十分明确且治疗都经过相当时日，又有 180 天观察（等待）期而认定较难，因此调查上应特别注意是否持续治疗及各治疗医院的主诉。

2. 意外死亡调查

单纯的意外死亡（事故原因明确），调查的重点在于警方的处理笔录（处理经过、结果）；某些事故原因并不十分明确或涉及除外责任情形的，除须了解警方处理经过外，尚应进一步查证事实经过。兹列举分述其调查重点：

（1）坠落致死。

被保险人状况：年龄，衣着，为何在现场，是否熟悉该地点，手及指甲有无擦伤，坠落时有无喊叫，坠落后是否清醒？如果是，说了什么？被保险人家庭、经济、感情、工作、健康状况如何。

事故现场状况：有无目击者，坠落时间，是否明亮，坠落起点是否光滑、狭窄，有无围栏、高度如何，坠落高度，坠落点距墙角距离，有无努力防止坠落的迹象，是否从窗户坠落，窗户的大小及高度，窗帘是否合拢，窗下有无暖气、垫脚物，是否从脚手架坠落，是否系安全带，坠落空间有无障碍物，如平台、晾衣架等。

1）工作中高坠：职业，事故经过，事故地附近人员或同事，坠落高度，是否有凸出物或缺口？其宽、深度如何，是否有安全设备等。

2）非工作中高坠：事故经过；谁报案？何时报案？如何发现？坠落处是何建筑物——大楼、工地还是高地？如是大楼，查询管理员，如是工地，查询工地人员；住所与事故地的距离；到事故地的目的（地缘关系）；当日或事故前行踪；生活史；生活习惯、夫妻感情、工作、经济、健康状况等。

（2）溺死。

被保险人状况：身份确认，是否会游泳，技术如何，为何在水里，距岸边距离，寻获时衣着，身体有无任何不寻常的伤害痕迹，当日或事故前行踪，家庭、经济、感情、工作、健康状况。

事故地点状况：水深、水温、气温、水流速度，水面、水中情况，有无暗礁、岩层，有无目击者，有无救援。

船舶状况（若有关联）：船的型状、大小及登记号，有无救生设备，船舶管理者，被保险人是否熟悉该船，有无任何机械故障，当时的船速，有无救援，甲板是否光滑，有无围栏。

1）落水地点明确的溺死件：事故经过，事故地面积、水深，附近的地形、地貌，事故地附近人员，有无同行者，住所与事故地的距离（地缘关系），当日或事故前行踪，到事故地的目的，生活史等。

2）落水地点不明确的溺死件：除前项所述外，尚需调查有无外伤、确切死亡时间、死亡原因；地点需请教法医。

（3）口服农药中毒。

调查项目包括：职业，有无兼职，耕作物种类，农药种类、名称、用途、颜色、气味、包装，农药容器、放置位置、放置处与事故地的距离等，事故经过，治疗经过，医院病历、主诉，尤其是否有记载服用量，生活史等。

（4）吸入性农药中毒。

调查项目包括：职业，有无兼职，耕作物种类，农药种类、名称、用途、颜色、气味、包装，人还是机器喷洒，当时风向，被保险人站立的位置，事故经过，治疗经过，有无立即送医，治疗病历，生活史等。

（5）煤气中毒。

调查项目包括：事故经过，发生时间、地点，发现者陈述，有无他人同遭事故；陈尸情形，有无特别体征（如口唇颜色），衣着，身体有无任何不寻常的伤害痕迹，有无企图逃离的迹象，当日行踪，生活史，家庭、经济、感情、工作、健康状况；门窗位置、开闭，灯是否开着，房间大小、有无电话，煤气、冷气开关情况，煤气摆设与事故地的位置，汽车状况（若有关联），包括车牌、型号、编码，经常保养地，排气系统，引擎是否处于发动状态，点火是开还是关，油箱中有无残留燃料，有无正被修理的迹象，车门及车窗的开闭情况，暖气或冷气是否开着，收音机和车灯是否开着，电话机是否在车内；天气状况包括温度、湿度、风速，有无降雪、降雨。

（6）烧伤致死。

被保险人状况：身份确认，为何在现场，幸存者是否熟悉被保险人，是否有企图逃离的迹象，致死的原因（焚烧、窒息或其他），衣着，呼吸道有无灼伤，体表有无易燃物质（汽油、酒精等），家庭、经济、感情、工作、健康状况。

事故现场情况：现场地形、地貌，现场烧毁情形，失火原因，引燃物，致燃物（汽油、酒精等），为何现场有致燃物，建筑物及房屋内物品有无损害，何时报警，消防队何时到达，建筑物有无喷淋设备，失火时有无使用，有无灭火器，安全通道的可用性、是否上锁，房间有无电话。

事故经过：谁发现，有无扑救，有无他人受伤，是否加油引起，有无储油习惯，住宅与最近加油站的距离。

治疗经过：谁送医，医院病历（包括受伤者治疗记录），主诉，护理记录，职业，生活史。

（7）药物中毒（包括违禁品）。

药物：种类、名称、厂家、批号、有效期、用途、标准用量，有无处方、开具原因及时间，处方服用量，服用时间，医师姓名，是否自购，自购时间，来源，药理性质，服用量，是否经常服用，当日服用量，有无其他药物被使用，以前有无任何服药过量记录，有无饮用酒精性饮料、检测情况，毒物检验报告，若服用违禁品应查询有无戒毒或被处理、判刑的记录。

其他调查项目：疾病名称，治疗病历，事故经过，一般身体状况，身体的位置，衣着，有无企图救助的迹象，身体有无不寻常的伤害痕迹，生活史，家庭、经济、感情、工作状况。

(8) 跌倒致死。

平面跌倒：地面有无坡度、突出物。

浴室跌倒：地板材质、防滑设备。

椅子跌倒：地板材质、与墙壁距离。

楼梯跌倒：楼梯阶数、每阶距离、斜度、有无扶手。

其他调查项目：事故经过，健康状况，急救经过，病历，主诉，有无外伤，有无断层扫描。

(9) 交通意外死亡。

下列情形应特别注意：

1) 高保额、在两家以上保险公司投保。

2) 行走时被撞死。

3) 事故地属人烟稀少、行政区三不管地区。

4) 事故时间、天气不良或天黑时分。

被保险人状况：年龄，职业，工作性质，健康状况（疾病、眩晕、昏厥、疾病发作，心脏状况），生活史，家庭、经济、感情、工作状况，尤其经济及生活起居、工作等，当日及事故前行踪，为何到出事地，是否熟悉该地，住宅或工作地与事故地的距离（地缘关系），目的地，是否系安全带，同车人伤亡情况，受益人，投保动机，招揽经过，家属意见等。

车辆状况：车名、型号、编码，车主，驾驶者状况（酒后、健康状况），有无有效行驶证、驾驶证，乘客姓名，刹车是否正常，窗户是否清洁。

事故地点状况：道路状况（巷道、岔道、弯曲路、交叉路口或坡道），路面情况（干、湿），有无可见障碍物，每一车速及方向，车辆碰撞点，碰撞后车辆位置，被保险人乘坐位置，滑行痕迹（长度、位置），有无目击者。

(10) 火车撞毙。

1) 平交道：平交道种类（甲、乙、丙），火车行驶方向与被保险人路径方向，是否弯道。

2) 非平交道：事故地是直道还是弯道，与邻近平交道、车站的距离，若是缺口是否经常有人跨越，事故地是否在陆桥下。

3) 住所或工作地与事故地有无地缘关系，事故经过，当日行踪，生活史。

（11）枪击伤亡。

被保险人状况：是否熟悉枪支、利器，有无石蜡测试及结果，家庭、经济、感情、工作、健康状况以及社会关系。

武器状况：枪的种类、样式、编号、口径，枪支所有人，被保险人为何持有，枪的一般存放处，枪支通常是否上保险及装弹，装弹量，空弹多少，枪管多长，该枪是否经常使用。

事故现场情况：武器的位置，身体的位置，有无抢劫、盗窃迹象。

3. 意外死亡调查步骤

对于意外死亡案件应按如下步骤进行调查：

（1）对事故详细经过进行调查。

（2）对事故现场及现场附近的住家进行调查。

（3）对警方处理情况进行了解。

（4）对就诊医院及住家附近的其他医院进行调查（初诊日期、主诉、既往症、事故者至医院时的伤势状况、有无疾病引起的可能性）。

（5）对除外责任的调查。

（6）对投保动机、财务状况、与经办业务员关系及招揽经过的调查。

36.3.2 自杀理赔调查的项目与重点

认定自杀应注意以下特征：行为人必须有结束自己生命的意愿；行为人显然在客观上实施了足以使自己死亡的行为。

1. 调查项目

被保险人状况：姓名、年龄、职业、性格、住址、婚姻状况、信仰、兴趣、嗜好，医疗史，一般身体状况，最近诊疗医院，心理治疗情况，朋友多否，死前情绪及身体状态（紧张、生气、疲倦），以往有无自杀倾向，近期有无职业变动，是否退休，退休后反应，有无不良行为（吸毒、酗酒、赌博），有无超常消费行为，近期有无亲人死亡，有无失恋、离婚，最近有无意外或受伤，有无财务困难，家族死亡史（自杀、癌症、心脏病、其他疾病）。

2. 其他情况

调查死亡地点、方式、时间，为何到出事地，有无目击者，身体位置，衣着，公安、法医报告，救护、医疗记录，新闻媒体报道，最后见到被保险人或与之交谈人的口述。

3. 调查重点

调查有无自杀动机，财务、健康、家庭情况，公安、法医报告，会晤有关事故处理人、法医、目击者、朋友、同事、家人及业务员，会晤现场医师、护士或其他医疗人员、精神科医师，是否牵涉酒精或药物，毒物检验报告，是否在多家保险公司投保，自杀工具有无测试，有无遗书或相关记录，以往有无自杀记录。

36.3.3　疾病医疗理赔调查的重点与步骤

1. 医疗调查

医疗调查可分为伤害医疗调查与住院医疗调查。

（1）伤害医疗调查：确定伤者身份，确定受伤事实，是否在工作中受伤，受伤的情形、程度，事故是否发生在责任期间内。

（2）医疗调查：治疗地点，住院号，初诊日期，主诉，诊断结果，治疗期间，住院、门诊、医疗费用，是否为受伤后第一家就诊，是否有外出，既往病史情况，必要时摘录有关病情讨论的内容，是否属先天性疾病，手术是否必要、是否在手术室内进行、是否以治疗为目的，医院情况，发票是否真实有效，提供病历者是否可靠，是否本人住院，如为外地医院则尽量要求有完整病史资料复印件并加盖相关部门公章，用药是否合理，辅助检查中有无异常报告，特别是投保前存在的病史，注意记录恢复、随访、跟踪情况，病史更改原因，必要时可去其工作单位、居委会、邻居、亲友处调查是否投保前已患有残疾。

如是保费豁免案的调查，需仔细核对身份，身体无残缺的，尤其要注意其生活自理能力（吃饭、穿衣、如厕等）。同时需观察其家中生活用品的摆设、居室的气味等，以判断其生活自理能力。

如申请 ADD 的调查，需要核对被保险人身份的真实性，同时仔细观察肢体残缺情况，伤口愈合时间，以判断受伤程度与时间的真实性。

2. 疾病死亡医疗调查

（1）投保动机、招揽经过。

（2）被保险人生活史：生活、工作、经济、健康等。

（3）发病始期，就诊经过。

（4）病历调查。

3. 调查步骤

（1）调查就诊病历、记录，包括有无就医事实、初诊日期、主诉、既往史、发病原因、诊断依据、治疗情况、出院情况等。

（2）侧面调查邻居、同事、朋友、家属。

（3）调查地缘性医疗机构。

（4）调查当地各大医院。

36.3.4 违反告知理赔调查的重点与步骤

1. 调查重点

（1）查明出险性质、出险原因。

（2）调查疾病病程，既往史，嗜好，爱好，职业，有无兼职，收入、资产等财务状况，有关的重要健康问题等。

（3）调取所有就医史（门诊、急诊、住院、购药、咨询等），调查地缘性医疗机构。

（4）收集各方面证据汇集成完整的医疗病史。

（5）会晤医护人员。

（6）会晤投保人、被保险人、受益人。

（7）约见业务员，取得书面的业务员展业经过声明，确定业务员与投保方的关系、认识时间、交往情况。

（8）核查尸检报告、法医鉴定书、事故报告、责任认定书、重要检查报告等的副本或原件。

（9）会晤同事、领导以确定职业危险因素、健康记录、工作状况等。

（10）调查同业投保记录、理赔记录。

2. 基本步骤

违反健康告知是最常见、最主要的违反告知情形。调查的基本步骤包括：

（1）调阅投保单：了解是否如实告知，是否被保险人亲笔签名。

（2）询问业务员：对被保险人当时情况有何了解，业务员有无工作上的失误。

（3）普查（排查）：对大额保险有疑问的，可采取普查，普查重点是投保前一两个月前后，被保险人在生活、工作所在地较著名的几家医院的检查记录。如果被保险人系“带病投保”，大多在投保前到附近几家医院反复检查诊断过，这些医院留有诊治记录。普查发现后应及时复印或摘抄。

（4）收集证据：收集投保时检查记录和出险时的检查、用药记录，并认真研究，如有疑难可聘请有关专家“会诊”。

（5）兼顾社保中心、同业公司：参加社保者，到社保医疗部门查证；在同业公司有投保记录的，到同业公司查证。

关键词

理赔调查	迅速及时原则	实事求是原则	遵守法制原则
保守秘密原则	现场查勘	现场访问	调查询问

专业鉴定	法医学鉴定	司法鉴定	司法介入
意外残疾调查	意外死亡调查	坠落致死	溺死
农药中毒	煤气中毒	烧伤致死	药物中毒
跌倒致死	交通意外死亡	火车撞毙	枪击伤亡
意外事故	自杀	疾病医疗	违反告知

思考题

1. 保险理赔调查的四项原则是什么?
2. 为什么遵守法制是理赔调查的基本原则之一?
3. 理赔调查有哪些基本方法?
4. 为什么现场查勘对于意外事故的理赔有重要意义?
5. 如何调查违反告知案件?
6. 如何在"意外事故现场"发现自杀痕迹?

第37章

证据审查及举证责任

本章预习

证据，是指证明案件真实情况的一切客观事实依据。从法律意义上讲，证据即证明法律事务事实真相的一切根据或凭据，它由法律做出明确规定并要受到诉讼或非诉讼法律程序的严格限定。而引申到保险理赔上，保险理赔证据是用于证明理赔案件事实及与理赔有关的事实存在与否的依据，其基本功能在于为理赔人员的正确理赔决定提供事实基础。虽然理赔证据并不直接或完全等同于司法诉讼证据，但由于任何理赔决定均存在潜在的理赔纠纷，必然要受到法律规范的调整，因此，对于理赔证据与司法诉讼证据，应在逻辑上和法理上保持一致性。

本章首先从证据的审查谈起，借鉴我国司法实践的经验，并结合保险理赔证据的特点，介绍了寿险理赔证据的形式和分类，并阐述了各类寿险理赔证据的审核注意要点，随后，结合最新颁布的最高人民法院《关于民事诉讼证据的若干规定》，说明在理赔及司法实践中，举证责任的分配原则及证据的采用标准。本章主要内容包括：

● 证据的形式和分类
● 证据审核要点
● 举证责任分配原则
● 采证原则

37.1 证据审查

37.1.1 证据的形式和分类

1. 证据的形式

根据《民事诉讼法》第六十三条的规定，证据可以分为以下几种形式：书证、物证、视听资料、证人证言、当事人陈述、鉴定结论、勘查笔录。

(1) 书证：是指以文字、符号、图形等记载的内容来证明案件事实的书面文件或其他物品。书证，顾名思义，必须具有书面形式，如手写、打印、印刷文件、信件、日记、证明身份的证件，经济活动中的合同书、账本、票证、单据以及图形、图表及照片等，同时，书证的另一特点是须以记载的内容来证明案件的真实情况。有些书面材料虽具有书面形式，但却以其存在、所处的位置或外部特征等对案件起证明作用，应属物证，而不是书证。

由于书证具有容易变造的特点，因此，使用书证时应先确认其真实性，根据《最高人民法院关于民事诉讼证据的若干规定》：书证，可以是原件，也可以是经核对无误的副本或者复制件。是副本或者复制件的，应当说明来源和取证情况。而对于书证原件或者与书证原件核对无误的复印件、照片、副本、节录本，若对方当事人提出异议但没有足以反驳的相反证据，应当确认其证明力。

在理赔实务中，书证是最经常被使用的证据形式，包括保险合同及相关凭证、投保单、必需的理赔申请文件、证明书、单据以及理赔调查取得的病史资料、就诊记录、检查检验报告等。

(2) 物证：是指以物质的存在、特征或属性证明案件情况的一种证据形式，其最基本的表现形式是物品和物质痕迹。物证是客观实在物，故与其他证据相比，具有较强的可靠性和稳定性。但由于物证通常须由司法机构提取，在理赔实务中应用较少。

(3) 视听资料：是指以录音、录像设备所反映的声像、计算机储存的资料，以及其他科技设备与手段提供的信息来证明案件真实情况的证据。视听资料可生动、形象、直观地反映案件事实，但由于可通过拼接、剪辑等方式伪造或篡改，故客观性难以保证，对此，《最高人民法院关于民事诉讼证据的若干规定》要求：视听资料须以合法手段取得、无疑点、并有其他证据佐证。

（4）证人证言：是指知道案件事实，且能辨别是非、正确表达的人就其所知道的案件情况所做的陈述。《最高人民法院关于民事诉讼证据的若干规定》对此也加以限定。在下述情况下，证人证言不能单独作为认定案件事实的依据：未成年人所做的与其年龄和智力状况不相当的证言；与一方当事人或者其代理人有利害关系的证人出具的证言；无正当理由未出庭作证的证人证言。因此，在理赔取证时要注意上述限制，以保证证人证言合法有效。

（5）当事人陈述：是指当事人就案件的事实所做的叙述和说明。对于当事人的陈述应认识到可能存在的主观片面性，不能轻信，故在理赔实务中，通常只能产生如下作用：为保险责任的认定提供证据线索；在追究保险欺诈罪中可作为直接证据。

（6）鉴定结论：是指受委托或聘请的具有专门知识的人员，对案件中某些专门性、技术性的问题进行鉴定后所做的书面结论。在理赔案件处理中存在较多情况须借助专门鉴定手段提供理赔依据，包括尸体检验、伤残等级鉴定及医疗事故鉴定等，须注意鉴定结论应由具有鉴定资格的鉴定机构及鉴定人员出具，并尽可能于事先由当事人双方协商确认。鉴定可起到两方面的作用：对可能发生异议的专业问题，依据第三人的结论可提高理赔决定的客观性、公正性；对于有必要进行的鉴定，而申请人拒绝的，则其应承担因此不能举证的相应后果。

（7）勘查笔录：是指通过文字记录、绘图、照片及录像等手段对事件现场所进行的记录，是对有关物品、场所中涉及案件事实情况的客观记载。理赔实务中，勘查笔录必要时可援引事故处理专门机构的记录，如交通事故处理记录等，如由理赔调查人员自行制作，应注意客观准确，记载顺序应与勘查顺序一致，并由见证人签名或盖章。

2. 证据的分类

根据我国司法实践的经验，并借鉴各种证据分类理论，从学理上按照不同的标准对证据作如下几种分类，有助于在理赔实务中对证据的理解和应用。

（1）原始证据与传来证据。根据证据是否直接来源于案件事实或原始出处，可以把证据分为原始证据和传来证据。原始证据是指直接来源于案件事实或原始出处的证据，如目击者的证人证言、书证的原本、物证的原物等。而传来证据是指经过复制、复印、传送或转述，而非直接来源于案件事实或原始出处的证据，如非事故经历人的证人证言、书证复印件等。传来证据由于在取得的过程中须经过中间环节，出现失真的可能性较大，故其可靠性相对较小，其证明力低于原始证据。在理赔实务中应尽可能获取原始证据，如条件所限，无法得到原始证据，对于传来证据，如病历资料的复印件也应取得医院的确认盖章，以增强证据的证明力，并与其他证据相互印证、相互补充、配合使用。

(2) 直接证据与间接证据。根据证据与案件的主要事实的证明关系，可以把证据分为直接证据和间接证据。直接证据是指能单独、直接证明案件主要事实的证据。间接证据是指不能单独、直接使用而需要与其他证据相结合才能证明案件主要事实的证据。直接证据证明力强，运用方便，但数量较少，较难于取得；而间接证据虽只能证明局部事实或个别情节，但具有范围广、数量多、较容易收集的特点，故在调查中具有不可忽视的作用，但须注意间接证据间要协调一致，并应形成一个完整的证明体系。

(3) 本证与反证。根据证据对诉辩双方事实主张的证明作用，可以将证据分为本证和反证。本证是指能证明一方主张的事实存在的证据。反证是指能证明一方所主张的事实不存在的证据。本证与反证属对立存在的，一般不能并存。在理赔实务中，理赔人员应全面调查、审核证据，充分掌握正反两方证据，有利于查明案件事实，做出正确的理赔决定。

37.1.2 证据审核要点

证据审核是保险理赔工作中的一个重要环节。保险金申请人出示的证明材料是认定保险事故和核定给付的重要依据，证据是否充分可靠，直接关系到理赔的质量。因此，在做出给付或拒付决定之前，要认定审核已收集的证据是否充分和确凿无误。

1. 审核证据的数量是否充分，文件是否齐备

理赔人员应根据条款及保险合同，确认理赔申请材料是否齐全、完备。例如：意外身故给付案应有相关机关出具的意外事故证明、居民死亡证明书、户口注销证明等。各类证明材料必须审核原件，如非原件存档，审核人应要求申请人提供原件进行审核，并要有审核人的签名及与“原件核对无误、某年某月”字样。

2. 审核证据材料是否具有客观真实性

理赔人员识别是否伪造文件应从以下几方面着手：

(1) 文件格式是否规范。理赔人员应熟悉各种公文书写格式，如交通事故责任认定书、居民死亡医学证明书、伤残鉴定书等。这类文件一般有明确的格式和行文，应注意收集这类文书，以便审查时进行对照研究，鉴别真伪。同时，理赔人员也应熟悉辖区内各医院常规的医疗记录、单证，如医疗费用单据是计算机打

印格式还是手工书写格式等。

(2) 文件内容是否真实。首先，注意研究文件记载的内容之间有无矛盾，有无擦刮、补接、改贴、消退、污染、添写、改写等痕迹，手写文字笔迹特征前后是否一致，有无应属不同部门签署的字迹却系一人所写的情况。其次，要考虑到有无夸大事实或捏造情节的可能。

(3) 文件的印文是否真实。伪造印文可分三种：一是直接伪造印章后盖印；二是直接伪造印文；三是部分伪造。

雕刻法伪造印章是常见的方法。其印文特点表现为:印文外形不整,字大小间距不匀,五角星位置不当。部分伪造的印文则字大小不一,多为废公章的修补。

复印法伪造印文较为常见。特别是双色复印机印出的红色印文几乎可以乱真，其特点是纸张上无印油浸渍，用显微镜观察其细目同油印不同。

其他还有电脑制作法、描绘法、补字法等。

(4) 发票是否真实。增值税发票防伪措施多。一般采用对比法就可初步识别。即拿一张真品发票与可疑发票相比，注意纸质、纸张上税务章、号码、背面印痕、正面填写性质（如第二联必然是用复写纸印留底，而不是用笔直接书写）。

3. 审查证据材料之间是否具有一致性

各种证明材料间应能相互印证，在内容、格式、形式上保持一致。如发现出险时间、出险经过、地点、出险人姓名、性别、年龄等在索赔材料或调查资料中存在矛盾，应重新核查，核实证明材料的真伪。

4. 审查证据材料中鉴定材料的科学可靠性

(1) 鉴定人员是否具有该方面的专业知识，鉴定机构是否具有鉴定权。

(2) 鉴定的方法、程序是否符合规范。

(3) 检验、鉴定的项目能否得出鉴定书之结论。

(4)有时,为了查明某些事实情况能否发生,可以通过模拟实验的方法进行印证。

37.2 举证责任

37.2.1 举证责任分配原则

举证责任是指法律关系中的双方当事人对某一主张进行证明的责任划分。

1. 原有法律的一些规定

1991 年《民事诉讼法》第六十四条第一款规定：当事人对自己提出的主张，

有责任提供证据。即“谁主张，谁举证”原则。

《保险法》第二十三条第一款规定：保险事故发生后，依照保险合同请求保险人赔偿或者给付保险金时，投保人、被保险人或受益人应当向保险人提供其所能提供的与确认保险事故的性质、原因、损失程度等有关的证明和资料。

2. 2002年4月1日起实施的《最高人民法院关于民事诉讼证据的若干规定》(以下简称《规定》)

民事诉讼证据问题，是民事诉讼的核心问题。《规定》是我国第一部比较系统地针对民事诉讼证据问题做出的司法解释。包括以下内容：

(1) 对“谁主张，谁举证”原则做出具体化的解释，完善了举证责任的分配规则。如第二条规定：当事人对自己提出的诉讼请求所依据的事实或反驳对方诉讼请求所依据的事实，有责任提供证据加以证明，没有证据或证据不足以证明当事人的事实主张的，由负有举证责任的当事人承担不利后果。从而，对《民事诉讼法》的举证责任原则予以细化，对当事人没有证据或者证据不足以证明其事实主张的后果予以明确，并明确了人民法院调查收集证据的范围和条件，同时规范了举证时限问题。

(2) 进一步明确了民事诉讼的证明要求和证明标准。人民法院根据法律规定的诉讼程序查明的事实，实质上是一种法律上的事实，民事诉讼的特点决定了在程序公正、公开的条件下，法院只能以通过依法审核认定证据所确认的案件事实作为裁判的依据。但在证据无法达到确实充分情况下，即所证明事实不能达到完全排除其他可能性的情况下，《规定》第七十三条规定：双方当事人对同一事实分别举出相反的证据。但都没有足够的依据否定对方证据的，人民法院应当结合案件情况，判断一方提供证据的证明力是否明显大于另一方提供证据的证明力，并对证明力较大的证据予以确认。……因证据的证明力无法判断导致争议事实难以认定的，人民法院应当依据举证责任分配的规则作出裁判。

(3) 完善了法官依法独立审查判断证据的原则。《民事诉讼法》第六十四条规定：人民法院应当依照法定程序，全面客观审查判断证据。该规定较原则，为避免法官在审查判断证据时容易产生的裁量权过大的问题，《规定》第六十四条首次以条文形式具体化：审判人员应当依照法定程序，全面、客观地审核证据，依据法律的规定，遵循法官职业道德，运用逻辑推理和日常生活经验，对证据有无证明力和证明力大小独立进行判断，并公开判断的理由和结果。

(4) 完善了非法证据的判断标准。将非法证据限定在“以侵害他人合法权益或者违反禁止性规定的方法取得的证据”范围。也就是说，除以侵害他人合法权益(如违反社会公共利益和社会公德，侵犯他人隐私)或者违反法律禁止性规定的方法（如擅自将窃听器安装到他人住所进行窃听）取得的证据外，其他情形取得的不得视为非法证据。

3.《规定》对理赔工作产生的现实意义

(1) 增强了理赔调查人员的信心与积极性，但同时也对理赔调查人员的专业性提出了更高的要求。

(2) 创造良好、公平、公正的法律环境，有利于理赔人员尽善良管理人之职责得以真正实现。

37.2.2 采证原则

采证原则，即证据的采用标准，是指案件的当事人所提出的证据能否证明自己的主张所依据的准则。根据有关立法和相关司法解释，有关采证原则可归纳如下：

1. 客观性原则

采证的客观性原则指只有客观存在的事物、事实、案件的反映以及其他客观存在的材料才可成为证据，而任何纯主观的东西，诸如推断、假设、猜测、臆想等均不能采用为证据。客观性原则具体须符合两个标准：一个是证据的形式须是客观的，以人们可以感知的方式存在，即前述的证据的几种形式——书证、物证、视听资料等；另一个是证据的内容须是客观的。任何案件都是在一定的时间、空间和条件下发生的，必然作用于客观外界留下一定的反映形象，故证据不论以何种形式存在，都必须是对案件事实的客观反映。

2. 最佳证据原则

在复合证据的情况下，特别是案件当事人对同一事实分别举出相反证据时，根据最高人民法院《关于民事诉讼证据的若干规定》，可以依照如下原则认定证明力的大小：国家机关、社会团体依职权制作的公文书证的证明力一般大于其他书证；物证、档案、鉴定结论、勘验笔录或者经过公证、登记的书证，其证明力一般大于其他书证、视听资料和证人证言；原始证据的证明力一般大于传来证据；直接证据的证明力一般大于间接证据；证人提供的对与其有亲属或者其他密切关系的当事人有利的证言，其证明力一般小于其他证人证言。

3. 证据的关联性原则

对于有关案件的全部证据，应当从各证据与案件事实的关联程度、各证据之间的联系等方面进行综合审查判断以确定能否作为认定案件事实的依据。根据最高人民法院《关于民事诉讼证据的若干规定》，部分证据不能单独作为认定案件事实的依据：未成年人所做的与其年龄和智力不相当的证言；与一方当事人或者其代理人有利害关系的证人出具的证言；存有疑点的视听资料；无法与原件、原物核对的复印件、复制品；无正当理由未出庭作证的证人证言。对于这些证据应尽量收集关联性的材料，以相互印证。

4. 排除性原则

最高人民法院《关于民事诉讼证据的若干规定》对此做出相应的规定：以侵害他人合法权益或者违反法律禁止性规定的方法取得的证据，不能作为认定案件事实的依据。因此，在理赔实务中，在采集证据过程中，应注意证据的合法性，包括形式、来源、收集程序等。

关键词

书证	物证	视听资料	证人证言	当事人陈述
鉴定结论	勘查笔	原始证据	传来证据	直接证据
间接证据	本证	反证	举证责任	分配原则
采证原则				

思考题

1. 证据可以分为哪几种形式？分别具有哪些特点？
2. 从理论角度看，证据可以有哪几种分类方式，其分类标准及依据是什么？
3. 保险理赔中的证据审核须注意的要点是什么？
4. 《最高人民法院关于民事诉讼证据的若干规定》针对民事诉讼问题提出了哪些新的观点，对保险理赔产生什么影响？
5. 证据的采用需遵循哪些原则？

第38章

保险欺诈及其防范

本章预习

保险欺诈作为一种客观的事实存在，有其深刻的社会根源和经济根源。对各家保险公司来讲，惟有加强自身的风险管理建设，针对保险欺诈这一现象所产生的原因，然后根据各类骗赔的各自不同特点，再通过不断地在实践中取得的经验、吸取教训，制定出有效的反保险欺诈骗赔的对策，让欺诈者无缝可钻、无处可逃，才是解决欺诈问题的最有效的途径。本章研讨的内容是保险公司如何对付业务中形形色色的欺诈行为。本章主要内容包括：

- 人寿保险欺诈的一般表现
- 人身意外伤害保险欺诈的表现形式
- 商业性健康保险欺诈的主要表现形式
- 人寿保险欺诈的防范
- 人身意外伤害保险欺诈的防范
- 商业性健康保险欺诈的防范

38.1 保险欺诈

38.1.1 人寿保险欺诈的一般表现

人寿保险欺诈的方式多种多样。常见的表现方式有：

1. 为保险欺诈做准备

（1）主动投保：投保人主动到保险公司或找保险代理人投保、详细了解索赔事项及要求。

在我国目前状况下，一般人的风险意识还不强，对保险、保险产品和保险服务了解甚少，绝大多数的投保人都是在保险代理人的反复讲解、分析后才决定投保。但也确有一些人经过自我学习和经别人讲解后主动来公司投保的。因此，主动投保单独出现并不一定具有道德危险，但是具有道德危险的保单主动投保的较多。

（2）超额保险：超额保险是指投保人所投保险的保险费超过了其经济承受能力。超额保险不一定是高额保险，它是以投保人自身经济能力来做衡量标准的。人寿保险多是长期缴费的保险，每年的保险费都是一笔固定的支出，超出每年的经济支付能力购买保险是不正常的。非高额的超额保险是因为考虑周全，只想到了保障而没有考虑好自己的经济能力，不一定有道德危险，但是高额的超额保险道德危险很大。非高额的超额保险会给投保人造成经济困难，生活水平下降，最后会因不堪重负而退保，高额的超额保险则可能隐含着杀机，所以两种情况都不应该承保。

（3）高额保险：高额保险就是指保险金额很高。具体的标准因各国、各地的经济状况而有不同。因为人的生命无价，所以人寿保险的一大特征是保额可以很高。高额保险中不属超额投保的部分是正常的投保行为，表明投保人经济实力强，保险需求高。高额保险中属超额投保的部分道德危险很大，特别是以集中购买、分散投保方式获得超额的高额保险更是保险诈骗的前奏。

集中购买是指在多个有相同或相近保险利益的成员中，在不太长的时间里只为其中一位购买了高额保险。具有被保险人、投保时间和投保金额集中的特征。

分散投保是指为了避免投保金额超过保险公司要求体检或核保调查的标准，只在一家公司投保中小保险金额，分别在几家甚至几十家保险公司投保，从而获得高额保险的情形。

分散投保由于是在不同的公司内投保，因此在各保险公司没有互通承保信息的情况下很难发现。一旦各家公司承保，则会招致被保险人铤而走险。

（4）投保人为不具备保险利益的被保险人进行投保。保险法规定投保人对保险标的应当具有保险利益。投保人对保险标的不具有保险利益的，保险合同无效。投保人必须对被保险人具有可保利益，这本是人身保险经营的一条最基本原则，但是某些地区在发展人身保险业务的初期，未必严格按照保险原则进行运做，这就在无形中为保险欺诈提供了生存的土壤。

（5）违背如实告知义务，隐瞒或提供不实的资料。保险公司为了风险选择的需要，在承保以前会要求投保人、被保险人就被保险人的身体状况、财务状况、职业状况及已经参加保险的情况做出说明或回答有关的问题。预谋诈骗者则往往通过隐瞒或提供不实资料的手法来骗取保险公司承保。当保险公司要面见被保险人或请被保险人进行身体检查时，预谋者多会百般阻拦，寻找各种原因推脱、拒绝。当保险人坚持这样做时，他则会寻找替身，顶替被保险人面晤或体检。也有的预谋诈骗者用其他理由欺骗保险人进行体检。个别人还用伪造的体检合格表格来说明情况，避免体检。

2. 伪造保险损失

伪造保险损失的人寿保险诈骗多是由被保险人主谋，受益人及其同伙协助进行，主谋者首先以自己为被保险人投保高额保险，再与受益人等一起制造被保险人死亡的假象。被保险人藏匿后由受益人出面申请死亡保险金。获赔后瓜分，迁居他处、隐姓埋名。

（1）利用第三者尸体。利用别人的尸体谎称是被保险人死亡。活要见人，死要见尸，有尸体为证的死亡人们深信不疑。诈骗者利用这一观念用拣来的、偷来的、买来的尸体向保险公司索赔。

这种方式诈骗保险金最怕过的是个人识别这一关。因为拣一个、偷一个或是买一个和被保险人多项指标吻合的尸体几乎是不可能的，所以一辨就露馅。

近年更为凶残的方法是寻找替身，杀死后毁容，由受益人出面指认尸体，伪造被保险人死亡。

（2）捏造被保险人遇难、失踪。此类情况没有尸体。事件多发生在海岸、河边、船上等可能找不到尸体的地方。当同伴与被保险人单独在以上地点时，突然发生意外，被保险人不见踪影，搜寻尸体不着，从而申请宣告死亡。

（3）提供虚假的死亡证明。这种情况较为多见，假证明的来源地多在远离公司的地方或是国外。

（4）被保险人装死。被保险人假装死亡，由其家属操办葬礼，然后空棺下葬，骗取死亡证明和保险公司的给付。

3. 故意制造保险事故

（1）故意杀害被保险人。为了获得高额保险金，受益人亲自或雇用杀手杀害被保险人，作案后伪造现场。常见的伪造方式有：

1）伪装抢劫杀人；

2）伪装溺水死亡；

3）伪装失足摔死；

4）伪装交通事故死亡；

5）伪装海上遇难死亡；

6）伪装中毒死亡；

7）伪装失火烧死；

8）伪装疾病自然死亡；

9）伪装自杀。

（2）被保险人自杀。在保险法律中一般都规定在投保后的一段时间内发生的自杀，保险公司不负赔付责任。我国《保险法》将这一时间定为两年。两年内发生的自杀，保险公司不承担给付责任。这种规定可能促使决定自杀的被保险人，为了使遗属获得给付而伪装成其他原因死亡。常见的伪装有抢劫杀人、交通事故、其他意外和疾病死亡等。

4. 将非保险责任损失伪造成保险责任

各种不同的人寿保险条款都有相应的保险责任范围。界定保险责任的因素主要有保险期限、事故性质和除外责任。

（1）保险期限：在时间问题上的道德危险常见的有涂改、伪造保险事故的发生时间。如已经投保，事故发生时刚好在健康观察期内或是宽限期之后，为了获得给付，涂改、伪造事故时间。还有“先出险，后投保”方式。事故已经发生了，然后到保险公司投保，谎称保险标的正常。然后再涂改、伪造事故发生时间，骗取给付。我国还有一种“倒签单”方式。事故发生以后再投保险，在保险公司人员或代理人的配合下，将保险单的承保时间提前到事故发生以前。

（2）事故性质：人寿保险虽是以生或死亡为给付保险金的条件，但道德危险问题几乎都是发生在死亡保险中，生存保险中很少见。

在人寿保险中根据给付办法的不同，一般分为意外伤害死亡、疾病死亡、自杀死亡和宣告死亡，确定死亡性质十分重要。首先，不是每一种保险合同中都包括了各种死亡性质的给付。有的条款只负责意外伤害死亡的给付；有的可能只负责疾病死亡的给付。其次，不同性质的死亡可能获得不同的给付。有的条款规定死于意外伤害可获得2～5倍保险金额的给付，死于疾病则只给付保险金额的全数。再次，不同的死亡性质有不同的限定时间。意外伤害死亡，保险单一旦生效保险公司就开始承担责任，而疾病死亡只有在观察期满后保险公司才承担全责。自杀如果发生在投保后两年之内，保险公司依法不承担给付的责任。

由于上面的原因，受益人在被保险人死亡之后为了获得或更多地获得赔付可能会提供虚假、伪造或涂改的死亡证明，隐瞒真正的死亡性质。也有的故意提供含糊不清的死亡性质证明，如跳楼自杀写成高坠死亡，投河自尽写成溺水死亡等。

(3) 除外责任：除外责任是保险条款中列明的，保险公司不承担赔付责任的事项。除外责任的订立是为了限制对非偶然事故的赔付，以保护保险制度的健康运行，维护法律和社会公德，保护被保险人的安全。一般将下列情况列为除外责任：

1) 投保人、受益人故意伤害、杀害被保险人。

2) 被保险人故意犯罪或拘捕，故意自伤、酗酒、斗殴。

3) 被保险人服用、吸食或注射毒品。

4) 被保险人在合同成立后或复效之日起两年内自杀。

5) 被保险人无证驾驶，酒后驾驶及驾驶无执照的机动交通工具。

6) 患艾滋病或感染艾滋病期间所患的疾病。

7) 战争、军事行动、暴乱或武装叛乱。

8) 核爆炸、核辐射或核污染。

当上述原因引起的死亡发生时，受益人为了获得赔付，则可能破坏、伪造现场，提供虚假、伪造的证明文件，隐瞒真实的死亡原因和死亡性质。

38.1.2 人身意外伤害保险欺诈的表现形式

根据保险合同的规定，投保人、受害人与保险人之间建立保险合同关系后，发生意外伤害结果，才能形成理赔案件。在为获取理赔案件的形成与发展中行为人要达到骗取保险金的目的，通常是在保险合同规定的要件上做些手脚，即“制作”意外事件、“制作”伤害结果。

1. “制作”意外事件

在没有意外情况发生时，行为人编造事实，制作合乎意外要件的“意外”，企图骗取保险金。

(1) 把故意行为编造成意外事件。行为人在投保有效期限内为了获取定额保险金而故意损害自己身体的某个部位，把自伤说成是意外事故所造成的，这就是人们常说的“苦肉计”或“自残”方式。如轰动一时的“金手指案”就是意外险开办以来发生在我国台湾地区的较为典型的“苦肉计”案。

（2）故意扩大保险责任，把合同列为除外责任的行为编造意外事件。根据保险合同及其补充文件规定，行为人在实施某些行为过程中发生的伤害事件不属于保险业务范围。如在相互殴斗中被保险人被致伤，而编造是突然受到自然性质的外力袭击所形成的。

（3）串通相关人员出假证，编造意外事件。骗赔行为人采用各种手段，让证人、医生或保险公司业务人员捏造事实、虚构意外事件的证据资料，也有骗赔行为人恶意利用现成的残疾征象，编造意外事件，企图达到骗赔目的。

（4）用冒名顶替的办法“租借”意外事件。行为人没有发生意外伤害的事实，把未办理保险合同的他人的意外伤害事件的资料以金钱租用。如：一民工在办理保险合同后，让同工地摔伤的人员用他的身份证明办理就医手续和事故报告，并借此向保险部门索赔。

2. “制作”伤害结果

在有外力因素作用下，或者是没有发生伤害的情况下，行为人编造事实，“制作”伤情，企图骗取保险金。

（1）把疾病情况编造为外伤伤情。行为人在发生意外的外力作用后，把自身的疾病硬说是本次外伤所致。如：在雪地滑倒后，把医院检查发现的脊椎退行性变说成是外伤所致，并要求保险部门支付保险金。

（2）夸大意外伤害程度。这种欺诈手法在我国人身意外伤害保险的赔付中是使用最多的一种。根据规定，在意外伤害发生过程中，人体所受损伤应有一定的剧烈程度，即创伤要有质和量的标准，如果只是轻微损伤，就不构成人身伤害的标准。行为人为了能使自己伤情达到保险部门的相应评残标准，会有意让医疗部门夸大伤情，出具不客观的医疗证明材料，或私下涂改、自填单证，以假充真，以骗取意外伤害保险金。

3. 出险在先，投保在后

由于意外险投保手续简便，费率较低，保障金额高，又不需健康体检，故比较容易骗赔得逞，行为人一旦发生了意外事故，为弥补损失或额外获利，马上投保，更改出险日期或与保险业务员勾结更改投保日期，以达到骗取保险金的目的。

形成欺诈骗赔的原因是多方面的，虽然是外因为主，但保险公司的一些内在原因也是不容否认的，特别是保险行业在体制上和经营管理上有不少的漏洞，如临时招聘上岗人员、业务定额、竞争拉投保客户、内部纪律管理制度不健全等都会造成保险金流失现象发生。

38.1.3 商业性健康保险欺诈的主要表现形式

各种形式的商业性医疗保险欺诈中，行为人为了额外获取保险金，一般多有利用“人情关系”，伪装和制造伪证这一特点，有的投保人或被保险人与医生串通合谋，蒙骗保险公司，由于有医院的参与，医疗保险欺诈的识破就显得更加困难。如果以被保险人是否真的患病为标准，商业医疗保险欺诈的主要表现形式可以具体分为以下两类：患病的被保险人对保险公司进行欺诈；被保险人假冒患病对保险公司进行欺诈。

1. 被保险人在真的患病情况下的欺诈手段

(1) 将非医疗保险责任转化为医疗保险责任。

有的被保险人在投保了住院医疗保险以后，采取五花八门的欺诈手段。一般的医疗保险责任不包括门诊医疗费用和基本医疗保险规定的自费费用，但有的被保险人通过医生或者收费人员，将门诊费用改为住院医疗费用或将自费费用改为可报销费用或在发票中不标明自费金额，遂向保险公司进行索赔。

(2) 拖延治疗，额外获利。

此类案件多发生在没有正当职业，较为闲散的人群中。他们购买了人身保险以后，为了不吃“亏”，希望很快将保险费收回，采取小病大养，借一次轻微的外伤而做无限期的治疗，把扭伤、软组织伤等难以检验、鉴定的伤作为索赔的借口多领取住院补贴保险金。利用个别医院管理混乱的情况，随意开具诊断、治疗证明书，从而领取大量无关药品。

(3) 夸大病情，骗取医疗保险金。

这类骗赔手法是故意夸大伤害程度，如一般软组织伤，很长时间仍诉苦痛，拖延出院和治疗时间，或故装视力、听力减退，甚至诈盲、诈聋，以达到诈领保险金的目的。

(4) 被保险人患病后，再向保险公司投保医疗保险。

这种情形实际上就是隐瞒病史，违反保险合同规定的告知义务，“带病投保”。投保时隐瞒已患的合同不保疾病，伪装成投保后才罹患疾病或事后推说自己不知道已患此病。

(5) 被保险人利用重复保险方式欺诈具有补偿性质的医疗保险金。

在这种情况下，被保险人可能是就同一险种向同一家保险公司投保两次保险，也可能是向同一保险公司投保两次保险，在发生保险责任范围内的事故后，通过两套保险单据，向保险公司索赔高于其实际支付的医疗费用。

2. 被保险人在并未患病情况下通过提供伪证而向保险公司骗取医疗保险金

这种类型的欺诈案例在我国数不胜数。

（1）利用关系，瞒天过海制造伪证。

有些被保险人，为了达到给付目的，采取托熟人、走后门等不正当渠道，要求县、乡卫生院为其出假证明，无中生有，根本没有住院却伪造住院证明、医疗费收据。

（2）假冒真实被保险人向保险公司索取医疗保险金。

此类型的骗赔为一人投保，多人受益，出险后张冠李戴，移花接木。还有一种情形是，真假被保险人将医疗费用单据混同在一起骗赔。

38.2 保险欺诈的防范

38.2.1 人寿保险欺诈的防范

保险公司应通过风险控制部门的有效工作，分别在合同设计、核保和理赔环节防范风险。

1. 合同设计时的防范

保险合同的设计是防范欺诈的开始，不完善的合同也可以是诱发保险欺诈的一个原因。

保险合同是投保人与保险人约定保险权利义务的协议。人寿保险合同属于附和合同，它不是由签约双方充分协商订立的，而是由一方提出合同的内容，另一方只做“取与舍”的决定。要么接受一方提出的条件，要么不签订合同。保险人事先拟定保险合同的做法，使保险人在订立合同时所处的地位优于投保人和被保险人。为了体现公平互利的原则，我国《保险法》第三十一条规定，对于保险合同的条款，保险人与投保人、被保险人或者受益人有争议时，人民法院或者仲裁机关应当作有利于被保险人和受益人的解释。

设计、订立保险合同时应考虑到多方面的因素，在保险责任范围、保险期限、除外责任、各种概念等方面用清楚、精确的文字加以界定。意思含糊的条款可能为保险欺诈留下可乘之机，由此引出的双方争议最终会对保险人不利。

投保书属于保险合同的一部分，是投保人申请投保时的要约。除一般项目和申请投保的情况外，还有一部分是“被保险人告知及健康声明书”。这一部分内容也是本着公平互利的原则，按照《保险法》第十七条的规定，保险人就保险标的的风险状况提出的询问，对这种询问，投保人和被保险人应当如实告知。

这部分内容既是保险公司了解被保险人风险状况、为危险选择提供的资料，也是日后揭穿可能发生的不实告知行为留下的法律依据。所以在设计中要提出合适、全面而准确的问题，并要求对方做出明确的答复。如果一些可能隐含危险的问题没有提出询问，就可能给保险欺诈提供可乘之机。

投保书中除直接询问投保人和被保险人外，还应附有业务员报告书，通过业务人员的观察，从侧面了解投保人和被保险人的情况，以期更为全面地掌握风险状况。

2. 承保时的防范

人寿保险以人的生命为保险标的，威胁生命的危险有多种，承保时考虑的主要有道德危险、健康危险和职业危险。

为了获得正常的保件，人寿保险公司通过危险选择和核保等方法进行承保风险的控制。

危险选择是保险公司本着公平性、预防性和安全性的原则对投保的每个个体进行筛选、分类和危险评估的过程。

核保是指在危险选择的基础上，根据不同个体的危险程度，分别核定承保条件的过程。

危险选择通常分为四个步骤进行：

（1）业务员的第一次选择：第一次危险选择是由业务人员在销售保单的过程中进行的。在销售的过程中业务人员总是直接、间接地与投保人和被保险人接触，通过交谈、观察、询问获得大量关于投保人、被保险人的第一手资料，包括一般状况、既往病史、职业、家庭经济状况、家庭背景、生活方式、投保动机等内容。如果能够仔细地了解投保人、被保险人的有关资料，就能发现许多有违常理的现象而及时防范道德危险的发生。要做到这点，应特别注意以下几点：

1）投保者的动机是否纯正：对于主动投保者，业务人员必须了解投保动机是否纯正，结合其他情况，如果发现投保动机可疑时，要提高警惕，小心从事。

2）保险利益可疑：对于如表亲关系、干妈干女儿等非直系亲属为被保险人的，应该详细了解情况并应面晤被保险人，询问有关情况，了解署名是否为被保险人亲笔签名，必要时在业务员报告书上给予说明。

3）保险金额要适当：超额保险会影响续缴费能力、超额的高额保险可能含道德危险。职业有高度意外或疾病危险者，其投保金额不宜过高，投保金额与其职业、资产收入状况要相称。应该对投保人进行善意的引导，必要时要加以拒绝。

4）对有酗酒、吸食毒品、赌博等恶习者和自由职业、无固定收入、无固定居住场所者应慎重接受投保，并要限制保险金额，因为有恶意保险的可能。

5）对被保险人的健康状况应有所了解。通过面晤、交谈观察被保险人的神态、智力、体质、肢体有无残缺、步态是否正常，通过询问了解过去患病情况和现在的健康状况。

6）解说事项：对于一个负责任的业务人员，应该向保户解释保险条款和与之相关的法律事项，如保险利益、告知义务、除外责任等。这样做除了能消除误解、减少纠纷外，也能起到防范危险的作用。

（2）体检医师的第二次选择：第二次危险选择由体检医师进行，是在保险公司的体检中心进行的体格检查。这是从医学的角度对被保险人的生理及心理状况做出评价，确定其健康状况、精神状态、性格及生活态度。

检查的项目和涉及的器官、系统根据性别、年龄、保险金额及既往、现患的病史而各有侧重。根据检查的结果出具体检报告书。

体检时的道德危险是冒名顶替。保险欺诈为了给身患重病的人投保或是为了瞒着被保险人投保，多请人代替体检，骗取公司承保，然后诈骗保险金。应该强调体检时应验明身份，杜绝冒名顶替的发生。

（3）保险公司核保员的第三次选择：第三次危险选择是核保人员审核投保单、业务员报告书和体检报告书，并据此确定承保条件的过程。其内容主要是进行健康核保和财务核保，从中发现并剔除道德危险和健康危险。第三次选择的重点还是防止道德风险的发生。

（4）第四次危险选择：第四次危险选择是指对已经承保或正在核保中的保件进行调查的过程。

在一般的程序中，经过业务人员、体检医师和公司核保人员的三次危险选择之后，多数保件被承保。但这并不是说危险选择结束了。在很多国家的保险法中仍留给保险公司两年的时间进行调查核实。在保险合同成立后两年时间里，保险公司如果发现存在道德危险的情况，仍可以主动解除保险合同。

通过以上的步骤，对于投保前存在的道德危险就能及时地被发现，并加以剔除，使保险公司承保的都是正常保单。但应看到，这个严密的防范措施对投保后发生的道德危险则无能为力，因此道德危险的防范还没有结束。

3. 保险期间的防范

保险期间是指在保险单生效后至保险事故发生之间的时间。在投保时不具有道德危险的保单也可能在保险期间内因投保人、被保险人或者受益人的经济状况发生变化而出现道德危险。

（1）增加保险金额。投保时属于正常承保，但在经过一段时间后，投保人要求增加保险金额，如果出现集中、超额、高额的特征时，则要提请注意。保险期间增加保额仍要按承保风险防范的步骤进行危险选择和核保，剔除道德危险的可能。

（2）变更受益人。保险期间内受益人的变更可能隐含道德危险。我国《保险法》规定投保人申请变更受益人时必须经被保险人同意。保险公司如果发现受益人与被保险人的关系可疑、被保险人同意书可疑或者被保险人的意思表达不明确，应该面晤被保险人以明确被保险人的真实意思。

（3）保险单质押。在保险期间内受益人将保险单质押，也可能招致道德危险。我国《保险法》第五十六条明确规定：依照以死亡为给付保险金条件的合同所签发的保险单，未经被保险人书面同意，不得转让或质押。

4. 理赔时的防范

理赔是保险过程的最后环节，也是保险公司防范保险诈骗的关键步骤。理赔部门一方面要为绝大多数的客户提供主动、迅速、准确、合理的给付，努力实践公司重合同守信誉、服务优良的承诺；另一方面要保持警觉，及时准确地发现诈骗行为，做到对广大投保人负责，对社会负责，安全地保护好保险基金。

对保险公司来说，防范保险诈骗最有效的方法之一是拥有一个高素质、高效率的理赔部门。寿险理赔是专业性很强的工作，要求具备保险、医学和法律的相关知识，要求有经验的积累和较好的能力素质，要求熟知给付的处理程序和公司的条款内容。

理赔时的防范措施包括发现线索、深入调查、长期追踪和公之于众等几个方面。

（1）发现线索：在风险防范中，核赔人员发挥着重要作用，经过训练的核赔人员能以敏锐的目光发现道德危险的线索。当可疑线索较为集中时，应进行必要的调查。核赔人员在核查资料的过程中，要坚持有疑必查的原则。

（2）深入调查：寿险理赔的调查称为死亡调查。死亡调查的主要目的是确定死亡发生的时间、地点、性质等是否在保险责任范围之内；是否存在道德危险的可能；是否有投保人、受益人的故意行为。特别是在我国目前的情况下，保险公司的死亡调查对保护被保险人安全、揭露犯罪行为、震慑潜在罪犯有相当重要的作用。每一例死亡保险金给付之前都应进行死亡调查。

快速反应是死亡调查的重要原则。快速反应往往会使诈骗者措手不及，使诈骗者来不及毁坏现场；来不及销毁、隐匿证据；来不及订立攻守同盟；凶手来不及逃离本地等。事情刚发生，知情者、目击者和可能提供证据的人还易于找到并记忆犹新，对事实的核准和证据的收集非常有利。

调查的技术方面应用最多的是询问。询问是了解案情、发现线索、收集情报和证据的主要手段。它虽以谈话的方式出现，但与日常的谈话不同。如果不掌握询问的艺术和技巧，很多被询问人都会不予合作，常使调查一无所获。

调查应由有经验的人员进行并按明确任务、分析案情、提出假设、收集情报、查证核实的步骤完成。

死亡调查要求针对被保险人的死亡，将有关的人、事、时间、地点、原因、结果等进行调查核实。可疑的事件更应进行全面的调查。具体涉及以下方面：

1）有关的人员。

①被保险人的确认：首先应通过个人识别的方法确认死者是否为被保险人。在捏造被保险人死亡的诈骗中就是利用别人的尸体冒充被保险人死亡。在认尸中最简单的方法是亲属指认，但是在毁尸、残尸、腐败尸体或是有道德危险存在时就可能有误判或判别困难。准确的方法是通过年龄、性别、个人特征等的法医学个人识别技术确认。

②保险关系的确认：要面晤投保人、受益人，了解与被保险人之间的关系，有无保险利益，三者各自的经济状况，特别是受益人的经济状况和近期的变动情况。保险合同的订立、保险金额和受益人的确定是否经被保险人同意，必要时要进行文书鉴定。

③查访被保险人的关系人：查访被保险人的继承人、好友、同事、领导及邻居。了解被保险人的家庭、社会关系情况；了解其生活、工作情况；了解死前精神状况；了解被保险人是否为无行为能力或是限制行为能力人。

④查访与事故有关的人：查访事故肇事者、目击者、现场周围居民、救助者、医师、交通管理和公安人员，询问事故的有关情况。

2）事故发生的情况。经过人员的查访，应对事故做出如下的内容记录：事故发生的详细经过；事故发生的原因或可能的原因；死亡的性质；如果是意外事故，应查明有无犯罪、自杀、酗酒的情况；交通事故应查明是否有无证驾驶和酒后驾车、驾驶非法车辆的情况；还应了解可能的事故近因的情况；如果是疾病身故，要了解患病时间、诊治的经过和具体医院，要了解家庭和个人的既往病史情况。

3）与保险责任有关的时间。事故的确实发生时间；事故发生当天被保险人的活动时间表；报案及申请索赔的时间等。

4）死亡发生的地点。死亡发生的地点是否特殊，周围的环境如何，是否为第一现场；公安机关现场勘查的有关记录、物证等；就医的地点是否符合常理。

5）申请索赔的文件、证明材料是否真实、有效、有无涂改、伪造。

经过正规、细致的调查，可以对死亡事故有一个整体的了解，能及时地发现道德危险的疑点。

理赔人员还应注意，在可能涉及犯罪的死因中，如他杀、意外事故、自杀等，如果是由公安局的刑警队直接负责，结论值得信赖。但是在可能不涉及犯罪的死亡原因中，如自然灾害死亡、自然疾病死亡、自然衰老死亡，由于思想上放松，不经过刑警办理或是尊重家属的意见而不做尸检以进一步明确死因，这类情况有可能出现误差。一些狡猾的罪犯利用这一点，将他杀伪装成自然灾害、疾病或是衰老死亡。针对这一类的死因，保险公司的理赔人员应迅速展开调查，争取在尸体火化前得出结论，必要时应阻止火化，进行尸体解剖，确定死亡原因。

(3) 长期追踪：对于疑为利用第三者尸体骗赔，但尸体已经火化，无法辨认者或是可疑的被保险人遇难失踪案，应该立即着手收集被保险人生前资料及识别特征，开始调查失踪人。查找失踪人或是已经“死亡”的人是十分困难的工作，被寻找者总是想方设法地隐瞒身份和地位。对调查人员来说查找的过程涉及调查工作的全部技能，如收集情报、跟踪、监视、密拍、询问、收买情报和窃听等。还要能得到警方的积极合作。

(4) 公之于众：对保险诈骗的行为要用公之于众的方法惩罚，如果涉及犯罪行为，更应诉诸法律，给其刑罚的处理。

目前，多数保险人因各种原因不愿发生法律纷争。主要是认为保险公司上法庭不光彩，害怕对公司的声誉产生负面影响；有的不愿承受诉讼所花费的时间、精力和费用；有的因宣传、展业中有些过失而不愿张扬等。很多欺诈者掌握了保险公司这种心理后就抱着骗成了能得钱，骗不成也没有损失的想法进行诈骗活动。对于这类行为如果不追究，只能使越来越多的好逸恶劳之徒铤而走险。

为了保护好保险基金，坚决打击诈骗行为，保险公司应该拥有自己的法律部门或顾问，在处理诈骗案中与理赔部密切合作。一个成熟、负责的保险公司不应该回避保险中的犯罪行为，而应该积极地与之斗争。打官司是吸引公众视听的好办法，通过公开的案件审理过程可以展示公司保护公众利益的勇气和决心；可以让公众熟悉、了解保险的知识；还可以明确行业规范、教育广大投保人；更能在公众的面前揭露骗赔者的丑陋行为。

(5) 各公司联手：通过国家立法和各保险公司的防范措施，大部分保险欺诈可以防止和揭露，特别是偶然作案、初次行骗的新手。但是对于惯犯和集团作案的行为，一家公司的力量就显得单薄。

有些惯犯作案手段狡猾，经常以相同的犯罪手法一次又一次地诈骗多家保险公司；有些案犯作案前采用分散投保的方法，在几家甚至几十家保险公司投保。单从一家保险公司的承保情况看，多不能发现问题。这样的事件提醒我们，保险业界应该联合起来，共同遏制保险诈骗的发生。国外的保险界已经这样做了，一些较好的经验值得我们参考。

38.2.2 人身意外伤害保险欺诈的防范

对于人身意外伤害保险欺诈的防范，仍然可以从三条反欺诈防线着手，即承保防线反欺诈、期间防线反欺诈和理赔防线反欺诈。

1. 承保防线反欺诈法

在“承保防线反欺诈法”中，首先必须指出的是，保险业务员应对准备采用的保险条款严加审核，决不可只为最大限度地扩展业务，而使自己被动地陷入保险条款的陷阱之中，为欺诈者提供犯罪的“温床”。

按照不同的投保方式来划分，我国目前的人身意外伤害保险主要有个人保险、团体保险两种。个人保险是被保险人在自愿选择的基础上投保人身意外伤害保险。团体保险是保险公司以一份保险合同承保某一机关、企业、事业单位内全体或者大多数成员的人身意外伤害保险。

(1) 对团体保险业务的风险防范。

团体投保具有很多优越性，它可以简化保险手续，节省保险公司的人力、物力和财力。但是，有利就有弊，由于一张保险单可以承保几十个甚至几百个被保险人，无须一一进行审查，也不对被保险人体检，这样轻而易举地就将道德危险带入了保险公司。

那么，如何既加大团体保险业务发展的力度，又防范欺诈者钻团体投保的空子呢？我们可以从以下五个方面着手：1）弄清楚投保团体的性质可以帮助保险公司识别团体欺诈意外伤害保险金的行为。保险公司在接受承保时，要注意到：由众多被保险人组成的团体应该是在投保前已经存在的团体，如企业、事业单位、机关、学校和社会团体等，而不是为了参加人身意外伤害保险而临时凑合在一起的乌合之众。2）一个团体内参加人身意外伤害保险的人数须达到或者超过保险公司规定的最低人数，达不到就不能采用团体投保方式。比如，保险公司规定团体投保的人数最少为 30 人，而某个群众性的社会团体投保的人数仅七八个人，全部参加保险也达不到最低人数，那他们就只能以个人投保方式参加保险。3）一个团体参加人身意外伤害保险的人数必须达到或者超过团体总人数的一定比例，达不到这一比例就不能采用团体投保的方式。例如，当规定最低比例为80%时，如果一个事业单位有2 000人，那么，该事业单位必须至少有1 600人参加保险才能进行团体投保。因为个人投保和团体投保所使用的保险费率会有一定的差异，有些欺诈者在达不到最低比例的情况下，会谎称团体投保，进行欺诈。4）一个团体内参加人身意外伤害保险的被保险人的保险金额应相等或者相差不超过一定的倍数，如1～5倍之间，而且应该是职务高和工资高的被保险人保险金额高，不能是危险系数大的被保险人保险金额过高，这样规定可以防止危险程度高的被保险人故意制造保险事故，以诈取高额保险金。5）一个团体内被保险人的保险期限起止时间应该统一。在承保后，如果有新加入该团体的人要求参加保险，可以办理加保手续，但保险期限结束的时间应与其他被保险人相同。如果有退出该团体的被保险人，应该办理退保手续。这样就可以避免新成员不参加保险，而出险后以“移花接木”的方式，冒名顶替欺诈保险赔偿金。

（2）对个人保险业务的风险防范。

对于投保的被保险人，保险公司不可采取“凡来者一概不拒”的原则，同样要求多方面进行审核，以决定是否接受其投保。审核的项目包括：1）对投保人行为能力的审核。作为保险合同当事人之一的投保人，他（她）必须是具有完全的民事行为能力的自然人或者是具有法人资格但不足以采用团体保险方式的企业、事业单位、机关、学校和社会团体等。对于不具备完全民事行为能力的人，保险公司不能与之签订保险合同。2）对被保险人投保条件的审核。被保险人是意外险合同的保险标的，是受合同保障的对象，当投保人和被保险人二者分离时，对被保险人的审核要比对投保人的审核严格得多，主要是对被保险人年龄和健康状况的审核。虽然各家保险公司在具体的业务做法上有所不同，但一般都包括如下几项：被保险人是无民事行为能力的精神病人，不予承保；被保险人因疾病或者伤残永久丧失全部劳动能力，不予承保；被保险人的年龄低于一定限度或者高于一定限度不予承保等。3）对于投保资格的审核。与人寿保险的承保规定相似，就是投保人对被保险人必须具有保险利益，意外伤害保险合同才能生效，这主要是针对投保人为他人投保而言的，如果投保人为自己投保意外伤害保险，就不存在这个问题。4）对被保险人职业危险程度的审核。如果被保险人的职业危险程度过高，而且安全保护措施极差，发生意外伤害事故的可能性就大，在一般情况下保险公司不予承保。但在约定的特殊情况下，也有的保险公司愿意在较高的保险费率条件下承保，这主要是随行就市，高风险高费率。5）对保险金额的审核。被保险人的保险金额应与其实际生活需要相适应，意外伤害保险的伤残保险金额应视具体情况而定，一般来说，可以是被保险人年收入的5～20倍。

严格按照上述承保要求，就可以在一定程度上防范道德风险。

2. 期间防线反欺诈法

保险公司的业务员从投保人那里收取了保险费，并不意味着全部工作的结束，相反，这恰恰是承担保险责任的开始。为了有效地防范保险欺诈活动，除了在承保阶段使用风险评估等方法进行道德风险控制以外，还应充分利用自保险责任开始到保险责任终止这一段时期防范风险。

(1) 建立人身保险同业的承保档案或者信息中心。其主要作用是，为保险人提供有关投保人的个人档案，及早察觉和发现投保人使用伪造凭证欺诈手法，尤其是当捏造意外死亡时，可及时发现他在多家保险公司所投保的保险金总额，还可以为将来合理拒赔提供详细的资料。保险公司在反保险诈骗方面是不存在竞争问题的，反诈骗信息的共享能够使一些惯犯更早被发现，能使一些犯罪手段及时被识别，从而减少各家公司的损失。通过建立中央数据库，各公司将承保情况及理赔信息存入中央数据库，通过交换网络，各公司的核保和理赔部门共享这些信息，从而防止别家公司发生的诈骗在自己公司内重演。

(2) 建立行业内承保、理赔人员专业资格认定制度。承保和理赔人员是防范、揭露保险诈骗的专业工作人员。其专业素质、思想品德的高低直接影响着承保、理赔的质量，直接影响经营风险的控制。国外的经验表明：行业内健全的核保、核赔人制度、专业资格认定制度是现代保险业风险防范、风险控制的关键之一。另外，应加强保险赔案的稽核和审计工作，为那些在索赔中没有被保险公司识破的欺诈案又设立一道“筛网”，使保险公司能有理有据地收回所支付的错赔款项。

(3) 通过新闻媒体宣传保险诈骗是社会公害的理念。将人身保险理赔中的大案、要案和一些颇具特色的案子在新闻界曝光，就有可能发现冒名顶替、移花接木案。因为，如果真、假被保险人之间非亲非故，就有可能出现真实的被保险人揭发假冒被保险人的情形。除此以外，还可以对其他投保人起到警戒作用，使他们放弃对保险欺诈的幻想，同时诱使欺诈者投案自首。也可通过设立举报中心、举报奖金的形式，鼓励公众揭发诈骗行为。

(4) 开展反保险诈骗的研究。应该设立专门的反保险欺诈研究机构，针对不同保险的要求和特点，开展如何防范、揭露保险诈骗行为的研究工作。为防范、揭露保险诈骗提供手段和技术上的支持。

3. 理赔防线反欺诈法

人身意外伤害保险反欺诈的成功与否在很大程度上取决于保险公司的理赔人员能否从众多的保险金索赔者中间识别出，究竟哪几位或者哪一些被保险人或者投保人是为骗取意外保险金而来的。要在人身意外伤害保险理赔防线上有效地防范欺诈，保险公司可以从两大方面着手：一是培养一批优秀的人身保险理赔人员；二是对于保险市场上其他合作经营者的有效使用。

(1) 保险公司加强理赔人员综合素质的培养，建立科学的理赔程序和规范的理赔制度。

保险公司必须按照承保和理赔分离的原则，建立专门的、高水平的理赔队伍。保险公司的各级理赔人员都必须严格依照规定的程序和权限进行理赔，每一起理赔都必须经过主管领导或上级公司的审批，必要时还应经过专家论证。保险公司还要建立规范的理赔制度，实行接案人、定损人、理算人、审核人、审批人分离的制度和现场查勘双人制，做到人人把关、各司其职、互相监督、严格防范，以确保理赔质量。在理赔工作中，若发现以赔谋私或内外勾结欺诈，必须严肃处理。只有这样，才能把好理赔关，有效地制止和杜绝保险欺诈行为的发生。

1）加强基础理论的培训。防止保险经营中的欺诈现象不仅仅是一个减少保险金支出的问题，更是保险公司完善理赔机制，建立现代保险企业制度的大课题，其意义已超越了保险公司的理赔环节。人身保险涉及保险专业、医学专业、法律专业和经济学专业的知识与技能，是专业性、技术性要求很强的行业，要实现保险公司业务的稳健发展，就必须建立一支既懂保险和法律，又有一定临床经验的高素质的复合型人才管理队伍。

2）掌握理赔识别的常用技术。

①检验文件。就是检验被保险人或其受益人提供的有关索赔凭据，如：残废证明、医疗费支出凭证、丧失工作能力的证明等文件，审核其真实性和有效性。真实性是指这些文件是否出于伪造和是否经过涂改，有效性是指出具这些文件的单位是否符合要求。

②耐性跟踪。对于某些意外伤害保险的被保险人或投保人，如果他在向保险公司请求保险金给付时，受伤状况还没有完全好转，那么理赔人员用不着使用什么技术，只需模仿某些调查人员，对被保险人进行耐性跟踪，就会发现很多破绽。

③背景调查。理赔人员访问被保险人的亲戚、朋友及邻居，通常能查出被保险人的许多破绽。

对于下列两种情况，理赔人员应提高警惕：

第一，被保险人提供的有关单证异常齐备，虽不经营保险业务，但他对有关保险知识非常熟悉，这时就有三种可能：一是被保险人本人熟悉保险业务，系在正常范围内索赔。二是被保险人对于这场索赔已经酝酿了很长一段时间，可能是投保后故意制造保险事故索赔，也可能是冒名顶替索赔。三是被保险人可能与公司内部人员联手诈骗保险金。

第二，被保险人提供的单据含糊不清，意外事故发生的时间和地点（有时不含原因）都模棱两可，这时也有三种可能性：一是被保险人本人办事马马虎虎。二是这起案子是一起张冠李戴的欺诈案。如果前来索赔的人在开始几天威胁保险公司，过几天又表示不计较，而且拒绝对有关情况形成文字材料或者记录，保险公司就应该对此案多加注意。三是被保险人“先出险，后保险”，所以在事故说明材料中，显得模糊，而且与医院开出的入院证明、受伤证明在实践上稍有出入。

(2) 保险公司对合作经营组织的运用。

加强保险行业与公、检、法及医疗卫生、防疫等部门的合作，发挥各自优势。当保险公司自身的理赔人员不足以侦破一项高技术的保险犯罪活动，或者当保险公司认为值得动用一批有经验和专业技术的人员来参与反保险欺诈时，就可以考虑使用合作经营组织。在其他保险业发达的国家与地区，保险市场的周边组织数量比较多（如：调查公司、鉴定中心、专家系统等）。

38.2.3 商业性健康保险欺诈的防范

医疗保险本身是一种机制，对投保人来说，保险是风险转移机制，即投保人通过向保险公司缴纳一定数额的保险费，把风险转移给保险公司。而对保险公司而言，保险是风险结合和自留机制，即保险公司通过集中大量的风险单位，能够比较准确地预测期望损失，从而把自己面临的风险降低到零。保险公司主要通过全额保险计划来运行这一机制。所谓全额保险计划，是指保险公司按照实际开支（主要是预期赔偿费用和管理费用）向投保人提供保险计划，在投保人向保险公司缴纳了等同于预期人均损失额的保险费之后，保险公司负责赔偿投保人的一切损失，此时投保人可能面临的一切风险就得到了完全的转移。

如果被保险事件发生的概率完全独立于投保人的行为，即不存在道德风险，那么，正如微观经济学所证明的那样：保险公司与投保人之间分担风险内容的全额保险政策是增进社会福利的最优保险政策。可惜，医疗保险的经营实践证明，全额保险政策是不能达到其最优化的，原因在于道德风险自始至终都存在于医疗保险的经营过程之中。道德风险的广泛存在，导致了多方面的不良后果。单从对医疗保险的经营影响来看，它使理赔次数增加，导致理赔支出增加，从而不利于保险公司的健全经营。从西方医疗保险的经营现状来看，由于被保险人的道德风险行为所致的“逆选择”已由潜在性转向显在性，且日趋组织化，手段日益高明。住院医疗保险的欺诈事件也在日益频繁，有的甚至已经发展为严重的社会问题。

防范医疗保险欺诈可以从三道反欺诈防线着手。一是“承保防线反欺诈”，即在医疗保险的投保人尚未正式入保以前，对其进行风险选择，核心是将有关风险选择的思路贯彻到医疗保险的条款之中；二是“期间防线反欺诈”，即加强保险公司对医疗保险各个环节的管理，核心是对被保险人住院的管理和与定点医疗机构的合作；三是“理赔防线反欺诈”，即在理赔阶段识别欺诈事故，核心是对索赔单证的审核和对被保险人医疗情况的调查。通过这三道防线的运转，就可能将医疗保险金的支出应用在真正诚实的保户身上，以确保实现开办商业健康保险的初衷。

1. *在承保阶段对投保人的限制性选择*

在承保阶段，对前来投保的人进行危险选择不仅是出于防范道德风险的需要，同时也是保证保险公司收支平衡、贯彻保险公司和众多投保人权利义务均衡的需要。医疗保险费率的厘定从严格的理论上来讲，也是根据多年的统计资料和经营风险，运用大数法则，对未来保险期限内的风险损失做出科学预测后确定的，费率的高低决定于投保人的住院率、事故率等因素。由于我国开办商业健康险的时间并不长，保险公司还缺乏大量有效的医疗统计数据可供借鉴和参考，这就决定了在确定我国医疗保险的费率时，暂时还不能真正按照保险原理进行操作。在我国商业医疗保险发展的初级阶段，如何保证保险公司保险经营的稳定性呢？一个基本的考虑是：保险公司必须将影响医疗保险经费收支的各项因素控制在预定的范围之内。若投保群体的总体健康水平过低，那么在未来的经营过程中，保险公司支付的医疗费用金额就会增大。故保险公司必须对投保群体进行各种限制性的选择，这种选择具体表现在医疗保险条款的设计上，条款设计得科学合理与否，会对保险公司的医疗保险经营产生直接的影响。

既然在承保阶段对医疗保险道德风险的防范，最终会体现在一张医疗保险的条款设计上，那么在具体进行条款设计时，究竟应当考虑什么因素，使条款既能被投保人接受，又符合保险公司经济核算的要求？应该说，保险条款的设计是保险公司经营中一项技术性要求很高的工作。医疗保险条款的设计原则和技术可以从以下几方面进行考虑。

（1）将医疗保险的核保因素考虑在内。在防范人寿保险欺诈和人身意外伤害保险欺诈的第一道防线中，都包含了核保的因素，但由于各自经营的侧重点不同，故核保的内容也不一样，除了几种一般性项目以外，医疗保险核保的内容主要包括以下几点：

1）被保险人目前的身体状况、既往病史。保险人通过被保险人所患疾病的种类、程度，来预测其危险程度，依此决定是否加以承保。只有当所患的疾病不影响被保险人的可保性情况下，才可以承保。被保险人的身体状况和既往病史也是保险事故发生后，保险人进行责任判定的重要原始依据。可是，投保人目前的身体状况和既往病史包罗万象，哪些疾病是保险人应当特别加以注意的呢？在实际的操作中，是比较难以确定的，但随着保险医学的发展，保险人是可以逐步找到比较满意的答案的。

2）职业。详细了解被保险人的职业状况，包括目前的职业、曾经从事过的职业，因为职业类别不同，核保的内容也不一样。某些长期从事某一固定职业的人员，容易不由自主地被加入到某种具有较高死亡率的职业病症的群体中。除此之外，还应当包括被保险人曾经从事某种危险性比较大的职业的时间，因为某些职业病的潜伏期很长，甚至在离开该行业数年后，才暴露出来。准确了解被保险人的职业，是为了保证医疗保险业务的承保质量，并依此收取合理的保险费。

3）常用药物。某些药物的长期服用，除了使被保险人对这种药性产生抗体以外，还将诱发或引发人体的器质性病变，以致对人体产生破坏性作用。因此，保险人应通过增加保险合同条款，来对长期服用副作用较大的常用药物的投保人或被保险人加以限制和选择。

（2）确定医疗保险的“逆选择”标准，从而在保险条款中将之列入不保范围。

不同的人身保险险种有不同的“逆选择”标准，人寿保险的危险选择是被保险人身体上的危险因素和环境上的危险因素，意外伤害保险的危险选择是职业有害因素、生活环境因素、年龄危险因素等。医疗保险的危险选择和上述两种又截然不同。

1）医疗保险“逆选择”的内涵。从不同的角度看，医疗保险可以有不同的定义。如果从医疗保险经营的危险因素及其选择上来看，可将之定义为：保险公司应用医学的手段，最大限度地排除和区分混杂在投保人群中，将来有必然的、大量的医疗费用支出者的一项复杂技术工作。我们确定医疗保险的“逆选择”标准，绝不是取决于投保体的健康状况或所患疾病与死亡、伤残有多大的关系，而是取决于投保体的健康状况或所患的疾病与即将产生的大量医疗费用支出的关系程度。例如：投保人患有原发性胆汁性肝硬化的病症，其病情要持续数年之久，像这种治疗效果不理想、治疗难度大、病程十分漫长的疾病，耗费的医疗费用就多。在医疗保险中，保险公司应在保险条款中将其作为“逆选择”范围，明示规定不予承保。

2）危险因素最大的疾病。当今世界上（包括我国在内），导致死亡率最高的疾病一般有三种：心血管、脑血管和恶性肿瘤。①心血管疾病的全称为“冠状动脉粥样硬化性心脏病”，简称“冠心病”，主要是指冠状动脉粥样硬化引起的心肌供血不足。诱发冠心病的主要因素有：年龄、性别、遗传、体型、饮食、精神、不良嗜好、高血压、糖尿病等。②脑血管疾病是人的脑部本身血管发生病变和全身血液循环紊乱所致的脑组织供血障碍导致脑血管疾病的发生。常见的临床症状有脑血栓和脑出血等等。③恶性肿瘤是由多因素、多阶段引起的多结果的病症，是身体细胞和组织的病理性增生，是细胞的突然变样。临床常见的恶性肿瘤有：支气管肺癌、胃癌、肝癌和食道癌。上述三种疾病不仅容易直接导致死亡，而且，要使上述病症的患者得到康复，往往需要大量的医疗费用支出，因此，在医疗保险条款中应将上述疾病明确列入不保范围。

总之，在设计医疗保险条款时，一定要明确判断投保体在未来的保险期限内，是否已经存在着大量医疗费用支出的必然性或者倾向性。确定医疗保险的逆选择的实质是排除一些不可保的急症，此为医疗保险中道德风险防范的第二条措施。

(3) 延期承保方法的使用。上述 (1)、(2) 条所讲的是保险公司要对医疗费用支出过大的部分疾病予以完全拒保。另外，对曾经患有其他疾病的投保体，保险公司要进行选择。为了避免亏损发生，保险公司对于所承担的疾病保险责任，总希望与其所估计的相近。在对投保体进行风险选择时，如果投保体的危险程度完全符合预期，保险公司会给予承保，即对标准体的承保，而像上述几种疾病的危险程度过高，保险公司一般是不保的。但在实务过程中，与拒保情形相类似而操作完全不同的一种方法是：对要求投保的人进行延期承保。这主要是为了扩大商业医疗保险服务面的需要。例如：某人在半年前因患胃癌而动手术切除胃部，出院预后良好，疾病没有蔓延和复发。如果他想加入住院医疗保险，保险公司对这种情形是接受还是拒绝呢？我国有的保险公司在查阅了他的医院病历后，可能会因为他曾有胃癌手术史而将其拒之门外。这种做法其实并不是一个最佳的方案。所谓延期承保的构想就是在这种情况下产生的。

1) 延期承保在保险医学和精算学上的解释。我国对于医疗保险的投保人一般采用非此即彼的选择方法，要么接受，要么拒绝。其实，在接受和拒绝之间还存在一种中间状态，即延期承保。其含义是在投保人前来投保时，暂不予以承保，但于日后申请时，保险公司将予以考虑。它与保险公司的拒保并不相同。从保险医学和精算学的角度来看，延期的对象在医学上多处于患病的期间或手术结束后的一段时间，因疾病处于发生状态，其本身就是一个高风险的投保群体，虽然经过治疗，但治疗效果和愈后状况均属于未知，仍是高风险人群。例如：投保人在近期脑部受到意外伤害且有颅内出血的情况。而拒保多为后果不良的疾病，例如：尿毒症、肝硬化、先天性心脏病等。从保险精算学的角度来看，延期是因为投保体面临的额外死亡率超出正常人许多，但经过一段时间后，其额外死亡率就会迅速下降；拒保则是投保体的额外死亡率将会持续高出正常人许多，有时甚至根本无法估计。

2）等待期与延期的比较。等待期又称“免责期”，它是对被保险人投保后采取的一种防范道德风险的手法，而延期承保则是在投保人加入医疗保险计划以前采取的防范措施。故二者的属性并不完全相同。有的医疗保险条款中存在以下规定：初次投保或未按时续保的单位和个人从投保单签发之日起，被保险人一概实行 30～180 天的疾病免责期。

（4）加收特别危险保费法的使用。除了拒保和延期承保这两种情形以外，对因投保个体差异而表现出来的病理发展及治疗规律，尤其是已患慢性疾病或者身体某部位已发生病变的缺陷体，不应全部加以拒保或延期承保，而是应采用加收特别危险保费法，也称特别疾病部分不保障法。其含义是：广泛应用医学上的物理诊断技术，兼用一些辅助检查技术或其他技术手段，加以综合鉴定次投保体的医疗费用风险，通过与投保人或被保险人的妥善协商，可在基本医疗保险费率的基础上加收一定百分比的方式，以达到保险合同当事人双方权利与义务的均衡。

（5）体现风险分担的原则。在医疗保险条款中，风险分担的原则是防范医疗保险欺诈的基本思路。

1）实行免赔额机制。免赔额可以是一个固定额，也可以是一个百分比，按比例确定免赔额可以更好地体现风险分担原则。

①医疗保险中固定免赔额的使用。在固定免赔额下，被保险人首先面临是否购买医疗保险的选择，往往出现的一个结果是：个人预期医疗费用高于保险费加免赔额的人是疾病发生率较高的人，这类人就倾向于购买医疗保险，而疾病发生率较低的人，他倾向于自留风险。可见，固定免赔额有时会导致逆向选择。

②医疗保险中比例免赔额的使用。使用比例免赔额对保险公司有两大优势：一是有利于增加医疗保险计划的吸引力；二是有利于抑制投保人滥用保险的倾向。

③固定免赔额和比例免赔额的结合使用。

2）医疗保险条款的制订。我国包括医疗保险在内的人身保险业务，其经营的一般手续是：在投保人向保险公司表述投保意向时，亦即保险责任尚未开始时，让投保人先填写投保单，然后在初步审核的条件下，给投保人一份正式保险单，在保险单上附明相关险种的保险条款。有些人身保险业务发达的国家，其开办的医疗保险业务，除了投保单和保险单以外，还要求投保人填写一份“医疗保险调查表”。填写这份调查表可以为保险公司研究人员提供第一手的有关被保险人或其受益人的背景，从而能为设计相关保险条款以及风险防范提供研究资料。

2. 在投保人加入医疗保险之后和尚未对被保险人进行医疗补偿期间，保险公司至少应加强两方面的管理

（1）对被保险人住院的管理。

对被保险人住院的管理首先体现在定点医院方面。被保险人必须到保险公司指定的定点医院治疗，若有特殊情况需转至上级医院治疗者，应由定点医院出具转院证明，并报保险公司同意后方可转院。其次，实行住院登记手续。被保险人进行住院治疗时，应当根据保险条款的规定，在规定的时间内及时通知保险公司。再次，被保险人不准挂床住院，否则保险公司有权拒付一切医疗费用。

（2）对投保单位医疗费用的管理。

1）"三块制"管理。对投保单位医疗费用的管理既要确保职工病有所医，又要使投保单位将有限的医疗费用用好，还要能减少或防止医疗资源的滥用。为实现此目标，一种可行的思路就是将投保单位的医疗费用分成三大部分进行管理，即所谓的"三块制"管理。

①对住院医疗保险费用的管理。保险公司只保住院的费用，因为住院医疗风险大，危险程度也较高，其费用是医疗费用中支出最为集中的部分，也是投保单位或投保人医疗费用支出中压力最大的部分，由保险公司来管理这笔住院医疗费用，可真正实现职工病有所医。

②对门诊费用的管理。门诊治疗一般是小伤小病，因此医疗费用的支出相对较小，普通家庭及个人都能承受，这部分医疗费用可由个人包干使用。保险公司可建议投保单位根据职工的工龄长短、年龄大小、职务高低等每月定额到人，节余部分个人留用，超支不补。对于这部分门诊医疗费用，投保单位可以建立个人账户或按月发放奖金，或者委托保险公司进行理赔管理。

③投保单位掌握的机动医疗费用的管理。

2）对医疗保险财务核算和费用提取的管理。

①财务核算。保险公司应将医疗保险经营单独建账、单独核算，自负盈亏，力求收支平衡略有结余。

②费用提取标准与医疗赔付率挂钩。

3）对于定点医院的管理。

保险公司对定点医院管理，首先是对定点医院的选择，保险公司应选择那些管理水平较高、医疗设备较为齐全、技术力量较强、收费合理、当地群众信得过而且愿意与保险公司合作的医院作为定点医院。在数量上，定点医院不宜过多。其次，应与定点医院签订住院保险管理的协议书，其内容应包括双方的权利与义务。

3. 在理赔阶段对医疗保险欺诈事故的识别

在理赔阶段对医疗保险欺诈事故进行识别其实就是一个核赔的过程，即理赔人员对被保险人或受益人提交的各种单证进行审核，最后决定是否给付医疗保险金及给付多少。与人寿保险和人身意外伤害保险的核赔相比，医疗保险核赔的专业性和技术性同样是很强的。

医疗保险的核赔工作应包括以下八个方面，做好这八个方面的工作，对防范医疗保险欺诈事件的发生将起到很大的作用。

(1) 审核医疗保险合同的有效性。

这一程序是通过审核投保单、保险单、被保险人名单等，以确定医疗保险合同是否具有法律效力。当出现保险合同是投保人以欺骗手段订立的，投保人对被保险人不具备保险利益以及投保人未缴纳保险费等情况时，保险公司就不应当承担医疗费用给付责任。

(2) 审核医疗出险案件的真实性。

这一程序是通过审核医疗保险的被保险人提供的出险报告单，确认保险事故是否真的发生，当事人是否是被保险人本人。该项审核主要是为了防范“无病呻吟”和“移花接木”这两种欺诈行为的，即被保险人根本没有患病，或者确实有人已患病，但他（她）根本不是被保险人。

(3) 审核患病和治疗时间。

这一程序是通过审核保险单和出险事件报告单，确认事故是否发生在保险期间内。如果发生在保险期限开始之前或保险期限结束之后，保险公司就不能承担给付保险金的责任。这项审核主要是为了防范被保险人“先出险，后保险”的欺诈行为。

(4) 审核医疗索赔时效。

这一程序是通过审核出险事件报告单，确认索赔请求是否发生在保险期间内，这与上面的审核生病（或事故）是否发生在保险期间内是一个问题的两个方面。如果投保人或被保险人提出索赔请求时，索赔期限已过，则保险公司不再受理索赔申请，当然也就不承担医疗保险金的给付责任。

(5) 审核医疗保险责任的构成。

这一程序是通过审核出险案件报告单，确认事故的发生是否应由保险公司承担保险责任。首先看事故的发生是否属于除外责任，若是，则它当然不属于保险责任。但当保险事故不属于除外责任时，它也不一定就是属于保险责任。因为保险条款在责任设计上并不是按照非此即彼的两维方式拟定的。只有当事故的发生符合保险条款中关于保险责任的规定时，才能构成保险责任，这时保险公司遂按照合同规定给付医疗保险金。

（6）审核医疗保险的被保险人提供的证明。

审核被保险人提供的证明是一项责任最为重大的工作，它主要包括诊断证明书、死亡证明书、医疗费用支出三大项。

1）审核被保险人的诊断证明书。对诊断证明书有三个要求：①诊断证明书应当由符合保险条款规定的医疗机构出具，一般是保险公司指定的医院，如果不符合条款的规定，保险公司一般可以不接受。②可靠性分析。尤其应当重点审核那些级别比较低的医院出具的证明，因其在管理上的漏洞较多，出具证明的可靠性也较差。伪造的迹象有：字迹潦草、所用医学术语不准确等。③医务分析。这可能需要保险公司自己的医务人员配合，通过对照病人的症状、体征、各项检查结果、用药等是否与诊断结果相符并根据疾病的发病特点、病情演变规律，来判断某些原发病、并发症等发生的可能性与不可能性。

2）审核死亡证明书。若被保险人因疾病死亡，其死亡证明书一般应由医院或户籍管理部门出具。其他单位，如被保险人所在单位、街道、居委会等出具的死亡证明一般无效。

3）审核医疗费发票。从已经发生的医疗保险欺诈案件来看，利用医疗费用发票来进行保险欺诈的占有绝大部分。与人寿保险、人身意外伤害保险欺诈不尽相同的是，几乎各种医疗欺诈形式或多或少都和医疗费用凭据（发票）有关。保险公司加强对医疗费用发票的审核，可以从保险公司可以控制的内在因素出发，在以下几个方面进行控制。

①审查发票的有效性。发票的有效性包括以下几个硬性指标：是否是保险公司指定的医院所开具的发票；发票各栏目的填写是否齐全；是否加盖了有效的公章；收款人是否已经签章或签字等。这就要求保险公司的理赔人员对公司定点医院的情况非常熟悉。

②审查发票的号码。作为重要的诊断依据，各家医院对医疗费收据加以严格管理，基本要求是顺号使用。如果被保险人提供的发票是连号或间隔较短或逆号，那么就可能存在问题。

③审核发票的笔迹。对于手写发票应注意笔迹，其具体指标包括：发票日期、病人姓名、大小写金额的字迹、笔体、笔画的粗细是否一致、是否流利、是否为同一个人的笔迹，有无用药剂退色、用橡皮擦、用小刀刮等涂改痕迹，复写的字迹颜色是否一样。

④审核收款人签章。保险公司的理赔人员还要了解和熟悉指定医院收款人的姓名，以便核对。

⑤审查发票金额与处方药品金额是否相符。即分析费用支出，结合医疗临床经验，一是分析费用支出与所患疾病的对应规律，二是分析各项费用的比例规律。此外，保险公司的理赔人员对于医疗费用数额较大的发票，应对被保险人提供的处方重新进行划价，如果发现处方药品金额与发票金额不相符，那就说明处方或者发票有一方存在问题。

⑥审核发票是否完整。保险公司还应当审查医疗费用发票是否完整，是否有破损。有时，有的被保险人为了逃避审查，故意磨掉或者弄损发票号码。遇到这种情况，保险理赔人员应当到定点医院核对存根。

(7) 对被保险人住院医疗费用的调查。

对于上述几项核查内容发现有疑点或者出现较高金额医疗费用的索赔案，保险公司应当进行调查。调查的内容包括：

1) 到被保险人治疗所在的医院，查阅被保险人的医疗处方。医疗处方是医生为病人开的药方，起着通知药剂师按药方配药和指导病人用药的作用。因此，保险公司的理赔人员应当掌握基础性的医疗处方知识，从而可以判定真伪及是否应当承担医疗保险责任。有些医疗保险的欺诈者就是从医疗处方着手，随即进行各种形态的欺诈活动。

①关于医疗处方的特殊规定。医疗处方应当用蓝黑钢笔书写，不能潦草涂改，以免配药时发生差错；药量一律采用国家统一的计量制；用药量不能超过药典规定的剂量；病人病重需急用药，应在处方左上角写一“急”字；一般给病人开2～3天的用量，病人在服完后复查，以便取得最佳的治疗效果，同时避免药品的浪费；详细告诉病人或家属用药的方法；注射药物和口服药物、中药和西药不允许开在同一处方上。

②处方的书面结构。一个完整的处方应当包括以下五个部分：病人的姓名、年龄、性别；上项，处方的左上角有 Rp. 或 Rx. 的字样，这是拉丁文 Recipe 一词的简写，为“取”的意思；中项，包括药品、用量；下项，包括用药方法、时间、剂量、应用部位；医师签名或盖章，处方日期。

2) 到被保险人治疗所在的医院，查阅原始病历。在查阅原始病历时应当注意：①病历要点是否与诊断符合；②检查项目与用药是否为诊治所患疾病之所需，有无超前消费的嫌疑；③有无在投保时隐瞒病史的行为。

3) 向临床主治医师、被保险人及家属了解情况。包括向被保险人在住院期间的病友了解被保险人的情况、目前诊治情况，从中寻找假赔案的线索。

(8) 对医疗保险给付保险金的审批。

核赔这一最后的环节是指在审核各种单证和调查的基础上，确定是否给付以及给付多少保险金。对于应该给付保险金的，在出险报告单签署“同意”，并写明给付金额及计算方法。对于不应该给付保险金的，尤其是某些有较严重欺诈行为的被保险人，保险公司理赔人员除了在出险报告单上签署意见、写明拒赔原因外，还应及时告知被保险人或受益人。

上述八方面只是医疗保险核保的载体，要使这一载体运作，保险公司至少还要做好三方面的工作：一是建立医疗保险核赔员制度。二是建立核赔回避制度。三是建立审计监督机制。审计部门对赔案进行定期和不定期的抽查，并配合相应的奖罚措施。

关键词

保险欺诈	超额保险	集中购买	分散投保	保险合同
危险选择	道德危险	三道反欺诈防线	医疗保险	“逆选择”

思考题

1. 简述人寿保险欺诈的一般表现。
2. 简述人身意外伤害保险欺诈的表现形式。
3. 简述商业性健康保险欺诈的主要表现形式。
4. 人寿保险欺诈的防范要点有哪些?
5. 人身意外伤害保险欺诈的防范要点有哪些?
6. 商业性健康保险欺诈的防范要点有哪些?

第39章

理赔案例

本章预习

一个熟练的、专家型的理赔专家的培养，不是仅靠知识的堆砌就可以达到目标的。掌握必要的理赔基础知识仅仅是个开始，而具体应用这些知识于理赔实践则是经验的积累，是养成自己成为一个理赔专家的必经之路。本章通过一些具体案例的分析，使读者对理赔的操作有感性的认识。从这些案例中，读者将感受到，理赔不仅仅是知识的运用，从某种意义上说，它是一种艺术，一种融合了各种社会经验、技巧的艺术。本章主要内容包括：

- 合同成立案例
- 宽限期案例
- 失效、复效案例
- 中暑案例
- 跌倒案例
- 猝死案例

- 重大疾病案例
- 无证驾驶案例
- 违反告知案例
- 解约退费案例

39.1 合同成立案例

案情简介：

王某向保险公司投保终身寿险 10 份，保险金额100 000元，个人意外伤害保险金额50 000元，并已交保费，保险公司核保时发现王某正在患急性肝炎，未同意承保，但未退还保费，并书面通知王某一个月后体检，几天后王某乘车时因车祸身亡，其受益人向保险公司提出索赔，要求给付身故保险金。

理赔分析：

本案保险公司已书面通知王某体检，属延期承保，王某向业务员缴纳保险费时，保险公司向其出具保险费暂收收据，载明：本联暂由投保人留存，待本公司同意承保时，发给正式收据及保险单。在王某未通过复检保险公司同意承保之前，很难认定双方意思表示一致，且保险公司通知王某一个月后复检，是一种尚未同意承保的意思表示。

买保险其实是一个订立合同的过程，合同成立的要件是双方当事人意思表示一致。订立合同的过程包括两种行为：一是要约，二是承诺。投保人向保险公司提出保险要求，属于要约行为；保险公司同意承保，属于承诺行为。要约如获得承诺，就意味着订约双方就合同的条款达成协议，保险合同在实质上即告成立。如果保险公司对投保申请只是部分同意，或者是附条件接受（如：保险公司向投保人发出体检单），该行为并非承诺，而是提出了新要约。如果合同没有承诺，只是停留在要约阶段，保险合同就没有依法成立。

对于被保险人在保险公司签发保险单前出险，保险公司是否承担保险责任，则应区别不同情况予以处理。在具体操作中，一般区分为意外伤害保险和人寿保险两种解决方式：

（1）意外伤害保险：在交费后保单签发前出险，一般将保险期限追溯至缴费的次日零时，保险公司予以赔偿。但被保险人职业未告知，且职业属拒保体，则可拒赔；若属须加费承保的，则按比例给付。

（2）人寿保险：在交费后保单签发前出险，属拒保体须延期或加费且必须体检方可决定是否承保的，可拒赔。属可承保体又不存在免除责任的，应赔付。

审核结论：

本案被保险人为一类职业，意外险无须加费承保，应按保险金额给付保险金。人寿保险退还其全部保险费。

参考法条：

(1)《中华人民共和国保险法》：

第十三条：投保人提出保险要求，经保险人同意承保，并就合同的条款达成协议，保险合同成立。

(2)《中华人民共和国合同法》：

第二十五条：承诺生效时合同成立。

第三十条：承诺的内容应当与要约的内容一致。受要约人对要约的内容作出实质性变更的，为新要约。有关合同标的、数量、质量、价款、或者报酬、履行期限、履行地点和方式、违约责任和解决争议方法等的变更，是对要约内容的实质性变更。

39.2 宽限期案例

案情简介：

2000 年 10 月 8 日谢某在保险公司投保终身寿险 1 份，住院医疗险 1 份。2001 年 10 月 13 日谢某因“发热两天”为主诉住院治疗，治疗后于 2001 年 11 月 6 出院。在此期间，未缴纳续期保险费。2001 年 11 月 8 日谢某到保险公司报案申请给付住院医疗保险金。

争议焦点：

被保险人在宽限期内发生保险事故，保险公司是否承担保险责任？

调查情况：

被保险人在保险期间身体健康，保险到期后忘记交保险费，出差时因受凉致发热住院治疗，诊断为“上感”，住院治疗 16 天痊愈出院。

理赔分析：

人寿保险规定宽限期是国际上通行的做法。宽限期间的风险是保险公司可承担的风险，在计算费率时并未予以考虑，故它是保险公司给予客户的一种优惠。基于以上原理，宽限期的规定应当同样适用于主险与附加险。宽限期是保险公司为控制经营成本、维持保单效力所设置的给予投保人延期交费的时间优惠。它是交费的宽限期，不能理解为保险责任的宽限期。宽限期约定不单是一项优惠政策，也是保险合同的一项组成部分。

保单约定宽限期之目的在于使投保人有充分的时间筹交保险费，在本质上，宽限期无异于保险公司同意将其承担危险的期间扩展到宽限期届满日，但以投保人交付续期保险费为对价。因此，宽限期的保险责任属于续期保险费对应期间的保险责任，而非前一期交费期间的保险责任。若被保险人在宽限期内发生了应予赔付的保险事故，保险公司应在给付保险金时扣除欠交保险费，且扣除保险费并不影响终止保险责任的权利。

审核结论：

保险公司给付保险金，同时扣除欠交保险费。

参考法条：

《中华人民共和国保险法》第五十八条：合同约定分期支付保险费，投保人支付首期保险费后，除合同另有约定外，投保人超过规定的期限六十日未支付当期保险费的，合同效力中止，或者由保险人按照合同约定的条件减少保险金额。

39.3 失效、复效案例

案情简介：

1997 年 3 月 10 日，李某以本人为被保险人投保了重大疾病险 10 万元附加住院医疗险 1 份，共计保险费1 248元。但续期保费过宽限期仍未交付，致使保单失效。1998 年 5 月 20 日李某到保险公司申请该保单复效，填写了复效申请书，并缴纳续期保险费。李某对复效通知书上所列书面询问均告知“无”。保险公司同意自 5 月 20 日起复效。1998 年 5 月 22 日，李某因“慢性结石性胆囊炎”在医院住院治疗，手术时发现其直肠上有数粒黄豆大颗粒，经检查确诊为“直肠癌、慢性结石性胆囊炎”。手术治疗后，李某于 6 月 28 日出院。次日，李某手持保单、复效批单、出入院证明、病理检查报告等相关证明文件，向保险公司提出理赔申请，要求赔付重大疾病保险金 10 万元及住院医疗保险金。保险公司随即展开调查，核实李某于 1998 年 4 月 30 日在出差期间，曾因“腹痛呕吐”在当地某医院进行 B 超检查，提示“慢性结石性胆囊炎”，经服药治疗后无好转。在此以后到申请复效期间，未发现有其他就医检查或治疗的记录。

争议焦点：

（1）该复效保单是否具备合法效力？

（2）重大疾病险责任期及住院医疗险观察期应如何计算？

理赔分析：

第一种意见：李某在复效时确未告知 20 天前确诊并就医的“慢性结石性胆囊炎”，而该疾病会影响复效决定无疑。虽李某慢性结石性胆囊炎在宽限期间查出，但在失效期间同样“患有”，李某仍应告知。可见李某在复效时违反了告知义务。由于患病与申请复效时间间隔很短，投保人有不良企图之嫌，故可解除保险合同并不承担保险责任。

第二种意见：李某未告知“慢性结石性胆囊炎”是确定事实，但公司在复效申请书中询问的是“在保单失效期内”曾否患病或就医与否，而李某在保单失效前的宽限期中就医诊断。既然保险公司未提出“宽限期内”是否患病的书面询问，李某就没有义务告知，保险公司应考虑承担保险责任。但根据复效申请书中“对除外责任条款视同新契约承保，从复效之日起重新计算除外责任期间”的有关规定，应重新计算重大疾病保险责任期及住院医疗保险观察期。李某在复效不满一年内患重大疾病，赔付保险金 10%；住院医疗险因观察期尚未满，不予承担保险责任。

第三种意见：李某违反告知义务是客观存在的，从具体情形来看，考虑为过失未告知较吻合。从结果来看，未告知内容对复效时风险评估有一定影响，但对直肠癌无重大影响，解除复效保单有些勉强，且就算解除合同也应承担直肠癌的保险责任。重大疾病条款中约定保单生效后一年内患重大疾病赔付 10%，而该保单生效于 1997 年 3 月 10 日，1998 年 5 月 20 日复效仅是因未交保费失效后恢复其效力；《复效申请须知》中也仅指免责条款复效后重新计算除外责任期间。因此，如无推翻复效的充足事由，本案被保险人的重大疾病应视为保单生效一年后出险，赔付全额重大疾病保险金。此外，按先前人民银行总行标准条款有关规定，附加险不存在复效问题，而只是新增附约问题，一年期的住院医疗险应视为新增附约；既然是新增附约，“慢性结石性胆囊炎”属投保前已患疾病，“直肠癌”在住院医疗险观察期内出险，故均不承担住院医疗保险责任。

理赔决定：

采纳第三种理赔意见，赔付重大疾病保险金 10 万元，住院医疗险不承担保险责任。

案件解析：

本案是与保单复效相关的较为典型的理赔案例。通过本案透视出的以下三个问题，确实值得理赔人员关注及思考。

（1）投保人申请复效时的告知义务问题。

按国外保险业统计，复效时出现逆选择及道德风险的可能性最大。按惯例，保险合同失效后申请复效，保险人需对被保险人在复效时以健康状况为主的投保条件进行重新评估，以确定是否同意或有条件同意复效。鉴于此，投保人在申请复效时必须就健康财务现状履行如实告知义务，否则，保险公司可按保险法相关精神，解除已复效的保险合同并可不承担保险责任。本案中，李某在复效时对其刚诊断不久而明知的慢性结石性胆囊炎未予告知，即违反了复效时的告知义务。当然，在复效申请书中健康财务告知书的询问——“在保单失效期间曾否患有如下疾病”的提法——也欠准确，以“在申请保单复效时是否患有下列疾病”询问似乎更妥当一些。鉴于健康财务告知书询问的瑕疵，本案认定投保人过失违反告知义务是合理的。

(2) 关于《复效申请须知》中“对除外责任条款视同新契约承保，从复效之日起重新计算除外责任期间”的理解问题。

此段文字强调的是除外责任条款复效保单重新计算除外责任期间，如：条款中约定的“保险生效或复效两年以内的自杀属除外责任”。而对于与本案中重大疾病条款“保单生效后一年内患重大疾病保险公司给付保额10%”相类似的保险责任期间，因无特殊约定，并不能在“复效时”重新开始计算。从复效是恢复失效保单的效力的概念出发，同样应从保单初始生效时间为保险责任计算时间的起点。

(3) 关于主险复效时附加险处理问题。

一年期附加险不存在复效问题，而应视为新增附约。既然是新增附约，在新增以前的保险事故均系已发生的既成风险，保险公司不承担保险责任，同时附加险中约定的观察期、免责期等均应从复效起重新计算。

39.4　中暑案例

案情简介：

投保人李某进于2003年1月16日为其父亲李某清（61岁）投保家庭人身意外伤害保险。2003年7月27日上午，被保险人李某清在骑自行车送报途中中暑，经抢救无效于2003年7月28日身故。保险公司以中暑非意外事故、不属于保险责任为由拒赔。2003年8月16日，李某进就此据赔案向法院起诉，要求赔付被保险人李某清意外身故保险金、住院医疗保险金，合计24 907元。保险公司勘查表明，被保险人早上骑自行车送报出门，中午12点左右中暑连人带车昏倒，次日身故。

争议焦点：

本案的焦点在于被保险人中暑属不属于保险合同中规定的意外事故范畴。

理赔部门意见：

理赔部门认为中暑不符合意外事故的范围。在医学上认为中暑是由于体热平衡失调，水、盐代谢紊乱，或因阳光直射头部导致脑组织受损所引起的一种急性过热性疾病的总称。外表健康或非预期死亡的人在高温环境下从事劳动或剧烈运动中，或其后 24 小时内意外发生的非暴力死亡称为中暑猝死。根据发病机制和临床表现，中暑可分为热射病、热痉挛和热衰竭。

热射病。它是因高温引起体温调节中枢功能障碍、热平衡失调，使体内热蓄积所致。在 33℃时，人可通过出汗散发蓄积的热量；35℃时，人皮肤出汗，心跳加快，血液循环加速，这时用空调可降温；到了 40℃时，人的汗腺会疲于奔命地工作，这时很容易猝发心脏病。

热痉挛。在高温环境中，人散热的主要方式是出汗。一般认为，一个人一天的最大生理限度的出汗量为 6 升。但在高温环境下，人的出汗量可达 10 升以上。大量出汗可使体内水和盐丢失过多，可引起肌肉痉挛、疼痛。

热衰竭。在高温作业工作者、剧烈运动者和体弱者、老年人、心脏病患者多发。患者先有头痛、头晕、恶心，继有口渴、胸闷、脸色苍白、冷汗淋漓、脉搏细弱、血压下降等症状。

热射病、热痉挛和热衰竭常同时存在，其引起猝死的原因，既有心源性猝死，如中暑可致心衰、心绞痛、心律失常等，也可以是非心源性的，如脑出血、脑水肿、肺水肿等。除了年迈体弱者和慢性病患者之外，营养不良、过度疲劳、睡眠不足、过于肥胖者，也都可能发生中暑猝死。

对于意外事故，在人身意外伤害保险条款中有其特定的含义，即专指外来的、突发的、非本意的、非疾病的使身体受到伤害的客观事件。以上四个因素缺一不可，任何一个因素不符合，都不属于意外事故范畴。该概念为多数保险公司所认可，不论表述如何，其含义都大同小异。意外事故的发生必须符合这四个条件，有一项不符合就不属于意外伤害保险中的意外事故范畴。

第一，意外事故必须是外来的。以上医学中对中暑的阐述表明，中暑是由内外因素综合作用的结果，高温只是中暑的一个因素，而真正导致被保险人死亡的原因在于被保险人长时间在烈日下进行激烈的体力工作，导致体内温度积聚升高。同时，由于被保险人年龄较大，身体素质较差，无法有效散热，个人体温调节系统发生障碍，从而发生中暑。外来的高温只是一个因素，但是会不会发生中暑的结果，还是取决于劳动强度、高温环境下暴露时间长短、人体的体质强弱、营养状况、健康状况等因素。同样的高温条件，不同的人能够耐受的程度不一样。本案中，被保险人的中暑显然与其高龄、体弱、高温下高强度劳动的个人因素有关，高温只是一个诱发因素，不是决定性的因素。

第二，意外事故必须是突发的，即在极短时间内发生。缓慢的事故，并不构成意外事故。本案中，被保险人在高温天气下剧烈劳动，由于外部高温导致体内温度积聚升高，无法有效散热，导致身体内部发生病理变化。这个过程不是突发的，而是有一个过程。并且外部气温也不是突然升高的，从被保险人出门到中暑，气温是逐渐升高，而不是突然急剧升高。所以，本案中中暑不属于保险的意外事故。

第三，意外事故必须是非本意的，即受害人不可预见和避免的。一般保险条款中都把酒后驾车作为免责条款，主要理由在于酒后驾车很可能发生事故是被保险人可以预见的，并且已经成为了常识问题，所以酒后驾车不属于意外事故，在免责条款中列明。本案中以被保险人的高龄，在高温天气从事剧烈的体力劳动极易发生中暑，这是被保险人可以预见的，但是由于被保险人过于自信能够避免，从而发生了事故，这和酒后驾车发生事故不属于意外是一样的道理。因此，中暑不属于非本意的事故，不符合意外事故的这个特征。

第四，意外事故必须是非疾病的。中暑，医学上认为是由于体热平衡失调，水、盐代谢紊乱，或因阳光直射头部导致脑组织受损所引起的一种急性过热性疾病的总称。因此，中暑是由于外热而导致身体发生病理变化，从而发生的一种疾病，不属于意外事故的范畴。

综上所述，中暑不属于保险上的意外事故的范畴，保险公司做出拒赔决定。

39.5 猝死案例

案情简介：

1999年9月6日，刘某以自己为被保险人，向保险公司投保终身寿险和人身意外险，两年内如被保险人因意外死亡，保险公司应给付意外伤害保险金60 000元。投保后2001年3月被保险人在游玩时突然倒地，急送至附近医院时呼吸心跳已停止，医院出具死亡证明为“心衰、猝死”。其受益人以被保险人意外身故为由向保险公司申请保险金。

理赔分析：

在法医学上，导致心力衰竭而致突变性虚脱情形的主要原因有二：一是病因性发作，亦即“猝死”；二是突变性发作，即某一健康人因外界的刺激——紧张、恐惧、高温或其他高度刺激，导致心脏本身的功能不足而致死亡。如果死亡原因为“猝死”，就无须认证被保险人是否患有疾病，“猝死”定义本身已经说明其属于疾病死亡。如果被保险人不明原因突然死亡，保险金申请人主张不明原因死亡是意外身故，根据“谁主张谁举证”的原则，保险金申请人必须举出意外事故的证据，保险金申请人不能举证被保险人因如何的意外而导致心力衰竭，而不能任意推测其为意外死亡，因为意外伤害的定义“是指遭受外来的、突发的、非本意的、非疾病的使身体受到伤害的客观事件”。

理赔结论：

保险公司按照疾病身故给付保险金。

39.6 跌倒案例

案情简介：

被保险人投保保险公司终身寿险和意外伤害保险，2001 年 7 月 11 日，被保险人在行走时突然跌倒，送医院抢救无效死亡，医院出具死亡证明：“脑溢血死亡”。事故发生后，受益人以被保险人意外跌倒后致脑溢血死亡为由，向保险公司提出了给付 10 万元身故保险金。

调查情况：

保险公司经调查发现，被保险人 1999 年检查发现有高血压病，未系统治疗，加上年龄较高，随时有高血压突发脑溢血的危险，医生建议住院治疗。被保险人在家中发病，之前无任何意外伤害发生，发病后及时送往医院，经抢救无效死亡。

案例分析：

即使被保险人因脑溢血引起跌倒死亡，也是由于被保险人身体内的原因造成的，不符合条款约定的意外事故的构成要件（外来的、突发的、非本意的、非疾病的）。因此，此类保险事故应按疾病身故理赔。

我们在处理有关于意外事故的赔案时，理论和实务中一般运用近因原则判断保险事故是否属于保险责任。保险损害的近因，是指引起保险事故发生的最直接、最有效、起主导或支配作用的原因，基本含义是：在风险与保险标的的损害关系中，如果近因属于被保风险，保险人应当负赔偿责任；如果近因属于除外风险或未保风险，则保险人不负赔偿责任。近因一般是指直接原因和主要原因，不包括间接原因和次要原因。所谓近因原则的判定，即如果造成损害的原因有两个以上，且各个原因之间的因果关系尚未中断，则最直接而有效地促进结果发生的原因为近因，该原则是确定保险事故与损害结果之间的因果关系，从而确定是否属于保险责任的重要原则。

保险事故发生的原因，概括起来有两种情况：

（1）单一原因造成保险标的损害。如果该原因属于保险事故，保险人应当承担保险责任，否则，保险人不承担保险责任。比如：客户投保意外伤害保险，在保险期限内因飞机失事身故，保险公司应承但赔付责任。但客户因癌症治疗无效死亡就不属于意外伤害保险的保险责任，保险公司就不应当给付意外伤害保险金。

（2）由多种原因造成保险标的损害。

1）是由多种原因同时发生。如同时发生的原因都属于意外事故，保险公司应当承担赔偿责任，反之，则拒赔；如果同时发生的原因既有意外事故，又有疾病或者其他原因，保险公司只负责赔付由意外事故造成的损害部分，如果无法明确加以区分，在实务中一般采取通融处理。

2）多种原因连续发生。两个以上的原因连续发生造成损害，一般以最直接、最有效的原因为近因，保险公司是否承担意外事故赔偿责任取决于近因是否属于意外事故。此种情况最为复杂，尤其是像本案意外事故和疾病连续发生造成被保险人死亡的情况下，确定被保险人的死亡是属于意外事故所致还是疾病所致就比较困难。疾病造成意外事故，意外事故也可以造成疾病，如果由于疾病引发意外事故，而意外事故加重疾病导致了伤害或死亡，一般认为疾病是造成伤害或死亡的近因。如果认定被保险人脑中风后跌倒，以至加速脑出血死亡，则被保险人就不是死于意外事故；如果由于意外事故造成了疾病，而该疾病导致了被保险人的死亡，一般认为被保险人伤害或死亡是由于意外事故所致。但是，如果疾病是在意外事故发生前一段时间出现的，而伤害或死亡是由于疾病造成的，一般将伤害或死亡的近因归于疾病。如果意外事故只是加重了被保险人已有的疾病，则疾病仍然是伤害或死亡的近因。

不同的保险险种，保险公司承担保险责任的范围和条件是不同的，如果购买的是意外伤害保险，那么，保险公司只承担因意外伤害造成的残疾或致死责任，其他因疾病或非意外事故造成的残疾或致死责任，都属拒赔之列。因此，购买保险时一定要认真阅读保险条款，选择适宜的险种，以免所遇到的风险不能得到充分的保障。

39.7 重大疾病案例

案情简介：

被保险人陈某1999年8月21日投保保险公司重大疾病保险10份，2001年12月因初患血管瘤型脑膜瘤住院并因此接受手术治疗，出院后来保险公司索赔重大疾病保险金。

理赔分析：

根据《国际疾病分类（ICD）》的疾病分类基础，血管瘤型脑膜瘤属于良性肿瘤，而所投保的重大疾病保险条款中"恶性肿瘤"的定义是：指由遗传性发生改变并伴有相对自主生长能力的细胞所构成的新生组织，具有向周围正常组织浸润和向远处器官的转移特性。客户所提供的MR调查报告、病理报告及病史记录均显示为良性肿瘤。

审核意见：

客户此次所患疾病不属于医疗险的保险责任，保险公司拒赔此案，该保险合同继续有效。

39.8 无照驾驶案例

案情简介：

被保险人李某于2000年11月30日因驾车发生追尾相撞事故，经抢救无效死亡。其受益人申请意外身故保险金，并提供死亡证明、殡葬证、驾驶证、行车证及交通部门责任认定书。

调查结果：

被保险人驾车出险，负事故全部责任，其提供的驾驶执照经车管部门鉴定系属伪造，并出具证明：被保险人为无证驾驶，属违规行为。

案情分析：

保险人厘定费率时要以风险发生的概率为基础，其收取的保险费，应当与风险发生的概率成正比。无照驾驶、驾驶无有效行驶证件的机动车，都可能增加出险的概率，从而增加保险人的风险责任。上述风险的发生有违国家相关法规，而且发生概率难以估算，所以保险人精算费率时都不包括这种风险，同时在制订条款时将其列为责任免除。酒后或无证驾驶等行为造成的伤害客体不仅是被保险人本人，而且大部分情况下会伤害到他人的生命安全，因此社会危害性及危害社会公共利益程度较大，不利于社会安定团结，承保此类风险有违保险可保利益的根本原则，世界各国及我国各大保险公司寿险条款“责任免除”项均将此类违法行为除外，保险公司也多在条款中将此项作为单列的除外责任条款予以明确。

处理无照驾驶和非有效行驶证件时应注意：

(1)“无照驾驶和非有效驾驶证件”不仅包括无驾驶证、行驶证，伪造驾驶证、行驶证，还包括非准驾车型的驾驶证（如持C类驾照不可以驾驶摩托车，属无照驾驶）。

(2) 如投保时告知有驾照并按有驾照的费率承保，但实际无驾照的，应按“无照驾驶”处理。

(3) 如被保险人出险时实际驾驶的车辆不是其准驾车辆，不是其提供行驶证的车辆。

(4) 驾驶证、行驶证已被吊销，或行驶证超过年审时间未年审的，属于无证范围；但驾驶证超过年审时间未年审，若查证属实符合年审条件的，视情况处理。

审核结论：

保险公司终身寿险条款规定：被保险人因违反法律、法规或其他犯罪行为所导致的意外事故属责任免除，故该案属无照驾驶，应不予理赔。投保人已交足二年以上保险费，保险公司应当按照合同约定向其受益人退还保险单的现金价值。

39.9 违反告知案例

案情简介：

1999年8月6日，张某通过保险代理人为自己投保了短期意外险10万元，保险期间一年，在填写投保申请书中关于职业内容的询问时，告知为内勤人员。8月7日保单生效，受益人填写为法定。2000年1月17日，被保险人在驾驶出租车时因交通事故死亡。

调查情况：

被保险人是一名司机，长期从事出租车运营行业，投保时未告知保险公司真正的职业，2000年1月17日在工作时因车祸死亡，经审核其受益人提供的交通事故责任认定书和死亡证明、户口注销证明、殡葬证，本次事故属保险公司保险责任。

案情分析：

被保险人在投保时隐瞒危险职业，是否违反告知业务？本合同是否有效？

人寿保险合同是最大诚信合同，在投保人申请投保时，保险人在很大程度上需要根据投保人对保险人设立的书面询问内容进行告知，来评估其风险，从而产生承保决定。正是因为投保时双方信息的不对等，投保人应对书面询问充分详尽、真实告知，以维护合同的公正性。保险法规正是基于此原理赋予了保险人对投保人在违反告知义务基础上形成保险合同的解除权。

根据《保险法》第十六条的规定：保险人可以就保险标的或者被保险人的有关情况提出询问，投保人应如实告知，这里包括保险人对投保人及保险人有关情况的询问，例如年龄、职业、工作单位等基本情况。其中，从事职业不同，其所面临的危险性不同，并由此影响保险人的承保决定。

此案投保人未如实告知其职业，导致保险公司以标准体承保，出租车驾驶员为二类职业，在保险公司承保范围，属需加费承保的职业，在理赔实务中应本着权利义务对等的原则和公平的原则予以处理。如被保险人属保险公司拒保职业未如实告知，发生事故后保险公司不负保险责任，并不退还保险费。

审核结论：

按一类职业与二类职业交费比例赔付其意外伤害保险金。

参考法律：

《中华人民共和国保险法》第十六条：投保人故意隐瞒事实，不履行如实告知义务的，或者因过失未履行如实告知义务，足以影响保险人决定是否同意承保或者提高保险费率的，保险人有权解除保险合同。投保人故意不履行如实告知义务的，保险人对于保险合同解除前发生的保险事故，不承担赔偿或者给付保险金的责任，并不退还保险费。

39.10 解约退费案例

案情介绍：

1999年9月张某为丈夫齐某投保保险公司终身寿险保险，保险金额100 000元，受益人为张某。被保险人2001年8月因车祸意外死亡，终身寿险条款规定：被保险人在约定的养老金领取起始日前，因意外伤害身故，保险人给付保险金额的两倍予受益人，本合同终止。按照合同规定，张某作为受益人可获得7万元保险金。张某通过代理人向保险公司提出索赔。

调查结果：

保险公司经调查审核，确认此次车祸为意外事故，但以齐某为被保险人的这份保险单中，齐某的名字是由其妻子张某代签的。

理赔分析：

《中华人民共和国保险法》第五十六条规定：以死亡为给付保险金条件的合同，未经被保险人的书面同意并签字认可保险金额的，保险合同无效。

法律赋予被保险人的同意权，根本目的是为了保护被保险人的人身安全，防止道德危险的发生。被保险人的亲笔签名是《保险法》规定的“被保险人书面同意”的表现形式和证据。除非有相反的证据表明被保险人已书面同意，否则，被保险人被代签名将导致保险合同的无效。

签订保险合同是一个严肃的法律行为，很多人因为法律意识淡薄随意替家人、亲友代签名，这将会导致终身保障化为乌有。

根据《保险法》和相关条款，我们在实务操作中对下列情况采取解除合同，退还全部保险费的处理方式：

（1）未经被保险人同意的死亡保险、投保人对被保险人无保险利益者，合同自始无效。

（2）对于条款中列明的其他可以退还保险费的情况。

（3）按条款规定因疾病在免责期内死亡的。

下列情况退还部分保险费：

（1）《保险法》第十七条规定：投保人因过失未履行如实告知义务，对保险事故的发生有严重影响的，保险人对于保险合同解除前发生的保险事故，不承担赔偿或者给付保险金的责任，但可以退还保险费。按条款中规定扣除手续费后退还保险费。

（2）带有储蓄性质的人身保险合同在以下情况下退还现金价值。

（3）《保险法》第六十五条规定：投保人、受益人故意造成被保险人死亡、伤残或疾病的，保险人不承担给付保险金的责任。投保人已交足二年以上保险费的，保险人应当按照合同约定向其他享有权利的受益人退还保险单的现金价值。

（4）《保险法》第六十七条规定：被保险人故意犯罪导致其自身伤残或者死亡的，保险人不承担给付保险金的责任。投保人已交足二年以上保险费的，保险人应当按照保险单退还其现金价值。

（5）其他条款规定退还现金价值的情况。

不退还保险费的情况：

（1）投保人故意不履行如实告知义务，在保险人对保险合同解除前发生的保险事故，不承担赔偿或给付责任，解除合同时，不退还保险费。

（2）保险欺诈，应追究相关人员责任，不退还保险费。

审核结论：

解除保险合同，退还全部保险费。

关键词

合同成立	宽限期	失效	复效	意外伤害	跌倒
猝死	重大疾病	无证驾驶	违反告知	解约	退费

思考题

1. 违反如实告知义务的后果有哪些？
2. 意外险中的意外伤害是如何定义的？
3. 被保险人在宽限期内出险，保险公司是否承担保险责任？

参考文献

1. [美] 肯尼斯·布莱克，哈罗德·斯基博. 人寿与健康保险. 北京：经济科学出版社，2003

2. 张洪涛. 人身保险学. 北京：中国人民大学出版社，2002

3. 许谨良著. 人身保险原理与实务. 上海：上海财经大学出版社，1996

4. 何文炯著. 风险管理. 大连：东北财经大学出版社，1999

5. 向立云，程晓陶等译. 自然灾害风险评价与减灾对策. 北京：地震出版社，1993

6. 余志远. 人寿保险与索赔理赔. 北京：人民法院出版社，2002

7. 张风华等. 城市防震减灾能力评估研究. 自然灾害学报，2001，10（4）

8. Piers Blaikei，Terry Cannon，Ian Davis，et al. *Risk：Natural Hazard，People's Vulnerability，and Disasters*. London：Routledge，1994

9. 唐少卿，全美芳. 略论自然灾害的风险评估. 全国首届灾害风险评估研讨会论文摘要集，1996（29）

10. 魏润泉著. 涉外非水险的理论与实务. 北京：中国金融出版社，1997

11. 阎栗. 人寿保险核保概论. 北京：中国金融出版社，1998
12. [美] 罗恩·顿波，安德鲁·弗里曼著. 风险规则. 北京：中国人民大学出版社，2000
13. 许谨良. 财产和责任保险. 上海：复旦大学出版社，1993
14. 魏迎宁著. 人身意外伤害保险. 北京：中国金融出版社，1990
15. 王济川著. 建筑工程质量控制与事故分析. 北京：中国工业大学出版社，1993
16. 王赫著. 建筑工程事故处理手册. 北京：中国建筑工业出版社，1994
17. 江见鲸著. 建筑工程事故处理与预防. 北京：中国建材工业出版社，1995
18. 中国人民保险公司人事部人事考试中心组织编写. 保险专业知识与实务（中级）. 北京：经济管理出版社，1996
19. 马鸿家著. 商业保险实务. 北京：中国商业出版社，1996
20. 乔林著. 建筑工程施工风险与保险. 上海：上海科学技术文献出版社，1998
21. 张洪涛著. 中国人身保险制度研究. 北京：中国金融出版社，2000
22. 王国良著. 财产保险核赔实务指南. 重庆：重庆出版社，2001
23. 陈云中著. 人寿保险的理论与实务. 台北：三民书店，1994
24. 戴自英著. 实用内科学. 北京：人民卫生出版社，1996
25. 沈其蕙著. 实用保险医学. 海口：三环出版社，1990
26. 尚汉冀著. 人口 疾病 保险. 上海：复旦大学出版社，2003
27. 陈朝先著. 保险学. 成都：西南财经大学出版社，2000
28. 石美鑫，熊汝成等著. 实用外科学. 北京：人民卫生出版社，1995
29. 陈滔著. 健康保险. 成都：西南财经大学出版社，2002
30. 袁丹，何其海著. 船舶保险实务. 上海：上海市航海学会，1990
31. 王斐，周伟. 最新人身保险核保手册. 北京：中国检察出版社，2001
32. 元宗蔚. 保险学——危险与保险. 北京：首都经济贸易大学出版社，2000
33. 樊启荣编著. 责任保险与索赔理赔. 北京：人民法院出版社，2002
34. 卢有杰，卢家仪著. 项目风险管理. 北京：清华大学出版社，1998
35. 《最新企业会计制度》编委会. 最新企业会计制度. 北京：工商出版社，2001
36. 庄洪胜，刘志新著. 保险欺诈骗赔特征与对策. 北京：人民法院出版社，

1999

37. 万里虹著. 人身保险欺诈及其防范. 北京：中国金融出版社，1997

38. 江朝国著. 保险法基础理论. 北京：中国政法大学出版社，2002

39. 施文森著. 保险法论文. “国立”政治大学学报丛书，1988

40. 何家弘著. 证据调查实用教程. 北京：中国人民大学出版社，2000

41. 秦道夫著. 保险法论. 北京：机械工业出版社，2000

42. 彭喜峰著. 保险学原理. 北京：复旦大学出版社，2000

43. 孙祁祥著. 保险学. 北京：北京大学出版社，1996

44. 魏润泉著. 货物运输保险理论与实务. 北京：中国财政经济出版社，1991

45. 徐文虎，曹恒春，周建中著. 保险学. 上海：上海人民出版社，1994

46. 太平洋保险公司. 中国太平洋保险公司核保培训教材. 1998

47. 叶任高，陆再英主编. 内科学. 北京：人民卫生出版社，2000

48. 吴阶平，裘法祖主编. 黄家驷外科学. 北京：人民卫生出版社，1994

49. Medical Selection of Life Risk. Macmillan Reference Ltd.，1998

50. Acadent of Life Underwriting，Volume Ⅰ，Volume Ⅱ，Volume Ⅲ，1987

图书在版编目(CIP)数据

保险核保与理赔/张洪涛,王国良主编.
北京:中国人民大学出版社,2006
(21世纪保险系列教材/张洪涛主编)
ISBN 978-7-300-07073-5

Ⅰ.保…
Ⅱ.①张…②王…
Ⅲ.保险-高等学校-教材
Ⅳ.F84

中国版本图书馆CIP数据核字(2006)第005077号

21世纪保险系列教材
总主编　张洪涛
保险核保与理赔
主　编　张洪涛　王国良
副主编　吴宗敏　夏　光

出版发行	中国人民大学出版社			
社　址	北京中关村大街31号	**邮政编码**	100080	
电　话	010－62511242(总编室)	010－62511770(质管部)		
	010－82501766(邮购部)	010－62514148(门市部)		
	010－62515195(发行公司)	010－62515275(盗版举报)		
网　址	http://www.crup.com.cn			
经　销	新华书店			
印　刷	北京昌联印刷有限公司			
规　格	170mm×228mm　16开本	**版　次**	2006年2月第1版	
印　张	40.75	**印　次**	2024年12月第17次印刷	
字　数	740 000	**定　价**	68.00元	

